教育管理与
现代教育技术前沿研究

韦耀阳　主编

武汉大学出版社

图书在版编目(CIP)数据

教育管理与现代教育技术前沿研究/韦耀阳主编.—武汉:武汉大学出版社,2024.6
ISBN 978-7-307-24375-0

Ⅰ.教… Ⅱ.韦… Ⅲ.①教育管理学—研究 ②教育技术学—研究 Ⅳ.①G40-058 ②G40-057

中国国家版本馆 CIP 数据核字(2024)第 080394 号

责任编辑:沈继侠　　责任校对:李孟潇　　版式设计:马　佳

出版发行:武汉大学出版社　　(430072　武昌　珞珈山)
（电子邮箱:cbs22@whu.edu.cn 网址:www.wdp.com.cn）
印刷:武汉邮科印务有限公司
开本:787×1092　1/16　印张:39　字数:900 千字　插页:1
版次:2024 年 6 月第 1 版　　2025 年 8 月第 1 次印刷
ISBN 978-7-307-24375-0　　定价:168.00 元

版权所有,不得翻印;凡购买我社的图书,如有质量问题,请与当地图书销售部门联系调换。

序　言

教育是国之大计，教育管理和现代教育技术是推动教育发展的两大重要方面。进入新时代，人工智能、大数据、虚拟现实等先进技术正在深刻改变着教育形态，教育管理和教育技术创新对适应和引领教育发展变革尤为关键。

从教育管理层面看，面对教育过程中的诸多挑战，我们需要运用现代化管理理念和手段，打造适应时代要求的管理体系和治理结构，着力提高教育治理效能。同时，还要注重人性化管理，关注教育主体，尊重教育规律，在管理中融入教育智慧。

从现代教育技术层面看，我们需要深入研究先进技术如何深度融入教学实际，将技术手段与教育目的和需求紧密结合，推动教与学范式的变革创新。在这个过程中，还须关注技术的人文性内涵，防止技术机械化和过度商业化，让技术真正成为提升教育效果的利器。

本书汇集了许多青年学者在这两个方面的研究成果，反映了当前教育管理和现代教育技术研究的新视角、新思路和新成果，具有重要的时代价值和实践意义。

从教育管理角度出发，本书涉及地方师范院校、乡村小学、中小学课程、班级管理、学生管理、教师队伍建设等多个方面，反映了基础教育阶段教育管理的热点与难点问题。例如，有的文章从政策支持、资源配备、课程设置等方面探讨农村教师队伍建设，有的文章借鉴团队角色理论提出班级团队建设策略，有的文章针对网络环境下学生管理新情况提出应对之策，体现了扎根基层、针对重点、解决问题的研究导向。这些研究丰富了教育管理理论，也可为教育决策提供了依据。

从现代教育技术角度出发，本书聚焦智慧课堂、翻转课堂、混合式教学、线上教学等前沿技术在教学中的具体运用，涉及信息技术课程建设、学生能力培养、教师专业发展、教学设计等方面。例如，有的文章运用数据分析技术提高自适应教学效果，有的文章构建虚拟仿真场景加强学生情景体验，有的文章开展元分析研究考查新技术对学习效果的影响，显示了研究的理论性与应用性并重的特点。这些成果为教育技术理论创新和教学模式改革提供了支持。

本书收录的文章作者多为黄冈师范学院教育学院教育管理专业、现代教育技术学专业研究生。这些研究生在导师的悉心指导下，围绕教育管理和现代教育技术两个专业方向，选择了与自身学习和研究相关的课题进行了调查研究、案例分析、文献综述等学术探索，并撰写了论文。这些论文基本涵盖了教育管理和现代教育技术研究的主要领域，体现了黄冈师范学院教育学院硕士研究生的学术水平和研究能力。

教育管理方面的文章关注教育政策分析、教学管理、班级管理、学生工作、教师管理等方面的问题，立足基层教育实际，目的在于改进和完善各类教育管理工作。现代教育技术方面的文章则更多聚焦信息技术与课程整合、教学模式改革、教师专业发展、学生能力培养等方面的应用与探索，展现了运用现代技术提升教学效果的趋势。

这些研究成果一方面展现了黄冈师范学院教育学院研究生的学术潜力，反映了专业教学的成效；另一方面也丰富和拓展了教育管理与技术研究的内涵，是黄冈师范学院教育学院师生助推教育科学发展的积极尝试。希望这些研究能为教育决策提供借鉴，也能推动教育理论与实践的良性互动。

本书汇聚了大量原创性研究成果，内容丰富，视角新颖，立足当下教育发展需求，具有重要的理论价值和实践指导意义。本书由黄冈师范学院研究生处林永希教授和教育学院副院长韦耀阳教授共同动议、策划和组织编撰。黄冈师范学院教育学院院长童三红教授、党委书记钟劲松同志、副院长黄克斌教授、徐小双教授、院长助理李威教授、研究生处副处长王中山老师、郑友阶教授、教务处处长胡志华教授、副处长程云教授、文学院副院长方正教授就论文集的编选贡献了自己的智慧，黄冈师范学院教育学院研究生周琪峰、王雪、万子琛等同学为搜集、整理、核对资料和图片付出了大量的辛苦劳动。武汉大学出版社胡荣老师为此书的出版做了大量的工作。在此，也一并表示衷心的感谢。

因精力和水平有限，本书难免存在一些问题、瑕疵，特别是受篇幅所限，部分研究成果的展示也难以做到十分周全。为此，敬请各位读者予以谅解。

韦耀阳
2023 年 10 月 10 日

目　录

第一编　教育管理

地方师范院校教育硕士研究生教学质量管理与监控体系的构建研究
　　………………………………韦耀阳　夏庆利　张　娟　向　福　王　艳（3）
农村高中依托地域资源优势打造学校文化品牌建设的实践研究 …………韦耀阳（13）
"双轨并行，定岗培养"乡村小学全科教师培养模式研究 ……………………王　艳（25）
多媒介助力《红楼梦》整本书阅读教学研究 ………………………………王　乐（34）
乡村小规模学校复式教学管理现状以及优化策略 …………………………王新月（39）
小学班级管理中契约精神的引入与践行研究
　　——以河南省S小学为例 ………………………………陈　丹　韩冰清（44）
家校社协同育人视域下初中生厌学心理的原因及对策分析
　　……………………………………………张　静　刘文龙　张志勇（49）
学生福祉视角下小学课后服务的提升路径研究 ……………………………曹　赟（55）
信息社会背景下中学生管理面临的双重挑战与应对策略研究 ……………周琪峰（61）
"双减"背景下城区小学教师工作负担现状及减负策略
　　——基于H市5所小学的调查研究 ……………………………………付冰欣（65）
县城高中家校合作的现实困境与提升路径
　　——基于10位教师深度访谈的质性分析 ……………………………王娱欢（72）
团队角色理论指导下初中班级团队建设与管理实践的探讨
　　——以《西游记》中取经团队为例 ……………………………………龚兰英（79）
中职生教育管理中的学生对抗行为分析及其对策 …………………………尤艳红（84）
"双减"背景下城镇小学课后作业分层布置与分类指导的实践探索
　　——以河南信阳S小学为例 ……………………………陈　丹　韩冰清（89）
乡村教师激励政策落实中的问题及其改进路径的探究 ……………………张　培（95）
德育与中小学志愿服务的互动作用研究 …………………周琪峰　黄　戡　杨　宇（100）
探索中小学作业管理新出路 …………………………………………………邓　雯（105）
学前教育财政保障对幼儿德育的影响探究 …………………………………蔡科欣（109）

1

新时代教师家访的价值意蕴、现实困境及实践路径 …………… 胡 杜 李姗霖（112）
家校社协同视角下大别山中小学研学旅行重构 ……………………… 王 雪（117）
中小学劳动教育一体化的研究热点和趋势
　　——基于CNKI数据库的CiteSpace分析 ………… 蔡 茜 韦耀阳 张 冰（122）
高质量乡村学校课后服务的公共性困境与应对策略 ………… 赵瑶瑶 林永希（130）
蕲州实验小学高年级学生开展课外阅读的现状调查研究
　　…………………………………………………… 张 静 熊莹芬 张志勇（136）
小学生劳动素养对财经素养的影响研究
　　——以湖北省H市为例 ………………………………………… 谢颖璇（142）
幼儿自我管理能力培养的实践探索 …………………………………… 马虹乔（149）
教资"热"背后的"冷"思考 ………………………………………… 王娱欢（155）
中华民族共同体意识融入初中思政课程教学的价值与路径研究
　　………………………………………………………… 胡 杜 李姗霖（161）
初中消极型非正式群体的成因与转化
　　——以班级追星群体为例 ……………………………… 查梦洋 林永希（166）
家庭教育提升小学生自主管理能力的策略探究 ……………………… 张 培（172）
"互联网+"背景下中小学心理健康教育：机遇与挑战 ……………… 龚兰英（176）
"新课改"背景下农村中学课堂评价功能的异化与回归对策 …… 何华美 陈 思（182）
初中班主任身份认同的困境及建构路径 ……………………………… 王 雪（187）
农村小学留守儿童情感教育的缺失及应对策略 ……………………… 陈小玲（192）
英语学科核心素养分析与面临的挑战及应对策略 …………………… 邵红彬（197）
大数据背景下高师本科学生在线学习危机预警研究 …… 蔡 茜 张 冰 韦耀阳（203）
戏剧教学法在高校学前教育专业中的应用 …………………………… 付冰欣（208）
县域初中教师教育焦虑：内涵解读、影响因素及其纾解策略 ………… 胡涵伊（213）
新时代劳动教育社会支持的现实挑战及应对路径 …………………… 赵瑶瑶（217）
新时代民办中小学教育发展的困境及破解策略 ……………………… 蔡科欣（223）
乡村教育家精神的时代内涵及培养路径 ……………………… 高志丹 李 威（226）
"双减"背景下城乡小学课后服务比较研究
　　——以黄冈市H县为例 ………………………………… 王梦飞 陈中文（231）
信息化背景下农村小学教育管理的问题及对策研究 ………………… 余瑾萱（237）
小学数学中德育渗透的误区与对策 …………………………………… 张伟奇（240）
初中英语语音素养及其培养探究 ……………………………… 熊莹芬 张 静（245）
文化堕距视域下"超级中学"的底层逻辑与转型发展研究 …………… 黄 方（251）
"校园文化建设"背景下农村中小学现代化学校治理模式研究 … 何华美 陈 思（256）
家校社协同育人机制的价值意蕴、实践阻力和优化路径 ……………… 段 悦（261）
教师成长瓶颈及破解路径 ……………………………………………… 童 菊（267）
中小学生"融入式"生涯教育的现状、问题与对策研究 ……………… 王 艳（270）

大学生心理健康问题的干预机制研究 ………………………………… 韦耀阳（278）

第二编　现代教育技术

中学人工智能教育课程的开设现状、问题及对策研究
　　——以黄冈市 A、F、H 学校为例 ………………………… 石睿思（291）
基于机器学习的大规模化学实验数据智能处理与优化 ………… 韦　笑（298）
中小学信息技术教学中德育渗透研究 ……………… 孙毓姗　关玉蓉（302）
论德育课程中跨学科融合的困境与教学策略
　　——以信息技术课堂教学为例 ……………………………… 肖冰洁（306）
新时代推动基础教育数字化转型的路径研究 …………………… 杨　宇（311）
数字教育环境下中小学教师专业发展的路径与展望 …………… 余　敏（316）
智慧课堂下中小学信息科技课程教学策略探析 ………………… 朱兴敏（321）
基于内容分析法的国内智慧教室研究综述 ……………………… 陈思勤（326）
基于未来教室学习模式的构建探究 ……………………………… 黄　戬（333）
大学生实践课中高阶思维能力培养研究 …………… 路宜静　何　源（339）
国内外小学生计算思维培养研究述评 …………………………… 齐　纪（345）
信息技术背景下中小学生计算思维能力培养的研究趋势 ……… 白晗笑（356）
信息技术支撑下基于 STEAM 理念的小学课程探究 …………… 姚力源（364）
信息时代小学教师信息素养提升策略探究 ……………………… 张　喆（370）
核心素养视域下我国近十年项目式学习研究领域的可视化分析
　　………………………………………………………… 赵　琪　王　锋（375）
初中信息技术课堂教师教学语言的特征研究
　　——以十节初中信息技术优质课为例 ……………………… 李梦帆（383）
我国中学混合式教学研究热点与发展趋势
　　——基于 CiteSpace 可视化分析 …………………………… 刘　泉（391）
翻转课堂模式对大学生自主学习能力的影响研究 ……………… 沈彩甜（400）
中学生数字化学习的现状调查研究
　　——以鄂东地区为例 ………………………………………… 李一丹（407）
智慧课堂下的小学数学教师信息技术应用能力的研究 ………… 陶治雪（414）
国内编程教育的现状、热点与趋势研究 ………………………… 虞思敏（420）
基于内容分析法的中国大学 MOOC 在线教育资源研究 ……… 王陈成（428）
TPACK 视野下师范生信息化教学能力提升的路径研究 ……… 熊佳仪（435）
中学信息技术考核系统研究与实施
　　——基于数字化转型视角 …………………………………… 杨　宇（442）
中学生信息技术课程深度学习现状的调查及对策研究
　　——以黄冈市 H 中学为例 …………………………………… 周瑞杰（448）

基于智慧课堂的中学信息技术课程教学设计
　　——以"加密与解密"一课为例 ························· 朱兴敏（456）
中学生数字公民素养的现状调查研究 ················ 程梦冉　徐小双（463）
基于智慧教室环境的初中信息技术课堂教学互动行为分析 ········· 丁晓倩（469）
项目式学习在高中信息技术课程中的应用
　　——基于 CiteSpace 的可视化分析 ····················· 沈彩甜（477）
中学生信息科技课程协作问题解决能力的调查研究
　　——以黄冈市 H 中学为例 ························· 龚　晨（484）
我国智慧作业研究的现状、热点与趋势
　　——基于 CiteSpace 的可视化分析 ····················· 李佳怡（492）
师范生信息化教学意识与能力的调查研究 ························· 李一丹（499）
人工智能视域下县城高中教师专业发展的调查研究 ····· 周茹忆　王艳丽（507）
支架式教学对培养学生计算思维影响的元分析 ········· 刘肇薇　金凌云（514）
幼儿教师信息化教学水平现状的调查研究
　　——以苏州市 S 幼儿园为例 ························· 陆玲玉（523）
基于六维度的高中生数字素养的现状分析 ······················· 路宜静（530）
"课程思政"视域下高中信息技术教学设计研究
　　——以数据编码为例 ····························· 齐　纪（538）
农村小学教师信息技术应用能力调查研究 ············ 葛艺乐　王　锋（545）
基于网络云平台的混合式教学的个案研究
　　——以黄冈师范学院智慧课堂课程为例 ·········· 梁　娟　程　云（552）
基于数据分析技术的在线自适应学习研究 ············ 刘琴琴　韦海梅（559）
"互联网+"背景下中学生心理健康教育的现状及改革策略探究 ····· 刘亚男（568）
高中信息技术优课课堂教学师生互动行为分析 ··················· 吴　芬（573）
信息化背景下大别山红色文化在乡村中学的传播与应用研究 ······ 赵　琪　王　锋（582）
多模态视域下信息技术智慧课堂的师生互动探究 ····· 周茹忆　王艳丽（587）
基于内容分析法的教育元宇宙热点问题分析 ····················· 王陈成（594）
翻转课堂对中小学学业成绩影响的元分析
　　——基于国内外 29 项实验与准实验研究 ·········· 金凌云　刘肇薇（603）
基于"ChatGPT"的大型语言模型探究技术赋能对教育的影响
　　——以黄冈某 H 中学为例 ························· 肖冰洁（613）

第一编
教育管理

地方师范院校教育硕士研究生教学质量管理与监控体系的构建研究*

韦耀阳　夏庆利　张　娟　向　福　王　艳①

当前，我国地方师范院校纷纷设置教育硕士专业，以培养适应基础教育需要的高素质教育管理人才。但是，地方师范院校教育硕士研究生教学管理面临着课程设置单一、师资结构不合理、质量评估体系不健全等问题。如何建立适合教育硕士研究生的教学质量管理与监控体系，实现教育硕士专业内涵式发展，是摆在地方师范院校面前的一项紧迫课题。

本文以地方师范院校教育硕士专业建设为切入点，针对当前教学质量管理存在的问题，构建针对教育硕士研究生的教学质量监控体系。这对于推进教育硕士专业改革、提高人才培养质量具有重要意义。本文不仅为教育硕士专业建设提供理论支撑，还可为其他师范院校的教育硕士专业建设提供借鉴，促进教育硕士专业快速发展。

一、教育硕士研究生教学质量管理与监控概述

教育硕士研究生教学质量管理与监控是指教育管理部门和高校针对教育硕士研究生的培养过程，运用管理手段和技术手段开展的一系列活动。其目的是通过对教学环节进行规划、组织、控制和评价，不断提高教育硕士研究生的培养质量，确保人才培养达到预期目标和要求。

教育硕士研究生教学质量管理与监控具有以下特征：目标明确，以提高培养质量为核心目标；内容全面，覆盖招生、培养全过程；主体多元，管理者、教师、学生等各尽其责；手段多样，采用计划、组织、控制、评价等管理方式；流程闭环，形成质量信息反馈

---

* 基金项目：2021年湖北省教学研究项目"地方师范院校教育硕士研究生教学质量管理与监控体系的构建研究"（项目编号：2021657）。

① 作者简介：韦耀阳，男，湖北南漳人，现为黄冈师范学院副院长、教授、博士、明珠学者、硕士生导师，研究方向为学校教育管理；夏庆利，男，湖北麻城人，现为黄冈师范学院副校长、教授、博士、硕士生导师；张娟，女，湖北黄冈人，现为黄冈师范学院研究生处科员；向福，男，湖北恩施人，现为黄冈师范学院质量督导中心主任、教授、博士，研究方向为教育管理；王艳，女，湖北武汉人，现为黄冈师范学院教育学院讲师。

和持续改进机制。科学化，强调定量监控分析；动态化，实现实时监测与动态调整。① 通过教育硕士研究生教学质量的有效管理与监控，可以促进培养机制、课程体系、教学方法等的不断优化，全面提升教育硕士研究生的培养质量。

美国高等教育质量的外部保证主要是通过分散于各地的认可机构进行，分为地区性认可机构和全国专业性的认证机构。② 英国的质量保证机制由独立于政府的外部质量保证和院校内部保证组成，外部质量保证主要是由高等教育质量保证署来承担。③ 内部保证主要来自学校。我国高等教育的外部保证主要是行政性评估，比如本科教学工作水平评估和专业评估，缺乏中介评估机构。④ 我国各高校已经建立了校、院、系三级教学质量管理体系，但是过于强调量化评估，定性评估重视不够。比较重视教学过程的评估和监控，但是对教育质量的产出性评价不够，等等。

国内很多学者认为高等教育质量保障就是对质量的控制、审核和评估，王丰、唐卫民等从系统角度探讨了质量监控体系构建。⑤ 张德利、孙凌晨等通过调查分析了我国教学质量监控存在的问题。⑥ 姚远峰构建了高校教学质量监控体系模型。⑦ 可以看出，现有研究主要集中在教学质量监控体系构建和问题分析方面，而忽视了为相关利益群体提供质量信息和保证这一最能体现利益主体性的方面。本文针对地方师范院校教育硕士研究生教学质量管理与监控过程中存在的问题，以省属师范类本科院校为研究对象，重点研究教学质量保证体系的构建与完善，对提高我国高等教育质量有着十分重要的实践意义。本文所涉及的与教学质量相关的保证体系的建立，恰是目前高等院校所面临的难题，研究成果必然会对同类高校的可持续发展产生重要借鉴作用。

二、地方师范院校教育硕士研究生教学质量管理现状及问题

（一）地方师范院校教育硕士研究生培养现状

地方师范院校教育硕士专业是在国家教育体制改革和教育硕士专业快速发展的大背景

---

① 叶飞，尹珺瑶．专业学位研究生实践教学教育督导功能覆盖组态分析——基于教育硕士培养质量巡查的实证［J］．学位与研究生教育，2023（07）：67-72.

② 吴泽坤．全日制教育硕士学位论文质量现状及提升策略研究［D］．沈阳：沈阳师范大学，2023：11.

③ 李媛媛，刘德炜，吴鹏．课程思政背景下教育质量评价体系研究——以审计硕士专业为例［J］．国家通用语言文字教学与研究，2023（03）：13-15.

④ 杨圣奇，黄彦华，匡颖芝，等．加快推进硕士研究生教育高质量发展——以中国矿业大学力学与土木工程学院为例［J］．高等建筑教育，2023，32（01）：80-87.

⑤ 王丰，唐卫民．全日制教育硕士实践教学质量影响因素探究——基于对导师和管理者的访谈调查［J］．高校后勤研究，2023（01）：74-77.

⑥ 张德利，孙凌晨，王麒麟，等．教育硕士专业学位研究生培养质量考核标准的设计与构建［J］．长春师范大学学报，2022，41（12）：124-127.

⑦ 姚远峰．教育学类专业硕士教育质量评价标准的构建——以河南省为例［J］．安阳师范学院学报，2022（06）：117-121.

下应运而生的。其主要培养目标是培养适应基础教育需要的高素质教育管理人才。近年来，我国教育体制改革不断深化，教育管理职业化、专业化的需求日益增长。与此同时，教育硕士专业也得到快速发展，规模不断扩大。为适应基础教育对教育管理人才的需求，地方师范院校纷纷设置教育硕士专业，并形成了一定规模。

黄冈师范学院从2012年开始培养教育硕士研究生，经过11年的发展，建立了"三维立体"人才结构，即基于"学生本体、能力本位、情感本能"的人才培养要求，围绕"知识、能力、精神"三个维度，培养"宽、广、厚"的教育硕士；注重实践能力的培养，强调教育家精神的传承和培养，同时也注重职业技能的提升，以服务基础教育为宗旨，形成了具有黄冈特色的教育硕士培养模式。

（1）通过"六双驱动"，开展了"名师取向、地方特色"教育硕士培养的探索与实践。这个特色是黄冈师范学院教育硕士研究生培养的核心特色之一。"六双驱动"是指"双能、双文、双赛、双桥、双师、双向"。通过这种方式，黄冈师范学院的教育硕士研究生培养得以在名师的带领下，结合地方特色和行业需求，实现了理论与实践的有机结合，培养出了一批具有实践能力和创新精神的教育硕士研究生。

（2）传承和弘扬黄冈教育精神。黄冈教育精神是指"爱国、敬业、创新、协作、担当"。黄冈师范学院的教育硕士研究生培养注重传承和弘扬这种精神，以此为指导思想，培养出具有高度责任感和社会担当的教育硕士研究生。

（3）面向农村中小学，服务基础教育。黄冈师范学院注重服务基础教育，尤其是农村中小学。这种特色是为了满足农村地区教育发展的需求，培养出更多的优秀教育人才，提高农村地区的教育质量。

（4）培养具有教育家潜质的"种子教师"。黄冈师范学院注重培养教育硕士研究生成为具有教育家潜质的"种子教师"。这种特色是为了培养出具有高度责任感和社会担当的教育人才，他们将成为未来教育事业的中坚力量。

（5）推行"学—思—行"一体化培养模式，注重理论与实践的结合、知识与能力并重、责任与理想融合。黄冈师范学院的教育硕士研究生培养推行"学—思—行"一体化培养模式。这种模式强调理论与实践的结合，注重知识与能力并重，同时也注重责任与理想融合。通过这种方式，黄冈师范学院的教育硕士研究生培养得以在实践中不断提高自己的能力和素质，为未来的教育事业作出更大的贡献。

（6）强化职业技能，凸显黄冈特色。黄冈师范学院的教育硕士研究生培养注重强化职业技能，凸显黄冈特色。这种特色是为了培养出更多具有实践能力和创新精神的教育人才，他们将成为未来教育事业的中坚力量。

黄冈师范学院的教育硕士研究生培养具有多个特色，这些特色的实现得益于学校的不断探索和实践。然而，目前硕士研究生培养过程中还存在一些问题，需要进一步探索和改进。

（二）教学质量管理中存在的主要问题

当前，地方师范院校教育硕士专业在教学管理方面，一般建立了校、院、系三级教学质量监控网络，形成了初步的质量标准体系和质量报告制度，但教学质量管理还存在以下问题：

1. 教学质量标准体系不够具体和系统

大多数地方师范院校设置的教育硕士专业教学质量标准比较原则化和宽泛，没有细化到具体的课程、教学过程、学习效果等方面的质量要求。质量标准没有与专业培养目标有机结合，也没有依据不同课程的特点设计质量标准。具体问题包括：（1）质量标准设置过于原则化，缺乏量化指标。标准语言描述性强，但可量化的质量指标不足，缺乏具体的量化考核标准。（2）缺少针对不同课程类型的质量标准。未依据公共基础课、专业核心课、专业拓展课等课程特点，设计差异化的质量标准。（3）缺少教学过程的质量标准。没有设置教学设计、教学组织、教学方法等教学过程的质量标准。（4）缺少对学习效果的质量标准。没有设置对研究生的知识、能力、素质等学习效果的质量要求标准。（5）标准内容单一，类型较少。质量标准侧重基本教学条件，缺少过程管理、结果评价等方面的标准。

2. 过分强调控制和检查，而非指导和帮助

现有的教学质量管理注重控制和检查手续的完成，而不是通过指导和帮助提高教学质量。一些重复性强的纸面工作占用了大量时间，没有发挥应有的提升质量的作用。问题具体表现在：（1）质量管理缺乏指导性。管理部门作为监督检查主体，不重视对一线教师的指导和帮助。（2）检查方式单一，以会议检查为主。缺少专题调研、评估咨询、汇报座谈等多种指导方式。（3）教师投入科研的时间多，专注教学的时间少。各类纸面工作占用了教师的大量时间，影响教学质量。（4）检查内容重复性强，实践时效性弱。部分检查内容流于形式，不具指导意义。

3. 监控过于注重手续和方法，缺乏对教学质量的客观反映

当前对教学质量的监控存在重过程轻结果的问题，过于注重各项规定程序的完成，反映教学质量的直接指标不足。缺乏对教学效果和毕业生质量的跟踪评价。具体表现为：（1）监控侧重教学过程，轻视教学效果。注重检查课前备课情况、课堂教学过程，而不关注研究生取得的学习效果。（2）监控方法单一，依赖定性描述。缺少测试分析、问卷调查、数据统计等定量监控手段。（3）缺少对毕业生的跟踪评价。没有建立毕业生就业质量监测、职业发展调查等制度化评价。

4. 评估体系功能不完善，评估主体单一，评估标准统一化

现有的教学质量评估主要由学校内部小组开展，缺乏第三方评估机构的参与。评估标准和内容单一，评估结果不够客观公正。未充分发挥研究生、用人单位等利益相关方在评估中的作用。具体问题有：（1）评估主体单一，外部评估不足。评估主要依靠内部教学

督导组开展，未引入外部评估机构。(2) 评估仅依据统一标准，缺乏差异化。采用与本科教学同样的评估标准，未考虑专业学位的培养特点。(3) 相关利益方参与不足。未吸纳研究生、用人单位等利益相关方参与评估。(4) 评估内容和程序过于简化。评估注重基本教学条件，对教学过程和效果的关注不够。

总之，在当前的地方师范院校教育硕士专业教学管理中，仍存在质量标准体系不够具体完整、监控评估过于注重形式和程序、直接反映教学质量的指标不足、评估机制仍需进一步完善等问题。

三、教育硕士研究生教学质量监控体系的构建

（一）要树立科学的教育教学质量观

应形成"以提高人才培养质量为中心"的质量管理理念。这需要转变过去单纯以控制和检查为主的管理思路，更加注重指导、帮助和服务，通过管理促进教育教学质量的提高。

长期以来，教学质量管理存在着注重控制和检查的"硬性管理"思想。管理部门和院系将巡视检查视为日常的重要工作，一些重复性强的纸面工作占用了大量时间，形成了教师"重备课轻上课"的负面导向。这种管理思路忽视了教学质量管理的本质在于指导和帮助教师专心投入教学，提供优质的教育教学服务。

因此，我们需要树立"以提高人才培养质量为中心"的管理理念，将质量管理的重心放在提升师资队伍素质、完善课程内容、改进教学方法、促进研究生发展等方面。这需要管理部门转变管理方式，加强对一线教师的指导和帮助，为其提供制度保障、资源支撑，与教师形成合力，共同推动教学质量的提升。

同时，教学质量监控也需要从过度依赖检查考核，转变为发挥质量诊断、反馈、监测、预警的功能。通过质量信息的收集反馈、问题诊断分析、监测预警、制定整改措施等方式，使质量管理真正内化于日常教学之中，促进教师专业发展，使之成为提升教学质量的有机组成部分。

只有转变管理理念和方式方法，以服务、帮助、指导、提高为核心，管理部门和一线教师才能形成合力，共同推动教育教学质量持续提升。当然，做到这一点还需要时间，但必须着力培育科学的教育教学质量观，使之深入人心，外化为行动。

（二）构建教学质量监控内容和指标

根据教育硕士专业培养的目标和特点，教学质量监控指标体系包括师资指标、课程指标、教学进程指标、学习效果指标、毕业生就业质量等。在每个指标体系的基础上再设定具体的监控指标，如研究生对教师的评价、核心课程建设水平等（见表1）。

表1　　　　　　　　　　教育硕士研究生教学质量监控指标体系

指标体系	二级指标	三级指标
师资指标	师资队伍	教师资格、教育经历、专业背景、科研成果
	教学能力	教学方法、教学组织、课堂掌控、学生评价
	科研水平	科研项目、论文发表、学术交流、科研获奖
	师德师风	敬业精神、为人师表、关爱学生、公平公正
课程指标	课程设置	课程内容的系统性和前瞻性、理论与实践相结合的程度
	核心课程建设水平	教材选用、教学内容、教学方法、考核方式
	实验课程质量	实验设备、实验项目设计、实验指导教师的水平
	国际化课程	外语授课比例、国际合作办学项目的数量与质量
教学进程指标	教学计划执行情况	授课计划与教学大纲的符合度、教学进度与计划的符合度
	课堂互动与效果	学生参与度、课堂氛围、教学互动与反馈
	实验教学环节	实验项目设计、实验操作规范、实验报告质量
	学生管理及思政教育	学生日常管理、学风建设、思想政治教育
学习效果指标	学生满意度	教师授课质量、教学资源利用、教学管理服务满意度
	学习成绩分布	核心课程成绩正态分布、优秀率与及格率
	学术成果	学生学术论文发表、科研项目参与情况、学术竞赛获奖
	社会评价与声誉	社会声誉调查、毕业生跟踪调查与反馈
毕业生就业质量指标	就业率与去向分布	毕业生总体就业率、行业分布与对口程度
	薪资水平与竞争力	起薪水平、行业平均薪资对比、职位晋升情况
	社会服务能力	毕业生社会服务项目的数量与质量、社会评价与满意度
	职业发展与前景展望	毕业生职业发展路径、行业前景分析、职业规划指导成效

教学质量监控要紧紧围绕培养目标与人才规格来进行。对于教育硕士专业学位研究生来说，其培养目标主要是培养具有现代教育观念、具备较高理论素养与实践能力的教育工作者。因此，监控的内容和指标应关注这一目标，确保教学活动与课程设置符合培养规格（见表2）。

表2　　　　　　　　　　教育硕士研究生培养目标监控指标体系

一级指标	二级指标	三级指标
教师德育教学	政治立场教育	研究生是否了解和认同我国的政治制度、理论和路线
	热爱教育事业的教育	研究生是否能理解和尊重教育事业的重要性，对教育改革和发展有积极态度
	德育元素融入日常教学	教师是否能在课程中融入德育元素，例如爱国主义教育、道德教育等
	思想政治表现考核	研究生是否能通过课程、活动等形式积极展现良好的思想政治素质

续表

一级指标	二级指标	三级指标
专业课程教学质量	教育理论知识的掌握	研究生是否能系统掌握现代教育理论知识
	本专业知识的掌握	研究生是否掌握本专业的核心知识和技能
	前沿进展的了解	研究生是否能及时了解本专业的最新发展动态和前沿技术
教育教学实践能力培养	教学实践锻炼机会的提供	学校是否为研究生提供足够的教学实践机会,如课堂观摩、教学实习等
	教育教学实践能力的掌握	研究生是否能掌握基本的教育教学实践能力,如教学设计、课堂管控等
	教学实践参与情况的跟踪记录	学校是否有系统记录研究生参与教学实践的档案,并定期进行评估和反馈
教育教学研究能力培养	运用理论知识分析和解决问题	研究生是否能运用现代教育理论知识分析和解决实际问题
	课程论文及毕业论文的质量评估	研究生完成的课程论文及毕业论文是否符合学术规范,体现一定的问题解决能力
数字化教学能力培养	数字化技术的掌握	研究生是否能熟练掌握数字化教学资源和技术,如多媒体制作、在线课程平台等
	数字化资源的应用能力	研究生是否能将数字化教学资源有效应用于教育教学中,提高教学效果
	信息技术相关课程的专项检查考核	对信息技术相关课程的授课质量进行专项检查和考核,确保教学质量
研究生的自主学习能力培养	自主学习意识的培养	研究生是否能理解和认同自主学习的意义,有主动学习的意愿
	自主学习能力的评估	研究生是否能有效进行自主学习,具备独立思考和解决问题的能力
外语阅读能力培养	外语阅读能力的提升	研究生是否能流畅阅读本专业的外文文献,理解专业内容
	外语课程的专项检查考核	对外语课程的授课质量进行专项检查和考核,确保教学质量

(三) 建立基于 TQM 的"五全"教学质量管理模式

全面质量管理(Total Quality Management,TQM)是 20 世纪 80 年代兴起的一种企业管理理念。它倡导以客户为中心,通过领导、全员参与、过程管理等方式,实现产品和服务质量的全面提高。① 教育硕士培养管理要借鉴全面质量管理（TQM）的理念，建立"五全"的教学质量管理模式。

1. 实现质量管理全程化

教育硕士培养过程包括理论教学、实习实践、论文写作等环节。我们要实现从招生录取到毕业离校的全过程质量管理，特别要加强对实习实践和论文写作这两个关键环节的管理，防止质量安全事故的发生。

2. 实现质量管理全员化

教师要发挥主体作用，认真备课、精心讲课，重视培养研究生的知识运用能力。研究生既是教学的对象，也要作为学习的主体参与质量管理。管理部门要转变工作方式，从维护规则向提供帮助转变。

3. 实施质量管理全方位化

要关注各类教学环节，如理论课堂、专业训练、论文指导等，全面把控教学内容更新、教学方法改革、学习效果等各个方面。不能仅聚焦于基础设施，而要全面考虑各类资源要素的投入。

4. 实行质量管理全要素化

教学质量管理要综合运用多种要素，如制定科学合理的制度体系，投入必要的人力财力物力，运用信息化手段进行监控，并提供法规政策支持等多种要素保障。

5. 强化质量管理全过程化

要实现对教育硕士人才培养全过程的质量监控，特别要注重对实习实践和论文写作这两个阶段的监控。在教学准备、过程和效果三个环节都要制定质量把控措施，形成闭环反馈。

通过实施全面的质量管理，可以促进教育硕士各方面的能力和素质的提高，实现人才培养全面达标。这需要学校各部门通力合作，将质量意识内化于思想行动之中。

（四）构建适应教育硕士专业培养的教学质量监控体系

系统工程理论强调将复杂系统分解为相互关联的子系统，并整体优化。信息论使监控系统能够及时准确地获取各种教学信息和反馈。控制论使监控呈现动态闭环反馈的过程。教育硕士研究生教学管理是一个由多层次、多要素组成的功能、结构复杂的系统。借鉴系统工程理论、信息论、控制论等理论方法，构建教育硕士研究生教学质量监控体系。该体

---

① 向沅，张国强，刘政轩，等. 全面质量管理（TQM）在新工科教育中应用的路径研究［J］. 工程管理年刊，2021，10（Z1）：207-213.

系是由教学决策指挥系统、教学管理与运行系统、教学评估与反馈系统、教学信息管理与质量监控系统四个子系统组成。各子系统的功能和目标不同，但又相互联系，相互依存。其中教学决策与指挥系统是整个体系的中枢，教学管理与运行系统是体系的基础，教学评估与反馈系统是体系运行的动力，教学信息管理与质量监控系统则是体系良性运作的保障。其运作遵循 PDCA（Plan-Do-Check-Act）质量管理模式，形成动态的质量管理闭环（见图1）。

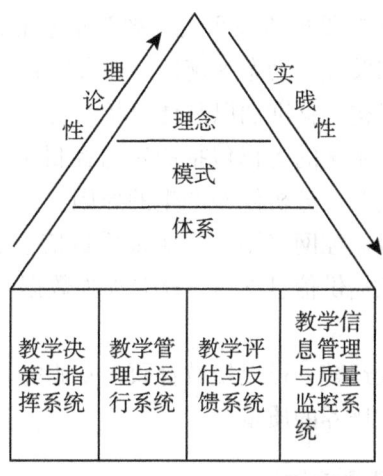

图1　教学质量监控体系架构图

教学决策与指挥系统是全面质量管理和全面质量监控系统中的一级子系统，其功能是对整个体系运行方式的具体组织和运作，直接影响到系统整体功能的发挥。具体如图2所示。

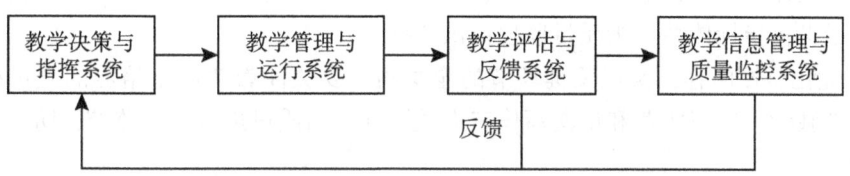

图2　全面质量管理与全面质量监控系统框架图

第一，建立健全的教学决策与指挥系统。主要完善教学质量管理的领导机制、规章制度体系，明确质量管理目标，加强对教学资源的预算保障，提供政策支持。要充分发挥学校党政主要负责人的领导作用，建立健全教学质量管理的工作机制，达成将质量作为中心工作的共识。

第二，构建高效的教学管理与运行系统。教学管理与运行系统的任务是，按照教学决策指挥系统的指令，运用各种有效机制和最优方法，将各教学单位和管理机构科学地组织起来，并使各教学环节和教学活动得到有机协调。要将教育硕士的理论课教学、实习实

11

践、论文指导等教学环节纳入系统化、规范化的管理，形成完善的质量监控链条。加强对实习实践基地的管理，规范论文写作流程，防止出现质量安全问题。

第三，健全教学评估与反馈系统。教学评估是建立健全教育硕士研究生内部教学质量保证机制和不断提高教学质量的有效手段，也直接关系到教学目标的实现和教学运行的效率和效果。要建立系统完整的评价指标体系，评价指标应覆盖师资、课程、过程、效果等要素。采用定量考核与定性评价相结合的方式开展监控，并定期进行满意度调查，加强对毕业生就业质量的跟踪反馈，形成质量闭环。

第四，建设教学信息管理与质量监控系统。教学信息管理与质量监控系统具有整体性、全面性、结构层次性、相关性、动态平衡性、综合性和统一性等特点，运用系统分析方法，将监控内容、方法、机构、标准加以整体分析与综合，构成一个封闭的闭环系统，以保证质量监控的有效运行。系统的运行包括制定监控目标、监控标准、收集反馈信息、比较教学效果与预定目标的偏差、分析偏差产生的原因、采取纠偏对策以达到监控标准。要充分利用信息技术建设质量监控网络平台，实现质量信息的收集、统计、分析、反馈、预警等功能，为教学管理决策提供信息支撑。还要加强数据安全管理，保障质量信息的真实有效。

通过这四个子系统的有效运转，可以使教育硕士专业的教学质量监控更加系统化、科学化、智能化，全面提升人才培养的质量。

（五）不断完善教学质量监控体系

不断完善教学质量监控体系，形成自我诊断、自我反馈、自我调控、自我提高的质量管理长效机制，使之成为推动地方师范院校教育硕士专业内涵式发展的有力支撑。

具体来说，可以从以下几个方面入手：

（1）制定科学合理的质量标准，以此作为监控的依据。要根据培养目标和专业特点，制定系统、具体的质量标准，涵盖师资、课程、教学过程、学习效果等方面。同时要形成量化的质量考核指标体系，为质量监控提供依据。

（2）优化监控内容，实现关键环节的全覆盖。要关注教育硕士培养的全过程，特别是要对理论教学、实习实践和论文写作三大关键环节的质量进行严格监控，防止产生重大质量问题。

（3）改进监控方式，强化定量分析。要增加定量的监控指标，扩大质量数据收集范围。采用统计分析等定量手段分析质量信息，进行科学决策。

（4）扩大监控主体，形成合力。要吸纳研究生、用人单位、社会机构等利益相关方参与教学质量监控，进行第三方评价。汇集各方力量，形成教学质量监控合力。

（5）加强信息化建设，实现动态监控。扩大质量信息平台的应用范围，开发质量数据自动收集和分析功能，实现教学质量监控的信息化和智能化，进行动态监控和预警。

（6）通过持续改进教学质量监控体系，形成常态化的自我诊断、动态反馈、自动调控、持续优化的质量管理长效机制。这可以为地方院校的教学质量改革提供持续动力和有力支撑，促进地方师范院校教育硕士专业内涵式发展，全面提高人才培养质量。

农村高中依托地域资源优势打造学校文化品牌建设的实践研究*

韦耀阳①

一、问题的提出

（一）问题提出的背景与意义

习近平在全国教育大会上提出要在坚定理想信念、厚植爱国主义情怀、加强品德修养、增长知识见识、培养奋斗精神、增强综合素质上下功夫，"六个下功夫"明确了新时代对人才的基本素质要求，是新时代教育工作的行动指南。② 同时，《国务院办公厅关于新时代推进普通高中育人方式改革的指导意见》提出深化育人关键环节和重点领域改革，坚决扭转片面应试教育倾向，切实提高育人水平，为学生适应社会生活、接受高等教育和未来职业发展打好基础，为当前农村普通高中发展指明了方向。

黄冈是我国著名的革命老区，也是教育名城，历代名人辈出，数量有1600多位，遍及政治、经济、军事、科技、文化、宗教等各个领域，其涉及领域之广、层次之高、贡献之巨、影响之大，全国罕见，故有"唯楚有才，鄂东为最"之说。被中华世纪坛收录的40位为中华民族乃至世界作出重要贡献的文化名人中，毕昇、李时珍、李四光3位都来自黄冈。名人文化是黄冈独特和宝贵的历史遗产，也是当代黄冈基础教育探索前行的精神灯塔与不竭动力。

本课题组自2010年开始，通过充分挖掘、整合黄冈名人文化资源，积极推进乡土教材建设，并在黄冈的农村高中实施"名人文化"系列校本课程，以推进农村高中育人方

---

* 基金项目：黄冈市教育科学规划2022年度课题重点课题"农村高中依托地域资源优势打造学校文化品牌建设的实践研究"（项目编号：2022GA15）。

① 作者简介：韦耀阳，男，湖北南漳人，现为黄冈师范学院教育学院副院长、教授、博士、明珠学者、硕士生导师，研究方向为学校教育管理。

② 习近平：坚持中国特色社会主义教育发展道路 培养德智体美劳全面发展的社会主义建设者和接班人 [EB/OL]. http://www.moe.gov.cn/jyb_xwfb/s6052/moe-838/201809/t20180910-348145.html, 2022年7月18日访问。

式的改革，取得明显成效，形成了一整套具有实践操作性和普适性的黄冈实践范式。

（二）解决的主要问题

一是解决农村高中学生乡土情怀不浓、家国情怀培育不足的问题。前期调查发现，95%的农村高中学生不愿意回农村生活，这说明农村学生自身乡土情怀不浓，对农村生活和农村地区认同度不高。农村高中在学生的家国情怀培育目标上存在"知识倾向"、培育内容空泛、过程缺少实践环节等问题。教师在培育学生的过程中，使用的方法比较单一，较少引导学生在社会实践中内化课堂知识，忽视学生对家国的情感体验与家国情怀的行为养成，导致学生家国情怀的培育效果不理想。

二是解决当前农村高中育人方式单一、学生学习缺乏自信、动力不足等问题。现阶段农村普通高中存在把升学率作为自身发展的终极目标，注重知识传播的价值，唯高考是瞻，学生去"个性化"等问题；教学课堂中，教学方法陈旧，学生参与度低，课堂缺乏生机；教学效能不高，学生学习缺乏自信、动力不足。

三是解决农村高中校本资源挖掘与利用不充分的问题。农村高中学校和教师对校本资源开发和利用理解不到位，图书资源开发与利用不够系统，网络平台资源开发与利用不能满足校本课程需要，自主开发和利用的本土学习资源缺乏。学校校本课程开发队伍素养参差不齐，缺乏校本资源深度挖掘能力，对现代教育技术的掌握欠缺，校本课程开发问题严重。

二、解决问题的过程与方法

（一）调查与发现问题（2010年3月至2013年3月）

为深入了解农村高中生存发展困境、育人特色缺乏、学生家国情怀教育不足等方面存在的具体问题，课题组对湖北黄冈市闻一多中学、李时珍中学等6所农村高中和56位老师进行了长期的实地观察与课堂跟踪，发现：第一，农村高中学生自信心不足，对自身的前途感到迷茫。第二，育人理念滞后，育人方式单一，课堂氛围不够活跃。第三，乡土优秀文化在课程体系中融入度不高，导致其浸润第二课堂的覆盖面不足、学生家国情怀意识不足。

（二）模式初构与试点应用（2013年4月至2017年3月）

针对调研所发现的核心问题，课题组紧密结合农村高中校本课程要求，以教学与渗透设计为切入点，以推动育人方式变革、厚植爱国情怀为目标，基于U-S合作方式，建构了独具特色的"名人文化校本课程教学模式"。

1. 模式初构

为进一步打造厚植家国情怀的农村高中名人文化校本精品课程，在相关课题支持下，以 U-S 合作为导向,以实践育人为主要抓手,黄冈师范学院与 10 所农村高中实验学校共同探索校本课程开发、应用、实践一条龙衔接,搭建名人文化特色校联盟等实践样态,突破校内外、校际壁垒,精心打造无边界优秀教师团队,共同开展名人文化校本课程资源建设,形成构建区域校内外合力育人的机制。

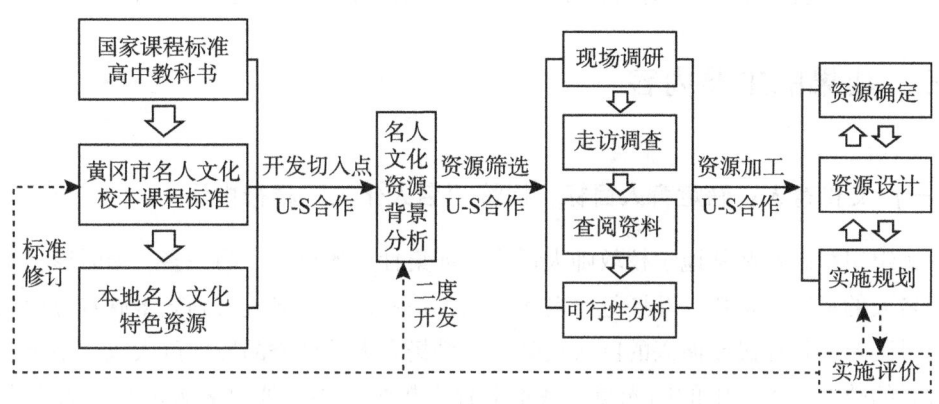

图 1　名人文化校本课程开发流程图

2. 试点应用

为验证名人文化校本课程育人模式的效果,课题组首先选择了与闻一多中学、李时珍中学进行合作,对其 20 个教学班进行了为期一学期(2014 年秋季)的试点应用。历经明确课程理念、制订课程计划、确定课程目标、编制课程内容、形成课程评价等一系列过程。试点结果证明,名人文化校本课程教学模式对促进学生了解地方特色名人文化、厚植家国情怀有着显著的积极作用。

(三) 模式优化与示范推广(2017 年 4 月至 2021 年 3 月)

1. 模式优化

试点阶段已初步验证了名人文化校本课程育人模式的有效性,但还存在两大问题:第一,在课程实施中,如何检验目标、评价、活动三个环节的一致性?第二,如何实现全面立德树人?由此,在原有模式的基础上,通过确定育人目标,提炼"名人化人"精神内涵;创新课程体系,构建"名人文化"课程系统;开展丰富活动,搭建"名人文化"活动载体;创设文化环境,营建"名人文化"学习氛围;落实多元评价,创新"名人文化"学习激励机制;打造管理平台,创建"名人文化"教育共同体,形成了理论与实践一体、面向育人方式改革的"黄冈农村高中名人文化校本课程育人模式"。

2. 示范推广

改进后的模式在课题组合作的多所农村普通高中进行了第二轮的应用,并形成了省内示范与省外辐射。在黄冈、黄石、宜昌三地中学创建名人文化校本课程育人创新实践基地；在黄冈区域内的闻一多中学、李时珍中学、李四光中学、陈潭秋中学等建成了名人文化校本课程育人模式实践基地学校。在以上基地学校开展名人文化校本课程教学设计的公开课或示范课、实地的课例指导、同课异构指导等约30次。同时，在湖北、云南等省开展专题讲座、经验分享和学术报告50余场，成果辐射我国不同省份的数百所中学。

三、成果的主要内容

（一）文化育人：确定育人目标，提炼"名人化人"精神内涵

课题组组织高校和基地学校教师大讨论，征集社会各界关于闻一多、李时珍、李四光等黄冈名人的书籍、资料，开展纪念名人、名人精神研究、名人书画艺术欣赏等活动，感悟名人对国家富强和民族振兴的巨大贡献。从赞扬名人的优秀品质、巨大成就中感受名人成功背后的故事、生命中的闪光点，找准载体，提炼精神。通过名人故事、名人文艺作品、名人评价等文化资料，认识并梳理名人文化的丰富内涵，提炼出农村高中生容易理解并学习的时代精神。

（二）课程育人：创新课程体系，构建"名人文化"课程系统

课题组与农村高中基地学校合作开发了6本名人文化系列校本教材，并且通过课程思政的推行，构建了全程融入黄冈名人文化的"前期基础课、中期实践探究课、末期拓展课"课程体系。通过前期加深了解、中期实践应用、末期项目巩固的三级逐步递进，实现了地方名人文化与教学课程思政体系的深度融合。

前期（第一、二学期），在所有基础课程思政改革都以名人文化为主线展开的基础上，开设名人文化校本课程；在语文、英语、道德与法治、历史等相关课程中专题讲述名人文化的相关内容，使学生了解本土名人文化知识，夯实理论基础。中期（第三、四学期），在与升学考试相关的核心课程中，将名人文化的思想、艺术、美学价值与核心课程的相关内容融合，加深学生对本土名人文化的认同，掌握将名人文化应用于日常学习实践。末期（第五、六学期），通过名人秀、"我"与名人的对话、名人精神伴"我"行等实践拓展课，开展名人文化精神学习、参与乡村文化振兴实践活动，巩固对于本土名人文化实践应用的认知，提升学生的乡土文化自信和家国情怀意识。

（三）实践育人：开展丰富活动，搭建"名人文化"活动载体

在完成第一课堂教学任务的基础上，课题组采用课内课外、校内校外"双对接"育人方法，通过"三进、三送"的方式（三进，名人研究专家、高校专家、名人后代进校园；三送，名人文化送学校、送社区、送乡村），开展名人文化第二课堂实践活动，促进第一课堂和第二课堂互补，实现名人文化育人全方位覆盖。

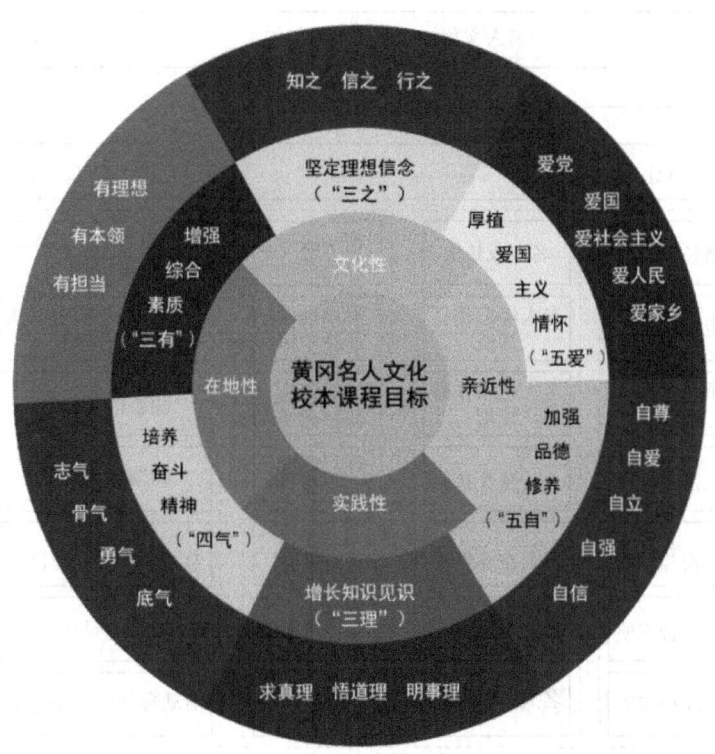

图 2 黄冈名人文化校本课程目标

1. 通过名人文化"三进"实践活动，传承名人精神

"三进"，如浠水闻一多中学聘请了闻一多纪念馆、闻一多展览馆等多位名人研究专家和武汉大学、黄冈师范学院高校专家以及本土的名人后代们担任校外导师，进校园开展名人文化传承主题教育、名人精神实践教学等活动。为使学生更全面更深入地了解黄冈名人文化，基地学校每年都会邀请部分名人后代到学校作专场报告，并制作成音像资料，每年供学生安排。让学生与名人的亲人零距离接触，这样学生更觉得名人可亲、可敬、可信、可学，从而以名人为榜样，爱国爱家，勤奋向上。

2. 通过名人文化"三送"实践活动，传播名人文化

"三送"，开展名人文化进小学、名人技艺传承、文化下乡等文化扶贫举措助力乡村振兴。深入湖北阳新县、麻城市、罗田县等地区，进行名人文化宣传与实践，协助打造 4 个新农村示范村。其中，"繁星"社会实践团队入选团中央 100 支社会实践团队，获得团中央优秀社会实践团队称号，受到《黄冈日报》等多家主流媒体报道 10 余次。

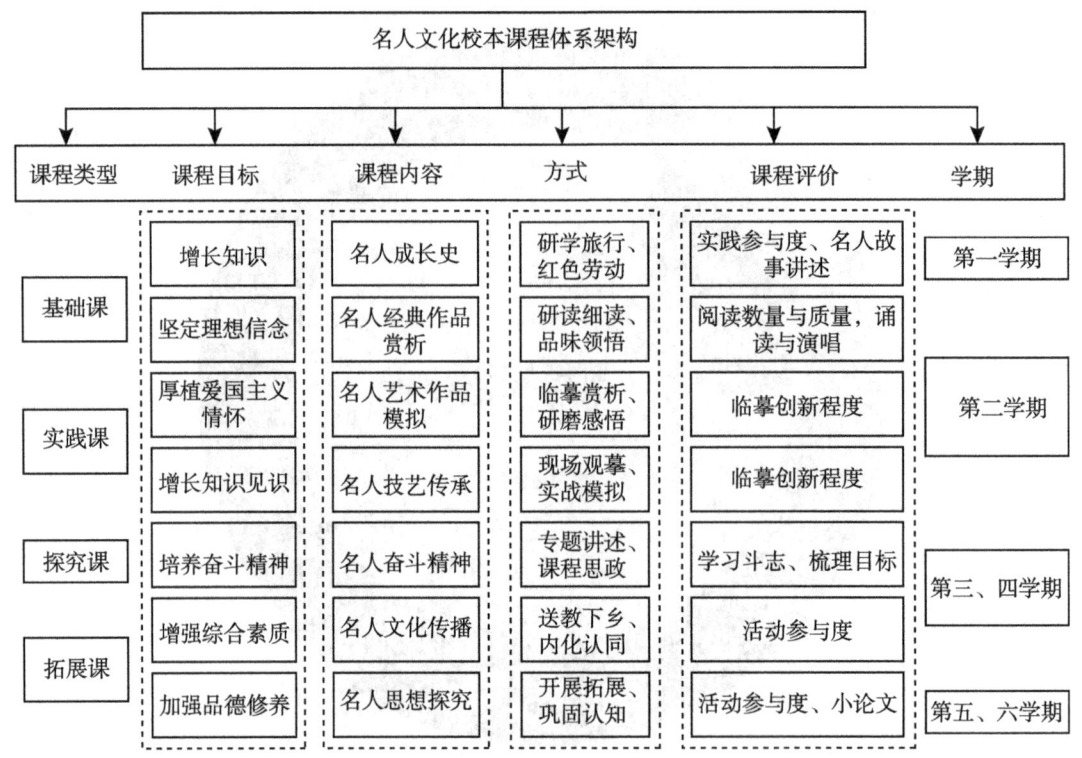

图 3　名人文化校本课程体系架构

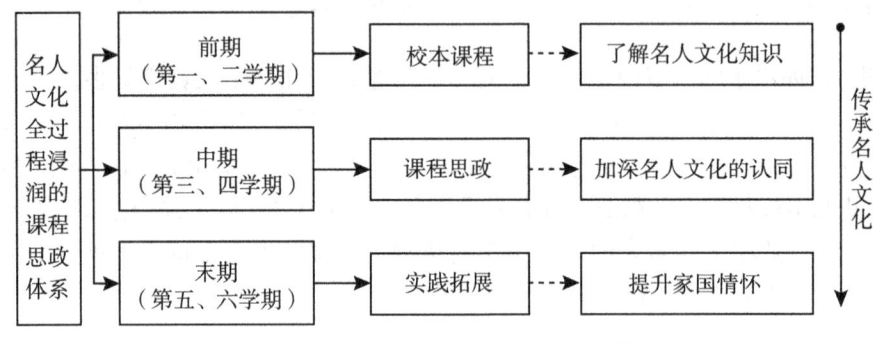

图 4　名人文化全过程浸润的课程思政体系

3. 整合名人文化育人资源，提升学生文化实践能力

通过课内课外、校内校外的"双对接"育人方法，强化名人文化第二课堂教育实践内容，锻炼提升学生的实践能力。通过晨读、团队课、团队活动等方式组织开展宣传黄冈名人的活动，通过道德与法治、语文、美术、音乐等学科进行名人精神熏陶，通过开展与

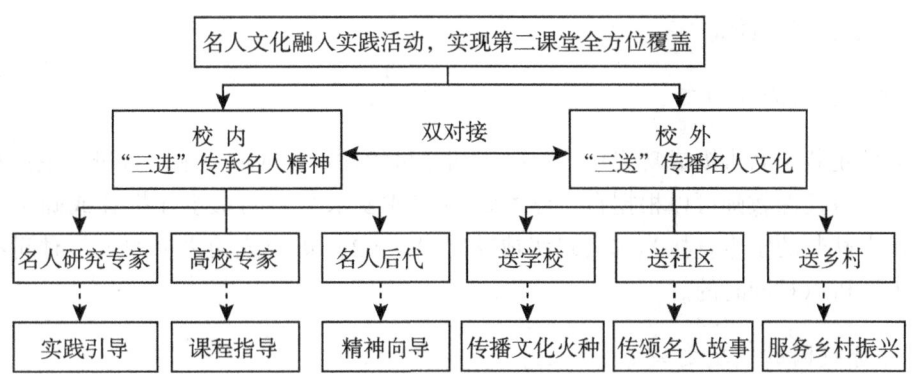

图 5 名人文化融入实践活动过程

名人有关的课本剧、唱歌、表演、书法等比赛活动，内化名人精神。

在每年名人的诞辰纪念日，基地学校都要举行由师生同台演出，以歌曲、舞蹈、朗诵、演讲、戏曲等不同表演形式的专场演唱会，艺术性地展示了名人的典型作品。如闻一多中学，每年11月底12月初，会举办一场以"先生精神伴我行"为主题的演讲比赛。学校每周进行一次以"弘扬红烛文化"为主题的国旗下的讲话；每月举行一次红色班级文化评比与交流活动；要求学生每年读一本闻一多的书；每年，举办一次全校师生红烛文化征文比赛，并出版一期《红烛》文学期刊；每年组织一次师生纪念闻一多的扫墓活动。结合"清明""七一""十一""一二•九"等重大节日或纪念日，举办社区、企业、乡村红色历史讲座，红烛文化知识问答、闻一多诗词朗诵、闻一多故事演讲、闻一多诗歌演唱比赛、闻一多图片展览等丰富多彩的名人文化教育活动，通过开展各种蕴含名人文化的竞赛活动和作品展示提升学生的传统文化素养。

（四）环境育人：创设文化环境，营造"名人文化"学习氛围

注重名人文化与校园文化建设有机结合，课题组组织高校专业教师对基地学校校园环境进行科学规划设计，充分利用学校楼、廊等，悬挂本土名人画像和格言警句，使中华优秀传统文化潜移默化地浸润学生的心灵，极大地提升了校园文化建设的品位。如闻一多中学设计了以"红烛"主题图案为形象标志的校徽，在校园显赫位置铸建了一尊闻一多铜像，校园内建成了闻一多事迹展室、闻一多书画展室、校训石、闻一多颂碑廊、红烛文化橱窗专栏、励志长廊；李时珍中学建成了百草园、时珍文化广场等。

（五）评价育人：落实多元评价，创新名人文化学习激励机制

努力探索出适合农村高中学生发展，促进学生创新的校本课程质量评价体系。在课题组指导下，基地学校建立了"成功之星""校园名人"等进行名人文化学习激励机制。

1. 基本的激励策略

关注学生的个体差异与肯定学生的点滴进步。有意识地强化正面激励，使学生充分体验每一次的成功,形成积极的自我概念。帮助学生正确对待失败,并积极地将"失败"转化成有效的教学资源。

2. 评选班级的成功之星

每周评定若干名班级成功之星。班级成功之星的评定标准或要求由各班班主任和任课教师商定,各任课教师可以根据自己学科的特点或要求及时向班主任推荐或确定。(1)校级及以上获奖的学生直接当选为班级成功之星。(2)班级成功之星的表彰时间不局限在某一天,可以是即时的。

3. 评选校园的成功之星

每月的最后一周,各班在班级成功之星的基础上确定若干名学生上报学校大队部,学校根据班级推荐,每月评定若干名学生为校级成功之星(见图6)。

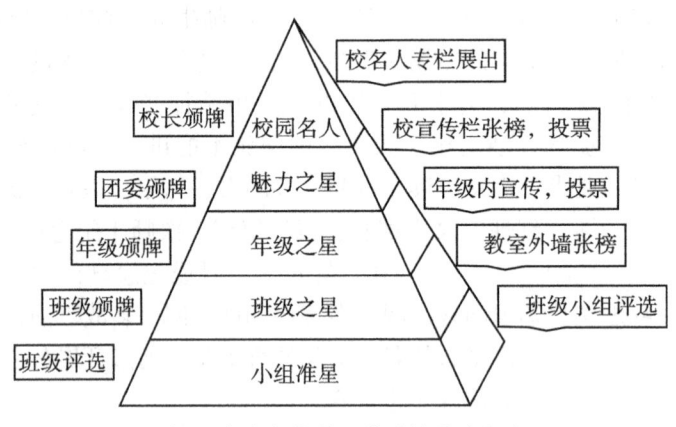

图6　名人文化学习激励的进阶之路

4. 多元的精神奖励

班级成功之星的表彰采用以下形式:(1)喜报:学校统一印制喜报(其中的主要成功内容由教师填写),在每学期初发到班主任手中,各班根据实际需要可以在用完后向学校教导处补领。喜报发送给学生,再向家长发信息报喜。(2)宣传:在教室的走廊墙上设置一个班级成功之星的宣传栏,各班把班级成功之星的照片附上简要的总结语张贴在宣传栏中。(3)探索:各班可结合实际制定相应细则,把班级成功之星作为今后评选校级三好学生等的参考依据。(4)群星评比:每周评定学习明星、好习惯明星、健康明星、特长明星、进步明星、管理明星、学闻一多明星。

校级成功之星的表彰采用以下形式。(1)集会表彰,颁发证书:在家校通中以校长的名义向家长发信息报喜。(2)四大宣传窗口:通过班级风采板、校队广播室、校园展示台、明星风景线进行宣传。(3)名人星光大道:在名人诞辰举行星光大道,集中表彰在一学期中涌现出来的校级成功之星、校园小名人。(4) 入选学校小名人库。

（六）管理育人：打造管理平台，创建"名人文化"教育共同体

1. 更新育人理念，为名人文化育人提供强有力支撑

加强农村高中教师对优秀名人文化的积淀，提升教师文化素养，培养具有专业知识、文化素养、育人能力的"三师型"教师。课题组引领基地学校开展多种形式的教研活动，推动农村中学育人方式改革，提升教师文化素养。2009年10月，课题组在罗田县三里畈中学建立"支持农村高中课程改革实验基地"，提出"让教育回归本质""让校长回归本性""让学生回归本色"，开启"回归本真"，适合普高的办学模式的探索。2013年5月8日，由黄冈市教育局、黄冈师范学院教育学院联合发起的黄冈市普通中学多样化发展联盟成立。自2013年起至今，课题组与黄冈市普通中学多样化发展联盟每年举办一次"新高考与普通中学教育教学改革研讨会"。通过研讨会、骨干教师送教示范、一线教师上研究课、现场集体研讨及专题讲座等形式为基地学校教师提供了互相学习、相互探讨、共同提高的平台，落实"全员育人、全方位育人、全过程育人"理念，打造新型教育理念、教育途径和教育方式。

2. 组建"导师+教师"课程思政团队，形成全员育人合力

为积极主动开发与利用农村高中的经验性资源，课题组组建中学教师与高校研究者两支队伍，形成教育发展共同体，推行师资双向嵌入制度，以促进教师教育职前职后一体化发展。课题组聘请实验学校的骨干教师担任高校本科生的校外导师，常年到高校为本科生讲授名人文化校本课程的建设、开展情况。本科生到实验学校进行实践体验，双方通过合作，应用优秀名人文化资源培育人才，提升教师素养。

基地学校聘请了多位名人后代、高校专家，根据课程、实践活动内容的需求，动态组建跨界混编的课程思政教学团队（专家导师+校内教师），导师对接标准，教师研究教学。课题组专家带领，选择基地学校的各学科教师，深入研究"课程思政"的理论知识，对名人文化从不同的侧面进行解读，深入挖掘名人文化的思想政治教育元素，帮助学生全方位了解家乡名人，学习身边的名人思想，感悟本土名人文化，结合所在学校特点和自身实际，开展职业生涯规划，明确学习方向，达成课程思政的教育目标。

四、成果的创新点

课题组积极服务于基础教育协同育人，以引领农村普通高中改革发展和文化育人为目的，构建了U-S合作的名人文化育人新模式和新机制。

（一）理念创新：探究了名人文化育人的新机理

在课题组的指导下，基地学校开展了寻根教学，弘扬传统文化的校本课程开发与实

践。通过挖掘校本教材中的名人资源，追寻家乡的名人、名事、名山、名水、名楼、家史、家族与家谱之根，唤醒学生的乡土记忆，养成其乡土情怀、家国情怀与教育使命。以语境挖掘探寻名人文化校本课程中的自然与生命信息；以记忆追寻钩沉学生家族、家乡的群体记忆与文化痕迹；以文化联创开启乡土与世界的对话。通过文化寻根，激活了学生内在的乡土记忆，唤醒了他们深埋心底的乡土情怀，激发了学生的学习热情，提升了学生的学习动力。

（二）实践创新：推动了普通高中育人方式新改革

在课题组专家的引领下，基地学校以名人文化校本课程为抓手，整体构建学校课程体系，通过文化育人、课程育人、活动育人、实践育人、评价育人、管理育人"六育人"路径，促进学生的全面发展，开设学生发展指导课程，充分尊重农村高中学生成长的个性特点和时代特征，重点在学生理想、心理、学习、生活、生涯规划五个方面对学生进行个性化指导，通过动手实践、团队合作、磨练意志，培养学生正确的价值观和良好品质，实现学生的全面发展和健康成长。

（三）模式创新：形成了农村普通高中发展的新范式

课题组研制了以农村高中育人方式变革为核心的名人文化校本课程体系，将 U-S 合作模式融入中华优秀传统文化的传承弘扬中，在合作、共赢中推动优秀文化进校园，促进学生全面发展，促进教师专业发展，促进学校特色形成，使农村高中学生对本土名人文化产生深层次认同，培育和践行社会主义核心价值观，坚定文化自信。

五、成果的推广应用效果

（一）产出了丰硕的理论研究成果

出版教育专著 2 部、论文集 2 本、名人文化校本系列教材 6 本、教研论文 40 篇、咨询报告 3 篇，集中凝练了黄冈师范学院师生在农村高中名人文化校本课程开发与实践方面的成果和智慧。

（二）打造特色促进学校优质发展

通过名人文化校本课程的实施，94.3%的学生核心素养得以提升，坚定了理想信念，增强了家国情怀意识。（见图 8）。

闻一多中学、李时珍中学、李四光中学等基地学校先后被当地教育局和黄冈市教育局授予多项荣誉称号。如 2021 年，闻一多中学被浠水县教育局授予综合考评先进单位、教学教研工作先进单位、综治维稳先进单位、学校信息化建设与应用先进单位、关心下一代工作先进集体；被黄冈市教育局授予爱国主义电影观影征文先进工作单位；被湖北省关工委授予全省青少年学生"新时代好少年红心向党"主题读书活动先进集体。2022 年，闻

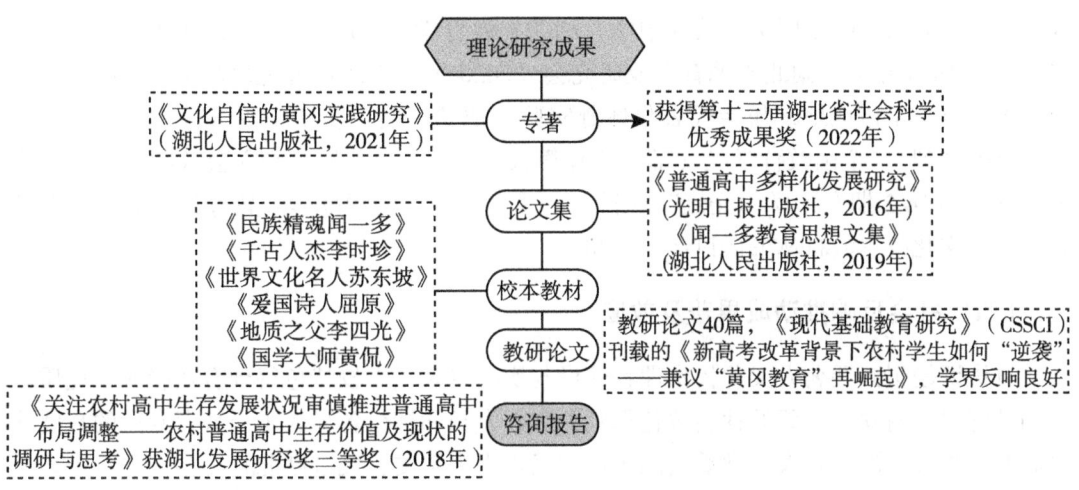

图7 课题组产出的理论研究成果

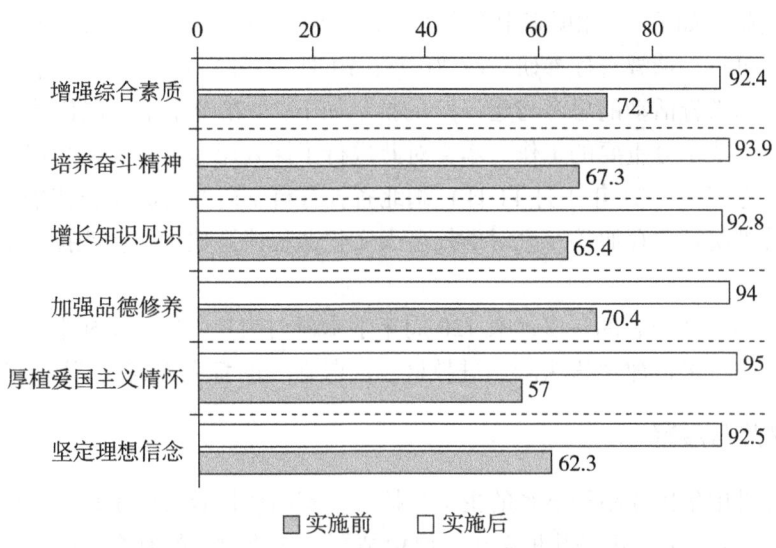

图8 实施名人文化校本课程前后的学生比较（%）

一多中学被浠水县教育局授予综合考评先进单位、教育教学先进单位、招商引资项目建设先进单位；被黄冈市教育局授予市级平安校园、黄冈市教师教育综合改革试验区（省级）师德教育实践基地。2018年，蕲春李时珍中学被教育部认定为"中小学国防教育示范学校"。

（三）区域辐射发挥引领作用

黄冈名人文化校本课程的实施引起了市内外众多学校对名人文化的关注，学校接待了省内外专家、友好学校观摩交流5000多人次。2021年"荆楚基础教育工作论坛"主动邀约课题组分享名人文化校本课程开发经验。课题组成果多次被拿出来在全省学术或工作会议上分享，辐射影响了同类高校和中学。湖北省教育学会2018年年会、湖北省教育管理专委会2019年年会、湖北省德育专业研究会（2020年）先后在黄冈师范学院举办，会议重点推介分享了该成果，与会代表集体赴实验基地学校闻一多中学等进行实地考察和观摩，反响强烈。《全国教育学院（部）工作简报》（中国高等教育研究会教师教育分会主办）2021年第2期在"学术交流"栏目中，报道了"黄冈师范学院教育学院成功举办黄冈市名人文化校本教材丛书研讨会"一事。

（四）社会反响推动成果普及效应

自该课题组开展名人文化校本课程建设与实践以来，学校特色得到有效彰显，优质教育的品牌得到树立，显著的社会效益得到师生、家长和社会各界人士、教育专家的高度认可和充分赞誉。湖北省人大常委会副主任、民进中央常委、民进湖北省委会主委、中国教育学会副会长周洪宇教授对该课题产出的系列决策咨询成果给予了高度评价。其对《新时代推进普通高中育人方式改革的探索与思考——基于闻一多中学"红烛精神三进"的行动研究》的批示如下："此项高中育人方式改革探索很有意义，报告情况反映全面，思考深刻，建议可行。请教育厅参研。"（2019年10月11日）对《关于中小学校开展优秀传统文化进校园教育活动的思考与建议》的批示如下："在中小学开展优秀传统文化进校园教育活动是一项十分重要的工作。本文对此进行了深入思考，提出的建议有针对性与可行性，值得参考。"（2021年1月11日）湖北省教育科学研究院副院长傅华强、山东省教育科学研究院副院长薄存旭等专家对学校名人文化课程体系建设与实践探索给予了高度赞誉。

在黄冈举办的"纪念闻一多诞辰120周年学术研讨会"，来自海内外的专家学者对闻一多中学关于闻一多精神"进头脑、进教材、进课堂"的育人方式改革赞誉有加。

（五）挑战与展望

家国情怀是中华民族精神谱系的主干与核心，家国情怀教育则是培育现代社会公民的重要手段，"名人文化"正是扎根乡土、厚植情怀、立德树人的有力突破口。课题组通过十余年的持续跟踪与实践，形成了独具特色的农村高中"名人文化"校本课程育人实践黄冈模式，育人效果显著，对于全国各地农村中学也具有较强的辐射作用和借鉴价值。然而，黄冈名人灿若星河、贡献巨大，但基于名人文化资源挖掘、整合的校本课程开发还相对不足，提升"名人文化"育人功能、推进农村基础教育改革的道路还任重而道远，课题组将在该领域坚定不移地走下去！

"双轨并行，定岗培养"
乡村小学全科教师培养模式研究*

王 艳①

随着中国乡村教育的发展，社会对乡村小学全科教师的需求日益增长。然而，由于乡村教育的特殊性和地域限制等因素，乡村小学全科教师的培养一直是一个难题。为解决这一问题，国家和地方政府逐渐引入"双轨并行，定岗培养"乡村小学全科教师培养模式。该模式通过将普通本科教育与面向乡村小学全科教师的专业化培训相结合，培养出具备基本教育理论知识和乡村教育实践经验的优秀教师，从而有效提升了乡村小学全科教学质量。在此背景下，本文将对"双轨并行，定岗培养"乡村小学全科教师培养模式进行研究，探究其实施情况、效果评估以及存在的问题和改进方案，以期为乡村教育的发展提供参考和借鉴。

一、"双轨并行，定岗培养"乡村小学全科教师培养模式的基本内涵和实施背景

（一）"双轨并行，定岗培养"的基本内涵

"协同理论"即"协同论"，由联邦德国斯图加特大学教授、著名物理学家哈肯在1971年提出，并于1976年系统论述，是系统科学的重要分支理论。协同论的自组织原理向我们阐释，任何系统如果缺乏与外界环境进行物质、能量和信息的交流，其本身就会处于孤立或封闭状态。在这种封闭状态下，无论系统初始状态如何，最终其内部的任何有序结构都将被破坏，呈现出一片"死寂"的景象。因此，系统只有通过与外界进行不断的物质、信息和能量交流，才能维持其生命，使系统向有序化方向发展。② 双轨并行即师范学院和乡村小学相互支持配合共同发展，合作双赢促进小学全科教师养成、发展。高校以

---

* 基金项目：2021年湖北省教育厅哲学社会科学项目"'双轨并行，定岗培养'"乡村小学全科教师培养模式研究"（项目编号：2022GB078）；2021年黄冈师范学院智库课题"'双轨并行，定岗培养'乡村小学全科教师培养模式研究"（项目编号：202115004）。

① 作者简介：王艳，女，湖北武汉人，黄冈师范学院教育学院讲师，研究方向为教育管理研究。

② 方蓉. 论协同理论在教育领域中的移植 [J]. 黑龙江教育学院学报，2010，29 (02)：17-18.

乡村小学的实际教育状况为参照，适时修改对小学教师的培养要求，做好校内教育，乡村小学则须将教育一线的宝贵经验在顶岗实习时期传授给学生，使校内教育和校外教育同时进行、共同向前发展并且相互支持、促进。

"双轨并行，定岗培养"乡村小学全科教师培养模式是中国针对乡村教育发展而提出的一种特殊的教师培养模式。其基本内涵包括双轨并行、定岗培养和学以致用三个方面。其中，双轨并行是指通过普通本科教育和专业化教育两条教育轨道，为培养乡村小学全科教师提供多元化的培养途径；定岗培养是指将培养对象固定在乡村小学全科教师这一特定岗位上，强化专业化培训的实践性和针对性；学以致用则是指将所学理论知识与乡村教育实践紧密结合起来，培养出具有实际教学经验和能力的乡村小学全科教师。该培养模式的实施背景主要是解决乡村小学全科教师短缺的问题，加强乡村教育建设，促进乡村教育事业的可持续发展。由于乡村教育的特殊性和地域限制等因素，传统的教师培养模式难以满足乡村小学全科教师的培养需求。因此，通过引入"双轨并行，定岗培养"模式，旨在提高乡村小学全科教师的教育水平和实际教学能力，从而推动乡村教育的发展。

传统的小学全科教师的培养，是由高校单方面统筹，没有建立高校和乡村小学的协同平台，在针对小学教师的培养过程中，乡村小学无法及时有效地参与配合，最终导致高校培养的小学教师与乡村的现实需求存在一定差距。如高校教学中存在学科结构失衡、课程和评价体系单一的现象，乡村小学存在教师结构性单一等现实问题。而"双轨并行，协同培养"是指师范院校与乡村小学根据乡村小学师资的需求状况展开合作，针对岗位定点培养以科目为着眼点的"多科型教师"及"全科型教师"和以教师自身能力为基础的"全能型教师"。[①] 完善协同机制，构建协同体系，搭建高校和乡村协同育人平台，实现高校和乡村小学（供给侧和需求侧）共同发展是解决高校供给人才和乡村小学需求人才不匹配、不协调的关键举措。

(二)"双轨并行，定岗培养"的研究背景

中国共产党第二十次全国代表大会强调："全面贯彻党的教育方针，落实立德树人根本任务，培养德智体美劳全面发展的社会主义建设者和接班人。坚持以人民为中心发展教育，加快建设高质量教育体系，发展素质教育，促进教育公平……加强师德师风建设，培养高素质教师队伍，弘扬尊师重教社会风尚。"[②]

面对新发展蓝图，我国教育质量和教育结构大为改善，但乡村师资队伍的建设仍有待进一步提高，乡村小学存在学科结构失衡的问题亟待解决。

教师队伍的学科结构设置的均衡性、合理性对于保证教育教学质量、促进学校长远发展具有重要作用。学科结构的失衡，不仅不利于学生的个性化发展，提高学生的综合素

---

① 李婧玮. 小学全科教师的内涵、特征及培养的必要性 [J]. 教育导刊，2018（02）：75-80.
② 习近平：高举中国特色社会主义伟大旗帜 为全面建设社会主义现代化国家而团结奋斗——在中国共产党第二十次全国代表大会上的报告 [EB/OL]. （2022-10-25） [2022-12-13]. http://www.moe.gov.cn/jyb-xwfb/xw-357/jjyzt-2022/2022-zt17/yw/t2022/026_672311.html.

质，还不利于教师综合素质的提升，以及学校教育乃至地方教育的发展。

相关研究表明，乡村小学教师队伍的学科结构设置不平衡，语文、数学学科老师占教师总人数的比例较大，超过总任课教师的一半；其他学科教师，如音乐、体育、美术等学科老师占教师总人数的比例较小。①

当前乡村小学教育中，语文、数学老师的供应大体满足乡村小学的需求，但是音体美老师十分缺乏。为了促进学生的全面发展，原本从事语文、数学的老师不得不承担音体美等学科的教学任务。于是出现了"一师多科""一师多班"的现象，多数分科教师充当着"全科教师"的角色。根据"有能力胜任小学阶段课程情况的调查及分析"得知，乡村小学教师所能胜任的学科课程偏科严重，能胜任语文、数学等学科的教师充足；能胜任英语、音乐、综合实践等课程的教师较少。教师们迫于学校教学现状而临时从事"全科教学"，没有接受过系统的全科教育的学习与训练，没有足够的能力胜任全科教学岗位，其知识层次和综合能力有待进一步提升，难以保证教学的质量与水平。

教师队伍的学科结构失衡和教师不具备全科教学的能力，使得乡村小学教育过分注重学生语文、数学学科方面的成绩，但对音体美等课程重视不足，严重影响了学生德智体美劳的全面综合发展，对于发展素质教育，促进教育公平十分不利。

为夯实乡村教育基础，加强全科型教师队伍建设。在《乡村教师支持计划（2015—2020）》中，关于拓展乡村教师补充渠道的重要举措包括鼓励地方本科师范院校根据当地乡村教育的需求，多种形式定向培养"一专多能"的教师。并且，2018年9月30日，教育部发布《教育部关于实施卓越教师培养计划2.0的意见》，明确提出，未来小学教师的培养将"造就一批教育情怀深厚、专业基础扎实、勇于创新教学、善于综合育人和具有终身学习发展能力的高素质专业化创新型中小学教师"，为高校培养面向乡村小学的创新型人才指明方向。

2017年，黄冈师范学院积极响应政策导向，立足于农村教育发展现状和青少年身心发展规律，制定全科教师的人才培养方案，联合开展小学全科教师的本土化培养。截至2021年，黄冈师范学院教育学院共培养800余名小学全科教师，毕业后均回到家乡所在地的农村小学、教学点工作，回馈家乡教育事业。黄冈师范学院通过乡村小学全科教师培养模式的探索，以改革发展来解决全科教师教育的问题，形成了小学全科教师教育的黄冈特色和经验。鄂东地区农村小学对于全科教师的需求较大，但当前具有全科教师教育培养模式的高校较少，鄂东地区高校师范教育与农村小学需求的衔接方面有待提高，农村小学全科教师培养路径仍须不断探索。

"双轨并行，定岗培养"乡村小学全科教师培养模式研究拟结合黄冈师范学院定向委培项目的实施，开展农村小学全科教师培养模式改革的实践与探索。

该模式旨在改善鄂东地区农村学校教师结构性短缺的现状，力求全面促进教师综合素质的提高，既顺应了全球化背景下教育发展的趋势，又彰显了中国特色的教师培养模式优势。因此，该课题的研究有非常大的针对性与必要性。

---

① 文雪艳. 乡村小学教师队伍建设的问题及对策研究［D］. 桂林：广西师范大学，2022：19.

二、"双轨并行,定岗培养"模式的研究意义

随着我国经济水平不断发展、教育科技大步迈进,日渐凸显出城乡地区贫富差异增大,进而带动城乡教育资源不均等、城乡教育水平差距增大等问题。"双轨并行,定岗培养"乡村小学全科教师培养模式,立足于乡村地区小学教育教学现状,在小学全科教师培养要求的指导之下,以理论与实践相结合的培养方式,在培养具有小学全科专业素养且能适应岗位所在乡村状况的老师这一工程中,具有不可替代的意义。

(一) 体现了"以人为本"

契合以人为本的教育理念。即重视人,理解人,尊重人,爱护人,提升和发展人自身价值的理念。各高校内指定的有关"双轨并行,定岗培养"乡村小学全科教师的培养模式,尊重许多有意向投身于农村基础教育的大学生的个性化发展需要,能激发大学生在学习与实践活动之中的主动性、创造性;此培养模式具有更明确的方向性,能使学生明确自己的发展方向——乡村小学全科老师,这一岗位对于国家、社会的建设具有极大的意义,更是推进乡村发展中不可忽视的一环,能体现从业者极高的个人价值、社会价值。

坚持人本原理。体现了中国共产党全心全意为人民服务的根本宗旨,坚持一切以人民为中心,看到了乡村地区人民对于教育的渴望与需求,能因地制宜、切实地化解乡村地区小学教育中对教师需求量大、可用人才供给少的问题,同时也有助于化解乡村地区小学各学科教师人才结构失衡的问题,为学生们的全面综合发展、为培养青少年一代德智体美劳全面发展助力,使学生们具有更多发展的可能性,进而助力我国乡村振兴事业。

(二) 有利于促进乡村地区义务教育的发展与教育质量的提升

2017年5月22日,黄冈市人民政府办公室关于印发《黄冈市农村小学全科教师定向委培方案》的通知,要求以定向培养方式,为全市农村小学、教学点有针对性地培养一批急需的全科教师,按照有理想信念、有道德情操、有扎实学识、有仁爱之心的好老师标准,着力建设一支"下得去、留得住、配得齐、教得好"的本土化乡村教师队伍,促进教育精准扶贫,全面提升农村的教育质量。[①]

该培养模式能够因地制宜、有针对性地调节现存乡村基础教育中存在的问题,且接受该模式培养的学生,一方面具有完备的专业素养,掌握科学先进的教育教学方法,能够将新课标课程标准要求下规范的学科知识与先进的思维方法带进乡村小学,帮助学生们汲取更多更全面的知识,培养开阔的视野,缩小与城市小学教育条件、水平的差异,符合教育均等化的要求;另一方面,学生从自主选择此类专业到为期四年的专业知识技能与理论知识学习,再到投身于乡村小学教育这一过程中,有充分的时间与机会思考自身与该专业方

---

① 黄冈市教育局. 黄冈市农村小学全科教师定向委培方案 [EB/OL]. (2017-11-19) [2022-11-16]. http://jyj.hg.gov.cn/art/2017/11/19/art_9163_199976.html.

向的适配度，接受"双轨并行，定岗培养"的学生在培养周期内，能够习得系统知识，坚定从事乡村教育岗位的理想信念，将对乡村文化教育事业的热爱之情厚植于心，形成极高的行业忠诚度，能长期、稳定地促进乡村教育的发展。一批批优秀乡村教育工作者的养成，能为乡村基础教育输送源源不断的力量。

（三）有利于促进乡村地区经济文化的发展

此培养模式的建立将为乡村小学提供大量的全科应用型人才，能够优化乡村小学学科结构和教师队伍，使其整体上更加科学、更加合理。经过高校专业培养的小学全科教师能完全符合不同乡村地区的状况，为当地注入更多的文化力量，帮助不同农村地区学龄阶段儿童建立对于学习知识的重要性的认识，形成想学、好学、爱学之风，打破传统观念，形成浓郁的教育学习氛围；顺应乡村振兴发展政策，为当地培养更多可能的人才，以便在日后回报社会、回报家乡，推动家乡的建设与发展，该培养模式间接为我国乡村地区经济文化发展输送了力量。

三、"双轨并行，定岗培养"的实践路径

（一）构建协同育人制度体系

"双轨并行，定岗培养"协同育人机制是以师范院校为培养主体，以乡村小学为参与主体，以地方政府为承接点，建立合作共赢长效机制。要畅通三方协同须在以下方面进行协调：

（1）定期开展三方会议。通过定时召开会议，搭建沟通平台，让师范院校和乡村小学了解彼此的需求，明确高校和乡村小学的责任和义务。在三方会议中首先应当制定相应的规则，签订指导性文件，为具体践行协同育人提供规则。在招生季、毕业季等关键时间节点，通过三方会议签订委托培养协议、保障就业协议、合作协议等文件，为学校培养乡村小学教师提供保障。通过三方会议，乡村小学应对委培学生学业状况、道德要求、技能水平提出要求并签订相应文件。在三方相互合作、共同监督下，乡村小学定期对师范学院培养的小学教师进行考察，师范院校定期考查乡村小学对教师权益的保障状况，地方政府要对乡村小学和师范院校合作完成情况进行考核和监督。综上所述，地方政府、师范院校、乡村小学所组成的三方，要通过共同会议搭建沟通平台，在合作中相互监督、完成落实，解决师范学院学生就业工作不对口、乡村教师资源不充分等问题。

（2）完善乡村教师招生、就业制度。以黄冈市为例，2017年黄冈市农村小学全科教师定向委培在武穴招生40人，学生在黄冈师范学院接受培养。在发布招生公告前，黄冈市政府各县市对岗位需求进行摸底，根据计划数确定具体到村、到校岗位，各县市教育局组成招生宣传小组，深入生源学校开展报名宣传。确定就业岗位时，各县市教育局、考生、黄冈师范学院三方签订定向培养协议，明确双方权利义务。考生签订协议后，由学校统一编班学习。各县市教育局对合格考生集中确定定向培养工作岗位。工作岗位按"分

数+地域"原则确定。本次委培生招聘由黄冈市政府牵头,以黄冈师范学院为培养主体,乡村小学上报教师需求,在黄冈师范学院招生前部署,提出了对于委培学生的要求和就业去向,明确了师范院校、乡村小学、委培学生和地方政府的责任和义务,为解决黄冈市乡村小学全科教师人员短缺作出了贡献。

(3) 深化小学教师理论学习和教育实践相结合。小学教师的理论学习至关重要,对提高小学教师的职业素养和知识水平产生重要的影响。乡村小学是乡村教育的第一线,小学教师在正式上岗工作前必须具备一定的实践经验。只有通过具体的教育教学实践,才能将课本知识灵活运用,所以小学教师需要借助见习、实习、支教等多种方式,为实现理论学习和实践教学的融会贯通搭建桥梁。通过当地政府的协调和师范学院与乡村小学的合作,为师范院校小学全科教师提供实践时间、实践岗位是必不可少的。只有将理论与实践相结合,培养的小学全科教师才能适应乡村小学的现实教育状况。

(二) 构建多方协同培养方案

(1) 建立政府与师范院校协同培养机制,完善乡村小学全科教师招生机制、就业制度。在建立政府与师范院校协同培养机制之前,政府首先要对各县市全科教师岗位需求进行摸底,根据调查数据制订乡村小学全科教师培养计划,然后优选高水平师范院校承担培养任务。而承担培养任务的师范院校要根据政府的指导性文件,制订相应的乡村小学全科教师招生计划,并整合本校的优质教学资源支持"乡村小学全科教师"培养,将各项工作落到实处。

为了巩固中西部欠发达地区的教育脱贫攻坚成果,推动教育优质均衡发展,实现乡村教育振兴,教育部提出了"优师专项计划"。黄冈市根据省教育厅等九部门印发的《湖北省脱贫地区优秀教师定向培养计划实施办法》(鄂教师〔2021〕3号) 和黄冈市教育局颁发的《关于做好2022年优秀教师定向培养专项计划有关事项的通知》等文件精神,委托黄冈师范学院定向培养100名市级优秀教师。为了避免定向培养的优秀教师毕业以后放弃回归基层教育,入选"优师专项计划"的学生需要提前与黄冈市各县市区签订就业协议。同时为了留住优秀教师,参加"优师专项计划"的学生不仅在校学习期间免除学费、住宿费并补助生活费,而且入职后享有正式的教师编制。湖北省实施"优师专项计划"的高校除了黄冈师范学院,还有湖北师范大学和湖北第二师范学院。

(2) 建立师范院校与大专院校协同培养机制,优化全科教师五年学制。全科教师虽然不要求具备教授小学全部学科的能力,但是要具备将小学学科有机结合的能力。因此其培养要求高于分科教师。全科教师五年制是指"3年大专+2年本科"。相比较而言,专科院校对全科教师的培养注重专业技能训练和职业素养的提升,而大学对全科教师的培养更注重思维能力和认知技能的提升。五年制的全科教师和四年制的全科教师相比其接受的学习更加全面,在一定程度上五年制的全科教师更符合乡村小学的教育需求。因此,师范院校应加强和大专院校的联系,明确并了解各自的全科教师培养目标,实行分阶段教学,最大限度地促进全科教师能力的综合发展。为了确保五年制培养全科教师的质量,首先要提高高考毕业生报考全科教师五年制学校的门槛,确保生源的质量;其次,相应的大专院校应该为学生提供良好的学习保障；最后，对应的师范院校要重视对五年制全科教师的培养，结合其前期在大专院校的学习情况，制订有针对性的人才培养方案。

（3）建立师范院校与乡村小学协同培养机制，完善人才培养方案。人才培养方案对人才培养具有指导性作用。为确保全科教师的人才培养方案具有实用价值，符合乡村小学的教育需求，师范院校在制定全科教师人才培养方案时，应邀请乡村小学参与制定过程。同时，乡村小学应为师范院校的学生提供实践岗位，为其实现理论学习和实践教学的融会贯通搭建桥梁。

以《黄冈师范学院小学教育专业（师范）人才培养方案》（2019 版）为例，参与该方案修订的不仅有校内教师代表、校外专家、学生代表，还有基础教育行业的代表。而且该方案中的培养目标符合《小学教师专业标准（试行）》的基本理念，促进了小学教育专业学生的全面发展。对于小学教育专业学生的毕业要求着重强调师德规范和教育情怀，要想成为一名合格的教师，首先必须热爱学生、热爱教育事业，在此基础上严格规范自己。教师对于学生来说具有榜样作用，特别是小学生他们的心智发展不成熟，三观还在不断发展完善中，小学教师的三观对学生成长的影响至关重要。乡村地区生活和教学条件相对城镇来说较艰苦，发展前景也具有一定的局限性，导致难以招到、留住乡村小学教师。因此，要求乡村小学全科教师要具有无私奉献的精神，能扎根在人民需要的地方，为乡村教育的发展添砖加瓦。

（三）优化乡村小学全科教师教学体系

（1）重构课程体系。黄冈师范学院小学教育专业依托本校百年师范教育优势，着重培养能在小学以及其他基础教育机构从事教育教学、教育科研或教育管理等工作的全科性应用型高级专门人才。黄冈师范学院小学教育专业根据多方面的经验，重构了小学教育专业的课程体系。培养全科性应用型小学教师必须打破单一学科专业的壁垒，把小学开设的各种学科进行有机整合。小学教育专业课程类别包括通识教育课程、学科专业课程、教师教育课程以及综合实践课程，每个课程下面分为必修课程和选修课程。

通识教育课程的必修课程主要包括思政类课程、大学生体育与健康、计算机、大学生安全教育、军事理论和大学生就业指导课程；通识教育课程的选修课主要包括美育与公共艺术教育课程模板、创新创业指导课程模板、自然科学类课程模板、经典研读与文化传承课程模板、兴趣爱好与技能拓展课程模板和国际视野与语言能力课程模板。学科专业课程的必修课主要包括小学教育专业导论、小学心理学、现代汉语、小学数学基础1、小学数学基础2、基础英语、音乐基础、美术基础、现当代文学作品选读、古诗词鉴赏和小学教育专业导论等专业基础课程以及小学生学习心理学和小学教育学等专业核心课程；学科专业课程的选修课主要包括儿童文学、写作、小学科技实验基础、体育舞蹈、基础教育改革专题、比较教育专题、教育名著导读和鄂东教育文化论坛等专业拓展课程。教师教育课程的必修课程主要包括教育学基础、教育科学研究方法、班级管理与活动组织和小学生心理健康教育与活动组织等教育基础课程，以及小学体育教育、小学课程与教学论、小学课程标准与教材研究、小学综合实践活动课程以及小学各学科课程教学法等学科教育课程。教师教育课程的选修课程主要包括教师职业道德与教育政策法规、中国教育史、外国教育史、小学德育、学校卫生学、现代教育技术应用、普通话、书法基础、演讲与口才和微课设计与制作等教育基础课程。综合实践课程只包括毕业论文（或毕业设计）、学科教学技能训练、教育见习和教育研习等必修课程。

（2）加强实践教学研究。教育实践对培养学生教育教学能力具有重要作用。教育部《关于加强师范生教育实践的意见》（教师〔2016〕2号）中提出，当前师范生教育实践依然是教师培养的薄弱环节，师范毕业生的教育教学能力尚不能完全适应中小学的需要。① 因此，师范院校在培养小学教育全科教师时要着重培养他们的教育教学能力。但是在培养过程中不仅要注重校内教育实践活动，还要注重校外教育实践活动，充分发挥"双轨并行"的优势。除了在各类课程教学过程中进行相应的学科模拟试讲、开展"三字一话"教学、组织教学技能比赛等校内教育实践活动外，还应加强师范院校与乡村小学的联系，只有深入基层才能充分了解乡村小学教育现状，从而增强小学全科学生对乡村教育的情怀。因此师范院校可在乡村小学建立教学试点，实施"1+1"双周实践模式，即校内实践1周与校外实践1周相结合的模式。在校内实践中进行小学各学科的模拟试讲，并安排师范院校专业指导教师进行辅导，为第二周的校外实践提供前提条件。校外实践则让学生进入教学试点，配备校外优秀的小学教师作为实践学生的导师，跟班学习，与教学试点的小学教师一起开展教学研讨和班级管理，切身体验小学课堂教学，将教学理论应用到小学教学实践中。

（3）优化教材建设。教材在教师教和学生学的过程中至关重要。为了促进全科课程内容和乡村小学教育教学现状协调发展，在编写学科专业课程教材和教师教育课程教材时，可邀请小学的特级教师同师范院校专业教师共同编写，发挥双方各自的优势，确保教材的实用性和科学性。

要注重教材建设形式的多样性，师范院校可联合乡村小学根据互联网时代的特点建设共享精品线上课程。将乡村小学里优秀的教学录像、案例汇集、教案、课件、题库、学生习作以及专家教学视频等各种教学资源上传到线上课程资源库，以便于学生更真实、直观地学习与借鉴。

（四）考核评价体系

（1）考核评价体系改革。建立教学质量检测与学生评价考核体系，为"双轨并行，定岗培养"乡村小学全科教师培养模式提供有效的保障。教学质量检测体系中包括教务处抽查监督、课堂与自习期间不定期巡堂、课前对于教师课件与备考材料的审核，以及对预期课堂效果落实情况的了解。学生评价考核体系中包括各学科模拟试讲练习考核、日常课堂表现情况及作业完成情况考核、期中期末综合理论知识笔试考核，其中试讲、笔试、日常考核三项的占比分别为3∶3∶4。

---

① 教育部《关于加强师范生教育实践的意见》教师〔2016〕2号［EB/OL］.（2016-03-21）［2022-10-27］. http：//www.moe.gov.cn/srcsite/A10/s7011/201604/t20160407_237042.html.

（2）考核评价标准研究。以小学教育全科型专业人才培养方案为主要参考依据，考查被培养者是否符合师风师德优良、热爱乡村教育、教育素养良好、教学能力突出、坚持终身学习等小学全科教师核心品质，能否将所学的理论知识应用于实践，坚持立德树人，保持高尚的道德情操，深入了解定向地区乡村小学特点，进行不断的学习与反思，成为乡村小学学子守望的理想灯塔。个人基本能力方面，是否具有小学全科教师资格证、英语四级证书、普通话二级甲等及以上证书。

（3）人才培养效果跟踪研究。在培养的学生进入乡村小学工作后，开展以每 6 个月为周期的跟踪调查，并把以下四个因素作为综合考核标准：其一，经过培养后的学生能否充分适应乡村小学环境与当地学生的学习水平状况；其二，知识的储备是否完善，能否在需要时随时提取应用，是否能有效输出有助于学生学习的知识点；其三，师风师德，是否符合教师职业素养的各项要求；其四，职业忠诚度与工作态度，能否适应当前工作，且依旧保持教育教学的热情。在具体的人才培养成效跟踪中，应当以将所学运用到教学实践中的能力作为检验与考核人才培养成效的关键点，其中，实践能力又包含教育教学知识、教学能力、研究能力等多方面，具体可以分为：教育教学知识方面，需要掌握教育学基本理论、现代教育技术、小学各学科教学法，树立先进的科学的教学理念，落实立德树人，贯彻师风师德要求；教学能力方面，具体考查其是否具备教师的基本技能，即教学设计、板书设计、三字一话、授课技巧等；研究能力方面，需要积极考核其能否充分了解学生的个人特点，将课前准备与课后反思结合起来，树立终身学习意识，掌握有效的研究方法，发掘有研究意义的教学案例，为推进乡村小学教育教学研究工作贡献力量。

多媒介助力《红楼梦》整本书阅读教学研究

王 乐①

在"互联网+"的时代背景下,人们的日常生活与数字化息息相关,移动技术、云计算、大数据等渗入生活的方方面面。得益于媒介技术的进步,人们获取信息的渠道,从以报纸、杂志、电视、广播等为代表的传统媒介逐渐转移到以网络、手机为代表的新媒介。学生的阅读方式和阅读习惯也受到了极大的影响,趋向于采用新媒介的手段帮助阅读活动的顺利进行。面对数字媒介转型的趋势,《普通高中语文课程标准(2017年版,2020年修订)》(以下简称新课标)紧跟时代步伐,反复强调新媒介的运用对于语文教学带来的巨大变革,要求语文教师深刻认识新媒介的概念和作用,紧跟时代的趋势,在教学中适当加入新媒介的使用,充分发挥其优势,与传统教学方式进行深度融合,使学生加强对于媒介的阅读与交流功能的认识。并且,新课标中还提出"整本书阅读与研讨"任务群要"在必修阶段安排1学分,18课时。应完成一部长篇小说和一部学术著作的阅读"。② 首先,和单篇阅读相比,整本书阅读具有整体性的特点,聚焦于整部文学作品,而不是单一的课文或片段,学生阅读整本书所获得的感受可能更整体、更全面;其次,整本书阅读需要一个长期的教学过程,包括多个环节,教师需要提前制订好整体的阅读和教学规划;最后,单篇阅读的教学主要以教师的讲解为主,而整本书阅读主要以学生自主阅读为主,教师通过组织相应的活动去引导学生阅读。因此,利用多媒介助力《红楼梦》整本书阅读教学在语文课堂上的顺利开展显得尤为关键。

然而,当前在《红楼梦》整本书阅读课堂融入多媒介的过程中还存在诸多难点,未达到应有的教学效果。笔者在湖北省A高中抽样选取师生进行问卷调查,发现问题主要集中在以下方面:首先,师生对多媒介认识不足,有一些教师将多媒体教学与日常多媒体教学相等同,在讲授《红楼梦》整本书阅读教学内容时往往播放PPT或者小视频就一笔带过,认为已经完成了媒介融合的任务。教师对于整本书阅读的教学常常采用固定的套路,习惯于依赖参考资料对小说的时代背景和关键字词进行解读,缺乏对创新性的教学模式的思考,阅读往往流于形式。其次,教师媒介的选择不当,由于没有相配套的教材载体,所以在采用何种媒介走进《红楼梦》整本书阅读教学课堂时,教师的自主权较大,

---

① 作者简介:王乐,黄冈师范学院文学院2021级学科教学(语文方向)硕士研究生。
② 中华人民共和国教育部. 普通高中语文课程标准(2017年版2020年修订)[S]. 北京:人民教育出版社,2020:11-15.

把关不甚严谨。比如，有的教师在进行教学设计时，喜欢将视频、图片、音乐、vlog、配音等多种形式在课堂教学中综合运用。表面来看，媒介的种类五花八门，媒介信息更是真假难辨，学生因为缺乏信息筛选和辨别能力，容易被林林总总的媒介信息吸引，沉迷于新奇的媒介资源体验中，没有真正理解到教学的重点，达不到对整本书深度阅读的要求。最后，教师评价方式较单一，这体现在实际的《红楼梦》整本书阅读教学课堂上大部分的教师会选择通过与学生进行口头交流或者做题来检测学生的学习效果；只有极少部分的教师会通过让学生开展演讲比赛或者辩论赛来考查学生的学习情况；而几乎没有教师要求学生编写网页或者运行公众号来验证其对知识的掌握情况。究其原因在于新课标"整本书阅读与研讨"的学习任务群中并没有提出一套标准的详细的评价体系，同时师生对评价不是很重视，大多会凭借感觉进行评价。

基于对全媒介时代学生阅读与交流特点的剖析，结合《红楼梦》整本书阅读教学课堂实际，本文从以下四个方面进行策略设计。

一、整合资源优势，深化阅读理解

当前整本书阅读存在碎片化的问题，学者晋广娟在论文中谈道，"在实际教学过程中教师在课堂上组织学生探究的问题没有从整本书出发，教学内容缺少深度，教学停留于一般的表面探究，导致教学散乱"。① 而多媒介的融合能够为整本书阅读教学带来更丰富的资源。整合多媒介资源优势指的是合理选择、利用不同媒介的特点长处，使以手机、电脑等为载体的新媒介能够弥补以书本为载体的传统媒介的短板，达到互补的效果。《红楼梦》可谓是一部中国古代社会文化百科全书，全书至少有900名人物，人物关系网络庞大复杂，并且不同的人物出场时间不同，发生的故事以及相互之间的关系也不同，要想顺利读懂弄通本书情节，必须理清人物关系。而整本书阅读耗时较长，容易读到后面又忘记了前面的内容，教师可要求学生借助电脑绘制思维导图，描摹人物群像，在后续的阅读中根据情节展开随时修改和补充图表。学生在完成整本书阅读之后，看着自己绘制翔实的图表，书中的情节就会跃然眼前，能从中获得巨大的成就感与满足感，加深对文本内容的理解，也便于教师根据思维导图的制作情况判断学生的阅读和掌握程度。

整本书阅读的一个难点在于学生在课堂上没有充足的时间和良好的阅读环境进行沉浸式的阅读，导致阅读得比较浅显且具有功利性。那么，教师可以将《红楼梦》课外自主阅读安排在寒假进行。学生在初次阅读《红楼梦》时，往往把握不好阅读的重点，阅读进展得非常缓慢，所以教师要通过电脑、手机等媒介帮助学生掌握阅读的重点，提高学生的阅读效率。同时，教师还可以充分利用网络做好阅读任务的监督工作。教师要求学生将每日阅读的完成情况通过线上软件进行上传打卡，教师线上检查，随时了解学生的阅读情况，关注学生提出的问题，并进行相应的反馈和指导，帮助学生答疑解惑。教师借助多媒

---

① 晋广娟. 部编本高中语文小说整本书阅读研究——以《红楼梦》为例［D］. 石家庄：河北师范大学，2020：15.

介的手段，将课堂空间进行拓展，提高学生的阅读质量。

二、创设真实情境，激发学习兴趣

情境的创设使单调的文字与五感相结合，枯燥的书本知识在这种方式之下染上了感性的色彩。在《红楼梦》整本书阅读的教学中，部分学生难以提起兴趣，缺乏深入探究的主观冲动。究其原因，在于学生所处现代社会，各项生活要素齐全，与书中生活环境差别较大，对人物观念、习惯以及生活礼仪、习俗等难以理解，从而很难做到主动阅读学习。教师在进行课堂教学时，应借助多媒介的手段构建情境能够将课堂与真实的生活相连接，激发学生的参与感与认同感。

例如，在《红楼梦》整本书阅读教学的课堂上，教师可以构建角色扮演的教学情境。分组让学生们表演《红楼梦》中的一些经典桥段，比如"林黛玉进贾府""黛玉葬花""刘姥姥进大观园""元春省亲""香菱学诗"等，借助背景音乐、场景图片、视频片段等手段帮助学生融入角色扮演活动中。学生学会揣摩人物的心理，把握人物的性格特征，有助于加深对于小说情节的理解，也能够使学生在实际生活中学会思考和表达。再如，教师可以设计情境让学生为参观大观园制作邀请函。邀请函的制作可以看作一个真实而又实用的跨媒介教学情境，学生能将在此情境中获取的知识应用到实际生活中。邀请函可以有丰富的媒介表现形式，比如传统的纸质邀请函、图音文并茂的电子邀请函，抑或是丰富多彩的视频邀请函等。学生在邀请函的制作过程中不仅实现了教学目标，还根据需要掌握了不同类型媒介的应用方式，并学会了合理地沟通与表达。

三、搭建学习共同体，拓展教学空间

整本书阅读教学中不可缺少的是对于媒介资源的精选和整合，而建立媒介学习共同体不失为一种较好的资源整合方式。因为时间有限，课堂教学可以教师答疑解惑和师生合作研讨与探究的方式展开，将学生的阅读时间和阅读任务放在课堂之外进行，采用互联网的多种媒介手段进行阅读与互动。整本书阅读强调学生学习的自主性，教师可引导学生根据个人兴趣或者学习的需要建立形式丰富的媒介学习共同体。而通过这种实践共同体，增强了学生彼此间的交流与沟通，在活动中与共同体内的成员为实现共同的学习目标而一起努力，激发学习热情。同时，这一活动形式促使学生在知识获取的同时构建多元的社会身份，突破学校学习的限制，从而改善整本书阅读学习的方式，涵养多媒介学习素养，提高多媒介学习的能力。

学者罗静认为"多媒介学习共同体的搭建形式具有灵活性、开放性以及多样性的特点"。① 在日常生活中常常接触的知乎、QQ群、微信群、百度贴吧、超话、微博等都是新

---

① 罗静.《红楼梦》整本书阅读与信息技术相融合的教学策略思考［J］. 亚太教育，2022（02）：142-144.

媒介学习共同体组建的一种简单便捷的方式。例如，在《红楼梦》一书中，大观园中的众人成立了"海棠诗社"。如今，在课堂外，教师可以指导学生围绕"诗社"组建线上线下联动的多媒介学习共同体进行互动学习。在课后时间，诗社的成员能够线下聚在一起进行对话、研讨，并为诗社取一个名字，为自己在诗社中取一个代号，不定期分享读诗、品诗、作诗的成果。线上活动不受时空的限制，可以安排在整个学年进行，比如建立诗社网站、申请诗社微信公众号、建立发布诗社活动的抖音号、为读诗品诗的活动开启直播等，教师跟踪活动的进展，经历一段时间的运营后再评价学习的效果。在媒介学习共同体的建立当中，学生们不仅对于知识有了更深层的掌握，还增进了彼此的感情，学会了与他人友好交流且提高了自己的表达能力。

四、构建评价体系，合理进行评价

《红楼梦》整本书阅读教学要想取得切实、有效的教学成果，调动学生的热情全力参与其中，须需针对具体活动、活动过程制定行之有效的评价体系。比如，诊断性评价、形成性评价与终结性评价等是当前较推崇的评价方式，结合整本书阅读教学的周期较长的特点，教师可选择使用多样的评价方式。

课前常常可以采用诊断性评价的方式来大致了解当前学生的媒介素养层次，在教学内容、教学目标、教学重难点、教学任务设计时予以参考，使之更具针对性。比如，教师在《红楼梦》整本书阅读教学课前可以督促和引导学生利用互联网来搜集相关的资料，让学生通过多种途径搜集《红楼梦》的简介、人物关系图、来自本书的成语及经典诗词等，通过这种方式考查学生的媒介检索和筛选能力，使教师对于学生当前的媒介运用水平有一个初步的感知，为后续的授课提供参考。

课中则需要检验学生一个阶段的学习任务的完成程度或一个单元知识点的掌握状况等，这时教师可以采用形成性评价的方式。在形成性评价中，学生的参与度是一个重要的考查指标。例如，在建设多媒介学习共同体完成《红楼梦》整本书阅读时，教师的评价重点可以放在学生在教学活动过程中是否积极参与活动上，从而及时发现问题并改进自己的教学策略，指导学生调整自己的学习行为。

教师可以设计多媒介学习的评价表来进行评价，其中融合了教师评价和学生互评等多种评价形式。具体如表1所示。

表1　　　　　　　　　　　多媒介学习评价表

	教师评价	组内互评	组间评价	总得分
媒介使用情况				
组内分工				
成员参与度				

续表

	教师评价	组内互评	组间评价	总得分
成果展示				
建议				

  课后可以采取总结性评价的方式来检验学生对于总体知识的理解程度。最常见的总结性评价就是测试题，在设计测试题时应包含媒介的特点，例如设计一套卷子来检验学生的多媒介阅读与交流能力，抑或是采用总结分享、成果交流等多种形式。

  例如，在完成《红楼梦》的整本书阅读任务后，教师可以设置拍摄微电影这一实践活动来评价学生的学习成果。以"林黛玉进贾府"为题，要求学生以小组为单位编写脚本、拍摄微电影，最后通过教师打分、学生互评、网上投票等多种方式选出最佳影片。教师应当对学生予以支持和鼓励，帮助学生更好地驾驭多媒介，能够从繁杂的信息海洋中筛选出正确的信息材料为之所用，并适度地加工和编排，在其中加入自己独特的想法，将课本内容进行延伸。多媒介对于学生来说并不陌生，在信息时代手机和电脑都是常用的工具。微电影是一种较新颖的事物，学生对此有着强烈的兴趣，创设与生活息息相关的任务情境，将课本与生活密切结合，学生能够有更多的灵感和创作欲，学习就不再枯燥乏味。同时，学生自己编排微电影，其中的情景布置、故事情节设计也反映了他们对于人物的理解和对事件的看法，属于一种对文本"再理解"的过程，让他们从另一种角度领会作品所要表达的精神、思想和情感，并从中能够获得一定的审美体验。

  总而言之，多媒介融入教学是教育领域的大势所趋。在整本书阅读的课堂上，教师应积极转变自身的观念，大力挖掘、整合媒介资源，改变单一的教学形式，拓展教学的时间与空间，并基于新课标要求和教学实际建立行之有效的评价体系。根据时代的变化和教学的要求，发现其薄弱之处并予以改正和完善，协调好整本书阅读教学与多媒介融合中的各种矛盾和难题，努力拓宽学生的多媒介视野，创造性地开展教学实践，最终使学生的语文核心素养得以提升。

乡村小规模学校复式教学管理现状以及优化策略

王新月①

一、引言

乡村小规模学校是分布在经济落后、交通不利、人口密度小的农村地区，在校生人数在100人以内的学校，包括农村教学点、不完全小学和一部分完全小学。② 在×县教育系统所管辖的各个乡镇里也分布了不少这样的学校和教学点，它们在×县乡村教育振兴和教育脱贫攻坚战中发挥着不容忽视的作用。

复式教学同单式教学相对，由日本传入中国，辛亥革命后，人们习惯称之为复式教学。由一位教师在同一教室同时向两个或两个以上的不同年级施教的一种教学组织形式。它是班级授课制的一种特殊组织形式，也是适应复式编制而产生的一种教学方法。它一般适用于学生少、教师少、校舍和教学设备等缺乏的农村、偏僻山区、少数民族地区。③

二、有效教学理论视角下乡村小规模学校复式教学管理问题的提出

随着乡村振兴战略的推进，农村学校办学条件基本能保证，但仍难以满足高质量发展的需要，乡村小规模学校自主权太小，主体质量基本有保障但素质教育水平较低的境况长期得不到改善，而复式教学是确立农村教育自信，探索低成本、可复制、有特色、高成效、可持续、生态化的农村教育手段。邬志辉教授认为最好的学习是在最熟悉的当地社区和生态环境中完成的，因为"地方"承载了本地生态环境、社区、农耕、人文、历史等多重意义，所有这些都构成了真实世界的教育资源，每一个地方的整体性和独特性为可持续导向的教学提供了最佳的情景和内容。④ 在撤点并校的另一端，为乡村小规模学校谋求

---

① 作者简介：王新月，女，黑龙江肇州人，黄冈师范学院，教育学硕士。
② 赵丹，范先佐. 国外农村小规模学校研究综述［J］. 外国教育研究，2012，39（02）：98-105.
③ 雷万鹏，张雪艳. 论农村小规模学校的分类发展政策［J］. 教育研究与实验，2011（06）：7-11.
④ 吕晓虹. 复式教学在义务教育中的地位及前景［J］. 教育评论，1999（03）：36-38.

教学质量提升，谋求可持续发展，是农村教育改革的应有之义。

有效教学理论中分析的核心是教学，教学系统包含有三项流程：一是背景变量，即支持性输入、生源特征、师资特点、辅助性资源等；二是教学过程（教学组织管理以及教学实施过程）；三是教学结果输出（学业成绩的长期结果与短期结果，认知、情感等教育效果）①。本文以有效教学理论为指导，结合复式教学的特点，以×县三所小规模学校为样本，采用观察和访谈等方法进行个案研究，从中获得复式教学的研究资料。

根据×县实际情况，本研究确定了具有代表性的两所调研样本学校。所有参与复式教学工作的县教育局领导、复式学校的校长、任课教师以及学生都属于此次调研的对象。笔者编制了针对×县农村小规模学校的《复式教学观察记录表》《复式班教师问卷调查表》《复式学校校长访谈问卷》《复式老师访谈问卷》，走访了两所复式小学，总共发放问卷6份，访谈了4位教师、2位校长，观摩了两节复式课堂教学。在调研过程中，笔者得到了相关的图文及影像资料。

三、有效学习理论框架下小规模学校复式教学管理困境

（一）复式教学支持性输入匮乏

复式班校多分布在山区农村，交通闭塞，学校尚未投入使用充足的、先进的教学设备，教师们学历水平偏低，未经历复式教学专业培训，缺乏复式教学参考资料，因此只能将中心校按照国家对简易复式小学的课程标准改制而成的课标，作为指导、规范复式教学的工具。生源流失严重，生源结构的特殊性，如留守儿童占比较高、单亲家庭学生心理健康状况堪忧等，对复式班校的管理提出了新的挑战。

此外，复式教学支持性输入还面临以下困难：一是如何改善部分教师对复式教学的消极态度。一些教育管理者担心实行复式教学会影响学生的学习成绩。二是如何扭转教学条件艰苦和教学资源缺乏的局面，有的教学点只有一名教师，学校没有操场和电教设备，教师教辅资料几乎为零，没有教具箱，更谈不上专用实验用房，体音美器材少。三是如何改变教师知识体系老化、业务能力水平较低的现状。不少复式教师是由民办转公办的教师，他们的学历普遍较低，岁数较大，其中有部分老师知识老化，在学习新知识和接受现代教育技术方面比较缓慢。

（二）复式教学过程粗放

1. 组织管理体系亟待优化

为了保证复式教学合作学习与自主学习的有效实施，需要教师合理地利用和分配教室空间，优化分组合作教学的资源配置。教室空间包括学生座位、教室后方空间、墙角空

---

① 邬志辉. 中国农村教育发展的成就、挑战与走向 [J]. 探索与争鸣，2021（04）：5-8.

间、黑板空间和墙壁空间等，只有充分挖掘这些空间的教育价值，才能满足学生的多元需求，提高教学效果。① 调研发现复式教学的编班排座方式未能谋求创新与发展，仍然采用保守编班原则以及常规的排座方式。复式教学课程设置经不起严格推敲，随意性较大，复式教学教研以及培训成为被忽视的存在，往往被一带而过。复式教学机械的评价方式单一，禁锢了学生的个性化成长以及教师素质教育观的确立。如何为教师创造接受培训以及与同事、同行交流的机会成为一大难题，因为许多教学点的教师几乎是"一个萝卜一个坑"，正常上课期间，如果缺乏顶岗置换的人选，安排教师参加培训与交流，几乎是不可能的事。② 随着一些农村教学点的逐渐恢复、巩固，复式班级的增加，将有越来越多的教师投身复式教学。换句话说，所有小规模学校的教师都有可能成为复式教师。如何组织针对教学点及复式班教师的培训工作，急需引起有关部门的重视。

2. 教学过程问题凸显

教师一次教授一个以上的年级是一项艰巨且具有挑战性的任务。教师必须清楚，每个年级所需涵盖的教学大纲，如何在教学过程中将教学效果最大化，并且将所要教授的内容按照逻辑、顺序和有效的方式呈现给学生。老师必须有效地分配好学生合作学习和教师直接教学的时间。因此，复式教学老师要比单年级教师做好更加充分的备课计划。复式教学班的教师有限，很多教师都是一个人带多门课程，这就要求教师合理设计交叉课程，适当调整教学内容。为缓解组合教学给教师带来的多线教学任务压力，老师需要寻求任何可用的帮助，挖掘潜在的教学资源。例如教师选用"小助手"作为同伴辅导老师参与教学过程，同伴辅导老师需要小助手对自己的教学有一个很好的了解，而老师必须注意他们作为"小助手"在帮助其他学生时不会影响自己的学习进度。

(三) 复式教学结果输出低效

一是为了监测学生学业成绩的短期影响以及长期影响，复式班校实施每周评价。学业成绩评价主要通过入学测试、毕业考试、定期考试、自我-同伴评价方式进行。结合跟踪调查以及教师、教学管理人员的反馈，为了学生成绩免受复式教学的影响，尽量调配齐全高年级的师资，低年级学习任务量较小，学习任务难度较低，因此复式教学成为乡村小规模学校低年级的主要教学方式。尽管一些研究表明，复式教学对学生的学业成绩有促进作用，然而复式教学仍然影响一部分学生在转入单式班后的适应性学习。

二是复式教学对学生认知、情感教育促进作用被严重忽视。在乡村小规模学校中，仍然沿用传统的唯分数评价体系，评价内容依然坚持以智力教育为主，而且评价主体依然局限在教师层面，家长未能参与学生的成长过程，而学生也无法实现德智体美劳全面发展。

---

① 苏靖雅，赵丹. 农村小规模学校复式教学模式设计——基于 WGIPC 理论 [J]. 农村经济与科技，2018，29（04）：293-294.
② 李正福，郝志军. 提高复式教学质量的对策建议 [J]. 中国民族教育，2017（09）：24-27.

四、突破小规模学校复式教学管理困境的对策建议

(一) 加大教育资源供给力度,满足复式教学办学需求

资源配置是确保复式教学优质提效的根本保障。许多国家的立法机关和政府都已确认复式教学是一种合法的初等教育形式,一些国家出台政策和条例,保障了复式教学的顺利实施。① 在我国,复式教学在乡村小规模学校当中常常被认为是无奈的选择。要想提升复式教学的质量,必须摘掉社会对复式教学的有色眼镜,提高政策制定者对复式教学意义的认识,将复式教学纳入教育计划中,进一步制定、完善复式教学的相关政策,以使地方在进行复式教学管理时有明确的政策依据,对复式教学形成常规性的指导和评价;通过自主开展各种活动提高复式教学质量。为了给小规模学校提供更有效的复式教学指导,丰富交流学习内容,探究采用何种复式授课方式与学习过程提高教学效果,如何运用复式教学实现精准指导,让学生掌握基础知识并激发其个性与创造性。

在优化师资配置上,通过职前和在职教育以及学校之间的交流,提高教师复式教学能力。在小学教师入职培训中,要将复式教学纳入培训内容中,使他们对复式教学不陌生、不畏惧。教师培训和研修要关注农村小学和教学点的教师,必要的时候还可以开展复式教学专题培训,培训的形式也可以多样化,如采取研讨会、观摩课和远程培训等。此外,还应当更多地建立复式教师之间以及和复式教学专家之间的沟通平台,使教师在复式教学实践中遇到的问题能及时得到解决;我国的复式教师并没有因为教授复式班而收到额外的津贴、补助或接受过任何荣誉或表彰。有关部门应当出台提高复式学校教师工资和改善教学条件的政策,对复式教师的工作量予以承认,从而真正提高这部分教师的工作积极性。

(二) 激活复式教学特色优势,促进复式教学内涵式发展

实施乡村小规模学校复式教学的根本宗旨是促进每一个农村小学生的全面而富有个性的发展。而为了实现这一目的,就必须充分了解学生发展的需求,转变教师一直以来只是进行知识传授的想法。对复式教学的课堂教学进行评价时,要以促进学生全面而富有个性的发展为统领。复式教学要求对学生的评价,既关注学习结果,又关注学生对学习过程和方法的掌握,同时还要关注他们在学习活动中表现出来的情感态度和价值观。

在开展复式教学过程中,关注教师的复式教学能力的同时,注重培养学生适应复式教学的基本功。引导学生设定自我目标,养成独立学习的习惯,在学习过程中与同伴相互沟通,认真倾听。自动作业环节,由"小助手"负责组织大家相互交流意见。通过交流,学生能够总结自己的想法、相互认同及帮助,而"小助手"还能提高组织领导能力与自信。开展跨年级的小组活动中,高年级学生担任领导并照顾低年级学生。所有学生都参与活动的规划和开展,每个学生都有自己的角色和承担的责任。

---

① 高峡. 复式教学:为孩子们提供教育的有效途径 [J]. 中国民族教育, 2014 (10): 62-64.

（三）促进学校—社区合作，调动多元主体支持力量

家庭教育是初等教育发展的奠基石，对学生影响是最深远的。所以定期开展家校互动活动给家长与学校提供交流的机会，让家长与学校对儿童有一个全方位的了解，为复式教学得以有意义地开展提供支持。探索家校合作机制，让家长了解复式教学在教学组织形式当中的特殊性与优势所在，让家长了解单式课堂与复式课堂的对比差异，转变教育观念，由对学生的学习效果的孤注一掷，转向对学生认知、情感教育效果的重视。而复式教学是更有利于学生情感发展、人格塑造的教学组织形式。

丰富地方乡土课程和学习指导内容，打破年级限制推进共同学习。以本地文化经济活动为素材丰富学校教材、设计学习资料，研究跨年级的学习分组和学习内容，安排并开展学习交流活动。[①] 以教学点为基点、复式教学为媒介，开展隔代互学实践活动的探索。将乡村学校重新想象为全面的农村发展教育中心，为当地所有年龄段的人提供服务，包括从儿童保育到中学教育、成人教育和社区教育，并提供关于就业、农村经济可持续发展方面的教育。

---

① 任春荣，左晓梅. 日本乡村小规模学校发展经验及对我国的启示［J］. 外国中小学教育，2019（04）：38-45.

小学班级管理中契约精神的引入与践行研究
——以河南省 S 小学为例

陈 丹　韩冰清①

一、引言

"契约"一词源于拉丁文，原意是交易的意思，强调两个或两个以上的当事人之间的协议。在西方，"契约精神"是一种普遍的社会理念，《圣经》中也有许多关于犹太初民与神之间的"契约精神"的记录，基督教对"立约"之说的继承和发展，使"契约精神"成为一种根深蒂固的观念。这一契约精神也是西方"信用"的重要组成部分。然而，在我国，却出现了严重的人际信任危机，以及大学生违约率高居不下等现象。当前中国的学校教育以知识教育为首要任务，忽视了契约精神的培养。在学校教育中，契约精神的培养虽然以课堂教学为主，但是在班级管理中对契约精神的引入与应用也是非常必要的。

二、契约精神在班级管理中的内涵

在市场经济的观念中，"契约"即"合同"，而"契约精神"又指的是"诚信"和"守约"的意识。合同当事人应当按照合同的规定，以书面或口头的形式订立合同。但是，班级属于一个群属场域，它的成员之间存在着能力、性别、个性等方面的差异。在共同的目标和学习任务的驱动下，班级形成了具有整体意识的人际交往特点的社会心理共同体，它的基础是所达成的公约。班集体的"契约"是指班集体培养出的"遵守规矩""对自己、对他人负责""有较强责任感"意识。具体来说，班级契约精神的内涵主要包括以下内容：

第一，班级契约的实质在于班级学生间的平等。班集体成员之间自由交往、诚实守信、合作交流。第二，学生对自己在班中的地位有了明确的认识，明确了权利和责任。第三，班级纪律观念是班集体契约精神的主要支撑。第四，以"合作共赢"为核心，班级管理是以全班学生的共识为准则，并以全班作为考核的基础。

---

① 作者简介：陈丹，女，河南省信阳人，黄冈师范学院教育管理硕士；韩冰清，女，湖北红安人，黄冈师范学院教育学院教授，硕士生导师。

总之，班级管理中的契约精神是按照合同精神的普遍原则来进行的，由于契约主体的特殊性和所处环境的差异，契约精神具有具体化特征，它蕴含着自由、平等、权利、共赢的规则与精神。在本质上，将"契约"作为一个班级的管理方法，将"契约"作为一个班级的纪律，让同学们在遵守契约的过程中，培养起一种对班级的管理制度的遵守意识，① 最后，才能形成"人人为我，我为人人"的班级风气。

三、小学班级管理中引入契约精神的价值

在班级管理中引入契约精神，它的核心作用就是在班级管理过程中进行文化整合、价值观念的渗透，从而指导管理者作出合理的选择。在此基础上，结合目前小学生核心素养的培养目标，在小学班级管理中契约精神的引入主要有以下价值：

（一）立德树人：培育学生核心价值观

在当前教育管理中，师生之间也存在"不信任"的现象，因此，用"契约"来弥补学校、教师、学生、家长、社会之间的信任，是时代变革的必然要求。班级的契约精神秉持着自由、平等、守信、诚实的理念，与社会主义核心价值观倡导的自由、平等、公正、法治的社会发展价值导向一致。在班级管理的过程中，学生要积极地、热情地参与班级的经营中，做到人人平等、相互尊重、互相鼓励、互相包容、诚实守信，从而创建一个具有平等、公正、守信的班级集体，树立起班级成员平等、公正、守信的价值观，也就落实了以德树人的教育目标。

（二）依法治班：培养学生法治观念

为贯彻"立德树人"的基本任务，《中小学德育工作指南》（以下简称《指南》）提出：未成年人应树立诚实守信、友爱包容、自尊自律、合作创新等良好品质。而契约精神的引入，既可以促进学生的思想精神的发展，又可以促进学生的法治理念的培养。一方面，将契约精神引入班级管理，可以培养学生的契约精神，促进其独立人格的发展；另一方面，在小学的班级管理中，契约精神的引入，可以提高小学生的法治意识，形成遵纪守法的社会品质和习惯。"契约精神"是每个中国人都必须具备的一种基本道德，青少年属于国家的未来，在小学阶段就对他们进行契约精神的教育，将会使其受益终身。

（三）责任担当：培育学生的核心素养

在《中国学生发展核心素养》中，"责任担当"是其中一项重要素质。《指南》中明确提出课程育人，培养学生社会责任感。对自己和班集体有较强的责任心，是班级契约精神的一个重要表现。在班级管理活动中，学生们清楚地意识到，承担责任会在一定程度上牺牲自己的自由，也会承受因此而来的压力，而压力会成为动力，会激发自己的潜力，促

---

① 李建辉. 班级管理中的契约文化构建［J］. 教育理论与实践，2022，42（26）：26-29.

使自己做得更好。通过对班级契约精神的引入，可以增强小学生的责任意识，让他们对自己的社会角色有一个清晰的了解，从而让他们明白自己对家庭、集体和社会应当承担的职责，使他们成为一名新时代拥有独立意识和担当精神的人[①]。

（四）营造班风：提升自主管理

在班级管理中引入契约精神，这就表示在真正意义上，老师和学生之间是一种合同式的管理，老师和学生之间可以互相尊重彼此之间的差别，并且在此基础上，以实际情况为依据，平等地协商。这样，老师可以更多地关注到学生的现实状况和需要，可以设身处地为他们着想，针对个体差异，采用不同的方法，使班级管理充满人文关怀。通过引入契约精神，可以帮助学生形成诚实守信的良好班风，将班级管理推向制度化，让学生能够更好地自我约束。

四、小学班级管理中契约精神的践行策略

在班级管理过程中，老师要引导学生实践契约精神，激发学生自主管理的意识，不仅可以更好地达到教学目的，还可以提高班级管理的效率。作者以河南 S 小学为例，通过对其 50 位老师和 300 位同学（各年级 50 人）的问卷调查，并对其进行了实地考查和采访，通过对这些数据的统计和统计，总结出了一些践行契约精神的方法，其本质就是要使班级管理从"身份"向"契约"的转化，这就要求从"精神"和"制度"两个层面，同时贯彻契约精神。

（一）从精神层面指导实践

1. 诚信为本：树立契约意识

管理班级的过程也是教师和学生对班级内存在的问题进行协商和沟通的过程。诚实守信是契约精神的核心。在班级管理中，"契约"既是一种"约定"，也是一种"信任"。如果老师想要在班级管理中实践契约精神，那么首先就必须要打牢诚信的基础，让诚实守信变成师生的一种行为标准或者生活模式。这样，学生就会在班级管理上真正地按照约定行事，进而实现对合约的遵守。其次，对学生进行诚信教育，树立起"诚实守信"的观念；老师要对诚信的价值内涵进行阐释使学生对诚信的重要性有一个具体的认知。除此之外，老师还要为学生提供诚信的范例，并做到言出必行，遵守自己的承诺。

2. 践行公约：培养契约精神

契约的实质是充分履行契约中所确定的权利和责任。构建班级管理中的契约文化，需

---

① 孙擎，刘晨晔．中小学生契约精神的培育目标及有效对策［J］．现代中小学教育，2020，36（12）．

要对学生进行契约精神的培育,让他们在面对问题时,可以根据契约思考如何解决问题,并以履行契约为根本的方式来应对实际问题。因此要做到以下三点,第一,老师要在班级里与学生签订契约,并严格遵守契约。这里所说的遵守,并不是表面上的遵守,而是按照契约的规定来执行,构建"教师与学生之间的合作关系"。第二,严格按照契约来管理。在实际操作中,老师要严格遵守约定的时间、地点和规定,对学生的各项事务进行管理,保证自己的行为与契约的规定相一致。第三,在实施契约时,要保证执行的力度。老师在班级管理时,一定要确保契约的落实与实施。

3. 道德自律:发展契约道德

契约意识与道德自律,一个是明规则,一个是约束的潜意识,它们并不是完全相反的,从某种意义上来说,道德是一种文化契约。缺乏自我约束的人很难有自己的契约意识。一个人是否能够以及以何种方式遵守合同,归根结底是由一个人的道德素养决定的。唯有从个人的角度出发,加强个人的道德修养,对个人行为进行规范,方能确保契约的有效实施。在班级管理中,加强契约道德建设,是建设契约文化的一项重要内容。首先,要规定道德自律的管理目标。其次,要开展道德自律的管理活动,加强学生的自律意识,使其对道德自律有更多的体验与认知。最后,教师还要把道德自律作为班级管理的重要原则。在班级管理评价中,教师将道德自律融入其中,既显示出了其重要意义,也可以通过评价的牵引,引起学生对道德自律的关注。

(二) 从制度的角度进行实践

1. 平等参与:构建班级管理组织

"契约"是两个或几个契约主体共同意志的表现,"契约"应当是教师和学生协商一致的"契约"。按照此契约,教师和学生可以很好地合作,并且可以就不同的意见进行协商,从而达到课堂管理的目的。在构建班级管理契约时,要建立一个合理的组织机构,对有关问题进行调查、分析和协调,让学生和老师都能参与班级管理。从契约的制订需求出发,这个组织构建要重点解决以下问题:一是教师和学生的公平参与,保证学生和老师在这个组织中拥有同样的发言权,保证他们都可以对契约的规定进行充分的表述。二是教师与学生的角色定位与权利定位,根据教师与学生的基本情况,来决定双方在班级管理中所扮演的角色与所拥有的权利。三是明确治理组织制定契约的职责,明确契约制定的权限,以及应该承担的责任,使治理组织成为班级契约制定的责任主体。

2. 共同协商:打造契约制度

班级管理中契约精神引入的重要问题是制定班级管理契约。契约指的是在双方地位平等的前提下,双方通过协商而确定的权利与责任。因此,契约的主体一定要具有同等的地位,这样才可以实现平等与自由,在制订契约时可以综合考虑,合理地对契约内容进行协商,这样才符合契约的本质。班级制度要面向所有学生,在制定班级契约时,要让全体学生都参与其中。要做到这一点，一是要选择合适的参与方式或渠道；二是要确保学生可以无门槛参与。同时，为了彰显制度决策的合理性，老师和同学一起参与，用民主的方式来决策制度内容，从而让班级管理制度变成师生双方之间的共识。

3. 设计流程：提高契约的执行力

"班级契约"是教师和学生共同遵守的规范，是确定处理具体事宜方案的基础约定，也是解决班级管理中局部问题的实践依据。流程是一种由具体契约规定了怎样实施的程序步骤，流程与制度是契约问题的两个方面，既不能分开，也不能互相替代。如果程序设计得不够科学，那么契约的实施效果就会受到很大影响。为了提高班级契约的执行力，首先，针对契约执行的流程设计，可以从契约执行的关键问题中，提取出它们的等级关系，从而明确各关键问题的逻辑关系。其次，以此为依据，挖掘出关键问题的核心需求，将问题信息进行梳理，并将其排序，从而明确各关键问题的大致次序。再次，要在此基础上，按照契约执行需要，确定问题解决的基本步骤，并规定不同环节步骤的实践任务。最后，流程环节之间要流畅地传递信息，才能使流程步骤逐步向前推移。在确定了流程顺序之后，还要就环节之间的信息传递设计合理路径。

总之，要让小学生能够自觉地、积极地参与班级管理，提高他们的自我约束能力。在小学的班级管理中，引进并实践契约精神，引导师生遵守承诺，这是小学的班级管理能够达到学生自主管理目的的必然路径。

家校社协同育人视域下初中生厌学心理的原因及对策分析

张 静 刘文龙 张志勇[①]

随着社会的发展和教育体制的改革,初中生厌学心理的问题逐渐引起了人们的关注。在家庭、学校和社会共同育人的视域下,探讨初中生厌学心理的原因及寻找有效的对策具有重要意义。本文旨在分析家校社协同育人视域下初中生厌学心理的原因,并提出相应的对策,为家庭、学校和社会提供参考,以期帮助初中生更好地成长和发展。

厌学,指学生在学习上产生的紧张、厌恶、反感等负面情绪。主要表现为对学习和学校厌恶反感、消极,逃避学习行为,学习态度不端正,效率低下,注意力不集中,烦躁易怒、与同学老师关系紧张,弃学、离家等极端行为。厌学对青少年的身心健康有极大的危害。目前,厌学问题已成为教育工作中最令人担忧和头疼的问题。

一、初中生厌学的表现

在研究中发现有厌学心理的学生在课堂上不能全身心投入学习,会产生注意力不集中、走神、干扰正常的教学和课堂纪律等行为,在课下不能主动、按时完成教师布置的任务或因为某些原因抄袭作业等行为,他们对学习感到厌倦,在谈到学习活动时感到无聊,对其他娱乐活动兴趣过高,学习对他们的吸引力过低,抵触学习。厌学心理常出现以下表现:

(一)情感衰竭

初中生厌学的表现之一是情感衰竭,主要体现为一想到要上学就感到疲惫、担忧;并且常伴随产生一些消极想法和情绪,比如较低的自我价值感。此外,情感衰竭还可能导致其他问题,比如睡眠困难、难以集中注意力、过于敏感等。

(二)对待学校和学习持消极的态度

具体来说,对学校组织的活动没有参与兴趣,甚至对活动感到失望;认为学校组织的

[①] 作者简介:张静,黄冈师范学院教育学院硕士研究生,研究方向为教育管理;刘文龙,黄冈师范学院教育学院硕士研究生,研究方向为现代教育技术;张志勇,黄冈师范学院教育学院副教授,研究方向为教育管理。

活动没有意义，会减少花费在活动上的时间和精力；对与同学和老师的人际交往也持消极态度，感到孤独，甚至具有社交退缩的表现。

（三）感到不能胜任学生的角色

一般来说，产生厌学心理的孩子在学习活动上的效率会下降，在学业表现方面的个人成就感也会降低，甚至可能产生无能感，感到自己在学习方面缺乏能力，不能胜任学生的角色，产生厌学情绪。

二、初中生厌学心理产生的原因

（一）家庭因素

1. 缺少父母的关爱和教育

父母亲工作繁忙，没有精力照管子女或者父母采取不合理不科学的管教方式，强迫孩子上各种辅导班，导致孩子压力过大，产生逆反心理。孩子做错事情，容不得孩子解释，家长便简单粗暴地打骂，导致孩子遇到问题不敢直面解决，产生退缩心理。同样地，在学习活动中遇到困难，孩子不知道向老师、向同学求助，心理上畏难，没有了学习的动力，产生厌学心理。

2. 家庭教养方式不当

教养方式不科学很容易导致孩子的学习习惯和学习态度不端正，父母的教养方式不科学不外乎两种表现，一种是过度严厉，一种是过度溺爱。而无论是哪一种，都很容易造成孩子的厌学情绪。[1] 父母对孩子的不合理期待很容易给孩子造成巨大的学习压力，在巨大的学习压力下，无论是孩子的心理成长还是生理成长，都会产生较多不良影响，从而在此基础之上，孩子就会对学习产生厌烦情绪。

（二）学校因素

1. 教师的教学设计难以吸引学生的注意力

教师在教学过程中通常采用一把抓的教学形式，课堂讲课没有注重学生知识基础和学习能力的差异。这就导致了一些基础薄弱的学生由于听不懂教学内容、跟不上教学进度而渐渐开始不愿意学习。

2. 教师对后进生不公平对待

学校还存在部分教师歧视后进生、厌恶后进生的现象，使学生直接由反感教师发展到

---

[1] 李想. 不同年级学生厌学现状分析与心理干预策略 [J]. 考试周刊，2020（94）：5-6.

反感学习;① 对差学生表现出厌烦的情绪,没有深入地探讨学生厌学问题行为背后的原因,反而经常批评、训斥;忽视或歧视学习落后的学生,对他们抱有成见,这严重影响了友好师生关系的建立。

(三) 社会因素

一方面,受社会上不良风气的影响,包括拜金主义思想、享乐主义思想,以及不良价值观,比如学习无用论、网红现象,使学生容易产生不学习照样可以赚钱的想法,不利于学生正确价值观、人生观、世界观的形成,学习态度消极应付,缺乏对学习的认同感,严重厌学的学生可能会出现逃学或者辍学的现象。另一方面,信息时代,电子设备层出不穷,手机、电脑、各种智能设备或多或少地影响着学生的专注力。

三、疏导初中生厌学心理问题的对策

厌学心理会给孩子带来巨大的消极影响。因此,家庭、学校还应该通力合作,为学生提供良好的生活学习环境。

(一) 家庭方面:理解关怀,提供支持的环境

1. 家长做好榜样,对子女提出合理期待

首先,作为家长要严格要求自己,要时时处处给孩子作出表率,尽量为孩子营造一个积极进取、和睦的家庭氛围,让孩子能够保持身心健康,专心致志地投入学习。

其次,降低过高的期望值,不要"强迫"孩子学习。如果家长对孩子的学习逼得太紧,孩子会变得比较焦虑、不耐烦。在潜意识里,学生会对学习产生逆反心理。家长要通过教育引导,使孩子始终有明确的努力方向和目标,当孩子自己有了方向和目标,他自然会有坚强的毅力。

2. 学会控制自己的情绪,了解孩子的困境

首先,家长要能控制自己的情绪,当孩子出现抗拒学习的行为时,家长要意识到厌学不单单是孩子自己的问题,指责孩子、依靠外力让孩子学习并不能从根源解决问题,相反会激起孩子的逆反心理,所以先不要着急上火、催促孩子立刻去学习,而是先控制自己的情绪,不要让着急、愤怒等负面情绪控制自己。

其次,加强交流,了解孩子目前学习上遇到的困境。孩子不想去学校、厌恶学习,背后的原因有很多,了解孩子厌学的本质原因至关重要。很多孩子并不会主动吐露厌学的真正原因,家长应该要重视孩子的心声,理解孩子的难处,与孩子一起思考解决这些困难的办法,为孩子提供一个具有精神支持的家庭环境。

---

① 王菊兰. 初中生厌学心理与疏导策略探究 [J]. 考试周刊, 2020 (86): 9-10.

3. 家庭教育合理化，科学教育孩子

家长是孩子的第一位老师，家庭因素中对孩子影响最大的是家庭教养方式，其对孩子的成长和学习至关重要。① 民主的教育方式不仅能培养孩子的独立思维，还能促进家长与孩子的沟通和交流。家长应用科学的教育方式去教育孩子，注重孩子的心理成长，为孩子的心理健康保驾护航。

首先，家长要根据孩子的成长规律、学习情况、思维特点、兴趣特长等，把握孩子的"最近发展区"。针对孩子面对困难产生畏难情绪的厌学行为，家长应当引起足够的重视，从生活中的点点滴滴开始，培养孩子坚持、不轻言放弃的优秀品格。在此基础上，选择符合孩子实际的阶段性期望目标，协助孩子从实际出发，制订自己的学习目标。目标应该保持在学生学习能力范围之内，使学生尽可能并乐于努力实现目标。

其次，家长对待孩子的学习成绩，好了要表扬，强化学习行为；差了少批评，要一起和孩子找原因。家长要正确看待成绩，成绩只是孩子部分知识的反映，最重要的还是孩子真正学到了什么。家长应主动给孩子"减压"，合理管理时间，给孩子以休息、娱乐和发展爱好的时间，促进孩子多方面发展。

（二）学校方面：主动了解，构建温馨的学习环境

学校是学习的场所，学生出现厌学情况，可能是学校环境出现了问题，构建温馨的学校环境可以为学生提供积极的心理支持，有效缓解学生的厌学心理。

1. 教师丰富教学设计，提高教育教学水平

得当的教学方法，对解开学生的思想疙瘩、活跃课堂气氛、调动学生学习积极性等起到事半功倍的作用。

首先，用现代教育技术整合教学内容，提高效率，激活课堂，增强吸引力。激发学生的学习积极性，提高新教材教学质量的一个有力手段是直观教学。② 实物、图片、多媒体课件，创设情景，都直观形象地赋予了认识和记忆良好的条件。

其次，让学生尤其是厌学者，积极参与课堂教学，比如，在课堂上，可以增设学生发言的环节，为学生提供展示自己的平台。让学生积极参与课堂活动，多给他们创设表现自己成功的机会，这样极大地调动了后进生学习的积极性、主动性，从而使学生产生进一步学习的兴趣和动机。

再次，提升学生的学校支持水平，具体来说：教师在平时可以多关心学生，多检查和指导厌学者的笔记、作业，给予他们精神上的支持，使他们体会到平等，感受到老师的关爱。

---

① 徐天宝. 浅谈高中生产生厌学心理的成因及其对策 [J]. 基础教育论坛，2020，331（05）：5-6.

② 王敏，孙勤. 高中生厌学心理教育与疏导研究 [J]. 大众心理学，2021（02）：16-17.

最后，在课堂上为学生创造生动有趣的学习环境，把枯燥的学习变成生动、灵活、多样的学习，激发学生的学习兴趣。教师要讲究方法，学会用"分层教学法"，倡导启发式、探究式的教学，增强吸引力和感染力，让学生主动参与、勤于动手，使不同层次的学生都学有所获，体验到学习的乐趣，激发他们的学习动机。

2. 开展文体活动，提高师生的互动频率和效率

丰富有趣的校园文体活动可以活跃校园气氛，也为厌学学生发展兴趣爱好搭建了舞台。厌学者认为学习是枯燥的，但对文体活动却很感兴趣，因为他们在活动中能找到自信和快乐。

首先，班主任要多鼓励厌学者参加文体活动，发挥他们的潜能，培养他们的毅力。举办丰富多彩的校园活动，让学生发展有益的兴趣爱好、展现自身的长处，从而降低学生的自卑心理，提高学生的自我效能感，并引导学生把自我效能感延伸到学习方面。

其次，学校在平时可以举办需要学生之间合作的活动，增进学生之间的交流和联结。通过文体活动和合作活动的开展，有效改善师生关系和同学关系，增加教师对学生的了解，发现学生的长处，提升班级的凝聚力，有效促进学生之间的互相理解和关爱。

3. 培养成功心理，点燃学习热情

成功心理的培养必须遵循学生认知规律与心理发展规律。要站在学生的角度认识学生，将学习任务按其水平不同分成不同层次。[①] 根据学生的最近发展区，设置可以近期达到的目标，让他们一点一点地获得学业成功，让他们在成功中增强学习的信心和动机。鼓励他们在不同层次完成学习任务，并向更高层次的学习任务挑战。教师要对学生实施鼓励性评价，使之获得成功体验，通过反复成功，使他们的基本学习习惯、基础知识、基本能力和基本心理逐步形成并稳定，从而实现学生对教育、教学的主动内化，使教育走向自我教育，他律走向自律。

4. 办好家长学校，发挥家校合力的作用

为有效应对学生的厌学问题，教师应加强与家长的沟通合作，共同打造良好的成长环境。一方面教师应帮助家长树立正确的教育观，教育方法，使家庭教育科学化、合理化[②]，针对家长的教育观念、态度和方法，教师可以通过家访、家长会、专题讲座等形式向家长了解情况，给他们传授心理健康教育知识，并说明学生的身心发展特点，引导家长积极主动地掌握教育规律，提高家庭教育水平，还要积极引导孩子自我调整，正确认识挫折，发展自我控制能力。合理安排学生的学习休闲时间，避免给学生过多的学习压力。同时，通过交流合作，使双方可以及时发现孩子的心理问题，学校老师需要密切关注学生的

[①] 谢梅莲，杨雨婷. 家校社网协同育人在拖延厌学心理辅导中的实践与探索——以拖延厌学初中生的教育指导个案为例 [J]. 福建基础教育研究，2022，157（01）：142-144.

[②] 陈虎. 小学生厌学问题的心理分析与研究 [J]. 读写算，2020（24）：114.

学习状况和心理状况，对于可能存在问题的学生，老师要及时与他们沟通，了解他们面临的困难，并及时提供引导，帮助学生们更好地认识到目前的处境、寻找合适的方法解决出现的困扰。通过共同采取措施帮助孩子及时走出心理困境。

另一方面需要避免学校环境中的消极因素。一是严抓师德师风。提高教师的师德师风才能正确对待问题学生，处理教育教学中遇到的问题，培养优秀学生。二是防止校园欺凌行为的发生。一定要遏制欺凌现象，教育学生不能以大欺小，以强欺弱，歧视和不尊重同学。尤其学校、班主任要通过观察、走访、了解、调查，及时处理欺凌问题，给学生建立一个阳光温暖的班集体，让他们感受到校园的温暖。

（三）社会方面：积极关注，提供社会支持

1. 加强正确的社会舆论导向，营造良好的社会氛围

媒体应该多多发布报道积极向上的言论，加强正确的社会舆论导向、营造良好的社会氛围、优化社会环境。抵制和管控不良信息和不当言论，引导学生形成正确的价值观、世界观和人生观，促进学生认真学习，提高学生学习的积极性。

2. 社会各方提供便利条件，营造健康的互联网环境

社会各方应积极利用学习场地，丰富学生的课余文化生活，如少年宫、博物馆、科技馆、体育场馆等，要积极组织各种活动，为学生学习知识、锻炼身体、提高才能、陶冶情操、人际交往提供便利条件。同时，加大整治和严格审核互联网上的书籍、图文信息、视听产品等的力度。电视、电影、文学等作品的内容应该是积极向上的，对学生的人生观、价值观、世界观有良好的影响，社会各界要积极营造一个有利于学生健康成长的互联网环境，让互联网成为学生学习的好帮手，为教育发展提供强劲的动力。

3. 国家重视教育工作，建立学习型社会

国家应当对教育工作引起足够的重视，树立文化偶像，建立学习型社会。不仅如此，相关机构应为学生提供优质的综艺节目、电影电视节目，使学生在休闲娱乐中也能够形成正确的价值观。帮助具有厌学倾向的初中生缓解自己的厌学情绪，增强初中生的自信心，使他们由厌学变为乐学，鼓励其能够勇敢地面对学习中遇到的困难，促进青少年健康发展。

学生福祉视角下小学课后服务的提升路径研究*

曹赟①

一、引言

教育部于 2017 年 2 月印发了《关于做好中小学生课后服务工作的指导意见》，指出要多途径开发课后服务资源，实现中小学课后服务城乡、区域全覆盖。② 从 2019 年开始，部分省份的学校逐步执行。教育部提出了到 2021 年要全面实现课后延时服务的目标，7 月 24 日，中共中央办公厅、国务院办公厅印发《关于进一步减轻义务教育阶段学生作业负担和校外培训负担的意见》（以下简称"双减"文件），要求义务教育阶段学校要保证课后服务时间、提高课后服务质量，拓展课后服务渠道。该文件明确提出"提升学校课后服务水平，满足学生多样化需求"③，更好地为学生的健康成长服务。

二、研究缘起：课后服务的目的是促进学生的健康成长

福祉，常与幸福或福利相关联。④ 根据塞利格曼的说法，福祉可以通过正面情感、参与感、价值感、良好关系和成就感五个要素来衡量。⑤ 在教育领域中，福祉这一概念的主体通常指向儿童或学生。在 2018 年举办的国际学生评估项目（PISA）中，学生福祉被定义为"为了过上幸福且充实的生活，学生在心理、认知、社会和生理四个方面应具备的

---

* 基金项目：鄂东教育与文化研究中心科研基金项目课题"学生福祉视角下小学课后服务实施研究"（项目编号：202123512）。

① 作者简介：曹赟，女，山东安丘人，黄冈师范学院教育学院研究生，研究方向为教育教学。

② 中华人民共和国教育部办公厅. 教育部办公厅关于做好中小学生课后服务工作的指导意见 [Z]. 2017-03-02.

③ 中华人民共和国中央人民政府. 中共中央办公厅国务院办公厅印发《关于进一步减轻义务教育阶段学生作业负担和校外培训负担的意见》[EB/OL]. (2021-07-24) [2022-05-12]. http://www.gov.cn/zhengce/2021/07/24/content_5627132.htm.

④ 秦永超. 福祉、福利与社会福利的概念内涵及关系辨析 [J]. 河南社会科学, 2015, 23 (09): 112-116, 124.

⑤ Martion E. P. Seligman. Flourish: A Visionary New Understanding of Happiness and Well-being [M]. Free Press, 2012: 247.

能力。"① 那丁·恩格尔斯认为"学生福祉更多地强调为学生的一种积极心理状态"②。综上所述，学生福祉指向学生能在校内外保持健康、积极的学习情绪状态。

课后服务，可以明确的是，它不等同于义务教育，一般是指为解决"三点半放学难题"，以学校为实施主体的学生看护服务。该服务确保学生放学能有所看护，遵循家长自愿原则，利用下午放学后一段时间开展的作业辅导、自主阅读、体育、艺术等多样的活动。

开展中小学生课后服务，是促进学生健康成长、帮助家长解决按时接送学生困难的重要举措，是进一步增强教育服务能力、使人民群众具有更多幸福感的民生工程。课后服务工作要遵循教育规律和学生成长规律，有利于促进学生的全面发展。

三、现实勾勒：当前小学课后服务的实施现状

实施现状是对小学课后服务的客观反映。主要从实施要素、保障机制、实施满意度等方面来阐述目前的状况，通过问卷调查了解学生对课后服务开展的满意度。

（一）课后服务的实施要素

1. 课后服务实施主体

课后服务的参与主体主要有政府部门、教师、家长。而教师是课后服务实施的主要承担者，负责学生的教学与管理工作。课后服务的核心主体是教师和学生，对此，学校应该利用社会各主体优势促进学校课后服务的发展。

2. 课后服务实施内容

调查结果显示课后活动种类丰富，富有教育意义的同时寓教于乐。主要的内容包括：作业辅导、自主阅读、观看教育视频、兴趣社团、体育锻炼等。许多学生表示，各项活动都可自主选择参加。但受条件限制，课后服务还是以监管和作业辅导为主。

3. 课后服务实施时间

2021年8月中旬，H市教育局出台《关于进一步做好义务教育学校课后服务工作的通知》（以下简称《通知》），计划秋季学期，开展课后服务"5+2"模式，即周一至周五每天至少开展2小时，结束时间与下班时间相衔接。这意味着，家长可下班后再接孩子。

4. 课后服务实施形式

《通知》中要求课后服务内容和形式的设置上要遵循学生身心发展规律，设置多元活

---

① OECD. Students' Well-being: What it is and How it Can Be Measured [J]. PISA 2015 Results Students' Well-being, 2017（03）：59-66.

② Engels N., Aelterman A., Petegem K. V., et al. Factors Which Influence the Well-being of Pupils in Flemish Secondary Schools [J]. Educational Studies, 2004, 30（02）：127-143.

动。鼓励中小学根据本校实际情况整合多方资源,利用场地、师资等开展课后服务。[①] 尽管课后服务在形式上有多种,但真正开展的活动形式受场地限制,较为单调,仅限于校内和课内活动。

(二) 课后服务实施的保障

1. 课后服务的师资力量

课后服务的主力军依然是教师,而教师日常教学工作繁重,需要更多参与者分担课后服务任务。通过调查了解 Y 小学课后服务的服务人员以在校教师为主,教师参加的频次多为一周两次,甚至一周一次,且语、数、外教师整体居多,总体占 64.71%,音、体、美、科学、道法教师相对参加较少,总体占 35.29%,校外力量则少之又少。通过访谈了解,只有条件更充足的学校才有少数的校外力量加入。

2. 课后服务的安全

从安全观来看,对于放学后无人接的学生来说,校园是安全的场所。对 Y 小学的调查结果也显示,开展课后服务的场所主要有学校教室、操场、实验室、多功能活动室等,在一定程度上,达到了校内学生环境安全保障。但要将课后服务开展得更具价值,只有校内资源是远远不够的,若涉及校外环境,暂未有具体的保障机制。

(三) 课后服务实施的满意度

课后服务开展的内容凸显个性化发展的设计。从调查中可以了解到,63.16%的学生认为课后服务的开展减轻了许多学业压力,21.05%的同学说只减少轻了部分,当然,也有 15.79%的同学表示没有减轻。由此可见,课后服务虽已初见成效,但并未全面减轻学生的负担。课后服务中渗透着对学生福祉的关注,例如,一些活动可能会注重培养学生的社交能力、情感管理能力等,以帮助学生更好地适应学校和生活的挑战。校内环境承载了校园文化,有助于学生求真、务实的学风形成;若要开阔学生视野,培养学生对自我的认知能力还需依靠外部场域、资源。目前课后服务在其他艺术类、活动类等内容中开展频次较少,主要原因在于,语数外教师比例高于艺术类教师,学校教师对于作业辅导相对来说更专业,内容把握更到位,占比高。

总体来说,在福祉视角下,小学课后活动欲注重学生的全面发展和福利,提供丰富多样的活动选择,但实际现状仍无法与理想状况相匹配。

四、发展难题:课后服务中急需改进的问题

课后服务的出发点是为学生减压,促进学生的健康发展,应符合满足学生发展与需

---

① 姜美杰. 需求视域下小学校内课后服务实施研究 [D]. 大连:辽宁师范大学,2022:23.

求、年龄与学段以及反馈与评估等。本文从课后服务的服务对象、服务内容、服务质量与目标四方面探究课后服务存在的问题。

(一) 缺乏专业指导和支持，无法兼顾学生需求与全面发展

在服务对象方面，课后服务面向义务教育阶段全体学生，但就实施情况来看，课后服务的功能并未发挥到极致。一般而言，课后服务需满足学生的需求并促进学生的发展。在传统的课后服务内，专职教师缺乏。一些学校在规划和设计课后活动时可能缺少专业指导和支持，不了解如何从福祉视角出发，关注学生的全面发展。

(二) 服务内容特色缺失，呈现校际趋同

小学生课后服务内容虽然比较丰富，但特色内容相对较少。在访谈中了解到，学校课后服务大部分内容被视作课堂时间的延续，未能与学校办学特色形成有机联系，未能认识到它的育人价值，对课后服务的内容重视与开发不够。因此，课后服务的内容呈现学校间的趋同趋势。

(三) 缺乏家校社联系，家、社参与度不够

虽然家长对小学生课后服务质量的认可度较高，但各小学在课后服务的过程中与家长的沟通不够，未能定期与家长反馈课后服务开展情况，不利于课后服务效果与质量的提升；由于家长的工作压力、时间约束等原因，部分家庭可能无法参与和支持孩子的课后活动，这影响到学生的社交互动和家庭教育的衔接，家长也只关心学生的安全问题，学校与家长之间缺乏联系。

尽管学校作为课后服务主阵地，但学生成长环境具有系统性，课后服务开展面临的挑战不仅来自校园环境，还有社区、家庭以及社会环境等因素的综合影响。[①] 因此，课后服务应形成"学校-社会/社区-家庭"的发展形式。

五、未来展望：课后服务的提升路径

福祉视角下的课后服务改进路径是从关注学生福祉的角度，旨在开展针对课后活动的研究和提升路径的探索，可以从以下几个方面展开。

(一) 功能定位：明确课后服务目标，注重教育质量的提升

课后服务须厘清课后服务的功能定位。回归至课后服务的功能定位上：促进学生健康成长，进一步增强教育服务能力、帮助家长解决"按时接"难题，使学生具有更多获得感和幸福感。由此，可以归纳出其职能的两个倾向：教育功能和社会功能。从教育职能来看，课后服务开设内容丰富，有专业的师资力量；转至其社会职能，可以看出，课后服务

---

① 任春荣. 基于需求满足的学生福利安全网构建 [J]. 教育研究，2022，43 (01)：115-126.

作为一项社会民生工程，是具有公益性质的教育服务。一方面，不断提升课后服务的教育功能，未来仍需要加强规划，优化师资配备条件，加强师资培训等，从整体上提升师资水平，从而更好地保障小学生的福祉；另一方面，应不断加强社会功能的辐射性，通过完善课后服务协同管理制度、深入推进社区对家庭的帮扶计划等构建完善的学生福祉安全网络。

（二）质量保障：优化课后服务制度，落实监管评价指标

提供优质的课后服务，系统规范的监管和评价指标是保障其质量的关键所在。课后服务需从以上两个方面出发，实现优化发展。首先，优化服务制度，为后续发展夯实基础。近年来，许多学校制定了"一校一案"策略，课后服务仅作为一种倡议性的教育服务，在课后服务的供给保障制度层面还须建立强有力的推进依据。

其次，落实严密的监管和评价指标。在监管方面，学校应实行权责分明制度，并对课后服务的开展成效拟定相应的评价指标，作为日后评定教师绩效的参考标准，进一步加强课程监管程度与规范性。在监管内容方面，对于学校开展课后服务的各项配置等都应该符合规定的标准，并提出评估和监管要求。因此，在课后服务的制度和监管评价体系两个方面须着手推进，以保障学生和家长的最大利益。

（三）生态图景：助力学校职能拓展，推动各主体协同发展

关注学校在课后服务中的重要作用。我国"双减"政策明确提出"发挥学校主体作用"，强调发挥学校教育的主阵地作用。但是，课后服务不能认为有单一的责任主体——学校，GEAR-UP项目声明："加强学校与社区的合作关系，提供特定的课后支持服务，并加强学生的社会情感能力和社交技能。"[1] 从学生的安全性与教育的连贯性出发，学生不只在学校享有受教育权，在社区中也同样，社区资源应全力配合课后服务的开展，与学校教育相衔接，提高学生的社交能力。

综合上述情况，应注重学校在课后服务相关方面职能的拓展，同时，也要立足于其增进学生福祉的宗旨，"维护学校、教师、学生以及家长等的法定权益，形成课后托管服务多方参与的治理格局"[2]。学校在课后服务上应被给予更多的话语权，对于课后服务的收费、时间安排、内容选择等具体实行事项学校均可自行决策；并且应鼓励社会承担提供更多优质课程资源的重要职责，课后服务的场所拓展至图书馆、科技馆、文化馆、美术馆、体育馆等社会公共设施，更多地丰富课后服务内容。

---

[1] TNP. MSF, MOE, MND and MOM Unveil Initiatives to Tackle Inequality [EB/OL]. (2019-03-06) [2022-02-20]. https：//tnp. straitstimes. com/news/singapore/msf-moe-mnd-and-mom-unveil-initiatives-tackle-inequality.

[2] 余晖. "双减"时代基础教育的公共性回归与公平性隐忧 [J]. 南京社会科学，2021（12）：145-153，170.

六、结语

2021年，我国实行"双减"政策，也是进一步强化了学校课后服务的职能。但是，学校课后服务在教育资源、部分学生群体的学业发展以及地区间的家教资源分布等方面产生"马太效应"。① 因此，我国仍须不断强化课后服务的保障性、普惠性等属性。虽然在推进课后服务的过程中面临着不同的发展难题，但我们也在积极探索课后服务的最优方案。课后服务对于小学生而言，既是一项福祉性的公益教育工程，也是为学生减轻学业负担的"梯子"。因此，课后服务的功能定位、质量保障、生态图景急需一一落实，才能为其课后服务的后续发展注入不竭动力。

---

① 吴会会，胡劲松. 托管何以成为义务教育学校难以承受之重——基于广州市的现实考察 [J]. 湖南师范大学教育科学学报，2017，16（05）：27-34.

信息社会背景下中学生管理面临的双重挑战与应对策略研究

周琪峰①

一、引言

随着信息技术的飞速发展和网络普及，越来越多的中学生对虚拟世界的依赖加深。在这个信息社会高速发展的时代，学生们面临着从虚拟世界到现实生活的转换带来的双重压力与挑战。他们的教育环境与之前的中学生有着很大的不同，使得学校在进行学生管理时面临了更复杂的问题。因此，在当前信息化背景下，如何有效地应对虚拟和现实带来的双重挑战，已成为迫切需要解决的学生管理课题。本文将通过梳理相关的理论和实践，填补现有研究中关于这一主题的空白。在探讨不同领域的问题及挑战时，本文将关注教育管理层面的应对策略与方法，尤其关注提高中学生素质、适时干预网络行为以及发挥家长作用等核心议题。

二、虚拟世界对中学生管理的挑战

如今，在这个信息技术高速发展的时代，虚拟世界已经成为中学生日常生活不可或缺的一个部分。然而在虚拟世界给我们带来便利和乐趣的同时，也让我们的人际关系、时间管理和心理健康迎来了挑战。

（一）虚拟社区对中学生人际关系的影响

新媒体时代，网络技术迅速发展，网民规模迅速壮大，虚拟网络与现实社会的结合度越发紧密，虚拟社区逐渐成为人们交流的重要媒介，并改变了人们的思维方式和生活方式。② 人们将媒体网络和通信工具纳入他们的生活是为了满足社交与信息获取的需要，但过度依赖虚拟社区可能导致现实中人际关系的恶化。虽然网络环境有助于培养新友谊，但

---

① 周琪峰，黄冈师范学院研究生，研究方向为教育管理理论与实践、学校心理健康教育。
② 吴珩，付丽．网络思政视角下的高校网络虚拟社区问题研究——以微信"表白墙"为例［J］．东北师范大学学报（哲学社会科学版），2023（01）：159-164．

它也可能损害现实中亲密关系的质量,过度沉迷于网络从而忽略了与父母的日常沟通和校园同学关系。虚拟社区面对的大多是素未谋面的陌生人,交谈过深的话也可能带来隐私泄露、网络欺凌等问题,更严重者会被对方诱导做出违法犯罪的事情,因此需要中学学生谨慎使用。应通过学校老师和家长的引导,让中学生在实际社交场合中发展人际技能,并建立稳定的现实世界关系,从而平衡虚拟社区与现实世界的关系。

(二)游戏成瘾与时间管理

游戏厂商为了吸引用户长时间玩他们的游戏,会采取多种策略和手段进行精心设计。这些设计会加大中学生对于游戏的成瘾性。游戏成瘾是特定条件下数字游戏使用过度的心理和行为后果。张景涛老师认为"上网时间及网络社交使用比重均可以正向地预测网络成瘾的程度,即网络使用时间越长,成瘾程度越高,而且网络社交使用占所有网络使用时间的比重越大,则更容易成瘾"[1]。

因此,中学生的时间管理及游戏控制就显得尤为重要。合理规划中学生的作息时间、限制游戏时间,提倡控制游戏在日常生活中所占比重。同时,应关注中学生心理需求,帮助他们建立积极的应对策略和寻求现实世界中的支持。

(三)虚拟世界影响中学生心理健康的原因及应对策略

虚拟世界中可能影响中学生的心理健康的因素包括:网络暴力、网瘾及过度消费等。这些问题往往导致焦虑、抑郁、自我价值感下降等心理困扰并且产生负面评价恐惧[2],主要指个体在社会情境中对他人给予的潜在、可能的负面评价的一种恐惧,反映了个体对他人负面评价的担忧、困扰和期望。根据心理弹性理论,心理弹性是一个个体在面对压力、挑战、困境或者重大变革时,能够适应并恢复的能力。因此,学校可开展心理辅导服务,以增强中学学生心理弹性、沟通技巧和适应能力。此外,教育管理者还需关注中学学生在虚拟世界中面临的风险,并针对不同情况进行个性化干预。

三、现实生活对中学生管理的挑战

不仅虚拟世界会对中学生管理产生极大的影响,现实生活同样也会给中学学生管理带来不少挑战。随着社会的不断发展和科技的快速进步,学生生活和学习的环境发生了巨大的变化。互联网上的信息泛滥、各种社交媒体的普及以及电子设备的广泛应用,既为学生提供了便捷的学习资源,也带来了诸如网络成瘾、信息安全以及不健康的生活习惯等问题。这些情况对中学学生管理带来了新的挑战,要求学校和老师在传授知识的同时,也要

---

[1] 彭顺,张湘一,张红坡,等.负面评价恐惧与大学生网络过度使用的关系:社交焦虑和自我控制的中介作用 [J].心理科学,2020,43(01):81-86.

[2] 武文莉,罗增让.青少年同伴关系与手机依赖:孤独感的中介作用 [J].沧州师范学院学报,2023,39(01):74-78.

关注学生的生活和心理健康。随着教育改革的深入和素质教育的推行，中学学生管理需要从传统的只关注学业成绩，转变为关注学生的全面发展。这包括培养学生的创新精神、独立思考能力、社会责任感等。同时，新的教育理念和方法的引入，也对教师和管理人员的专业素质提出了更高的要求。随着社会的发展和文化的多元化，学生的个性也越来越多样化。这给学生管理工作带来了新的挑战。为了更好地满足每个学生的需求，学校和老师需要更加深入地了解学生，同时采用更加个性化的教育和管理方法。升学压力和就业竞争也是中学学生管理面临的重要挑战。为了帮助学生更好地面对这些挑战，学校和老师需要提供更多的心理咨询、职业规划等支持，同时家长也需要给予孩子适当的期望和压力。

为了应对这些挑战，中学学生管理需要采取综合性的措施，包括加强学校与家长的沟通、提高教师的管理水平、合理利用网络资源、关注学生的心理健康、培养学生的自我管理能力等。同时，也需要不断地学习和适应新的社会环境和技术发展，以便更好地满足学生的需求和社会的要求。

四、教育管理层面的应对策略与方法

（一）加强信息素养教育

信息素养教育包括信息获取、信息处理、信息交流和信息安全等方面的技能培养。在信息社会背景下，加强信息素养教育对于中学学生管理至关重要。开设信息素养相关课程，包括计算机基础、网络应用、多媒体制作等方面的内容，提高学生对于信息技术的认识和掌握程度。加强实验室和网络资源建设，为学生提供良好的信息环境和条件，激发学生对信息技术的兴趣和热情。组织多样化的信息素养实践活动，如计算机竞赛、网络征文、多媒体设计等，丰富学生的课余生活，提高学生的信息素养水平。

（二）创新管理模式和手段

传统的管理模式和方法已经不能满足现代教育的需求，需要进行改革和创新。建立信息化管理平台，实现学生信息、学籍管理、成绩查询等工作的在线办理和共享，提高管理效率和精确度。加强与家长的沟通和协作，建立家校合作机制，共同关注学生的成长和发展，促进家庭教育和学校教育的有机结合。注重学生的个性和特长，建立多元化的评价体系，鼓励学生发挥自己的特长和优势，培养学生的创新精神和创造力。加强校园文化建设，营造良好的育人环境，引导学生树立正确的人生观和价值观，提升学生的文化素质和综合素养。

（三）提高教师素质和管理能力

教师是学生的引路人，教师素质和管理能力直接关系到学生管理的效果。因此，提高教师素质和管理能力至关重要。加强教师的专业培训和继续教育，提高教师的教育教学能力和素质，促进教师自身的成长和发展。加强班主任队伍建设，提高班主任的组织管理能力、思想教育能力和心理辅导能力,为学生提供更加贴心和专业的服务。加强与学生的沟通和交流,关注学生的心理健康和生活状态,及时发现和解决学生的问题,帮助学生解决学习和生活上的困难。

(四) 加强网络舆情监控和管理

网络是学生管理的重要领域之一,学生在网络上的言行和行为会对他们的成长和发展产生重要影响。因此,加强网络舆情监控和管理至关重要。建立网络管理团队,对学生的网络行为进行监督和管理,及时发现和解决网络上的不良信息和言论。注重网络信息安全,加强学生个人信息保护和网络安全教育,提高学生的网络安全意识和自我保护能力。及时处理学生在网络上反映的问题和诉求,积极引导和纠正不良言论和行为,维护学校的声誉和学生的权益。利用网络平台开展多样化的活动,如网上征文、在线互动、网络讲座等,引导学生积极参与社会实践和公益事业,丰富学生的课余生活,拓展学生的视野和知识面。

展望未来,随着信息技术持续进步以及互联网深入各个领域,学生管理需要紧跟时代步伐,关注科技发展对教育管理的影响。进行多层次、多角度的研究,将有助于建立更有效的学生管理模式,营造良好的教育生态环境,为未来教育管理提供宝贵的思考和指导。

"双减"背景下城区小学教师工作负担现状及减负策略*
——基于H市5所小学的调查研究

付冰欣①

一、引言

2021年7月,中共中央办公厅、国务院办公厅印发《关于进一步减轻义务教育阶段学生作业负担和校外培训负担的意见》(以下简称"双减"意见)。此后,学校课后服务、延时服务、作业管理等响应措施纷纷出台,将学生的课后时间归入校园。学生在校时间的延长意味着教师工作时间的延长,教师的工作量不可避免地增加,工作负担亦随之加重。城区小学教师的工作负担,通常是指教师在工作中需要承担的各项任务和责任所带来的压力和负荷。这包括但不限于备课、授课、评价、记录、家长沟通、班级管理、教育研究和专业发展等方面的工作任务,在时间、精力和心理上给教师带来的压力和困难,对教师身心健康和教育教学质量产生不良影响。因此,为了解城区小学教师工作负担的基本情况,本文随机抽样湖北省H市5所城区小学的200名教师展开问卷调查,以期获得有关教师负担的真实信息反馈,并提出相应的调适策略从而减轻教师负担。

二、调查概况

(一) 调查对象

1. 对象选择

本次调查选取对象为城区小学教师。"双减"意见中明确"学校课后服务结束时间原则上不早于当地正常下班时间",在解决了家长们"三点半"接孩子放学的困扰的同时,

---

* 基金项目:黄冈师范学院研究生工作站项目"'双减'背景下城区小学教师工作负担现状调查研究"(项目编号:5032022020)。

① 作者简介:付冰欣,黄冈师范学院教育学院硕士研究生,研究方向为教育管理。

也减轻了学生校外培训的负担。但对于乡村小学而言，因其留守儿童居多，家长"三点半"难题较少存在，且乡村学校学生参加校外培训的情况较城区学校而言较少。因此，《"双减"意见》对于城区小学而言更具有针对性。城区小学教师是课后服务、作业设计的主力军，在《"双减"意见》实施两年之际，探索城区小学教师工作负担的现状，并提出相应的调适策略，有利于落实"双减"政策下教育教学提质增效、落实立德树人根本任务。

2. 对象概况

本次调查对象为 H 市 5 所城区小学教师，调查显示 39 岁以下教师占比 68.89%，工作年限多为 10 年以上，其中女性教师达 66.11%，学科教师达 62.22%。调查中共发放问卷 200 份，回收 198 份，剔除无效问卷后 180 份，回收率为 99%，有效率 90.0%。

(二) 调查内容

本次调查内容包括个人基本信息和"双减"政策下的教师负担两大部分。具体包括以下几个方面：一是城区小学教师对"双减"政策的看法；二是"双减"背景下城区小学教师的工作时间及工作量的变化；三是"双减"政策对城区小学教师工作负担过重的不良影响。除此之外，还以半开放性题目的方式调查了城区小学教师对影响其工作负担因素的分析和城区小学教师对于减轻其工作负担措施的建议。

调查采用单独测验的方法对城区小学教师发放调查问卷，对调查获得的数据在 SPSS 上编号录入并进行相关的统计分析。

三、调查结果及分析

(一) 教师对"双减"政策的认知

"双减"政策下学生身心发展得到提升，教师教育教学工作逐步完善，但在一定程度上加重了教师的工作负担。

调查显示，67.22%的教师认为"双减"政策会对学生的学习成绩产生影响，70.56%的教师认为"双减"政策会对学生的身心健康产生影响，见表 1。

表1　　　　　　　　　"双减"政策下教师对工作负担的感知

题　目	选项	频数	百分比
您是否认为"双减"政策会对学生的学习成绩产生影响？	是	121	67.22%
您是否认为"双减"政策会对学生的身心发展产生影响？	是	127	70.56%
您认为"双减"政策对您的工作负担有何影响？	工作负担增加了	131	72.78%
您是否认为"双减"政策能够减轻教育教学工作的压力？	无法减轻	123	68.33%

在教育教学工作方面,对"您认为'双减'政策对您的教育教学工作是否有正面影响?"的回答中,选择"很大程度上有正面影响"的教师占比18.89%,选择"一定程度上有正面影响"的教师占比52.78%。如图1所示,这说明教师认为"双减"政策对学生的"学"及教师的"教"都有一定的促进作用。

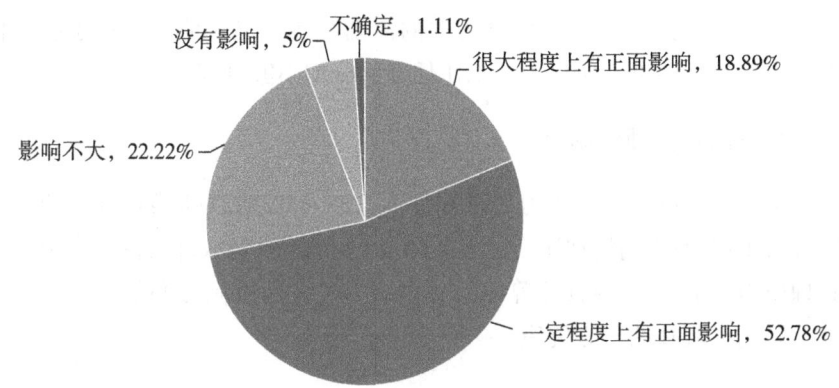

图1 教师对"双减"政策是否对教育教学工作有正面影响的看法

在教师的工作体验方面,"双减"在一定程度上给予了教师额外的工作负担。调查显示,72.78%的教师认为"双减"政策下其工作负担增加,且在问题"您是否认为"双减"政策能够减轻教育教学工作的压力?"中,认为"无法减轻"的教师达68.33%,见表1。教师们一方面认为"双减"对教、学都有益,一方面又要承担着加重的工作负担,处在如此矛盾的趋避冲突之中的教师急需找到政策的平衡点。

(二)"双减"背景下教师工作负担现状

调查显示,教师工作时长已超出正常工作时长范围,但仍面临着时间紧张,各项辅助教学工作难以顺利开展的窘境。在工作时长方面,以城区小学每周工作5天,每天工作8小时的标准,城区小学教师每周在校工作时间应在40小时,但调查发现,每周在校工作时间40小时以上的城区小学教师高达71.67%,见表2。这说明教师正承担着过量的工作负担。

表2 "双减"背景下教师工作负担现状

题 目	选项	频数	百分比
您每周在校工作时间是多少小时?	40小时以上	129	71.67%
您在教学过程中是否经常遇到时间紧迫的情况?	经常	82	45.56%
您是否有足够的时间进行教学评价和记录?	否	113	62.78%
您是否有足够的时间参加专业培训和研讨会?	否	129	71.67%

在工作任务的分配方面，45.56%的教师表示在教学过程中是否经常遇到时间紧迫的情况，而且有62.78的教师表示没有足够的时间进行教学评价和记录，71.67%的教师表示没有足够的时间参加专业培训和研讨会，如表2所示。在工作时长超出正常范畴的情况下，仍有如此多的教师表示工作时间紧张，这表明教师工作任务较为繁重。在开放性题目"您有什么其他建议或意见吗？"的回复中，教师们表示"希望有更多充足的时间深耕教学""减少非教学性事务""减少与教学无关的活动"等，这说明教师用于教学任务的工作时间已被其他非教学性事务所挤占，工作任务的分配不够合理。

（三）工作负担对教师的影响

如表3所示，在身体及心理压力的感知方面，68.33%的教师感到自己的身体健康状况下降，77.78%的教师感到精神压力加大，63.33%的教师表示自己在工作中经常面临情绪疲劳和心理压力，61.67%的教师曾经因工作压力过大而感到身心俱疲，说明工作压力在一定程度上影响了教师的身心健康。

表3　　　　　　　　　　　工作负担对教师的影响

题目	选项	频数	百分比
您是否感到身体健康状况下降？	是	123	68.33%
您是否感到精神压力加大？	是	140	77.78%
您是否感到对工作的热情下降？	是	87	48.33%
您是否感到教学效果下降？	是	86	47.78%

在教育教学工作方面，分别有48.33%的教师感到工作热情下降，47.78%的教师感到教学效果下降，如表4所示，在对"您对目前的教育教学工作状态是否满意？"的回答中选择"一般""不满意""非常不满意"的教师累计高达65.55%。说明了教师们在工作负担之下，教育教学效果难以达到理想水平，结合身心健康的变化来看，过重的工作负担之下教师有形成职业倦怠的倾向。

表4　　　　　　　　　　　教师对目前教育教学工作状态的满意度

题目	选项	频数	百分比	累积百分比
您对目前的教育教学工作状态是否满意？	非常不满意	11	6.11%	6.11%
	不太满意	38	21.11%	27.22%
	一般	69	38.33%	65.55%
	比较满意	41	22.78%	88.33%
	非常满意	21	11.67%	100%

（四）对影响教师工作负担的因素分析

在关于教师工作负担的影响因素的调查中，"学生人数过多或班额过大"受选率达80%成为教师工作负担的主要影响因素，"家长期望过高或压力过大"也成为影响教师工作负担的主要因素，其受选率达79.44%（图2）。在开放性选项回答中，有老师提到"学校教学德育活动过多""学生专注力不够""家长不配合""教师评价体系结构不合理"等也是影响其工作负担的主要因素。从教师们的选择中，可以看出教师的工作负担主要来源于学校管理、学生、家长等方面。

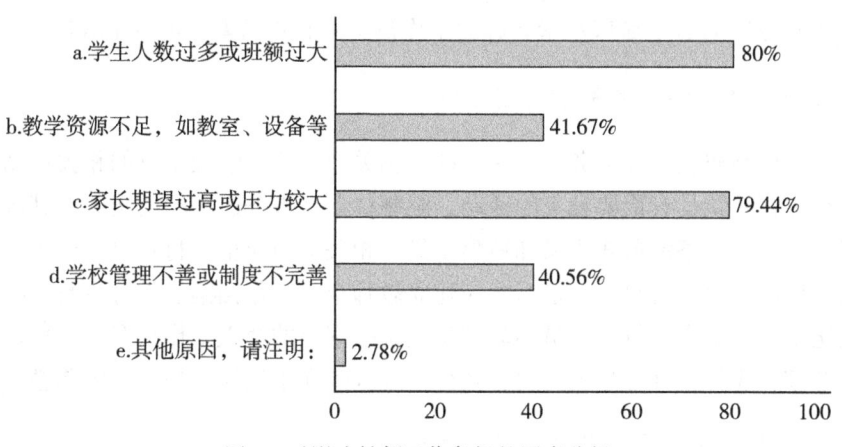

图2　对影响教师工作负担的因素分析

四、调查结论与建议

（一）结论

第一，"双减"政策不够明晰，教师工作任务增加。"双减"政策下，教师要将额外的时间和精力用于学生的课后辅导，原本可以自由安排的时间被分割，教师的备课、科研甚至休息的时间被大大缩减。同时，这也使教师自身不断提高工作效率、处理好工作与生活的时间关系提出了新挑战。

第二，学校管理高耗低效，教师工作热情降低。学校的班级规模、课程设置等因素都会直接或间接地影响教师的工作负担。不科学、不规范的管理理念和管理方式，直接导致教师工作负担加重。当前中小学校对教育教学常规的管理水平和效率不高，仍充斥着许多频繁的、重复性的、不必要的、无实质意义的非教学活动。绩效考核的竞争、工作任务中的形式主义，无不凸显出学校管理的高耗低效，影响着教师的自我完善，使其对自身角色定位的认同和期望产生巨大落差，工作热情逐渐冷却。

第三，教学任务分配不合理，教师工作量加大。教师承担着备课、授课、评价、记录、家长沟通等多项任务，不同任务的占比和难度都会影响教师的工作负担。教师在常规的教学任务结束后还要负责开展课后辅导和兴趣活动，校内工作量必然会增加。

第四，社会对教师期望过高，教师责任压力大。教师在教育改革中的重要地位受到社会公众的支持和认可，不论是其承担的工作本身，还是教师自身职业素养都成为社会关注的焦点。但是，社会公众通常把为学生减负的重任完全施加在教师身上，寄托于教师超出工作职责的期望。加之目前校外培训机构受到更加严格的管理和控制，课后辅导压力将更多地向教师转移，使教师不得不被动承担更多的工作责任。

（二）建议

针对"双减"背景下城区小学教师的工作负担的影响因素，可以采取以下对策：

1. 提高政策透明度，增强教师自主权

首先，应控制非教学性事务的开展。教育相关部门要求学校举行的相关活动要严格审核，筛选对教育教学具有重要意义的活动，限制社会性事务进校园的次数。其次，督查考核安排需合理高效，整治形式主义和留痕主义。相关部门应精简材料检查要求，让教师将精力投入工作而非整理材料中。最后，应建立教师个人工作档案。教育行政部门可以采取电子信息化手段，由专业行政人员为教师建立统一规范的个人工作档案，审核教师荣誉评选、绩效考核、职称晋升等相关材料，减少一线教师在重复填写报表上的非教学工作量。

2. 合理规划管理方式，营造轻松工作氛围

首先，调整教师职务评定制度，尽量避免教师职称评定跟参与竞赛活动、课题研究等次数直接挂钩，防止教师因评优压力而不得不参加无关活动、被迫减少投入教书育人的精力与时间。其次，改进与教育教学相关的各类教研、培训、会议的质量，内容相对简短的尽量通过书面通知向教师交代，避免出现"走过场"问题，使之真正成为教师需要的提升专业能力的方式，真正做到"减负增效"①。最后，校长应发挥领袖作用，要及时掌握教师们的思想和工作状况，促进教师个体融入集体，以自身力量驱使学校工作氛围积极向善。

3. 划分教师工作边界，优化师资配备

首先，将教师的工作场域和生活场域区分开是减轻教师工作负担的重要举措。划分工作场域边界并非仅仅实现物理上的区分，可以实行任务、时间上的划分。将时间按照区块划分，鼓励教师集中处理除突发事件之外的备课、批改作业、个别后进生补习等日常例行活动，对于突发紧急任务应建立应急机制或成立应急小组，由专人负责处理。其次，使专业之人做专门之事的精细化分工成为提高社会生产率的必由之路。政府可以组织大规模专

---

① 赵钱森，石艳. 事实下的主体建构：中小学教师负担研究路径的探析与展望[J]. 现代基础教育研究，2021（03）：126-131.

业化的教育技术类培训有助于教师提高工作效率，同时学校也应积极引进专业人才和培训项目，提高教师工作效率。

4. 家校社联动分担教师工作压力，缓解教师职业焦虑

首先，学校可以开展情感教育、心理健康教育等活动，帮助教师化解家庭和社会环境带来的压力。其次，家长要树立合理的教育期望。学生的发展固然是教师的重要使命，但并不仅仅是教师单一主体的责任，家庭、社会也是育儿的关键主体，各主体应当协同合作，从外部给教师进行支援性减负①，共同助力学生发展与成长。最后，教师应正确调整心理状态。沉重的工作负担容易导致教师产生心理问题，而焦虑、抑郁又会加重教师负担，形成恶性循环。教师要保证良好的教学状态，及时发现并控制工作中产生的消极情绪，给予自己中肯评价，积极与同事沟通交流，特别是寻求经验丰富教师的帮助，形成教师专业学习共同体。

---

① 龙宝新，周莎. 中小学教师工作负担治理路径研究［J. 贵州师范大学学报（社会科学版），2022（05）：64-74.

县城高中家校合作的现实困境与提升路径[*]
——基于10位教师深度访谈的质性分析

王娱欢[①]

一、引言

    县城高中教育（县、县级市举办的普通高中，以下简称县中）占据我国高中教育的"半壁江山"，是县域基础教育的龙头。近年来，由于受经济社会发展水平、城镇化进程加速和高中教育公共政策失衡的影响，不少县中陷入了"县中困境"。县中家校合作对于提高县中教育质量，带动县域基础教育优质均衡发展和推进城乡一体化融合发展具有重大意义。2019年中共中央、国务院印发《中国教育现代化2035》，明确要求"推进家庭学校共同育人"[②]；2022年1月1日起实施的《中华人民共和国家庭教育促进法》提出"建立健全家庭学校社会协同育人机制"[③]，确立了家校合作的法律保障与目标定位。尽管这些年国家实施了一系列政策推动家校合作，但是由于社会结构变迁使县城家庭结构发生变化[④]、优秀教师和学生双流失引发的"县中塌陷"以及县中教师对县域文化和学生家庭的陌生，县中家校关系呈现出复杂的状况。因此，深入了解县中家校合作互动过程中存在的现实困境解决"县中困境"以及促进学生健康全面发展具有重要的现实意义。

二、县城高中家校合作的问题探源

    家校合作是近年来我国教育改革领域的热点话题。当前对于家校协同育人促进学生的

---

    [*] 基金项目：2022年黄冈师范学院研究生工作站"县城高中家校合作问题与改善策略研究——基于团风中学的调查"（项目编号：5032022019）。

    [①] 作者简介：王娱欢，女，湖北孝感人，黄冈师范学院教育学院2021级硕士研究生，研究方向为教育经济与管理。

    [②] 中共中央、国务院印发《中国教育现代化2035》[N].中国教育报，2019-02-25.

    [③] 《中华人民共和国家庭教育促进法》[EB/OL].（2021-10-23）[2023-06-16]. http://www.gov.cn/xinwen/2021-10/23/content_5644501.htm.

    [④] 魏峰.百年中国农村家校关系变迁的历史考察[J].华中师范大学学报（人文社会科学版），2022，61（02）：173-180.

成长与发展研究较多，主要集中于两个方面，一方面是家校合作关系对学生发展的作用。李佳哲、胡咏梅（2023）基于大规模的监测数据，运用 HLM 和 Oaxaca-Blinder 分解等方法，发现家校沟通交流可以提升学生的学业表现。① 李大印、张顾文（2022）以生态系统理论构建分析框架，基于 SESS 项目中 2965 份高中生数据，发现家校合作对学生社会情感发展产生积极的影响。② 李媛、曹连喆（2023）采用中国教育追踪调查（CEPS）2013—2014 年基线数据，发现家校合作可以提升学生的认知能力。③ 另一方面是从质量与效率的角度探讨家校合作关系。饶舒琪（2022）分析了导致家校冲突的多元原因，包括利益冲突、权力冲突、角色期望与感知的冲突、沟通冲突。④ 黄爽等（2022）使用扎根理论的方法发现：社会支持体系的不完善和社会舆论是家校互动不良最核心和根本的影响因素。⑤

纵观已有的研究大多采用描述、量化的方式分析家校合作对学生发展的作用以及从家校互动质量的角度探讨家校合作关系，但量化研究方法无法生动描述、解释家校互动复杂、动态的过程。并且关于家校合作的研究集中在一线城市的中小学校，较少涉及县中，这些研究对于了解我国家校合作的现状有一定参考，但是由于县中学校办学条件薄弱、教育资源配置差距明显等现实原因，其家校合作绝不是照搬照抄就能实现。综合考虑，本研究采用深度访谈的质性分析方法，深入研究县中家校合作的互动过程，了解教师开展家校合作的实际情况，分析互动过程中存在的现实困境，从而给出有效的发展路径，以期促进家校互动质量的提升，进而形成良好的教育生态，解决"县中困境"难题。

三、研究设计

（一）研究场域

湖北省黄冈市曾经是中国基础教育高地和改革先锋，然而随着我国城镇化进程的推进，黄冈市的县中面临着家校矛盾频发和教育质量下滑的双重挑战。因此，本研究场域选择黄冈市 T 县的一所县中（以下简称 Z 学校），分析 Z 学校家校合作互动的整个过程中所出现的问题，旨在对我国县中家校合作的发展现状和困境做一个特写，并思考应对之策，实现良性教育生态的平衡发展。

---

① 李佳哲，胡咏梅. 家校合作对城乡初中生学业表现的影响研究 [J]. 湖南师范大学教育科学学报，2023，22（01）：111-122.

② 李大印，张顾文. 家校合作何以影响高中生社会情感能力——基于 SESS 2019 调查数据的实证分析 [J]. 湖南师范大学教育科学学报，2022，21（05）：52-61.

③ 李媛，曹连喆. 家校合作如何影响流动儿童的认知能力——基于中国教育追踪调查数据的分析 [J]. 教育学术月刊，2023（05）：27-32，39.

④ 饶舒琪. 家校合作中的冲突：功能、起因及应对 [J]. 教育科学，2022，38（06）：21-27.

⑤ 黄爽，朱叶子，梁丽娜. 教师视角下家校互动不良影响因素的质性探究 [J]. 教育学术月刊，2022（06）：42-48，56.

（二）研究对象与方法

本研究将县中家校合作的现实困境作为调查和研究的核心主题，根据目的抽样及滚雪球抽样的方法，对县中 10 名不同学科、不同学段的教师进行了半结构式深度访谈，大部分访谈是面对面形式，对于少数不便的受访者也使用微信语音的形式，受访教师的简要信息如表 1 所示。

表 1　　　　　　　　　　　受访教师信息

编码	姓名	性别	教龄	年级	学科	职务
T-1	A 老师	女	3	高一	语文	班主任
T-2	B 老师	女	5	高三	语文	教师
T-3	C 老师	男	15	高二	物理	班主任
T-4	D 老师	男	10	高一	信息技术	主任
T-5	E 老师	女	20	高一	数学	班主任
T-6	F 老师	男	8	高二	历史	教师
T-7	G 老师	男	6	高二	生物	教师
T-8	H 老师	男	5	高三	化学	班主任
T-9	I 老师	女	7	高二	英语	班主任
T-10	J 老师	男	3	高二	数学	教师

四、县城高中家校合作的现实困境

（一）家校主体合作意愿不强

1. 教师合作意识薄弱

一方面，教师对于与家长的合作缺乏积极主动的态度，认为自己的责任仅限于在学校内完成教学工作。另一方面，教师忽视了家长在学生教育中的积极作用。更倾向于与学生建立朋友关系，而较少考虑与家长的沟通和合作。

> 我们高中是非常注重学生的成绩的，是将教学放在第一位的。对于家校合作，教师更倾向于和学生处成朋友，所以非必要的时候不太会想到和家长建立沟通合作。（T-2-B 老师）平时学校常规的教学工作既多又琐碎，把工作带回家是常态，虽然家校合作的出发点是好的，但是精力是有限的，我没办法做到面面俱到。（T-8-H 老师）

2. 家长参与合作积极性低

在快节奏的社会背景下，县中家长忙于工作和其他家庭事务，常常以没有时间为由不和教师交流，也很少去学校参加家校合作活动，无法全身心地投入家校合作。一部分家长将孩子的教育责任完全寄托给学校，希望学校可以解决所有问题，忽视了家庭教育在孩子成长中的关键作用。还有部分家长不知道如何与教师沟通，不能有效表达自己的观点，导致他们即使有时间和教师沟通交流也会选择逃避。少数子女家长，甚至担心自己说错话，往往选择做一个沉默的旁观者。

> 学校开展高考考生考前辅导讲座，还是不少家长觉得学校占用他们的工作时间，没法抽出时间来听讲座。（T-9-I 老师）召开一次家长会，有超过一半的家长不愿意参加，有时候一次家长会教师对每个家长都得亲自电话动员两三次，最后到会的家长人数依然不尽如人意。（T-8-H 老师）有的家长可能认为自身文化素质不是很高，不知道跟老师说什么，怕说错话，所以一般学校举行的家校合作活动也不怎么来或者来了也不怎么跟老师沟通。（T-5-E 老师）

（二）家校双方互动氛围沉闷

1. 教师以问题型合作为主

问题型家校合作是指家庭和学校之间的合作仅限于解决学生在学校或在家中出现的问题，双方共同协商寻找解决问题的方案。① 这种类型的家校合作重点是解决学生面临的问题，往往忽视了对学生的正向反馈和鼓励，导致在家校互动过程中出现沉闷、消极的气氛，使参与者产生较低的情感体验，降低参与者的动机和参与度。

> 平时工作比较忙，除了四个毕业班的授课任务外，还有一些行政工作处理。平时只有学生出问题了才联系，不太会定期和家长沟通。（T-4-D 老师）我会在学生出现严重违纪、身体不适、出现异常行为等情况时主动联系家长。（T-5-E 老师）学生在学校有异常的表现时，我会以申诉的方式主动联系家长（T-7-G 老师）

2. 家庭教育的责任不可推卸

教育从来就不单单是学校的事情，更是家长的责任。一些家长将教育责任过分地依赖于学校，缺乏对家庭教育的重视和投入。常常把孩子的学习成绩不好或行为问题归结为学

---

① 田友谊，李婧玮．互动仪式链理论视角下家校合作的困境与破解［J］．中国电化教育，2022（07）：97-103，114．

校、教师或其他环境因素的责任，拒绝面对孩子的问题，而忽视了自身在教育中的作用。

有时候，我们也很无奈，有的家长会说："这个孩子我管不了，交给您管了，您爱打爱骂随便您。"（T-7-G老师）听家长说得最多的就是："我们也教不了孩子学习，以前还能给他讲讲，但现在我根本看不懂。"（T-1-A老师）

（三）家校合作机制缺乏保障

1. 家长参与合作形式单一

杭州大学刘力教授将家长参与的活动形式分为三个层次：形式上的参与，人际的参与，管理式的参与。① 形式上的参与包括家长参加家长会、检查学生作业等。人际的参与则涉及家长与学生一起参与课外活动、家访、帮助学生一起完成家庭作业等。而管理式的参与则体现在家长的咨询委员会等形式上。通过以上三种分类的描述可以看出，本研究中家校合作方式仅停留在形式上的参与上，主要以家长会和微信沟通为主，合作方式相对单一，缺乏管理和制度保障。

一般和家长微信联系比较多，有的甚至没见过面，也不太影响孩子的学习。（T-4-D老师）统一组织的家校合作活动比较常见的就是家长会和家访活动。（T-10-J老师）

2. 教师合作缺乏系统指导

参与系统培训是教师快速提高教育教学能力的直接途径。学校对教师的培训指导并不少，但是有关家校合作方面的培训却很少，没有专业人士的指导，教师的家校合作能力难以提高，难以胜任家校合作。例如，一些教师在与家长交流时不知道如何主动发起对话，缺乏倾听和恰当表达的技巧，往往只围绕学生成绩这一话题展开沟通。然而，目前我国教师培养和培训体系中很少涉及家校合作的内容，这导致学校在家校合作方面的重视程度不够。

学校没有专门培训教师家校合作能力，在开展家校合作活动时总是觉得自己底气不足，有时候遇到一些比较棘手的学生问题就显得束手无策。（T-1-A老师）之前班里举行了一次关于选科指导的家长会，结果有些家长问了一些很简单的问题占用了大量的时间，导致家长会的效果不是很好。（T-6-F老师）有的时候面临各行各业的家长心里也会害怕，不知道怎样和他们沟通，似乎只有聊学生的成绩才不会觉得奇怪。

---

① 马忠虎. 对家校合作中几个问题的认识［J］. 教育理论与实践，1999（03）：27-33.

(T-3-C 老师)

五、县城高中家校合作的发展路径

(一) 树立家校共育理念，增强主体合作意识

树立家校共育理念，增强双方的合作意识，对于培养学生全面素质、塑造良好品德至关重要。首先，要认识到家校双方是育人的主体。家长应与学校密切配合，积极参加各项教育活动，关注学生的学业状况及行为表现；学校也应主动听取家长的意见和建议，以达到家校共育的目的。其次，增强合作意识是家校共育的关键。家长作为孩子的第一任教育者，要创造良好的家庭环境，培养健康的人格，提供积极的情感支持。教师要充分发挥专业优势，提供系统化的教学和指导，注重对学生的全面发展。两者之间应相互尊重、互相配合，才能达到育人目标的一致性和协同性。最后，家庭和学校的合作须建立在家校双方地位平等的基础上，保持平等对话的状态，才能充分发挥出资源优势，形成最大的教育合力。

(二) 厘清家校权责边界，营造积极合作氛围

厘清家庭和学校双方的权责边界是推进家校良性合作发展的前提条件。在现实家校合作的过程中，家长和老师的责任界限并不清晰，双方对于自身的职责没有明确的认识，导致出现了家庭教育和学校教育相互推诿的现象，合作气氛沉闷。只有在明确分工的基础上，学校和家庭才能实现真正的共同育人，为学生的教育提供有力支持，形成积极的合作氛围。为了实现这一目标，教师则应承担起专业教育者和引导者的角色，关注每个学生的发展需求，并与家长进行及时有效的沟通。家庭应该承担起"主体"责任，为孩子提供稳定的家庭环境、关爱和支持，并积极参与孩子的学习和成长。明确家校责任边界，不仅有助于处理好家长和学校的关系，更有助于师生关系、亲子关系的进一步发展，让教师更好地投入教学工作，让家长更好地回归父母角色，缓解家长的教养压力和焦虑情绪，寻找参与家校合作的正确方式和途径，让学生在成长中获得最佳且全面的帮助和指导。

(三) 构建家校协同机制，全面提升育人效能

建立家校协同机制，应从立法层面保障家校合作的民主化、规范化与法治化，联合学校管理者、教师、家长，在中小学组建家校协同育人队伍，开展家校协同育人理论研究和实践探索。首先，建立家校互通机制，实现及时共享信息。学校应定期举办家长会、亲子活动和教育讲座等多样化的家校合作方式，交流学生的学习情况、个性特点和成长需求，促进双方的交流和互动。同时，学校也应及时向家长传达学校的教育理念、课程设置和教学进度，主动询问家长的建议，形成良性互动。其次，建立系统的家长教育培训机制。定期开展家长培训课程，能帮助家长更好地履行育人责任。最后，建立专业的教师家校合作

指导机制。学校需要对教师进行分层、分类培训，告知其家校合作的方式、家校沟通的内容、技巧，提高教师参与家校合作的能力与水平，营造全员开展家校合作的组织氛围，全面提升教师家校合作素养。

团队角色理论指导下初中班级
团队建设与管理实践的探讨
——以《西游记》中取经团队为例

龚兰英①

作为中国四大名著之一的《西游记》，书中浓墨重彩地刻画了众多形象，人、神、佛、妖，丰富多彩，变化无穷。吴承恩在《西游记》中描绘的众多人物形象中，以唐僧师徒四人着墨最多，他们各具特色，在自己的角色定位中发挥着重要作用，组成了一支西天取经的主力军。这些人物形象不仅是为了渲染神秘色彩，更多的是用这些形象构建了一个"社会"，并涉及了社会的方方面面，其故事内容不仅蕴含着博大精深的传统文化精髓，还蕴含着丰富的现代管理之道。②

英国剑桥博士贝尔宾教授经过多年的研究与实践，提出了著名的贝尔宾团队角色理论，即一支结构完善的团队应该由不同的角色组成，包括协调者、推进者、凝聚者、实干家、善后者等。在班级团队建设与管理实践中，不仅需要教师（班主任）有效发挥其领导作用，更离不开学生个体与团队的协作参与。③

如果将现代班级团队建设与管理运行看作一次西天取经的经历，那么我们的班集体就是一支去西天取经的队伍，这支队伍由来自不同地域、不同家庭的同学组成，他们有着独特的个性与能力，每个同学在各自的班级这个场域空间里都扮演着不同的角色，发挥着不同的功能。通过对《西游记》中取经团队成员的角色解读，剖析取经团队的建设理念与管理思想，进而为初中阶段班级团队建设与管理实践提供适当的借鉴。

一、《西游记》中取经团队成员的角色解读

高效的团队工作依赖于团体成员的协作，团队成员必须清楚自己与他人所扮演的角色，了解如何相互弥补不足，利用个人的行为优势创造一个和谐的团队，极大提升团队绩效。《西游记》取经团队四名成员的性格迥异，各怀其能。

---

① 作者简介：龚兰英，黄冈师范学院教育学硕士，研究方向为中小学班级管理。
② 马骥.《西游记》中团队构建对于班级管理的启示 [J]. 新课程（中学），2015（06）：177.
③ 李荣华."红人"在班级管理中的角色功能及其优化 [J]. 当代教育科学，2021（02）：67-71.

(一）唐僧——团队领导者

在《西游记》中，唐僧的身份地位是基于权威（如来佛祖）所赋予，且满足领导者的能力、品质等多要素标准的基础上，合理、合法地完成了"师傅"身份的确认，这与班集体中的班主任角色很相似。班主任在班级团队建设与管理中起领导和组织作用，其主要任务是在学校的规范领导下完成班级管理工作，犹如唐僧带领团队"求取真经"。

(二）孙悟空——团队推进者

读《西游记》，就不得不谈孙悟空。他创造力强、精力充沛、敢于斗争，是取经团队的"智多星"。林语堂先生曾说："孙悟空代表了人类精神中最顽皮的部分。"细细品来，孙悟空和初中阶段的学生骨干确实有诸多相似之处：孙悟空神通广大，学生骨干机智顽皮、头脑灵活；孙悟空胆大任性，闯龙宫、闹地府，中学阶段成绩突出的学生也会带有些许傲气。

(三）猪八戒——团队协调者

猪八戒在整部小说中的角色形象是极其突出的。他自私、贪婪、懒惰，同时又具备较强的交际能力，情绪稳定，积极乐观，因此，猪八戒是取经团队取得成功的一种"隐性因素"，他给予了团队成员重要的心理支撑和情感联系。在初中阶段的班级中，也不乏此类学生。他们上进心不太强，成绩中等，但具备较强的社交能力，心理承受能力超强，思维活跃且乐于助人，是班级团队的"润滑剂"。

(四）沙僧——团队实干者

初中阶段的班级中还有一类学生，敦厚善良，勤奋踏实，像沙僧一样，是《西游记》中存在感较低的一个角色。尽管少言寡语，却事事有着落，是取经途中不可或缺的"实干家"。

二、《西游记》中取经团队建设的管理智慧

在合理的角色匹配与任务分配的原则下，成功的团队协作可以提高生产力，鼓舞士气，激励创新。仔细剖析取经团队的建设与管理经验，不难发现其中蕴含着深刻的现代管理思想。

(一）团队目标方面：具有明确的使命愿景和清晰的战略导向

团队目标为团队管理者提供协调行动的方向，是整个团队运行的"北斗星"，明晰的目标在激励团队成员力量的同时，又将团队分散的成员凝聚成一个联合体。纵观取经过

程，无论是孙悟空数次离开团队，想要"重回花果山、重振水帘洞"①，还是猪八戒动不动就是"我回我的高老庄"，甚至是沙僧，见师傅被抓、师兄被捕之时，都一度提出想要散伙，但最终整个团队依然固若金汤，完成了取经大业，其根源就在于唐僧为团队定下了"西天取经"的明确目标。有个目标导向，团队就有了前进方向和行进动力。

（二）团队人才方面：实施合理的角色分配和有效的人员配置

团队成员之间配备的和谐度，直接决定了一个团队的工作效率。没有完美的个人，但有完美的团队，个体的性格、能力并无优劣之分，却可以影响团队的整体效率。取经团队成员性格各异：唐僧——温润包容的水之特性、孙悟空——激进威猛的火之特性、猪八戒——能屈能伸的木之特性、沙僧——承载受纳的土之特性②，他们均能在自己的团队中明晰自我及他人的角色定位。

科学管理之父泰勒曾在科学管理理论中阐述：管理的根本目的就是谋求最高的工作效率。泰勒认为最佳的管理方法是任务管理法，即合理地确定工作任务，将工作落实到具体人员。取经团队将科学管理体现得淋漓尽致：唐僧是领导者，团队"掌舵手"，明确团队奋斗方向，制定团队目标，是整个团队的核心及灵魂；孙悟空是推进者，能力大，效率高，负责运筹重大事件，是整个团队的关键人物；猪八戒是协调者，善于交际、积极乐观、情绪稳定，负责协调团队关系，是团队成员间的情感纽带；沙僧是实干者，勤恳踏实、忠诚可靠，负责后勤保障，是团队的坚实后盾。

（三）团队管理机制方面：建立明确的奖惩机制和公平待遇原则

科学管理固然工作效率高，但管理只"管人"往往是不够的，更重要的是要"管心"。梅奥曾通过霍桑实验验证了人际关系在管理中的重要作用，他认为：团队是由人组成的，这种人与人之间的情感交流所形成的团体，其意义和作用不可低估，并且领导人除了应具有专业技能外，更应具备处理人际关系的能力，以便更好地满足团队成员的需求，提高团队的整体士气。

唐僧便是一位处理团队人际关系的好手。首先，唐僧善于运用激励手段，形成了一套"思想教育"与"严厉惩戒"相结合的机制③：一方面，在取经途中，唐僧会持续地向徒弟们灌输佛教的教义教理，讲授佛教经文，教育他们要"慈悲为怀""戒杀""戒贪""戒色""一心向佛，早日修成正果"。唐僧此举有助于在弟子心中形成佛教信仰，树立坚定理念，以便统一团队成员思想和行动步伐，从价值观方面去提高团队的凝聚力。另一方面便是惩罚机制。给人印象最深刻的是孙悟空的紧箍咒，每当孙悟空犯错且执迷不悟时，唐僧就会念紧箍咒，直至孙悟空头痛欲裂、跪地求饶，而面对猪八戒犯错时，唐僧一句

---

① 吴承恩. 西游记 [M]. 北京：人民文学出版社，2010：123.
② 左勇. 从你不知道的《西游记》谈团队管理谋略 [J]. 领导科学，2019（03）：73-75.
③ 康江峰. 论《西游记》中的管理思想 [J]. 江苏海洋大学学报（人文社会科学版），2022（06）：51-57.

"八戒，休得无礼"，更多的是劝诫与引导。粗看这种"双标"行为，实则是一种公平原则。在一个团队中，基于团队成员的任务量与贡献度的差异，绝对的平等是极其困难的。正如美国心理学家亚当斯在其公平理论中指出：公平感会极大地影响团队成员的工作积极性和满意度，其中，互动公平就涉及人际关系方面，他强调管理过程中成员所感受到的人际对待的公平性，例如：权威人士或上级对下级是否彬彬有礼，是否考虑对方的感受，是否尊重对方等。取经团队成员之间能力、地位参差，唐僧对待三人却没有差别对待，而是根据徒弟们的个性特点和能力差异，向他们提出不同的要求，安排不同的任务，此举兼顾了团队成员的成就感和公平感并存。例如：孙悟空是大师兄，地位最高，同时相应的惩罚手段也更加严厉；对于猪八戒，唐僧主要采取训斥教育；沙僧地位最低，不过几乎没受过惩罚。换言之，平等对待是通过合理的方式，让团队整体保持一个相对公平的状态。

三、《西游记》中蕴含的初中阶段班级团队建设与管理实践的思路

一部《西游记》就是一部班级团队建设与管理的"秘籍"，将取经团队所蕴含的团队建设与管理思想应用于现代班级管理之中，对初中阶段班级团队建设与管理有着重要的实践价值和借鉴意义。

（一）选人之道——突破传统选任藩篱，扩大班主任选任范围

在班级团队建设和管理过程中，选任一位合适的领导者（即班主任）是做好班级管理工作的第一步，也是最关键的一步。根据目前我国中小学班主任结构调查显示：基于主科老师有充足时间对学生进行教育管理，因此主科老师当选班主任的比例最高。这种现象在初中阶段尤为普遍，由此也表明了初中阶段的学校管理者有着大体相似的管理理念和育人观，但这并不代表主科老师就是最合适的班主任人选。突破"主科老师等于班主任"这一传统观念藩篱，是做好班级团队建设与管理的第一步。管理时间是选任班主任的条件之一，而非关键条件，着眼于管理者是否具备科学管理能力及坚定的职业信仰，既可以提升班级团队建设与管理的效率，也可以激励全体教师积极参与学校管理。

（二）用人之道——简化班级管理层次，减少班级管理冗员

金字塔式的班级团队结构一直贯穿于基础教育阶段的班级团队管理中。团队组织机构从上至下设置班长、副班长、团支书、各委员、各大小组长等，管理层次重叠、冗员沉重，把班级团队分成上下级关系。班主任与学生之间的沟通主要通过班委进行信息传送与反馈，这样看似班级管理运筹帷幄，实则是将班委"架空"，一切事务均由班主任掌管，班委充当一个"传声筒"角色，类似于班级信息中转的"驿站"，久而久之，班委的主体责任感缺失，对班级利益表现得淡化冷漠。反观取经队伍，如果唐僧沿途不断吸收大量被降伏的妖魔，层层设置管理层级，是可以帮助取经团队壮大力量，更快完成取经任务的。然而，随着管理成员逐步叠加，管理问题也会随之增加，团队内耗加大，工作效率反而下

降，出现管理效果边际效益递减。因此，班级团队建设与管理的重点不在于管理结构的精细划分，更重要的是让团队成员明晰角色定位，自主参与团队建设与管理。

新时代赋予班级团队领导者更加多元的管理需求①，在班级团队建设与管理实践过程中，借鉴经济管理模式，合理采用"扁平化管理"②，简化班级团队管理层次，裁减过于烦琐的中层管理成员。如果说传统班级团队结构是"金字塔"，那么新型班级团队结构就是一块"拼图"。例如，将班长、副班长、学习委员、文体委员等班干部职能与各组长职能合并，设置班务组、生活组、学习组、文娱组等管理小组，班主任在深入各小组进行指导的同时，实现师生面对面零距离互动，同时，学生也可以申请调换岗位，体验不同的工作职能，参与不同的管理活动，扁平化管理打破了传统班级管理中的特权，对于培养学生责任意识和自主性具有重要意义。

（三）"育人"之道——借助团队管理平台，促进师生共同发展

一个好的管理团队，不仅需要达成管理目标，更重要的是实现团队成员的可持续发展，达到"育人"效果。在班级团队建设与管理实践中，"育人"包括两个方面：一是"育"老师。作为班级团队建设和管理的领导者来说，班主任在具备事业心和专业技能以外，还需要在管理过程中，不断提升团队建设与管理水平，通过建设和管理一届又一届学生团队形成多元且实效的管理模式，而不是用一套固化模式管理一届又一届学生团队；二是"育"学生。在学校管理中，班级是与学生接触最紧密、影响最深远的微观环境。对于"三观"还未完全形成的初中生而言，班级团队教育中所传达的价值取向，直接决定其价值观的形成。此阶段的班级团队建设与管理目标不能仅仅锁定在达成管理目标这一狭隘的价值取向上，要更多关注学生的价值取向和全面发展，让班级团队不仅能"取到真经"，更能让众弟子"得道成佛"。例如，孙悟空类型的学生能力强，积极上进，适合入选班务组或学习组；猪八戒类型的学生乐观开朗，深受同龄人喜爱，在班集体里具有较高人气和凝聚力，适合入选文娱组；沙和尚类型的学生勤勉踏实，做事细心，适合入选生活组。

班级团队建设与管理是一项复杂且有趣的工作。作为班级团队管理的领导者，一方面要善于搭建"舞台"让学生自由发挥，尽情表演；另一方面也要扮演好"导演"角色，引导学生在这个"舞台"上把自己特定的角色演好，师生合作，共同演绎一部精彩的"西游"巨著。

---

① 陈武林，陈颖. 角色理论视野中的班主任身份认同困境及建构路径［J］. 现代教育管理，2023（05）：82-90.

② 王裔君. 扁平化管理理论在高校班级管理建设中的探索与应用［J］. 当代教育实践与教学研究，2020（01）：125-126.

中职生教育管理中的学生对抗行为分析及其对策

尤艳红[①]

中职学生是一类比较特殊的学生群体,他们大部分因为中考的失利不能进入普通高中而选择就读职校。处于青春期的他们自尊心强,情绪波动比较大,心理发展不成熟,再加上社会和外界同伴的影响,从而导致其在教育管理过程中出现了很多问题行为,其中对抗行为就是中职生管理中的一大难题。

一、中职生管理中对抗行为的主要表现

学生的对抗行为是指教师或者学校在对学生进行管理教育中学生所表现出来的非理性的反击或者防御行为,其表现形式大致可以总结为两种:"明目张胆"的显性对抗和"暗中行动"的隐性对抗。

(一)"明目张胆"的显性对抗

教师在进行学生管理中最不愿意面对的情境就是学生"明目张胆"地公开对抗。公开对抗不仅意味着较为严重的师生冲突,还透露着学生对教师的管理、教学的质疑。学生的显性对抗最常见的表现是在言语和行为上。在言语上,学生常常会采取"顶嘴""见缝插针""不理睬"等方式反抗。在行为上,行为与意识是难以分离的,行为直接反映学生内心的想法,虽然学生外显的行为有可能是修饰过的行为,但是仍能从学生的行为中观察到学生的反抗。常见的反抗行为有"拒不执行""暴力抗法""逃跑"等。以下是笔者在班级管理中发生的两个言语对抗的案例。

◎案例一:
　　在一次英语课上,笔者安排了一节课进行英语测验并告知学生做完了可以提前交卷批改。不到 20 分钟,学生 S 拿着试卷满脸傲娇和不屑地走了上来,让老师给他批改。
　　笔者:"你这才 20 分钟不到,就做完了?再检查一下,提高正确率。"
　　S 大声说道:"30 道题对 10 道,正确率还不高吗?"S 一说完就引起全班同学的

---

① 作者简介:尤艳红,女,江夏职业技术学校,研究方向为教育管理。

哄堂大笑。

进入第二节课，开始讲解第一节课所做的试卷，同学 S 开始在下面和前后左右的学生讲话，在提醒了 3 次无果后，笔者让其出去站着，S 踢开桌子便走了出去，出去站着的 S 同学依旧隔着玻璃和教室的学生进行交流。

笔者："我让你出去站着是反省的，不是继续讲话的。"

S 在走廊大声吼道："你管我！"

◎ **案例二：**

某个周五最后一节课进行卫生大扫除。临近放学，还有两个垃圾桶没有清理。笔者第一时间找到了当天负责的组长，让其安排 4 位同学去处理一下。组长安排过后，跑来哭诉，有两个同学不愿意去。于是笔者指派了两位在平时卫生扫除中不太积极的同学。就在此时，其中一位同学 L 当着全班同学的面大声不满地说道："为什么是我？"随后便上前开始"理论"……

以上两个案例中的 S 和 L 同学在面对老师的教育和管理时都采用言语对抗的方式来进行回击，表达自己的不满情绪。

除了言语的对抗外，更严重的还会进行行为对抗，产生肢体冲突。一般学生为了避免惩罚很少直接与教师发生肢体冲突，但是当教师和学生的矛盾难以调和时，学生也会通过不当行为和教师进行对抗。同事 T 曾向笔者诉苦在进行班级管理时，因为将一名同学当作反面典型在全班进行了教育，第二天该同学返校后，便直接气势汹汹地冲去了同事办公室想要与老师动手以发泄自己内心的不满，该老师也被学生的行为所吓到，最后在年级主任的调解下才避免了肢体冲突的发生。

（二）"暗中行动"的隐性对抗

学生管理中让教师头痛的除了"明目张胆"的显性对抗外，还有一类就是在暗中进行隐性对抗的学生。这类学生好奇心强，受好奇心驱使，"故意"违反教师规定或班级"禁条"。他们的违规行为本身便是一种对抗行为，只是这种对抗行为与紧张、吵闹、剑拔弩张的场景相反，是隐性的，有些时候甚至是悄无声息的，主要表现在教师权威覆盖不到情况下的违纪违规，即在"官方制度"的边缘试探。这类具有隐性对抗行为的学生表面多是乖乖女或乖乖男，对于父母和教师的教导表面上欣然接受，实际上却在"暗中行动"，背地里搞"小动作"[①]。例如在笔者所带的班上有这样一位同学 D，在老师的眼中他是一名积极阳光的大男孩，上课认真，对于班主任安排的各项任务主动地接受和完成，是好学生的典范。在某天中午，笔者收到了一封匿名举报信，信中写道该同学在午休期间和其他人大声讲话，打扰其他同学休息。同时令人震惊的是同学 D 竟偷偷在厕所抽烟，且不止一次。学校规章制度明令禁止学生抽烟，表面上的"好孩子" D 同学却无视学校

---

① 姜良娜. 学生的武器 [D]. 南京：南京师范大学，2013：17.

规章在"暗中行动",以此来对抗学校的管理。有的学生虽然不违规违纪,但是在面对老师的教导时却采取消极的态度来进行逃避和对抗。例如在每周的作业检查中总有同学交不上来,当教师问及原因时,学生总是以各种借口"我不会""我忘记带来了"等来对抗教师的检查。

二、中职生在教育管理中产生对抗行为的原因

中职生教育管理中产生对抗行为的原因是多方面,既有内在主观因素,也有外在客观因素,具体来说表现在以下两个方面。

(一) 内在主观因素

中职学生,年龄在15~18岁,正处在身心发展的关键时期。首先是学生自尊心和好胜心的发展表现尤为突出,中职生阅历较浅,很容易感情用事,遇事欠缺考虑,当其和教师的想法不一致时就容易产生对抗行为。在一则调查中,有72%的中职生在犯错误后希望老师私下指出,而不是公开批评,61%的学生在受到批评后会觉得痛苦。① 这表明了这个阶段的学生十分渴望得到老师和同学的尊重,一旦学生觉得教师在管理中让他丢了面子,学生就会产生一定程度的言语和行为反抗,例如上述的 S 同学,在面对老师当着全班的批评时,因为自尊心受挫使其采用了"回嘴"和"踢桌子"的行为来与教师进行对抗以维护自己的自尊心和面子。

中职学生逆反心理严重,很难接受老师或同学的好心帮助。通过与有"对抗性行为学生"交谈发现他们的逆反心理产生的原因在于长期在班集体中受到歧视和冷遇,他们即使有优点和长处也长期不被他人欣赏和重视。当他们犯错误时,往往以抵触情绪对待老师、家长的批评教育。有教师说:他们从厌恶家庭、学校的教育发展到与家庭、学校"对着干",以这种"对着干"的形式向学校、家庭表现他们的存在。人们越是规劝他们遵章守纪,他们越是调皮捣蛋;越是规劝他们好好学习,他们越是敷衍了事;越是要求他们规规矩矩,他们越是表现出无拘无束。②

(二) 外在客观因素

俗话说:近朱者赤,近墨者黑。中职学生由于年龄较小,辨别是非能力有限,非常容易受网络和同伴的影响而误入歧途。例如,在一次家校沟通时,一位家长向笔者透露他家孩子之前是在农村被奶奶照看的,因为不想让其成为留守儿童而将其接到了自己身边,在来到自己身边的第二年,他发现他的孩子完全变了样,再也不是以前的那个孩子了,经常半夜出去找朋友玩,玩手机到深夜,面对父母的劝解,孩子无动于衷,甚至在矛盾达到顶

---

① 魏建国,李宁萍. 浅析中职学生的心理特点与教育 [J]. 哈尔滨职业技术学院学报,2009 (02):60-61.

② 胡志丽. 浅谈转化后进生的对策 [J]. 中国教育研究论丛,2005 (00):624-626.

峰时还会大打出手。因为交友不良加上受电子产品的各种诱惑，使其慢慢偏离了正确的轨道，走向了与老师、父母的对立面。

其次，学校管理模式的不当也加剧了学生反抗行为的产生。职业高中的学生在行为习惯上相比普通高中的学生来说要差很多，管理难度也大许多，因此中职的学校管理模式通常采用的是"军事化、封闭式管理"。学校配备教官管理学生纪律问题，班主任则负责学生的生活和学习。在明确的分工监管和严格的纪律要求下，学生有种"坐牢"的感觉。学校这个无形的"牢笼"紧锁着学生的身体，让本来就充满逆反心理和好奇心的学生想要通过各种对抗行为来冲破这个"束缚"①。例如上面提到的D同学，在一次沟通中，他曾向笔者袒露心声，他在家被父母看管得很严格，来到学校又有严格的管理要求，他心情觉得烦闷却无处发泄，慢慢地养成了吸烟的不良习惯，总想通过各种方式去做家长和学校不允许做的行为。

三、有效处理中职生教育管理中学生对抗行为的对策探讨

（一）正确面对，实行"冷处理"策略

当学生和老师发生正面对抗行为时，作为一名有经验的老师最不可取的做法是为了老师的"面子"或者"威严"和学生理论甚至是争辩，即使学生此刻的行为被"压"下去了，但是问题并没有得到解决，学生口服心不服，反而导致师生关系僵硬，影响后期的教育教学效果。因此在面对冲突产生时，老师可以采取"冷处理"的策略，所谓"冷处理"并不是不处理，而是指事情发生后不立即进行处理，等待适当的时机再进行处理。经过"冷处理"，首先可以让双方平静情绪，缓解尴尬情境；其次在这个过程中老师也能更好地进行自我反思，找到原因，采取更有效的解决措施。例如案例二中因为卫生问题，被学生当众言语对抗，对于这个问题笔者采用了"冷处理"策略，首先在课后找组长了解该同学平时卫生完成情况，其次反思自己，为什么他会反问："为什么是我？"这是不是表明班级内的卫生分工还不够明确。在充分了解和反思后，笔者找到该同学进行谈话开导。在后期的观察中该同学再也没有因为卫生安排而出现任何对抗行为。假设一开始没有采用"冷处理"，而是在课堂上直接与其理论，那么师生矛盾只会加剧。

师生平等，注重温情教育。新课改下的教师观中提出教师是学生的帮助者和引导者，强调师生平等。在实际的教学过程中大多数的教师总是以"过来人"的身份高高在上，对学生进行说教，例如"像你们这么大的时候，我……""你们现在不听，以后会后悔的""少壮不努力，老大徒伤悲"，等等。面对教师的说教，学生不为所动，说明了一个问题：老师没有走进学生的内心，一切只是老师的一场自导自演。教师如若适当放低姿态，把自己也当作学生，用学生的身份去看问题，站在学生的立场和学生进行心与心的交流，让学生明白错在哪里，为什么会采取这样的对抗行为，并引导学生用自己的行动去化

---

① 王桂芝.规训与反抗："连规生"的日常生活呈现［D］.南京：南京师范大学，2015：21.

解，那么才能真正达到教育目的。甚至有的老师在面对学生对抗行为时直接采取"停课""罚站""写保证书""叫家长"等不良的惩戒教育方法。这些处理方式是错误的，教师应该在了解学生年龄阶段特有的特征和叛逆心理的基础上抱有宽容、理解的态度，做到教师和学生之间平等相处，相互反思，主动用发现的眼光去寻找学生的不同点、闪光点和动情点。通过运用赏识激励、启发点拨、扬长避短的方式，使用积极肯定的语言来激励学生，并且引导学生认识错误、反省自己，让其进行"悔过"的自我觉醒。通过问题的处理促进学生"自我修炼"。①

（二）重视校园建设，缓解"沉闷"氛围

校园环境是学校建设的重要组成部分，反映一所学校校风、学风乃至物质文明、精神文明建设的总体水平的重要窗口。良好的校园环境，对于陶冶师生情操，促进学生在德、智、体、美、劳等方面全面发展，有着十分重要的作用。高尚的风气，良好的秩序，优美的环境，多姿多彩的文化都可以美化学生的心灵，陶冶学生的情操，激发学生的上进心。当前，部分学校受社会大环境特别是学校周边环境和人群的影响，一些不良习气甚至歪风邪气向校园渗透，使其不再是一方净土。在不可能与社会完全隔绝的情况下，学校要主动加强对多元文化的整合，在注重校园绿化、美化、净化的同时，更注重自身文化的建设，使校园环境无处不体现教育性。学校应重视环境的熏陶，设置必要的教育阵地，如办学目标、校训、学风、教风牌、科学和教育园地、黑板报和学校宣传栏、安全文明标识和警示语等，在"润物细无声"的教育中纯洁学生的心灵，陶冶学生的情操，营造良好的育人氛围。利用名人画像、名言警句、礼仪常规等对学生进行潜移默化的教育。在这样良好的校园环境与育人氛围中，促进具有对抗性行为学生的转化。②

其次教师面对的是个性鲜明的学生，他们这个年纪所具有的好奇心和逆反心让他们一直想打破学校这个束缚的牢笼，向外寻找发泄口和帮助。因此，学校除了要注重校园环境和文化的建设，还应该为学生的发展营造灵活的学校氛围。适当放下"成绩至上，排名至上"的心态，开展丰富的活动，例如，运动会、技能节等为中职学生提供良好情绪发泄口和良好的同伴交往环境，这在一定程度上也能更好地缓解学生的对抗行为。

随着时代的发展变化，中职教育改革的不断深化，中职学校班主任不仅仅需要处理日常的班级管理工作，在普通的工作中也许还会遇到比对抗行为更棘手、更难处理、更麻烦的事情，因此遇事应该要冷静，要学会反思，避免师生双方结成疙瘩，彼此之间受到伤害。教师要用爱心、慧心、耐心、细心、诚心把真、善、美的种子播进学生的心田，而且要成为他们的倾诉者、激励者和导航者。

---

① 王露华. 班级管理中的教育艺术——学生对抗行为案例分析［J］. 教育教学论坛, 2018 (23): 23-24.

② 金晔. 吴中区东湖小学高年级学生对抗性行为研究［D］. 武汉：华中师范大学, 2015: 16.

"双减"背景下城镇小学课后作业分层布置与分类指导的实践探索
——以河南信阳 S 小学为例

陈 丹 韩冰清[①]

一、引言

"双减"政策，要求教师合理布置书面作业，提倡教师分层布置作业，实施培优补差。因此，教师应当优化作业设计，加强作业分层管理。笔者通过对河南信阳 S 城镇小学课后作业分层布置与分类指导进行了实践探索，为城镇小学延时服务课后作业指导提供借鉴与参考。

二、"双减"背景下课后作业分层布置与分类指导的必要性和可行性

作业分层布置与分类指导，其基本概念就是在进行小学课后作业布置与指导的过程中，将一个班级内的所有学生，按照一定的相关标准进行多个层次的划分，并且根据教学的需要将这些划分的学生组成学习小组。学生按照规定范围内的要求，对课后作业进行不同层次的选择；教师则对这些不同层次和不同小组的学生分类地进行课后作业指导。

(一) 课后作业分层布置与分类指导的必要性

一是作为解决学生负担过重问题的突破口。"双减"背景下，要求小学教师为学生分层设计课后作业，切实减轻学生负担已经成为一种必然的趋势。只有教师分层设计课后作业，不同层次的学生适合的难度不同，课后作业时间才能适中，学生的身心负担才能得到一定程度的缓解，才能真正实现为学生"减负"。所以说，小学教师分层设计和分类指导"质"与"量"兼备的课后作业是减轻学生负担过重的突破口。

[①] 作者简介：陈丹，女，中国河南省信阳人，黄冈师范学院教育管理硕士；韩冰清，女，湖北红安人，黄冈师范学院教育学院教授，硕士生导师。

二是实现教师专业发展的重要途径。教师专业发展就是教师专业实践的改善。教师的作业分层布置与分类指导就是一种专业实践。小学教师亲自为学生分层设计符合学情的课后作业而非采用"拿来主义"随意安排那些所谓"名校名师"编写的教辅资料,这就是教师专业实践的一种提升。小学课后作业分层设计和分类指导本质上是教师将专业理念和专业知识相结合。

(二) 课后作业分层布置与分类指导的可行性分析

其一,教师丰富的教学实践,有助于设计出有针对性的课后作业。首先,教师在课堂教学中能够准确把握学生的学习情况,也能收集和整理学生容易出错的地方,从而为课后作业的分层设计提供学情依据。其次,教师在与学生的日常互动中,能够深入地了解每位学生的性格特点、思维方式和学习习惯,因此,教师也更容易探索出适合所教学生实际情况的作业分层。最后,教师根据学生的学习情况探索出的作业,难度适宜且能够在教学实践中得到检验。

其二,教师有丰富的课程资料,为分层设计课后作业提供素材。《义务教育数学课程标准(2011年版)》指出教师在教学中可以利用文本资源、信息技术资源、社会教育资源、环境与工具资源和生成性资源为学生开发和设计课后作业。一方面,教师可以从文本资源、网络资源中选择适合学生的内容作为课后作业,也可以根据学生的具体学习情况对其中的一些题目进行改编。另一方面,教师可以结合学生的生活环境和学习经验创造性地设计一些开放性的作业。

因此,小学教师为学生设计课后作业是可行的。基于以上的分析可以看出,小学教师有必要亲自为学生分层设计和分类指导课后作业,这是教师应该履行的责任和义务。所以小学教师在教学实践中为学生设计课后作业是可行的。

三、课后作业分层布置与分类指导的实践探索

为了响应"双减"政策,让课后延时服务作业管理更高效,笔者以河南信阳 S 城镇小学为例,对课后延时服务时段的作业分层布置与分类指导进行实践探索,经过不断地调研、尝试、修正、优化分工与完善,最终形成课后延时服务时段作业分层布置与分类指导的班级管理具体方案。

(一) 河南信阳 S 城镇小学的基本情况

河南信阳 S 城镇小学有 5000 名学生,学前班有 3 个班、一年级到六年级,每个年级段平均有 12 个班,每个班级大约有 70 名学生,全校一共有 75 个班,259 名教师。大班额是该城镇学校的焦点问题。另外,学生生源结构比较复杂,主要包括机关企事业单位的子女、城镇居民的子女、进城务工随迁子女。这些孩子有着不同的学前早期教育的基础、不同的家庭背景和家庭教育方式以及不同的学习态度和习惯等,因此在城镇小学的教育教学中,两极分化现象便成为了一个尤为突出的问题。而在城镇小学延时服务时段的作业管理

方面，教师亟待通过分层布置作业和分类指导来培优补差，减小两极分化，从而提高城镇小学教学质量。

（二）精心分层布置课后作业

《关于进一步减轻义务教育阶段学生作业负担和校外培训负担的意见》提出，有针对性地分层次、分梯度设计作业。分层作业是因材施教理论在作业领域中的具体运用，设计分层作业的主要目的就是尽量能让每位学生都能够完成适合自身个性特点、容易掌握基本技能的作业，并培育学生的学习责任感和动力，从而实现学生全面发展的教育目的。①

1. 深入了解学生，合理分类编组

对于课后作业分类指导的重要一步是对学生进行分类。根据《小学生作业分层设计与指导》对学生进行分层的标准：学生分为 A、B、C 三层。A 层表示学习基础不牢固、基础相对薄弱的学生，知识掌握较为费劲的学困生。B 层的学生学习能力较大，但并非智力因素差，而是学业不拔尖或成绩起伏不定的普通中等学生。C 层的学生对学习充满信心，对知识点掌握扎实，且有非常强烈的学习兴趣，学习成绩优异，一般为班级里的学优生。与此同时，教师要可以根据学生发展的程度进行动态调整。另外，对学生分类，要注意隐蔽性，避免打击学生的积极性。②

2. 结合学生实际，分层设置作业目标

针对各个层次的学生进行不同类型的课后延时作业布局，最关键的便是制定不同层次作业的目标。在设定作业内容时，要注意课后作业的具体内容应是满足当前课标所规定的最低水平，要按照学生的学习阶段，来设定各种难易的题目。以小学数学科目为例，一般来说，A 组同学所对应的题目内容多以基本知识考查为主，B 组同学所对应的问题为一些拓展性思维问题，对 C 组学员的需求也就更高一层了，对学生要求则多是在完全置身于陌生的数学情境中，展开思考解决问题。③

3. 根据学生需求，布置作业分层"套餐"

作业"套餐"要科学设计，加强作业的层次性。首先，作业难度的分层。④ 其次，作业数量的分层。冉次，按作业时间分层。最后，动态分层。老师们应该明白学生是不断进步和发展的，也是发展中的人，而学生间的个体差异也是不断发生变化的，所以对学生的分层更应该是一个动态的过程。在布置分层作业时，老师必须引导、鼓励学生参与，勇

---

① 维果斯基.教学与发展［M］.北京：文华教育出版社，1980：199.
② 华国栋.差异教学论［M］.北京：教育科学出版社，2001：108.
③ 孔繁森.控量减负，创新增效——"双减"背景下的小学数学作业设计［J］.教育研究与评论（小学教育教学），2021（08）：29-34.
④ 许泉水 基于学习者差异的小学数学作业分层设计行动研究［D］.淮北：淮北师范大学，2021：24.

于挑战自己。学生既可以根据自己的层级选择作业,也可以根据作业的分层选取适合自己的作业。我们也可以将作业设计为"KFC 套餐",由学生们按照自身的需求与实力加以挑选。①

4. 统筹作业总量,强化分层管理

为贯彻"双减"的政策,学校形成了由班主任牵头协调、统筹本班学生的作业总量,保证学生作业总量控制在合理范围内,将他们从过重的作业中解放出来,从而真正降低了小学生作业负担。班主任统计学生每天各学科的作业总量,假期作业每周有统计、有公示。严格遵照一二年级不布置书面作业,三至六年级每天书面作业总数不得超过 60 分钟的规定协调管理作业量,指导学生基本在校内完成书面作业。②

(三)将作业分类评价与分类指导有机结合

教师批改作业要及时认真,加强面批讲解,可以利用课后延时服务时间进行面对面批改。个性探究类作业评批与指导形式"重展示"。这一类作业着重评批要重在鼓励,可以"学生成长积分榜"带动班级学生参与的积极性,可灵活采用个人、小组或集体等多种形式让学生间互相评批,以积分或星级等模式在班级展示区展示,每周一更新。实践活动类作业评批与指导渠道要"家校沟通"。参与实践活动可以以心得收获为主,家长陪同为辅,进行综合评价。实践活动也要以鼓励为主,只要学生有收获便能得到认可与积分,记入"学生成长积分榜"。

灵活运用多种作业分类指导方式。城镇小学生一般具有较强烈的表现欲,希望获得老师的肯定与成就感。而且在学习过程当中,老师布置的作业也需要根据学生的完成状况予以分类评价与分类指导,使各种能力的学生都可以体验到学习的快乐与成就感。针对学生作业批改中存在的共性问题,可以进行集中指导;针对不同层次的同学,可以小组分类指导;针对学困生,可以先考虑个别指导。教师也要把作业批改中学生出现的共性问题、重点题型等进行错因分析,设计变式练习,提高作业设计的针对性,确保"培优、扶中、辅差"的分层设计和辅导模式。

四、实施作业分层布置与分类指导取得的成效

河南信阳 S 城镇小学在延时服务时段实施课后作业分层布置与分类指导,创新了课后服务形式,激发了学生的学习兴趣、减轻了学生的学业压力,提升不同层次学生学业成

---

① 陈婷,陈振华."双减"政策下小学数学作业设计的初步探究[J].试题与研究,2021(34):45-46.
② 教育部.中共中央办公厅国务院办公厅印发《关于进一步减轻义务教育阶段学生作业负担和校外培训负担的意见》[EB/OL].(2021-07-24)[2021-11-28].http://www.moe.gov.cn/jyb_xxgk/moe_1777/moe_1778/202107/t20210724_546576.html.

绩，增进家校合作，促进学生、教师、家长的和谐发展。

（一）减轻学生压力，提高作业效益

将学生的作业集中到延时服务时段内进行分层布置并分组辅导，孩子们在一起练习、一起讨论中完成作业，既有利于学生合作能力的培养，也有助于减少学生的课业负担。这样做还可以使每个层次的学生通过自身的努力都能够完成作业并且获得有针对性的指导，在完成的过程中获得提升，最大限度地让每个学生都拥有"获得感"，享受成功的快乐。① 学生分层作业与管理，可以培养学生认真完成作业的态度，还可以做到独立思考问题，不拖拉，不抄别人的作业，作业文字整齐、清晰漂亮，卷面工整规范。

（二）巩固学习效果，提升学业成绩

作业分层设计和分类指导，使不同层次的学生做不同层次的作业并给予不同的指导，符合"因材施教"原则。分层作业模式、分层作业评价与指导能有效地促使学生主动学习。学生在完成作业的过程中，通过老师的批改、评价指导反馈能够有效地发现作业中存在的问题以及及时纠正错误，从而能够促进学生学业成绩的提升。

（三）减少两极分化，促进良性发展

延时服务时段的作业分类指导，一方面对于学困生来说，有利于学生在进行写作时增加自己对基础内容的了解，同时在写作业过程中可以得到相应的自信和激励，以便于让他们走出学困生的心理阴影；而且对于学习能力好一些的学生而言，他们也不必再疲于应付他们早已熟悉了的基本内容和实践问题，相反能够投入更多的时间思考与拓展问题，以便于扩大眼界，从而提高自身的学习能力。而通过对平行组进行比较可以发现，分层作业设计与分组辅导的最大好处之一便是弱化了两极分化问题，不但让学生学习能力更上一层楼，同时让学困生们也能紧跟老师的脚步。

五、课后作业分层布置与分类指导的实践反思

延时服务分类指导必然涉及作业分层布置出现的问题，比如教师要布置、批改、评价有差异的作业，会消耗大量的时间和精力，要是每堂课结束都要花费这么多时间去布置、评讲作业，再有激情的教师长此以往也会力不从心；作业分层之后，学生可能会认为自己和别的同学是不平等的，有些甚至会产生不恰当的消极心理暗示。

因此，如何提高分层作业评改和分类指导的效率，怎样让学生产生积极的心理暗示，从根本上认识到分类指导带来的好处，也是作业分类指导中存在的不可避免的问题。另外，延时服务时段实施作业分类指导的结果也受到了学生和家长的态度的影响。无论如何，教师在延时服务阶段的作业分层设计和分类指导时，可能会出现某些误区或者不太恰

---

① 苏霍姆林斯基. 给教师的100条建议［M］. 北京：教育科学出版社，2001：91.

当的方式，这就需要教师在分类指导时，重视学生心态转变，合理引导，以培养学生的责任心和自主性，从而增强学习积极性。

  总之，在城镇小学延时服务时段实施作业分层布置与分类指导，有助于激发学生学习兴趣、改善学生作业习惯，提升不同层次学生的学业成绩，提高教师延时服务质量，增进家校合作。

乡村教师激励政策落实中的问题及其改进路径的探究

张 培[①]

2018年1月，中共中央，国务院印发的《关于实施乡村振兴战略的意见》（以下简称《意见》）提出："实施乡村振兴战略，必须破解人才瓶颈制约，要把人力资本开发放在首要位置，畅通智力、技术、管理下乡通道，造就更多乡土人才，聚天下人才而用之。"人才的培养靠教育。乡村教育作为我国教育事业的重要组成部分，尤其关系着我国的教育质量。乡村教师作为乡村教育的根本和主力，事关一个学校的好与坏，一个地区乡村振兴战略的实施，乃至我国现代化强国目标的实现。激励机制的实行对于调动乡村教师的工作积极性，开发乡村教师的职业潜能具有举足轻重的意义。然而，《意见》所涉及的许多激励性政策，是由国家责令地方政府部门和教育行政部门落实，乡村教师队伍建设并未获得较大改观。因此，呈现乡村教师激励政策实施中出现的问题，分析原因和寻求突破路径，对于《意见》的优化与落实有着积极意义。

一、乡村教师激励机制的形成来源

现有的激励政策的研究主要从3个方面展开。一是激励政策的理论预设。其主要包含经济人假设、政治人假设、职业人假设、理性人假设。经济人假设立足于个体选择的经济理性，政治人假设则侧重于履行公共义务，职业人假设基于专业价值实现的职业发展。理性人假设基于最大化自身利益或偏好的需求。二是激励政策的理论养分。其主要来源有人力资本投资、迁移经济学、教师劳动力市场等多种理论和实证分析。三是激励政策措施类型，其主要分为货币性激励和非货币性激励，常用货币激励包括补偿性津贴、住房补贴、提供周转房等，非货币性激励包括职称评定、荣誉称号、评优选先、培训机会等方面[②]。

[①] 作者简介：张培，女，湖北罗田人，黄冈师范学院教育学院2022级教育管理专业硕士研究生，研究方向为基础教育教学管理研究。

[②] 黄斌，张琼文，云如先. 货币性激励能提升中小学教师校际交流意愿吗？——基于7省市278所学校的调查数据［J］. 华东师范大学学报（教育科学版），2019, 37（06）：15.

二、我国乡村教师激励机制落实中存在的问题

(一) 激励政策未能贴合乡村教师实际需要

当前在乡村教师激励政策中,大多采用的是物质激励,比如发放特殊津贴补贴、住房补贴等提高福利报酬的方式,以此来激励乡村教师选择在乡村从教,尤其是绩效工资分配的实行,更是体现了以经济激励为主导的价值取向。物质生活的提高一定程度上可以提高教师的职业获得感,但是,教师的幸福感来自在客观的工作环境所带给教师的主观感受,这是影响教师职业稳定性的主要因素。不同的年龄群体、地域群体、性别群体、职称群体的教师对于幸福感有着不同的现实诉求。诉求不同,他们对任教乡村学校表现的态度和意愿就有差异。从性别来讲,男性教师关注经济收入和工作环境以及晋升等因素,而女性教师则更多关注家庭和住房及其工作点的距离等影响因素;从年龄结构上讲,30岁以下者可能更关注"子女上学及家庭生活,"学校位置及交通,住房条件"以及"社会氛围与工作环境"等因素,而30~40岁者更加关注工资待遇与工作负担等因素。① 如《乡村教师支持计划(2015—2020年)》"在回应乡村教师现实利益诉求上依旧存在政策盲点"。② 比如所有的激励举措中对于已在县城购房安家的乡村教师如何实现乡镇区域间赡养老人、子女教育等问题有所忽视。而对于自愿向乡村流动的城镇教师,除了关注其职称评聘、职务晋升以及评优评先等利益,对其他方面的实质性需求不重视。因此,乡村教师激励政策的制定在关注乡村教师群体的基本需求的基础上,要根据群体内不同个体的基本需求,分层分类地细化并精准聚焦乡村教师的现实困境和诉求。③ 根据马斯洛的需求层次理论,解决教师实际生活中的匮乏需要,关注教师专业发展的成长需要,更能符合教师实现自我价值的需求。

(二) 过于追求乡村教师队伍的稳定性

教师是教育事业的第一人力资源,其合理的社会流动是绝对的,只有在流动中才能提高教师的整体素质,促进教育均衡、公平的发展。④ 然而当前,我国的教师激励政策都是从稳定教师队伍的角度出发,对于教师的向上流动和向城流动,表现出忧心忡忡的态度。忽视甚至反对乡村教师的流动意愿;一味地强调队伍的稳定,人为地设置障碍强行留下有强烈流动意愿的教师,继续在乡村学校服务,这种做法不仅对拥有主观能动性和自我选择

---

① 王艳玲,李慧勤. 乡村教师流动及流失意愿的实证分析——基于云南省的调查 [J]. 华东师范大学学报 (教育科学版),2017 (03):134-141.

② 王红. 政策精准性视角下乡村青年教师激励的双重约束及改进 [J]. 教师教育研究,2019 (04):6.

③ 陈玉玲,吴卫东. 乡村教师激励的创新设计:社会流动支持的视角 [J]. 教育发展研究,2021 (18):52-61.

④ 薛正斌. 教育社会学视野下的教师流动 [M]. 兰州:甘肃人民出版社,2012:27-28.

权利的乡村教师不公平，反而不利于乡村教育事业的发展。

（三）激励方式过多地依赖于物质或者精神激励

乡村教师激励从根本上来讲，要从通过丰富教师的获得感来提升乡村教师对社会地位的感知，树立乡村教师的职业荣誉感。物质激励或者财政激励的出发点在于把乡村教师视为经济人，把金钱奖励作为激发教师工作积极性的唯一动力，而忽视了乡村教师的社会人属性。① 这种激励方式导致教师间追名逐利的短期行为而侵蚀了追求个人成长的自我要求。有研究表明，物质性激励在乡村教师队伍建设中发挥的作用有限。而现实中，精神激励如乡村教师荣誉制度、评优、评先，在制度实施过程中，存在严重的形式化问题，无法激发教师的内动力。有调查显示，乡村教师的实际收入比公务员低，乡村教师职业荣誉感和实际获得感均不高，② 甚至在政策的实际实践中，地方政府将制定的纸面政策的数量作为政绩，将纸面政策作为对中央政策的落实。

（四）激励过程缺乏科学有效的管理，缺乏对实施效果的有效监督

政策目标的达成不仅需要执行部门的有效管理，更需要有监督部门来保驾护航。如果仅仅依赖相关执行部门的自觉性和执行能力，有可能导致激励政策无法被很好地落实。比如说很多地区的乡村教师津贴时常无法及时发放，或者基本工作水平偏低，津贴补贴的额度偏小。乡村教师的生活补助 2017 年全国标准已达人均 322 元/月（其中，400 元以上者占 27.27%，200~400 元者占 68.18%），③ 这样的生活补助标准难以抵消青年教师的在校生活成本。不少学者曾这样评价说，即使提高乡村教师待遇的政策实施多年，但乡村教师的待遇并未发生过质的改变，乡村教师的收入不低于或者高于当地公职人员的收入水平的目标仍然没有实现，对于年轻教师来说，乡村教师的职业吸引力不够。④ 每年关于乡村教师工资待遇的政策出台也不少，可是教师群体最关心的问题却依然似乎在原地踏步。

三、乡村教师激励政策落实中存在问题的原因分析

（一）激励政策的内容不够完善和合理

有研究者指出，当前的乡村教师政策存在力度不够，科学性欠佳，全面性不够和机制

---

① 彭冬萍，曾素林. 社会人视角下乡村教师激励之可能与可为［J］. 教育理论与实践，2018，38（16）：35-39.
② 付卫东. "乡村教师支持计划"三年：五大盲点待补——来自 120 余所乡村学校的调研报告［J］. 云南教育（视界综合版），2018（05）：4-6.
③ 教育部办公厅. 教育部办公厅关于 2017 年乡村教师生活补助实施情况的通报［EB/OL］.
④ 曾素林，李娇娇，侯伟浩，彭冬萍. 乡村振兴背景下乡村教师激励的现实困境及其突破［J］. 教育理论与实践，2020（10）：40-44.

不完善等问题。① 根据相关调查发现，部分教师认为相关政策对自己的影响不大。原因主要有以下几个方面：一是政策没有体现出差异性。受性别、年龄、职称和家庭情况等方面的影响，乡村教师所需的激励有所不同，而当前的激励政策，主要是给予物质条件与弱化职称评审条件等方面的激励，对于已经具备高级职称或者看重精神激励的教师而言，相关政策并没有给出相应的激励。二是激励政策在精神激励方面的措施很有限。虽提出职称要向乡村倾斜，但只是要求适当提高中小学中高级岗位结构比例等，这对于大部分农村教师来说，仍然会面临激烈的职称竞争压力，机会相当渺茫。而在名师名校长培养过程中，也只是在遴选时向乡村学校倾斜，这对于大部分科研能力原本就薄弱的乡村教师而言，既是可望而不可即的，更是不感兴趣的。三是政策的内容没有照顾到部分教师的真实需求。教师的需求是多方位的，对教师的激励政策也应该是多方位的，更应该满足教师的个性化需求。

（二）激励政策的实施不够有力

乡村教师的激励政策在实施过程中可能存在偏差，这也影响着激励政策的实施。政策的解读认识影响着政策的实施。首先，政策执行的主体一般并不着急实施相关政策。其次，地方政府与教育行政部门对乡村教师激励政策的宣传力度不足，国家虽然出台了指导性的意见，但对乡村教师起直接影响的是转化后的地方政策，地方政府部门和教育行政部门一般将此类文件发放到校长手中，普通教师难得一见。最后乡村教师激励政策在执行的末端可能存在衰减的现象。一方面，这与政策执行主体的信心不足有关。主体对激励政策优化农村教师队伍的举措心存质疑。另一方面，为了避免过激的政策执行可能引发的教师间的盲目攀比和利益竞争，主体通常会通过弱化政策影响的方式来维持现状和避免矛盾尖锐化。

四、乡村教师激励机制发展的路径

（一）以乡村教师群体需求偏好为导向，不断完善激励内容

完善的教师激励政策，可以从优化农村教师的生存状况入手，提升乡村教师岗位的吸引力，激发教师全身心地投入乡村教育教学工作，从而提高乡村教师队伍建设质量，提升乡村教育发展水平。教师的生存状态既包括工资待遇、交通住房、工作环境等物质方面的客观因素，也包括情感体验、职业认同、价值观念、幸福感、满意度和效能感等精神方面的主观因素，还包括教师文化、家校互动和师生关系等社会交往方面的互动因素。② 学校

---

① 肖军虎，崔园园. 乡村教师"留得住"政策的激励困境与超越［J］. 教育理论与实践，2021（10）：36-40.

② 符太胜，丘苑，王培芳. 中西部农村小规模学校教师专业发展危机与发展路径［J］. 当代教育科学，2020（01）：41-47.

要定期开展需求调查，比如相关教育部门组织座谈会或者生活质量调查问卷，了解乡村教师需求。分析乡村教师的现实需要，将教师群体的需求进行分层分类，科学测量不同区域乡村教师的心理定价标准，建立相对精准的地区与薪酬匹配机制，并及时对乡村教师的现实利益需求进行整合，然后对具体政策进行调整和优化。比如不同的性别群体、职称群体、来自不同的地域群体、年龄群体、从不同的角度出发加以考量。

（二）坚持多条腿走路，使教师补充与教师激励相协调

不断增强乡村教师的职业吸引力，使现有的乡村教师在留得住，教得好，保持教师队伍稳定性的基础上，保持乡村教师队伍人员流入与流出相融通、相平衡。根据乡村教师社会流动情况，有计划地展开城镇教师向乡村学校服务工作，根据流出教师的学科、性别、职称以及学历情况实现乡村教师动态补充。城镇教师尤其是骨干教师"引进来"要与乡村教师"走出去"相衔接，形成城乡互动循环激励。

（三）强化执行主体的责任意识，强化对激励政策的理解

当前的政策实行一般是自上而下的。文本形态的政府文件要转化为现实政策目标，执行过程是关键。公共政策执行过程包括政策宣传、物质准备、组织准备、政策实验与全面实施，以及协调与监控等环节。[①] 目前我国激励政策对象主要是针对乡村教师，而对政策执行主体缺乏相关的考虑。政府等相关部门作为政策执行者，在执行政策时，是为教师谋福利，执行者与政策目标的利益无关联，这使得执行者缺乏推动政策落地的积极性。因此，应使执行者的利益与激励目标利益挂钩，将政策执行者也纳入激励对象之列，进一步强化执行主体的责任。

（四）加强对乡村教师激励政策的评价和考核

建立乡村教师激励政策的政府责任追究制度，可以在一定程度上保证乡村教师激励政策的良好落实。[②] 对政策的评价与论证有利于保证政策制定的科学性，而对政策的监督有利于保证政策实施的公平性。一方面，地方政府在研制出地方性的乡村教师激励政策的基础上，上报上级部门进行论证和调研，最终对地方政策作出评判，给予实施建议；另一方面，地方政策的实施过程需要科学监管。国家出台的政策比较宏观，地方部门在具体的实施中具有较大的浮动空间，这就需要相关政府部门出面进行相关政策实施的监管。

[①] 钱再见，金太军．公共政策执行主体与公共政策执行"中梗阻"现象 [J]．中国行政管理，2002：56-57．

[②] 蒋亦华．乡村教师政策供给评价尺度论要 [J]．教育发展研究，2021 (08)：61-68．

德育与中小学志愿服务的互动作用研究*

周琪峰　黄　戬　杨　宇①

一、研究背景

当前社会，德育已经渗透进教学领域的各个方面，它不仅关乎学生个体的道德素质和社会责任感的培养，同时也是维护社会和谐稳定的重要保障，然而随着社会发展和教育改革的不断深入，传统的教育模式已经不能满足现代化社会的需要，新的教育模式应运而生，德育也发生了相应的变化。在这种背景之下，中小学志愿服务活动也逐渐兴起，业已成为德育的重要组成部分。

本研究的主要目的是探讨德育与中小学志愿服务的互动作用，以提高中小学生的道德素养和社会责任感。通过对德育和志愿服务的内在联系进行分析，认为二者在目标、内容和方式上具有很高的契合度，二者之间可以相互促进、共同发展。

二、德育与中小学志愿服务互动的可能性和必要性分析

德育被称为道德教育或者思想品德教育，2017年8月，教育部印发的《中小学德育工作指南》②（以下简称《指南》）明确了新形势下中小学德育工作的指导思想和基本原则，提出了学段衔接的德育目标与内容体系，细化了德育工作的实施途径和要求，对整体推进中小学德育工作提出了指导性意见，成为中小学德育工作的基本遵循，而良好的德育，还可以使学生树立正确的自我审视观念，了解自己的真实能力，促使学生形成积极乐

---

* 项金项目：黄冈师范学院研究生处关于2023年研究生工作站立项课题"德育与中小学志愿服务的互动作用研究——以某市为例"成果（课题编号：5023023002）。

① 作者简介：周琪峰，黄冈师范学院研究生，研究方向为教育管理理论与实践，学校心理健康教育；黄戬，黄冈师范学院硕士研究生，研究方向为人工智能教育应用；杨宇，黄冈师范学院硕士研究生，研究方向为现代教育技术。

② 教育部．关于印发《中小学德育工作指南》的通知［EB/OL］．（2017-09-04）［2022-12-23］．http：//www.moe.gov.cn/srcsite/A06/s3325/201709/t20170904_313128.html？eqid=a54b3a3a0000eaca000000066428f5cc．

观的人生态度。①。

而中小学志愿服务应着重于志愿精神的培养。② 所谓志愿精神，就是一种关爱他人、乐于助人、不求回报的奉献精神。对于中小学生志愿服务来说，活动仅仅是载体，志愿服务不需要中小学生做出多长学时、多大强度、多少影响力的活动，而是重在培养学生的志愿意识和志愿精神。通过帮助他人、服务社会的具体行动，让学生逐渐理解和内化"奉献、友爱、互助、进步"的志愿精神，进而养成一颗善良的仁爱之心、一种强烈的社会责任感才是中小学志愿服务的育人价值所在。③

（一）德育与中小学志愿服务的可能性分析

德育能够为中小学志愿服务提供价值引导和行为规范。德育着重培养学生的道德修养和社会责任感，通过德育的引导，学生将认识参与志愿服务对自己和社会的价值。德育能够让学生深刻认识到志愿服务是一种道德行为和社会实践，从而激发学生主动参与志愿服务的动机。

中小学志愿服务为德育提供了实践平台和思维锻炼的机会。通过参与志愿服务，学生能够将德育所学的道德理念转化为实际行动，并在实践中对自己的道德能力进行锻炼和提升。志愿服务涉及与他人合作、问题解决、道德决策等方面的实际操作，从而帮助学生将抽象的道德知识转化为具体行为。

德育和中小学志愿服务之间的互动能够进一步加强和延续学生的道德教育效果。德育通常通过课堂教学、家庭教育等方式进行，而志愿服务则提供了一个更广阔的学习和实践领域。学生可以在志愿服务中积极实践德育的核心价值观，而这种实践的经验和反思能够进一步激发学生对德育的理解和参与的热情，形成良性循环。④

（二）德育与中小学志愿服务的必要性

德育和中小学志愿服务的结合有助于培养学生的社会责任感。学生作为社会的一分子，应当承担起相应的责任和义务，学会关心他人，为社会作出贡献。德育通过道德价值观的引导，培养学生的社会责任感，而志愿服务则为学生提供了一个实践和锻炼的平台，帮助他们理解并履行社会责任。

德育和中小学志愿服务的结合有助于促进学生的全面发展。通过参与志愿服务，学生能够锻炼自己的学术能力、人际交往能力、组织与协调能力等多方面的能力，从而全面发展自己。德育则提供了学生发展品德素质和道德修养的指导和引领，使其参与志愿服务的行为具有更加深入和有意义的内涵。

---

① 蒋泽韬. 高中德育管理策略探究 [J]. 学周刊, 2023（03）：121-123.
② 教育部. 关于印发《学生志愿服务管理暂行办法》的通知 [EB/OL].（2015-03-18）[2022-12-23]. http：//www.moe.gov.cn/srcsite/A12/s7060/201503/t20150318_189379.html.
③ 赵庭. 正视中小学志愿服务的特殊性 [J]. 中国德育, 2018（07）：1.
④ 俞芳, 冯江英. 近十年我国小学生志愿服务研究综述 [J]. 乐山师范学院学报, 2019, 34（06）：6.

德育和中小学志愿服务的结合能够提升学校的社会形象和声誉。作为教育机构，学校不仅应关注学生的学术成绩，更重要的是培养学生的道德品质和社会责任感。通过推行德育和鼓励学生参与志愿服务，学校能够展示其积极贡献社会的形象，提升学校在社会中的声誉。①

三、德育与中小学志愿服务的互动机制

德育和志愿服务是中小学教育中不可或缺的两个重要组成部分，随着中小学的教育不断深入，他们之间的互动作用也越来越受到重视。在德育方面，可以对志愿服务发挥指导和补充的作用。通过参加志愿服务，学生能够更加深入地了解社会、感受社会、增强社会责任感和公民意识。同时，志愿服务也能为德育提供教育实践平台，让学生在实践的过程中体验道德规范的实际含义，提高自身的道德素养和行为规范。

（一）德育对志愿服务的指导作用

德育在中小学教育中扮演着重要的角色，其目标是培养学生的道德品质和行为规范。在志愿服务活动中，德育起到了重要的指导作用。首先，通过德育，学生能了解到志愿服务的意义和价值，明白自己参与志愿服务的行为对社会的影响。这有助于激发他们更加积极地投入志愿服务中去。其次，德育还能引导学生在志愿服务中实践道德规范，如诚实、尊重、公正等，从而提高他们的道德素养。最后，德育还能帮助学生形成良好的人格特质，如责任感、同情心、团队精神等，这些特质对于他们参与志愿服务活动具有重要的指导意义。

（二）志愿服务对德育的补充作用

德育与中小学生的认知能力具有较高的适宜性，适应中小学生抽象思维能力较弱的认知特点，为中小学生提供情境性、刺激性以及感官性的认知信息，引导小学生在耳濡目染中逐渐融入其中、感悟其中。② 首先，通过参与志愿服务，学生可以直接接触到社会的多元化和复杂性，从而更深入地理解道德规范的内涵。其次，志愿服务中的困难和挑战也可以激发学生的斗志和毅力，帮助他们形成坚韧不拔的精神品质。最后，志愿服务还可以培养学生的公民意识和社会责任感，使他们更加关心社会问题，更加积极地参与社会实践。

（三）二者在事件中的协同作用

德育和志愿服务在实践中形成了良好的协同作用。一方面，德育为志愿服务提供了理论指导和价值引领，使志愿服务活动更有目标性和方向性。另一方面，志愿服务为德育提

---

① 袁珺. 探究中小学生志愿者活动的德育价值[J]. 新教育时代电子杂志（学生版），2019(23): 1.

② 穆增贵. 小学体验式德育浅谈[J]. 学苑教育，2023(16): 67-68, 71.

供了实践平台和情境模拟,使德育内容更加生动和具体。此外,德育和志愿服务还可以相互促进和提高。例如,通过参与志愿服务,学生可以将德育的理论应用到实际中,从而加深对德育的理解和认识;同时,通过德育,学生可以更好地理解和把握志愿服务的目标和要求,从而更好地参与和完成志愿服务活动。

四、加强德育与中小学志愿服务互动的策略建议

(一) 设立德育与志愿服务相结合的课程

教育部门和学校应当在课程设置中,专门设立德育与志愿服务相结合的课程,引导学生了解志愿服务的意义,培养他们的志愿服务精神。课程可以包括志愿服务的基本概念、原则和方法,以及与德育相关的内容,如社会责任感、感恩、尊重等。

(二) 组织开展有针对性的志愿服务活动

学校应根据学生的年龄、兴趣和能力,组织多样化的、有针对性的志愿服务活动。例如,可以组织学生为老年人提供生活上的帮助,或为孤儿院的儿童提供课业辅导。这样的活动不仅能培养学生的社会责任感,也能让他们学会关心他人,提升道德素养。

(三) 鼓励学生参与社区服务

学校可以与社区合作,鼓励学生参与社区的各项服务。比如参与社区的环境清理、为特殊群体提供帮助等。这样可以让学生更加深入地了解社会,培养他们的社会适应能力,同时也能提升他们的道德素养。

(四) 加强教师对志愿服务的教育和引导

教师对学生志愿服务的认知和态度对学生具有重要影响。因此,教师应接受专门的培训,学习如何有效地引导学生参与志愿服务,同时也能更好地将德育融入志愿服务。

(五) 建立家长支持机制

家长的支持是鼓励学生参与志愿服务的重要因素。学校应通过家长会等方式,向家长宣传志愿服务的意义,并建立家长支持机制,鼓励家长参与学生的志愿服务。

五、实施路径

(一) 制订详细的实施计划

学校应根据学生的实际情况和需求,制订详细的志愿服务计划。计划应包括志愿服务的目标、内容、时间、地点和预期效果等,以确保志愿服务的有序进行。

（二）加强安全保障措施

在组织志愿服务活动时，必须充分考虑到学生的安全。因此，学校应采取有效的安全保障措施，确保学生在志愿服务过程中的人身安全和财产安全。

（三）建立有效的评估机制

为了了解德育与中小学志愿服务互动的效果，学校应建立有效的评估机制。通过对学生的表现、参与度、反馈等方面的评估，以及教师和家长的反馈，来评估策略的实施效果，并根据评估结果进行相应的调整和改进。

探索中小学作业管理新出路

邓 雯①

一、引言

2021年7月24日,《关于进一步减轻义务教育阶段学生作业负担和校外培训负担的意见》(以下简称"双减"意见)印发,对作业质量要求提高,中小学生作业管理问题受到高度重视。然而,作业量大以及作业设计形式枯燥单一导致中小学生学业负担过重。在此背景之下,审思中小学作业管理中的现实问题,探索其改进路径,有助于充分发挥家校合作探索的力量,减轻学生的作业压力与负担,有效提高作业质量,完善作业评价管理,促进学生全面的发展。

二、中小学作业管理的内涵

中小学生作业管理是教师需要及时掌握教情、学情,以及使学生加深理解课堂所学知识,将知识转化为能力,巩固知识,形成技能的重要环节。中小学作业管理的内涵包括以下方面:(1)明确规定作业布置的要求。对作业的布置和设计作出明确的要求,包括作业的目的、内容、形式、数量、难度等方面。(2)科学合理布置作业。根据学生的年龄特征和学科特点,设计出符合学生能力和兴趣的作业,注重创新性和多样性,避免布置机械性、重复性、惩罚性的作业。(3)严格控制课外作业量。规定各年级的作业时间,一般要求一至二年级不布置书面家庭作业,三至六年级书面作业平均完成时间不超过60分钟。鼓励教师定期完成一定量的作业,以便更好地理解和评价学生的作业,提高作业布置和批改的质量。(4)重视作业的批改和反馈。要求教师及时批改学生的作业,对出现的错误和问题及时进行纠正和讲解,同时注意保护学生的自尊心和自信心。(5)建立作业审批制度。在作业内容、数量、要求等方面,经过备课组成员集体讨论,备课组长把关,最后由教导处业务主管(或级部主任)进行审批,以确保作业的质量。(6)规范作业批改制度。重视过程批改,要求学生对出错的题目在作业本上改正,坚决杜绝突击布置和批

---

① 作者简介:邓雯,女,湖北武汉人,黄冈师范学院教育学院2023级硕士研究生,主要从事教育管理研究。

改作业，坚决杜绝学生到办公室批改作业的现象，包括领导要在每月进行抽查，确保作业批改的真实性，批改日期、批改评语要全面。此外，中小学的作业管理还包括设计符合学科特点的多元化作业形式、建立各学科间的协调机制、制订合理的评价标准等内涵。

三、中小学作业管理的问题审思

（一）作业布置问题

布置作业是教师要具备的专业技能之一，但实际上对于作业的认知，90.34%的教师认为其在于巩固知识，63.08%的教师认为在于训练能力，68.8%的教师认为在于反馈教学，而认为是学情前测、为了评价学生和习惯养成的比例均未达到30%。并且在日常作业设计的内容方面，71.64%的教师主要参考课后习题，68.81%的教师主要参考教辅资料，只有22.64%的教师会改编题目，19.96%的教师会自己原创作业题目。[1] 从中可看出，教师对作业理念认识存在较大偏差，作业设计的重要性往往被忽视，一味布置抄写默写等作业枯燥乏味、一成不变、毫无创新之意，作业设计应首先明确作业布置的目的与要求，而非考什么就做什么，就学什么，也并非进行题海战术，通过题量刻板去训练学生，作业设计也并非形式单一、一刀切，它也不只是为了巩固课堂知识而存在的。作业量过大会给学生带来许多的不良影响，影响到学生的方方面面，尤其是机械化的无效作业和重复性的枯燥练习会因为给学生造成学习压力、剥夺学生的闲暇生活而导致学生厌学，甚至对学习产生抵触情绪直接影响师生关系、亲子关系。[2] 教师的作业设计与布置与学生的学习效果息息相关，也是有效为学生减轻学业负担的一个重要环节，教师对此的重视程度应提高。再者，现在教师布置作业大多时候也会考虑到家长因素，依据家长目前的思想作出改变，然而家长关于作业的想法真的是正确的吗？改变家长对作业错误的看法与认知才能真正做到家校合作，家庭与学校共同促进孩子的健康成长。

（二）作业实施把控问题

例如，部分中小学学生做作业时面临时间不够用，各个学科的作业过多导致做不完的问题，假期作业到最后几天才开始做，没有做作业的时间规划。做作业时容易被其他杂事干扰，导致注意力不够集中，作业拖沓、书写不工整、错误率较高以及不能及时主动订正的问题，只要是在家完成学校布置的作业就是十分松散的，例如，写作业过程中，一会儿吃两口零食，一会儿看两眼电视，一会儿玩两下玩具。[3] 说明部分学生在写作业的过程中自控能力还有待提升，大多时候家庭与学校需要共同培养学生的自控意识，提高学生独立

---

[1] 余昆仑. 中小学作业设计与管理如何有效落实[J]. 人民教育，2021（Z1）：34-36.
[2] 杨清. "双减"背景下中小学作业改进研究[J]. 中国教育学刊，2021（12）：6-10.
[3] 王博蕾. 构建"有效作业"共同体优化家校合作生态[J]. 河北教育（德育版），2021，59（11）：40-41.

完成作业的能力，从而减轻学生的作业负担，提高学生的学习效率。

（三）作业评价机制完善问题

例如，部分家长抱怨教师布置的作业需要家长进行批改或是学生自改自批，没有一个评价标准而使得作业评价很难发挥出实效，学生很难发现自己在学习当中存在的问题，从而影响到学生的学习效果。实际上，目前教师在批阅作业的过程中依旧表现出"全收全改""统批统改"等具有专断性、划一性的价值形态，教师通常运用不带感情色彩的客观性、符号性批注。此外，教师在对学生的作业进行评价的过程中，经常使用奖惩性的语言导向，且作业反馈呈现出弱反馈甚至不反馈的情况。① 这也充分说明了作业评价应加强情感的沟通交流，应及时评价反馈，评语不应过于简单，应有针对性的指导，指出学生的优势与不足之处，正向积极鼓励学生，作业评价的方式可以多样化。当然，这并不意味着家长对学生的作业评价可以完全放任不管，其也应参与进评价之中，家校合作，共同进行作业评价管理。

四、中小学作业管理出路探索

（一）作业设计优化

明确作业目标：在布置作业之前，应明确作业的目标和预期效果。这可以帮助学生理解作业的意义和重要性，也有助于他们更好地完成作业。

合理控制作业时间：应根据学生的年龄和学科特点，合理控制作业的时间，避免布置过多或过难的作业。同时，也应倡导学生合理安排自己的时间，做到学习和休息相结合。

丰富作业形式：除了传统的书面作业外，也可以布置一些实践活动、项目式作业、团队协作作业等，以丰富学生的作业体验，提高他们的学习兴趣和积极性。

（二）学生作业自我管理意识的培养

作业实施过程中，学校与家庭应具有共同培养学生独立完成作业的意识，不应产生代替学生完成作业的想法与行为，现在，低年级的孩子都会在教师布置完家庭作业后在记录本上记好每一项作业，并在完成后打钩，这样一来可培养学生的时间管理能力与独立完成作业的能力，例如，学生在做作业时遇到不会的问题，家长可通过启发诱导的方式逐步引导学生自己思考从而解决问题，而不是直接告知学生答案，也不能不予理睬或在孩子面前埋怨学校与教师，应意识到学生不会的问题，如解决后可以学习到重要的知识点，并且以后遇到不会的难题也不会直接退缩或直接询问答案。

---

① 罗生全，孟宪云．新时代中小学作业问题的再认识［J］．人民教育，2021（Z1）：15-18.

(三) 作业评价管理优化

建立明确的作业评价标准：制订针对不同年级、学科的作业评价标准，明确评价的指标和要求，使教师和学生都能知晓评价的目标和标准，确保评价的公平性和客观性。

多样化评价方式：除了传统的教师评价外，可以采取学生自评、互评、小组合作评价、家长参与评价等多种方式，丰富评价的维度和角度，全面了解学生的学习情况和能力。

注重过程性评价：不仅要关注学生的作业成果，还要注重学生在完成作业过程中的表现和态度，例如学生的思考过程、努力程度、合作精神等，这些都可以作为评价的重要内容。

强调发展性评价：以学生的发展为目标，关注学生的进步和成长，注重纵向比较，鼓励学生的自我反思和自我改进，帮助学生树立自信心和成就感。

及时反馈与辅导：教师需要及时对学生的作业进行评价和反馈，针对学生出现的问题和不足，及时进行指导和纠正，同时也要关注学生的情感和心理健康，给予必要的支持和关爱。

定期评价与总结：定期进行作业评价的总结和交流，发现问题并及时改进，总结经验并推广应用，不断提高作业评价管理的质量和水平。

学前教育财政保障对幼儿德育的影响探究

蔡科欣[①]

学前教育是儿童成长的奠基阶段，对于幼儿个体的全面发展具有深远的影响。其中，德育在学前教育中占据了举足轻重的地位，旨在培养儿童的基本道德素养和社会责任感。然而，学前教育的高质量发展离不开财政保障的支持。本研究旨在探究学前教育的财政保障对幼儿德育的影响，以期为优化学前教育提供参考。

学前教育财政保障对幼儿德育的影响是一个复杂而又深入的问题。学前教育财政保障通常包括政府对学前教育的投入、政策支持、法律法规等方面，它不仅直接影响到学前教育机构的教育质量，还间接影响到家庭和社会对幼儿德育的重视程度。本文将试图阐述学前教育财政保障对幼儿德育的具体影响，从正反两个方面深入分析，以期为我国学前教育的发展提供参考。

一、学前教育财政保障对幼儿德育的正面影响

（一）提供经济支持，改善教育质量

学前教育财政保障为幼儿园提供了稳定的经济支持，使得幼儿园能够改善教学环境、提升教学设备、聘请专业教师，从而提升教育质量。特别是一些贫困地区的幼儿园，有了政府的财政补贴，能够减轻家长的经济压力，使得更多的孩子有机会接受优质的学前教育。

（二）增强德育意识，促进幼儿品德发展

学前教育财政保障的出台，使得政府和社会更加关注幼儿的德育发展。通过政策引导和财政投入，推动幼儿园更加注重德育，培养幼儿良好的品德和行为习惯。这种德育意识的增强，在某种程度上也促进了整个社会对幼儿德育的重视。

（三）优化教育资源配置，促进教育公平

政府对学前教育的财政保障政策，通常会综合考虑不同地区、不同类型幼儿园的需

[①] 作者简介：蔡科欣，女，中国湖北省黄冈人，黄冈师范学院教育管理专业硕士，研究方向为教育管理理论与实践。

求,从而进行资源优化配置。这种做法能够减少教育不公平现象,使得更多的孩子能够享受到优质的学前教育资源,有利于幼儿德智体美的全面发展。

二、学前教育财政保障对幼儿德育的负面影响

(一)财政投入不足,导致德育滞后

尽管政府已经加大了对学前教育的投入力度,但在一些地区,由于财政投入不足,使得幼儿园在德育方面相对滞后,具体表现为教育内容单一、教育方法陈旧、教师素质参差不齐等,这些问题在一定程度上影响了幼儿德育的发展。

(二)过度商业化,忽视德育

在一些地区,由于学前教育财政保障的缺失,使得幼儿园过于商业化,追求经济效益,而忽视了德育的重要性。这种做法容易引发社会不满,也不利于幼儿的全面发展。

三、发挥学前教育财政保障对幼儿德育的积极作用的建议

(一)加大政府财政投入,促进德育开展

政府应加大对学前教育的财政投入力度,特别是针对一些贫困地区和弱势群体,要给予更多的关注和支持。同时,政府还可以通过购买服务等方式,鼓励社会力量参与学前教育事业,从而优化资源配置,提高德育质量。

(二)完善政策法规,强化德育意识

政府应出台相关政策法规,加强对幼儿园德育工作的指导和监督。例如可以制定德育教育大纲和标准,明确幼儿园德育教育的目标和内容;同时还可以建立幼儿园德育教育评估体系,定期对幼儿园的德育工作进行检查和评估。

(三)加强教师队伍建设,提升德育水平

幼儿园应加强教师队伍建设,提高教师的专业素养和德育水平。例如可以开展德育培训、组织德育研讨、鼓励教师进行德育课题研究等;同时还可以建立激励机制,鼓励教师积极参与德育。

四、结论

总的来说,学前教育财政保障对幼儿德育的影响是复杂而又多方面的。它既有可能促进幼儿德育的发展,也有可能产生一些负面影响。因此,在制定相关政策时,必须综合考

虑各种因素，从实际情况出发进行决策；同时还要加强监督和评估工作，确保政策的有效实施和教育质量的提高，只有这样才能够充分发挥学前教育的财政保障对幼儿德育的积极作用。

新时代教师家访的价值意蕴、现实困境及实践路径

胡 杜 李姗霖①

一、引言

2021年10月,国家发布《中华人民共和国家庭教育促进法》,将家庭教育纳入更高层面、更广范围,并提出"中小学校、幼儿园应当将家庭教育指导服务纳入工作计划,作为教师业务培训的内容";2023年1月,教育部等十三部门发布《关于健全学校家庭社会协同育人机制的意见》指出:"要认真落实家访制度,学校领导要带头开展家访,班主任每学年对每名学生至少开展1次家访,鼓励科任教师有针对性开展家访。"家访作为学校开展家庭教育指导服务的重要途径,在家庭教育日益受重视、家校合作氛围日渐浓厚的时代背景下,研究并解决新时代教师家访存在的问题与困境具有一定的现实意义和教育价值。

二、新时代教师家访的价值意蕴

(一)家访是教师进行班级管理的有效手段

班级管理是班级管理者按照教育管理规律的要求,采用一定的方法组织班级教育活动,实现教育目标的过程。② 班级管理的对象是学生,而学生是完整的人,具有能动性、主体性和独特性。作为完整的人,对于学生的教育必然要求全面发展;同时,独特性要求教育要因材施教,促进每个学生的成长、发展和完善。全国首批特级教师、著名教育家斯霞说,备课不仅要备书,还要备学生。她备课总是先从学生入手,每接一个新班,拿到花名册后第一件事就是逐一家访。③ 家访作为对学生进行全面教育的一种好的形式,目的在

---

① 作者简介:胡杜,黄冈师范学院在读硕士研究生,研究方向为教育管理;李姗霖,黄冈师范学院博士研究生、硕士生导师,研究方向为教育管理。
② 张作岭,宋立华.班级管理(第3版)[M].北京:清华大学出版社,2019:12.
③ 袁新文.呼唤家访"回归"[J].新湘评论,2008(04):40.

于让家长了解孩子在学校的表现,让老师了解学生成长的家庭背景,尽量减少社会上各种消极因素对学校和家庭教育的负面影响。① 美国教师的家访主要是对学生进行访问,其次才是对其他家庭成员访问,因此,在教师家访过程中,学生在场并参与其中。② 一次成功的家访会拉近师生之间的距离,通过家访,教师对学生的个性特点、兴趣爱好和家庭背景有了全面了解,从而在班级管理过程中能够对其因材施教。学生处在变化发展中,教育学生要不断研究学生成长中的三个世界:生活世界、知识世界和心灵世界,不仅要把握学生年龄段的特点,更要把握时代、社会、家庭因素在他们身上的影响与反映,以促使这三个世界和谐发展。家访能够让教师在学校教育基础上更深一层了解学生个性形成的客观环境,从而协调各方面的教育影响,最大限度地发挥因材施教的教育效能,真正做到一把钥匙开一把锁。③

(二) 家访是开展德育工作的重要途径

"家庭教育是学校教育的基础,又是学校教育的补充,家庭教育在学生成长中占有重要地位。"家访就是把学校德育与家庭德育融合,使它们协调一致、互为补充。家访能够成为孩子汲取正能量、积极向上的契机,往往也成为较佳的德育时机。家长和教师坐在一起面对面地交流才能消除隔阂,达成共识,从而找到促进学生健康成长的有效途径。④ 面对面、心贴心的家访不单单是一种教育,更是一种唤醒,能够让家长和学生心理上感受到温暖,从而对教师产生认可和信赖,进而有利于学生良好思想品德的形成。

(三) 家访是促进家校合作共育的传统形式

家校合作是学校教育与家庭教育在教育目的、教育内容、教育要求、教育手段上协调一致,通过凝聚成一种巨大的"合力"而增强教育效果。家访是教师为了促进家校信息交流,主动到学生的家中和其父母了解有关事宜的一种沟通方式。⑤ 因而,家访是建立在教师与家长双向沟通基础上的一种家校合作形式。苏霍姆林斯基说:如果没有整个社会首先是家庭的高度教育素养,那么,不管老师付出多大的努力,都收不到完美的效果,家庭的一切问题都会在学校里折射出来,而学校在复杂的教育过程中产生的很多困难的根源,也都可以追溯到家庭。可见,培养人的目标不是仅仅依靠教师在课堂上就能完成的,必须借助家庭的力量。家庭作为孩子成长的第一所学校,家长作为孩子成长的第一任老师,其教育功能具有不可替代性。家访能够调动家长参与学校教育的积极性,是家校合作的重要手段,能够促进家校合作在学生健康发展和全面培养方面发挥更大作用。

---

① 高利民. 新课程改革背景下的家访 [J]. 教学与管理, 2004 (09):24-25.
② 何禾. 美国教师家访有"加班费"[J]. 教育, 2014 (22):80.
③ 赵文华,马国彦. 教师家访的教育功能探析 [J]. 高等师范教育研究, 1993 (04):25-29.
④ 陈旭升. 家访过时了吗 [J]. 人民教育, 2014 (01):46-47.
⑤ 郑祥震. 校访——一种新的家校沟通方式 [J]. 教学与管理, 2005 (14):35-36.

三、新时代教师家访面临的现实困境

家访主要在了解学生的家庭状况、分析学生学习与心理问题背后的原因,让老师了解家长对孩子的要求与期望,听取家长对于学校及老师的意见和建议等方面发挥着重要作用,是学校与家庭搭建沟通桥梁的重要途径。虽然我国基础教育有家访的优秀传统,但是进入新时代,一些新情况、新问题的出现对教师家访产生了一定阻碍。

(一)社会行为方式的变化使得教师家访被替代

受社会变迁、观念变化、人口流动、居住地分散、学生数量巨大和构成多样等影响,以及现代通信工具的发展和普及,电话联系、网上沟通等成了家校联系的主要方式。① 同时,随着人们对于个人隐私保护意识的增强,部分家长并不愿意教师到家走访,互联网时代的到来,使家访逐步淡出了老师们的日常工作,变成了"稀罕事"。2013 年《南方日报》调查发现,"20 世纪中小学的家访率达到七成以上,如今仅有四成左右,师生与家校间的沟通更多被电话和视频等方式替代"。

(二)家访制度不健全,导致家访缺乏可持续性

在教育实践中,绝大多数学校对家访没有硬性规定,教师家访往往是针对问题学生的行为或突发事件而进行的,具有临时性、突发性、随意性的特点。学校对教师的家访工作没有统一明确的具体要求,教师家访缺乏事先的计划安排,家访的次数过少,家访内容涉及范围窄,家访目的不明确或没有针对性,家访后的跟踪教育缺失,这些使得家访成为"昙花一现",无法达到家庭教育指导的目的,从而影响家访的可持续性。

(三)教师家访能力不足,影响家访教育效果

教育是一门艺术,教师通过自己的言传身教传授知识、教育学生。家访作为教师与家庭沟通的一种教育行为,对教育艺术的要求较高,教师不仅应具备高尚的思想情操,还要具备较高的语言造诣。有效沟通是建立在双方平等的基础上的,需要双方用真诚、质朴的语言进行交流,站在对方的角度理解对方的想法,善意倾听对方的意见和建议。教师欠缺针对现实情况艺术性地与家长沟通的本领,导致家访不受家长欢迎。

四、新时代教师家访的实践路径

(一)提高对家访教育意义的认识

一是加大对教师家访的宣传力度。运用抖音、视频号等现代媒体平台和形式讲述教师家访育人的故事,宣传教师家访带来的正能量,引导社会重视家访、形成尊师重道的社会

---

① 陈如平. 互联网时代仍需用好传统式家访 [J]. 人民教育,2020 (19):40-43.

氛围。二是转变学校对家访的认识,学校不应只把家访作为解决学生发展问题的手段,而应正确看待家访,把其作为学校和家庭沟通的一种交流方式,通过积极了解家长和学生的诉求,听取他们的意见和建议来改进教育方式方法,提升学校的教育管理水平。三是社会应给予家访更多的理性支持,家访是被实践证明了的因材施教的最佳途径之一①,现代素质教育要求对学生的教育应是全面发展的,不同学生因天赋、能力存在差异,其需要的教育不尽相同,社会应当用理性心态接受教师在家访过程中的差异化处理,以利于每个学生的健康成长。

(二) 健全家访的可持续发展体系

一是配套制订家访的实施细则,统一家访工作规范,明确学生及家长有义务配合教师进行家访工作,以确保家访制度的可执行性。二是学校在开展家访工作中,要结合当前教育教学改革要求、学校工作重点及家长需求,对家访内容和主题进行分类,形成专题式家访。② 三是提前研究家长,对不同层次的家长要采用不同的方式③;要根据孩子的具体情况,通过做好家访的准备工作来提高家访的效果。家访的过程是一个充满智慧与感化的过程。面对家长望子成龙、望女成凤的迫切心情,教师应尊重家长,善于从家长的角度来观察和思考自己的教育工作,以化解家长的烦恼。④

(三) 提升教师家访能力,形成家校合作育人合力

一是建立学生成长档案,通过家访关注学生的成长环境、家庭教育情况和亲子关系,加深对不同学生个性、人格、特长、兴趣的了解,指导和帮助家庭为学生创造更有利于其成长的环境。有研究表明,家访对促进亲子互动和提高父母的抚养能力效果显著⑤,改善了家长的育儿知识、态度和行为,使家长认识到加强亲子关系的重要性,从而打破派特森"胁迫性家庭进程"这个亲子互动的恶性循环。⑥ 良好的亲子关系能增强父母的自我效能感和信心,使他们愿意花更多的时间来培养孩子,从而促进了孩子学业的成功,避免了其以后生活中许多不良行为的发生。⑦ 二是提升与家长沟通的艺术性,教师向家长反映孩子在学校的表现时,孩子在学校存在的问题应及时告知家长,但对孩子的各种问题要一分为

---

① 邓李梅,曹中保. 家访:"家校"合作的最佳切入点 [J]. 湖北师范学院学报(哲学社会科学版),2004 (01):151-153.

② 孙逵. 共识共振 共创家校共育新生态 [J]. 中小学管理,2021 (10):53-55.

③ 刘清荣. 与家长沟通的方法要变 [J]. 中小学管理,2002 (11):34.

④ 赵文华,马国彦. 教师家访的教育功能探析 [J]. 高等师范教育研究,1993 (04):25-29.

⑤ Daro D. A., Harding K. A. Healthy Families America: Using research to enhance practice [J]. The Future of Children, 1999, 9 (01):152-176.

⑥ 范洁琼. 国际早期儿童家庭亲职教育项目的经验与启示 [J]. 学前教育研究,2016 (11):3-16.

⑦ 田波琼,杨晓萍. 美国家访项目的内容、影响因素及其发展趋势 [J]. 学前教育研究,2013 (06):21-28.

二地谈，对孩子的进步也要毫不吝啬地夸赞；教师应主动坦诚地反省自己在工作中的失误，并向家长坦陈改进措施，让家长觉得教师是在真心实意地爱护自己的孩子，从而接受意见。① 三是对某些家长的教育短视行为决不能迎合，通过对家长动之以情、晓之以理，让家长从意识上提高家庭教育重要性的认识，从方法上纠正家庭教育的偏差和误导，从感情上加深家长对教师工作的认同与理解。家访是实现学校教育与家庭教育一致性的途径，所以，新时代家访也应成为家校合作的一种重要形式。

① 何禾. 美国教师家访有"加班费"[J]. 教育，2014（22）：80.

家校社协同视角下大别山中小学研学旅行重构*

王 雪①

"纸上得来终觉浅，绝知此事要躬行"，南宋诗人陆游的教育思想已经体现出知识与实践统一的重要性。长期以来我国的基础教育偏重"读万卷书"和"书读百遍，其义自现"，缺少"行万里路"的实践和体验。研学旅行是统一知识与实践的过程，是我国课程改革的重要内容。2023年教育部等十三部门联合颁布《关于健全学校家庭社会协同育人机制的意见》指出，健全协同育人机制要增强协同育人共识，积极构建学校家庭社会协同育人新格局，研学旅行作为新兴的育人手段，需要多方教育主体发挥教育合力。大别山承载着中国革命的重要历史意义。作为红军的故乡和将军的摇篮，它见证了无数革命先辈为实现理想而付出的鲜血和生命。大别山是一本永恒的革命历史教科书，大别山精神应当代代传承。以大别山作为研学旅行基地，有利于赓续红色文化传承，充分发挥红色根据地的教育价值。

一、我国中小学研学旅行普遍面临的挑战

研学旅行是一种通过实地考察和参与实践活动，促进学生综合素养和实际能力发展的教育方式。当前，中小学的研学旅行还面临诸多困难与挑战。

（一）学生自身能力欠缺

中小学生学科知识储备不足，在实地考察和实践活动中理解和应用知识的能力有限，影响他们对研学旅行目的和主题的理解，以及对所观察事物的深入思考和分析能力。学生在研学旅行过程中将面对自然和社会复杂情境中的真实问题。② 一些学生缺乏实践技能，他们在研学旅行中难以有效地参与实践活动。研学旅行通常需要学生在小组中合作完成任

---

* 基金项目：湖北省人文社科重点研究基地大别山旅游经济与文化研究中心资助，大别山旅游经济与文化研究中心2023年度一般课题"基于家校社协同视角的大别山中小学研学旅行重构"（项目编号：202305504）。

① 作者简介：王雪，女，山西祁县人，黄冈师范学院教育学院2022级硕士研究生，研究方向为教育管理。

② 郭锋涛，段玉山，周维国，袁书琪. 研学旅行课程标准（二）——课程结构、课程内容［J］. 地理教学，2019（06）：4-7.

务和项目，缺乏团队合作能力的学生可能引起小组其他成员的不满，导致团队合作效果不佳。研学旅行鼓励学生主动参与学习和发现，部分学生缺乏自主学习的意识和技能。

（二）学校研学旅行课程落实不足

学校在规划研学旅行课程时可能缺乏明确的教学目标，难以确定适合的学习内容和活动，影响研学旅行的教学效果。一些学校研学旅行课程与课堂教学脱节，缺乏与学科教学内容的衔接和延伸，学生在研学旅行中难以将所学知识与实践相结合，影响学习的连贯性和深度。一些学校对研学旅行认识不深刻，重视程度不足，直接将研学旅行外包给旅游部门，"游学"简化成了披着"研学旅行"外衣的群体旅游，等活动结束再要求学生写相关感悟，研学旅行"走马观花"，趋于形式化。

（三）家长对研学旅行存在质疑

一些家长对研学旅行的教育价值存在疑虑，认为研学旅行只是一种游玩和消遣活动，对学生的学业成绩和未来发展没有实质性影响。研学旅行需要一定的经济投入，包括旅行费用、住宿费用等，对于经济困难的家庭来说，难以承担这样的费用负担。部分家长认为学生在旅行中难以真正学到知识和技能，认为这种形式的学习不如传统的课堂教学有效。研学旅行安全管理是研学旅行中的重点和难点问题，[①] 家长担心孩子在旅行过程中遇到意外情况或安全风险。

（四）研学旅行组织不完善

研学旅行的开展没有固定的范式，中小学研学旅行难免存在行程安排不合理的情况，比如行程过于紧凑，学生无法充分参与和体验活动，学习效果和旅行质量不佳。活动设计可能过于表面化，难以激发学生的学习兴趣和思考能力，变成"灌输式"假研学。研学旅行缺乏专业的研学旅行指导师，活动中指导不到位、解答问题能力有限，无法根据学生的兴趣、需求和能力进行调整和个性化安排。当前研学旅行组织缺乏有效的评估和反馈机制，缺乏对学生、教师和家长的反馈收集和分析，无法及时调整和改进研学旅行的组织和实施。

二、研学旅行中存在问题的原因分析

研学旅行是一种非正式的学习方式，[②] 分析研学旅行存在问题的原因有助于提高研学旅行的质量。

（一）传统教育观念的桎梏

传统教育观念注重学生的知识学习和考试成绩，对于实践和体验的重要性关注较少，

---

① 邓月．关于研学旅行安全管理的思考［J］．西部旅游，2021，138（01）：79-80.
② 蒋雯怡．中小学研学旅行的现状及对策研究［J］．数据，2022，335（07）：126-128.

研学旅行强调实地探索和亲身体验，对考试成绩的追求长期占据学校和家长教育观念之首的位置。研学旅行被视为影响学生学习时间和备考准备的因素，学校和家长更加注重课堂教学，忽视了研学旅行对学生综合素养的培养。家长对研学旅行的态度会影响子女对研学旅行的重视程度。传统的学科分隔观念导致学校在组织研学旅行时难以整合不同学科的内容和资源。研学旅行的魅力在于能够跨学科地探索和学习，但由于学科分隔的限制，学校难以将不同学科的知识有机结合起来，限制了学生的综合学习和思维能力的发展。

（二）研学旅行受自身特点的制约

研学旅行是中小学因地制宜开设的特色必修课程，是一门校内教学需要和校外教学资源有机融合的综合实践活动课程，① 研学旅行具有普及性、课程性、教育性、体验性和公益性等特点，实践性和群体性也是研学旅行的重要特征。② 实践性即要求中小学生亲自参与这项课程活动，学生年龄阶段、兴趣、能力水平和身心发展速度存在一定差异，在研学旅行中会出现很多预想之外的状况，多种不确定因素使得研学旅行管理难度较大。群体性指学生之间的互动交流，学生在缺乏引导的情况下往往交流的是计划之外与研学主题无关的内容。研学旅行需要投入大量的人力、物力和财力资源，学校和教育机构可能面临资源和预算的限制，无法充分满足研学旅行的需求，影响活动的质量和规模。

（三）研学旅行指导师匮乏

研学旅行指导师的质量直接影响研学旅行活动的质量。目前，研学旅行指导师对个人资质没有硬性要求，存在"只要报名交钱就能拿到证书"的现象，③ 部分研学旅行指导师空有其名。研学旅行的组织者需要了解教育理论、活动设计、目的地知识等方面的专业知识，需要与各类机构和组织建立合作伙伴关系，以获取各种资源和支持。研学旅行缺乏复合型组织人才，研学旅行活动中需要各种人员资源，包括教师、导游、讲解员等，有时还需要人员可以根据具体情况进行角色转换，这些对研学旅行指导师的质量提出了更高的要求。

三、提升大别山中小学研学旅行质量的策略

大别山红色教育传承弘扬大别山精神，能够为中华民族伟大复兴注入强大的精神动力，从家校社协同育人视角入手，进行大别山中小学研学旅行重构，对提升大别山中小学研学旅行质量有重要意义。

（一）家校社共议研学旅行课程目标

明确的目标可以让研学旅行活动有序开展，研学旅行课程的总目标是通过亲近和探究

---

① 陈光春．论研学旅行［J］．河北师范大学学报（教育科学版），2017,19（03）：37-40.
② 李军．近五年来国内研学旅行研究述评［J］．北京教育学院学报，2017,31（06）：13-19.
③ 赵丽，刘姣姣．有的研学团还不如旅游团［N］．法治日报，2023-06-12（008）.

自然，接触和融入社会，关注和反省自我，体验和感受集体生活，使中小学生养成价值认同、实践内化、身心健康、责任担当等意识和能力。① 多方协同教育主体应以此为基础，结合学生具体年龄阶段制定个性化的研学旅行课程目标。比如，在带领小学高段学生观光大别山景区时，价值认同方面可以拟定让学生了解大别山的革命史迹，了解大别山的历史与祖国的关系，初步形成爱国意识和文化自信；实践内化方面，可以结合预定的情境设置简单的问题，提前布置给学生搜集信息，在研学过程中联系具体情境与小组成员交流讨论；身心健康方面，家校社要达成研学旅行是为了促进学生"学逸"结合的共识，同时在实践中锻炼学生的意志，发展学生的交流合作能力和自我保护意识；责任担当方面，以大别山革命先辈为榜样激发学生的爱国热情，培养学生报效祖国的志趣，在实践过程中培养学生的集体意识和保护环境的意愿。学校搜集各方建议，汇总成规范文件公示每次的研学旅行课程目标与流程，提高研学旅行活动的大众认可度。

（二）整合多方资源打破封闭式教育

整合家校社多方资源展开研学旅行可以打破中小学封闭式教育的局限，为学生提供更广阔的学习机会和体验。鼓励家长积极参与研学旅行的筹备和实施过程，对大别山熟悉的家长可以提供宝贵的经验和建议。学校可以与社区建立合作关系，利用社区资源丰富研学旅行的内容，提前宣传与研学旅行主题相关的信息和内容，让学生接触到更多实际应用的场景，拓宽他们的视野和知识面，学校和社区资源的整合可以提供更多学科交叉和跨学科学习的机会。可以邀请专业人士、行业导师或相关领域的讲师参与研学旅行活动，他们可以提供专业知识和实践经验的分享，为学生带来更深入的学习体验和启发。家庭和社会的参与可以增强学生对研学旅行的兴趣，激发他们的创造力和探索精神。只有在多方共同努力下，才能真正实现研学旅行的目标，打破中小学封闭式教育，为学生提供更丰富、多元化的学习体验。

（三）合力培养复合型师资

家校社合力培养研学旅行所需的复合型师资是推动研学旅行发展的关键要素之一。复合型师资应具备多方面的能力和特点，以有效整合家校社多方资源，促进研学旅行的实施和发展。通过家校社的合作，为研学旅行教师提供更多的专业知识和资源支持，提高研学旅行的质量。学校可以组织专门的研学旅行培训课程，帮助教师获得研学旅行相关的知识和技能。学校还可以给教师提供专业发展的支持，如专业导师指导、研究项目资助等，帮助教师成长为复合型师资。家校社可以建立学习共同体，教师、家长和社区等各方参与其中，共同学习和交流大别山研学旅行的经验和实践，组织定期的研讨会、分享会和专业交流活动，促进与研学旅行教师之间的互动和合作，共同提升研学旅行的水平和效果。研学旅行通常涉及多学科的内容，教师可以进行跨学科教学的实践，教师可以与其他学科的教

---

① 段玉山，袁书琪，郭锋涛，等．研学旅行课程标准（一）——前言、课程性质与定位、课程基本理念、课程目标［J］．地理教学，2019（05）：4-7.

师以及社会专门人才合作，共同设计和实施跨学科的研学活动，使学生能够在实际情境中综合运用多学科的知识和技能。

（四）提高研学旅行安全指数

研学旅行活动保障学生的安全是第一位的。学校与家长、社区合作，共同制定研学旅行的安全管理计划，包括风险评估、应急预案、安全教育等方面的内容，确保在研学旅行中能够及时应对各种安全风险。开展研学旅行活动前，学校和家长可以共同开展师生安全培训，包括急救知识、旅行安全意识、应急处理等方面的培训。师生应具备必要的安全意识和应对能力，以应对紧急情况并确保自身安全。学校在选择研学旅行的合作伙伴时，应严格审查其资质和信誉，确保合作伙伴具备必要的安全管理能力，与其建立明确的责任和合作机制，共同维护学生的安全。学校、家长和社区之间应建立良好的沟通机制，及时共享行程安排、安全提示、联系方式等旅行相关信息，确保信息的及时传达和沟通。学校应建立监测和评估机制，对研学旅行的安全措施进行定期检查和评估，及时发现问题并采取纠正措施，确保安全措施的有效性和可持续性。

（五）完善研学旅行评价体系

研学旅行具有鲜明的目的性，活动结束之后要及时进行总结和评价，判断是否完成育人目标，反思优势与不足，为后续提高研学旅行质量积累经验。教育主管部门可以将研学旅行纳入学校工作量进行核验。学校、家长和社区可以共同讨论制定评价指标，涵盖学科知识、实践能力、社会情感、创新思维等方面，确保评价的全面性和公正性。教师、家长和社区可以对学生的表现进行观察和记录，并提供评估意见，共同参与评价的过程，提供多方面的意见和建议。开发适合研学旅行评价的工具和方法，例如学生自评、教师评价、家长评价、同伴评价等，以展现学生在研学旅行中的表现和成长，促进学生的自我反思和自我管理能力的培养。学校、家长和社区可以共同讨论评价结果，并根据评价结果提供相应的支持和辅导，帮助学生克服困难、发挥优势，促进他们的全面发展。

研学旅行是推行素质教育的有力抓手，协同育人应关注这个突破口，在躬亲实践中提升研学旅行质量，为学生全面发展营造体验感良好的教育环境，充分发挥大别山地区自身的特色优势，弘扬和传承大别山精神，造就不屈不挠担当大任的时代新人。

中小学劳动教育一体化的研究热点和趋势
——基于 CNKI 数据库的 CiteSpace 分析

蔡 茜 韦耀阳 张 冰①

一、引言

2020 年 3 月，中共中央、国务院印发《关于全面加强新时代中小学劳动教育的意见》，从总体要求、教育体系、支撑保障等方面对全面加强新时代中小学劳动教育进行了系统说明、整体部署与统筹安排，明确提出"把劳动教育贯穿人才培养的全过程，贯通大中小各学段，贯穿家庭、学校、社会等各方面"②，强调了劳动教育对于青少年成长成才的必要性。

虽然近年来国内对劳动教育研究的热度不减，也贡献出了来自各个方面的文献著作，但是针对劳动教育一体化的研究却寥寥可数，这也从侧面反映出劳动教育在我国教育体系中仍没有一个一以贯之的体系，大多仍是各个学段分开开展教育，忽略了劳动教育的连续性。从目前的文献中也不难看出，研究内容大多侧重于推进一体化发展的具体对策，对劳动教育一体化的理论研究还处于探索阶段，不够系统，对目前中小学推进一体化建设的困境没有过多的研究论述。③

基于上述研究背景，本文运用文献计量学对过去 8 年（2016—2023 年）全国定量分析，并通过知识谱的可视化结果，系统地探讨了该领域研究的热点和发展趋势以期为后续研究和实践探索提供经验依据和启示。

---

① 作者简介：蔡茜，女，重庆丰都人，黄冈师范学院教育管理专业硕士，研究方向为教育管理理论与实践。韦耀阳，男，湖北南漳人，现为黄冈师范学院教育学院副院长、教授、博士、明珠学者、硕士生导师，研究方向为学校教育管理。张冰，男，中国辽宁喀左人，现为黄冈师范学院体育学院教授、硕士生导师、全国群众体育先进个人，研究方向为体育管理、体育教育。

② 中共中央 国务院关于全面加强新时代大中小学劳动教育的意见［N］.人民日报，2020-03-27（1）.

③ 李成.新时代大中小学劳动教育内容一体化的实践要求［J］.思想理论教育，2020，495（07）：60-64.

二、研究方法

（一）数据来源

本研究数据主要来源于中国知网（CNKI）学术期刊网络出版总库。在 CNKI 中选择"高级检索"功能。以"中小学劳动教育一体化"为主题检索词在期刊中进行检索时间为"2016—2023 年"，剔除会议通知、征订启事以及与本研究无关的论文后，最终确定 63 篇有效文献。根据 CiteSpace 文件的读取格式要求按年份导出文档以形成样本数据库。

（二）方法和工具

本研究采用 CiteSpace 知识可视化软件进行分析，该软件采用了分时动态、多变量引文可视化分析技术。由此，可将一个知识领域的发展集中在一幅引文网络图谱上，能够对关于知识基础的引文节点文献和共引聚类文献的研究前沿进行自动标识。因此，CiteSpace 软件，是目前运用较广、且多的知识图谱绘制工具之一。

三、研究结果

（一）发文数量随年代发展分布情况

本研究分析了从 2019—2023 年五年间的相关文献，发现文献数量呈现先升后降再升的波浪式前进趋势。具体而言，从 2020 年开始，文献数量开始迅速增长，发文量在 2021 年达到顶峰，经过暂时减速后，在 2022 年达到顶峰（参照图1）。2023 年文献只统计到当年 3 月因此只有一篇文献。

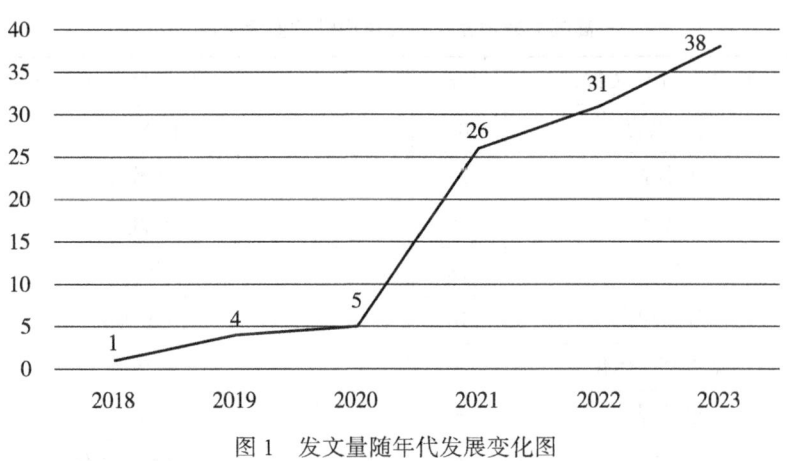

图 1　发文量随年代发展变化图

(二) 研究热点

关键词是一篇文献主题的体现。高频关键字通常用于识别某一领域的研究热点。研究选取的分析时间切片为 1 年，分析项目选择方法为 "Top N = 50"，网络精简算法为精简每个切片网络，生成了关键词共现网络图谱（见图 2）。图中每一个十字架节点代表一个关键词，越大的十字架表明该关键词出现的频次越高，十字架内不同颜色代表不同的年份，越厚的颜色代表该年份出现的频率越高。连线越多代表关键词间相互联系越密切。可以看到热点词汇有"劳动教育""中小学""一体化建设""一体化教师""培训模式""教育体系""产学研结合"等。为更加详细地了解研究热点，如表 1 所示，提取频次大于或等于 4 的关键词为高频关键词，排在前 11 位的高频关键词。

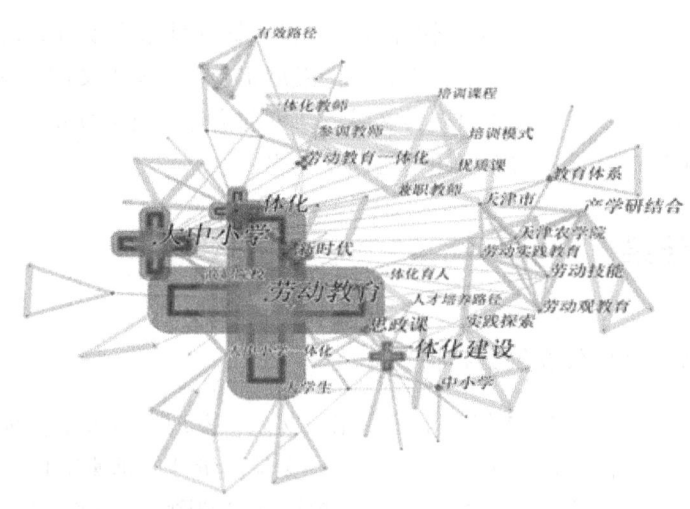

图 2　关键词共现网络图谱

表 1　　　　　　　　高频关键词频次、高中心性关键词排序

序号	高频次前 11 位关键词	频次	序号	高中心性前 11 位关键词	中心性
1	劳动教育	84	1	中小学	0.67
2	中小学	35	2	劳动教育	0.48
3	一体化	25	3	新时代	0.32
4	新时代	18	4	一体化	0.29
5	一体化建设	16	5	一体化建设	0.24
6	劳动教育一体化	7	6	教育体系	0.19
7	思政课	6	7	实践探索	0.19
8	机制创新	6	8	劳动教育一体化	0.18

续表

序号	高频次前 11 位关键词	频次	序号	高中心性前 11 位关键词	中心性
9	大学生	5	9	中小学	0.14
10	中小学	4	10	劳动教育内容	0.13
11	高职院校	4	11	中小学一体化	0.11

节点中心性的数值越大，说明该节点处于整体网络中的位置越重要，对这个网络的影响越大。一般认为中介中心性大于 0.1 的节点在这个知识网络结构中的位置比较重要。① 中介中心性反映一个节点在整个网络中的"媒介"能力，因此，在一定程度上也能够反映研究的热点。因此，本研究将频次和中介中心性统合起来作为研究热点的判断依据，② 对高频关键词以及高中心性关键词进行了统计排序。频次排在前 11 位且中介中心性大于或等于 0.1 的关键词是"中小学""劳动教育一体化"（见表1），且这两列变量排在前 11 位的关键词重合率非常高，说明这些关键词比较准确地抓住了中小学劳动教育一体化研究领域的热点。

（三）研究领域

关键词聚类分析是在共现分析的基础上，利用聚类的统计学方法，把共现网络关系简化为数目相对较少的聚类的过程。③ 文章选取 Log-lkelihood ratio（LIR）算法自动标识每个聚类，如图 3 所示，形成了 150 个节点 244 条连线聚类数量为 8 的知识图谱。

（1）聚类 #0 "一体化"是最大的聚类，包含"教育培训""劳动教育规范""机制创新"等关键词。在这个类别中，探讨了机制创新培养路径，并创新劳动教育改革路径，形成具有中国特色的劳动教育模式。④

（2）聚类 #1 "思政课教学一体化"包含"五育融合""机制创新"等关键词。该类别主要围绕思政课教学一体化，为中小学劳动教育一体化提供新思路、新路径和新机制。

（3）聚类 #2 "产教融合""综合评价体系""校本教研"等关键词。该类别主要聚集劳动教育体系构建组成部分的论述、实践要求实践路径和践行的方法论，需要学校、家

---

① 侯洁，张茂聪. 我国积极心理健康教育研究十年总结——基于 CNKI 学术期刊 2007—2017 年"积极心理健康教育"和"积极心理品质"主题文献的可视化解读［J］. 中国特殊教育，2017，203（05）：36-43.
② 苗小燕，张冲. 大中小学德育一体化研究的热点与发展趋势——基于 CNKI 数据库的 CITESPACE 分析［J］. 中国特殊教育，2018，218（08）：85-90.
③ 钟伟金，李佳，杨兴菊. 共词分析法研究（三）——共词聚类分析法的原理与特点［J］. 情报杂志，2008（07）：118-120.
④ 张翼. 构建新时代大中小学劳动教育一体化建设机制的三维论析［J/OL］. 山西高等学校社会科学. http：//kns.cnki.net/kcms/detail/14.1250.C.20230217.1155.002.html.

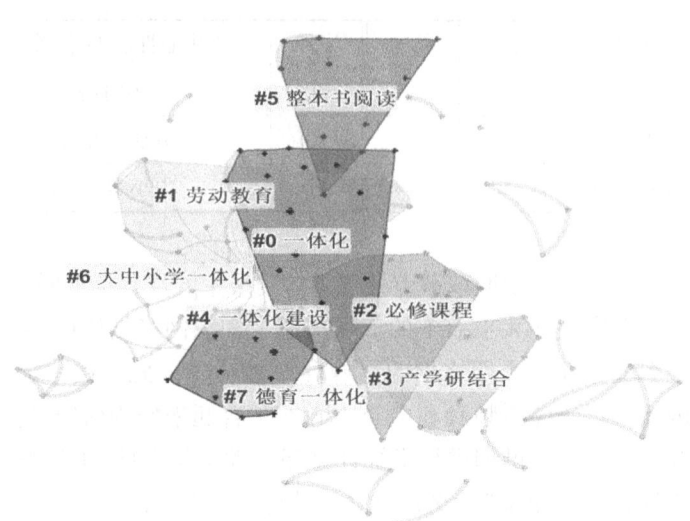

图 3 关键词聚类网络图谱

庭、社会等多方合作。①

（4）聚类#3"产学研结合"包含"劳动实践教育""劳动技能"等关键词。该类别主要聚焦于天津市高校劳动教育产学研结合并探讨了大学学段要将劳动与专业相融合，产学研结合中践行劳动精神。②

（5）聚类#4"必修课程"包含"参训教师""校本教研""教育情境"等关键词。要在平台建设、体系建设、教育资源建设、劳动文化宣传阵地建设及劳动教育研究等方面全面推进中小学劳动教育一体化建设工作的开展。③

（6）聚类#5"一体化建设"包含"人才培养路径""多维度""区域特色""教育融入"等关键词。为思政育人"主渠道"功能的充分发挥，育人质量的提升提供理论支撑和实践保障。④

（7）聚类#6"整本书阅读""有效路径""模式探索"等关键词。该类别侧重实践教学中工作教育的实施，实践社会主义新的工作方法在教育教学中开展劳动教育，可以采取组织专题研讨、倡导写作实践、开展综合性学习等措施。⑤

---

① 李高建，乔勇．大中小学劳动教育一体化改革的问题、价值与路径［J］．教育教学论坛，2022，601（50）：185-188．

② 马莉，魏浩天．新时代大中小学劳动教育一体化实践路径研究［J］．菏泽学院学报，2021，43（06）：46-51．

③ 刘佳．大学生劳动教育要有"高校味儿"——天津市构建新时代高校劳动教育新格局［J］．天津教育，2022，682（13）：4-7．

④ 徐曼，张治夏．新时代推进大中小学劳动教育一体化建设的思考［J］．内蒙古社会科学，2022，43（03）：179-185，213．

⑤ 王晓宇．新时代大中小学思政课一体化建设的几个着力点［J］．思想理论教育导刊，2022，288（12）：116-120．

（8）聚类＃7"中小学一体化"包含"大概念""劳动教育课程"等关键词。坚持中小学劳动教育一体化建设是完善高校劳动教育体系的内在需要以及推进中小学劳动教育一体化建设的行动路径引导学生在思考和实践中健康成长这三方面进行了思考。①

高突现性关键词Top 5

Keywords	Year	Strength	Begin	End	2016—2023
机制创新	2016	1.9173	2016	2020	
新时代	2016	0.452	2016	2018	
实践探索	2016	1.1165	2018	2019	
劳动教育课程	2016	0.6456	2020	2021	
大中小学一体化	2016	1.3006	2020	2021	

图 4　关键词突现性分析图

（四）研究趋势

突现词是特定时段内出现较多或使用频率较高的词，根据突现词可以判断研究领域的前沿。新兴词汇是指在给定的时间段内使用得更多或更频繁的词汇，可用于确定研究领域的边界。图 4 展示了 2016—2021 年排在前 5 位的突现关键词。2016—2018 年的突现关键词是"新时代"；2016—2020 年的突现关键词是"机制创新"；2018—2019 年的突现关键词是"实践探索"；2020—2021 年的突现关键词是"劳动教育课程""中小学一体化"在聚类图基础上，按时间片段统计前沿关键词时序图谱，参考图 5。"机制创新"等词连接着时区内若干个小节点，是整个时区的基础和支撑。以下将 2000— 2023 年分为四个阶段进行分析：新时代阶段（2000—2017），重点研究跨学段的劳动教育，该阶段主要关注"大学生""中学""大学""劳动教育"等关键词；初步发展阶段（2017—2018 年），2018 年 9 月，习近平总书记在全国教育大会上提出，培育德智体美劳全面发展的社会主义建设者和接班人②；上升阶段（2018—2020 年），2019 年 11 月，《关于全面加强新时代中小学劳动教育的意见》强调指出："要全面落实好党的教育政策，贯穿于学校、家庭和社会的各个层面。"③ 2020 年 3 月，中共中央、国务院正式发布了《关于全面加强新时代中小学劳动教育的意见》，强调"劳动教育是中国特色社会主义教育制度的重要内容"④ 其中"劳动课程"等被重点关注；繁荣阶段（2020 —2023 年），要将大、中、小三个阶段课程目标、课程内容层次衔接，充分整合一切可以利用的资源助力劳动教育育

---

① 刘健，单醇健. 高中语文教学中劳动教育的实施［J］. 基础教育研究，2021，569（19）：22-25.
② 刘向兵. 关于推进大中小学劳动教育一体化建设的思考［J］. 中国德育，2022，321（09）：46-49.
③ 习近平主持召开中央全面深化改革委员会第十一次会议强调：落实党的十九届四中全会重要举措继续全面深化改革实现有机衔接融会贯通［N］. 人民日报，2019-11-27.
④ 中共中央 国务院关于全面加强新时代大中小学劳动教育的意见［N］. 人民日报，2020-03-27.

人，为国家培养一批各方面素质综合发展的高质量人才。

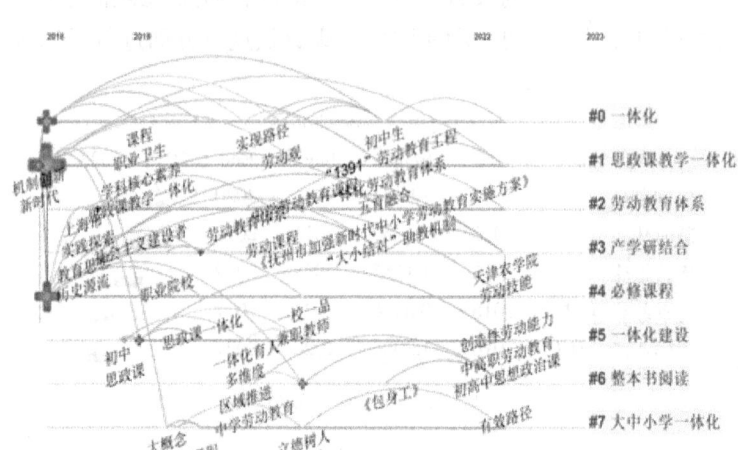

图 5　关键词时序图谱

四、建议与展望

（一）加强构建中小学劳动教育一体化的目标体系

建立中小学劳动教育一体化目标体系，有利于连贯劳动教育培养计划，形成劳动教育一体化系统，符合学生的心理发展特征，循序渐进，又快又稳地推进中小学劳动教育一体化的进程。另外，需重视各学段目标的阶段性。

（二）明确中小学劳动教育一体化的内容要求

（1）注重内容的内在连续性。结合中小学生身心发展特征，有针对性地设计劳动教育课程及活动内容，使其既满足不同年龄儿童身心发展需要，又承前启后具有连续性。有利于构建布局合理、逻辑清晰、富有深度的中小学劳动教育一体化课程内容体系。

（2）注重内容的时代性。突出新时期劳动教育的时代特性，必须坚持在马克思主义劳动理论领导下，结合中国国情，生长出适合当代中国中小学生的劳动教育课程内容，使劳动教育焕发出新的生机活力。

（三）创新中小学劳动教育一体化的方法

新时代中小学劳动教育方法体系一体化需要创新，从传统的传授式教学转变为学生自主学习，在尊重学生学习主体地位的基础上创新教师教的方法和学生学的方法，从而真正做到以学生为中心的中小学一体化劳动教育。提升中小学教师劳动教育胜任力为世界劳动教育贡献出中国教师的智慧。

(四) 完善中小学一体化的劳动教育评价体系

现阶段,劳动教育在大众心中是走过场应付检查的形式教育,完善中小学一体化劳动教育评价体系十分必要。

搭建客观的劳动成果评价标准,采取公平公正的评价手段,实行综合评价制度。树立多元劳动教育评价价值观,从根本上改变人们对劳动教育的误解。通过建立健全综合劳动教育评价体系,转变大众劳动教育价值观,让大中小学生爱劳动、会劳动、懂劳动、真劳动。

(五) 搭建中小学劳动教育一体化的保障系统

提高主要劳动教育工作者——教师的内部动机。强化学校、家庭、社会在劳动教育内容上的方向一致性,坚持三者统一。巩固学校、家庭、社会在劳动教育内容上的时空一致性,才能显现劳动教育的成效。

高质量乡村学校课后服务的公共性困境与应对策略

赵瑶瑶　林永希[①]

一、问题的提出

课后服务是增强教育服务能力，促进学生全面发展的重要措施，是高质量学校教育的有机组成。在"双减"政策逐步深化实施的进程中，高质量的乡村学校教育不仅需要高质量的课内教育，也需要高质量的课后服务。

相对于教育资源较为丰富的城市学校，乡村学校的师资资源、家庭可配置资源、社会公共资源明显偏弱，严重制约课后服务质量提升，如何开展高质量乡村学校课后服务，是当前乡村教育急需解决的重要课题。对处于弱势地位的乡村学校课后服务问题则关注不足，现有研究主要讨论了乡村学校在执行课后服务相关政策时出现的偏差[②]、乡村学校课后服务在线教育资源的使用情况[③]等内容，而关于乡村学校课后服务的其他论述则是在课后服务的一般性研究中提及较少，鉴于此，凸显了研究乡村学校课后服务问题的价值。

在"双减"政策深化阶段，以教育公共性理论为理据，分析乡村学校课后服务面临的问题，无疑是研究乡村学校课后服务问题的崭新视角。在阐释乡村学校课后服务公共性属性的基础上，从现实领域挖掘乡村学校课后服务公共性存在的外在困境及内在制约，寻找破解其公共性困境的有效途径，以期提供建设性意见。

二、研究的理论框架——教育公共性的内涵阐述

阿伦特认为，公共性是公共领域的体现，凡出现在公共场合的东西能够为每个人所看见和听见[④]，具有公开性、共同性的重要属性。其后，哈贝马斯将阿伦特公共性思想的一

[①] 作者简介：赵瑶瑶，黄冈师范学院教育学院硕士研究生，研究方向为教育管理；林永希，黄冈师范学院教授，硕士生导师，研究方向为教师教育、高等教育。

[②] 白雪，李广，王奥轩. 乡村学校课后服务政策执行的偏差与治理 [J]. 教育学术月刊，2022（08）：94-102.

[③] 罗枭. 在线教育资源在中西部农村中小学课后服务中的利用现状与优化 [J]. 电化教育研究，2022，43（06）：61-67.

[④] 汪晖，陈燕谷. 文化与公共性 [M]. 北京：生活·读书·新知三联书店，1998：81.

些重要元素及分析思路继承并阐发，认为只有在以批判理性的方式进行"对话"的过程中形成的"生活世界"里，才能实现不排除任何成员的社会整合机制，强调人与人之间共时态存在中的公共性。① 罗尔斯倡导理性的公共性，主张体现公平正义的公共性。②

在教育领域，对于公共性的理解亦大体循此思路，将公共性视为"在自我确证自己的过程中所体现出的为他的属性"③。公共性"既是一种理念和原则，同时又是一种现实世界的生成机制，在积极建设的意义上，它又是一种方法论准则"④。可见，公共性本身是一个发展的概念。

三、教育公共性视域下高质量乡村学校课后服务的价值意蕴

教育公共性的核心在于强调教育对公平、平等、公益、共享教育价值观的追求，由于城乡学校之间存在差异，构建乡村学校公共性面临更多的困难，需要在公平性的教育地位、平等性的实践参与、公益性的社会服务、共享性的资源使用等方面予以充分的体现。

（一）公平性教育地位是高质量乡村学校课后服务的必然要求

良好的教育经费投入是发展高质量教育体系的重要保障，也是增强乡村学校课后服务能力、提高课后服务质量的必备条件。因此，确保乡村学校拥有较为充足的课后服务经费以及提高经费的使用效率具有重要价值。仅具备物质条件是远远不够的，物质条件的价值实现关键是人力条件，物质条件的配置和使用都要依靠人力条件来实现。

（二）平等性实践参与是高质量乡村学校课后服务的现实需要

教育平等蕴含着底线意义的形式平等以及发展意义的实质平等的重要内涵。乡村学生家庭经济资本较弱，能提供的教育支持有限。⑤ 课后服务旨在面向全体有需要的学生，是保障教育平等的重要举措，也是课后服务实践的出发点。"双减"政策逐步深化实施，学生自愿参加课后服务的比例高达91.9%，⑥ 基本实现了课后服务全覆盖，一定程度上弥补了因家庭经济差异等因素所导致的乡村学生机会受限，保障了乡村学生形式意义上的平等。但乡村学校课后服务由于基础设施和艺体资源匮乏、学校自身设计能力不足等因素制

---

① 谭安奎. 公共性二十讲 [M]. 天津：天津人民出版社，2008：288-289.
② 谭清华. 罗尔斯政治哲学中的公共性理念及其现实意义 [J]. 内蒙古社会科学（汉文版），2014，35（03）：26-31.
③ 郭湛. 社会公共性研究 [M]. 北京：人民出版社，2009：70.
④ 曹鹏飞. 公共性理论的兴起及其意义 [J]. 北京联合大学学报（人文社会科学版），2008（03）：61-65.
⑤ 蔡庆丰，吴冠琛，陈武元. 交通基础设施改善会提升家庭教育期望吗？——基于"中国家庭追踪调查"的实证分析 [J]. 华东师范大学学报（教育科学版），2022，40（08）：96-114.
⑥ 教育部. 参加课后服务的学生比例提高到91.9% [EB/OL]. （2021-12-21）[2022-10-20]. http：// www. moe. gov. cn/fbh/live/2021/53899/mtbd/202112/t20211221_ 589068. html.

约，较难开发出适合本地区、彰显学校特色的课后服务。

（三）公益性社会服务是高质量乡村学校课后服务的必要保障

准基本公共教育服务是介于基本公共教育服务和经营性公共教育服务之间，具有一定公益性的教育服务，学前教育、高中教育、青少年校外活动等均属于这一范畴。课后服务具有明显的公益性特征，但有别于义务教育的强制性、统一性和免费性，本质上属于非义务教育内容,[①] 属于基本公共教育服务范畴。[②] 这一属性决定了课后服务是由多元主体供给保障的公益性教育服务。政府并非唯一主体，社区、家长、志愿部门、社会组织都可以在共同的目标下互动合作，发挥多元积极作用。

（四）共享性资源使用是高质量乡村学校课后服务的内在权利

有效使用共享性的社会资源是公共性事业的基本特征，长期以来，社会资源分配主要由空间区位来决定，表现在高质量、高水平的教育资源集中于城市地区和经济发展较好的乡村地区，而一般乡村地区，尤其是经济发展水平较低的乡村地区的教育资源先天不足，后天建设乏力，致使师资力量、课程资源数量及质量等短板制约其开展课后服务。一是乡村教师数量偏少，一人多岗、身兼数职的现象极为普遍，难以保质保量完成自己的工作，遑论对其他学校工作的共享性服务。二是乡村学校基础设备不齐、不全，也做不到对其他学校的共享。

四、高质量乡村学校课后服务的公共性困境

由于认识不高，投入缺乏等原因，乡村学校课后服务面临着公平地位的缺失、平等参与机会的不均、公益服务力量支持有限、资源开发共享程度不足的公共性困境。

（一）乡村学校课后服务公平地位缺失

乡村学校课后服务公平地位缺失，主要体现在乡村学校人力条件、财力条件以及物力条件上。首先，乡村学校人力条件的核心力量缺失。具体表现在，一是部分学科的教师相对欠缺。二是数量有限的乡村教师已经承担了繁重的课内教学工作，部分教师需要负责多门学科或多个年级的教学任务以及学生管理等工作，工作负担重。其次，教育经费供给是财力条件的明显表现。一方面，就我国当前各地学校课后服务经费来源来看，主要存在两种模式，一是政府专项负担；二是政府补贴与家长共担。对于大部分乡村家庭来说，因经

---

① 马健生，邹维．"三点半现象"难题及其治理——基于学校多功能视角的分析［J］．教育研究，2019，40（04）：118-125.

② 周洪宇，齐彦磊．"双减"政策落地：焦点、难点与建议［J］．新疆师范大学学报（哲学社会科学版），2022，43（01）：69-78.

济条件有限而无力或不愿负担课后服务费用，最终经费重担基本还是落在地方政府的肩上，这对于薄弱的乡村地区而言困难较大。

（二）乡村学校课后服务平等参与的机会提供不均

乡村学校课后服务平等参与的机会提供不均，具体表现在以下方面：一是乡村学校课后服务内容形式单一，多局限于作业辅导、自主学习、学科补习等内容，缺乏能够提升学生自主学习能力和综合素养的活动，不利于实现学生参与乡村学校课后服务的实质平等；二是乡村学校课后服务未能充分彰显其育人功能。乡村学校课后服务基本上是对学生课后作业的"看管"和课后活动的"看护"，而不是教育职能的发挥。

（三）乡村学校课后服务公益服务支持力量有限

除政府外，作为教育主体的学校、教师、家长、社会力量等都应拥有一定的教育权责，但从现实情况来看，乡村学校课后服务公益服务支持力量有限。第一，地方教育行政部门应该承担乡村学校课后服务经费保障、质量监管、激励措施、学生安全等责任，积极制定相应的引导政策，但这些方面的规章制度或者缺乏，或者粗放，指导的针对性明显不够。第二，"双减"政策的推行对家长参与学校教育教学活动提出了更高的要求，家长在其中应扮演支持者、参与者的重要角色。然而，乡村地区的现实情况与之相差甚远，一方面，乡村家长对学校课后服务实施的目的、价值、内容不了解，持怀疑态度。另一方面，大多数乡村父母外出工作，其子女通常由隔代亲属抚养，祖辈老人无力开展有效教育引导。第三，乡村学校课后服务的社会资源利用不足，外部力量支持有限。

（四）乡村学校课后服务资源开发共享程度不足

乡村学校课后服务需要合理开发并共享各种优质资源，包括实体资源和数字资源等。由于乡村学校管理者及教师对本地资源开发认识不足、开发能力较弱，以及乡村学校与社会资源共享渠道不畅等原因，致使乡村学校课后服务出现以下困境：一方面，乡村学校课后服务资源开发不足。课后服务更加强调多元开放、特色创新，乡村学校在开发设计课程方面存在"先天性"不足，仅靠自身力量缺乏将独特的乡土资源、地域文化与课后服务深度融合的意识与能力。另一方面，乡村学校课后服务资源共享程度不足。乡村学校与社会资源之间的空间距离较远，提供长期的、持续的、稳定的支持较为不易。

五、高质量乡村学校课后服务的公共性困境突破

实现高质量乡村学校课后服务，促进乡村学生在课后服务中受益，需要从保障公平地位的支持条件、落实学生实质平等参与、拓展公益服务支持力量以及开发共享优质资源方面着手，以突破乡村学校课后服务所面临的公共性困境。

（一）保障公平地位的支持条件，夯实乡村学校课后服务高质量发展的基础

其一，关注乡村学生的课后服务需求，细化政策落地方案。地方政府根据国家课后服务的相关政策制定符合本地区的具体实施办法，以增强课后服务相关政策的地方适应性。

其二，拓展乡村学校课后服务资金来源。建议从以下方面展开：一方面，调动地方财政资金对乡村学校课后服务投入的积极性；另一方面，引导并鼓励社会各界捐助，扩大乡村学校课后服务筹资途径和筹资形式。

其三，积极采取措施不断优化乡村学校空间效用。这是确保乡村学校课后服务公平性和实效性的重要保障。地方教育行政部门要加大对基础设施较少、资源配置水平较差地区的学校资助力度，在乡村学校现有教育资源的基础上，对学校的软硬件设施进行全面升级改造。

（二）落实受教育者在课后服务中的实质平等参与，满足乡村学生课后服务需求

其一，系统规划多元的课后服务课程体系。具体可从以下方面着手，首先，乡村学校课后服务课程设计应多样化。依据乡村学校办学实际和自身优势，从学校育人特色出发，开设体育锻炼、动手实践、艺术鉴赏、科学探究、劳动创造等主题的课后服务课程。其次，乡村学校课后服务课程应具有系统性。建立课后服务课程与课内课程之间的实质关联，避免乡村学校课后服务内容碎片化、零散化。最后，学校要积极加强师资建设。一方面，建立乡村学校课后服务教师专业发展通道；另一方面，在提升乡村教师专业能力的同时，也需要通过外在激励激发教师的能动性与积极性。

（三）拓展公益服务支持力量，构建乡村学校课后服务多元主体协同育人格局

乡村学校课后服务需要教育行政部门、学校、家长、社会力量等多元主体通力协作，共同助力实现乡村学校课后服务高质量发展的目标。要明确各主体责任边界。针对不同主体拥有的不同资源优势、不同专业能力，需要形成高质量的公共参与，构建起以乡村学校为主体，多元主体深度参与的课后服务共同体。首先，以乡村学校为主体。学校必须积极主动地扮演好组织者、学习者的角色。以地方教育行政部门为主导。其次，以社会组织为拓展。社会组织通过发挥自身优势，能够为乡村学校课后服务的开展提供资金支持、文化支持和专业支持，是乡村学校课后服务开展的重要补充和完善。最后，以家长为配合。学要及时向家长传达了学校课后服务理念，也向家长及时反馈了学校课后服务成效，提升家长对乡村学校课后服务的认同感。

（四）开发共享优质资源，提升乡村学校课后服务资源供给

其一，开发乡村学校课后服务的本土资源，提高其内生发展能力。乡村地区有许多优秀的地方性资源，包括传统手工、民族表演艺术、民族服饰以及田园风光等，乡村教师要充分认识到这些地方资源的教育价值，乡村校长要深刻认识到乡村学校课后服务特有的资

源优势,乡村中极具内生性的历史文化、传统民俗、民间艺术等地方性知识,是乡村学校课后服务的天然素材。其二,超越乡村学校时空场域的约束,推进课后服务资源数字化。随着第四次教育革命的到来,借助大数据、互联网、区块链等新技术手段,有效实现超越时间、空间的衔接融通,实现优质资源共享,缓解因资源分布不均而带来的乡村学校课后服务资源不足的问题。

蕲州实验小学高年级学生开展课外阅读的现状调查研究*

张 静 熊莹芬 张志勇①

一、调查对象的选择

蕲春县蕲州镇是经济发展状况和教学水平较好的一个乡镇，当地居民生活水平相比于其他乡镇较高。此次调查研究借助实习机会选择了该镇的蕲州实验小学，该小学师生人数较多，教学设施良好，教学成绩在该镇所有村小中处于较高水平。为了解农村小学高年级学生课外阅读现状，本次调查研究随机选取了五年级每个班的12名学生和六年级每个班的12名学生作为问卷的调查对象。

二、调查结果及分析

（一）课外阅读动机

课外阅读动机这一维度包括学生对课外阅读的喜欢程度、课外阅读对学生的重要性、学生选择课外书的依据、学生空闲时间安排、学生读书目的5个方面，分析可知，在课外阅读动机方面，大部分同学对课外阅读的重要性有着比较清晰的认识，这一点值得肯定，但学生对课外阅读的兴趣还需进一步培养。另外，部分学生是出于外部动机进行阅读，把课外阅读当作取得高分、消磨时间的手段，阅读的主动性比较弱。

（二）课外阅读类型

调查得知，在喜欢阅读的课外书类型中，最受欢迎的课外书类型是漫画类、文学类和

---

* 基金项目：鄂东教育与文化研究中心科研基金项目课题"蕲州实验小学高年级学生课外阅读现状调查研究"。

① 作者简介：张静，黄冈师范学院教育学院硕士研究生，研究方向为教育管理；熊莹芬，黄冈师范学院教育学院硕士研究生，研究方向为教育管理；张志勇，黄冈师范学院教育学院副教授，硕士生导师，研究方向为教育管理。

童话寓言类，而喜欢科普类、名著类的同学较少，喜欢学习辅导类和民间故事类的同学更少。由此可见，同学们对课外书类型的选择比较单一，更倾向于选择故事性强、娱乐性强、无须费脑的书。因此，学生的课外阅读类型需要进一步丰富。

（三）课外阅读条件

课外阅读条件这一维度是研究者研究的主要维度，包括学生拥有的课外书数量、班级课外阅读交流分享活动开展频率、教师对课外阅读的指导频率、课外阅读作业布置频率、家长阅读频率、家长对课外阅读的支持程度、农村社区书店或图书室情况、课外书获得渠道、课外阅读场所等方面。

通过分析可知，在课外阅读条件方面，大部分家长、教师对课外阅读比较重视，这一点值得肯定。同时，课外阅读条件方面也存在着一定的问题。部分学生拥有的课外书数量比较少，课外阅读量得不到良好的保障。很多班级缺少课外阅读交流分享活动，教师对课外阅读的指导比较缺乏，对课外阅读作业的重视程度还需提高。家长自身的阅读意识不强，家庭阅读氛围不浓厚，不能给孩子起到良好的榜样示范作用，对学生课外阅读的支持力度也需进一步加强。学生课外书获得渠道比较单一，互联网、图书室等其他资源利用率低。学生阅读场所比较局限，农村社区阅读条件比较落后，需进一步完善，以满足学生的阅读需求。

（四）课外阅读方法

课外阅读方法包括读书方法、主动写读书笔记的频率、遇到难点的解决方法、和同学讨论课外书的频率4个方面。通过分析可知，在课外阅读方法方面，大部分同学在遇到难点时能够想办法解决，这一点值得肯定。同时，农村小学高年级学生的课外阅读方法也存在一定的问题：大部分学生读书方法比较单一，部分同学没有找到解决难点的方法，没有养成主动写读书笔记的良好阅读习惯，学生之间的课外阅读交流较少。

（五）课外阅读时间

课外阅读时间这一维度主要包括固定的课外阅读时间的拥有情况、每学期的课外阅读量、每天的课外阅读时间、课外阅读时间充足程度、阅读速度5个方面。通过分析可知，在课外阅读时间方面，不到1/2的同学有专门的时间进行课外阅读，但其他同学没有固定的课外阅读时间，学生课外阅读量比较小，课外阅读时间也不够充足。

（六）课外阅读效果

课外阅读效果这一维度主要用来辅助了解其他维度的现状，包括通过课外阅读带来的愉悦程度、通过课外阅读得到的收获、影响课外阅读的因素3个方面。通过分析可知，在课外阅读效果方面，大部分同学能通过课外阅读来愉悦身心、放松心情。同学们通过课外阅读都有不同的收获，但部分同学的阅读还是带有一定的功利性。影响学生课外阅读的原因有很多，改善课外阅读现状需各方主体共同努力。

三、调查结论

综上所述,农村小学高年级课外阅读现状中有值得肯定的方面,但也存在着一些不足。

(一) 课外阅读动机方面

值得肯定的是大部分同学都认可课外阅读的重要性,不足之处是学生对课外阅读的兴趣还需进一步培养。另外,部分学生读书带有一定的功利性,阅读的主动性和积极性不高,把课外阅读当作取得高分、消磨时间的手段。在课外阅读类型方面,值得肯定的是同学们都有自己喜欢的课外书类型,能找到自己的兴趣所在,不足之处是对课外书类型的选择比较单一,更倾向于选择故事性强、娱乐性强、无须费脑的书。因此,学生的课外阅读类型需要进一步丰富。

(二) 课外阅读条件方面

值得肯定的是大部分家长、教师对课外阅读都比较支持,不足之处是学生阅读场所比较局限,大部分学生课外书数量比较少,课外阅读量得不到良好的保障。很多班级缺少课外阅读交流与分享活动,教师对课外阅读的指导比较缺乏,对课外阅读作业的重视程度还需提高。家长自身的阅读意识不强,家庭阅读氛围不浓厚,不能给孩子起到良好的榜样示范作用,对学生课外阅读的支持也需进一步加强。学生课外书获得渠道比较单一,图书室、互联网等资源的利用率低。农村社区阅读条件比较落后,需进一步完善。

(三) 课外阅读方法方面

大部分同学在遇到难点时能够自行解决,这一点值得肯定。同时,课外阅读方法也存在一定的问题:大部分学生读书方法比较单一,部分学生没有找到解决难点的方法,没有养成良好的阅读习惯,学生之间的课外阅读交流较少。

(四) 课外阅读时间方面

值得肯定的是很多同学每天能抽出一定的时间进行课外阅读,不足之处是部分同学没有固定的课外阅读时间,课外阅读量比较小,课外阅读时间也不够充足。

(五) 课外阅读效果方面

值得肯定的是大部分同学能通过课外阅读来愉悦身心、放松心情。同学们通过课外阅读都有不同的收获,不足之处是部分同学的阅读兴趣不高,阅读还是带有一定的功利性。影响学生课外阅读的原因有很多,改善课外阅读现状需各方主体共同努力。

四、建议

结合农村小学高年级学生课外阅读存在的问题的原因分析，对改善农村小学课外阅读现状提出以下建议：

（一）学生应当提高对课外阅读的认识，增强课外阅读的主动性

首先，学生要提高对课外阅读的认识，充分认识到课外阅读对自身成长的重要意义。小学生要转变"考试的科目就是重要的、不考试的就是不重要的"这一错误观念，要认识到课外阅读对自身精神境界、文化修养、道德品质、为人处世等方面的潜移默化的影响[1]，从观念上对课外阅读重视起来。

其次，学生要增强课外阅读主动性，从自身兴趣与自我提升的角度出发主动进行课外阅读。苏霍姆林斯基在《给教师的建议》中提道："书籍应成为兴趣的首要发源地。"[2]要制订读书计划，比如每天拿出多长时间进行阅读、每天阅读多少页、多久读完一本书、读书笔记要记录哪些部分、从书中学到的东西要怎么运用到生活中，等等，制订计划后还要保证高质量完成。小学高年级学生有了一定的自主意识与判断能力，可以从兴趣爱好、个人成长、国家发展等方面去自行选择课外书，同时也要结合老师、家长和同学的推荐。

（二）教师课堂教学融合课外阅读，安排专门课外阅读课时

首先，在教学过程中教师可以把课堂教学与课外阅读融合起来，使它们相互促进、相互渗透，使学生得法于课内，得益于课外。在学习一篇文章时教师要教给学生阅读方法，学完一篇课文时，教师可以给学生拓展与主题或写法相关的课外读物，使学生能够融会贯通、举一反三，既加深了对课文的理解，又扩大了自己的阅读量。教师可以充分结合课本上的"快乐读书吧"给学生推荐健康向上的读物，扩充学生的课外阅读量，丰富学生的课外阅读类型。[3]

其次，教师应安排专门的课外阅读课时。为更好地贯彻"双减"政策，教师应减少作业量，留出时间让学生阅读。[4] 课外阅读课可以按照以下三种课型进行，第一，阅读指导课。教师在课上应教给学生阅读的方法，培养学生写读书笔记的好习惯，指导学生写好读书笔记，引导学生选择适合自己年龄阶段与认知水平的课外书。第二，阅读展示课。**学**

---

[1] 陈涛. 云南民族地区小学校园课外阅读调查研究——以云南三所小学为例 [J]. 教育与装备研究，2022，38（10）：76-82.

[2] 苏霍姆林斯基. 给教师的建议 [M]. 周蕖，王义高，刘启娴，等译. 武汉：长江文艺出版社，2014：93.

[3] 王斐斐. 基于"快乐读书吧"的学生校内课外阅读引导 [J]. 新课程研究，2022，635（31）：70-73.

[4] 张娟. "双减"背景下小学英语课外阅读教学浅议 [J]. 学苑教育，2023，374（02）：77-78，81.

生可以通过各种方式和老师、同学们分享自己读过的书，谈一谈自己的感悟，并向大家推荐自己读的书。教师和学生一起对同学展示的内容进行评价，取长补短，为己所用。第三，阅读讨论课。学生在课上自由阅读，阅读之后和同学就读过的内容展开讨论，观点不一样的地方可以进行辩论，以产生思维火花的碰撞，通过同学之间的讨论学生可以从不同角度把握文章内涵，丰富自己的认知，增进同学之间的友谊，提高自主学习能力。

（三）家长应当树立阅读的意识，创设家庭阅读环境

首先，家长要树立与孩子共同成长的意识。孩子的教育并不能只依靠学校和老师，家长在孩子的教育中也占据不可或缺的地位。因此，家长每天可以尽量抽出一定时间来陪伴孩子进行课外阅读，要找到自己喜欢的、适合自己的课外书。多与孩子讨论读过的书，借此机会也可以增进自己与孩子的情感交流，走进孩子的内心世界，更好地了解孩子，同时也可以使自己学到更多东西。

其次，家长要给孩子创设一个良好的家庭阅读环境。"家"是孩子待的时间最久的地方，家庭环境对孩子的成长起着至关重要的作用，家庭阅读环境对孩子阅读兴趣、阅读习惯的培养具有重要的影响。① 家长要提升自身素养，给孩子的课外阅读提供更有效的指导，不仅仅是对生字、词语等基础知识的指导，更要对孩子的阅读方法、阅读态度进行引导。此外，应给学生配备书桌、书架等工具，让孩子有专门的地方阅读，从而提高学生对阅读的兴趣。

（四）学校应当加大经费投入，重视校园环境建设

首先，教育有关部门应加大对课外阅读的经费投入。学校图书室、教室图书角是学生获得课外读物的主要渠道，当地教育部门应调拨专项经费用于充实图书室、图书角阅读资源，用于给教师订购需要的课外阅读书籍，并且在订购图书时要尊重师生的话语权和选择权，听取师生关于购置课外书的要求和建议，购置他们需要的、喜欢的书籍。此外，教育经费应该向农村地区倾斜，尽可能地给农村地区的教师和学生提供充足的课外阅读资源，使他们的阅读量能够得到基本的保障。同时，还应该划出专门经费用于保障课外阅读交流活动或竞赛的开展，比如县级课外阅读经验交流会、各校选派师生代表到课外阅读开展良好的学校学习经验、镇级课外阅读竞赛等。

其次，学校要重视校园阅读环境建设。学校要给学生提供多样的阅读场所，除图书室与图书角外，校园其他场所也可以进行课外阅读。蕲州实验小学教学楼的每一层都有一个读书吧，学生可以随时到此处自由阅读图书，阅读完以后将图书放回原处，这不仅给学生提供了课外阅读资源与课外阅读场所，还有利于培养学生爱护公物的意识，树立主人翁精神。此外，学校还可以在校园里建设"书香长廊"，为喜欢在室外场所阅读的同学提供适宜的阅读环境，使"书香"浸润校园，滋养学生的心灵。

---

① 雷蕾. 家庭阅读环境对青少年阅读习惯养成的影响［J］. 家庭科技，2022，350（02）：35-37.

（五）社会应当重视阅读，社区举办阅读活动

首先，社会要提高对阅读的重视程度。于殿利在《阅读是一种责任》一书中提到"没有缺乏阅读而存在的社会。无论是物质财富的创造，还是精神文化的养成，都离不开读书与教育，读书和教育就不仅仅成为个人成长的必要条件，也成为社会存在的必要条件"①。重视阅读更有利于提升当地文化风貌、提高居民文化素质。农村地区的居民更要充分认识到阅读对于个人发展、社会进步的重要意义，认识到课外阅读对农村小学生拓宽视野、提高自身修养的必要作用，转变"看课外书就是不务正业""闲人才阅读"的思想观念。只有从思想上重视阅读，才能从根本上推动"书香社会"的建设。

其次，农村社区要举办丰富的阅读活动。积极开展阅读活动有利于丰富村民精神文化生活，提高村民文化修养，从自身出发推动"书香社会"的建设。各农村社区内部以及社区与社区之间要开展丰富多样的读书活动与竞赛，比如读书分享会、图书推荐会、朗诵（吟诵）比赛等。此外，还可以设立"月读书日"，鼓励村民捐赠图书、交换图书，并给村民发放图书，通过村干部的带头与村民的广泛参与营造良好的农村社区阅读氛围，推动小学生的阅读兴趣提高与阅读能力、表达能力的提升。

---

① 于殿利. 阅读是一种责任 [M]. 北京：人民出版社，2019：125.

小学生劳动素养对财经素养的影响研究*
——以湖北省 H 市为例

谢颖璇①

一、引言

财经素养是个体在经济生活中处理财经问题的综合素质，也是学生在发展核心素养中必须具备的实践创新素养。国内有关财经素养影响因素的研究已经进行了基础性探索，主要集中在学校课程、家庭教育等外部因素及人口学变量对财经素养的影响。而个人品格、素养等内在因素对财经素养的影响主要从理论的视角讨论，鲜有从实证的角度揭示内在因素对学生财经素养水平的影响。本研究认为，品格、素养等内在因素作为个体的内核对学生财经素养发展具有实质性的影响。财经素养教育以劳动教育为起点和手段，是劳动教育、生活教育、思想教育和情感教育的集合，② 学生自身的劳动素养水平影响着学生财经素养内生性发展。对学生劳动素养水平的实证性探索有利于解构学生财经素养教育的内在影响机理并构建发展方向。

据此，本研究试图揭示以下问题：第一，小学生财经素养的整体水平如何，是否在性别、年级、成绩等变量中存在显著差异？第二，小学生劳动素养与财经素养之间是否存在相关关系，劳动素养是如何影响小学生财经素养发展的？因此，本研究以 H 市五、六年级的小学生为调查对象，运用描述、相关、线性回归等方法对小学生财经素养现状及影响因素进行分析，以此确证劳动素养是学生财经素养培养的关键因素。

二、研究设计

（一）研究对象

本研究采用目的抽样和随机抽样相结合的抽样方法，在 H 市随机抽取五、六年级学

---

* 基金项目：黄冈师范学院研究生工作站项目"小学生财经素养教育现状调查与对策研究"（项目编号：5032022021）。

① 作者简介：谢颖璇，黄冈师范学院硕士研究生，研究方向为教育管理。

② 张男星，谭俊英.财经素养教育：何以所需？以何应需？——学生与经济生活的关系视角 [J].大学（研究版），2020，464（06）：35-40.

生作为研究对象，共发放问卷300份，回收问卷292份，回收率为97.3%，其中有效问卷290份，有效回收率为96.7%。本调查实施的时间为2022年10月，数据处理采用SPSS 26.0。调查样本的人口学特征如表1所示。

表1　　　　　　　　　调查样本的人口学特征（$N=569$）

类别	选项	频率	百分比（%）
性别	男	153	52.8
	女	137	47.2
年级	五年级	146	50.3
	六年级	144	49.7
期末成绩平均分	90~100	77	26.6
	80~89	142	49.0
	60~79	62	21.4
	60以下	9	3.1
合计		290	100.0

（二）问卷编制

1. 小学生财经素养现状量表

本量表参考借鉴《中国财经素养教育标准框架》，以知识与事实、方法与技能、观念与态度三个目标作为问卷维度划分的依据。利用SPSS26.0对本量表的题目进行信度及探索性因素分析，如表2所示，结果显示问卷"α信度系数为0.785，KMO值为0.740，Bartlett球形检验的x^2值达到0.000的显著性水平，问卷题项所形成的因子可以解释的变异量58.091%。综上，问卷具有良好的信效度，可以进行因素分析。

2. 小学生劳动素养水平量表

本量表参考借鉴了《义务教育劳动课程标准（2022年版）》中的核心素养内涵与庞贞艾、任咪两位学者编制的劳动素养调查问卷，从劳动观念、劳动能力、劳动习惯三个维度编制《小学生劳动素养量表》。探索性因素分析结果显示，KMO值为0.832，Bartlett球形检验的x^2值显著，问卷构成的因子可以解释的变异量为52.387%。信度分析结果显示，该变量的α信度系数为0.736，表明该量表的内部一致性信度合理。如表2所示。

表2　　　　　　　　　　　　　　　信效度检验

变量	Cronbach's α	KMO	Bartlett 球形检验显著性
财经素养	0.785	0.740	0.000
劳动素养	0.736	0.832	0.000

（三）变量选择与研究假设

通过文献回顾可知，小学生财经素养研究中，学者们多以现状及人口学变量上的差异作为研究的重点，且关于人口学变量上的差异尚未得到一致的结论。考虑到财经素养教育在小学尚未得到推广实践及 H 市小学生多为留守儿童，问卷发放收回难度较大。因此，本研究仅针对小学高年级段即五年级和六年级展开调研。首先，将学生的人口学变量作为控制变量，包括年级、性别、学业成绩，作为控制变量纳入模型中。其次，将劳动素养变量作为关键的解释变量。本研究中，劳动素养变量来自小学生劳动素养问卷，包含劳动观念、劳动能力及劳动习惯三个维度。故提出假设1：劳动素养对小学生财经素养各维度有显著正相关。包含假设1a：小学生劳动素养越高，财经知识水平也越高；假设1b：小学生劳动素养越高，财经技能水平也越高；假设1c：小学生劳动素养越高，财经观念水平也越高。

三、实证分析结果

（一）描述统计与相关分析

通过对小学生财经素养结构中三个维度进行描述性统计，结果如图1所示。以3分作为检验值进行单样本 t 检验，发现知识、技能、观念三个维度的平均得分均低于3分，在问卷5点计分量表的"基本不符合（2分）"与"完全不符合（1分）"之间，处于基准水平以下。其中，观念与态度这一维度平均得分最低，仅有1.55，说明小学生财经素养意识尤其薄弱。财经素养总均值为1.72，远达不到理论值3，表明小学生财经素养整体水平较弱，亟待提高。

描述统计与相关分析结果显示，男生的财经素养平均水平略高于女生，但学生性别与财经素养水平不存在显著相关关系。六年级学生财经素养水平略高于五年级学生，但学生年级与财经素养水平也同样不存在相关关系。而学生学业成绩与财经素养呈显著正相关（$r=0.246$，$p<0.01$），学业成绩与财经知识（$r=0.191$，$p<0.01$）、财经技能（$r=0.194$，$p<0.01$）及财经价值观（$r=0.191$，$p<0.01$）都存在正相关关系，这与庄舒涵（2017）所得结论一致。劳动素养与财经素养正相关关系显著（$r=0.808$，$p<0.01$），假设1得到验证。其中，劳动观念与财经知识（$r=0.127$，$p<0.05$）和财经观念（$r=0.360$，$p<0.01$）显著相关；劳动能力与财经知识（$r=0.343$，$p<0.01$）、财经能力（$r=0.467$，$p<$

0.01)、财经观念（$r=0.427$，$p<0.01$）都呈显著相关；劳动习惯与财经知识（$r=0.210$，$p<0.01$）、财经能力（$r=0.346$，$p<0.01$）、财经观念（$r=0.404$，$p<0.01$）均存在显著相关关系。基于以上分析，初步验证了人口学变量中学生学业成绩与财经素养存在显著相关，劳动素养与财经素养各维度间均存在正相关关系。

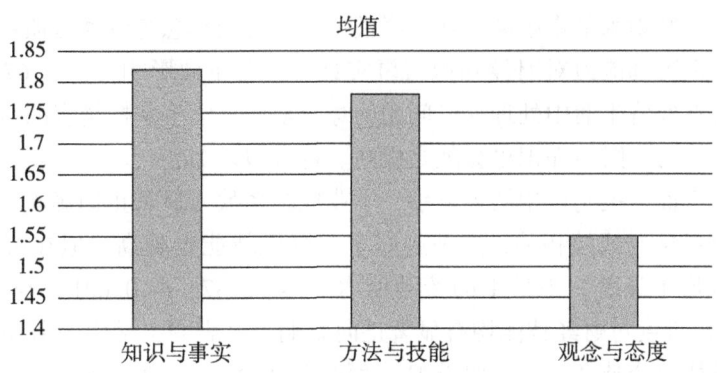

图1 小学生财经素养整体水平

表3　小学生财经素养的相关性分析

	年级	性别	学业成绩	劳动观念	劳动能力	劳动习惯	劳动素养	知识与事实	方法与技能	观念与态度	财经素养
年级	1										
性别	0.013	1									
学业成绩	0.315**	-0.048	1								
劳动观念	0.034	-0.09	0.205**	1							
劳动能力	0.079	-0.097	0.245**	0.379**	1						
劳动习惯	0.117*	-0.098	0.277**	0.337**	0.546**	1					
劳动素养	0.1	-0.121*	0.310**	0.706**	0.827**	0.815**	1				
知识与事实	-0.035	0.022	0.191**	0.127*	0.343**	0.210**	0.293**	1			
方法与技能	0.101	-0.106	0.194**	0.08	0.467**	0.346**	0.390**	0.488**	1		
观念与态度	0.002	-0.022	0.191**	0.360**	0.427**	0.404**	0.507**	0.356**	0.381**	1	
财经素养	0.035	-0.051	0.246**	0.234**	0.533**	0.413**	0.508**	0.777**	0.827**	0.728**	1

（二）劳动素养对小学生财经素养的影响

已有研究中少有通过实证的方式研究劳动素养对财经素养的影响。因此，本研究对财经素养的三个维度进行回归，每一维度下构建模型一与模型二，OLS结果如图所示，

Model1 为控制模型，Model2 为解释模型，用以探究人口学变量与劳动素养对财经素养每一维度的具体影响。其中，三个解释模型的 R^2 均大于控制模型，表明劳动素养对财经素养三个维度的解释力度较大。

结果表明，在财经知识方面，控制模型结果显示学业成绩对学生财经知识具有显著正向效应（$t=3.723$，$p<0.001$）加入劳动观念、劳动能力、劳动习惯变量后，学业成绩对财经知识的影响变小，但仍有显著的正向影响（$t=2.465$，$p<0.05$）。也就是说学生的学业成绩越高，财经知识水平也越高。在解释模型中，劳动观念与劳动习惯对财经知识都不具有显著影响，但劳动能力对财经知识与事实具有显著正向影响（$t=4.674$，$p<0.001$）。财经素养是个体在经济生活中处理财经问题的综合素质，学生掌握越多的劳动技能、不断提升自身的劳动能力，财经知识也会随之提高。符合假设1a。

在财经技能方面，控制模型结果显示，学业成绩系数为显著正向影响（$t=2.875$，$p<0.01$）表明财经技能与成绩相关，成绩越好学生财经技能也越高。但在解释模型中，小学生人口学变量均不显著。小学生的劳动能力（$t=6.687$，$p<0.001$）与劳动习惯（$t=2.156$，$p<0.05$）维度对财经技能均有显著正向影响，这表明，学生的劳动能力和劳动习惯越好，财经技能也会越高。符合假设1b。而劳动观念（$t=-2.608$，$p<0.05$）这一维度对财经方法与技能的影响中显示为负向，本研究认为劳动观念仅代表个人的劳动态度及价值观积极正向与否，与行动无直接关联，财经技能作为经济生活中的实践创新素养一部分，更多的受到小学生劳动能力高低的影响。因此，劳动观念亦有可能与财经能力的高低不相匹配。

在财经观念方面，控制模型结果显示，小学生学业成绩（$t=3.448$，$p<0.01$）的影响效应显著为正，表明学业成绩越高，学生产生正确积极的财经观念的概率也越高。但在加入劳动素养三个维度后，学业成绩的影响不再显著。在解释模型中，劳动素养三维度均对财经观念的影响均显著，其中劳动观念（$t=3.474$，$p<0.01$）与劳动习惯（$t=3.743$，$p<0.01$）维度的影响在 0.01 显著水平上为正，劳动能力（$t=3.259$，$p<0.001$）在 0.001 显著水平上为正。这表明，劳动素养越高，小学生的财经观念也越高，劳动知识、能力、习惯的培养对学生财经价值观形成起到积极的促进作用。符合假设1c。

表4　　　　　　　　　　　　小学生财经素养的影响因素分析

变量	知识		技能		观念	
	Modle Ⅰ-1	Modle Ⅰ-2	Modle Ⅱ-1	Modle Ⅱ-2	Modle Ⅲ-1	Modle Ⅲ-2
性别 （男=1）	0.034 (0.058)	-0.110 (0.058)	-0.015 (0.062)	-0.066 (0.055)	-0.010 (0.053)	0.038 (0.047)
年级 （五年级=1）	-0.107 (0.061)	0.061 (0.055)	0.050 (0.065)	0.038 (0.058)	-0.059 (0.055)	-0.061 (0.049)

续表

变量	知识		技能		观念	
	Modle Ⅰ-1	Modle Ⅰ-2	Modle Ⅱ-1	Modle Ⅱ-2	Modle Ⅲ-1	Modle Ⅲ-2
成绩 （90/100分=1）	0.145*** （0.039）	0.096* （0.039）	0.121** （0.042）	0.048 （0.039）	0.123** （0.036）	0.035 （0.033）
劳动观念		−0.022 （0.062）		−0.161* （0.062）		0.180** （0.052）
劳动能力		0.289*** （0.062）		0.414*** （0.062）		0.195*** （0.052）
劳动习惯		0.019 （0.060）		0.130* （0.060）		0.165** （0.051）
R^2	0.048	0.145	0.049	0.257	0.040	0.264
F	4.793**	7.986***	4.928**	16.299***	4.011**	16.923***

注：（）外为影响系数，（）内为标准误；* 表示 $p<0.05$，** 表示 $p<0.01$，*** 表示 $p<0.001$。

四、结论与讨论

财经素养是个体参与经济生活所需具备的知识、技能、观念的综合素质的总和，也是个体践行实践创新素养的有效载体。小学是发展核心素养及引导参与经济生活的关键时期，因此，探究小学生财经素养的现状及影响因素具有现实意义。本研究选取 H 市高年级段小学生作为调研对象，不仅描述了 H 市小学生的财经素养现状，还力图探究个人品格中的劳动素养这一内在因素是否对小学生财经素养水平存在影响。所得结论如下。

（一）小学生财经素养整体水平偏低

研究发现，当前小学生财经素养平均得分为 1.72 分，处于不理想的水平，观念与态度的得分最低只有 1.55。说明小学生财经素养整体水平是偏弱的。财经素养通常是以了解财经知识为起点，进而演进到获取技能，最后针对不同维度的内容形成的知识范畴针对性的特定观念与态度。[1] 财经知识的匮乏导致学生难以从中提炼出参与日常经济生活所需的财经技能，进而影响学生形成正确的财经观念。由此可见，当前小学生财经素养水平不足以支撑个体独立自主的参与经济生活，亦难以在发展学生核心素养的过程中实现实践创新素养的提升。因此，增加小学生财经知识与事实的学习内容、提高财经方法与技能的实践策略显得尤为迫切。

---

[1] 张男星，王春春，张运红，等. 中国财经素养教育的目标建构及阐释——基于"学生为本，国家为重"的教育本然［J］. 大学（研究版），2019，408（03）：14-25.

(二) 不同特征的小学生财经素养水平差异较小

小学生财经素养水平在人口学变量上的差异性检验显示，年级、性别在整体水平上得分不存在显著性差异，在学业成绩中与财经素养存在显著相关。在年级方面，小学五年级学生财经素养略低于六年级，但差距不显著，表明高年级段学生财经素养所接受的财经知识并无太大差异，财经技能与财经态度没有明显伴随时间增长而逐渐提高。在性别方面，男生的财经素养水平略高于女生。其中在财经方法与技能这一维度，女生得分低于男生，说明女生参与经济生活的财经技能实践应用能力较弱。在学业成绩方面，财经素养与学业成绩呈显著正相关。当前，财经素养作为一项跨学科素养，财经知识与事实常常零散的内嵌于数学、道法、语文等科目中，学生在进行文化课时无形地接受了财经素养教育，学习成绩越好的学生在课中接受的财经素养内容也越多，财经素养水平也相对较高。

(三) 劳动素养对小学生财经素养的影响显著

研究结果发现，劳动素养对小学生财经素养水平的影响远大于人口统计学变量。劳动观念、劳动能力、劳动习惯均与财经素养各维度存在显著正相关关系。劳动素养的提高对小学生财经素养水平的提升具有正向影响。中国财经素养教育目标"三九五体系"目标中强调，财经素养教育以劳动为起点，形成正确的劳动观、金钱观、财富观是财经素养的底色，亦是财经素养教育的基础性目标。① 由此可见，劳动是培养财经素养的逻辑起点，亦是构建合理财经观念与态度的目标趋向。因此，财经素养教育中应与劳动教育相结合，重视劳动素养的培养对财经素养的提升作用。

---

① 张男星，王春春，刘次林，等. 中国财经素养教育标准研制的几个问题 [J]. 大学（研究版），2018，340（01）：5-8.

幼儿自我管理能力培养的实践探索

马虹乔①

一、培养幼儿自我管理能力的重要性

近年来关于学前教育、家庭教育指导的政策法规的出台，表明我国对幼儿教育越发重视。教育部 2022 年 2 月 10 日印发的《幼儿园保育教育质量评估指南》中多条指标提到"幼儿需要""自我服务""自主游戏""自信从容""平等表达"等关键词，凸显了对幼儿自主意识和自我能力的培养。② 幼儿教育在人的生命中具有特殊意义，而自我管理能力作为人成长的内在动力，是有利于幼儿一生的良好品质。幼儿自我管理的能力和水平直接影响着幼儿园一日活动的效果和意义。

然而在家庭教育中，家长对幼儿生活上存在包办代替行为，学习各类生活技能技巧时习惯于使用家长权威，以"为你好"的角度去权衡幼儿的发展，剥夺了幼儿独立思考、试错的机会，导致幼儿缺乏独立思考的机会和能力；在幼儿园的一日生活中，幼儿的自我管理发展受到教师的专业素质、教育理念、班级管理等方面的影响，甚至有的教师为了简便地管好班级，常常以不容置疑的身份发出指令，要求幼儿服从遵守，忽视了幼儿的主观能动性。

二、幼儿自我管理能力存在的问题与成因

由于社会对教师的考核更多体现在对幼儿显性能力的培养上，加之家长对幼儿的宠爱和过度的包办代替，影响了幼儿自我管理和自我意识的形成，这种隐性的教育并没有受到很好的关注。

（一）忽视幼儿自我管理和发展的需要

信任幼儿可以完成力所能及的小事是培养幼儿自我管理能力的必要前提。在学前教育中，教师组织活动往往受到一定"束缚"，要考虑家长意愿、幼儿安全等问题，因而会有

---

① 作者简介：马虹乔，黄冈师范学院教育管理非全日制硕士研究生在读，研究方向为教育管理。
② 潘颖. 大班幼儿自我管理能力培养的个案研究 [D]. 西南大学，2020：16.

意识地选择更"保险"的活动组织方法,这在一定程度上影响了幼儿自我管理能力的发展。

(二) 忽视幼儿多元智能提升的需要

美国著名的教育学家、心理学家加德纳认为,语言智能、数理逻辑智能、音乐智能、身体运动智能、空间智能、人际智能、自我内省智能以及自然智能是同时存在的,加德纳认为智能更多指向一种潜能、解决问题的能力、创造性的表达。传统的教育对于幼儿的多样发展空间更小,集体活动中教师对幼儿的要求更为统一,然而用统一标准衡量幼儿,并不符合幼儿的个体差异性。传统的、单一的教育能培养出符合"标准"的儿童,但对于幼儿的潜能、解决问题的能力、创造性的表达有一定的限制。基于此理论,培养幼儿的自我管理能力,充分调动幼儿思考问题、解决问题的能力,有利于为幼儿创造更多发展的可能。

(三) 忽视幼儿自主探索成长的需要

虽然"三孩"政策的到来,幼儿在家中不再是独宠一人的"小皇帝",但在家庭教育中,包办代替现象时有发生,抑或是家长认为幼儿探索太"慢"、太"脏"、太"笨"等,忍不住要去"帮一把",看到幼儿尝试通过自己的地位解决问题时"频频出错",急于用成人的眼光过快地给他们"正确答案",久而久之,幼儿的自我意识和自我管理能力也随之受到影响。心理学家埃里克森强调环境对个体发展成长的影响,他认为3~6岁的儿童处在主动对内疚的人格发展阶段,主动占上风,儿童会获得价值存在感,一旦控制过度,幼儿停止探究,就会影响他们的创新能力。这就要求成人对儿童的引导要把握程度,而探究就是"试错"的过程,家长们要学会"等一等",抓住这一阶段的培养,把自主权还给儿童,充分获得价值感。

(四) 忽视立德树人理念践行的需要

幼儿阶段的培养至关重要,相比能力提升,更重要的是养成良好的行为习惯、思维品质,更好地回答"培养什么样的人、怎样培养人、为谁培养人"这个根本问题。① 然而实际中,受到来自各方面的压力影响,家、园、校在培养幼儿时更注重显性能力的提升,相比于幼儿是否自主,成人更在意学到了什么具体技能、交了几个朋友、在幼儿园过得开不开心这样表面的问题。"去小学化""素质教育"已经提了很多年,然而现实生活中,仍然有许多疯狂内卷的案例。"跳一跳够到桃子",家长在内卷的社会环境中,很难准确判断儿童在成人帮助下达到的水平与儿童现有水平之间的差距,如果用力过猛,就容易导致超前教学。

---

① 秦旭芳,张瑜. 弹性作息下大班幼儿自我管理行动研究 [J]. 教育与教学研究,2021,35 (09): 44-54,8.

（五）忽视家、园有效沟通的需要

布朗芬·布鲁纳的生态系统论首次考虑儿童发展与环境的关系，认为儿童与环境是双向作用，需要相互适应的。幼儿在成长过程中，离不开幼儿园环境和家庭环境的双向支持。然而在现实生活中，常发生教师与家长沟通不畅，无法形成较好的家园合力。这种幼儿园和家庭沟通之间的脱节现象，容易导致家长无法理解教师的教育理念，无法支持教师有关自我管理能力的探索；另一方面，教师因与家长缺少沟通，无法理解家长的某些行为，在有关教育的问题上也无法给予家长有效的指导。因而导致幼儿自我管理能力得不到很好的锻炼和提高。

三、班级中幼儿自我管理能力培养策略

维果茨基认知发展的"内化"学说认为，儿童的高级智力是从外部的动作开始的，然后外部的动作转化为内在的智力动作。内化的过程不仅通过教学来实现，也能通过日常的生活、游戏、劳动来实现。幼儿在提升自我管理能力的同时，需要调动多种智能，尤其在班级中，幼儿有更多向同伴学习和被同伴学习的机会，在与同伴交往中逐步内化知识，从而实现发展。

除此之外，班级最大的特点就是幼儿的年龄层次区分明显，幼儿的能力发展水平不同。维果茨基认为，儿童在与同伴交往的过程中，通过高级心理机能的工具——语言、符号，使其在低级心理机能基础上形成了各种新质的心理机能，从而实现发展。因此幼儿与不同发展水平的同伴自由互动的机会更多、学习途径更广，不同年龄段幼儿身心发展的差异性可以使幼儿得到不同程度的发展，以此更好地发展幼儿自我管理能力，培养良好的行为习惯。

除开发幼儿自我管理能力发展的相关课程外，幼儿在园的发展不能只依靠学习活动，班级不同年龄段幼儿的发展特点决定了学习活动开展时幼儿接受水平不一，因此应更加强调课程与一日生活的融合。

（一）转变教师教育观念

民主、平等的班级地位，轻松、愉悦的班级氛围是培养幼儿自我管理能力的重要条件。教师应该转变自我观念，充分认识到幼儿的主体地位，学会放手、学会等待，把更多思考和决策的权力交给幼儿，引导他们认识到自己作为班级的小主人的重要身份。①

（二）建立班级公约

无规矩不成方圆。任何团体存在都需要有制度约束，班级中幼儿自我管理能力的培

---

① 罗华. 幼儿自我管理能力的培养 [J]. 江西教育，2019（12）：96.

养，也离不开规则的制定和约束。① 基于幼儿教育这一特殊性，我们在制定规则时，既要考虑幼儿特点、幼儿教育规律，也要考虑规则制定的针对性和现实性。

1. 师幼共同制定和遵守规则

幼儿园班级管理中的规则往往是以管理好班级秩序为主，教师在组织活动时，会根据风险情况、幼儿水平制定相关规则，即使有的规则由幼儿参与制定，也只是在环境创设上"搭把手"，并没有在规则本身参与讨论和敲定。这就要求我们在规则制定时，充分考虑幼儿的意见建议，给予幼儿"试错"的权利和探索参与班级管理的机会。教师可以将班级活动中的问题记录下来，转换为幼儿感兴趣的方式组织幼儿参与讨论，将教师发现的问题，转变为幼儿关心的问题。师幼共同制定规则后，班级全体成员要一致遵守。② 定期组织幼儿开展讨论，在规则执行过程中发现有不适用的地方，再次抛出问题、与幼儿一同思考解决方法、提出解决策略、最终解决问题、调整适宜的规则。在师幼共同参与、反复探究的过程中制定班级规则，培养幼儿的主人翁意识，激发其自我管理能力。

2. 规则呈现具体化

皮亚杰的认知发展理论认为，2~7 岁的儿童处在前运算阶段，而处在具体运算阶段（7~12 岁）的儿童处在抽象逻辑思维阶段。对儿童的发展来说两个发展阶段存在一定交叉，不完全分开。在幼儿阶段应该以具象的标识替代教师的指令。如将一日活动流程以图文形式呈现，教会幼儿认时钟，每一阶段的活动用具体的时钟指向表明；生活中可以使用"七步洗手法"流程图，规划饮水路线，标记水杯、鞋子、椅子等摆放位置，发挥环境的作用，以直观具体的形象引导幼儿自主注意规则、发现规则、遵守规则。在整个过程中，都需要师幼共同参与讨论研究，充分调动幼儿的积极性并自觉遵守。

(三) 加强能力培养

1. 实现"人人有活干"

教师要学会挖掘班级中的工作，并通过一定渠道选拔"工作人员"，实现幼儿自我管理能力的提升。一是做好全员参与的值日活动。在班级中以"大带小"的形式开展值日活动，引导幼儿完成力所能及的事情。其中也可以和幼儿一起将值日生的职责、工作流程细化，以图文形式呈现，这个过程既可以引导幼儿思考流程，也便于哥哥姐姐在带弟弟妹妹工作起到一定的提示作用。二是丰富自我约束的管理活动。根据班级管理需要，选拔"小小管理员"，生活类的如喝水管理员、彩笔管理员、午休管理员，学习类的如区角管理员、收纳管理员、早操管理员等。教师根据幼儿行为习惯及特点，设定适宜的工作岗

---

① 赵荣辉. 班级管理：从权威走向民主 [J]. 当代教育科学，2015 (02)：11-14.
② 李祖丰. 中学班级自主管理略探 [J]. 学校党建与思想教育，2011 (15)：81-82.

位,引导幼儿通过约束自己的行为实现自我管理和同伴管理。① 三是设计充满特点的游戏活动。自我管理能力的提升除生活活动外,更体现在游戏中。幼儿会不会玩、有没有想法、能不能协调,都体现着幼儿自我管理的水平高低。教师可以适当将活动权力交给幼儿,引导幼儿思考游戏规则、游戏玩法,在游戏过程中产生的矛盾、问题,充分鼓励和支持幼儿的想法,不以成人的眼光随意评判他们的思维,最终引导幼儿通过不断地学习和尝试去自己解决游戏中产生的问题,实现多种智能的发展。

2. 培养幼儿思维能力

在一日生活中经常会听到幼儿问"老师,今天在哪里排队""等一下去哪里玩"等类似的问题,究其原因是幼儿没有掌握在园行动的规律,对一日活动的内容过于依赖教师的"给予"。然而授人以鱼,不如授人以渔。相比于教师直接告知幼儿某些问题的答案,引导幼儿思考每次活动行为背后的原因,培养幼儿的思维能力。

3. 培养幼儿的时间观念

幼儿对于时间的概念是淡薄且模糊的,这也影响了他们在一日活动中更好地进行自我管理。培养幼儿的时间观念,不仅可以让他们更好地了解活动,也能更好地规划自己的游戏和生活。教师可以开展认识时钟的活动课程,引导幼儿发现始终在生活中的重要作用,以沙漏、秒表等具象化的材料引导幼儿认识到一个活动可以玩多久。

(四) 完善行为评价

1. 视频录制后直接反馈

开展"看看这是谁"视频反馈环节。班级不以年龄区分幼儿能力,只单纯以某件事情的完成情况、行为表现划分,对于同伴之间的交流和学习也提供了更多的可能。教师可以将幼儿在园有针对性的行为录制下来,利用过渡环节和幼儿一同观看,通过同伴互评,引导幼儿发现同伴之间的闪光点以及需要继续提升的地方。同伴评价重视会干的带动不会干的,干得好的带动干得不太好的,将班级中同伴的影响作用发挥到最大。

2. 每周一评并定期反馈

开展"宝宝争章"活动。将一日活动的各个环节进行归类整理,设定不同类型的奖章,和幼儿充分讨论,以图文形式确定获得奖章的条件,吸引幼儿进行自我管理,从而达到约束自己提醒他人的良性循环。② 在宝宝争章的过程之中要注重评价、分享和经验输出,建立看得见的努力机制:如何能拿到宝宝章、平时要如何做,将这些问题细化,再一一告知幼儿,使其对规则清晰明了,掌握努力方向,真正发挥评价反思促进行为变化的最

---

① 骆聪. 构建民主和谐的班级管理模式 [J]. 学校党建与思想教育, 2010 (03): 82.
② 胡江月. 班级民主管理的新尝试 [J]. 教学与管理, 2004 (28): 24-25.

大作用。

（五）加强家园联系

教师和家长，幼儿园和家庭在育儿上应该站在统一战线，这就要求教师和家长之间保持紧密的沟通，幼儿园和家庭之间保持紧密的联系。[①] 生活中，教师可以将幼儿园组织的活动、班级课程、培养重点等知会家长，家长也应该积极主动地和教师取得联系，反馈幼儿在家自我管理能力的发展水平。此外，幼儿园可以多组织相关专家讲座、亲子活动，拉近和家庭之间的联系。在获得过评价中也可以邀请家长参与，更好的了解幼儿在园有关自我管理能力的发展水平，认识到自己的孩子是很棒的。通过多方努力，加强家园联系，实现协同育人目标。

总之，自我管理能力是实现幼儿自主发展和全面发展的重要影响因素。培养幼儿的自我管理能力贵在坚持。教师不能把规则当成强加在幼儿身上的外部要求，而要把规则意识"种"在幼儿的心田，引导幼儿以积极的心态应对变化着的生活，最终实现立德树人的根本教育目的。

---

① 范国睿，英政，汪一欣. 在自主自律中主动发展——上海市闵行中学学生民主管理实践与研究的阶段性报告［J］. 华东师范大学学报（教育科学版），2001（02）：61-69.

教资"热"背后的"冷"思考*

王娱欢①

一、引言

2013年教育部颁布《中小学教师资格考试暂行办法》，规定申请中小学教师资格应参加教师资格考试②，笔试和面试均合格者由教育部考试中心颁发教师资格考试合格证明，考生须凭此证明和其他个人材料申报认定《教师资格证书》。截至目前已有幼儿园教师资格证、小学教师资格证、初级中学教师资格证、普通高级中学教师资格证、中等职业学校教师资格证、中等职业学校实习指导教师资格证和高等学校教师资格证七种类型。近年来，为了保证教师队伍质量，规范教师教育管理，国家出台政策，教师上岗必须持有教师资格证。我国教资考试迎来了"热"潮。在此背景下，笔者通过探究教资的"热"根源，挖掘隐藏于"热"背后的状况，"冷"静思考由此产生的局限与弊端，以期提出富有针对性的改革建议。

二、热点扫描：教资"热"的现象分析

（一）报考人数首次超过千万

社交网络上"教资认定""教资面试成绩"等多个相关话题占领热搜榜，"教师热"成了舆论热点。2022年9月，教育部公布的数据显示，我国教师资格考试报名人数已由最初的17.2万人次、跃升至2021年的1144.2万人次，其中800万报名者是非师范生。

---

* 基金项目：2022年黄冈师范学院研究生工作站"县城高中家校合作问题与改善策略研究——基于团风中学的调查"（项目编号：5032022019）。

① 作者简介：王娱欢，女，湖北孝感，黄冈师范学院教育学院2021级硕士研究生，研究方向为教育经济与管理。

② 教育部.教育部关于印发《中小学教师资格考试暂行办法》《中小学教师资格定期注册暂行办法》的通知（教师〔2013〕9号）［EB/OL］.（2013-08-15）［2022-04-02］. http：//old.moe.gov.cn//publicfiles/business/htmlfiles/moe/s7151/201309/156643.html.

从2018年到2022年近5年全国报考教资人数分别为651万人、880万人、990万人、880万人、1144万人。2021年因为疫情原因各地取消教资考试，人数比2020年少，但是整体上从2018年到2022年基本上处于增长的状态。公共选择理论认为政策的形成是政策市场供求平衡的结果。① 根据公共选择理论，可以认为报考教资人数与教资市场供求关系有关，足以证明国家对教资需求量的增加。

（二）师范院校过度追求教资通过率

高等师范院校是未来教师培养的殿堂，保障师范生高质量发展是现代化教师队伍建设的源头。② 2017年10月教育部印发了《普通高等学校师范类专业认证实施办法（暂行）》，继而使师范类专业认证在全国范围内推行。③ 开展师范专业认证，是我国教师教育从外延扩张向内涵式发展转变的重要显性标志，通过师范专业认证，可以促使高校师范专业回归人才培养之本源，努力培养和造就高素质专业化创新型的中小学教师队伍。教师资格证考试通过率是各师范专业进行师范认证的重要指标。④ 现实中，师范院校为了追求教师资格证的通过率，达到师范认证培养人才的要求，对教育教学的内容进行改革，要求教学内容与教师资格证考试内容对接。如果师范院校过度追求教资通过率，将会深陷教师资格考试应试的泥沼。

（三）教培机构规模扩大

"教资热"带动了教育培训行业的蓬勃发展，目前，粉笔、中公、华图等各类教资培训机构的广告随处可见。教资、协议班教学模式为教育培训机构带来了巨大的收入。根据中公教育的2020年财报，其教师序列全年营收达到了17.94亿元，营收占比16%。在过去三年里，单是教师序列的营收就增加了将近50%，现在已经是中公教育营收的第二大支柱。针对"教资"和"教招"的教育培训机构，分析考试政策，并有针对性地开展笔试，使考生（尤其是非师范生）能在短时间内快速通过考试，从而进行突击式的强化训练。一些考生虽然获得了教师资格证书，但是缺乏"实践性"的教学培训，无法客观、正确地认识教师的工作，从而加重了他们今后工作的不稳定性。

---

① 范仓海，唐德善. 基于公共选择理论的水资源政策市场研究[J]. 人民长江，2009，40（05）：95-97.

② 梁业梅. 师范类专业认证的实践探索——评《教师教育创新与师范专业认证》[J]. 中国高校科技，2022（08）：103.

③ 田腾飞，任一明. 高校师范专业认证的总体设计及实践探索[J]. 重庆师范大学学报（社会科学版），2018（03）：69-74.

④ 申向军. 新教师资格证考试背景下体育教育专业课程改革探索[J]. 当代体育科技，2020，10（02）：123-125.

三、热点分析：教资的"热"探源

（一）政策因素：国家对教师权益的保障

人才的培养，基础在教育，关键在教师。国家政策在不同方面保障教师的权益。2021年，教育部公布《中华人民共和国教师法（修订草案）（征求意见稿）》，强调要强化教师待遇与保障、完善教师工资保障和各项福利待遇保障等。《中共中央 国务院关于全面深化新时代教师队伍建设改革的意见》《教师教育振兴行动计划》等文件的出台，也为教师的工作环境提供了制度保障。《关于减轻中小学教师负担进一步营造教育教学良好环境的若干意见》《中小学教育惩戒规则（试行）》《关于加强新时代乡村教师队伍建设的意见》《乡村教师支持计划（2015—2020年）》等规范性文件为教师的专业成长和执教育人提供了职业保障依据。《关于加强和改进新时代师德师风建设的意见》《新时代基础教育强师计划》等文件明确提出要在全社会营造尊师重教的氛围，加大教师职业的吸引力。

（二）社会因素：疫情加剧求稳的择业观

2019年年底，突如其来的新冠疫情席卷全国，对我国经济发展带来了前所未有的影响。2020年《中国青年报》经济部和社会调查中心联合实施的一项网上调查结果显示，"因疫情影响，六成受访毕业生就业'求稳'"[1]，《第一财经日报》指出"疫情下年轻人求稳求编制"。[2] 由此可见，面对疫情冲击，人们也会根据就业形势变化改变就业需求和就业取向。以往的一些研究也证实，自然灾害或重大危机事件会削弱个体的风险偏好，[3] 改变观念态度和择业选择。[4] 新冠疫情暴发导致经济环境不确定性增强致使更多毕业生以体制内单位作为首要就业选择，其中教师编是大部分毕业生的选择之一。

（三）个人因素：为了增强就业竞争能力

2022年的毕业季被称为"史上最难毕业季"。2022届的应届毕业生人数预计达到1076万，是高校毕业生规模首次超千万，也是近几年增长人数最多的一年。自新冠疫情暴发以来，各行各业表现出萧条态势，经济增长趋势放缓，就业市场职位增加有限。"毕业即失业"的严峻就业形势，迫使大学生们纷纷加入通过考证提升自身就业竞争力的大

---

[1] 张艺, 王聪聪. 因疫情影响六成受访毕业生就业"求稳"[J]. 云南教育（视界时政版）, 2020 (05): 6-7.

[2] 郭晋晖. 高校毕业生规模首破千万疫情下年轻人求稳求编制[N]. 第一财经日报, 2022-01-24 (A06).

[3] 段锦云, 王重鸣. 创业风险决策框架效应特征研究[J]. 心理与行为研究, 2010, 8 (02): 106-112.

[4] 汪小圈, 张红, 刘冲. 幼年饥荒经历对个人自雇选择的影响[J]. 金融研究, 2015 (05): 18-33.

潮中。"为自己找工作增加砝码""现在社会竞争激烈，大家都想多找条就业途径""多一个证多一份机会"等是许多在读大学生的心声。正是因为就业的压力，许多毕业生开始忧虑毕业后的出路，进而转向了考教师资格证这一道路，通过考证为自己顺利就业增加筹码。

四、冰点分析：教资的"冷"思考

（一）造成国家高等教育资源的浪费

教育浪费实质上是指教育目标的实现受到阻碍，从而使教育资源未产生应有效益的现象。① 教资国考背景下，部分师范院校的学生也需要考教资，才能从事教师岗位，导致教资考试人数激增，考试难度相比于之前要大，会有一部分师范生因为考不过教资不能当教师，造成对师范教育资源的浪费；自2015年教师资格证改革以来，越来越多的非师范专业学生考取教师资格证。从统计数据来看，近几年我国报名参加教资考试的考生中，约2/3是非师范生。大量非师范类专业学生考教资，放弃了本专业的学习，从事教师类工作，没有把在学校所学的专业技术发挥到工作中，与大学专业教育的初衷是相违背，从某种程度上来说，是一种人才错配，也是对国家高等教育资源的浪费。

（二）教资制度不利于教师专业发展

教师资格考试在教师专业发展上存在有限性。一是在教师资格制度的设计中并没有对考生的专业背景进行限制，不管是师范类专业应考生还是非师范类专业应考生，均采用同样的资格筛选、考试内容与评价体制，既有来自师范院校的学生，也有来自非师范院校的学生或毕业多年的社会考生，这样的政策制度忽视了师范教育的专业性培养。二是教师资格考试本质是一种考试，是一种测评工具，其目的在于考核申请者是否具备"从事教师职业所必需的职业道德、专业知识与基本能力"，其特点是"只考不育"②。一些专门的考试机构针对教资考试的内容进行整理形成模式与套路，应考者经过培训机构的短期培训，就有可能获得高分，进而通过教师资格考试获取教师资格证书。虽然没有经历过真实的或模拟的教育教学实战经验，没有经过师范文化的浸润，不具备教师职业的专业素养，但是他们却拥有了足以应付教资考试的"假性教育教学能力"。③

（三）"冷热不均"拉大城乡教育差距

尽管目前有很多人选择报考教师，但就教师招聘和教师队伍建设来说，还存在许多问

---

① 赵振红. 高等教育资源浪费与对策探析 [J]. 辽宁教育研究，2005（02）：46-48.
② 朱旭东，袁丽. 我国"教师资格考试"政策解读 [J]. 贵州师范大学学报（社会科学版），2016（04）：107-115.
③ 张鲁宁. 对"假性教育教学能力"能通过国家教师资格考试的反思 [J]. 教育学报，2015，11（03）：46-52.

题,如发达城市与偏远山区的报考"冷热"不均,以及报考男女比例失衡。一方面,"教资热"并不能真正解决教师资源匮乏问题,局部地区教师难招的现象仍然普遍存在。以乡村教师为例,部分偏远地区尤其是乡村教师数量仍存在很大缺口,教师队伍不够稳定。另一方面"教资热"也不能完全解决教师队伍结构性缺失问题。如教资报考中出现的"偏科"情况,数学、物理、化学、生物等学科,没升温反"遇冷",尤其在广大乡村学校更是少之又少。

五、理性应对:教资的"紧"应对

(一)加强职业规划指导,引导正确的就业观

2014年,教育部联合多部门出台《关于推进县(区)域内义务教育学校校长教师交流轮岗的意见》(以下简称《交流意见》),并首次提出"县管校聘"。"县管校聘"在一定程度上来说,打破了教师之前一成不变的稳定性。针对个人就业价值观日益趋向的"求稳"特点,应从价值观上进行突破:一方面,高校要在大学生的职业生涯规划中强化就业价值观,培养他们正确的价值观、职业观念,引导他们脚踏实地、摆正心态,努力提高自身修养、专业知识、技术能力。另一方面,社会应该大力倡导以社会主义核心价值观为核心的精神文化,营造平等、尊重、反对"铁饭碗"的风气,提倡创新创业、寻找适合自己的价值取向,树立"走基层、识真章、悟民生"的就业价值观,减少趋同、重复的竞争和内耗。

(二)实施"考育并举"的教师资格制度

当前,教师资格考试与职前培养之间的脱节,是教师资格制度中最大的一个问题,特别是没有经过系统训练的非师范生。按照目前的政策,所有在读的在校学生和社会人士,只要通过了教师资格考试,就有资格成为一名教师。但是,由于没有经过专门的教育理论和实践的培训,非师范生对教育的责任、学校的工作生态、教师的职业素质容易产生狭隘的认识,很容易把"获得教师资格"与"通过资格考试"相混淆,常常为了获得更多的证书,在考前进行突击式的应试,从而丧失了理解教育、关怀人性、尊重职业的机会。而且,考试的结果能否衡量一个人是否具备从事教学工作所必需的专业认知、实践、情感、价值观等多方面的素质与能力,这是一个需要解决的问题。未来我国教师资格制度改革需要进一步健全和完善教师资格制度,对非师生进行专业培训的时间、内容、方式等进行规限,同时规范和加强有关教师教育机构和实习基地的资质认定,才能真正发挥通过教师资格制度严把教师队伍入口关的功能,切实提高中小学教师队伍的质量。

(三)设置教资荣誉制度,促进教师专业发展

目前,我国教师资格制度没有建立相应的荣誉制度,如果能够将教师评价和社会评价结合起来,建立与社会荣誉制度相适应的奖励制度,不仅能够激发教师教书育人、献身教

育事业的积极性，而且有利于提高教师职业吸引力。设置教资荣誉等级制度应考虑到以下几个方面：第一，教资荣誉制度要与教师荣誉制度相互衔接。要对教资荣誉体系的授予条件、评审标准、评审程序、实施办法、监督措施等进行规范。第二，规范教资荣誉评选标准和程序。评选标准应体现教师专业性，具有可操作、可量化、可监督等特征。规范各级各类荣誉制度的评审程序、实施办法、监督措施等，设置透明、规范、公正、可操作性强的评审程序。第三，建立教资荣誉制度配套政策。设立与教资荣誉制度挂钩的免税政策；设置相应的社会优待提高荣誉教师的社会地位；提供相应推动专业发展的平台和机会。第四，构建合理有效的教师教资荣誉后管理制度，真正发挥荣誉教师的辐射带动、示范引领作用。如成立"荣誉教师工作室""荣誉教师成长联盟"或"荣誉教师教研团队"等，实现互相促进、协同发展的新局面。

中华民族共同体意识融入初中思政课程教学的价值与路径研究

胡 杜 李姗霖①

一、引言

中华民族共同体意识是中华民族团结、进步、发展的重要保障。在当今世界，各国之间的竞争越来越激烈，而中华民族共同体意识的培养对于国家的发展和民族的复兴具有重要意义。因此，如何将中华民族共同体意识融入初中思政课程，提高初中生的中华民族共同体意识，成为当前教育领域的重要课题。本文旨在探讨中华民族共同体意识融入初中思政课程教学的价值与路径，以期为相关教育工作者提供参考和借鉴。

二、中华民族共同体意识融入初中课程教学的价值意蕴

全面维护国家统一、民族团结的必然要求。当今世界百年未有之大变局加速演进，一些敌对势力试图利用民族问题、宗教问题破坏我国国家主权和领土完整，损害国家利益，影响国内稳定团结的发展大局。中华民族共同体意识是中华民族成员对中华民族的历史发展、文化传统、社会规范、价值观念、生活方式持有的一种包含积极认知、积极情感、积极态度和积极行为的趋同心理倾向。② 初中生是青年一代的生力军，必将肩负起实现第二个百年奋斗目标、建设社会主义现代化强国的使命，是"请党放心，强国有我"的力量源泉，将中华民族共同体意识融入初中思政课程有助于初中生牢固树立爱国主义信念，坚定民族自信，形成维护国家统一、民族团结和社会稳定的责任自觉。

建设社会主义精神文明的必然举措。社会主义精神文明以马克思主义为指导，包括思想道德建设和科学文化建设两个方面，渗透在整个物质文明建设之中，体现在经济、政

---

① 作者简介：胡杜，黄冈师范学院，硕士研究生，研究方向为教育管理；李姗霖，黄冈师范学院副教授、硕士生导师，研究方向为教育管理。
② 姜永志，侯友，白红梅. 中华民族共同体意识培育困境及心理学研究进路 [J]. 广西民族研究，2019（03）：105-111.

治、文化、社会生活的各个方面。中华民族共同体意识是建设社会主义精神文明的重要内容，将其融入初中思政课程，使其发挥理论武装、舆论引导、精神塑造作用，从而培养有理想、有道德、有文化、有纪律的社会主义公民，最终把我国建成富强民主文明和谐美丽的社会主义现代化强国。

引导初中生形成正确的世界观、人生观、价值观的必然选择。初中生处于青少年阶段，这个时期，他们的身心发展进入一个新的迅速增长变化期。在生理方面，体现为外形和身体机能的显著发展。① 随着生理发展，初中生的心理特点也发生明显变化。在感知觉方面，听觉、视觉的敏感度得到高度发展，观察的自觉性、稳定性、精确性、概括性与成人基本无异。在思维方面，独立性和批判性有显著发展。在情感方面，道德感和理智感有较大发展，开始根据自己的兴趣爱好和道德标准来作出选择。在意识方面，自我意识进一步加强，开始对人的内心世界、内心品质产生兴趣，能自觉地评价自己，独立地选择学习榜样；把自己看作"成年人"，对自己的要求有了更高的自觉性；集体意识也得到发展，开始把自己作为集体中的一员来考虑和处理个人与集体的利益冲突。② 初中阶段正是个体世界观、人生观、价值观构建时期，将中华民族共同体意识融入初中课程有助于个体在社会主义核心价值观引领下形成正确的情感态度和思维方式，树立正确的国家观、民族观、历史观。

三、中华民族共同体意识融入初中课程教学的育人目标

心理学视域下，任何道德品质的形成与发展都包含知、情、意、行四个相互联系的方面。③ 中华民族共同体意识作为一种道德和心理品质，是德育课程的重要内容，从形成的心理机制来看，遵循"认知—情感—意志—行为"的逻辑发展规律，民族认同是认知，情感皈依是情感基础，公民意识则兼具意志与行为要素，产生公民责任感并以公民身份促进国家发展，实现知行合一。

增进中华民族多元一体的民族认同。费孝通先生认为，民族意识就是同一民族的人感觉到大家是属于一个共同体的自己人的这种心理。④ 民族意识代表一个人对一个文化群体的归属感；认同是人对其他人或群体的行为方式、态度观念、价值标准等的模仿、内化，以使自己与他人或群体趋于一致的心路历程。⑤ 个体的民族认同是基于生理基础并超越基

---

① 张作岭，宋立华. 班级管理（第3版）[M]. 北京：清华大学出版社，2019：29.
② 萧宗六，余白，张振家. 学校管理学（第五版）[M]. 北京：人民教育出版社，2018：252.
③ 姚恩菊. 心理学视域的社会责任感教育 [J]. 中学政治教学参考，2018（24）：68-69.
④ 费孝通. 关于我国民族的识别问题 [J]. 中国社会科学，1980（01）：147-162.
⑤ Huang, Cindy Y., Elizabeth A. Stormshak. A Longitudinal Examination of Early Adolescence Ethnic Identity Trajectories [J]. Cultural Diversity & Ethnic Minority Psychology，2011, 17（03）：119-124.

因遗传,在养育关系和社会、政治、文化环境共同作用下而建构起来的复合观念。① 民族认同随着个体年龄增长和环境不同而不断发展变化,是一个多维的、动态的心理结构,它反映了个人对自己民族群体成员资格的信念和态度,以及这些信念和态度随着时间的推移而发展的过程。民族认同在个体发展过程中兼具有文化理解、社会归属和政治认同的复合价值。我国作为一个多民族国家,引导初中生理解人类命运共同体、中华民族共同体之间的内在关联,积极培养民族精神,促进"各民族像石榴籽一样紧紧抱在一起",共同实现国家富强、民族振兴。

增强中华民族团结一心的情感归依。中华民族共同体意识融入初中课程教学,将情感教育作为全面和谐发展教育的重要组成部分,增强初中生对中华民族团结统一的情感归依,让平等互助、守望相助的理念内化于心、外化于行。

强化社会主义国家的公民意识。公民教育是德国教育家凯兴斯泰纳提出的,他注重强调国家利益至上,主张培养"有用的国家公民"。他指出"国民教育是一切教育的核心问题","凡是国家权力掌握在人民手中的地方,在那里,只有当全体人民都学会以国民的身份去感受、去思维并且去行动时,才会有一个健康兴旺的国家出现"。我国是社会主义国家,国家的权力属于人民,全国各族人民都是国家的主人,是推进伟大复兴中国梦实现的磅礴力量。我国学者王小飞、檀传宝认为,人类经历了开启认知的生活蒙养、维持信仰的宗教教化、祛除蒙蔽的理性启蒙以及培养公民的价值教养等不同阶段、不同形态及不同重点的德育形式。② 公民教育在强调形成高度社会责任感的同时,明确教育对发展个人能力和个人完善的重要性,中华民族共同体意识融入初中课程教学是对初中生进行公民教育、培养公民意识的内在要求,通过社会学习塑造人的精神世界,培养有理想、有担当的合格公民,通过个性的完善和性格的陶冶来实现为国家目标服务的目的,实现个人与社会的共同发展。③

四、中华民族共同体意识融入初中课程教学的实现策略

优化教学资源,丰富教学内容。一是以统编教材为主要载体,充分挖掘与中华民族共同体意识教育相关的内容,结合社会现实与生活实际,对教材内容进行调整、组织和设计,实现教材的再创造与二次开发,促进文本价值的教育效用最大化。④ 二是深入梳理、

---

① Byrd, Christy M. The Measurement of Racial/Ethnic Identity in Children: A Critical Review [J]. Journal of Black Psychology, 2012, 38 (01): 99-145.
② 王小飞,檀传宝. 当代东西方德育发展的比较与反思 [J]. 中国教育科学,2014 (01):67-83,66,202.
③ 陈荟芳. 凯兴斯泰纳公民教育思想及其启示 [J]. 辽宁教育行政学院学报,2007 (01):136-138.
④ 张学敏,胡雪涵. 中华民族共同体意识教育进课程:特殊价值、嵌入逻辑与实施路向 [J]. 课程·教材·教法,2023,43 (01):13-19.

挖掘各民族在不同时期共建、共治、共享的内容，将其中的教育元素融入课堂教学，厘清国家发展进步与各民族发展进步之间的关系，培养中华民族共同体意识，促进形成爱国主义情怀。三是打破学科壁垒，通过统整不同学科知识促进跨学科主题化教学，以"物理场域"为起点、"文化场域"为核心导向、"制度场域"为保障，寻找不同学科之间的关联性，探索适切的教学起点。① 从而促进初中生形成文化认同、民族认同以及国家认同，推动共同构建中华民族命运共同体。

转变教学形式，将静态教育寓于动态教育中。一是在"互联网+"背景下，以微信、抖音为代表的现代媒体广泛应用，各种语音、视频等形式的即时传播成为了现实，② 中华民族共同体意识教育实现了直接基于少数民族的文化、文字，有助于少数民族初中生更好融入中华民族大家庭，形成多元一体的中华民族共同体。二是借助动漫、微电影等艺术形式还原有利于铸牢中华民族共同体意识的历史事件、案例，通过视觉的直观感受让初中生更为直接、深刻地了解到各民族在历史长河中共建、共治、共享的历程，从而接受民族共同体意识教育。三是充分发挥智能时代的信息技术优势，在人机交互过程中实现教育直观资源的操作体验、模拟情境的认知深化、真实场景的创造解决，变革教育课堂教学形式，③ 实现教育逻辑过程从传统的"客体—编码—主体—认知"向"客体—体验—主体—认同"的转变，打破传统信息"编译"的链条。通过沉浸式体验、互动式学习，民族共同体不再是简单的符号、标识或历史记忆，而是可触及、可感知的价值认同。

发挥家庭教育作用，为课程教学创设基础。一是树立大教育观，认识到家庭教育在建构初中生中华民族共同体意识中的作用。《家庭教育促进法》明确家庭应承担"教育未成年人爱党、爱国、爱人民、爱集体、爱社会主义，树立维护国家统一的观念，铸牢中华民族共同体意识，培养家国情怀"的教育责任。家庭教育是学校教育的基础，是学校实施中华民族共同体意识培育的重要条件。二是积极发挥父母民族认同的价值引领作用。父母对本民族的认同在一定程度上影响着子女对本民族的认同，埃里克森认为，青春期个体发展最重要的任务就是解决"身份认同"和"身份困惑"，积极的民族认同是个体成长为独特的、有连贯的自我意识和社会价值的人的关键一步。④ 三是家校共育共同培育中华民族共同体意识。义务教育阶段是培养公民价值观和民族国家身份的关键时期，家长与教师的合作会促进学生对自我民族身份的广泛探索、深入探索和反思性探索，以及民族归属感的

---

① 曾清. 苏霍姆林斯基"情感教育"思想对当今美育的启示 [D]. 重庆：西南大学，2011：23.
② 韦正富. 铸牢中华民族共同体意识体验教育内容体系论析——基于共建、共治及共享的视角 [J]. 贵州民族研究，2022，43（05）：8-14.
③ 胡翰林，刘革平. 从多态表征到置身参与：虚拟现实技术助力学科教学的价值路径 [J]. 电化教育研究，2022（01）：79-85.
④ 蔡红梅，牟映雪. 儿童青少年中华民族共同体意识的培育——基于家校共育的视角 [J]. 重庆师范大学学报（社会科学版），2022，42（01）：86-94.

发展。① 学校应加强与家庭的沟通，从学校内部文化和家庭文化之间的共同性入手，确定一致方向，引导儿童青少年从中华民族共同体的地域、历史、文化和精神四个维度认识中华民族的历史，通过探索和践行当代中国社会共有共享的文化价值观，形成坚定的中华民族共同体归属感和依恋感。②

---

① Branch, Andre J.. Promoting Ethnic Identity Development while Teaching Subject Matter Content: A Model of Ethnic Identity Exploration in Education [J]. Teaching and teacher education, 2020, 87 (01): 102-113.
② 张学敏, 胡雪涵. 中华民族共同体意识教育进课程：特殊价值、嵌入逻辑与实施路向 [J]. 课程·教材·教法, 2023, 43 (01): 13-19.

初中消极型非正式群体的成因与转化
——以班级追星群体为例

查梦洋　　林永希①

一、研究背景

在初中的学生群体中，常常存在着一种被称为"消极型非正式群体"的现象，这种现象通常以班级内部或跨班级的追星群体为代表。这类群体在形成过程中，常常对学生的学习、生活和身心健康产生消极影响，若不能得到及时有效的转化和引导，将会对初中生的成长和发展带来不利影响。本文将以班级追星群体为例，探讨初中消极型非正式群体的成因与转化。通过对这一现象的深入分析和研究，我们希望能够为教育工作者和家长提供一些有效的策略和方法，以帮助他们更好地理解和处理这一问题，从而促进初中生的全面发展和健康成长。

二、概念界定

（一）班级非正式群体

群体是由两个或更多个相互依赖、共同沟通的个人组成，他们为了实现一个特定的目标而走到一起。根据不同的标准，群体有不同的分类。例如按照群体形成的方式可分为正式群体和非正式群体。② 班级正式群体通常是根据官方途径正式组建和任命的，而非正式群体既不是组织明文规定的，也没有正式的结构，是由有着相似的生活经历、兴趣爱好、学习目标、生活习惯等自发形成的3~5人团体。正式群体和非正式群体的概念最早是由美国管理学家梅奥在霍桑实验中提出。梅奥指出非正式组织的领袖人物是自发产生

---

① 作者简介：查梦洋，黄冈师范学院教育学硕士，研究方向为教育管理；林永希，黄冈师范学院教育学院教授。

② 车丽萍. 管理心理学 [M]. 武汉：武汉大学出版社，2016：137-138.

的，但对其成员却往往比正式组织的领导人具有更大的影响力。①

(二) 消极非正式群体

按照非正式群体的作用性质可将非正式群体分为：积极型、中间型、消极型、破坏型四大类。消极型的非正式群体对于组织目标、正式群体的建设及成员的成长，有着消极的影响。非正式群体的性质并非一成不变的，在正确的引导下，消极的非正式群体可以转化为积极的非正式群体。

(三) 追星

追星是指崇拜明星并追随其有关事物的一群人，多为10多岁或20多岁的年轻人。追星的群体首先通过网络及电视媒体认识偶像，继而产生迷恋情绪。追星有利于树立远大目标，从而获得成功，而盲目追星会耽误学习、浪费钱财。

三、追星群体的危害表现

(一) 诱导不良价值观

互联网时代明星偶像的内涵和外延都已经发生了巨大的改变，偶像变成了外貌、成功、才华、能力，以及运气、平凡、肤浅、虚拟等多重标签的矛盾综合体。明星偶像向青少年传递欲望引发理想身体的焦虑、身份认同的焦虑，这种畸形的价值取向，不利于青少年的成长。② 例如，初中生追星群体争相购买明星同款、明星代言和直播带货产品，容易诱发群体内部成员之间的攀比，形成拜金炫富的价值观。

(二) 加大班级管理难度

非正式群体具有较强的排他性和凝聚力，若班级正式群体的目标与非正式群体相背离时，非正式群体的发展会阻碍正式群体的管理。处于青春期的初中生自控力差，课上交头接耳讨论明星日常，不仅影响自身的学习生活，也影响班级秩序。由于青少年的叛逆心理在抱团中不断放大，并被偶像明星被包装出的完美形象吸引，明星和老师形成了一种反向的身份认同，即反叛传统权威的行为被大肆鼓励，偶像成为青少年崇拜的新权威。③ 老师的权威受到挑战，加大了班级管理难度。

---

① 范禀辉. 对大学生非正式群体的思想政治教育研究 [D]. 哈尔滨：哈尔滨工程大学，2007：23.
② 解迎春. 偶像影响的媒介演化与社会的偶像焦虑 [J]. 当代青年研究，2022，376 (01)：57-65.
③ 沈红霞. 小学生追星现象的正向引导 [J]. 教学与管理，2020，822 (29)：17-19.

（三）引发学生之间的冲突

研究发现，中学生的追星行为与网络欺凌存在显著的正相关。[①]当追星群体追捧的偶像不一致时，容易出现拉踩、攀比的现象，进而引起口舌之争。

四、消极非正式群体的成因分析

（一）家庭方面

高质量的亲子关系会减少不良同伴交往，家庭是青少年问题行为产生的基础性因素[②]，因此分析消极非正式群体的产生需先讨论家庭的问题。

1. 教养方式

教养方式是父母的行为和观念在养育儿童过程中的复杂反映。实证研究表明，养育方式在儿童身心发展的各个方面都起着重要作用，包括学习成绩、认知能力、心理健康和行为。在专制教养方式下长大的孩子更不快乐，自尊心和自信心更低，遇到困难时更有敌意，而且更容易出现心理健康问题。[③] 一些孩子会在非正式群体中寻求温暖，通过追星来寻求慰藉，缓解生活和学习中的压力。

放任型教养方式缺乏规则，无限制满足子女要求，尤其在物质满足上缺少限制。这类孩子被给予过多的关注，容易形成唯我独尊的性格，在学校里也让同学对自己唯命是从，形成小团体，彰显自己的重要性，炫耀自己买的明星周边，满足自己的虚荣心。

2. 家庭构成

家庭构成影响孩子的教育，如双亲外出务工的家庭、离异家庭、重组家庭，缺乏家庭的温情、父母的管束，导致孩子产生不被重视、关爱的心理感受，逐渐形成孩子自卑、焦虑、敌对的心理。他们行事上缺乏引导和管教，难以融入正式群体。

（二）自身因素

处于青春期的初中生生理上处于发展高峰期，心理上渴望独立、尊重、信任。正是因为身心发生了暴风骤雨的变化，导致青春期的学生管理难度大。

[①] 何方村，徐云．中学生偶像崇拜与网络欺凌的关系：自尊与防御机制的链式中介作用［J］．中国健康心理学杂志，2023，31（05）：790-796.

[②] 董亓易如，黄岳辉，周嘉，等．青少年亲子关系质量与不良同伴交往：有调节的中介模型［J］．中国临床心理学杂志，2023，31（01）：153-158.

[③] 李明．家庭教育也需因材施教——教养方式对儿童认知能力影响的群体异质性［J］．当代青年研究，2022，381（06）：67-77.

1. 自我同一性发展

相较其他年龄的群体，青少年追星群体更加普遍，追星是中学时期自我同一性发展的产物。处于青春期的中学生身心快速发展，自我身份确认出现了新的危机，需要重新建构新的自我。① 电子媒体上活跃的明星，有着光鲜靓丽的外表，丰富的生活，是世俗意义上的成功人士，再加上公司的包装、媒体的鼓吹，成为中学生理想的自我，效仿的对象，追随的偶像。

2. 从众归属心理

梅奥的人际关系理论强调关注人的社会需要、情绪与安全、归属感等问题，学生能在非正式组织中获得社会交往需要和归属感需要的满足。对于青春期的初中生来说，明星是潮流和时尚的代表人物。追星是一种新的风尚，展现自己个性，实现梦想，也是融入追星群体，获得同龄人认可的一种方式。

（三）学校方面

学校是青少年接受系统全面教育的地方，在各种教育形态中占据主导地位，学校是转化消极非正式群体的主要阵地。

1. 精神文明建设匮乏

考试制度迫使中国的中小学把提高学生的考试科目成绩放在课程开发和实施的中心位置，在这种情况下，许多小学校长不得不对综合实践活动课程的开设保持沉默，②压缩文体课程，用学生的学习成绩作为衡量教师成就的唯一标准。学校既缺少丰富的活动课程，又缺少精神文明建设。这样的校园生活难以满足学生的兴趣爱好、社交等多方面的需求，③ 于是追星小团体悄然滋生。

2. 传统观念的影响

在"师道尊严"的传统背景下，一些教师仍希望掌握绝对的话语权，师生关系失衡。畸形的师生关系之下，师生缺乏相互尊重、相互理解、相互信任。面对班级上的追星团体，老师如果直接拿出教师的威严喝令制止，或出言诋毁学生心目中的"偶像"，学生容易产生逆反情绪报团对抗老师的管理，反而促进了追星这样的消极非正式群体的发展。

---

① 邰少琦. 初中生偶像崇拜与自我同一性的关系 [D]. 呼和浩特：内蒙古师范大学，2018：13.
② 黄仕友，商润泽，靳玉乐. 综合实践活动课程的制度构建与路径选择 [J]. 西南大学学报（社会科学版），2023，49（02）：185-191.
③ 沈红霞. 小学追星现象的正向引导 [J]. 教学与管理，2020，822（29）：17-19.

五、消极非正式群体的转化策略

（一）重视家庭的育人功能

1. 树立正向的价值观

在这物欲横流的时代，物质上的攀比随处可见，如何引导孩子树立正确的价值观念、如何创造轻松的家庭氛围是父母该做的功课。各地教育部门深入家庭，宣传《中华人民共和国家庭教育促进法》精神，教育家长重视家庭教育、家庭伦理，优化教养方式，尊重未成年人身心发展规律和个体差异，尊重其人格尊严，尊重其隐私和个人信息，保护和引导未成年人的合法权益，注重平等交流，加强积极引导。[①]

2. 采取权威型的教养方式

权威型教养方式既注重给予孩子鼓励与支持，又注重适时提出要求，进行监督引导。采取权威式教养方式的家庭可以为儿童的发展营造一个良好的社会化环境。由权威型父母抚养的儿童具有更高的社会情感技能，比他们的同龄人能够更好地管理情绪、移情、社会联系和解决问题。同时，由权威型父母抚养的儿童有更积极的同伴互动，得到更多的同伴支持，[②]从而降低加入消极非正式群体的可能性。

3. 重视亲子陪伴

一些孩子将偶像作为自己的情感寄托、倾诉对象，将追星作为慰藉心灵的方式。家长应注重对孩子的陪伴，让孩子感受到关爱，弥补精神上的空虚，多与孩子交流学习生活中遇到的困难及接触到的新鲜事物，了解他们的兴趣以及成长中的烦恼，为他们出谋划策。陪伴孩子们去开阔眼界，走出教室，从生活、自然、社会中学习，从动手动脑中学习。

4. 与学校同频共振

家庭和学校是学生成长的两个重要场所，只有家庭和学校步调一致、密切合作才能有效促进孩子的健康成长。家长应主动了解学校的教育理念和目标，及时沟通孩子在学校的表现，与老师一起商量转化非正式群体的对策。配合教师的工作，完成学校的任务。家长应积极配合老师转化消极非正式群体，向老师反馈孩子在家的表现、心情动态，提供管理孩子的策略。

---

① 张墨涵，梁晶晶，张冉，等．家庭教育资本与家长教育焦虑——家庭氛围和家校沟通的链式中介作用［J］．浙江社会科学，2022，309（05）：142-150，160.

② 朱晓文，王凯丽，任围．家庭教育的力量：父母教养方式如何影响校园欺凌［J］．中国青年研究，2023，325（03）：108-118.

(二) 倾听学生需求，丰富内心世界

1. 结合学生兴趣，创设丰富的活动

带领学生开展各种文体活动，让学生在活动中拉近彼此的距离，收获友谊，获得归属感。有些学生追捧顶流明星，老师应去了解学生追星的心理需求，和他们所追捧明星身上的闪光点，因势利导。在道德宣讲中，可以融入正面偶像明星事迹，如做慈善、敬业、努力。另外还可以在主题班会活动中，让学生畅所欲言谈论自己喜欢的明星，借此进一步了解学生，顺势进行正确引导，告诉学生追星过程中需要注意的事项。

2. 树立正向榜样，发挥偶像效应

受市场经济的影响，现在很多学生追星对象局限于娱乐、影视明星。多宣传介绍袁隆平、钟南山、景海鹏、朱杨柱、桂海潮这样的正向的偶像，介绍他们的英雄事迹，将学生狭隘的眼光引到对人类有贡献的各界的明星上来。寻找优秀榜样与自我的共性，借鉴榜样的成功事迹，学习他们的优秀品质，利用榜样激励学生成长。

3. 巧用需要层次理论，满足学生需求

用心去倾听学生的需求、内心想法，做他们的朋友知己。作为班级大家长的班主任应该以马斯洛需求理论为基础满足学生不同层次的需求：满足安全需要，增强安全意识，创设安全生理和心理环境；引导学生建立和谐的人际关系，满足其归属与爱的需要；在学习和生活中尊重每一个学生；在班级管理中为每位同学搭建实现自我价值的平台。①

---

① 朱军. 从需要层次理论透视学校班级管理 [J]. 教育与职业，2006，511（15）：39-41.

家庭教育提升小学生自主管理能力的策略探究

张 培①

在当今社会，学生的自主管理能力越来越受到重视，成为教育领域的重要目标之一。自主管理能力是指在特定情境下，个体能够自主、有效地解决自己遇到的问题，并从中获得自我发展的能力。这种能力对于学生的未来发展具有非常重要的意义，能够促进他们的终身学习和全面发展。小学阶段是学生自主管理能力形成的关键时期，因此探究提升小学生自主管理能力的策略显得尤为重要。本文将围绕家庭教育这一主题，探讨如何通过家庭教育提升小学生的自主管理能力，为家庭教育提供参考和指导。

一、提高小学生自主管理能力的重要性

自主管理能力是指个体在特定情境下，能够自主、有效地解决自己遇到的问题，并从中获得自我发展的能力。这种能力包括自我认知、自我规划、自我监控、自我反思等方面，是个体终身发展和适应社会生活必备的核心能力之一。

提高小学生自主管理能力有助于培养学生的自我意识和自我认知能力，帮助学生更好地认识自己的优点和不足，激发内在动力，积极寻求自我提升；有助于学生形成自我规划能力，从而更好地安排自己的学习和生活，掌握自己的未来发展方向；有助于提高学生的自我监控和自我反思能力，以便更好地应对挑战和困难，不断调整自己的行为和思维模式，取得更好的成果；有助于培养学生的团队合作和社交能力，通过自主管理可以更好地锻炼学生的组织协调能力、沟通合作能力等，对于学生的综合素质的提升有着积极的作用；有助于学生更好地适应未来的社会生活和发展需要，因为自主管理能力是未来社会人才必备的核心能力之一，对于个人的职业发展和终身发展至关重要。因此，提高小学生自主管理能力是非常必要的，有助于培养学生的综合素质和未来的社会适应能力，对于个人和社会的发展都有着积极的意义。

---

① 作者简介：张培，女，湖北罗田人，黄冈师范学院教育学院2022级教育管理专业硕士研究生，研究方向为基础教育教学管理研究。

二、小学生自主管理能力缺失的表现与家庭成因

(一) 小学生自主管理能力缺失的表现

1. 学生缺乏自主管理意识

目前学生们的自主管理能力较弱，大多是没有认识到自主管理的必要性，对于如何进行自我管理比较茫然，在思想意识上对自主管理的重要性了解得不够。在日常生活、学习习惯和人际交往方面，理所当然地依赖家长和老师，还没能形成主动的管理能力。部分学生虽然可以独立处理自己的物品以及个人卫生，但是主动协助父母完成自己力所能及的家务和时间规划的意识较为不足。因为小学生爱动、贪玩，其自制力较差，在学习方面，不会自主地预习要学的知识点，仍需要家长的监督。在时间管理方面，许多学生缺乏计划性，缺乏自我约束性，自律性低，没有制定明确的学习计划，一旦玩游戏就忘记了时间，容易浪费时间；做事没有毅力，容易半途而废。

2. 学生自主管理能力不足

独立能力的缺失导致自主管理能力不足。家长们只关注孩子的学习成绩、学习效果，而忽视了孩子其他能力的培养，学习以外的其他事务全部都由家人代劳。他们没有独自面对困难、处理问题的经历。如今，很多家庭都是独生子女，父母对孩子过多的保护，导致孩子在外与人交往时，往往唯我独尊，骄傲自大，事事都以自我为中心，不能为他人考虑，因此造成了不少学生人际自主管理方面的问题。由于家长的过度保护使得不少孩子形成了胆怯、怕事的个性，不愿意与人沟通，无法很好地表达自己的情绪，无法用合理的方式解决与亲人、父母、朋友相处的问题。

(二) 小学生自主管理能力缺失的家庭成因

1. 家庭教育主体存在认知偏差

尽管家长知道家庭教育对孩子的成长十分重要，但是在实践中部分家长对自身的定位是子女物质资源的提供者或者是孩子学习的陪同者。前者对孩子的教育表现出轻率的态度。据《全国家庭教育状况调查》显示，超过74%的班主任反映，与家长沟通的主要困难是家长认为教育孩子是学校和老师的责任，家长只是给孩子提供生活和成长的物质后备站。这种"养而不教"错误的认知偏差，导致家长因过分地注重子女的物质条件的给予而对子女溺爱和纵容，同时造成因孩子的成长缺乏家庭教育的配合而无法形成多元教育主体对个体的教育合力。后者表现出对孩子学习成绩过分关注，而忽视了孩子个性潜能的培养。在一项关于独生子女性格发展状况与教育的调查中发现，家长与子女的互动基本被学习活动填满，对家庭教育的认知也只是停留在学习的层面上，把家庭教育当成了学校教育

的延伸，丧失了家庭教育的主体性，不能承担起应有的责任。[①] 由于家长过多关注和过分重视孩子的成绩，这种错误的教育观念压制了孩子的自主独立意识。

2. 家庭教育主体缺位

随着社会变革的深入，不少家长因工作繁忙，使得他们在孩子的教育上付出的时间越来越少，亲子间的互动也越来越少，没有真正履行家庭教育的职责。英国的纽瑟姆报告（1963）指出，家中若没有充分的言语沟通，孩子们的能力就得不到实现。有的家长因自身教育能力不足等原因将家庭教育托付给祖辈、教辅机构、学校。[②] 农村中留守儿童现象、城乡隔代教育现象普遍存在。不同的家庭结构，对于孩子的性格以及能力的培养有着非常直接的影响。比如在单亲家庭中成长的孩子，他们的自主管理能力会呈现单极化的现象。和父亲生活一起的孩子独立能力比和母亲在一起生活的孩子更强一些。在隔代育儿的家庭里，由于祖辈相对落后的教育观念以及比较严重的代际观念差异，带来的过度溺爱、疏于管理使得家庭教育不断弱化，进而造成家庭教育的缺位。

3. 家庭教养方法不当

不同的家庭教养方法会形成不同的青少年能力。许多家长望子成龙、望女成凤心切。有的家长采取的教育方式过于严苛，有的家长采取的教育方式过于松弛。美国心理学家鲍姆林德从情感态度和要求控制两个维度对教养方式进行了界定，分4种教养方式：权威型、专制型、放纵型和忽视型，一些家长通过高管控等方法对子女进行教育。权威型是一种建立在对孩子的理解和尊重上的民主的教养方式，父母一般能和孩子进行有效的沟通，这样的家庭环境对于孩子自主生活、人际交往有极大的帮助。放纵型也就是溺爱型，对于孩子提出的要求，不管是物质还是精神上的都极力满足，在这种过度包容的教养方式下长大的孩子，他们的独立性会比较差，抗挫折能力极弱。专制型教养方式下，对孩子采取强硬的管理方式，长期遭受父母的高压控制，各方面的独立性不强，思考问题也会比较简单，对家长的依赖性强，缺少必要的自我约束能力。放纵型的教养方式是指家长对孩子不闻不问，给予孩子很少的关爱和情感交流，这种教养方式下长大的孩子对自身情况认识不足，做事会依赖他人。因此，每位家长要根据孩子的生理和心理发展特点，对孩子的行为发展用正确的教育方式去影响孩子，让其逐步形成良好的自主管理能力。

三、家庭教育助力小学生自主管理能力提升的几点建议

（一）与时俱进，更新家长育儿观念

观念影响行为。家庭教育主体对于青少年自主管理能力的培养起着重要的导向作用。

[①] 边玉芳，张馨宇. "双减"背景下如何做好家庭教育指导［J］. 中国电化教育，2022（05）：8.
[②] 刘宏宇，彭博. 构建铸牢中华民族共同体意识的家庭教育主阵地［J］. 中南民族大学学报（人文社会科学版），2023（10）：5.

正如夏洛特·梅森所言,父母有正确的育儿观念才能激发孩子内心圣洁的生命。因此培养青少年的自主管理能力需要家长转变认知偏差,形成正确的家庭教育观念。首先,要坚持以人为本,尊重孩子的理念,摒弃父母至上,养而不教的亲子观念。面对孩子的过失,家长需让其自己承担后果,不过多批评教训,让孩子学会为自己的行为负责,引导自我分析问题。尽量给孩子提供选择而不是替其作决定,让他们自己作决定以培养他们的自主能力。其次,父母要与时俱进。没有家长的成长就没有孩子的成长。俗话说,孩子是家长的另一面镜子,家长的言行无时无刻不在影响着孩子。做好自己,家长要努力管理好自己的工作和生活,在无声胜有声的实际行动中影响孩子。相信孩子,学会放手,给予孩子足够的信任感,让其学会自己处理自己的事情。

(二) 改变家长培养小学生自主管理的方式

家长过度包办和干涉都会弱化孩子的动手能力和责任感,对于培养孩子的自主管理能力十分不利。家长应及时改进放纵型和专制型的家庭教养方式,让孩子明白自己的事情自己做,让孩子适当地参与家务,整理自己的内务,提高动手能力;① 其次,鼓励孩子广交朋友,积极与他人沟通,鼓励孩子勇敢地走出去,比如寒暑假可以参加夏令营或者集训活动,开阔视野,在与人交往中学会沟通和处理人际关系。当孩子遇到困难时,家长要适时点拨,教会孩子调节情绪,积极思考,克服困难,提高孩子独立思考的能力。

(三) 开辟渠道提升家长家庭教育水平

家庭教育的水平与学校教育的成效密不可分。家长参与教育的积极性以及家长的教育素质水平影响着小学生的自主管理能力。学校应积极开展多种形式、具有指导意义的活动,有效提升家长的教育素质水平和家庭教育的成效。学校可以开展分学段的家校活动。对于低学段,开设家长开放日,观摩学生课堂,了解孩子在校表现,对于高学段开展家长教育讲堂,邀请相关专家开展亲子沟通方式讲座,给予专门化指导,以此来提升家长的教育水平。为了提高家长的教育参与率,可以发挥家委会的桥梁作用,定期召开家委会例会,引导家委会成员共同参与讨论学校的活动,了解学校工作,增进对学校的了解,改善家长的教育理念,提高家长的教育参与率。

"家庭是人生的第一课堂,父母是孩子的第一任老师",家庭教育具有鲜明的固有优势,必然是培养小学生自主管理能力的主阵地。当前,应加强家庭教育的建设工作,提升家庭教育水平,真正发挥其在提升小学生自主管理能力方面的特有功能,为素质教育的发展增添助力。

---

① 黄蓓. 基于家校合作的小学高年级班级自主管理现状及改善对策研究 [D]. 桂林:广西师范大学,2021:45.

"互联网+"背景下中小学心理健康教育：机遇与挑战

龚兰英①

为了认真贯彻党的二十大精神，落实《中国教育现代化 2035》和《国务院关于实施健康中国行动的意见》，全面加强和改进新时代学生心理健康工作，提升学生的心理健康素养。2023 年 4 月 27 日，教育部等十七部门印发了关于《全面加强和改进新时代学生心理健康工作专项行动计划（2023—2025 年）》（以下简称《行动计划》）的通知②，文件指出：要把心理健康工作摆在更加突出的位置，培育学生乐观向上的心理品质，促进学生思想道德素质、科学文化素质和身心健康素质协调发展，要培养担当民族复兴大任的时代新人。

一、举足轻重：中小学心理健康教育的重要性

（一）国家需要

从科教兴国与人才强国战略出发，中小学心理健康教育既是促进学生身心和谐发展与实现教育高质量发展的重要途径，也是推动国家教育现代化和建设教育强国的基础保障。教育部印发的《行动计划》明确指出：促进学生身心健康发展，是党中央关心、人民群众关切、社会关注的重大课题。

（二）社会需要

教育的价值在于为社会培养与时俱进的人才，而人才的核心内涵之一便是健康。当今社会激烈的竞争更多的是人才的竞争，国民教育培育出来的不仅是具备专业技能和创新意识的人才，更应该是人格健全、心理健康的人才。中小学心理健康教育是素质教育的重要组成部分，也是培养社会需要的高质量人才的重要环节。

---

① 作者简介：龚兰英，女，黄冈师范学院教育学院 2022 级硕士研究生，研究方向为教育管理。
② 教育部等十七部门印发了关于《全面加强和改进新时代学生心理健康工作专项行动计划（2023—2025 年）》［EB/OL］．（2023-04-27）［2023-06-23］．http：//www.moe.gov.cn/srcsite/A17/moe_943/moe_946/202305/t20230511_1059219.html.

(三) 个人需要

中小学生心理健康教育直接关系到学生的个体发展，是促进学生身心全面发展的一项重要活动，对中小学生进行有效的心理健康教育是现代教育的必然要求，也是广大教育工作者面临的一项紧迫任务。根据中国科学院心理研究所调查显示，2009年至2020年我国中小学阶段青少年心理健康状况稳中有降，抑郁检出率随年级的升高而递增，其中10.9%~12.6%的高中生有重度抑郁；2020年有自杀意念的青少年人数比2009年高出6.2%，尤以女生高出10.4%；①据中国青少年研究中心和共青团中央国际联络部发布的《中国青年发展报告》显示，全国有3000万名17岁以下的青少年和儿童受到心理问题困扰。②可见，心理健康问题开始趋于"低龄化"③，心理健康教育与中小学生的生活、生命息息相关。

二、时过境迁："互联网+"给中小学心理健康教育带来的新机遇

随着社会科技的飞速发展，"互联网+"应运而生。"互联网+"是指在创新2.0（信息时代、知识社会的创新形态）推动下由互联网发展的新业态。简言之，"互联网+"就是"互联网+传统行业"，即利用互联网平台，让互联网与传统行业深度融合，创造一种全新的发展形态，例如："互联网+零售业、互联网+"社会治理等。"互联网+"时代的到来也在教育领域掀起了一股新风潮，"互联网+教育"为中小学心理健康教育发展注入了新鲜血液。

(一) 打破时空局限

互联网下隐匿的安全感替代传统教育面对面的尴尬。传统的心理健康教育多是以师生面对面交流的模式进行，不仅受限于时间、地点等因素，且隐秘性较低，容易激发学生的抵触情绪，教师难以获得学生的真实反馈。互联网的隐匿性特征能很好地克服这一缺陷，它为中小学心理健康教育提供了更私密的空间和灵活的时间。微信、微博、抖音、B站等众多社交平台，在打破师生零距离沟通时的拘谨场面和心理防御时，犹如给学生穿上了一件安全的"隐身衣"，让师生能够以更加隐蔽的沟通方式进行交流，很大程度上减少了师生之间的沟通顾虑，让教师能够获取更真实的一手资料。

(二) 丰富教育资源

传统的心理健康教育以线下资源为主，教育资源的流通性和共享性极大受限，导致课

---

① 傅小兰，张侃，陈雪峰，等.心理健康蓝皮书中国国民心理健康发展（2019—2020）[M].北京：社会科学文献出版社，2021：47.
② 赵晨熙.家校社会共织学生心理健康防护网[N].法治日报，2023-05-23（007）.
③ 董超.教育部等十七部门：心理健康问题正在"低龄化"[N].保健时报，2023-05-18（002）.

程内容存在"德育化""学科化""医学化"① 的倾向。互联网的开放性为中小学心理健康教育打开了更广阔的资源场域，为中小学生心理健康教育提供了更丰富更前沿的教育资源。大量专业的心理健康教育资源被上传至网络，传统的线下资源变成了线上资源，② 例如，现实案例、专业理论、国家政策等，打破了教师对教育资源的垄断，实现了教育资源的公平共享。心理健康教育工作者还可以通过互联网对这些教育资源进行有效整合，形成强大的教育合力，提升教育实效性。

（三）拓宽教育途径

传统的心理健康教育主要以说教方式为主。教师通常会将心理健康教育课上成了一堂心理健康"知识普及课"，而当今处于"互联网+"时代，网络的便捷性为心理健康教育拓宽了路径。首先，互联网既可以帮助心理健康教师充分利用丰富的教育教学资源进行在线教育模式，又能帮助教师更加深入地了解学生的心理状态和心理变化，并结合中小学生的心理特点，合理运用信息技术，让心理健康课堂兼具生动性和教育性。其次，学生也可以借助互联网扩大自己的社交圈，获取专业的心理健康知识、参加专业的心理健康培训、进行专业的心理健康评估等。③

三、道阻且长："互联网+"时代中小学心理健康教育面临的新挑战

我国中小学心理健康教育兴起于20世纪80年代，学科建设起步较晚，发展进程较迟缓，加之在教育功利化的浪潮下，心理健康教育在一波"冷潮"中成为一项"边缘学科"。在"互联网+"时代，心理健康教育依然受制于个体、家庭、学校、社会等多方面因素，面临着诸多挑战。

（一）个体制约：学生对网络信息难辨"真伪"且漠视自身心理需求

中小学生正处于身心发展的关键时期，在面对社会竞争、升学压力、人际关系、自我意识等重重压力时，难免会产生各种心理困惑，此时，互联网空间中丰富有趣的"即时性"信息正好符合了他们的"口味"，这些"快餐信息"可以让学生快速地接收到自己想要的信息。然而，由于中小学生的鉴别能力尚不成熟，学生难辨网络信息的"真伪"，更

---

① 肖莹，单李丹. 互联网背景下中小学心理健康教育的挑战与应对 [J]. 教师教育论坛，2020，33（12）：70-72.
② 王娟. "互联网+"环境下提升中小学生心理健康教育的有效策略 [J]. 甘肃教育研究，2021（06）：88-91.
③ 冯世昌. 高质量教育背景下中小学心理健康教育改革的三重逻辑：准则、挑战与破解 [J]. 当代教育论坛，2023（02）：93-103.

容易接收到社会的负面信息，导致认知偏差、价值观扭曲、角色错位、情感脆弱等一系列心理问题。其次，虚拟的网络社交正改变着原有的人际交往，重构着学生的社交模式。中小学生体验着虚拟社交带来的短期愉悦感和新鲜感，但长期的虚拟网络环境又让他们极易产生与现实世界的疏离感和内心的孤独感。再者，学生存在一种惯性思维，即认为要在出现心理问题时才需要心理健康教育。这一错误认知让很多中小学生对心理健康教育漠不关心，置之不理，漠视自己的心理需求。

（二）家庭制约：家长"唯分数论"且心理健康教育参与意识不强

一方面，家长"唯分数论"认为学业成绩比心理健康更重要，这是多数家庭不愿承认却又实实在在表现出来的态度。随着互联网的普及，我国普通民众家庭大多数能够享受到互联网平台的各类资源，但很多家庭将互联网教育资源仅用于提升学生的学业成绩，而忽视关注学生的心理健康问题，这种"唯分数论"的观念，让中小学心理健康教育越发边缘化。另一方面，家长参与学生心理健康教育的意识薄弱。我国目前中小学心理健康教育主要由学校承担，即使是在"全民网络"时代，家校沟通依然较少，致使部分家长习惯性地将学生的教育问题归咎于学校，而忽视了家庭作为教育共生系统中的一分子所应承担的义务，[1]致使学生在家庭环境中不当使用互联网，缺少正确引导和合理管控，让学生在互联网环境中逐渐迷失，家长从"不去管"到"管不住"，导致家庭在中小学心理健康教育中陷入了被动局面。

（三）学校制约：学校心理健康教育基础薄弱且心理健康教育体系不完整

"互联网+"时代，信息技术几乎覆盖了整个教育领域，然而依托互联网进行中小学心理健康教育的效果却不尽如人意。其一，教师的教育观念陈旧，运用网络资源进行心理健康教育的能力欠缺。其二，我国大多数中小学校目前没有配置专门的心理健康网络教育平台，未能建立完整的心理健康教育体系。心理健康教育仍停留在学校的"健康教育"层面，缺乏专业的监测预警、咨询服务、干预手段等。

（四）社会制约：互联网环境错综复杂且奉行经济利益至上

"互联网+"作为一种新的社会形态，对提升经济效益、增加社会财富具有不可估量的作用，然而，在"互联网+教育"领域却存在着较大争议。一方面，互联网环境盘根错节，网络内容纷繁复杂，大量的网络游戏、短视频、直播平台等十分吸睛，负面信息铺天盖地，让中小学生沉迷其中，难以自拔。另一方面，在经济社会的大背景下，经济效益驱使互联网行业奉行"利益至上"的宗旨，致使互联网在与教育行业结合过程中，将教育效果排在了经济效益之后。因此，社会上便产生了对"互联网+教育"的刻板认识，认为互联网不利于学校教育，这对互联网助力中小学心理健康教育增加了诸多阻力。

---

[1] 朱英杰.17部门联合发文直指学生心理健康[N].人民政协报，2023-05-17（009）.

四、破冰远航:"互联网+"背景下中小学心理健康教育的优化策略

互联网的诞生和优化理应成为社会福利、人民福祉,面对"互联网+教育"面临的种种挑战,只有联动教育共生系统中的所有子系统,才能将中小学心理健康教育推上一个新台阶。

(一)家庭层面:"家—校—社"协同构建学生心理健康服务平台

1. 家—校—社协同

多方协同加强家庭教育指导服务,提升家庭教育在学生心理健康教育中的参与度。利用互联网平台,联合教育、妇联、关工委等相关部门办好家长学校或网上家庭教育指导平台。例如,通过互联网平台,对家长进行专业的心理健康教育培训,引导家长关注孩子心理状况,理性确定孩子的成长预期,积极开展亲子活动,营造和谐的亲子关系等。

2. 提高家长的网络素养

家长应树立科学的养育观念,提升网络素养,成为孩子网络教育的引路人。在家庭环境中,家长可以帮助学生选择合适的线上学习内容,规划上网时间等,帮助孩子养成合理使用网络的习惯,防止沉迷网络,造成身心伤害。

(二)学校层面:构建"健康教育、监测预防、干预处置、咨询服务"四位一体的心理健康教育体系

学校在强化网络硬件设施、培养心理教育师资等方面下工夫的同时,尝试与相关教育机构、互联网企业、心理医疗机构建立长期合作机制,构建一套"健康教育、监测预防、干预处置、咨询服务"四位一体的心理健康教育体系。

(1)发挥课堂作用,全方位开展心理健康教育。合理利用互联网平台的教育资源,组织编写具有区域特征或学校特色的"本土化"心理健康教材,建立心理健康教育网络资源库,实现教育资源共享,扎实推进心理健康教育落地。

(2)加强心理健康监测,开展心理健康监测。坚持预防为主的原则,构建专业的心理健康网络教育平台,研制符合当地青少年儿童身心特点的心理健康测评工具,规范量表选用、监测实施和结果运用,构建完整的学生心理健康状况监测体系,加强数据分析、案例研究,强化风险预判,定期开展学生心理健康测评,防患于未然。

(3)健全预警体系,优化干预协作机制。依托互联网平台,加强学生的网络监管,加强物防、技防建设,及早发现学生的心理健康问题,线上线下监测预警学生自伤或伤人等不健康行为,及时进行干预处置。

(4)提升服务能力,提供专业咨询服务。建立学生服务热线或网络咨询服务平台;

配备不同年龄段相应的心理健康专题知识；提供心理健康知识培训等，多方入手，向学生提供专业化的咨询服务。

（三）社会层面：净化网络环境，树立"教育为本"理念

中小学心理健康教育离不开社会的助力，打造良好的网络空间与和谐的网络环境是全社会的责任。加强网络监管，净化网络环境。网信、广电、公安等部门应加大监管力度，及时发现、清理、查处与中小学生有关的有害网络信息，清查问题较多的网络游戏、直播、短视频等，广泛汇聚向真、向善、向美、向上的力量，以时代新风塑造和净化网络环境，共建网上美好精神家园。树立"教育为本"的理念，企业、卫生、科协等部门应在追求经济效益的同时，密切配合教育部门进行学生心理健康工作，利用互联网平台和渠道，开展学生心理健康知识和预防心理问题的科普，稳妥把握心理健康信息发布、新闻报道和舆情处置，打破社会对"互联网+教育"的负面刻板认识，切实助力中小学心理健康教育发展。

"新课改"背景下农村中学课堂评价功能的异化与回归对策*

何华美 陈 思①

随着新课程改革的不断深入，农村中学课堂教学评价的功能逐渐出现了异化的现象。在传统的教学评价中，评价的主要目的是选拔和甄别学生，但新课改背景下，教学评价的目的是促进学生的发展。然而，在实际操作中，农村中学课堂教学评价的功能往往被异化，过分强调甄别和选拔功能，而忽略了评价的反馈和激励功能。这种异化现象不仅影响了学生的学习积极性，也制约了农村中学教学质量的提升。因此，如何回归教学评价的本来面目，发挥评价的应有功能，成为了当前农村中学教学改革的重要课题。本文旨在探讨农村中学课堂评价功能异化的表现及其原因，并提出相应的回归对策。通过文献综述和实地调查相结合的方法，了解当前农村中学课堂评价的现状和存在的问题，分析这些问题背后的原因，并提出改进的建议。希望通过本研究，为农村中学教学评价的改革提供一些参考和借鉴。

一、"新课改"背景下农村中学课堂评价功能异化的表现

（一）现存的课堂评价助长后进生焦虑，缺乏对学生学习心理的关注

随着"双减"政策的实施，农村中学生一定程度上因失去课外管束有后进生数量上升的趋势。如何在课堂评价中促进后进生的转化成为众多教师关注的话题。学生过分关注成绩排名，考完试同学们都迫切想知道分数，学优生得到了令人羡慕的分数，后进生则灰心沮丧，较少同学真正关心分数背后的内涵和自己的学习过程，改变自己的学习思维。学

---

* 基金项目：湖北省教育科学规划2022年度一般课题"湖北省普惠性幼儿园教育质量提升路径研究"（项目编号：2022GB076）；2021年湖北省教育厅人文社科项目"乡村振兴背景下湖北省农村幼儿教师专业发展的支持机制研究"（项目编号：21Y216）；湖北省教育厅"百校联百县——高校服务乡村振兴科技支撑行动计划"项目"农村幼儿园乡土课程资源的开发与利用研究（项目编号：BXLBX0831）"。

① 作者简介：何华美，女，湖南衡阳人，黄冈师范学院教育管理硕士研究生，研究方向为教育管理理论与实践，教师专业发展；陈思，女，河南新乡人，黄冈师范学院教育学院副教授，硕士生导师。

生们相互比较成绩,对于考试的"失利"也没有认真分析原因,下次考试还因为相同的原因考得不理想。其次教师的评语缺乏个性化,语言贫乏流于俗套且不亲切,重视结果但不注重教育性。①

(二) 教师课堂评价维度单一,难以兼顾中学生的个体差异

课堂评价维度单一主要体现在以下几个方面:第一,评价方式单一在教学过程中课堂评价以终结性评价为主,注重结果,不看重过程性。第二,评价对象单一,在传统的课堂评价中,教师是评价者学生处于被动的评价对象。第三,评价内容单一,单纯地对学业成绩进行评价,对于学生的德智体美劳缺乏相应的评价制度和评价体系。

现如今,我们的教育行业中,有一部分教师在遇到后进生时,进行了一些教育而不见起色后,往往都会选择放弃,把所有的精力全部放在学习好的学生身上,把这些所谓的优等生调到教室的最佳位置,加以精心培养。而那些所谓的后进生,就没有这么好的"待遇",往往会被安排到教室的最后面。② 单一的学业评价过于狭隘,不利于后进生脱颖而出。

(三) 评价的选拔功能突出,限制学生的全面发展

高考和中考是中学阶段非常重大的考试,竞争与筛选功能是其主要功能。在当前的教育环境中,日常的课堂评价中已经充满了竞争和选拔。具体表现为:学校的大大小小考试都以竞争为标杆。通过考试分班,成绩靠前的学生进入重点班,将学生和学习资源进行分流。很明显学校的培养目标有悖于新课改的教学理念。新课改理念下要求改变课程评价中过分注重甄别与选拔的价值观。钟启泉教授也提出新课改应从"知识本位"转向"素养本位",注重培养学生的综合能力。

二、"新课改"背景下农村中学课堂评价功能异化的归因分析

(一) 学校教育和家长过分关注学业成绩,导致教育"内卷化"

学生大部分时间被学习占据,在学校里时间由老师安排,在家里父母会安排额外的作业。教育系统内部不断精细化和复杂化,导致日常的测验也会越考越"偏",越考越"繁",从而忽略了学生思维、素养的养成。"双减"的实施并没有从根本上减轻学业评价给学生带来的压力和负担。很多学生在课堂和家庭的双重施压下负重前行,容易引发心理问题和心理疾病。

---

① 韦林翠. 基础教育阶段课堂评价:功能"异化"及价值回归 [J]. 管理与评价,2021 (10):43-50.
② 全国十二所重点师范大学联合编写. 教育学基础 (3版) [M]. 北京:教育科学出版,2014:324,342.

某课外托管班一名中学学生胡同学做家庭作业总是拖拖拉拉，托管班晚辅的时间通常是7：00—9：00，最晚9：30结束。胡同学每次都拖到10点甚至10点半。这导致当天负责的辅导老师下班特别晚。同时胡同学的家长也抱怨说："感觉孩子来这里写作业反而做得特别慢，养成了坏习惯。"在老师和孩子沟通的过程中这个孩子说："我不想这么快做完作业，因为做完回家之后妈妈会给我布置额外的作业！学校的作业已经很多了，好累啊！我都好久没打过球了，好怕考不好妈妈不开心。"听完孩子的话老师瞬间明白了。（观察笔记）

家长过度参与孩子的学习，不考虑孩子能否接受，布置额外的作业增加了学生的负担，家长过度关注成绩导致学生对成绩也非常紧张，对他们的心理健康造成了一定的负面影响。

（二）教师评价水平偏低，导致课堂评价功能异化

课堂评价中教师对学生"不当标签"很容易伤害学生。标签理论认为，当学生行为不符合教师的期待时，教师就会把他们看作离经叛道者，认为他们是"坏学生"，但被贴上"坏学生"这一标签时，学生便不自觉认为自己就是坏学生了。[①] 忽视学生的发展性，质性取代量化不当评价。久而久之这种不当标签便被学生内化和认可。学生是发展中的人，教师要了解学生年龄发展的特征和规律，用发展的眼光看待问题。用科学的方法矫正学生不良的课堂行为和习惯，实现"坏学生"到"好学生"的转化。同时教师也可以利用正面标签不断鼓励学生，使之不断进步。

三、"新课改"背景下农村中学课堂评价的回归对策

（一）加大新课改理念宣传力度，推动素质教育的发展

1. 传播人本思想，体现课堂评价中对"人"的关怀

教师的日常教学评价需要体现人本主义思想。课堂评价每天都在发生，而评价一定包含着对学生的评判；大大小小的评判有时候会让人过分关注评价工具，而忽视了对学生作为"人"本身的关怀。在日常教学中，如果更多关注竞争性、工具性的批判，对于学生而言，课堂评价只会加剧学生心理负担。评价的目的是促进学生的学习，那么首先要让学生乐于被评价，同时评价尽量客观不要带有消极情绪，让学生感到害怕。

2. 传播评价促发展的理念，关注学生的发展

宣传新课改提倡的以学生为主体，关注全体学生的发展和成长，发展学生的综合能力

[①] 徐庄敏. 标签理论视角下班级消极型非正式群体的剖析及转化策略［J］. 小学教学研究，2021（32）：91-92，94.

的理念。鼓励教师在实际的教学过程中淡化分数意识，坚持以人为本，真正实现课堂评价促进学生的发展。

某中学英语老师在课堂上问："你们班谁读课文最好？"学生推荐了一位女同学，老师请该女生站起来问道："你是不是这个班中课文读得最好的？"女生不好意思地回答道："不知道。"老师说："你的回答很妙！说是吧，不够谦虚，说不是吧，心里不愿意，你真聪明。"然后，老师又问："请班里读课文有困难的同学站起来。"学生们的目光集中到一位男生身上，该同学难为情，低头慢慢站起来了。老师摸着男生的头，问站着的女生，他读课文一定可以超过你，你信不信？女生答道："不信！"老师带着男生一遍一遍地读，读了3遍，男生读得很好。然后老师又问女生："他这样努力下去，能超过你吗？"女生坚定地说："能！"男生自信地笑了，班上同学也瞬间为他们鼓掌。（观察笔记）

从这个案例中我们可以看出这位教师以学生为本，运用"赏识"的教育方法，在课堂评价中及时肯定学生，创造后进生获得成功体验的机会。教师还要根据他们的特长，让他们担任班内的班干部，负责班上的一些事务，使他们充分感受到老师和同学的关怀、信任和鼓励，从而逐步树立自信心，并由此产生一种奋发向上的力量，以促进其获得更大的发展。①

（二）学校加强课内外评价管理，优化课堂评价效果

1. 教育技术赋能课堂评价，关注学生课堂表现的动态发展

利用智能软件捕捉学生课堂参与情况，反馈速度，记录课堂回答问题频率、正确率、错误率、语言神态表情等细节信息。将学生的整个课堂表现记录下来，并进行针对性分析。同时将教师的教学任务按照执行活动的性质分为5类，分别是描述概念、技能提高、拓展练习、重复练习和技能应用，通过3个评价维度观察每项教学任务后进生的完成情况，评价内容包括教学演示、学生学习效果回馈和教师反馈。学生学习效果回馈维度评价指标为学生回答问题的准确率、答题速度。②

2. 课后服务活动多样化，促进学生全面发展

由于后进生长期没有获得成功的体验，而且也没有学习目标，需要给他们建立差异缓冲区。让后进生不再疲于应付，确保评价发挥应有的功能。在实践中发现很多学生由于基础差课堂内容听不懂作业不会做。学业压力大，知识"盲区"就像"滚雪球"越滚越大，完全丧失信心，导致习得性无助，最后开始自暴自弃。针对这种情况：第一，借助课后服

---

① 李文梅. 中小学英语教学中如何活跃课堂气氛 [J]. 成才之路, 2014 (03)：73.
② 杨静. 鲶鱼效应在小学数学中的应用 [J]. 江西教育, 2019 (21)：72.

务的时间组织阅读活动，在阅读的过程中教师给后进生答疑。第二，家庭作业在课后服务时间完成，并且布置阅读、劳动、艺术、品德、体育等实践性作业缓冲升学课程的压力，让学生逐渐树立目标感，慢慢克服学习上的障碍。第三，加强体育锻炼。调查表明好身体对学习负担反映小，学生需要提高身体素质，以为高效的学习提供良好的保障。

（三）教师更新教学理念，提高课堂评价素养

1. 树立"以人为本"的教学理念，课堂中关注学生的全面发展

通过在课堂中营造良好的课堂氛围，激发学生参与课堂活动的兴趣，以学生为中心，关注学生，使学生更易于接受评价。教师对教学充满激情，乐于鼓励学生，重视学生参与课堂的过程性，会让学生沉浸在愉快当中，使课堂气氛处于活跃态势。班上的学生有时参差不齐、差别很大，会给整体教学工作造成困难。后进生不参与课堂教学，往往会使课堂气氛死气沉沉，教师也不能顺利完成教学任务。教师要让所有的学生都活跃起来，而不是让他们沦为看客，从而影响课堂整体的活跃度。① 在营造一个良好的课堂气氛前提下，利用"鲇鱼效应"②，使优等生带动后进生促使整个班级向好的方向发展。教师合理利用激励策略对课堂参与活跃度高的学生进行奖励。合理运用学生参与式评价，抓住合适的评价机会创设情境，激活课堂，促进学生发展。

2. 加强教师队伍培训，将先进的教育理念付诸实践

在实际教学过程中教师存在对新课改理念及内涵理解不到位的情况，或者有部分教师能正确理解新课改的理念但在实际教学的过程中遇到诸多困难，导致课堂效果不佳。同时新课改理念提倡以人为本，课堂评价促进学生的全面发展，这要求教师在进行课堂教学设计时要作出相应调整，给新老教师带来巨大的挑战，教师需要专业的培训，强化自身的理论基础，同时提高实践能力，这样才能更好地践行新课改下课堂评价促进学生发展的理念。

---

① 张志红. 学生参与式课堂评价：现实问题、理念引导及实施策略 [J]. 当代教育科学，2021 (10)：51-57，67.

② 赵宏. 感悟《语文课程标准》的四个基本理念 [J]. 小学教学参考，2002 (09)：5-7.

初中班主任身份认同的困境及建构路径

王 雪[①]

夸美纽斯评价教师是太阳底下最光辉的职业,这华丽的光环与现实中的教师处境却存在很大差距。教师群体内有人戏谑"上辈子杀猪,这辈子教书",认为教书育人是份苦差事,也有教师说起自己的工作津津乐道,两眼放光,这都是由教师身份认同差异导致的。本文从分析初中班主任身份认同入手,审视教师的多种身份认同危机,构建增强初中班主任的身份认同的有效路径,以期促进教师群体在身份转换过程中理性认识自己的角色,实现专业化发展,提升教育质量。

一、初中班主任的身份认同

初中班主任扮演着引路人、班集体的孕育者和教育管理者等多重角色,[②] 是集诸多角色于一身的"角色丛"。初中班主任应进一步理解自身职业各个角色的专业属性,切实做好青春期学生的管理工作。

(一) 学高为师,身正为范

初中班主任作为学生特殊成长阶段过程中的关键影响因素,承载着社会各界对班主任统揽大局的角色期望。班主任应当掌握基本的"学生"知识,掌握对学生身体、学习、心理、品德、行为的了解、分析与评估方法,真正去理解学生,关爱学生,走进学生的精神世界,更好地帮助学生成长,实现青春期较为平稳的过渡。[③] 班主任管理工作从传统权威型管理逐步发展为民主平等型管理,要尤其注意"以德服人"和"尊重学生",落实立德树人的角色形象,保持对教师这一职业的敬畏之心,铭记"学高为师,身正为范"。

[①] 作者简介:王雪,女,山西祁县,黄冈师范学院教育学院2022级硕士研究生,研究方向为教育管理。

[②] 陈武林,陈颖. 角色理论视野中的班主任身份认同困境及建构路径 [J]. 现代教育管理, 2023 (05): 82-90.

[③] 赵福江,师婧璇. 新时代理想班级建设的实践路径 [J]. 中国教育学刊, 2023, 359 (03): 51-56.

（二）班集体建设中发挥"支架"作用

班主任在班级管理过程中不能大包大揽,一方面要下放权力,逐步实行"去中心化"管理,去中心化不是没有中心,而是有多个中心人物可以进行班级日常事务管理。另一方面,班主任要伺机而教,在师生共建集体的过程中出谋划策。教学先教人,班主任是学校教育学生的关键人物,教人的核心是教做人,锻炼学生的综合素质,在班集体形成过程中作"支架",带领学生在已有基础上逐步发展。

（三）师生互动,搭建情感桥梁

班主任需要具有强大的沟通引导能力,根据具体的情境采取相应的管理策略,提高自身在多方互动过程中的角色选择能力与自我效能感。教师工作性质的显著特点是示范性,班主任作为学校教育中与学生相处较长的角色,对学生的影响作用不言而喻,班主任应以良好的角色形象和道德品格影响学生发展。在师生互动过程中,班主任应当以适当方式分享自己的感受,培养学生换位思考的能力。班主任应当善于洞察和发现学生情绪情感问题,及时进行管理和疏导,有效提供学生需要的情感陪伴,建立起师生间的信任关系。

（四）社会育人共同体的核心力量

班主任作为"信息交换站",全面掌握了解且可及时更新学生的思想、行为和习惯特征,在促进教师群体交流、家校社协同育人等方面发挥着统领和协调作用。班主任能够影响班集体文化建设,统筹和协调各学科教师课堂、课间和主题活动等过程中更好地发挥协同育人作用。班主任可以协调多方教育力量,在共同教育目的的引领下,发挥全员共育教育影响的一致性。

二、初中班主任面临身份认同危机

教师的各种身份角色无法彻底切换,班主任因其身份的特殊性也更容易出现角色混乱。

（一）社会期望过高与现实处境不佳的冲突

"春蚕到死丝方尽,蜡炬成灰泪始干"常被用来形容教师无私奉献的精神,"你是教师"这几个简单的字也让社会大众给教师个体带上很多枷锁,"没有教不好的学生,只有不会教的老师"讽刺教师没有尽心尽力工作。社会对教师的期望是"四有",[1] 社会对教师的要求是清廉,大众对教师的点评有时候过于苛刻,同时认为教师就应当清贫。学生到了初中开始叛逆,家长管不好会要求"老师好好管管他",班主任就应当事无巨细地关心

---

[1] 王鉴,王子君. 新时代教师评价改革:从破"五唯"到立"四有"[J]. 中国教育学刊, 2021, 338（06）：88-94.

每一个学生，稍有疏忽出现意外就可能被追究责任。教师被人们理解为默默无闻的耕耘者、无私的奉献者，人们对教师的期待就是只讲耕耘、奉献，不求回报，这种期待与社会现实中的教师角色和地位就会形成了冲突。① 初中班主任在工作中需要付出更多的情感和精力，如果社会可以给予更多的尊重和理解，可以给教师更多归属感和奉献的底气。

（二）多重角色之间的冲突

初中班主任在教育工作中承担着多种角色，同时班主任也是自己家庭中的一员和社会中的一分子，这些角色要求教师具备不同的能力和责任，但不同角色之间往往存在着冲突和矛盾。初中班主任需要兼顾多个角色的工作任务，时间上的压力常常导致不同角色之间的冲突。实现义务教育阶段的学生减负是"双减"政策的重要目标，但是学生减负，教师却在增负。工作时间的延长、多重的社会角色和复杂的专业角色，如同三座大山压在教师肩上，身心消耗严重，无节制的超负荷运转使教师角色超载。② 不同角色的任务可能需要不同的资源支持，但在资源有限的情况下，教师很难同时满足所有角色的需求。不同角色的期望和要求可能存在差异，这使得教师在不同角色之间难以找到平衡点。

（三）教师工作评价下的角色焦虑

班主任岗位评价与工作价值引领具有一定的关联性。学校大多采用对班主任工作量化的考核评价方式为主，现有的评价方法只关注了班主任的工作量，却忽视了其工作质量。③ 进入21世纪，随着课程改革的实施和西方教师专业化话语的引入，国家开始自上而下地实施"教师专业化工程"，对教师的专业晋升提出了一系列量化考评指标，教师受到国家和市场双重力量的夹击。④ 班主任的考核总是与班级纪律、卫生和学生成绩挂钩，相较而言，学生综合素养和班级文化建设等内容在班主任工作评价中占比较低，班主任的育人工作难以测量，影响其工作评价的公平性。实际上，不乏少数班主任任职是被迫的选择，他们并不愿意从事班主任工作，班主任的制度保障不足且短期内也难以满足班主任的各项支持条件，难以激励教师担任班主任工作并投入教育热情。

三、初中班主任身份认同的构建路径

初中班主任应正视现有身份认同困境，合理看待自己所处的定位，巧用机智化解多重角色冲突，以增强自身身份认同。

---

① 杨翠，张成林. 教师多重角色的博弈分析 [J]. 基础教育研究，2012，335（02）：24-26.
② 路秀艳，冯运，沈萍霞. "双减"背景下教师的角色困境与纾解路径 [J]. 教育探索，2023，365（05）：59-64.
③ 邓睿，王健. 中小学班主任绩效考评制度的构建 [J]. 教育理论与实践，2011，31（26）：19-21.
④ 叶菊艳. 改革开放以来中小学教师身份认同的建构及其类型——基于历史社会学视角的案例考察 [J]. 北京大学教育评论，2015，13（04）：143-161，188.

(一) 自我认知与价值观建构

构建初中班主任身份认同的第一步是进行自我认知和价值观建构。班主任需要清楚地认识自己的优势、特长和责任，并根据个人的教育理念和价值观确定自己在教育工作中的使命和目标。这需要班主任进行深入的自我反思和探索，了解自己的职业定位和意义。班主任应认识自己的个性、兴趣、优势和劣势，了解自己的性格特点、情绪管理能力、沟通能力等方面的优势和改进空间，有助于班主任更好地认识自己，明确自己的定位和角色。班主任的价值观应与教育目标和学校的价值观相一致，有助于指导自己的行为和决策，确保在教育工作中坚持正确的道德和伦理原则。班主任应树立自信心，相信自己具备成为一名优秀班主任的能力。自信心是指对自身能力和价值的认同和肯定，能够推动班主任克服困难、挑战和压力，勇敢地面对工作中的各种情况。

(二) 专业知识与技能的提升

班主任作为教育工作者，需要具备扎实的专业知识和技能。通过不断学习和专业培训，班主任可以提升自己的教育教学能力、班级管理技巧、心理辅导技能等。这不仅有助于提高工作表现，还能增强班主任在教育领域的自信心和认同感。此外，随着教育技术的不断发展，班主任也需要不断学习和应用教育技术工具，如多媒体教学、在线学习平台等。掌握教育技术的应用能力，能够更好地支持学生的学习和教学活动的开展。

(三) 与学生建立良好关系

班主任与学生之间的良好关系是构建身份认同的重要基础。通过与学生建立真诚的沟通和互动，表达对学生的关心和尊重，班主任应该公平对待每个学生，不偏袒任何一个学生。班主任应积极倾听学生的声音，关注他们的成长和发展需求，并提供个性化的教育指导和支持。通过与学生建立互信、尊重和关爱的关系，班主任能够更好地履行教育者的角色，获得学生的认可和尊重。班主任可以积极参与学生的生活，了解他们的兴趣爱好和困扰。班主任可以参加学生的课外活动、比赛等，与学生建立更亲近的联系，加深师生之间的情感纽带。

(四) 与家长建立合作伙伴关系

班主任应主动与家长沟通，建立开放、互信的合作伙伴关系。通过定期家访、家长会议等方式，了解家庭背景和家长对学生的期望，共同关注学生的全面发展。与家长的良好合作可以提高班主任的管理能力和辅导技巧，促进学生的综合成长。班主任可以向家长介绍学校的教育资源和政策，帮助家长更好地了解学校的教学环境和教育理念。班主任可以组织家长参观学校、参加教育讲座等活动，增强家长对学校的了解和信任。班主任应积极营造家校合作共赢的氛围，让家长感受到他们在学校中的重要性和参与度。班主任可以定期组织家长会议，交流学生的学习和成长情况，共同制订学校和家庭的合作计划。

(五) 参与专业社群建设与交流

班主任可以积极参与教育界的专业社群和交流活动，与其他班主任和教育从业者分享经验、交流观点，并从中获得支持和启发。这种参与可以拓宽视野、增长见识，提高班主任的专业水平和工作满意度，进一步强化对班主任身份的认同。班主任可以加入与教育相关的在线社交平台和教育论坛，与其他教育工作者进行在线交流和讨论。班主任可以在这些平台上提出问题、寻求建议，与其他教师一起探讨教育问题，并从中获取启发和帮助。

(六) 维护工作平衡与个人发展

为了构建初中班主任身份认同，班主任需要维护工作平衡并关注个人发展。工作平衡是指在教育工作与个人生活之间取得平衡，避免过度投入工作而忽视自身需求和健康。班主任可以通过以下方式实现工作平衡：第一，合理规划时间，优先处理重要任务，避免过度加班和压力累积。第二，寻求支持和协助，合理分工和协作可以减轻班主任的工作压力，提高工作效率。第三，培养兴趣爱好，丰富个人生活，缓解工作压力和焦虑情绪。第四，自我关怀和调节，关注自己的身心健康，注重休息、睡眠和饮食习惯。同时，班主任还应关注个人发展，不断提升自己的职业素养和才能，以适应教育领域的发展和变化。个人发展可以通过以下途径实现：第一，持续学习与专业发展，不断学习更新的教育理念和教学方法，提高自身的专业素养和教学能力。第二，参与研究与创新，积极参与教育研究和创新实践，开展教育改革尝试和课程设计，不断探索适合学生发展的教育模式和方法。第三，寻求职业晋升机会，关注职业晋升机会和职业发展路径，积极参与竞聘和升迁，为自己的职业发展制订明确的目标和计划。

(七) 反思与调整

构建初中班主任身份认同是一个不断反思和调整的过程。这需要班主任具备自我反思的能力，并愿意接受反馈和意见。班主任可以通过以下方式进行反思和调整：第一，自我评估。定期进行自我评估，评估自己在不同角色下的表现，发现问题并改进。这可以包括教学效果、班级管理、辅导支持等方面的评估。第二，寻求反馈。与同事、学生、家长等进行定期交流，并主动寻求他们的反馈和意见。这可以帮助班主任了解自己的优势和改进的方向，作出相应的调整。第三，持续学习，促进专业发展。班主任应保持学习的态度，持续提升自己的专业知识和技能。通过学习和培训，班主任可以不断提高自己的教育教学能力和班级管理能力，提高工作质量和效果。通过不断反思和调整，班主任可以逐渐建构自己的身份认同，并不断提升自身在教育工作中的价值和影响力。

农村小学留守儿童情感教育的缺失及应对策略

陈小玲 ①

一、引言

随着社会经济的发展和城市化进程的加速,越来越多的农村劳动力涌向城市,这在一定程度上导致了农村留守儿童数量的增加。这些留守儿童由于长期缺乏父母的陪伴和关爱,很容易出现情感上的问题。因此,对农村小学留守儿童情感教育的缺失及应对策略进行研究,具有重要的现实意义和理论价值。本文旨在探讨农村小学留守儿童情感教育的缺失现象及其产生的原因,并提出相应的应对策略。通过深入了解当前农村小学留守儿童的情感状况和存在的问题,并分析这些问题产生的原因。同时,结合国内外相关研究成果,提出一系列有效的应对策略,以期为解决农村小学留守儿童情感教育问题提供参考和借鉴。

二、农村小学留守儿童情感教育缺失的现实表征

情感教育对于农村留守儿童有着重要的影响,它能增强人的幸福感,激发学生的学习兴趣,促进留守儿童的全面发展。情感教育能成为儿童心理健康的调节器与稳定器,促进儿童的身心发展。② 但是农村小学留守儿童的情感教育却是缺失的,主要表现在以下几个方面。

1. 物质补偿代替亲情陪伴

年轻的父母为了生计奔波于各大城市,春节成了一家团聚、弥补亲情的最佳时机,许多父母为了弥补亲情的缺失,便寻求物质上的满足。"亲情缺失"是留守儿童面临最严重也最现实的问题,留守儿童与父母之间的感情生疏,缺乏完整的亲情和交流,简单地表现为"想念父母,盼望父母归家"。③ 在课间与学生交流中,有学生说:"我爸爸每次回来

---

① 作者简介:陈小玲,黄冈师范学院研究生,研究方向为教育管理。
② 郑媛. 农村小学留守儿童情感教育研究 [D]. 银川:宁夏大学,2016:17.
③ 钟芳芳,朱小蔓. 重构爱的联结:乡村教师对留守儿童家庭的情感教育支持 [J]. 教育理论与实践,2017,37(04):43-47.

都会带我去游乐园,还会给我买漂亮的衣服和我喜欢的玩具,过年时给我很多压岁钱。"在作文中,有学生希望妈妈能够早点回来,看看家乡的变化,陪陪自己。

2. 情感缺失导致人格缺陷

农村留守儿童与父母联系次数少,缺乏沟通,与代理监护人有着无法逾越的"代沟",内心的情感需求无法得到满足,致使他们内心普遍感到孤独和失落。一方面,许多留守儿童内心极度自卑,缺乏信心,主要表现在回答问题时声音很小,不敢和老师说话,不敢拒绝别人,形成一种"讨好型人格"。"讨好型人格"指的是一味地讨好他人而忽视自己感受的人格。另一方面,受情感教育缺失的影响,有的留守儿童在交友方面存在缺陷,他们渴望友谊,但却不懂得如何轻松自然地交到朋友,只能形单影只,独坐在座位上。根据笔者的日常观察,班级里有一个留守儿童没有一个特别要好的朋友,别的学生常常三五成群,而她只能独自在校园里闲逛,想加入别人的话题却又无法融入,被问及:"你怎么不去和她们一起玩呢?"她回答:"我也想和她们玩,可是她们好像都不喜欢跟我玩,以前小希(邻居)都跟我玩,可她现在都不怎么跟我玩了。"

3. 教养不当致使行为偏差

隔代教养在农村是一种普遍的现象,这是外出务工的父母最为放心的一种照管模式,然而父母却忽视了隔代教养的弊端,比如教养方式不当会导致孩子行为出现偏差,代理监护人只注重孩子的物质需求,而忽视精神层面的需求。在农村小学留守儿童家庭里,代理监护人与孩子交流不足,多数停留在"吃饭了""起床了""作业做了吗",无法做到深层次的沟通。代理监护人是留守儿童相处最多的人,其自身的教养方式、行为习惯对留守儿童有着重要的影响。所谓"近朱者赤、近墨者黑",代理监护人成了孩子学习的榜样,在潜移默化中学到了一些不好的行为,导致自身行为出现偏差,如偷窃行为、暴力行为、不文明用语行为等。

三、留守儿童情感教育缺失的原因分析

农村留守儿童存在情感教育的缺失,宏观上是由于我国社会体制不完善,以城乡二元户籍制度为基础的城乡壁垒导致了亲子分离。尽管这是社会发展过程中无法避免的,但学校、家庭方面的因素不容忽视。

(一)学校层面

1. 缺乏情感教育的环境

学校是学生的第二个家,学生白天在学校生活学习的时间超过了在家庭度过的时间,因此,学校的环境对于学生的情感教育有着重要的作用,然而许多农村小学缺乏对学生进行情感教育的环境。形式主义的学校校园文化建设和班级文化建设忽视了人文关怀,无法

体现学校作为学生情感教育主阵地的作用，如校园内随处可见的"禁止攀爬""禁止踩踏"等。班级管理者在班级文化上缺乏自主性、积极性、创造性，班级文化墙为学校统一模板，非应付检查不布置装饰。

2. 教师情感教育不到位

学校教育是学生情感教育的主阵地，教师是学生情感教育的主力军，教师的教育理念渗透在其日常的教学工作中，一个对学生满怀关爱、真诚地热爱教育事业的教师能够让学生感受到温暖与真情，自然而然地能够移情。通过与本校教师的闲聊，笔者发现部分教师能够意识到情感教育的重要性，在制作课件、教学过程中能够适时引导。然而一些职业倦怠的教师对学生的情感教育不到位，对待学生严厉苛责，课堂上总是鸦雀无声，以其教师的权威压迫学生的天性。这样的管理方式虽然有利于教师完成知识点的讲授，抑制了学生的发展。留守儿童普遍缺乏自信和安全感，长期在这样的高压环境下学习生活，不利于其身心发展。

（二）家庭层面

1. 与父母缺乏交流或交流不当

父母是孩子最好的老师，温馨和谐的家庭环境能够提升孩子的幸福感，促进其身心的全面发展。家庭是最小的社会细胞，家庭教育是最原始和悠久的教育形态。[①] 家庭教育是教育的起点和基点，家庭建设的基础，也是一切教育的基础。[②] 由于父母外出务工，手机成了留守儿童与父母交流的唯一工具，但工作的繁忙让父母无暇顾及留守在家的孩子，做不到每日联系，联系的频率直接体现了外出务工的父母对留守儿童的关爱程度，他们外出本是为了给孩子更好的生活，然而却忽视了对子女的教育和管理，结果只会适得其反。此外，由于长时间不和孩子一起生活，对孩子的了解程度不够，导致与孩子交流内容单一，学习成了每次交流的主要话题。农村留守儿童中不乏学习上的后进生，学习问题是他们最不愿提及的，而父母的每次通话必谈学习，这直戳孩子的痛处，有的父母甚至会因为孩子学习不好而大发脾气，伤害孩子的感情，造成亲子关系紧张，长此以往，孩子便不再期待与父母交流。因此，父母的交流缺乏或不当交流成了留守儿童情感教育缺失的一个重要因素。

2. 隔代教养的弊端

隔代教养忽视了对留守儿童的情感教育，不利于其身心的全面发展，弱化了家庭教育

[①] 高书国. 覆盖城乡的家庭教育指导服务体系构建策略［J］. 教育研究，2021，42（01）：19-22.
[②] 翟博. 树立新时代的家庭教育价值观［J］. 教育研究，2016，37（03）：92-98.

的社会化功能。祖辈的素质水平与能力的高低会直接影响隔代教育的质量。[①] 祖辈的教养方式往往是靠自己已有的经验总结而来，这种经验不能与时俱进，缺乏科学性，在教育多元化、信息化的当今会受到质疑甚至否定。在农村，隔代教养主要有两种类型：溺爱型和放养型。在溺爱型的隔代教养家庭氛围中，留守儿童的物质诉求得以满足，但精神层面的教育往往被忽视，呈现出以自我为中心、不懂感恩、不能体谅家长的辛苦等表现，体现出一系列"公主病""王子病"。在日常沟通中，笔者询问一家庭贫困的留守男童哪来的钱买这么多零食时，他回答道："我妈妈在外挣钱，只要我要钱，她都会转给我。"在放养型的隔代教养家庭氛围下，留守儿童与代理家长之间缺乏交流，缺乏关爱，常常游荡在外，整日不归家，三五成群形成非正式群体，做出破坏性行为时往往遭到代理监护人的一阵毒打，呈现出与代理监护人无话可说、对亲情淡漠等表现。笔者在和学生的一家长交流时，其回答："我孙子每天早上一起床就出去玩，到晚上天黑了就会回来，我也不担心，反正他都是去找附近的小孩玩，饿了也会在别人家吃饭。"因此，笔者认为，隔代教养的缺点不利于留守儿童的情感教育。

四、农村小学留守儿童情感教育缺失的应对策略

农村小学留守儿童的情感教育对于他们人格和情感的发展有着重要作用，造成其情感教育缺失的原因是多方面的，想要化解其现实困境是一项困难而复杂的工程。人本主义强调爱、创造性、自我实现等心理品质和人格特征。人本主义教学思想关注的不仅仅是教学中认知的发展，更关注教学中学生情感、兴趣、动机的发展，注重对学生内在心理的了解，以顺应学生的兴趣、需要、经验以及个性的差异，达到开发学生潜能、激发学生认知与情感的作用。人本主义代表人物罗杰斯认为要培养健全的人格，必须创造出一个积极的环境。在此，笔者将以人本主义理论为切入点，从学校、家庭两方面提出其应对策略。

1. 营造氛围，潜移默化

情感教育是学生心理健康成长、全面发展的精神营养补充剂，农村小学留守儿童因家庭教育的缺失，其情感教育主要依赖学校教育，学校应发挥教育的主阵地作用以缓解农村留守儿童情感教育的缺失，使之得到教育补偿。苏霍姆林斯基曾说过"让学校的每一面墙壁都开口说话"，学校要充分利用隐性知识在情感教育中的作用，营造温馨有爱的环境，使留守儿童在潜移默化中学会移情，达到"润物细无声"的效果。如充满关爱的标语、定期更换展示栏等。其次，发挥活动课程的力量，开展情感教育类主题班会。班级管理者要摒弃传统的以教师为中心的班会模式，坚持以人为本的教育理念，将班会课归还给学生，开展以学生为中心的情感类主题班会，引导学生积极思考、交流，增强班级凝聚力，培养学生感受美的能力，在活动中获得情感发展的直接经验。间接的德育渗透在各个

---

① 郭姗，鄢超云. 基于隔代教育优化的社区学习共同体的建设理路 [J]. 职教论坛，2022，38（04）：89-95.

学科、各种具体的活动之中，传递道德价值，体验道德情感、培养道德实践能力。学科教师应重视情感教育，将之渗透于学科教学之中，使学生在接受智育的同时，完善德育的发展。

2. 以人为本，做守护心灵的"班妈妈"

班主任在中小学教育中是不可或缺的存在，一般由任课教师担任，在学校全面负责一个班级学生的思想、学习、健康和生活等工作，是一个班级的组织者、领导者和教育者，也是一个班中全体任课教师教学、教育工作的协调者。我国《小学生班主任工作暂行规定》对小学班主任的任务作出明确的规定：小学班主任在校长的领导下，按照德、智、体、美、劳的全面发展要求，注重培养良好的班集体，在小学班主任的带领下使学生们成为有理想、有道德、有文化、有纪律的社会主义公民。农村小学留守儿童由于其特殊性，远离父母，与祖辈交流不多，班主任成了其最亲近的人，班主任老师应合理地定位自己的角色，深知自己不仅是知识的传播者，也是"五育"的培养者，更是学生心灵的守护者。班主任老师应充分利用主题班会，自然而然地进行情感教育，实现在集体中教育，同时将家访进行到底，真正地走进学生的家门，切身体会其感受，与代理监护人做有效沟通，建立起家校的桥梁，巩固学校的情感教育。

3. 顺应潮流，做学习型父母

家庭教育在人的身心全面发展中有着核心的力量。现代家庭教育通常不可或缺地包括家庭的亲密情感、亲子依恋和经济上越来越密集地养育投入。① 外出务工的父母不仅要做孩子物质的提供者，更应做孩子精神的守护者。父母应增加与留守儿童的交流频率，利用网络资源学习与孩子沟通的技巧，做学习型父母，创造高质量交流模式，增进与留守儿童心灵的亲密度，使之得到安全感、幸福感，营造和谐的亲子关系。

4. 祖孙情浓，做心灵的港湾

代理监护人不能只顾解决留守儿童的温饱，更应成为留守儿童心灵的避风港，做到真正的"隔代亲"。农村老人多数文化水平不高，不能与时俱进，不会使用智能手机，对于留守儿童的教育缺乏科学的观念和方法，学生的教育主要依赖于学校教育，因此，学校可采取一系列措施更新代理监护人的教育观念，增加对家庭教育的指导。如开展主题家长会时，班级管理者以情感教育为主题，晓之以理，动之以情，教授代理家长与留守儿童的交流技巧，提高家庭教育的质量。家庭的力量不容忽视，动员代理监护人参与留守儿童的教育能取得事半功倍的效果。

总之，情感教育并不是一个独立形态的道德生活领域，它渗透在社会生活的方方面面，缓解农村小学留守儿童情感教育缺失是一项长期而艰巨的任务，需要家庭和学校以学生为本，合力共育之。

---

① 吴重涵，张俊，刘莎莎. 现代家庭教育：原型与变迁［J］. 教育研究，2022，43（08）：54-66.

英语学科核心素养分析与面临的挑战及应对策略

邵红彬①

一、英语学科核心素养的内涵及其学习规律

(一) 英语核心素养的内涵

描述和界定学生的核心素养是世界教育改革浪潮中反复摸索与实践的产物,② 很多英语教学专家在谈到英语学科核心素养时有各自的见地。中国教育学会外语教学专业委员会理事长龚亚夫在"学生英语核心素养体系的构建与培养途径"专题讲座中提到,英语核心素养应当包括两个方面,即认知的与非认知的。认知方面指的是学术、知识,非认知方面则是指价值观、情感态度等。批判性思维能力、解决复杂问题的能力、创造性的思考能力等,也都属于今后培养核心素养中应包括的内容。龚亚夫还认为,中小学英语教育应改变单纯以语言运用能力为核心的目标,设计多元的目标,如"社会文化目标""思维认知目标"和"语言交流目标",把语言学习与思维认知、个人素质培养等结合起来,体现英语教育在促进人的品格与思维发展方面的价值。③ 学生以主题意义探究为目的,以语篇为载体,在理解和表达的语言实践活动中,融合知识学习和技能发展,通过感知、预测、获取、分析、概括、比较、评价、创新等思维活动,构建结构化知识,在分析问题和解决问题的过程中发展思维品质,形成文化理解,塑造学生正确的人生观和价值观,促进英语学科核心素养的形成和发展。教师教育研究所所长、教授王蔷提出,英语学科的核心素养主要由语言能力、思维品质、文化意识和学习能力四方面构成。④

根据以上学者的观点,并结合《普通高中英语课程标准(实验)》设定的课程目标,笔者认为英语学科核心素养的内涵可以概括为三个方面(语言能力、思维品质、文化意

---

① 作者简介:邵红彬,男,湖北省黄州中学(黄冈外校)教师,黄冈师范学院教育管理专业硕士,研究方向为教育管理理论与实践。
② 程晓堂,赵思奇. 英语学科核心素养的实质内涵 [J]. 课程·教材·教法, 2016, 36 (05): 79-86.
③ 龚亚夫. 重构英语学科核心素养 [J]. 英语学习(教师版), 2016 (10): 18-22.
④ 王蔷. 核心素养背景下英语阅读教学:问题、原则、目标与路径 [J]. 英语学习(教师版), 2017 (02): 19-23.

识）和两个关键（学习能力和情感态度）。语言能力、思维品质、文化意识互为影响，互相支撑，共同作用。

1. 三个方面

（1）语言能力。语言能力是英语学科核心素养的基础，包括语言知识、语言技能、语言理解和语言表达。语言知识包括语音、词汇、语法、语篇、话题、功能等，它是语言能力的基石，没有语言知识的铺垫，就无法实现语言技能的培养。语言技能包括听、说、读、写、译等，它是语言能力的载体，是形成语言理解（听、读、译）和语言表达（说、写、译）的途径。语言各技能相互依托、共同促进。语言理解是对语言知识和语言技能的一种内化，而语言表达则是在语言知识、语言技能、语言理解基础上的最终输出。

（2）思维品质。思维品质是英语学科核心素养的提升，主要指个体在思维活动中智力特征上的差异，是衡量一个人思维发展水平的重要指标。英语思维模式在语法、语义、语篇、语用等方面与汉语言思维模式有差异。在英语学习过程中，英汉两种语言思维模式之间的异同、联系、转换、互补会给学习者以跨地域、跨文化的思维想象空间，帮助学习者拓宽视野，为形成良好的文化意识打下坚实基础。

（3）文化意识。文化意识是英语学科核心素养在语言能力和思维品质上的突破。在英语教学中，文化主要指英语国家的历史地理、风土人情、传统习俗等。任何语言都有丰富的文化内涵，接触和了解英语国家的文化有利于对英语语言知识的理解和使用，有利于在加深对本国文化的理解与认识的基础上培养世界意识，最终形成具备面向世界的国际视野。

2. 两个关键

（1）学习能力。一般来说，学习能力就是有效运用学习方法与技巧的能力。学习能力是所有能力的基础，学生通过观察、体验、探究等积极主动的学习方法，充分发挥自己的学习潜能；同时学会运用多种媒体和信息资源，拓宽学习渠道。在英语学科核心素养的内涵中，学习能力是其他素养的"催化剂"。

（2）情感态度。在英语学科核心素养的内涵中，情感态度是其他素养的"润滑剂"。人的发展是自我发展，它不是靠教育直接发生，特别是在语言学习中，学生的成长发展靠的是来自与情感态度紧密相连的动机。教师在对学生英语核心素养的培养过程中，还可以利用情感素材进行培养。① 只有调动学生的情感态度，学生才有发展的内在驱动力。在课堂教学中，师生间的"情感态度"达到和谐共鸣，才能创造出课堂活力。

（二）英语学科的学习规律

基于以上分析，笔者认为英语学科的学习规律可以概括为：学生以主题意义探究为目的，以语篇为载体，在理解和表达的语言实践活动中，融合知识学习和技能发展，通过感

---

① 王珈. 英语核心素养的培养途径［J］. 山西教育（教学），2015（07）：58-59.

知、预测、获取、分析、概括、比较、评价、创新等思维活动,构建结构化知识,在分析问题和解决问题的过程中发展思维品质,形成文化理解,塑造学生正确的人生观和价值观,促进英语学科核心素养的形成和发展。

二、英语学科素养及其培养的源流分析

(一) 什么是核心素养

"核心素养"这个概念最早在1997年由经济合作与发展组织(OECD)提出。当时,他们采用了competence这个术语,并作了如下定义:

"A competence is more than just knowledge and skills. It involves the ability to meet complex demands, by drawing on and mobilizing psychosocial resources (including skills and attitudes) in a particular context."

从这里我们可以看出,从最开始,"素养"的内涵就是超越知识和技能的,"它涉及在一个具体情境中,如何运用和调动所有的认知和社会资源去解决一个复杂的问题"。此后,很多国家和国际组织都纷纷构建起自己的素养框架。比如,美国在2007年提出了修订后的素养框架,包括:①学习与创新技能;②信息媒体与技术技能。③生活与职业技能。澳大利亚也在2008年的《墨尔本宣言》中提出了:促进教育公平和卓越,培养青少年成为成功的学习者、自信且有创造力的个体和主动明智的公民。

从全球范围来看,核心素养要素的选取,都反映了整个国际社会经济和科技发展的最新要求,如创新思维、创造力、解决问题的能力、信息素养、国际视野、团队合作、社会参与和社会责任,以及自我规划,等等。核心素养具有时代性、综合性、跨领域性与复杂性等特征。① 中国也不例外。2016年9月13日,教育部正式颁布了"中国学生发展核心素养"框架,将我国学生发展核心素养界定为:学生能够适应终身发展和社会发展所需要的必备品格和关键能力,并将其划分为:文化基础、自主发展和社会参与三个部分,其中每个部分又由两个素养组成,依次包括:人文底蕴和科学精神、学会学习和健康生活以及责任担当和实践创新。在这个框架下,英语学科在原有的三维目标基础上,构建出了自己的学科核心素养。

(二) 英语学科核心素养的构建与发展

自2004年高中课程改革起,英语学科的课程目标就被界定为"综合语言运用能力",具体表现为"知识与技能,过程与方法,情感态度与价值观"的三维目标,由下图中的"语言技能、语言知识、情感态度、文化意识和学习策略"五个要素构成。而根据"中国学生发展核心素养"框架,英语学科的核心素养必须体现本学科的关键能力和必备品格。

什么是英语学科的关键能力呢?在原有的五个课程目标中,语言知识和语言技能结合

---

① 张华. 论核心素养的内涵 [J]. 全球教育展望,2016,45 (04):10-24.

而成的语言能力,就属于英语学科的首要关键能力。为什么要将二者结合呢?因为他们都仅仅停留在知识和技能层面,学生必须既有知识又会技能才能发展出语言能力。同理,原有的学习策略也是仅仅停留在策略层面,学生只知道怎么做是不行的,必须要真的会做才能真正提高学习效率,所以学习能力成为英语学科的第二个关键能力。

此外,核心素养对学生创新思维、创造力、解决问题等能力的要求,原有的课程目标并未体现出来,所以新增加的思维品质成为英语学科的第三个关键能力。同时它也是学生必备的品格,属于关键能力和必备品格兼而有之,所以是一个非常重要的综合性核心素养。以上三点,就属于英语学科的关键能力,涵盖了原有课程目标的语言知识、语言技能和学习策略三个方面。所以,剩下的文化意识和情感态度属于英语学科的必备品格。

但2017年新课标并未直接将这两个目标作为核心素养,而是将其整合成文化意识。[①]也就是说,虽然和原来课程目标中的文化意识同名,但核心素养中的文化意识其实包含了这两个层面。为什么要做这样的整合呢?主要是由于当情感态度被单独列为课程目标的时候,情感态度与价值观在实际教学中并未从所学内容和知识出发进行升华,而是被单独割裂出来,普遍存在"贴标签、喊口号、空谈大道理"的不和谐现象。

所以整合的目的是让广大教师意识到:对学生进行情感态度价值观的教育必须依托学科特定的内容和活动。具体到英语学科,就是要依托于语言和文化知识,引导学生通过学习中外优秀的人文和科学知识,在参与对信息的获取和处理的过程中,理解其内涵,比较其异同,判断其价值,汲取其精华,从而做到内化于心,外化于行,由此提升文化修养,构建积极的情感态度,选择正确的价值观。至此,英语学科的核心素养正式构建完成。

三、英语学科核心素养培养面临的挑战及应对策略(以语言能力为例)

学生英语核心素养的培养是一个长期的过程,培养渠道也是多方面的,[②]在语言能力素养中,包括听说读写译等基本技能,但是我们在教学中,过于注重分数论,强调应试教育,忽略了说,大大降低了英语的交际功能。笔者认为要提高英语学科核心素养,除了提高口语能力之外,同时还应该重视阅读能力的培养,应该做到以下几点。

(一)整合教学资源,提高学生口语表达兴趣

在高中英语教学中,学生常常对张口说英语充满了恐惧。因此,教师在课堂教学中,要认识到学生的这一特点,并且能够有意识地提高学生的口语训练积极性,让他们能够主动张口练习。兴趣是最好的老师,教师必须要充分激发学生的口语兴趣,改变学生胆怯、紧张以及自卑的心理,让学生建立"说"的自信心,并且主动参加到教学活动中,让学

---

① 王蔷.《普通高中英语课程标准(2017年版)》六大变化之解析[J].中国外语教育,2018,11(02):11-19,84.

② 程晓堂.英语学科核心素养及其测评[J].中国考试,2017(05):7-14.

生能够真正地"乐说"。在课堂中，教师可以使用游戏等不同的方式来活跃课堂，激发学生的主观能动性，让学生模仿和交流，提升他们的参与积极性。

（二）改变传统教学方法，丰富学生口语展示机会

在一些传统的英语课堂中，教师仍然是一言堂教学，重复练题或者是将重点放在写作教学上，忽略了学生的口语练习，导致学生口语训练的机会很少。教师要在教学中充分使用现代信息技术，或者使用自制教具，从而能够直观地、形象地给学生展示知识。在组织学生开展英语口语训练时，要鼓励学生进行积极主动的沟通和交流。

在核心素养教学背景下，教师要将课堂还给学生，让他们拥有说的权利，并且给学生制造口语练习的机会，构建学生展示的平台。例如在"Unit 2 I think that mooncakes are delicious!"Section B 的教学中，在讲述西方节日之前，首先以万圣节的话题引入，并给学生播放万圣节狂欢视频，然后标出"dress up"和"play trick or treat"词语，然后放到句子中进行节日的口语练习，让学生一边观看视频一边练习对话，从而能够正确表述。

（三）创新教学模式，构建有效口语交际情境

在过去的高中英语教学中，教师常常采用灌输式的教学方式，教师在课堂中占据主导地位，学生并没有充分参与课堂教学。因此，教师必须转变过去的教学模式，给学生营造来口语学习和交际的实际情景，给学生创造自主表达的机会。

在口语课堂教学实践中，教师可以选择小组合作的方式，基于学生自身发展的特点，充分尊重他们的身心发展规律，合理地进行分组。采用小组合作方式能够显著促进学生之间的沟通交流和互动，教师应做好对学生的指导，让学生在小组中得到鼓励，并且在不断的合作学习中找到自我。教师应在课堂教学中尽量创设接近真实的语言情境，引导学生深度学习。[1]

（四）注重培养学生的阅读兴趣以及对阅读重点内容的获取

兴趣是学生最好的内驱力。[2] 在英语阅读教学中，教师要注重培养学生学习英语的兴趣和积极性，教师要立足学生的学习实际，做好阅读文章的选择，并注重阅读材料的趣味性和知识性。同时在英语阅读中，能够准确地获取文章中的关键信息是很重要的一种能力。要培养学生的这项能力，需要教师在日常阅读训练中指导学生对文章中心思想进行总结和概括，以及对段落大意进行总结等。在不断的训练中，学生阅读理解的能力便会得到提高。

（五）注重采取分层次教学

针对班级学生英语水平参差不齐的情况，教师可以尝试运用分层教学的方法，比如，

---

[1] 孟庆涛. 核心素养视域下英语教学改革的反思与推进 [J]. 课程·教材·教法，2019，39（06）：107-111，143.

[2] 刘秀珍. 兴趣：学习英语的内驱力 [J]. 吉林教育，2011，589（17）：39-40.

分组进行学习。同组内,学习较好的学生可以带动其他学生一起学习,大家共同讨论、互帮互助。这种形式不仅可以提高学生的英语素养,也锻炼了他们的交际能力。教师可组织小组进行比赛,既锻炼了学生的团队意识和拼搏竞争能力,又促进了学生的全面发展。

四、结语

核心素养的提出,是从关注成绩转向聚焦能力的一种改变,也是教学理念的更新。英语学科核心素养的内涵和构建过程表明外语教育的根本目标是促进学生的整体发展,即通过外语教育使学生在语言能力、思维品质、文化意识和学习能力四个方面整体得到融合发展。对照培养英语学科核心素养的内涵、课程目标和实施要求,当前高中英语教学在具体实施中仍面临众多挑战。如英语教学忽视学科的育人价值,教学内容碎片化,教学方式表层化,对思维能力的培养不够重视,为考试而教的问题依然突出。为了落实英语学科核心素养的培养,必须准确理解英语学科核心素养的内涵及构建过程,牢固把握英语学科的学习规律,提升教师自身的核心素养和教学能力。

大数据背景下高师本科学生
在线学习危机预警研究[*]

蔡 茜 张 冰 韦耀阳[①]

一、问题提出

在大数据背景下,互联网技术的飞速发展使得在线学习成为可能,并且逐渐成为高等教育的重要补充和扩展。特别在疫情期间,高师本科学生在线学习的需求和规模大幅度增长。然而,随着规模的快速扩张和技术的不断更新,高师本科学生在进行在线学习时面临的挑战也日益凸显。这些危机包括学习效果不佳、网络迷航、学习倦怠、信息过载等问题,如果不能得到及时有效的解决,可能会影响学生的学业进展和身心健康。因此,本研究旨在通过深入挖掘和分析大数据,研究高师本科学生在在线学习中面临的各种危机,构建相应的预警模型,以便及时发现并解决这些危机,以期为高师本科教育实践教学模式改革的进一步推进提供理论支持和实践指导。

二、文献回顾

(一)国外研究综述和现状

国外研究者对于解决大学生在线学习危机、提升在线学习质量等问题的研究分为两类,第一类主要集中在大学生在线学习危机的预测因素方面,包括对学生的学习目标、学习需要、认知风格等相关数据的收集与分析,基于学生个人、社会、心理和环境等变量对

---

[*] 基金项目:黄冈师范学院教育学院2022年实验教学示范中心实验教学研究项目"大数据背景下高师本科学生在线学习危机预警研究与实践"(项目编号:zx202207)。

[①] 作者简介:蔡茜,女,重庆丰都人,黄冈师范学院教育管理专业硕士,研究方向为教育管理理论与实践;张冰,男,辽宁喀左人,现为黄冈师范学院体育学院教授、硕士生导师、全国群众体育先进个人,研究方向为体育管理、体育教育;韦耀阳,男,湖北南漳人,现为黄冈师范学院教育学院副院长、教授、博士、明珠学者、硕士生导师,研究方向为学校教育管理。

学生在线学习行为表现进行预测。艾哈迈德等（Ahmed & Elaraby, 2014）[①] 在研究中使用学生的课程信息、实验室测试等级、研讨会表现、作业成绩、出勤率等数据预测学生的学习表现。科洛等（Kolo, Solomon A. Adepojub & Alhassan, 2015）[②] 收集了尼日利亚教育学院计算机科学专业学生的数据结构课程相关数据进行研究，认为学生的个人属性，如成绩、地位、性别、财务实力、学习态度等是预测学习表现的重要因素。心理学因素用来辨别具有高辍学率和学习风险的学生。第二类是针对在线学习危机干预系统的研究。

（二）国内研究综述和现状

国内研究者针对在线学习危机的研究主要分为两类：第一类是有关大学生在线学习危机预测模型的研究。武法提等（2016）[③] 梳理了当前国内外学习分析模型存在的问题，在此基础上构建了个性化行为分析模型，设计了学习结果预测框架，旨在为个性化学习分析工具的设计提供理论指导。杨现民等（2016）[④] 从预警的实现形式、算法与工具、内容与方法等方面比较分析了国外五个典型学习预警系统，提出了学习预警系统的通用设计框架，并构建了学习预警系统的功能模型和过程模型。赵慧琼等（2017）[⑤] 从学习分析的视角出发，利用多元回归分析确定在线学习危机预警因素，在此基础上构建干预模型，将干预模型应用于在线教学过程。第二类是有关大学生在线学习危机干预方法的研究。杨雪等（2017）[⑥] 基于学习分析，采用电子邮件、弹出窗口、学习资源推送等干预策略对学生进行个性化干预，有效减少了拖延次数与时间。尤佳鑫等（2016）[⑦] 基于多元回归模型预测结果，综合考虑性别、活跃度等因素，对部分问题学生进行干预。综上所述，在线教育不断演进发展，经历"多媒体驱动信息表征多通道个体学习""以社会性交互为核心的虚拟社区规模化学习" "基于大数据分析的个性化学习"三个阶段，已从IT（Information Technology）迈向DT（Data Technology）时代。

然而，目前在线学习仍存在高辍课率、低参与性、难以深度学习等质量危机，国内外

[①] Abeer B. E. D. A., Sayed Elaraby I.. Data Mining: A Prediction for Student's Performance Using Classification Method [J]. World Journal of Computer Application & Technology, 2014: 173.

[②] Kolo K. D., Adepoju S. A., Alhassan J. K.. A Decision Tree Approach for Predicting Students Academic Performance [J]. International Journal of Education and Management Engineering, 2015, 5 (05): 12-19.

[③] 武法提, 牟智佳. 基于学习者个性行为分析的学习结果预测框架设计研究 [J]. 中国电化教育, 2016 (01): 41-48.

[④] 杨现民, 叶洋, 王林丽. 基于大数据的在线学习预警模型设计——"教育大数据研究与实践专栏"之学习预警篇 [J]. 现代教育技术, 2016, 26 (07): 5-11.

[⑤] 赵慧琼, 姜强, 赵蔚, 等. 基于大数据学习分析的在线学习绩效预警因素及干预对策的实证研究 [J]. 电化教育研究, 2017 (01): 62-69.

[⑥] 杨雪, 姜强, 赵蔚, 等. 大数据时代基于学习分析的在线学习拖延诊断与干预研究 [J]. 电化教育研究, 2017 (07): 51-57.

[⑦] 尤佳鑫, 孙众. 云学习平台大学生学业成绩预测与干预研究 [J]. 中国远程教育, 2016 (09): 14-20.

学术界在在线学习预警和干预方面已积累宝贵经验，但仍有亟待改善的地方：（1）多数从理论视角构建学习成绩预测和评估框架，有必要加强实证研究。（2）大部分研究者使用过程性结构化外显信息建立在线学习预警模型，难以准确解释在线学习行为的差异，需要引入非结构化内隐信息。（3）经大数据分析诊断存在危机的学生，不仅要有技术干预，更需要制度的介入，最终实现由约束转化为提高内在动机、自我效能和情绪的主动学习。

三、在线学习预警制度缺失

数据采集主要涉及从校内各类信息系统提取与学生相关的大数据，这些数据既包括结构化数据，也涵盖了非结构化数据，同时存在连续型和离散型的形态。在进行分析和挖掘之前，需要先行对这些采集的数据进行预处理。数据预处理主要包括数据清洗、数据转换和数据集成等步骤。学业预警根据严重程度分为课程预警、留级预警、退学预警和毕业预警。课程预警主要依据学生在特定课程的学习行为以及关联课程的学习表现，对可能无法通过课程考核的风险进行预测，并为存在这类风险的学生提出预警，以便他们及时改进学习策略。留级预警在课程预警的基础上，结合学生过去的学业表现，对可能触发留级标准的学生进行预警。服务模块会根据预警级别和相应的干预需求，针对不同对象提供相关的预警通知服务。通过预警信息的推送，学生可以及时了解自身的学业风险，以便及时调整学习状态；任课教师可以及时关注学习困难学生，了解学生的学习状况，开展有针对性的辅导；辅导员可以了解学生的学习状态，对存在留级、退学等风险的学生，提早进行干预；系部管理人员可以实时掌握系部学生学业总体情况，及时采取措施，提升人才培养质量。

四、在线学习预警因素不完整

（一）学习预警系统因素

为了深入研究泛雅网络教学平台上电子学习数据的显性和隐性信息，即结构化和非结构化数据，有必要明确电子学习风险的预警因素，并构建学习预警系统。比如，页面连接数——学生注册数这一指标可反映在平台学习页面的统计数据上。视频观看时长——在线教育平台提供了大量的视频资源，因此学生观看视频的时间和频率是一项重要指标。视频观看次数——该指标反映了课程视频被讨论的频率。工作发布时间——工作发布和截止时间之间的时间长短。任务完成率——即学生完成教师发布的任务的人数，是反映在平台发布任务点后完成情况的关键指标。

（二）影响学习行为的各种因素

学习者的在线学习行为和学习结果受到多种因素的影响，如自身的学习条件和外部环境因素。

（1）学习方式。不同类型的学生在汲取网络课程资源时会选择独特的学习路径，这揭示了学习方式存在显著差异。不同的学习方式会对学习成果产生深远影响，降低学业成绩。

（2）学习动力。动力一词在行为实施中具有内在驱使的含义。学习动力则是这一词在学习领域的应用。拥有强烈学习动力的学生对学习的态度更为积极，包括在学习活动中投入更多的时间和精力以达成优质的学习目标。而学习动力低的学习者则不注重从学习活动中获得知识和经验，导致学习效率低下、效果不佳。

（3）学习效率与能力水平。学习效率是指完成学习任务所耗费的时间、速度和质量。在一般的学习领域中，学习效率高的学习者与学习效率低的学习者在投入学习精力与获取知识量之间的关系上存在显著差异，这受多重因素影响，如不同学习者的知识基础、教学经验、学习能力和学习计划的布局。

（4）学习拖延症。学习拖延症是在学习或参与学术活动期间延迟学习行为的趋势，这是最常见的原因之一。学习拖延症常常阻碍学习者取得较好的学业成绩，并且与较差的学习成绩显著相关。

五、在线学习危机干预策略不健全

根据实际情况改进了学习危机干预措施，并制定了以下辅助策略：

（一）强化前期教育引导

在新生入学之际，组织一系列活动，如开展新生沟通会和学习提醒讲座，提前规划职业发展，让老生与新生分享学习经验，并激发对预警体系研究的兴趣。确保学生在接受智力和道德教育的过程中能迅速适应新的角色，引导其正确规范学习行为，有效识别学习问题，积极参与社交活动，促进学生主体性的全面发展。在为学生提供预警教育时，需贯彻"预防优于警示"的原则。通过理论教学和实践训练相结合的方式，以个人和全球的视角去解决学生可能面临的问题，并持续关注，直接警示学生，提升预警教育的效率和质量。

（二）保持与学生的对话机制

在教学过程中，应建立起与学生全面互动的机制，关注并爱护每位学生，保持理解和尊重的相互关系，理性地沟通交流。通过与家长沟通交流，了解学生在校学习状况，通过积极的教学方法影响学生，充分利用其优势和兴趣，推动全面发展。教师可结合访谈或系统关注来帮助学生解决学习问题，使其欣赏并验证自身价值，逐步提高学习效率和学习过程的质量，真正吸引学生参与，警告其提高自我。管理者应对处于危机中的学生进行分类，针对不同学生和情境制定预警策略文件，强调对学生知识、行为和情绪的分类预警。此外，还应构建一个由"学生、家长、教师和管理者"组成的互动式预警链，实现对学生的全面管控，解决学习过程中出现的风险问题，提高预警的有效性，及时有效地实现学生的早期预防。

(三) 建立多层次评估体系

为了进行实时、多视角的评估，需要强调过程评估。过程评估主要反映学生学习过程的发展水平和学习趋势，包括工具使用、时间管理、技能建立、成绩提高等方面的评估。利用数据挖掘技术等智能方法来动态监测学生的学习发展状况，跟进学习特征和属性的变化，根据评估结果为学生提供自适应的评估策略，提高评估学生趋势的思维发展和构建。为学生创建一个个性化的、以思维为中心的知识图谱来确定他们最近的发展领域，为他们的认知结构和学习计划提供视觉参考，根据最新的知识和行为变化诊断他们的学习状态，并实施个性化的建议和教育干预措施来改善他们的学习状况。

六、结语

文章通过分析超星泛雅网络教学平台记录的学生的学习数据和学校教务系统中学生的综合成绩、预习率、到课率、习题正确率等指标，实现对各类学生进行有效预警，通过学习预警，学生可以参考预警结果，调整自己的学习策略和方法，顺利通过学习课程；教师根据参考预警结果，对学生进行针对性教学，实施因材施教；家长根据预警结果实时了解到孩子的真实情况，进而精准制定相关教育方案。基于超星泛雅网络教学平台的实施，教师与学生之间的联系突破课堂的限制，使"教"与"学"两个活动更加有机地联系在一起。教师随时随地可以教授、学生随时随地可以学习，形成在线教学与传统课堂教学深度融合的混合式教学模式，学校在线课程建设水平得以提高，从而促进人才培养工作更好地开展、促进学校的发展。在未来研究中，需对学生在进行干预帮扶后学习能力发展的有效提升展开进一步评价和完善，以验证各策略制定和制度保障的科学性，通过循环迭代的评估和改进来帮助学生更高效、更优质地学会自主学习。

戏剧教学法在高校学前教育专业中的应用*

付冰欣①

一、引言

戏剧教学法通过对剧本的演绎、感受角色之间的冲突，从而引发学生的反思，使学生能够贴近生活，化抽象为具象。在学前教育专业的教学中，需要完善课程体系，课程的构建需要打破原有的固定模式，使学前教育专业的学生可以在学习中全面提升职业素养与专业知识，而戏剧教学法就是一个很好的切入点。在学前教育课程中，对学生的能力培养以三方面为主，一是专业技能知识，包括一些学前教育的专业知识；二是学生的职业素养，即作为一名学前教育者，在走上幼儿园岗位时所应具备的心理素质、应急知识等；三是普遍的思想道德品质。在构建相关课程体系的同时，教师需要考虑教学的有效性、学生的参与度以及最终的效果。戏剧教学法能够在一定程度上增强教学对学生的感染力，实现课程质量与效率的双提升。

二、戏剧教学法的内涵及价值

（一）戏剧教学法的内涵

戏剧教学法是一种以戏剧表演和戏剧技巧为基础的教学方法。② 以戏剧作为方法教授或传递学科知识，通过身体力行，使学生在丰富的戏剧活动中学会知识，领会情感，练习技能。戏剧教学法的特点在于运用戏剧技巧、教育戏剧范式、戏剧游戏或活动，协助老师在教学过程中，充分激发学生的学习兴趣，鼓励学生主动积极地参与其中。③ 借助戏剧的多种表达表现方式，去深化学习层次，提供多角度的思考探究，锻炼提升孩子的创造力、

---

* 基金项目：黄冈师范学院传媒与艺术实验教学示范中心大学生创新活动项目"学前教育专业应用戏剧教学法的新途径研究"（项目编号：zx202208）。

① 作者简介：付冰欣，黄冈师范学院教育学院硕士研究生，研究方向为教育管理。

② 邱玉函，陆永鸿. 教育戏剧本土化实践的困境与对策［J］. 邵阳学院学报（社会科学版），2021，20（01）：98-103.

③ 周小亚. 戏剧教学法在童话故事创编中的实践与运用［J］. 戏剧之家，2021（17）：42-43.

批判力和解决困难的能力，并让他们拥有一个积极的学习态度。① 它以戏剧辅助学科学习，可以更好地增强学生的学科知识，发展学生的学科能力及技巧。同时，以戏剧教学法为辅助教学方法的教学设计也并不需要训练学生的表演能力，在表演艺术方面没有过多要求，自然也不以戏剧表演为学习成果，更多的还是以提高学生综合素质，为其人生赋能为主要目的。

（二）戏剧教学法应用于学前教育专业的价值

1. 构建全新课堂模式，促进教学创新

在学前教育专业课程中应用戏剧教学法，能够给予学生全新的课堂体验，在积极参与课堂活动的同时，学生还需要在剧本的演绎与即兴发挥中进行反思，这种模式不同于填鸭式教学，注重开发学生的独立思考与反思能力，同时也区别于以往沉闷的课堂气氛，使学生积极地参与教学活动，活跃课堂气氛，促进师生之间的交流与沟通，给学生带来更多的启发。因此，戏剧教学法应用于学前教育课程，能够促进课堂模式与教学的创新，对于专业群课程体系的构建与完善有着积极意义。

2. 有利于深度解读专业知识

将戏剧教学法应用于学前教育专业课程中，能够帮助学生进一步理解知识，加深记忆。在教育戏剧教学模式中，学生通过对不同角色进行了解与扮演，在熟悉剧本的同时也面临一些即兴发挥的情况，学生在参与课堂活动时，需要抛却自身，以剧本角色为自己的第二人设，对剧本中所涉及的专业技能与知识有更全面、更深的感悟，并且在特定情节中形成深刻的记忆，进一步巩固知识，并从自身与剧本中所处的岗位出发，深度理解这些知识的内涵，从而对专业知识形成新的感悟。

3. 有利于提升学前教育学生的核心素养

近年来，我国的教育越来越注重对学生核心素养的培养，核心素养是学生在成长、学习以及未来踏入社会工作时所应当具备的优秀品质，对一个人的发展有着至关重要的作用。传统课堂对学生专业知识方面的核心素养培育有着促进作用，但是对于学生的道德修养、职业素养等方面的核心素养培育却稍显不足。戏剧教学法是一种更加注重人文情感、思想品质方面的教育方法，在学前教育课程体系的构建中，要培养学生成为一名幼儿园教师，需要帮助他们深刻理解这个岗位的责任以及应具备的心理素质、道德品质。在课堂中，学生可以从不同的角色、不同的角度去看待未来工作中会发生的事情，从而加深自身的感悟，形成良好的职业道德素养。

---

① 徐颖. 谈谈儿童戏剧在学前教育专业中的应用 [J]. 幸福家庭，2021（13）：149-150.

4. 促进多元化复合型人才培养

随着经济的发展,社会所需要的人才是能够独立思考、自我反思、勇于创新的多元化复合型人才。戏剧教学法应用于学前教育专业课程中,通过学生对生活情境、剧本情节等内容的模仿与演绎,可以激发学生对事件的反思,并且在这种全新的课堂模式中保持活跃的发散性思维,形成更多新奇的思路,对知识产生新的理解,从而提升综合素质。

三、戏剧教学法在高校学前教育专业应用中存在的问题

(一)教师运用戏剧教学法的教学设计意识不足

宏观意义上的教学设计指教育部门中的人员对某个学段或者说某个具体学科的设计与规划,微观意义上的教学设计便是指学校中的教师对自己课堂教学的设计。目前,教师们的教学设计都是针对一般的课堂教学,较少在教学设计中有意识地运用戏剧教学法进行教学设计。教学设计是将教学理论与学习理论通过教学实践连接起来的途径,对于教师的教以及学生的学都有着十分重要的作用。教学设计的质量在一定程度上决定着教学的质量。与此同时,教师的教学设计观念及教学设计的能力又影响着教学设计的质量。因此,为了使得学校教育戏剧能够更好地被应用,教师首先要有针对教育戏剧的教学设计意识,其次也要有正确的教学设计观念、提高教学设计的能力。

(二)教师已有教学设计创新性不足

长期的教学模式的固化,使得教师们的教学设计平时都是固定的几个内容,大体包括课程目标、教学目标、具体的教学内容以及教学步骤,缺乏对学生具体情况的关注。这种模板化的教学设计十分不利于教育戏剧这样一种新型教学方式功能的发挥。因此,这需要教师跳出僵化的模板,在充分了解戏剧教学法的基础上创新教学设计。在应用戏剧教学法教学的过程中,教师采用的教学设计大多使用同质化的策略,如分角色朗读等。这种单一的教学策略既不利于学生多方面的能力得到发展,也不利于戏剧教学法功能的发挥。

(三)学生参与课堂的积极性不高

受到课堂时间相对有限、缺乏一定的人物角色、班级数量较多等这些客观因素的影响,导致大部分学生不能切实深入戏剧教学法所构建的教学情境。此外,相关数据表明,大部分教师对戏剧教学法的选择及应用相对保守,难以激起学生的兴趣,因此大部分学生参与戏剧教育课程的频率比较低,一学期也就 1~2 次。这对戏剧教学法在课堂上的有效应用造成了一定的约束。

(四)教师教学评价与反思意识不够

多数教师尚未培养整体的大局观,缺乏一定程度的教学反思,忽视了教学评价与自身

反思存在的价值与意义,没有认知到教学评价对师生关系培养的重要性。作为教师,不重视学生情感的表达与综合能力的培养。大部分教师在教学评价以及自我反思的过程中,通常只会从学习成绩的角度开展相关的评价工作,切入点过于狭窄,无法从广义的角度进行综合性的分析与论述,缺乏说服力,这种方法是极为片面的,是不科学的。此外,在教学评价的应用与实践过程中,一直没有形成统一完善的评价准则或规范标准,没有可参考借鉴的标准依据,导致实际的教学评价无法发挥应有的功能与作用。

四、戏剧教学法在学前教育专业课程中的应用途径

戏剧教学法在学前教育专业中的应用需要结合具体的教学内容和目标,通过创设戏剧情境、引导学生参与、互动交流反思和总结评价等步骤,实现教学目标,提高教学效果。

(一)确定教学目标,完成教学设计

首先,教师要根据学前教育的相关课程内容和目标,选择一个适合使用戏剧教学法的主题,例如动物世界、家庭与朋友、自然环境等,接着对所选主题进行分析,确定需要教授的相关知识、技能和情感目标。考虑学生的年龄、兴趣爱好和发展水平,制定具体的教学目标。其次,根据教学目标,设计适合学生年龄段的戏剧活动。包括角色扮演、情景模拟、表演创作等形式。确保活动能够激发学生参与的积极性和创造力。在具体过程中,根据设计的戏剧活动方案,组织学生进行实施。在活动中引导学生积极参与,鼓励他们表达自己的想法和情感,并提供必要的指导和支持。

(二)创设相应的戏剧情境,吸引学生入戏

让学生通过扮演不同的角色,进入戏剧情境中,加深对知识的理解和掌握。只有具备了新的角色才能让学生更深刻地体会情感,学生只有具备了情感体验才能真正地有所感悟,才能够学到东西。[①] 创设一个安全、支持和鼓励的学习环境,让学生感到自信和舒适。教师要给予学生积极的反馈和表扬,鼓励他们尝试和表达自己的想法。设定一些角色,让学生扮演其中之一。角色可以包括动物园管理员、动物、游客等。确保每个角色都有一定的特点和任务。接着,将教室或指定的场地转变成戏剧情境的舞台。可以使用布置道具、投影背景等手段来营造出动物园的氛围,营造出一个生动有趣的学习环境。这样的教学方式可以激发学生的参与和表达,促进他们在语言表达、情感发展和社交交往等方面的综合能力提高。

(三)任务式驱动,激发学生创造力

可以通过提问、提示等方式,激发学生的思考力和创造力,让学生更好地理解和扮演角色。教师可以根据学生的特长、兴趣和学习需求,灵活地分配角色并充分听取学生的意

---

① 余彤彤. 戏剧教学法在童话剧教学中的实施 [J]. 戏剧之家,2021 (12): 44-45.

见。确保每个学生都能找到适合自己的角色，并愿意积极参与。教师可以提供一些提示和指导，帮助学生进入角色，设计一些情景和问题，让学生在戏剧情境中进行模拟和表演。教师也可以先进行角色扮演示范，展示预期的表演效果和技巧。然后提供具体指导，如语言表达、动作技巧等方面的指导，以帮助学生更好地理解和表演角色。鼓励学生在戏剧情境中展示自己的创造力和想象力，可以设定一些开放性的任务，如编写对话、创作舞台布景、设计角色服装等，激发学生的创意思维和表现力。也可以组织学生以小组形式合作，在角色扮演和情景模拟中互相支持和配合。鼓励学生彼此交流、分享想法，并互相协助克服遇到的困难。

（四）师生互动交流反思

在戏剧教学结束后，可以进行互动交流和反思，让学生分享自己的体验和感受，进一步巩固所学知识，同时也可以对教学方法进行评估和改进。教师引导学生进行反思和总结，让他们分享自己的体验和感受，思考所学到的知识和技能，鼓励他们讨论自己的学习收获和困难，互相学习和启发。也可以通过问卷调查、小组讨论或口头反馈的方式收集学生的意见和建议，了解他们对戏剧教学活动的体验和学习收获。最后，教师要进行自我观察和反思，评估自己在戏剧教学活动中的指导和引导效果。反思自己的教学策略、角色分配、指导方法等，看是否需要改进和调整。具体而言，在戏剧教学活动中，教师可以通过仔细观察学生的参与程度、表演技巧、角色理解和表达等方面的表现，并及时记录下来；也可以安排学生进行戏剧表演或作品展示，让他们展示在戏剧教学活动中学到的知识、技能和情感。老师通过观看和欣赏他们的表演，评估学生在戏剧教学中的成果和进步。

（五）全面总结与提升

教师也需要对戏剧教学法的教学效果进行总结和评价，看是否达到了预期的教学目标，如果效果不佳，需要进一步改进和完善教学方法。如将戏剧教学活动与传统的教学方法进行对比，评估戏剧教学法对学生学习兴趣、表达能力、合作精神等方面的影响。通过比较，可以客观评估戏剧教学法的优点和局限性。最后综合以上观察、记录、学生反馈和自评等信息，进行整体的评价和总结。总结戏剧教学法对学生学习动机、情感发展、综合能力提升等方面的影响，并提出进一步改进和发展的建议。通过以上途径，学前教育专业教师可以对戏剧教学法的应用效果进行全面的总结和评价，从而不断提高自己的教学实践水平，促进学生的全面发展。

县域初中教师教育焦虑：
内涵解读、影响因素及其纾解策略*

胡涵伊①

一、引言

县域初中教师教育焦虑问题逐渐引发教育界的关注。教师教育焦虑不仅影响教师的心理健康，还会对初中生的教育质量和健康成长产生间接影响。因此，理解县域初中教师教育焦虑的内涵、探究其影响因素和寻求有效的纾解策略，对于提高教师的工作满意度，推动教育教学的顺利进行具有重要意义。本文将围绕县域初中教师教育焦虑这一主题，探讨其内涵、影响因素及纾解策略，旨在为缓解教师的教育焦虑提供参考。

二、教师教育焦虑的内涵解读

焦虑是人类常见的情绪反应，Freud（1895）将焦虑分为两类：一种是无论谁都会发生的，不能适应处理外界危险时所产生的"一般的焦虑情绪"；另一种是对内心世界产生的兴奋不能抑制时，便使其投影至精神外界，对似乎要发生的危险状态产生极度反应的"神经症特有的病态焦虑"。②

已有研究指出，教师教育焦虑指的是教师在职业发展、教育教学和自我提升过程中产生的持续性担忧、压力或不安的心理状态，是教师的职业生活体验，教师焦虑呈现当前教师对未来生活的预设。③ 本文将教师教育焦虑定义为：教师在从事教育工作中，出现一种持续性的紧张和担忧状态。这种焦虑通常涉及对自身教学能力、学生学习情况、教学目标的实现以及教育环境的要求等方面的担心和不安。县域初中教师教育焦虑，特指在县域范围内的初中学校中，教师因面临教学任务、工作压力、教育环境等多重压力源而产生的焦

---

* 基金项目：黄冈师范学院研究生工作站"'双减'背景下农村小学教师教育焦虑及其纾解"（项目编号：5032022035）。
① 作者简介：胡涵伊，黄冈师范学院教育学院硕士研究生，研究方向为教育管理。
② 田代信维. 焦虑与心理冲突 [M]. 路英智，译. 北京：人民卫生出版社，2008：16.
③ 王洪才. 教育失败、教育焦虑与教育治理 [J]. 探索与争鸣，2012（02）：65-70.

虑情绪。这种情绪状态可能引发教师的身心不适，影响其教学质量和职业发展，并对初中生的健康成长产生一定的影响。

三、县域初中教师教育焦虑的影响因素

教育焦虑在本质上是一种人的情绪响应，人作为多种社会关系的综合体，教师教育焦虑实际上是社会问题在教育环境中的显现。县域初中教师教育焦虑的影响因素可以从以下几个方面进行分析。

（1）工作压力过大。县域初中教师往往面临繁重的教学任务，包括备课、上课、批改作业、辅导学生等工作。长期的高强度工作容易使他们产生身体和心理上的疲劳，进而引发教育焦虑。

（2）学生管理难度大。初中生正处于青春期，情绪波动大，行为易出现偏差，给教师的管理带来一定难度。教师需要花费更多的精力和时间来关注学生的心理健康和行为表现，这无疑增加了教师的压力。

（3）职业发展和晋升压力。教师职业发展和晋升往往需要一定的科研成果和教学业绩作为支撑。这使得教师需要在工作中投入更多的时间和精力，从而增加了他们的压力和焦虑。

（4）社会期望过高。社会对教师的期望往往过高，认为他们应当能够解决所有教育问题，这种过高的期望会给教师带来很大的心理压力。同时，家长对孩子的期望也往往过高，这也间接给教师带来压力。

（5）学校环境和氛围。学校的管理制度、教学资源分配、人际关系等因素也可能对教师的教育焦虑产生影响。例如，不合理的考核制度、激烈的人际竞争等都可能加重教师的焦虑情绪。

（6）个人因素。教师的个人特质、自我效能感、心理健康状况等也会影响他们的教育焦虑程度。部分教师可能对自己的能力评价过低，遇到困难和挑战时容易产生焦虑情绪。

四、县域初中教师教育焦虑的纾解策略

教师教育焦虑作为教育问题在学校中的集中反应，需要从多元角度构建更加健康、平衡和综合发展的教育体系，为纾解初中教师的教育焦虑问题提供新的思路。

（一）提供专业发展机会

提供教师专业发展的机会，包括参加研讨会、工作坊、进修学习等，可以帮助教师提升教学技能，从而提高他们的教学自信。参加研讨会是教师获取新知识和教学方法的重要途径之一。研讨会通常由教育专家、学科领域的专家或其他经验丰富的教师主持，他们会分享最新的教学理念、研究成果和实践经验。通过参与研讨会，教师可以与其他教育界的

专业人士交流、讨论和分享经验，从而开拓视野、更新教学思路，并且在实践中不断改进自己的教学方法。

（二）扩充教育资源

提供更多教育资源，如优质教材、科技教育工具等，可以提升教师的教学效果，减少教学焦虑。优质教材是教师进行教学的重要依托。它们包含了丰富的教学内容、适合学生学习的知识体系和教学活动。优质教材具有科学性、完整性和系统性，能够帮助教师有条理地组织教学内容，提供清晰的教学指导，减轻教师的教学负担，同时也提高学生的学习效果。

（三）改善工作环境

改善工作环境，减少行政任务，提供合理的教学时间和教学人数，可以有效减轻教师的工作压力。减少行政任务是改善工作环境的一项关键举措。教师通常需要承担一定的行政工作，如填写报表、参与会议、处理文件等。然而，过多烦琐的行政任务会占用教师宝贵的教学时间和精力，导致工作压力的增加。因此，为教师减轻行政任务的负担，提供高效的行政支持和流程，可以让教师更专注于教学工作，减少工作上的压力。合理的教学时间和控制适当的教学人数也对改善工作环境起到重要作用。

（四）提供心理支持

提供心理咨询服务，帮助教师处理工作和生活的压力，提升他们的情绪管理能力和抗压能力。教师在日常工作中常常承受着来自多个方面的压力，如工作压力、学生压力、家庭压力等。这些压力如果得不到有效的应对和处理，会对教师的心理健康和工作产生负面影响。因此，提供心理咨询服务是帮助教师解决压力问题、调整心态、建立积极心理健康的重要手段之一。心理咨询服务可以通过专业的心理咨询师或心理健康专家来提供。他们可以与教师进行面对面的咨询，倾听教师的困惑和不安，并提供合适的心理支持和建议。

（五）加强家校沟通

加强与家长的沟通，理解和满足家长的期望，可以减少教师的社会压力。家校沟通是建立良好家庭与学校关系的桥梁。当教师与家长之间的沟通畅通无阻时，双方可以共同关注学生的发展和学业。教师了解家长对孩子的期望和关切，可以更加有针对性地进行教学和指导，帮助学生在学校取得更好的成绩和发展。同时，教师可以及时向家长传达学生在学校中的表现和问题，共同探讨解决方案，从而加强学生的学习支持系统。加强家校沟通还有助于建立教育共同体。家长是学生成长过程中最重要的支持者和伙伴，他们与教师的密切合作可以促进学生的全面发展。

（六）促进教育政策的公正公平

教育政策的公正公平执行可以减少教师的不安全感，减轻他们的焦虑。首先，公正公平的教育政策执行能够确保教师们在职业发展和晋升方面获得公平的机会。教育政策应当设立明确的标准和评估体系，确保每个教师都有平等的机会展示自己的能力和贡献。公正的政策执行能够避免人为的偏袒和不公，让教师们相信他们的努力和才能会得到公正的认可和回报。这样，教师们就能更加安心地从事教育工作，而不必担心因为非客观因素而受到不公正的待遇。其次，公正公平的教育政策执行有助于减少教师的焦虑和压力。

（七）建立支持性的教师社团

创建一个支持性的教师社团，让教师有机会分享他们的经验和挑战，可以便他们感受到被理解和支持，从而减轻焦虑。首先，教师社团为教师们提供了一个相互交流和分享的平台。教师们可以在这个社团中互相倾听和交流彼此的教学经验、挑战和成功案例。这样的交流有助于建立一个相互扶持的环境，让教师们感到自己不是孤单的，他们面对的问题和挑战也是其他人所经历过的。通过分享和倾听，教师们可以互相启发和帮助，从而减轻个体教师因为压力和焦虑而感到的孤立感。其次，教师社团为教师们提供了专业发展和学习的机会。在这个社团中，教师们可以参与各种形式的专业培训、研讨会和学习活动，不断提升自己的教学能力和专业知识。这种持续的专业发展可以增强教师的自信心和满足感，减轻他们因为教学压力而产生的焦虑情绪。同时，教师们还可以通过与其他教师的互动和合作，拓宽自己的教育视野，获得新的教学策略和方法，进一步提升自己的教学水平。

新时代劳动教育社会支持的现实挑战及应对路径*

赵瑶瑶①

一、引言

劳动教育是全面发展教育的重要组成，特别是 2020 年中共中央、国务院颁布《关于全面加强新时代大中小学劳动教育的意见》（以下简称《意见》）以来，劳动教育更是得到了社会各界的广泛关注。脑和手脚都得到锻炼的方式只有劳动，劳动是作为社会人必须进行的一项活动，可以使人的身心得到锻炼，并且成为全面发展的人。② 劳动自身的现实复杂性决定了劳动教育在具体的实践过程，不仅仅会遭遇德智体美"四育"常规性的教育难题，更容易受到相关社会文化、制度等因素的掣肘。劳动教育的顺利开展，既有赖于教育自身的努力，也有赖于社会支持系统的有力配合。

二、新时代劳动教育所需要的社会支持

从劳动教育的对象、目标和路径来看，当前学校在推进劳动教育的过程中，尤其需要得到来自社会的物质、文化和制度等方面的大力支持，他们正是"在劳动发展史中找到了理解全部社会史的钥匙"③。

（一）劳动教育的社会物质支持

劳动作为一种对象化的实践活动，必然需要对象的存在才能得以顺利开展。而劳动的对象则是与劳动的目的紧密联系在一起的。劳动的对象主要包括日常生活、生产和服务这三大方面。对于广大中小学而言，这三大劳动教育内容可能最难落实的是生产劳动。这主要是因为，日常生活劳动和服务性劳动都可以在学校当中找到其实践的教育载体。但对于

---

* 基金项目：鄂东教育与文化研究中心科研基金项目课题"县域小学劳动教育的社会支持体系研究"。
① 作者简介：赵瑶瑶，黄冈师范学院教育学院硕士研究生，研究方向为教育管理。
② 卢梭. 爱弥儿 [M]. 李平沤，译. 北京：商务印书馆，2003：169.
③ 中共中央马克思恩格斯列宁斯大林著作编译局. 马克思恩格斯选集（第四卷）[M]. 北京：人民出版社，1995：265.

生产劳动来说，其所要求的条件，如场地、设备等是很多学校所不具备的。这也是当前影响和制约学校全面推进劳动教育的重要现实难题。仅仅依靠学校自身的条件和力量来开展劳动教育，显然很难落实《意见》所提出的教育要求。这就需要社会提供必要的生产劳动教育的条件。真正的生产劳动只有依靠社会的大力支持，也才能够顺利开展。

（二）劳动教育的社会文化支持

教育部颁布的《大中小学劳动教育指导纲要（试行）》（以下简称《指导纲要》）明确指出，劳动教育具有鲜明的思想性，要强化劳动观念，弘扬劳动精神。这实际上表明，劳动教育绝不仅仅是技能性的能力培养，更是价值性的思想养成问题。而价值性的思想养成，深受社会文化的影响。只有当社会文化，尤其是社会的劳动文化与学校培养的劳动观在价值取向上相一致时，二者才能形成有效的育人合力，促进学生正确的劳动观的形成，一旦两者在价值取向上相冲突，学校劳动教育的育人目标便难以落实。

第一，学校教育置身于社会当中，必然受社会文化的影响，尤其是诸如劳动观念、劳动精神等价值性的教育实践，更容易受文化影响。当前劳动教育的核心任务之一就在于让学生懂得"劳动最光荣、劳动最伟大、劳动最美丽、劳动最崇高"的道理，学会尊重劳动，养成热爱劳动的意识。这样一种劳动观念仅靠学校的正面教导显然是不够的。

第二，学生当下正生活在不同劳动观所构成的社会文化生态当中，学校若想培养学生的马克思主义劳动观，就需直面多元劳动观的文化现实，并着力在多元劳动观中自觉承担价值引导的时代重任。不同的家庭、职业、地区、性别的劳动观念都具有不同程度的异质性。这些多样化的劳动观念如果缺乏必要的内在整合，则学校劳动观教育就很难获得其在学生观念中的合法性。

第一，作为上层建筑的劳动观念，本质上就是社会整体文化的有机组成部分，必然体现特定社会文化的价值追求。也就是说，劳动观念的价值追求实际上是受其所处的历史文化特征的影响。

（三）劳动教育的社会制度支持

劳动教育毫无疑问是培养学生劳动素养的教育。而劳动观则是劳动素养的核心与灵魂。《意见》在劳动教育目标方面，也作出了明确规定：劳动教育要使学生能够理解和形成马克思主义劳动观。马克思主义劳动观不仅包括劳动创造人、劳动创造历史的唯物史观，也包括劳动创造价值、劳动者是劳动主体、社会财富按劳分配的政治经济学。因此，从政治经济学的角度思考马克思主义劳动观这一劳动教育核心素养目标的落实，就不得不考虑社会制度的支持问题。

首先，社会分配制度将会在很大程度上影响学生对劳动者社会地位的正确认识，只有在一个分配正义的制度当中，劳动者才能充分占有自身的劳动成果，避免马克思所说的劳动异化现象的出现。其次，劳资关系的制度安排也会深刻影响学生对劳动者权益的正确认知。在很大程度上，劳资关系的核心是劳动者的权益保障问题。劳动权益事关每个劳动者的基本权利，也事关社会制度的公平正义，是每个劳动者从事劳动时最为关心的重要问题。如果学生所处的社会当中，劳资关系存在明显的资方压迫、剥削劳方的情况，那么，这将会影响学生对劳动者权益的认识。新时代的劳动教育要从根本上贯彻马克思主义劳动观，就必须获得来自社会制度的有力支持。

三、新时代劳动教育社会支持中存在的问题

李姣认为，劳动教育的失调、社会环境的片面引导、家庭劳动习惯的简单培养、学生自身劳动价值观的失衡是引起当今劳动教育实施面临困境的主要原因①，现有的劳动教育在社会支持方面还存在着诸多不容忽视的现实问题。

（一）劳动教育社会物质支持的教育缺位

劳动教育存在问题的主要原因是缺少强有力的外部保障。② 当前社会在提供劳动教育的物质支持，尤其是各种新兴的"劳动教育实践基地"建设等方面，更多的是一种经济发展的思维而缺少专业的教育设计。

1. 地方政府在推动劳动教育实践基地建设方面的经济考量过重

一些地方政府在推动劳动教育实践基地建设的时候，更多的是基于地方经济发展的角度来思考基地建设，而不是基于教育的逻辑来思考。

2. 市场在劳动教育实践基地建设方面的资本驱动过强

当前，市场各方资本也高度卷入劳动教育当中，成为推动劳动教育实践落地的突出社会力量，但资本的根本目的是逐利。如果资本在劳动教育的介入过程中，缺乏必要的教育监管和准入门槛，那么，劳动教育基地将有可能演变为资本逐利的新的竞技场，不仅损害劳动教育的专业性，而且有可能削弱劳动教育基地的社会公益性，引发新的教育不公平。

3. 对现有各种可能的潜在社会劳动教育资源开发不够

建设劳动教育的社会实践基地要有效发挥现有的各种工厂、企业和社会所有生产和服务部门的劳动教育功能。就目前劳动教育社会资源的供给方来看，相当一部分是企业化的经济运作，即"人为"地在以往的各种田地、旅游场所的基础上加以简单改造而成，而各种真实的劳动生产部门并未有效加入劳动教育实践资源的供给当中。

（二）劳动教育与社会文化支持的观念冲突

正确劳动观念和劳动精神的培育毫无疑问离不开社会文化的支持。轻视劳动的思想存

---

① 李姣.青少年学生劳动教育中的问题与对策探索［J］.创新创业理论研究与实践，2019，2（21）：141-142.
② 蔡如军，车松玲.新时代中学生劳动教育的反思与优化［J］.中国德育，2019（22）：7-10.

在、误用劳动的方式存在、劳动与教育的衔接不当存在是当前劳动教育异化主要的影响因素，只有掌握这些问题的实质，才能有助于祛除迷雾，实现劳动教育本质的回归。①

首先，传统文化中的劳动等级观念依然不同程度地存在于当下社会当中，深刻影响人们对劳动价值的判断。当前劳动等级化的文化观念并未完全消失，不同人在劳动的环境、条件、收入等方面还存在着较大的差异，一些劳动岗位对人的身心还具有不同程度的压迫性。其次，"躺平"文化的出现在很大程度上将会影响年轻一代积极向上的劳动精神的培育。新时代劳动教育的发展路径应当厘清其价值取向是否具有政治性和工具性、课程标准是否笼统模糊。② 总体而言，社会"尚未形成全民崇尚劳动的社会劳动教育氛围，劳力者受制于劳心者的传统观念依旧存在"③。这就使得劳动等级化的观念依然有着其存在的现实土壤。

（三）劳动教育社会制度支持不够完善

社会制度对劳动教育的支持是一种深层次的支持。制度通过约束功能不仅能够影响人的行为倾向，而且还会影响到人的心理倾向。社会主义公有制的建立，为切实保障劳动者的权益，促进共同富裕提供了非常重要的制度保障。但是，当前我国仍处在社会主义初级阶段，这一基本国情决定了在社会制度建设方面还存在诸多不完善、不健全的地方，制约着劳动教育的健康开展。

1. 劳动-资本分配问题较为突出，呈现出不同程度的"强资本弱劳动"的问题

企业内部经营者、资本所有者占据分配主体，劳动在初次分配中的比重较低，劳资收入差距显著。

2. 劳资关系冲突时有发生，会影响学生对劳动者地位的认识

在劳资关系方面还存在着诸多不和谐的地方，一些企业还存在着用工不规范，没有签订相关劳动合同，致使劳动者的保险、医疗、教育等各项权益得不到有效保障的现实问题。

3. 非劳动收入在居民财产增值方面的贡献率远高于劳动收入

根据皮凯蒂等人的研究，1978—2015 年，我国居民财产-收入比由 115% 上升到 487%，居民财产增长速度显著高于收入增速。这意味着劳动性收入对居民总财产的贡献越来越小，而财产性收入（如利息收入、房屋租金）及资产的保值增值（如房价上涨）

---

① 赵荣辉. 异化与回归：反思劳动教育的存在状况 [J]. 教育学术月刊, 2012（11）：11-14.
② 王慧, 王晓娟. 我国中小学劳动教育发展的检视与思考 [J]. 河北师范大学学报（教育科学版）, 2020, 22（03）：36-45.
③ 王清涛. 中小学劳动教育课程化：价值意蕴、现实困境与路径选择 [J]. 教育导刊, 2020（04）：21-27.

更能决定一个家庭的财富多寡。① 这一情况的出现，同样会影响学生对劳动的意义和作用等方面的正确认识。

四、新时代构建劳动教育社会支持体系需要着力解决的问题

劳动教育对社会支持的需求是多方面的。就当前而言，在社会支持方面，特别是要增强物质支持的教育性、文化支持的一致性和制度支持的公正性。

（一）社会物质支持要突出教育性

劳动教育的有效开展当然离不开社会的物质支持。《意见》就十分强调充分利用社会各方面资源，为劳动教育提供必要保障。同时，要大力拓展实践场所，满足各级各类学校多样化劳动实践需求。然而，劳动教育本质上是教育，其所需要的物质支持也应该围绕着劳动的教育功能的充分发挥而展开。当前，在劳动教育的社会支持方面存在的经济、资本驱动过强的问题，这在很大程度上削弱了劳动教育的教育性，即这些物质支持缺乏教育的准入门槛和专业设计，不同程度地损害了教育的公共性。因此，完善劳动教育的物质支持，最为重要的就是要在相关劳动教育基地的建设中凸显教育的专业性和公共性。增强社会物质支持的教育专业性，这些物质支持本身应当发挥其在劳动教育中的育人作用。

（二）社会文化支持要强调价值取向的一致性

如果说社会物质支持主要保证的是劳动教育得以有效落地的外在条件，那么，社会文化支持则重在营造劳动教育得以顺利开展的良好舆论氛围。包括劳动教育在内的整个学校教育，都是在社会大环境中进行的。尤其是涉及思想认识、价值观念等方面的内容时，学校教育更容易受到社会文化的影响。当前，在劳动教育的社会文化支持方面，重点就是要确保整个社会形成"劳动最光荣、劳动最崇高、劳动最伟大、劳动最美丽"的正面、一致的教育价值环境。这就需要现有的劳动教育不能仅局限在学校和教育系统之内，而是从整个社会文化建设的角度来统筹劳动教育的社会文化支持。

（三）社会制度支持要体现制度的公正性

社会物质和文化支持的最终实现，必须以相应社会制度的切实完善为基本保证。在劳动教育的实施中，相关社会制度的变革与完善至关重要。严重的经济不平等和社会不平等通常与社会地位的不平等连接在一起，而这种社会地位的不平等鼓励地位更低的人们将自己看作下等人，也鼓励别人将他们看作下等人。可以说，当前劳动教育在社会支持、文化支持等方面遇到的困难、存在的问题，其根源都在于社会主义初级阶段我国有关制度的不

---

① Homas Piketty, Li Yang, et al. Capital Accumulation, Private Property and Rising Inequality in China, 1978—2015 [J]. American Economic Review, 2019, 109 (07): 2469-2496

完善、不健全。因此，通过不断健全和完善相关社会制度，切实保障劳动者权益，提高劳动在社会财富分配中的比例，最终实现社会治理现代化，不仅具有非常突出的政治意义，而且也具有非常重要的劳动教育价值。

新时代民办中小学教育发展的困境及破解策略

蔡科欣①

随着社会的快速发展和教育的不断深化，民办中小学教育在新时代面临着诸多挑战与机遇。民办中小学教育作为我国教育体系中的重要组成部分，对于培养多样化的人才和提升教育质量具有举足轻重的作用。然而，当前民办中小学教育发展遭遇了一些困境，亟待我们探讨有效的破解策略。本文旨在分析新时代民办中小学教育发展的现状、问题及破解之道，以期为相关政策制定和实践提供一定的参考。

一、民办中小学教育发展现状

近年来，我国民办中小学教育得到了长足的发展。据统计，截至2022年，全国共有民办中小学近3000所，在校学生数约500万人，约占全国中小学总在校学生数的15%。②这一数据展示了民办中小学教育在规模上的发展壮大，同时也凸显了其在教育体系中的重要地位。

二、民办中小学教育发展的困境

（一）政策支持不足

尽管国家对民办教育采取了积极鼓励的政策，但在实际操作中仍然存在诸多限制。例如，民办学校的审批手续繁复、税收优惠难以落实等，这些问题给民办中小学的创办和发展带来了一定的困扰。

在民办中小学的创办和发展过程中，政策支持不足是一个普遍存在的问题。虽然国家对于民办教育采取了一系列的鼓励政策，但是在实际操作中仍然存在诸多限制。例如，民办学校的审批手续繁复、税收优惠难以落实等，这些问题给民办中小学的创办和发展带来

---

① 蔡科欣，女，湖北省黄冈人，黄冈师范学院教育管理专业硕士，研究方向为教育管理理论与实践。
② 2022年全国教育事业发展基本情况［EB/OL］.（2023-03-23）［2023-11-12］. http://www.moe.gov.cn/fbh/live/2023/55167/sfcl/202303/t20230323_1052203.html.

了一定的困扰。

审批手续的繁复是制约民办中小学创办的一个重要因素。很多民办中小学在申请审批时需要经过多个部门的审核和批准,而这些审核和批准的程序往往十分繁复,消耗了大量的时间和精力。同时,一些地方还存在对民办学校的歧视和限制,使得民办学校在招生、考试等方面受到了不公平的待遇。

税收优惠难以落实也是影响民办中小学发展的一个重要因素。虽然国家对于民办学校有一定的税收优惠政策,但是在实际操作中却难以落实。一些地方对于民办学校的税收优惠存在限制和歧视,使得民办学校在税收方面承担了更多的负担。

(二) 市场竞争激烈

随着家庭教育观念的转变,人们对民办中小学教育的需求日益增长。然而,在激烈的竞争环境中,民办中小学教育机构面临着来自同行业的压力。如何在众多的教育机构中脱颖而出,吸引更多的学生和家长成为民办中小学教育机构面临的重要问题。

随着家庭教育观念的转变,人们对民办中小学教育的需求日益增长,这也带来了市场竞争的加剧。民办中小学教育机构不仅要面对来自同行业的竞争,还要面对来自国内外其他教育机构的竞争。这些竞争不仅带来了市场份额的争夺,也带来了教学质量、服务等方面的挑战。如何在众多的教育机构中脱颖而出,吸引更多的学生和家长成为民办中小学教育机构面临的重要问题。

(三) 办学质量参差不齐

在民办中小学教育快速发展的同时,一些问题也随之显现。部分民办中小学教育机构存在办学条件不达标、师资力量薄弱、管理不规范等问题。此外,由于一些不良商业行为的出现,使得一些民办学校在社会上产生了负面影响,导致公众对民办学校的信任度降低。

办学质量参差不齐是当前民办中小学教育发展中的一个突出问题。一些民办中小学教育机构存在办学条件不达标、师资力量薄弱、管理不规范等问题,这些问题直接影响了教育教学质量和学生的健康成长。同时,一些不良商业行为的出现也让人们对民办学校的信任度降低。

一些民办中小学教育机构为了追求经济利益而忽略了教学质量和学生的全面发展,这些问题不仅损害了学生的权益,也对整个社会造成了负面影响。此外,一些机构存在管理不规范、制度不健全等问题,这些问题也给教育教学带来了很多的不便和困难。

(四) 师资队伍不稳定

由于民办中小学教师待遇相对较低、工作强度大等原因,使得许多优秀的教师更倾向于选择公立学校。此外,民办中小学教师的发展空间和职业晋升机会也相对较少,这进一步加剧了师资队伍的不稳定性。

师资队伍不稳定是当前民办中小学教育发展中的另一个突出问题。由于民办中小学教师待遇相对较低、工作强度大等原因，使得许多优秀的教师更倾向于选择公立学校。同时，民办中小学教师的发展空间和职业晋升机会也相对较少，这进一步加剧了师资队伍的不稳定性。

三、破解策略

（一）优化政策环境

政府应该进一步简化审批手续、落实税收优惠政策，为民办中小学教育发展提供更加良好的政策环境。同时，加大对民办中小学教育的投入，提升其办学条件和教育教学水平。例如，可以设立民办教育专项资金，用于支持民办学校的发展和教育教学活动。

（二）加强市场竞争引导

政府应鼓励公办学校与民办学校开展合作，共同提升教育教学质量。同时，加强对民办中小学教育机构的监管，规范市场秩序，防止恶性竞争。例如，可以建立合作办学机制，通过资源共享、优势互补来提升整体教育教学水平。

（三）提升办学质量

民办中小学教育机构应注重内涵发展，要努力提升教育教学水平和人才培养质量。加强与高校、企业等的合作，共同培养具有创新能力和实践精神的人才。例如，可以与企业或高校建立合作关系，为学生提供实践平台和职业发展机会。同时还要注重校园文化建设，营造良好的育人环境。

（四）强化师资队伍建设

民办学校应该通过提高教师待遇、加强对教师的培训和管理等措施来稳定师资队伍。例如双师制度：由本校教师做教学辅导，再聘请一些优秀的教师做课程研发和教学研究，以提升教学质量。还要积极开展教学研讨活动，加强教师之间的交流与合作，提升教师的教育教学能力，这样才能够建立起稳定的教师队伍，从而为学生提供优质的教育服务。同时要注重教师的个人成长和发展，为教师提供良好的职业晋升空间和实践机会，激发教师的工作热情和创造力。

乡村教育家精神的时代内涵及培养路径

高志丹　李　威①

百年大计，教育为本，教育大计，教师为本。2023年9月9日，全国优秀教师代表座谈会议在北京召开，习近平总书记致信中强调：教师群体中涌现出一批教育家和优秀教师，他们具有心有大我、至诚报国的理想信念，言为士则、行为世范的道德情操，启智润心、因材施教的育人智慧，勤学笃行、求是创新的躬耕态度，乐教爱生、甘于奉献的仁爱之心，胸怀天下、以文化人的弘道追求，展现了中国特有的教育家精神。② 从"四有"好老师到"四个引路人"，从做"经师"与"人师"的统一者到成为"大先生"，从培养教育家型教师到弘扬教育家精神……习近平总书记一系列重要讲话和重要指示精神成为广大教师躬耕教坛、自我完善的方向引领。

这是一个呼唤教育家办学的时代！如果说教育家是时代的必不可少的模范，那么教育家精神则是当代教师的使命追求，是教育家的灵魂所在。研究乡村教育家的精神内涵以及培育路径，对于我国破解乡村教育发展难题、引领乡村教育方向、培育新时代的乡村教育家等方面具有积极意义。

一、我国乡村教育家的发展史与现状

1. 教育家与教育家精神

教育家（educator），是指通过亲力亲为的教育实践创造出重大教育业绩，对一定时期、一定范围内的教育思想和实践产生重要影响的优秀教育工作者，是一个用于描述高层次杰出教育人才的概念。③ 武汉大学前校长刘道玉（2021）认为，教育家是不能自发产生的，也不能自封，而需要具备一些条件：第一，必须挚爱教育，全心全意地献身于教育；

---

① 作者简介：高志丹，女，湖北大悟人，黄冈师范学院教育学院2023级硕士研究生，研究方向为教育经济与管理；李威，男，湖北蕲春人，复旦大学管理学博士，黄冈师范学院教育学院教授，研究生导师，明珠学者。

② 习近平致信全国优秀教师代表强调大力弘扬教育家精神　为强国建设民族复兴伟业作出新的更大贡献［EB/OL］.（2023-09-10）［2023-10-12］. http：//www.xinhuanet.com/mrdx/2023-09/10/c_1310740751.htm.

③ 沈玉顺."教育家"评价标准建构及其内涵解析［J］.上海教育科研，2010（09）：17-19.

第二，必须立志于教育改革，并以实验来推动教育改革；第三，要能够提出属于自己的独特的教育理念，并不懈地付诸实践，再把实践经验上升为理论；第四，要刻苦钻研教育名著，用于指导学校的教育改革；第五，必须发表或出版个人的教育学论著或专著。① 可见，教育家的标准是非常高的，但同时也具有非常强的实践性。

教育家精神是教育家在从事教育事业过程中体现出来的对教育的态度情感、价值取向和职业操守，它决定了教育家对教育的看法和行为取向。② 乡村教育家是教育家中的特殊群体，他们不同于一般意义上承担乡村学校事务管理的乡村学校校长，而是指那些有热爱教育的真挚情感、坚定不移的教育理想、敢于创新的教育胆识，能以乡村教育为志业，自觉自愿投入乡村教育实践并敢于突破各种困难来引领变革的教育家。

2. 我国乡村教育家的发展史

在我国近代教育发展历程中，曾涌现出陶行知、晏阳初、梁漱溟等一批积极投身于乡村教育与乡村建设的教育家。他们在领导乡村教育运动过程中形成了乡村教育家这一群体的精神特质，具体表现为他们以农为本，具有强国富民的教育理想；化民成俗，具有坚定的教育信仰；投身乡村建设，具有浓郁的桑梓情怀；理论与实验实践相结合，具有探索研究的革新精神。③

在当代，也涌现出不少乡村教育名家。他们扎根于乡村社会，利用有限的物质资源和特定的教育条件，致力于提高乡村教育水平和促进乡村学生的全面发展。在我国的实现教育公平和乡村振兴的事业中，他们发挥着不可忽视的重要作用。如云南省丽江市华坪女子高级中学的校长张桂梅，她在乡村一线教育中坚守了数十年。她推动创建了中国第一所公办免费女子高中，自2008年建校以来，已经帮助了1800多名女孩走出大山，走进了大学，用爱心和智慧点亮万千乡村女孩的人生梦想。

总之，乡村教育家是人民教师队伍中一支充满奉献精神的群体。他们以高尚的职业道德和坚韧不拔的意志品质不断推进教育观念的革新，为振兴乡村教育贡献自己的青春和热情，将一生的心血投入中国乡村教育实践中。他们为中国乡村教育事业作出了杰出的贡献，他们奉献自己、照亮他人的精神品质在中国教育发展史上熠熠生辉、发光发热。

3. 新时代我国乡村教育家不足的现状与问题

随着中国社会城镇化进程，农村人口向城市的单向化流动，农村社会的"空心化"加剧，区域教育不平衡依然存在。乡村教师不仅遭遇着专业境遇不利的困境，④ 也面临着

---

① 吴爽. 特立独行的教育家——刘道玉漫谈教育 [J]. 教育家，2021（52）：21-24，20.
② 王翠，刘娣. 教育家精神与教师精神长相的塑造 [J]. 教育评论，2016（07）：11-14.
③ 郝德贤. 论民国时期乡村教育家精神特质及其当代启示 [J]. 宁波大学学报（教育科学版），2017，39（05）：31-36.
④ 李森，崔友兴. 新型城镇化进程中乡村教师专业发展现状调查研究——基于对川、滇、黔、渝四省市的实证分析 [J]. 教育研究，2015，36（07）：98-107.

公共责任逐渐弱化,"知识精英分子"和政治影响力日渐式微的难题。① 乡村教师在乡村场域中的"退出",部分导致了乡村社会的文化欠缺和发展动力的不足。②

从现实看,乡村教师流失的情况依旧比较严重,有的地方把城镇学校教师"交流"到乡村学校任教;而教师评中、高级职称要有一年以上乡村学校任教经历,则让部分教师把到乡村学校任教视为"刷经历"。在大多数乡村教师面临着职业认同感不强、专业发展资源匮乏、职业倦怠感强、待遇环境较差等多方面的职业困顿时,出现乡村教育家更为困难,此时培育乡村教育家精神尤为重要。正如学者赵宪宇(2021)提出的观点,教育家应该在乡村获得证实。③

二、乡村教育家精神的时代内涵

教育家精神是教育家思想与实践的坚强支柱,是教育事业的理念引领和实践示范。习近平总书记将教育家精神内涵从理想信念、道德情操、育人智慧、躬耕态度、仁爱之心、弘道追求总结成六个方面,这同样也是乡村教育家精神的六个核心要义,构成了一个完整的理念体系。这六条要义不仅为乡村教育家的行为提供了指导原则,也为乡村教育的发展提供了方向。

1. 心有大我、至诚报国的理想信念

习近平总书记把具有心有大我、至诚报国的理想信念,放在了教育家精神内涵的首位。做一名好老师必须有理想信念,坚定的理想信念是教书路上的指路明灯。乡村教育家只有拥有不畏艰难、甘于奉献的理想信念,心里时刻装着祖国和人民,才能扎根农村办教育。只有在崇高坚定的理想信念的指引下,才能专注于乡村教育发展和实践活动,为乡村教育发展和乡村振兴不懈奋斗。

2. 言为士则、行为世范的道德情操

"师者,人之模范也,无德者无以为师。"立德树人是教育的根本任务,教师的一言一行都对学生有潜移默化的作用,乡村教育家应具备高尚的道德情操和优秀的道德品质。他们应该是道德的楷模和行为的规范,对学生起着示范作用,以身作则。

3. 启智润心、因材施教的育人智慧

"启智",意味着教师不能仅仅做知识的传播者、灌输者,而要成为学生学习的引导

---

① 曹二磊,张立昌.新时期乡村教师"文化使命"的式微及重塑[J].新疆社会科学,2019(03):86-91.

② 李小红,郭琪琪,杨苏梦.乡村教师专业发展的困境与纾解[J].当代教育科学,2022(01):77-85.

③ 赵宪宇.教育家应该在乡村获得证实[J].华人时刊(校长),2021(04):5.

者、合作者。教师要启迪学生智慧，带领学生探究真知，发展核心素养。"润心"，意味着教育承担着育人的责任，教师对学生的教导应做到"一个灵魂唤醒另一个灵魂"。乡村教育家只有创设有温度、有情怀的教育，才能让理想信念的种子在乡村学生心中生根发芽、拔节育穗。

4. 勤学笃行、求是创新的躬耕态度

教师是充满实践性的职业，要想做好"传道授业解惑"工作，就要有宽厚的知识素养，这就要求乡村教育家懂得教育规律，具有丰富的教育理论知识储备与较高的理论思维水平，能够站在巨人的肩膀上审视乡村教育及其未来发展；他们要懂乡村教育，懂得如何处理教育共性与乡村教育个性之间的关系，能够在扎实的乡村教育实践基础上开展乡村教育理论建构。而创新既需要知识的学习和积累，也需要思辨求真和开拓进取的精神，乡村教育家往往不满足现状，不墨守成规，总在为教育找寻通往更高层次的突破口。这就是乡村教育家的躬耕态度。

5. 乐教爱生、甘于奉献的仁爱之心

习近平总书记说："教育是一门'仁而爱人'的事业。"① 具有教育家精神的教师，无一不关心学生，爱护学生，唯有爱学生者，才会重视对学生灵魂的塑造。要成为乡村教育家，就要将心献给乡村孩子和乡村振兴，爱教育、爱学生、爱岗位，乐于教育、献身教育，有了这样的角色认知和身份认同，才能坚守住教育理想和情怀，才会有自我超越的信念和自我发展的动力。

6. 胸怀天下、以文化人的弘道追求

北宋教育家张载有云："为天地立心，为生民立命，为往圣继绝学，为万世开太平"②，"修身、治国、平天下"早已成为流淌在中华民族血液里的精神追求。乡村教育家应胸怀天下，心怀国家，心系家乡。乡村教育家有高远的追求和目标，博大的胸襟和开阔的视野。不仅关注眼前的教育问题，也着眼于乡村教育的长远发展。他们致力于推动教育的公平和普及，促进乡村社会的和谐与进步。

三、新时代乡村教育家的培育路径探究

（一）增加教育投入

政府应加大对乡村教育的投入力度，以改善学校的硬件设施，提高教师待遇，以及为乡村教育家提供良好的工作环境。这些投入不仅包括资金投入，还包括政策投入和人力资

---

① 习近平谈治国理政（第四卷）[M]. 外文出版社，2022：43.
② 张载集 [M]. 中华书局，1978：320.

源投入。在资金投入方面，政府可以通过设立专项基金用于支持乡村教育的基础设施建设、教学设备更新、教师培训等。同时，政府还可以通过购买服务、设立奖励等方式，鼓励企业、社会组织和个人参与乡村教育发展，形成多元化的投入机制。在人力资源投入方面，政府可以设立专门的乡村教育发展部门，负责协调和管理乡村教育发展工作。同时，还可以鼓励城市优秀教师、志愿者等定期到乡村学校开展帮扶活动，通过示范教学、教育培训等方式，提高乡村教师的教育教学水平。

（二）加强教师队伍建设

为了吸引更多的优秀人才投身乡村教育，我们需要从待遇和职业发展两个方面入手，提高乡村教师的社会地位和经济待遇。同时，建立健全教师培训体系，提升乡村教师的教育教学能力。在待遇方面，政府可以通过提高乡村教师的工资待遇、福利水平、住房保障等方式，增加乡村教师岗位的吸引力。同时，政府还可以设立奖励机制，表彰有突出贡献的教师，提高乡村教师的社会地位。在职业发展方面，政府可以建立完善的教师培训体系，为乡村教师提供更多的培训和发展机会。同时，政府还可以鼓励城市优秀教师、志愿者等定期到乡村学校开展帮扶活动，通过示范教学、教育培训等方式，提高乡村教师的教育教学水平。

（三）优化教育资源配置

优化教育资源配置是促进乡村教育发展的重要手段。政府应制定相关政策，优化城乡教育资源的配置，推动城乡教育均衡发展。例如，可以实施"学校—社区—家庭"联动机制，将更多的教育资源引入乡村。在城乡教育资源配置方面，政府可以通过政策倾斜、资金扶持等方式，加大对乡村教育的支持力度。同时，政府还可以引导城市优质教育资源向乡村流动，通过"结对子""手拉手"等方式，加强城乡学校的合作与交流。在"学校—社区—家庭"联动机制方面，政府可以鼓励学校与社区、家庭之间的合作与交流，通过开展文化活动、社会实践等方式，促进乡村教育的全面发展。同时，政府还可以鼓励企业、社会组织和家庭参与乡村教育发展，形成多元化的支持机制。

（四）深化教育改革

要打破传统的教育模式，引入新的教学方法和技术，为乡村学生提供更多元、更个性化的教育服务。同时，要关注乡村特色文化的传承和发展，将其融入乡村教育中。具体来说，可以通过以下几个方面深化教育改革：一是推行小班化教学。通过缩小班级规模、增加教师关注度、个性化指导等方式，提高学生的学习效果和兴趣。二是引入现代教学方法和技术。如多媒体教学、网络教学、自主学习平台等，丰富学生的学习方式和渠道。三是加强实践教学。通过建立实践基地、组织社会实践活动等方式，培养学生的实践能力和创新精神。四是关注乡村特色文化传承和发展。开设乡土课程、邀请民间艺人授课等方式，让学生了解和传承本地区的文化传统和价值观。

"双减"背景下城乡小学课后服务比较研究
——以黄冈市H县为例

王梦飞 陈中文①

一、问题的提出

随着"双减"政策的持续落地,为了解决中小学"三点半难题",缓解家长的教育焦虑,课后服务成为促进教育公平减负增效的有效策略。课后服务坚持自主自愿、公益普惠、协商共治、因地制宜的原则,在校内开展自习、阅读、体育、艺术、科普活动和丰富多彩的社团兴趣小组来促进学生全面个性化发展。那么,这两年城乡小学课后服务实施的效果如何呢?乡村小学和城市小学对比有哪些差距,我们还需进一步研究。

基于此,本文将根据文献研究、文本分析和个别案例研究对县域城乡课后服务进行比较,并在此基础上探讨出适合乡村小学课后服务未来发展的优化策略及城乡课后服务协调发展路径。

二、文献回顾

课后服务的发展随着时代的需求不断完善,学界也提出了一些优化路径。譬如,周玲(2021)认为课后服务应该采取自愿形式,由财政和家庭各自承担一部分费用,将义务教育阶段的学校老师作为服务的主要提供者并积极引进校外非学科类培训机构参与课后服务。② 刘慧琴(2022)提出课后服务评价体系,她认为课后服务质量的提升关键在于转变传统教育观念,改变一直以来以"唯分数论"为主导的学业评价体系。③ "双减"政策出台后,对于课后服务如何发展这一问题,学界也开展了一些讨论。贺芳、彭虹斌(2022)在其研究中认为,课后服务是为满足学生培育兴趣爱好、启发智力情感、提高综合能力等

---

① 作者简介:王梦飞,黄冈师范学院研究生,研究方向为教育管理;陈中文,管理学博士,二级教授,研究生导师,研究方向为教师政策、教师教育等。
② 周玲."双减"背景下的课后服务供给方式及质量评估 [J]. 中小学管理,2021 (12):35-38.
③ 刘慧琴. 课后服务治理的理论逻辑、现实境遇与实践路径 [J]. 河北师范大学学报(教育科学版),2022,24 (01):77-85.

需求而开展，应该依托现代互联网技术，协同政府、学校、家长、社会组织等多方主体共同推动课后服务向高质量方向发展。①还有一些学者意识到了乡村学校课后服务发展滞后问题，提出因地施策、健全课后服务机制。譬如，何经纬，严登才（2022）提出乡村学校要从自身具体实际出发，制定相应的课后服务机制措施来对乡村学校课后服务予以优化。②

从现有的文献来分析，大多数学者只单独研究了城市或者乡村课后服务的发展，而没有把两者进行比较和融合。党的二十大报告明确提出，"着力推进城乡融合和区域协调发展""全面推进乡村振兴，扎实推进乡村产业、人才、文化、生态组织振兴"。③ 乡村学校做好课后服务是提高乡村教育质量，促进城乡融合和区域协调发展的有效举措。所以，加快城乡教育资源共享，共建育人共同体，解决城乡教育发展不均衡问题，才能促进城乡教育一体化发展。

三、城乡小学课后服务差异比较

H 县有 106 所义务教育学校。其中初中有 23 所，小学有 83 所，并建有 24 所教联体核心学校。笔者通过对 H 县学校课后服务的文本研究和个案研究，从课后服务的目标、时间、课程内容、开展方式、服务主体和进展效果六个方面对城乡课后服务进行了比较。首先可以肯定课后服务对城乡教育的发展都起到了积极的作用，一定程度上解决了孩子的作业拖拉，无人指导问题，减轻了家长的负担。

特别是城市小学课后服务对于学生、家长和老师满意度都比较高，其课程之丰富涵盖了科学文化、体育、艺术、劳动实践活动和社团兴趣小组活动各个方面，促进了学生身心健康，提高了学生的综合素质。譬如，H 县第三小学开设了一些体育类社团；合唱团、书法、绘画、围棋和琵琶社团等文艺社团；一些独具地方特色的非遗黄梅戏社团、舞龙社团；适应时代发展的编程、创客和科普类社团，等等，来拓宽孩子们的视野。反之乡村小学的课后服务相对比较单一了，只开设了自习、课业辅导、跳绳、篮球、书法这些易于操作并且对学校设施和师资要求不高的活动。

其次，两者课后服务提供的主体也相差甚大。在与 H 县的一名村小老师访谈中，笔者了解到农村小学资源匮乏，设施不完善，课后服务只能由学校老师轮流负责。反观城市小学课后服务参与主体比较多元，由学校、家委会、社区、校外机构和社会组织来担任，多方协同的合力让城市小学能够以各种方式来开展课后服务。

上述之外，城市里的教育机制也相对乡村较为完善，城市小学在课后服务组织上分工规范，课后服务开展有序。譬如，H 县三小建立了课后服务督查机制，会对学生和老师课

---

① 贺芳，彭虹斌. 多方主体协同课后服务模式探究 [J]. 教学与管理，2022（01）：19-22.

② 何经纬，严登才. "脱嵌与重塑"：乡村学校课后服务实践困境及优化路径 [J]. 基础教育，2022，19（03）：59-68.

③ 中国政府网. 习近平提出，加快构建新发展格局，着力推动高质量发展 [EB/OL].（2022-10-16）[2023-07-07]. https：//www.gov.cn/xinwen/2022-10/16/content_5718812.htm.

后服务参与成果进行考评。然而乡村课后服务机制较为落后，存在责权不明，分工分配不均匀等问题。

表1　　　　　　　　　　H县城乡小学课后服务对比表

课后服务	城市	乡村	差异
目标	彰显学校办学特色，促进学生全面发展	以"唯分数论"、"不出事"、安全为主	价值理念存在差异，乡村受传统理念影响较深
时间	下午15:50—16:40 第一节托管 16:50—17:30 第二节托管	下午15:50—16:40 第一节托管 16:50—17:30 第二节托管	时间并无差异
课程内容	自习、课业辅导、阅读、体育、艺术、科普、劳动实践、丰富多彩的社团活动、地方特色非遗课程	以自习、课业辅导为主偶尔开设跳绳、篮球、书法课程	城市课后服务课程种类丰富乡村课后服务课程相对单一
开展方式	线上线下相结合，校内校外联动，家校社合作	线下开展	城市资源丰富方式多元乡村课后服务方式相对受限
服务提供主体	学校、家委、家长、社区、校外机构、社会组织	学校老师	城市课后服务主体多元乡村课后服务主体较为单一
效果	组织分工规范，课后服务开展有序 家长、学生，教师满意度较高 提高了学生综合素质 促进了学生身心发展	责权不明，分工分配不均匀 教师负担过重、家长重视度不高 一定程度上解决了孩子的作业问题 丰富了学生的校园生活	城市课后服务减负增效效果显著，乡村课后服务有一定的成效，但发展滞后，满意度不高

四、乡村小学课后服务滞后的原因探讨

（一）应试倾向依然严重，导致课后服务目标错位

课后服务的本质目标是在发挥学校教育主阵地作用的同时，家庭和社会与之配合，整体协同推进教育减负，努力实现学校教育提质增效和学生自由全面发展的目标。但是在长期的"唯分数论"等传统的教育观念的影响下，以及地理位置的限制，导致在乡村传播新的教育理念实效甚微。课后服务的目标定位明显偏向"学科导向"。[1] 部分领导认为开

---

[1] 许锋华，马祥．"双减"政策下乡村学校课后服务：意义、困境与优化路径［J］．当代教育论坛，2023（04）：98-107.

展这些文体类课外服务活动会影响学生的成绩，影响学校的升学率。也有领导认为开展各式各样的活动会对学生的安全造成隐患，因此不敢放开手脚去干。

家长的教育观念滞后和责任缺失也影响课后服务的有效开展。农村家庭父母文化程度相对城市的父母而言普遍偏低，忽视了儿童成长发展的重要性，认为学校应承担所有的教育教学责任。乡村留守儿童占比大，很多父母不能承担教育子女的责任。全国妇联发布的《全国农村留守儿童、城乡流动儿童状况研究报告》表明，全国农村 17 岁以下的留守儿童人数占农村儿童人数的 37.7%。长期的外出务工导致家长角色缺失，与老师的沟通也微乎其微，大多数留守儿童是由祖辈隔代照料。浓厚的传统教育观念使得他们误认为课后服务就是课内教学的延续，成绩进步才是衡量孩子发展的关键。

（二）教育资源短缺，教师负荷大

首先，课后服务的开展需要大量的人力、物力、财力的支持，但乡村教育基础薄弱，资源比较匮乏。课后服务从本质上来说属于一种准公共产品，并不属于义务教育阶段范畴，① 因此，政府对于课后服务提供的专项资金较少。况且乡村地区政府面临的财政压力比城市大，乡村小学很难在仅有的经费支出里增添课后服务经费的投入。这些都导致学校无力聘请校外机构和专员来开展科技、艺术类活动，学校设施、器材也难以更新，不能满足学生多样化的需求。其次是师资的匮乏导致理想的课后服务难以开展。受地域偏远、发展前景和薪资待遇影响，乡村教师数量少。课后服务的教师以本校教师为主。大部分村小教师要担任两门或以上课程，在完成日常教学后已经精疲力竭。加上很多乡村教师住在城镇每天来回通勤要花费较长时间，并没有足够精力投入课后服务。课后服务的开展也对老师提出了较高的要求，需要有科技、艺术、体育等方面的专业教师。这些都是很多乡村小学不能具备的条件。

（三）课后服务机制不够健全

首先，乡村小学课后服务分工运行机制未完全建立，组织上出现责权不明，分工不均等问题。有学生也谈到这个情况："课后服务基本就是自习，有时候班主任来看有时候科任老师来看。"由此可见，乡村课后服务缺乏规范的组织分工。其次监管制度未成体系，课后服务工作的责任主体模糊，进而导致课后服务的监管缺失、失位、错位。② 其次，农村地区在开展课后服务时缺少对教师的激励机制。很多学校没有针对课后服务的成效开展检查评比工作。一位村小教师反映："一开始大家都想把课后服务做好，但是慢慢发现做的好和做的一般的外界认可度区别不大。"很多乡村教师对于课后服务的积极性不高。另外，课后服务的效果需要通过课后服务评价了解。乡村小学教育质量大多是以升学率课堂效果来评价学生和老师，并没有针对课后服务建立一定的评价考核机制。

---

① 屈璐. 我国基础教育课后服务政策嬗变及展望 [J]. 现代远距离教育，2019（04）：14-19.
② 史大胜，李立，赵上宁，等. "双减"政策背景下小学课后服务研究：现状、问题与对策 [J]. 中国电化教育，2022（430）：17-31.

五、促进城乡小学课后服务发展的对策建议

构建城乡一体化发展是促进区域协调发展，促进教育公平的有效渠道。通过构建城乡教育共同体，加强城乡教育组织联建、师资联育、资源联享、活动联办、服务联动、发展联抓，逐步缩小城乡教育质量差距，实现教育均衡优质发展。

（一）循序渐进转变应试教育理念

无论城市还是乡村都或多或少地存在"应试教育"理念，尤其在农村地区，家庭和学校这种"唯分数论"式的教育理念已经根深蒂固，短时间内难以破除。我们可以逐步转变其教育理念。第一，我们可以利用网络媒体去宣传课后服务的正确价值理念。可以将城乡小学特色课后服务课程进行宣扬，城乡互相借鉴。譬如，乡镇小学也有农业实践课程和民间技艺课程的优秀案例。第二，学校和上级教育主管部门应该及时与家长沟通，或者定期举办讲座来帮助家长提升教育理念。第三，可以将学生综合素质作为期末考核的内容之一。这样可以同时增加学生和教师的课后服务开展的积极性。第四可以通过教联体等机制，让一些理念先进的年轻老师去帮助乡村学校开展课后服务工作。

（二）拓展资源渠道，因地取材

首先，乡村学校应积极寻求多元合作机会以扩大课后服务主体，构建起学校、家庭和社会等多元教育主体互惠共存的育人共生体。① 其中，退休教师、学生家长、校外机构、社会志愿者、非物质文化传承人，民间手艺者都可作为服务主体。其次，构建线上线下城乡联动的课后服务形式。通过搭建课后服务资源智慧服务平台来拓宽乡村学校资源渠道。借助平台媒介，通过远程协作式教学打造教师教学共同体和学生学习共同体，促进教育机构、城市学校的优秀教师与乡村教师的有机结合，以及城乡学生互帮互助。② 最后，可以基于当地自身情况来挖掘本土资源，充分利用乡土资源优势。乡村小学可以开设一些采摘、种植实践课，让学生从做中学，感悟生活。同时城市学生也可以到乡村跟乡村学生一起完成这些实践活动。

（三）完善课后服务管理监督机制

鉴于乡村小学出现分工不明，缺乏激励等问题。首先地方教育部门要针对乡村小学制定相应的课后服务质量标准，对课后服务目标、内容、实施和评价进行统一考评。其次，乡村学校要建立课后服务组织、督查、反馈和激励机制。打造课后服务多部门联合治理、

---

① 韩天娇，苏德. "双减"背景下学校教育提质的内涵、价值、路向[J]. 中国电化教育，2022（05）：42-48.
② 许锋华，马祥. "双减"政策下乡村学校课后服务：意义、困境与优化路径[J]. 当代教育论坛，2023（04）：98-107.

分工明确的课后服务政策监督平台。健全乡村小学课后服务考核评价标准和激励机制，严格规范课后服务人员管理、绩效考核、课程管理、教学评价等各个环节，避免形式化、随意化，提高乡村学校课后服务政策执行的积极性。① 实现乡村小学课后服务从"有"到"优"的可持续发展路径。

---

① 许锋华，马祥．"双减"政策下乡村学校课后服务：意义、困境与优化路径［J］．当代教育论坛，2023（04）：98-107．

信息化背景下农村小学教育
管理的问题及对策研究

余瑾萱[①]

随着信息技术的飞速发展，人们的生活已经进入了信息化时代。在这个背景下，农村小学教育管理也面临着新的机遇和挑战。信息化技术的应用可以促进教育资源的均衡分配，提升教育管理的效率和教学质量，但在实际操作过程中，农村小学教育管理仍存在一系列问题。本文旨在探讨信息化背景下农村小学教育管理中存在的问题，并提出相应的对策，以期为提升农村小学教育管理水平提供参考。

一、信息化背景下对农村小学教育管理的影响

在信息化背景下，农村小学教育管理可以受益于先进的网络技术，通过以下几个方面促进教育资源的均衡分配，提升教育管理的效率和教学质量。

(一) 网络平台整合优质教育资源

随着网络技术的发展，人们可以轻松地在网络上获取各种优质的教育资源。农村小学可以通过网络平台，例如在线课程、远程教育、数字化图书馆等途径，获取更多的教育资源。这些网络平台可以提供丰富的教学素材、课件、教材等资料，让农村小学也能享受到城市优质的教育资源，从而缩小城乡、地区之间的教育资源差距。

(二) 信息化技术提高教育质量

信息化技术的应用不仅可以提供更多的教育资源，还可以提高教育质量。例如，数字化校园管理系统可以实现学生学籍管理、课程管理、教师管理等多种功能的智能化管理，提高教育管理的效率和教学质量。同时，通过信息化技术，农村小学可以更好地掌握学生的学习情况、教师的工作表现等信息，为学校的教育教学提供更加准确的数据支持。

(三) 数字化校园管理系统实现有效沟通和资源共享

数字化校园管理系统可以实现学生、教师、家长、学校之间的有效沟通和资源共享。

[①] 作者简介：余瑾萱，黄冈师范学院研究生，研究方向为教育管理。

通过数字化校园管理系统，学生和家长可以及时了解学校和班级的各种通知、作业等信息；教师之间可以共享教学资源、协作备课等；学校可以更好地掌握师生情况、校园安全等信息。这种数字化校园管理系统不仅提高了教育管理的效率，还可以提升教学质量和学生的综合素质。

（四）信息化技术提高教育管理的科学性和精准性

信息化技术可以提供更加科学、精准的教育管理方法。例如，通过数据分析技术，可以对大量的学生数据进行分析，为学校制定更加科学的教学计划和决策提供支持。同时，信息化技术还可以实现学生心理健康监测、综合素质评价等工作的智能化管理，提高教育管理的精准性和科学性。

信息化背景对农村小学教育管理的影响主要体现在促进教育资源的均衡分配、提升教育管理的效率和教学质量等方面。通过积极应用信息化技术，农村小学可以获得更多的优质教育资源，提高教育质量，更好地满足学生的学习需求和发展需要。

二、农村小学教育管理中存在的问题

（一）教育资源匮乏

尽管信息化技术为农村小学提供了更多的教育资源获取途径，但实际上，很多农村小学仍然面临着教育资源匮乏的问题。其中最常见的问题包括缺乏先进的教学设备和软件，使得农村小学难以获取优质的数字化教育资源，无法满足学生的学习需求。此外，部分农村小学由于地理位置偏远、交通不便等原因，也难以与城市小学在教育资源上保持平衡。

（二）教育管理观念落后

在部分农村小学管理者中，对信息化技术的了解和应用还存在着观念上的误区和障碍。一些管理者认为信息化技术仅仅是一种工具，而忽略了其在教育管理中的重要作用。另外，一些管理者在推进教育管理信息化的过程中，过于注重形式，而忽略了信息化技术在提高教育质量和提升教育管理效率方面的作用，导致信息化技术在学校管理中的应用还停留在表面。

（三）教师信息化素养不高

在信息化背景下，教师需要具备一定的信息化素养才能更好地应用信息技术进行教学和管理。然而，由于缺乏培训和学习机会等原因，部分农村小学教师的信息化素养水平不高。具体表现为缺乏信息化技术的应用能力，无法有效地利用信息技术进行课堂教学、学生管理和家长沟通等。这也使得农村小学在推进教育信息化建设方面遇到了很大的困难。

农村小学教育管理中存在教育资源匮乏、教育管理观念落后和教师信息化素养不高等问题。这些问题不仅制约着农村小学教育质量的提高和教育管理的效率，也不利于学生的全面发展。因此,针对这些问题,我们需要采取有效的措施进行解决,以推动农村小学教育的健康发展。

三、对策研究

(一)加大投入,改善教育资源匮乏局面

政府应加大对农村小学的投入力度,在教育资源上向农村地区倾斜,以改善农村小学的教育环境和资源匮乏的问题。具体而言,政府可以增加对农村小学的教学设施、教学器材、教育软件的投入,提高教育教学设施设备水平。同时,政府还可以通过制定相关政策,鼓励企业、社会组织和个人对农村小学进行捐赠和支持,以丰富学校的教育资源。

此外,学校也可以通过与相关机构合作,引入更多的优质教育资源,弥补自身的不足。例如,学校可以与城市小学建立合作关系,通过信息化技术实现教育资源的共享;可以与高校或其他研究机构合作,引入先进的科研成果和教学资源,提高农村小学的教育质量。

(二)更新教育管理观念,提高信息化应用水平

农村小学管理者应加强对信息化技术的学习和了解,更新教育管理观念,提高信息化应用水平。首先,管理者应该认识到信息化技术对教育管理的重要性和作用,积极推广和应用信息化技术,提高学校的管理效能和管理水平。其次,管理者应该通过学习和实践,掌握信息化技术的应用技能和方法,具备对数字化教育资源进行筛选、整合和管理的能力。

同时,学校还可以通过开展各种培训活动,鼓励教师积极应用信息技术进行教学和管理,提升教学质量和效率。例如,可以组织信息化技术应用培训、教学软件开发和教学设备使用等方面的培训,提高教师的信息化素养和应用能力。此外,学校还可以建立数字化校园平台,为教师提供教学资源、教学管理、学生管理等方面的支持和服务。

(三)加强教师信息化素养培训,提高教师的信息技术能力

针对教师信息化素养不高的问题,学校应加强对教师的信息化素养培训,提高教师的信息技术能力。培训内容可以包括信息化技术的基本知识、应用技能、教育应用案例等。培训过程中可以采取多种形式和方法,如讲座、研讨会、实践操作等,以提高教师的参与度和实际操作能力。此外,学校还可以建立教师信息化素养评价体系,对教师的信息化素养进行评估和考核,以便更好地推进信息化技术在农村小学教育管理中的应用。

农村小学教育管理中存在诸多问题,需要政府、学校、教师等多方面的共同努力才能得到解决。通过加大投入、更新教育管理观念、加强教师信息化素养培训等对策的研究和应用,可以逐步改善农村小学教育管理的现状,提高农村小学教育管理的水平和质量。

小学数学中德育渗透的误区与对策

张伟奇①

一、引言

立德树人已经成为当前社会关注的热点话题，随着社会和教育的快速发展，把德育渗透到小学数学中，已经成为一个新的发展方向，并取得不少进展。但其渗透过程中出现的误区仍然存在且没有完全解决，因此对小学数学德育渗透的误区提出了新对策，进一步阐明了未来小学数学中德育的发展方向，可以作为德育在学科中发展的参考。

二、小学数学中德育渗透的意义

（一）德育的内涵

20世纪初，国家颁发的《中共中央办公厅、国务院办公厅关于适应新形势进一步加强和改进中小学德育工作的意见》谈到教育工作中一项刻不容缓的任务就是加强和改进中小学德育工作，提出了要整体规划学校德育体系，将德育与各学科的课程教学有机融合，着力增强中小学德育工作的实效性和针对性等要求。② 经查阅文献，众多学者对德育有不同的理解。王道俊把德育定义为：与伦理学体系中的德育概念（专指道德教育）不同，"教育学上的德育，则是相对于智育和美育来划分的，它的范围很广，包括培养学生的思想品质，政治品质和道德品质"③。党的十八大以来，我国确立了立德树人的根本任务，为各个阶段教学活动的开展树立了更加明确的前进方向。

（二）小学数学教学中渗透德育的意义

2000年，我国首次出现"学科德育"这一概念。其中明确了中小学开展德育时的相

---

① 作者简介：张伟奇，女，黄冈师范学院教育学院2023级硕士研究生，研究方向为教育管理研究。

② 中共中央办公厅、国务院办公厅关于适应新形势进一步加强和改进中小学德育工作的意见[J]. 江西政报，2001（08）：4-8.

③ 王道俊，王安澜. 教育学[M]. 北京：人民教育出版社，1988：330.

关要求，同时认为要将德育融入不同学科的教学活动，以此来实现德育的综合性，在此基础上优化德育效果。小学是学生成长进步的起始阶段，这个阶段学生对知识的汲取以及价值观的确立是非常重要的，因此小学各个学科中的学习目标包含的内容较为广泛。而数学是学生成长进步的基础学科之一，它为学生抽象思维的发展提供直接的引导和帮助，所以在小学数学中渗透德育是非常重要的。一方面，它培养学生品行。随着德育的渗透，学生能更深入地了解数学，不仅使课堂充满趣味性，而且还能激发小学生学习的积极性，培育他们的品行和素养。如果一节数学课从头到尾都是知识性的讲解，难免课堂氛围会枯燥，在教学过程中加入有趣的内容可以调动学生课堂上的活跃度和积极性。另一方面，它培养学生形成正确的三观。小学阶段是学生身体和心理发展的重要阶段，也是其道德品质和个性养成的初始时期。在数学教学中，教师应注重对学生的综合能力的培养，不仅要培养小学生迎难而上的优良品质，还让他们在学习中感受到世界的美丽，激发他们探究世界的兴趣，从而积极行动成为更好的自己。

三、小学数学中德育渗透的误区

（一）不注重对教材中德育内容的挖掘

高双曾经说过，教师对数学教材中的德育素材有时挖掘不深，渗透内容有时脱离学生的现有认知水平，数学思想和数学方法有时使用不当。其中未能科学运用数学方法是当前小学数学课堂中出现德育问题的重要原因。① 目前的数学教学中，有的教师受应试观念的影响，只重视学生考试技能的培养。在教学过程中，注重对学生数学知识点的学习和解题的训练。有的教师认为，德育工作不是数学教学的任务，而是思想品德学科的任务，是学校德育部门的责任，两者是没有必要的关系。在应试教育的影响下，部分教师对于数学目标的定位也是片面的，他们不注重对小学生进行正确价值观的培养，而填鸭式的教学使数学失去了趣味性，很难调动学生学数学的动力。另外教师在备课中没有充分分析新课标所提出的目标，也没有认识到其对促进学生学习产生动力的重要作用。不懂得挖掘数学教材中的德育素材，当然也不能更好地通过数学去进行德育的教育。

（二）忽视数学教学过程中德育情境的设立

不管是数学教学还是德育渗透，都应当根据学生的实际需要合理调整教学策略和德育方案，引导学生有效学习、健康成长。然而有的教师在数学教学中，只是一味地从数学内容出发，没有考虑到德育情境的实际需要，也没有考虑到学生实际情况的需要，德育的渗透并不能很好地契合学生的发展，无法对学生进行有效的指导。小学生思维的形象性，决定了他们适合于情境型教学模式。即在数学教学中，教师要在教学过程中建立德育内容的情境，强化学生直观的感受，才能调动学生自身的生活经验及知识积累，从而不断提高解

---

① 高双. 小学数学教学中德育渗透的缺失与重构策略［J］. 现代教育科学，2012（04）：43-44.

决问题的能力以及道德认知能力。然而有些教师在数学教学中脱离了学生的认知能力，在德育渗透环节教师通常采用理论说教的方式，而处于形象思维阶段的小学生对理论说教是不感兴趣的，也不会在心灵深处产生触动。这些教学方式都不符合学生的实际认知，同时很难理解德育理论，更不能产生切身体验。

（三）缺乏在数学教学实践中对德育的渗透

近几年来，习近平总书记曾多次提到立德树人的要求，因此很多小学数学老师都会有德育渗透的意识，但是落实在实践上还是比较缺乏。经查阅文献数据，张轶凡在教师问卷中显示，只有25.44%的老师了解新课标中对德育的要求，58.77%的老师了解一些，还有15.79%的老师不了解新课标中对德育的要求。① 由此可见，老师们对于在教学实践中渗透德育的做法只是停留在意识层面，对于学科德育渗透的具体目标要求没有深入理解，只是认为应该在学科教学中进行一些德育渗透，但是不愿意去采取相关的做法。随着社会和科技的不断发展，小学生接触网络内容也越发频繁，网络对学生品行的养成影响也越来越大。与此同时，家长们对自己孩子的要求越来越高，考试压力大，教师普遍感到很无奈，知识传授和后进生辅导占用了大量时间，没有精力去管德育。所以现在的老师是一种矛盾的心理，他们认为德育确实很重要，是所有老师应该担负的责任，但是却不愿意付诸行动。

四、小学数学中德育渗透误区的对策

有学者认为小学数学德育要充分挖掘教材中的德育因素，应用生成性教育来提升德育教学成果。② 因此针对以上几个误区，本文提出了以下三点对策。

（一）充分挖掘数学教材中的德育内容

挖掘数学教材中的德育内容是渗透德育的一个重要途径。教师可以从数学教材入手，结合学生的年龄特点和知识水平，把学生感兴趣的事物引入课堂，例如，我们常见的小鸟、小猫、小树等事物，还可以设计一些有趣的小游戏让学生们都参与进去，通过游戏让他们更容易理解自然界中除了有人类以外还有很多多姿多彩的生命存在，让他们切实体会到生命的意义。把德育融入小学数学课堂中是一种高效又实际的方法。把动植物融入进数学的教学中，让学生在理解的基础之上感受自然界中生命的意义，从而敬畏生命、尊重自然、保护自然，从小就让学生在思想意识上形成统一的认知，从而为他们营造一种良好的学习成长环境。在立德树人的教育背景下，积极发掘数学课程中的德育素材是必然选择，也是确保立德树人教育效果的重要保障。数学与现实生活的联系非常密切。小学数学教师不仅要完成常规的数学教学任务，还要把课堂内外的德育元素与小学数学知识相结合，提

---

① 张轶凡. 小学数学课堂德育渗透现状与实践策略研究［D］. 重庆：西南大学，2022：17.
② 魏连义. 小学数学教学中渗透德育的策略分析［J］. 新课程，2021（05）：226-227.

高小学数学德育的课堂地位，实现数学教学内容中德育元素的有效补充，进而丰富数学课程的育人功能。

（二）重视数学教学过程中德育情境的设立

小学数学的知识点比较枯燥，教学方法也比较单一，基本上都是板书讲解的方法。在这种教学模式下，德育渗透大多也只是通过教师讲授完成，大多数学生面对说教容易产生厌烦心理。而德育内容与小学生的日常言行紧密相关，对于他们来说，直观的体验可以使他们更好地感受德育知识和吸收德育内容，从而将德育品质融入自身言行，提升德育效果。基于此，在数学教学的过程中渗透德育时，教师可以运用情境创设的方法，从教学目标和内容出发创建情境，在情境中融入德育元素，让学生潜移默化地接受德育。小学数学教师需要充分认识到数学教学中德育的重要性，积极发掘数学课程中的德育元素，使其成为有效的教育资源，这样才能帮助学生更好地发展。对于一些看似和德育不相关的数学知识点，数学教师也可以在教学过程中设计教学情境，实现数学知识传授与德育渗透的有机结合，进而促使学生在数学课堂内外不断挑战自我，完善自我。这样生活化的教学情境，不仅可以激发学生对数学知识的求知欲，还可以渗透友情教育、亲情教育方面的德育元素，增强学生的人际交往能力，进而实现数学知识传授与德育目标的有效兼顾。

（三）在数学实践活动中促进德育渗透

数学是一门理论和实践相结合的学科，因此，小学数学教师除了在课堂上向学生传授知识以外，还应该引导学生在课外通过实践来应用知识。只有理论和实践相结合，学生才能真正地掌握知识，才可以提升学生的能力。所以小学数学教师应该在平时的数学教学中，对于德育内容的渗透也是如此，不能简单地停留在老师们的口头讲述中，而应该带着学生走出课堂，在实践中去运用和理解德育知识，真正提升学生的德育水平。因此，在小学数学的教学中一定要重视实践环节。教师也可以根据教学目标和内容设计相关的实践活动，让学生在实践过程中加深理解，给学生提供人际交往的机会，进而拓宽德育的渗透渠道，让学生从多个方面接受德育。小学数学知识比较贴近生活实际，因此课堂上的很多知识可以在课外实践中进行拓展和延伸，课外活动也是课堂教学的强力补充。教师在进行讲授时，可以根据学生们的兴趣爱好，将生活中经常看到的事物和景象融入数学的知识点，通过联系实际告知学生在遇到困境时应采取怎样的办法来解决，把道德品质的教育与教学的内容相结合，不仅让学生懂得道德品质的重要性，同时也让小学生懂得生命的意义，在实践的过程中了解到什么是好什么是坏，从小就让小学生的思想意识受到良好环境的影响，道德品质也可以得到良好的培育，最后保证德育在数学教学过程中得以真正落实。

五、结束语

学生具有向师性，所以教师本身的作为是很重要的。数学本身就是一门严谨的学科，所以在小学生的心目中，小学数学老师具有较高的威信，尤其当班主任是数学老师时，其能够更好地去引导和约束学生们的行为和思想，同时这也是促进德育工作开展的基本条件。因此，小学数学教师应该在日常的教学和德育工作中要以德立身，以人为本，时刻注意个人的言行举止，完善个人的品德修养积极充当学生德育学习与模仿的榜样。

初中英语语音素养及其培养探究

熊莹芬　张　静①

随着社会的快速发展以及科技的不断进步，英语的学习策略也在不断地改进。新课标英语课程改革，要求英语学科教师应注重从学生学习、生活经验、认识层次等方面入手，倡导体验式、实践式、参与式的教学方式，引领学生对英语的学习实现更深层次化。英语的学习一直以来是我国学生的弱势区域，在语言学习环境不断更新的条件下，我们需要不断地学习探究更高效及更易于被学生接受的学习策略及方式。本文将结合英语语音素养特征及源流分析，探讨英语教学在乡镇初中阶段面临的挑战及应对策略。

一、初中英语语音素养的内涵及其学习规律

（一）英语学科核心素养的内涵

由中华人民共和国教育部制定的《义务教育阶段英语课程标准》（2022年版）中明确指出核心素养是课程育人价值的集中体现，是学生通过课程学习逐步形成的适应个人终身发展和社会发展需要的正确价值观、必备品格和关键能力。英语课程要培养的学生核心素养包括语言能力、文化意识、思维品质和学习能力等方面。语言能力是核心素养的基础要素，文化意识体现核心素养的价值取向，思维品质反映核心素养的心智特征，学习能力是核心素养发展的关键要素。核心素养的四个方面相互渗透，融合互动，协同发展。

（二）初中英语语音素养的内涵

全面提高初中生的英语听说能力是提升初中生核心素养的重要组成部分，也是初中英语教学改革的一个长远目标。初中生的听说能力又与其口语水平息息相关，因此，提高初中生的语音水平进而提高口语能力自然成为全面提升其英语核心素养的基本要求。②语音知识决定了词汇的积累量和听力的成效，而语音的标准程度则决定了口语表达的效果，直

---

① 作者简介：熊莹芬，女，湖北黄冈人，黄冈师范学院教育管理学硕士；张静，女，黄冈师范学院教育管理学硕士。

② 孟莹，吴瑞. 核心素养框架下的音标法初中英语语音教学［J］. 开封文化艺术职业学院学报，2021，41（03）：193-195.

接影响着外界对个体语言能力的判断。因此，语音素养是英语学科学习的核心内容之一，是英语语言能力学习的重要基础，同时也是促进英语学科核心素养全面发展的关键因素。

（三）初中英语语音的学习规律

1. 认识音标及音素

汉语拼音是学习汉字的第一步，声母和韵母则是拼音学习的第一个环节，在这方面，同样作为语言学科的英语是与之相似的，即语音是单词学习的第一步，而音标和音素则是语音学习的第一个环节。

2. 结合音标及音素认识音节

音节是语言中单个元音音素和辅音音素组合发音的最小语音单位。英语音节是构成音步和音位短语的基础，通过对音节概念的理解会使我们更好地掌握每一个音位的发音。通过音节来把握音位的特点，通过音节的固化才能够更好地利用英语进行表达。

3. 根据音节识读单词

Harmer（1991：153）指出："如果说语法结构是语言的骨架的话，那么词汇则为语言提供了重要的器官和血肉。如果不用词汇，即使掌握了语法结构也决不可能表达任何意思。"姚玉红（2001：9）提到："很多研究表明语音意识水平高的学生可以记忆更多的单词，可以更准确地读出陌生单词的发音。"由此可见，单词不论是在英语的语言表达方面，还是其他方面，都有着举足轻重的影响。

4. 注意语音音调

同样的句子，不同的语调表达了不同的含义。为了准确地表达出正确的意思，掌握语音音调就是必修课。

二、英语语音教育的源流分析

（一）英语的起源

语音是语言的表现形式，语音的起源即为英语语言的起源。

据史料记载，约在公元 5 世纪中叶，居住在西北欧的三个日耳曼部族（盎格鲁人、撒克逊人和朱特人）侵犯英国。他们乘船横流北海，借罗马帝国衰落无暇东顾之机一举征服了英国。到公元 6 世纪末，英国原先居住的居民凯尔特人几乎灭绝，幸存者或逃入山林，或沦为奴隶。盎格鲁人、撒克逊人和朱特人说各自的方言。这些方言均属低地西日耳曼语，有许多共同之处，随着社会的发展，这些方言逐渐融合，形成了古英语，亦称盎格鲁-撒克逊语。

(二) 英语的发展

R. A. 赫德森（Richard Hudson）认为，语言变体又称语言或言语变异、语言或言语异体，是具有类似社会分布的一组语言项目。更易让人理解的解释是"语言变体是指具备相同社会特征的人在相同的社会环境中所普遍使用的某种语言表现形式"①。从社会语言学的角度看，一种言语变体（language variety or speech variety）也无非是一种语言的方言变体而已，② 而方言是全民语言在不同地域的变体。③

随着英国在世界各地建立殖民地和大力推行殖民地英语教育之后，这一由日耳曼方言演变而成的语言，逐渐在政治、经济、法律等领域占据了主导地位。在和当地语言文化的不断接触过程中，不可避免地受到诸多因素的影响，逐渐发生演变，形成了诸如美国英语、加拿大英语等大量的地域变体。因为英式英语或美式英语这两种英语的主流变体，也是公认的标准英语，是长期以来中国英语教学的规范。

(三) 英语教育在我国的发展④

1. 中国早期英语教育

1858 年中英签订《中英天津条约》，中国正式将英语教育提上日程。1862 年开办京师同文馆，京师同文馆是清末第一所官办外语专门学校，也是中国历史上第一所正式英语教学组织。尽管当时已出现教会学校、同文馆，但是英语教学的规模依然很小，效果甚微，而且长期处于被动落后的局面。

2. 民国时期的英语教育

自 1912 年至 1945 年 30 余年间，民国政府接二连三地颁布学制，三番五次地改变课程设置。事实上各地各类学校并没有完全执行，而是根据自己的实际来解决课程设置等问题。此间中学教育的特点是：英语一直是最受重视的学科。这一时期的师资队伍比较雄厚，多县立中学的英语课由留学生担任，其中不少人拥有学士学位。在教学方面，由于受英美学制的影响，初中阶段都比较重视听说读写的全面训练。

从总体上看，这一时期的中学毕业生英语水平还是理想的。

3. 新中国时期的英语教育

中华人民共和国成立以后，教育受到了应有的重视，英语教育取得了突飞猛进的发展。与以往相比，这时期的外语教育的突出特点是办学规模大，教学质量高，教学理论和

---

① 祝畹瑾. 社会语言学概论 [M]. 长沙：湖南教育出版社，1992：77.
② 何兆熊. 梅德明. 现代语言学 [M]. 北京：外语教学与研究出版社，1999：127.
③ 邢公畹. 语言学概论 [M]. 北京：语文出版社，1992：83.
④ 李良佑. 中国英语教育史 [M]. 上海：上海外语出版社，1988：149.

方法的研究进展迅速。中华人民共和国成立后,由于国家政治、经济形势的变化,各个时期英语教育的发展各不相同、发展速度快慢不一。

三、当前乡镇学校初中英语语音素养培养面临的问题

(一)教师方面

1. 教师自身语音素养问题

语音素养是指一个人在言语过程中表现出来的语音综合素质。包括对音素与单词的发音、语调、话语节奏(句子重音模式、音的连读、音的同化、省音与缩约、弱读等方面)知识的掌握情况和综合运用的熟练程度。① 由于各种因素的影响,我国语音教学长期以来未落到实处,很多在职的专业英语教师自身的语音素养也是堪忧的。中学是培养学生英语素养的关键时期,而英语教师素养是影响学生英语水平的重要因素之一。那么对于英语教学中的语音部分,更要求教师有专业的英语知识,以及较高的语音素养。在现在的众多乡镇学校,因为教师的紧缺,对英语教师的语音素养要求并不高,甚至几近无要求,这无疑直接影响着学生的语音素养的培养。教师的语音素养也将直接反射在学生的英语学习中。

2. 教师培养学生语音素养的意识欠缺

不但教师自身的语音素养水平影响着学生的语音学习效果,其对语音学习与教学意义的认识水平也影响着语音教学的行为和效果。就目前来看,乡镇学校的绝大部分英语教师仍在执着于应试教育,并没有注重学生的语音素养的培养,使得学生的语音意识淡薄。随着新课标的登台,从 2022 年 4 月《义务教育阶段新课程标准》的颁布实施以来,不少地区已经着手对新课标的培训与学习,且绝大部分学校已经开始对各学科教师作出相对应的要求。然而,很多身处乡镇学校的教师们,并没有接受相对应的专业解析,他们的思想并没有接受新理念的洗礼,很难去改变个人"一贯的"教学模式和教学风格。

3. 教师队伍缺乏专业提升与政策实施方案学习

随着新课改的推行,各方面对英语教师作出了新的要求。这固然是好的趋势,但是各部门并没有对教师的专业素质方面展开培训和学习。以黄冈地区实行的英语新中考政策在学校的推行情况为例。新中考已经将口语部分纳入了考试,总分为 40 分,要求学生能够按要求回答问题,进行简单的对话交流并能够围绕某个主题展开简短的论述。这样的政策和要求自然是引起了所有英语教师对英语口语的注重,然而在日常教学过程中,很多教师依然不清楚到底该如何有效地开展语音教学以及如何提高学生的口语表达能力。

---

① 周向东. 农村初中英语教师语音问题研究 [D]. 武汉:华中师范大学, 2014:17.

（二）学生方面

1. 家庭环境

家长对待学生的学习态度对学生产生影响。很多家长未必能满足学生在学习上的需求，部分家长甚至认为将孩子送到学校就算是履行教育义务，学生的学习责任全部在于教师，对孩子的学习情况、学习能力、在学校中的生活一无所知。

2. 学校环境

乡镇初中学校的教学条件有限，没有语音学习室，没有外籍教师等，本身就与城区的学校有很大的差距。而且课外活动较少，很多设施设备也不够先进，学生的知识拓展受到严重的限制，课余生活枯燥乏味，导致学生的学习能力得不到有效的发展，教学情况自然也不容乐观。在大多数乡镇初中英语教师看来，相比较而言，词汇和语法比语音更重要，这也是英语考试的重中之重，应试教育式的教学模式使学生的语音意识淡薄。

3. 社会环境

与城市学生相比，乡镇学生的生活环境有很大的局限性，尤其是在外语语言运用能力培养这方面。乡镇学生在日常的生活中，几乎看不到相关的英语提示词或宣传语，也几乎听不到任何日常英语的表达，也没有第一语言为英语的外籍人士可以交谈或交流，这对乡镇学生学习英语也是一种极大的挑战。

四、解决当前初中英语语音核心素养培养面临的问题的策略

（一）提升乡镇英语教师的语音培养意识

乡镇初中是学生英语正式学习的初始阶段，是英语语音起步的阶段，没有良好语音素质的英语教师对于学生未来的英语学习影响是深远的，但事实是乡镇英语教师中目前有相当一部分英语教师的语音状况离良好还有相当的距离，要改变这种现状，必然要求他们与时俱进，努力提升自身的语音能力。要改变农村初中英语教师在语音方面存在的问题，让他们转变思想是首要的任务，有必要让他们充分认清目前英语教育变革的严峻形势，必须让他们认识到英语语音在英语教学中具有不可替代又不可忽视的重要地位和价值，进而正确、全面、客观地认识到自身存在的语音问题，提前做好准备，明确学习目标，有的放矢地加强自身的语音学习，通过自学、向专家学、向同行学、通过电视网络媒介学等多种途径系统地学习英语语音知识，苦练英语语音基本功，切切实实地提升自己的英语语音素养和口头表达能力，给乡镇学生创造更加优越的英语学习环境，激发出更多乡镇学生更大的英语学习正能量。

(二) 加强乡镇教师的语音培养力度

良好的语音素养可以通过全面掌握英语发音体系的知识和充分系统的语音实践而获得。学校领导以及相关机构应该重视本校英语教师的语音培训，教师不仅要接受培训，而且还得要求学有所得。学校或者相关机构可采取一定的考核方案，让接受培训的教师足够重视每一次的语音培训和学习，全力提升自己的专业能力。同时，培训专家也应在培训过程中对共性问题进行集中教学，对个性问题采用个别指导，从而提高受训者的培训效果。语音培训专家与受训教师通过相互间的交流，一方面可让教师对受训的内容有更深入的了解，掌握更切合实际的、适合自身教学环境的教学方法与技巧，另一方面教师对自身所存在的问题及在教学实践中所遇到的困难有更深一层的分析与理解，有利于提高其自主学习和分析解决问题的能力。

(三) 保证英语教师的专业对口

专业不对口是大部分乡镇学校普遍存在的问题。因为部分学科教师的紧缺，哪个学科教师短缺就任职哪个学科，尤其是新进教师。自古就有"闻道有先后，术业有专攻"这一说法。不具备英语专业知识的教师在各方面都会存在问题。不少接受调查的转岗英语教师表示，上英语课有很大的困难，不知如何把握英语课堂，口语表达能力差。其语音问题更加突出，语音语调不准，语音知识匮乏。最后将直接导致学生出现这样或那样的语音问题，如发音不准、未掌握连读技巧、语调使用不当、以汉语节奏朗读或说英语，等等。

(四) 全面提高学生的语音意识

在开展教学活动时，教师要培养学生使用工具书查找陌生单词的习惯，还要通过音标教学来提高学生的拼读能力，组织合适的游戏活动，激发学生的学习兴趣，提升学生的语音能力。当然，最重要的是，教师应转变自身观念，认清英语语音意识训练在英语教学中的地位，真正将以学生为中心的教学理念落到实处，把语音学习的主动权归还给学生，让自己多一点静待花开的耐心，逐步培养学生良好的语音能力。教师还要重视语音学习评价，让学生在肯定的评价中不断进步，在语音意识养成的过程中享受英语学习的乐趣。

文化堕距视域下"超级中学"的底层逻辑与转型发展研究*

黄 方①

近年来,超级中学内卷化现象愈演愈烈。然而目前为止,学界尚且没有对超级中学有明确的定义,但都一致认为,超级中学具有规模大、升学率高、教育资源集中的特点。根据地域的不同,超级中学大致可以分为两类:城市超级中学与地方超级中学。城市超级中学一般位于省会城市或经济发达地区,如人大附中、华师一附中、成都七中等;地方超级中学一般位于县市或经济欠发达地区,如衡水中学、毛坦厂中学等,它们是应试教育的产物。根据办学主体的不同,超级中学分为公办、市场机制作用下自然形成的民办和由政府、学校及市场合力打造的混合性质三种类型。② 根据高校形态的不同,超级中学可以分为五种类型:传统名校型和应试教育型、大学附中型、外国语学校型和转制学校型。③ 结合前人的研究,本文认为超级中学是在社会转型中,由政府、市场和个体共同作用形成的,以规模巨大(人数超过3000)、师资力量雄厚、升学率极高为特征的普通公办高级中学。本文主要研究的是地方超级中学。

一、超级中学的前世今生:背景与变革

(一)超级中学的历史背景

超级中学是我国社会转型中高中教育发展到一定阶段的客观产物,其产生离不开社会的发展与变革。在中华人民共和国成立初期,我国教育水平落后,各行各业百废待兴。1959年,教育部指出:"要全面加大投入,建设一批具有国际影响力的重点学府,以满足

---

* 基金项目:2022年湖北省教育科学规划重点课题"湖北省县域普通高中发展提升的难点和推进路径研究"(课题编号:2022GA073)。
① 作者简介:黄方,女,湖北武汉人,黄冈师范学院教育学院2022级硕士研究生,研究方向为教育经济与管理。
② 李醒东,崔梦恬. 社会学视阈中的超级中学现象解析 [J]. 教育科学,2016,32(05):26-30.
③ 王丽霞. 超级中学的类型、存在问题及治理 [J]. 教学与管理,2016(19):14-16.

国家对高素质人才的需求。"① 这为超级中学的产生创造了前提条件。1977年，我国教育界发起了一场重要的科学与教育讨论，并最终作出了重新恢复高考的重要决定。这标志着高等教育系统重新启动，从此，开启了整个教育系统的新篇章。高考制度的恢复使中国高等教育重新步入了健康发展的轨道，高中教育也迎来了高速发展期。1999年教育部发布了《教育部关于积极推进高中阶段教育事业发展的若干意见》要求，"加强示范性高中的建设，扩大示范性高中的招生规模，努力满足人民群众对高质量高中阶段教育的需求"②。这为高中扩大规模提供了历史契机，一批重点高中不断发展、壮大，并完成了高中阶段的扩招，超级中学的雏形逐渐显现。2012年，党的十八大提出，"努力办好让人民满意的教育，全面实施素质教育，基本普及高中阶段教育"。在城镇化建设的过程中，一些率先发展起来的高中逐渐集中了一个地区的优质教育资源，超级中学应运而生。

（二）超级中学的发展现状

目前，学术界对于地方超级中学现象主要持有两种观点：第一，批评。杨东平（2012）总结了超级中学的五宗罪，即破坏区域间教育生态环境、损害教育公平、主张应试教育和升学率。还有部分学校存在着收取高额择校费、大班大校的教育隐患。③ 他认为，超级中学导致了"县中沦陷"，他们以全力追求高考升学率为目标，这严重地违反了教育方针和国家的相关要求，超越了教育规律。④ 金琳琳（2021）提出了超级中学的三大危害：大规模教学弱化学校育人功能、教育分层加剧社会不公平、办学模式强化应试教育导向。⑤ 李昕、罗凯杰（2021）通过分析"衡水模式"指出，超级中学公私嵌合侵蚀了公办学校的公共职能；由于不正当竞争而产生的虹吸效应，直接导致教育供给从普惠转向集中；虽然以教育产业化带动了经济的繁荣，但尚未形成长效反哺效应；资本运作导致教育产业化与公益性的冲突更加突出。第二，理性。周洋（2011）认为超级中学的良好环境应该是我们目前高中教育水平的集中体现。⑥ 郭文婧（2013）表示一味地对超级中学进行舆论审判并不会有多少实际意义，需要调控，但不必急于定论。⑦

因此，无论何种类型的超级中学，都是客观存在的社会现象，反映了我国不同地区对教育的不同需求。不同类型超级中学的产生是受地区间经济发展的不平衡、资源分配的不合理、技术的落后等多种因素共同作用的结果，而地方超级中学的转型除了受上述因素的制约，更受到观念、制度、价值观等意识形态层面的桎梏。

---

① 吴愈晓. 教育分流体制与中国的教育分层（1978—2008）[J]. 社会学研究，2013（04）：179-246.
② 教育部. 关于积极推进高中阶段教育事业发展的若干意见 [EB/OL]. (1999-08-12) [2022-12-27]. http://www.moe.gov.cn/srcsite/A26/s7054/199908/t19990812166063.html.
③ 韩杨. 超级中学的发展问题及对策研究——基于河北省的调查分析 [D]. 河北师范大学，2022.
④ 甘莹，刘俊仁. 教育公平视域下超级中学现象探析 [J]. 教育探索，2015（02）：6-9.
⑤ 金琳琳. 教育生态学视域下超级中学的问题探究 [J]. 教书育人，2021（10）：9-11.
⑥ 周洋. 超级中学未必不是好事 [J]. 课程教材教学研究（中教研究），2011（Z6）：86-87.
⑦ 郭文靖. 超级中学要调控，但不必急于定论 [J]. 生活教育，2013（12）：31-32.

二、超级中学的当下生存：社会需求与自身发展的悖论

美国社会学家威廉·菲尔丁·奥格本（William Fielding Ogburn）认为，在社会变革的过程中，物质文化与科学技术的变迁往往以较快速度更新和发展，而制度与观念等部分的变化则相对较慢，这就产生了一种延迟的现象，这种延迟产生的差距即文化堕距。在社会的变革与发展中，意识形态领域的发展往往滞后于社会的发展，教育体制和制度也往往比较稳定，难以应对快速变化的社会环境。教育作为一种制度和方法，需要跟随社会的发展而不断更新自身，但是部分地区的教育制度和方法还比较滞后，因此，产生了有地域之分的超级中学。

（一）超级中学的社会需求

超级中学形成之初，确实为我国培养了大批人才，为社会主义建设作出了巨大贡献。而当今在推行素质教育的过程中，超级中学举步维艰。一方面，尽管超级中学存在各种弊端，但对于出生在普通人家的孩子，只有通过一场相对公平的考试来改写自己的命运，突破阶层的壁垒，进入超级中学学习仍是大多数县域、农村等高中生向上流动的主要通道。有些地方超级中学不仅没有改变原来的应试教育的理念，还办起了分校，甚至还有外地学生万里求学，这部分中学被披上了一层神秘的"外衣"。尤其是当前我国教育资源配置不均，依靠升学淘汰来实现人才选拔犹如一场角斗，而学生及家长只能竭尽所能地为自己赢得更多的教育资源和教育机会。家长只能挤破头为孩子争取些许的教育资源和升学机会，他们甘愿孩子在严格的管理制度下勤学苦读，在大浪淘沙的社会中崭露头角，方可到金字塔上层占得一席之地。① 超级中学既满足了当前学校人才选拔和分类的趋势，也反映出当前很多家长虽然对超级中学的严格管理存在质疑，却也执着于将孩子送往超级中学的无奈。

（二）超级中学的自身发展

当前，超级中学破坏了基础教育的公平，导致区域间、城乡间、校际间的教育生态失衡，学生"苦读"、教师"苦教"的教育模式，严重损害了师生的身心健康，偏离了国家选拔人才的初衷。在"应试教育"的办学理念下，超级中学的学生规模大、班级数多，且班容量较大，这些都会加大学校的管理难度，给日常教学活动开展带来困难，难以保证教学质量，同时也容易导致一些学生心理问题的出现。② 有研究表明，超级中学的教育垄断对全国各省份高中教育质量具有显著的负向影响。随着教育垄断程度的提高，本省份高

---

① 陈秋苹，梅子寒. 高中阶段教育政策供给缺陷及其纠正 [J]. 教育理论与实践, 2019, 39 (02): 19-21.
② 教育部. 关于积极推进高中阶段教育事业发展的若干意见 [EB/OL]. (1998-08-12) [2022-12-21]. http://www.moe.gov.cn/srcsite/A26/s7054/199908/t19990812166063.html.

中教育质量将会显著下降。① 事实上，凭借"掐尖"打造出教育名牌，是以牺牲一个地区教育发展的空间与活力为代价，长此以往，其他相对弱势的普通高中将难以生存，县中"塌陷"更加不可逆转，进而造成阶层固化，封锁贫寒学子向上流通的通道，影响社会的稳定和谐。

三、超级中学的转型之路：合理性与必然性

无论是从国家培养人才的目的还是从学生的个人发展的角度来说，地方超级中学都面临着必须转型的境地。从国家层面来说，如今，我国正处在科学技术和经济结构的转型升级时期，这带来了对高素质劳动者需求的日益增长，地方超级中学的培养模式虽然能够在短期内培养大量具有顽强拼搏、吃苦耐劳等优秀品质的劳动力，但他们的智慧与才能只能满足较低层次的产业需求。因此，超级中学应肩负起培养拔尖创新人才的使命，从而提升我国整个后备人才的质量。如果我国地方超级中学模式不转型的话，我们将培养出大量中低技术岗位的人才，我国高科技产业将始终处于世界经济链条的中低端环节。

从个人发展的角度来说，随着高考改革的不断深入，我国名校本科生生源的录取途径也发生了重大改变。从 2023 年清华大学、北京大学、复旦大学等高校的生源占比来看，特殊类型的招生几乎有一半的占比，高考改革正从知识中心转向素质中心，招生改革从统一录取走向以统一录取为主，同时根据人才培养需求实施分类化、多样化录取的趋势。名校越来越倾向于选拔综合素质较高且基础学科拔尖的创新人才，现有地方超级中学的教育模式显然无法适应这一变化。

四、超级中学的转型与发展对策

教育不仅要推动社会发展，更要引领社会发展。超级中学的出现带有一定的历史必然性，因此，我们必须清醒地认识到，超级中学的转型之路既不能操之过急，也不可任其发展。无论采取何种措施，都不能脱离社会与文化环境。

（一）改革选拔体制，变新文凭取向

超级中学反映了当前考试制度与选拔体制的深层次问题，"内卷化""学历贬值"都是选拔体制的功利化与文凭化作用的结果。纵观我国各类型的人才选拔和招聘入职，文凭变成了第一块"敲门砖"，一些原本大专或者本科就可以完全胜任的岗位，但由于竞争者过多，只能通过提高学历进行筛选，学历功能异化的弊端尤为明显。因此，要转变超级中学的负向功能就需要从改变现有的选拔体制入手，顶层设计者应充分考虑社会需求与人才的适切性，加大考试分流的作用，让不同类型的人才都可以发挥其聪明才智，找到合适的

---

① 郭丛斌，徐柱柱，张首登. 超级中学：提高抑或降低各省普通高中的教育质量 [J]. 教育研究，2021，42（04）：37-51.

赛道。其次，改革高校招生制度，采取多元化考试制度替代单一的笔试。最后，互联网等媒体应发挥积极作用，倡导社会形成正确的"名校观"，形成科学、正确的价值观，理性看待"高考状元"等现象，让名校回归育人本质。

（二）转变社会观念，创新教育模式

随着我国教育体系的不断发展，社会各界对高中阶段教育模式的科学性和多样性的需求也越来越大，当前地方超级中学的教育模式和教育效果难以满足人们对于高中阶段教育高质量发展的需求，还引发了人们对于超级中学未来发展的担忧。一方面，教育模式应该考虑学习者的特长、偏好、志趣等，充分关注学生心智结构与学科的深层文化结构之间的匹配度。另一方面，教育模式应增加对学生实践能力的考量。提高中学生整体的综合素质，侧重于培养学生在实际情境中运用知识和技能来解决实际问题的能力，以及在他们感兴趣或表现出特长的领域，合理规划达成目标的路径并将其成功实现的能力倾向。首先，政策制定者应在对高中阶段教育模式有充分认识的基础上，加强相关政策和素质教育的融合发展，引导社会树立正确的教育理念和意识。其次，办学者和教育者无论从办学理念、学校管理还是教学实施上，都要发挥"以人为本""以学生为中心"的核心观，尊重学生的志趣爱好，营造宽松愉快的学习氛围，创造民主平等的师生关系。

（三）发挥学校特色，扩大资源供给

当今，地方超级中学单一的培养模式已经不能适应时代对人才的需求。政府等职能部门应加大对新型小规模学校和薄弱学校的扶持力度，实行教师轮岗流动制，保证欠发达地区的资源配置，使区域教育生态均衡化发展从客观环境上扭转由于资源不均造成的超级中学的恶性发展；坚持禁止跨区县招生，原则上本地区学生就近入学，为县域中学的发展留下空间。学校管理者应深挖本地区特色教育资源，开发校本课程，促进学科之间的相互融通，保证不同类型高中课程内容的多样性；教师应提高自身教育教学水平，打造名师方阵，为提升教育质量保驾护航；坚持因材施教的育人原则，全面提升学生的整体素质。社会也需要对地方超级中学转型保持更加开放和宽容的态度，营造宽松的社会氛围助力超级中学的顺利转型。

"校园文化建设"背景下
农村中小学现代化学校治理模式研究

何华美 陈 思①

学校治理现代化，是新时代我国教育改革发展的重大课题，也是学校发展到现阶段的必由之路。《中国教育现代化 2035》在 2019 年颁布后，随着教育现代化进程的加快，学校治理现代化逐渐提上日程，受到越来越多的关注，一些地区和学校也开始大力进行学校治理现代化的实践探索，并取得了一些经验。② 但在实践中由于各主体对学校治理现代化含义的理解以及对学校治理现代化意义的认识有待深入，对学校治理现代化实施的把握还不甚明了，尤其是落后偏远的农村地区中小学，所有的这些问题都在一定程度上影响着学校治理现代化的推进。继两会教育热点促进教育公平与质量的提升，加大农村义务教育薄弱环节建设力度，近年的政府工作报告中，"教育公平"和"教育质量"一直都是教育改革的核心词。继续加大对教育的投入，在追求高质量教育体系与现代化发展的进程中，不断转变新时代教育理念，深化教育体制改革，促进教育公平，提升教育质量。学校立身之本在于立德树人，学校的办学目标在于立德树人而检验办学质量和水平的根本标准在于立德树人的实现程度。学校的治理目标是培养人，造就人，以立德树人为方向，把立德树人作为治理活动的出发点和落脚点。③ 教师作为人类文化的传递者主要通过在学校担任某门学科的教学向学生传递知识，教育学生。学生在学校学习的具体课程有一定的育人功能，它属于显性文化。隐性文化对学生的影响也是不可忽视的，甚至比显性文化更深远持久。

一、农村中小学校园文化建设的现状及问题分析

(一) 校园文化建设的不足

已有研究发现有不少办学条件差的学校，只能基本完成教科书规定的教学课程，无法

---

① 作者简介：何华美，女，湖南衡阳人，黄冈师范学院教育管理硕士研究生，研究方向为教育管理理论与实践、教师专业发展；陈思，女，河南新乡人，黄冈师范学院教育学院副教授，硕士研究生导师。
② 郑金洲. 学校治理现代化：意义探寻与实践推进 [J]. 河北师范大学学报（教育科学版），2021, 23 (01): 70-77.
③ 邱发见. 边远地区农村中小学开展校园文化建设的实践研究 [J]. 中国教育学刊, 2020 (S2): 9-10.

完成甚至没有校园文化建设活动。① 对于不少偏远农村中小学而言，校园文化建设意识缺乏，农村环境建设落后，使得校园文化建设开展难度大。在贫困地区，学校对学生而言不仅是校也是"家"，也是幼小心灵接触最多的社会。② 部分学校仅仅关注校园的文化环境建设，缺乏特色与活力，校园文化建设布局看起来合理，起到了净化、绿化、美化的作用，但却缺少特点，没有实行动态管理。

（二）有丰富的校园文化活动，但内涵不深，成效不大③

近年来，国家为改善和支持农村学校的办学条件，对这些学校给予大力的经费支持，但更多的学校文化建设工作主要在特色学校中开展，或者为了参与学校文化建设合格评比的需要，校园文化建设流于形式，成效不明显。学校领导对校园文化建设意识还不够，不能深刻意识到文化建设对学生的重要性，不能很好地理解文化建设的内涵，目光短浅。多数学校的校园文化建设没有体现校园文化的多层次、多内容特点，没有从拓宽学生知识面，改善知识结构，培养学生的表达能力、交际能力、组织管理能力方面入手，培养学生的参与意识、竞争意识，促进学生的个性发展，增强学生的自尊心、竞争意识、成才意识。

（三）对校园文化中的隐性课程作用认识不足

不少学校认为校园文化建设仅仅是只花钱不产生效益的事。④ 事实上，校园文化包含的隐性课程的内容，会对学生产生潜移默化的影响。校园里几乎到处都是隐性课程，如校园里的宣传橱窗、黑板报等宣传内容都是隐性课程。隐性课程起着"随风潜入夜，润物细无声"的作用，在不知不觉中影响、鼓舞激励着学生。有的学校只注重宣传表彰那些学习上的精英，宣传的初衷是激励在校生努力学习，但是由于宣传上的片面性，很容易让学生感到成绩不佳就不光彩，客观上起着危害学生心理健康的作用。

二、校园文化建设问题产生的原因

（一）受应试教育影响严重，很少注重与素质教育关系密切的校园文化建设

由于普职分流政策的实施，中考成为初中生学业生涯中一个重要的转折点，初中生学业压力大、学业负担重。各农村中学开设了重点班针对重点班学生进行专门的培训，并配备了优秀的师资为升学考试作准备。由于父母以及老师都寄予了厚望，因此他们关注考试较多，把升学考试看作改变命运的一次机会。片面追求学业成绩，而较少关注其他方面的

---

① 洪樱. 民族地区中小学校园文化环境建设探析 [J]. 教学与管理, 2014 (30): 60-61.
② 薄官昌. 特色文化建设: 提升学校办学境界的关键 [N]. 中国教育学刊, 2011 (S2): 40-42.
③ 郭婵英. 现阶段中小学文化建设存在的问题与对策 [N]. 教学与管理. 2007 (33).
④ 黄新国. 探索以"校园文化"为核心的学校治理模式 [J]. 教育教学论坛, 2014 (02): 1-2.

发展，素质教育与应试教育很难同时兼顾。

（二）实践探索不足，校园文化的认识浅薄

据调查，很多学校除了文艺活动就很少探索其他的校园文化，校园文化建设薄弱，对校园文化缺乏探索，流于表面，没有充分发挥文化建设的功能，也没有意识到文化建设的深远而重要的影响。学校经费的拮据也制约了校园文化活动向高层次和高质量及其深度和广度发展。学校办学资金有限，有限的资金用于设备等其他方面的文化建设关注少。

三、校园文化建设的基本策略

校园文化分三个层次：第一层是看得见摸得着的环境文化，包括雕塑、亭阁、绿化等景观以及橱窗、墙壁、标语等显性文化。第二层是管理文化和行为文化，包括学校的教育思想观念、学校体制、课程设置、各类学生文体活动等，第三层是校园文化中的核心部分即精神文化，包括精神追求、价值关系、人际关系、文化氛围等。①

（一）着力提升师生对建设特色校园文化的认识水平②

首先，提升管理者的认识水平。特色校园文化是打造一所品牌学校的突破口，代表着学校建设迈上更高一层。名校之所以美丽且经久不衰，就在于其能始终坚持和弘扬自身的优秀文化传统，并通过不断选择、调整和积淀，形成更高境界的校园文化，由此透射独特的感染力和凝聚力。其次，提升师生的认识水平。教师需要在平常的授课以及班级活动组织与学生的交谈等各个方面影响学生，发扬校园文化的积极因素，找到它的消极因素并进行整改和完善。最后，提高学校文化活动层次和水平。

（二）加强制度文化建设，突出特色文化

学校应该建立起一套规则和制度以便对学校各级领导教师进行管理。进一步完成组织建设，为校园文化提供组织保障，加大培训力度，使少先队、团干部培训系统化。充分发挥学生的力量，少先队加强培训，发挥学生中权威人物的影响力，带动其他学生积极参与。开展简单又有时效性的活动。这类活动能最大限度地保障学生的参与度，达到活动预期的目标。发挥学生社团的独特作用，充分调动学生的积极性，促进学生自主管理，自主服务。

（三）全面开展校风、教风、学风建设

充分挖掘隐性课程的育人价值。校风代表一个学校良好的精神面貌，是学校的一个品牌，很多学校都以良好的校风声名远播，教师的教学能力、名师团队的打造对一个学校的

---

① 周武杰. 以文化引领的学校治理模式 [J]. 职教通讯, 2016 (23): 1-2.
② 薄官昌. 特色文化建设：提升学校办学境界的关键 [N]. 中国教育学刊, 2011 (S2): 40-42.

教学质量也是至关重要的。学生的学风代表了整个学校学生的素质，也是学校教师教学质量的集中体现。建立校园网络文化，传递先进思想和时代最强音，重视中小学校园文化研究。

四、湖南农村中小学校园文化建设

校园文化是一种软性文化，在学校治理中，校园文化起到了中流砥柱的作用。首先校园文化具有凝聚作用。校园文化能够整合全校师生的共同价值取向和整体信念，使得全校师生凝聚成一体，将责任感和使命感赋予每一个学校成员。其次，校园文化具有激励作用，校园文化对师生的行为和思想有一定的激发作用。校园文化的熏陶和教育能够使青少年学生接受正确的思想引导，影响他们的思想道德和行为规范。因此，校园文化具有引导作用。① 校园文化建设直接影响显性教育和隐性教育的实现。教育家苏霍姆林斯基认为校园环境是完备的教育过程中必不可少的条件，是对学生的精神世界施加影响，培养学生的观点信念和良好习惯的手段。

湖南省农村中小学校园文化建设遭遇的问题：第一，资金投入缺乏，设备落后。偏远农村的学校甚至出现了教师一对一、一对二的教学方式。就读率低必然导致资金投入有限，设备有限，尽管教学环境、教室等环境得到了改善，但是学生人数少的现状导致很多多元化的校园活动没法高效开展。第二，校风、教风、学风有待改善和加强。改善校风学风的关键因素在于教师的教导，学校的栽培。鉴于农村地区中小学骨干教师流失问题严重，政府和教育主管部门应尽快出台骨干教师的优待政策，解决待遇偏低的问题。为此，国家应建立农村边远和艰苦地区中小学教师的特殊津贴制度，以吸引和稳定优秀教师到该地区任教，保证偏远农村地区的孩子也能享受到较好的教育。② 农村学校很多留守儿童的祖辈教育观念落后，只是把学校当成一个供养孩子的场所，对于学习成绩或者学生的品行不太关注。所以家长的意识也要提高，与教师立场一致。很多农村学校的孩子普遍缺乏关爱。若老师能做到真正地关爱学生，学生也会发自内心地认可老师，乐于接受老师的教育和指导。

五、关于农村中小学校园文化建设的反思

（一）开发校本课程并融入实践劳动等内容

湖南广益中学开发了校本课程"开心农场"，它有利于学生品德养成。③它是一种社

---

① 黄新国. 探索以"校园文化"为核心的学校治理模式 [J]. 教育教学论坛，2014（02）：1-2.
② 范先佐. 教育经济学 [M]. 北京：北京人民教育出版社，2019：545.
③ 张跃民. "开心农场"校本课程开发与实践 [J]. 当代教育理论与实践，2015，7（09）：11-12.

会综合实践活动，有整合资源的功能。通过"开心农场"校本课程的学习与实践，学生将所学知识运用于劳动之中，既加深了对课堂知识的理解，又能在劳动中培养学生的优良品质。如正确的劳动观念，热爱劳动，尊重劳动，珍惜劳动成果艰苦朴素，团队合作精神，集体荣誉感培养了他们正确的人生观、价值观，加强了德育的针对性和实效性。这些是思想品德课中单纯地靠说教难以做到的。

（二）开展关于校训、校歌、诵读经典等活动和竞赛

加强优良传统文化学习响应新教改的要求，给学生以思想文化熏陶，陶冶情操。在开展这些校园活动的过程中积极教育学生，正面引导学生感悟传统文化的真善美，并适时针对校园的一些消极现象给予正面教导使其达到最佳效果。充分发挥学生的潜能和优势。比如某所学校开展了特色班体育类如冰球、击剑、轮滑、跆拳道、足球、武术、高尔夫、马术等。音乐表演类如枫叶合唱团、非洲鼓少儿舞蹈、播音主持等。鼓励学生积极参与，在活动中增进与同学之间的交流，形成一种良好的氛围，有助于学生健康人格的形成。

（三）教师与校领导的关系，以及教师课堂语言行为方式等隐性因素对学生的影响

教师与领导的关系是命令式的还是民主式的也直接影响着学生的人际交往。教师课堂语言神态评价方式等对学生产生重要影响。教师能处理好这些问题学生的管理从而很大程度上减轻了学校治理的压力，也为现代化学校的治理做了良好的铺垫。最后，学校应当定期开展文化交流活动，让学生在班会上分享自己近期做的好人好事，教师可以根据学生的个人表现给予奖励，开展德育标兵评比活动，以此形成良好的班级氛围，共同分享文明发展成果，推进学校文化建设工作的开展。①

总之，学校应当主动适应当前的教育发展趋势，利用文化建设与传播工作彰显本校所具有的独特魅力，以此推动我国教育事业的发展。以"校园文化"为核心的学校治理模式并不是一个生硬的、具有约束性的管理模式，而是软性的、共鸣的方式，需要学校充分发挥校园文化的引导力和影响力，以提高学校教学质量和管理水平服务，从而实现现代化学校治理。②

---

① 甘宇凯. 2022教育教学与管理成都论坛论文集：（一）[C]. 成都：中国智慧工程研究会智能学习与创新研究工作委员会，2022：18.

② 周武杰. 以文化引领的学校治理模式[J]. 职业通讯，2016（23）：1-2.

家校社协同育人机制的价值意蕴、实践阻力和优化路径

段 悦[①]

家庭、学校和社会的协同育人是当今教育领域的热点话题。家校社协同育人强调家庭、学校和社会应该建立伙伴关系，共同对学生进行全面系统的教育。这种育人机制的价值意蕴在于它能发挥各育人主体的优势，使学生成长在一个和谐融洽的环境中。2021年3月颁布的《中华人民共和国国民经济和社会发展第十四个五年规划和2035年远景目标纲要》提出"健全学校家庭社会协同育人机制"，将"家校合作"拓宽到"家校社协同"，强调重视社会教育。[②] 2021年10月23日发布的《中华人民共和国家庭教育促进法》明确提出要"建立健全家庭学校社会协同育人机制"，进而真正形成长效育人合力，落实立德树人根本任务，推动新时代教育高质量发展。[③] 2023年1月，教育部等十三部门发布的《关于健全学校家庭社会协同育人机制的意见》指出"健全家校社协同育人机制事关学生全面发展健康成长"[④]。可见，多方政策、法律文件均强调实现协同育人需要家庭、学校、社会多元主体共同承担责任，通过协作促进学生的全面发展。

但是实践中家校社协同育人也面临一些阻力，如家长对学校教育的不理解、学校和家庭对社会资源利用不足等。为更好地实现家校社育人机制，我们需要通过加强各主体之间的交流配合、建立科学的责任机制、丰富社会育人资源等途径不断优化和创新家校社协同育人的路径。本文拟通过分析家校社协同育人的价值意蕴、剖析实践中存在的阻力因素、提出完善措施，为家校社协同育人的有效实施提供参考。

一、构建家校社协同育人机制的价值意蕴

家校社协同育人机制是指家庭、学校、社会三大重要育人主体在促进青少年成长成才

[①] 作者简介：段悦，女，湖北鄂州人，黄冈师范学院教育学院硕士研究生，研究方向为教育管理理论与实践。
[②] 程呈. 论新时代党的教育方针的创新发展及其意义[J]. 郑州师范教育，2021，10(01)：5-10.
[③] 葛道凯. 高质量教育体系的使命、动力及建设思路[J]. 教育研究，2022，43(03)：26-30.
[④] 范蔚，何盼. 我国家校社协同育人研究综述——基于近十年的期刊文献分析[J]. 教育科学论坛，2023(29)：16-19.

方面，紧紧围绕立德树人根本任务，在教育过程中发挥各育人主体的优势，最大限度地实现要素互通、功能互补、影响互促等，使得家庭、学校、社会思想一致、目标一致、行动协同，通过各阶段、各环节、各要素之间的有机融合，共同最大化增进育人效果的过程。① 至少包括以下四个方面的价值意蕴。

（一）有利于以教育公平促进社会公平

教育公平是社会公平的基础。新时代人民对美好生活的向往赋予了教育公平新的时代内涵——更公平、更高质量的教育。提升家庭教育水平、促进家长参与子女教育是全球性趋势，更是我国建设高质量教育体系的战略支撑。学校视角的传统实践对家长能力差异和家庭相对学校的制度性不对等缺少足够的观照，可能导致社会不平等通过教育延续。② 构建家校社协同育人机制，有利于推动多元主体密切联系，整合各方教育资源，实现优质教育资源的共享，提高教育质量和效益，以教育公平促进社会公平。

（二）满足受教育者对完整生命体验的需要

人的成长过程本质是受教育过程，完成这一过程必须借助于来自家庭成员、学校老师、朋友伙伴和承载人类文明成果的经典等精神力量的支持。当前，人们对教育的需求不再仅仅停留于生存层次，教育增进生命体验的需求越来越旺盛，这离不开学校、家庭与社会的密切配合。构建家校社协同育人机制，由不同的教育主体对不同时期与不同环境的学生进行引导和监督，实现育人在时间与空间上的连续性，才能真正在体现"终身教育"的同时满足受教育者完整生命体验的需要。

（三）落实立德树人根本任务的必然选择

立德树人是教育的根本任务。健全家校社协同育人机制，培育良好的社会道德风尚，是落实立德树人根本任务的必然选择。需要从教育的各主体、各环节、各领域出发，发挥各自优势，实现协同配合，形成以学校教育为主导，以家庭教育为依托，以社会教育为补充的多元治理体系，助力孩子健康成长。③

（四）增强教育面对风险考验的韧劲

置身于百年未有之大变局，教育系统正在经历来自国内外的各种风险考验。当前，要建立有效的学校家庭社会协同育人机制，以增强教育韧性。教育政策的顺利执行必然需要政策目标受众的良好协商与共同认可，而家校社协同育人新模式则涵盖了家庭、学校、社区等大多数政策目标群体，构建家校社协同育人机制，有利于以其协同性、高效性、全面

---

① 黄文姬. 建立健全家校社协同育人机制 [J]. 学习月刊，2022（09）：40-42.
② 李佳霓. 家校社协同育人的实践困境与路径分析 [J]. 文教资料，2023（02）：187-190.
③ 张雪松. 双减政策下家校社协同育人机制的构建 [J]. 齐齐哈尔师范高等专科学校学报，2022（02）：31-34.

性促进国家教育政策落实。①

二、构建家校社协同育人机制的实践阻力

目前家校社育人模式受到主体育人观念差异、角色关系模糊等诸多内外部因素的影响，面临着合作困境、资源困境、信任困境等实践阻力，究其原因如下：

（一）家庭层面：主体责任缺失，对自身的教育责任认知模糊

家庭是孩子的第一所学校，家长是孩子的第一任老师，需要给孩子讲好"人生第一课"，引导他们扣好人生第一粒扣子。② 目前，部分家长对家庭教育的方式方法掌握程度不够。

一方面，部分家长教育观念淡薄，把学校视为唯一的教育场所，自己没有积极履行教育责任的意识，他们受到大众传媒的影响和文化水平的制约，追求"佛系育儿"，认为"我的孩子快乐就好"，倾向将育人工作全部"让渡"于学校，这种"放养"的教育方式直接影响孩子的自信与自尊，导致孩子变得自立性差、不爱思考，形成对任何事物都不上心、无所谓的态度，同时家长这种消极、被动的态度使家校合作停留在表面，无法达到预期效果。③ 部分家长缺乏专门的家庭教育时间。忙于工作，对孩子的学习状况和心理问题缺乏了解，没有主动教导孩子。他们在学校教育中缺乏参与感，很少与学校主动沟通交流孩子的在校表现，对学校教育要求不明确。另一方面，多数家长"唯分数论"，过分关注孩子的学业成绩，将分数作为评判学生的唯一标准，产生"择名校"焦虑，进而盲目跟风补习。家庭教育过于追求功利性结果，只重视成绩的提高，忽视了学生的全面发展。这些问题的根源在于家长对自身教育责任的认知不清，没有意识到家庭对孩子成长的关键作用。

（二）学校层面：沟通机制不健全，对学校教育功能认知泛化

教育广义上是指有目的性的培育人的社会活动，而狭义上特指学校教育。目前对学校教育功能存在认知泛化，阻碍了协同育人理念的发展。

第一，家校沟通机制不健全。近年来，通过对协同育人模式的研究与探索，家长、教师等的协同育人意识有所提升，但在具体的家长会、校园开放日等家校合作实践活动中，学校普遍只采用简单灌输的方法，进行单向式成绩汇报，仅把一些观点、方法告知家长，

---

① 李海龙，李广海. 中小学家校社协同育人的价值、困境与实现路径 [J]. 教学与管理，2022 (24)：1-6.
② 贺承瑶. 建立家校社协同育人机制 [J]. 群众，2021 (23)：65-66.
③ 陆云泉，刘子森，杨双伟，等. 学生成长共同体：家校社协同育人模式的实践探索 [J]. 人民教育，2022 (01)：60-62.

双方缺乏细致的针对性沟通，导致双方对于学生成长问题的交流无法深入。①

第二，学校将自己看作教育的主导者，缺乏与社会教育的配合。受应试教育思想的影响，一些学校忽视了家庭与社会参与学校教育的重要性，认为只有课堂才是学生的"学习之所"，对学校的日常工作和决定含糊其辞，不将具体情况告知家长，甚至成为教育的"独裁者"，严重影响家校社协同合作。

（三）社会层面：对教育资源的价值理解窄化，缺乏专业的社会教育工作者

随着国家对社会教育的重视与推进，社会教育已然成为构建学习型社会、终身教育体系的一种重要途径，然而当前社会教育资源的发展受到诸多因素的制约。

第一，对教育资源的价值理解窄化。尽管人们的教育观念随着时代发展而进步，但由于受升学压力、应试思想等影响，在实际生活中，文化课程依然是老师与家长最关注的问题，"唯分数论"难以改观，导致学生课后作业负担重，对社会教育资源的使用率不高，社会活动参与率也较低。

第二，社会教育工作者的专业性需要提升。家校社协同育人三方人员在专业水平方面存在差距，社会教育缺乏专业的相关人才，存在专业性不强、方法不当等现象，很难真正发挥好社会教育的重要作用。②

第三，区域分配不均衡。教育资源在区域间的分配不均衡体现在东部与西部，城市与乡村，同一个地区不同层次的学校之间。大城市有博物馆，偏远山区却连最基本的师资都无法保障，这种社会教育资源的分布不均也是导致社会教育收效甚微的原因之一。

三、家校社协同育人机制的优化路径

机制是指系统中决定各要素存在状态的运作原理和过程。构建家校社协同育人机制，需要明确家庭、学校和社会之间的关系，充分发挥学校教育的主导作用，家庭教育和社会教育的补充和完善作用。

（一）优化沟通渠道，促进家校社发挥教育合力

学校应发挥桥梁作用，积极引导家长与社会参与教育。一方面在线上建立三方同频交流平台，以互动形式取代单方告知形式，避免沟通信息失真；另一方面在线下通过开展亲子活动、校园开放日等方式做好家长的教育指导服务工作，实现面对面的良性互动，改变多数人印象中"只有学校才是育人主体"的错误认知，坚持"协助不包揽、带动不代替、

---

① 范蔚，孙榕谦，杨霞．家校社协同育人中教师角色的重塑与调适［J］．北京教育学院学报，2023，37（02）：15-22．

② 郑秋艳．家校社协同育人，教师大有可为［J］．人民教育，2021（12）：16．

到位不越位"的原则,推动完善家庭学校社会协同育人机制。①

(二) 完善监督体制,构建多元化评价体系

"教育评价事关教育发展方向,有什么样的评价指挥棒,就有什么样的办学导向。"② 必须改革学校的教学评价制度,加强对学生的全面素质评估,让教师和家长摒弃"唯分数论"思想,构建多元化评价体系。家庭要充分发挥监督和支持的作用,从总体上把握"学生的全面发展",并且要从个性化的角度出发,注重学生道德修养和品质方面的培养,同时要配合、支持和监督学校教育,积极加强家校合作。各地区需要把家校社共育情况纳入督导评估的指标体系中,完善监督体制与问责机制。家校社明确各自的权责界限,各司其职,健全学校家庭社会协同育人机制。

(三) 强化资源协同,推进协同育人机制创新

学校、家庭以及教育主管部门可以利用互联网、大数据等技术建设智能教育创新、教师发展协同创新等家校社协同育人资源平台,借助数字平台集思广益,围绕信息化教学变革与应用、教育信息技术创新、教师教育创新等领域进行理论研究与实践探索,推进协同育人机制创新。③ 学校要主动开放校园资源,建立家校互动平台,吸引家长参与学校管理和教学活动,加强家校交流。家庭要提供个性化育人资源,如传授文化艺术等特长,开放自主空间供学校教学使用,丰富学校教育形式。社会力量可以捐建公益图书馆、博物馆等公共教育场所,开发在线课程资源,供学校和家庭灵活选择。鼓励充分利用社区资源,如邀请专业人士到社区进行公益讲座指导。建立家校社通力合作机制,共同开发、共享、优化区域教育资源,防止重复建设和浪费。通过资源整合创新,打造立体化的育人环境,促进协同育人机制不断优化,使各主体优势得到充分发挥。

(四) 充分发挥政府作用,实现社会教育资源均衡化

我国不同地域教育资源分配不均衡,影响了家校社协同育人效果。因此,我们需要合理统筹社会教育资源。

首先,要解决教育公平问题。教育公平是社会公平的重要基础,教育领域的公平应优先于其他领域的社会公平而得到发展。政府应加大对教育资源薄弱地区的投入,通过增加财政转移支付、优化教育资源配置等方式,缩小区域教育发展差距。例如可以针对偏远农村地区增加信息网络建设投入,改善信息技术教学条件。政府应建立健全覆盖城乡的终身教育体系,让不同地区的公民都能平等享受教育资源。可以通过远程网络教育、移动教学

---

① 程建坤,严从根. 坚持划界与互融 健全家校社协同育人机制 [N]. 中国社会科学报,2022-12-02 (004).

② 中共中央 国务院印发深化新时代教育评价改革总体方案 [J]. 广西医科大学学报,2021,38 (09):1634.

③ 赵凌云,胡中波. 数字化:为智能时代教师队伍建设赋能 [J]. 教育研究,2022,43 (04):151-155.

等方式，方便农村及偏远地区居民接受继续教育。

其次，政府应建立社会力量广泛参与教育的机制，发动社会资源支持教育事业。政府部门可通过购买服务、提供税收优惠等方式，鼓励社会组织及企业投入教育资源建设。政府部门应加强部门协调配合，形成工作合力。政府部门可建立常态化的教育资源协调机制，汇聚各相关部门如财政、人力资源等的力量，共同推进教育资源均衡化。

教师成长瓶颈及破解路径

童 菊[①]

教师是教育工作的核心,教师的专业成长直接影响到教育质量和学生的发展。然而,在教育实践中,教师往往会遇到各种专业成长瓶颈,这些瓶颈限制了教师的专业发展和教育水平的提高。本文旨在探讨教师专业成长瓶颈及破解路径,以期为教师的专业成长和教育事业的发展提供参考。

一、教师专业成长面临瓶颈

(一) 教育理念与教学方法的更新

随着社会的发展和教育的改革,教育理念和教学方法也在不断更新。新的教育理念注重学生的全面发展、自主学习和个性化教育,而新的教学方法则注重学生的主体性和实践能力的培养。然而,一些教师往往安于现状,不愿接受新的教育理念和教学方法,仍然采用传统的教学方法,导致无法满足学生的学习需求,影响教学效果和教育质量。这种教育理念和教学方法的更新瓶颈主要表现在以下几个方面:(1) 缺乏对新的教育理念和教学方法的了解。一些教师对于新的教育理念和教学方法缺乏了解,不知道它们的优势和特点,因此不愿意尝试使用。(2) 担心改变会失败。许多教师对于新的教育理念和教学方法持有怀疑态度,担心尝试失败后会被批评或被嘲笑,因此不愿意作出改变。(3) 对于新方法的适应能力较弱。一些教师虽然在教育实践中采用新方法,但适应新方法需要时间和精力,他们往往缺乏适应新方法的能力和耐心。

(二) 专业知识和技能的不足

教师的专业知识和技能是教育工作的基础。随着科技的发展和社会对于教育的需求变化,教师需要不断更新和扩充自己的专业知识和技能。然而,一些教师在专业知识储备和教学技能方面存在不足,无法有效地组织课堂教学,难以激发学生的学习兴趣,影响学生的学习效果。这种专业知识和技能的不足主要表现在以下几个方面:(1) 专业知识储备不足。一些教师虽然已经掌握了一些学科知识,但可能只是粗略地了解,对于一些重要的

[①] 作者简介:童菊,女,黄冈师范学院教育学院2023级硕士研究生,研究方向为教师教育。

概念和技术掌握不够深入,影响了教学效果。(2)教学技能不足。一些教师虽然有着良好的学科知识,但可能缺乏有效的教学技能,无法将知识传授给学生,导致教学效果不佳。(3)缺乏专业发展的动力。一些教师可能满足于现状,不愿意继续学习和更新专业知识技能,导致他们在教育实践中出现瓶颈。

(三)教师职业倦怠

教师职业倦怠是指教师在长期的教育实践中出现的身心疲惫、情感衰竭和动力不足的状态。由于工作压力、任务繁重等因素影响,教师往往会出现职业倦怠现象,这不仅影响教师的身心健康,也会影响学生的学习效果和教育事业的发展。这种职业倦怠的瓶颈主要表现在以下几个方面:(1)工作压力过大。教师的工作压力往往很大,他们需要承担学生的学习成绩、家长的压力以及社会对于教育的期望等,这些压力长期累积会使他们身心疲惫。(2)任务过于繁重。教师需要完成大量的教学任务和教育管理工作,包括备课、上课、批改作业、管理学生等,这些任务往往会使他们感到力不从心。(3)缺乏职业发展的动力。一些教师可能对于自己的职业发展缺乏动力,不愿意继续学习和提高自己的教育水平,导致他们在教育实践中出现瓶颈。

二、破解路径探究

(一)更新教育理念和教学方法

要解决教育理念和教学方法的更新瓶颈,教师需要积极学习和了解新的教育理念和教学方法,并将其应用到自己的教育实践中。学校可以组织教师参加教育培训、学术交流等活动,鼓励教师尝试新的教学方法和手段,以提高教学效果和教育质量。例如,学校可以组织教师参加"翻转课堂"教学培训课程,了解"翻转课堂"教学模式的内涵、应用及效果;同时还可以组织教师参加"小组合作学习"的学术交流活动,深入了解这种教学方法的优势和应用技巧。

(二)加强专业知识储备和教学技能培训

要解决专业知识和技能不足的瓶颈,教师需要不断加强专业知识储备和教学技能培训。学校可以组织教师参加专业知识培训和教学技能研讨会,鼓励教师反思自己在教学实践中存在的问题。例如,学校可以邀请学科专家为教师进行专业培训;可以组织教师参加"情境教学"等教学技能研讨会,以提高教师的教学水平。同时,教师可通过参加各种培训课程、阅读相关书籍、和其他教师交流经验等方式不断提高自己的专业知识和教学技能水平。

(三)缓解教师职业倦怠

要缓解教师职业倦怠的瓶颈问题,学校可以采取一系列措施帮助教师恢复身心健康,提高其工作积极性和动力。例如学校可以组织教师参加体育比赛、文艺汇演等活动以增强教师的体质和释放工作压力；可以安排教师进行心理疏导以帮助其缓解心理压力；可以鼓励教师参加各种学术交流活动以拓展视野、提高自己的学术水平；可以设立激励机制以奖励那些在教学、科研和社会服务等方面表现突出的教师，从而增强教师的动力和积极性。此外教师自身也需要积极应对职业倦怠问题，通过调整心态、增加运动和社交活动等方式保持身心健康，增强自身的应对能力和动力。

中小学生"融入式"生涯教育的
现状、问题与对策研究[*]

王 艳[①]

在当今社会,生涯教育的重要性日益凸显。特别是在中小学阶段,引导学生探索自我、了解职业世界,并初步形成未来发展的规划,对于他们的成长和未来的生涯发展具有深远的影响。然而,当前中小学生"融入式"生涯教育的实施情况并不尽如人意,存在着诸多问题和挑战。本文旨在探讨中小学生"融入式"生涯教育的现状、问题与对策,以期为改进中小学教育提供参考。

一、中小学生"融入式"生涯教育的含义

不同的学者对"生涯"有着自己不同的看法。例如美国心理学家米勒(Miller)认为,影响人生发展质量的关键是自身经历。学生能够通过认知理论来分析自己的优势和劣势,知道自己未来适合什么样的工作,并为实现目标而努力奋斗。[②] 美国心理学家霍尔(Hall)则认为:生涯是指贯穿一个人的人生,与工作和职业有一定关系的体验活动。[③] 而国内学者对生涯的理解又有所不同,沈之菲认为,生涯理解是与生命和职业都有联系的概念,它的内容是相对宽泛的。"生涯是一个综合体,与一个人的教育、工作和家庭息息相关。"[④] 这是学者王伊源的理解。生涯教育,是以培养学生对自己的认识和了解能力、对职业与人生有所规划为目的而开展的科学教育。教育过程中渗透有目的、有成果等教育内容。

"融入式"生涯教育是一种以生涯教育理念为核心,将生涯教育的内容和方式全面融

---

[*] 基金项目:2022 年湖北省教育科学规划项目(项目编号:2022GB078)"新高考制度下普通高中'融入式'生涯教育的研究与实践"研究成果。

[①] 作者简介:王艳,女,湖北武汉人,黄冈师范学院教育学院讲师,研究方向为教育管理研究。

[②] 钟启泉,张华.世界课程改革趋势研究——课程改革国别研究[M].北京:北京师范大学出版社,2001:330.

[③] 谷峪.日本"职业生涯教育"——贯穿从幼儿到成人的整个教育过程[N].中国教育报,2006-03-21(03).

[④] 贾万刚.美、加两国"全时期—早期"生涯教育课程的比较研究[J].基础教育,2012:30-32.

入教育体系的教育模式。它通过多元化的教育手段和方式，引导学生认识自我、探索职业、规划未来，以助力学生的全面发展。在这种模式下，生涯教育不再局限于某一门学科或某一项活动，而是贯穿于整个教育过程中，包括但不限于课堂教学、实践活动、校园文化等多个方面。[1] 生涯教育旨在培养学生的综合素质，增强他们的社会责任感和实践能力，帮助他们更好地适应社会发展和职业变化。

"融入式"生涯教育具有以下特点：（1）系统性。生涯教育不再是零散的教育行为，而是成为一个系统性的教育体系，有计划、有步骤地进行。（2）全面性。生涯教育不仅关注学生的职业规划，还关注学生的个性特点、兴趣爱好、能力倾向等多方面因素，全面提高学生的综合素质。（3）渗透性。生涯教育理念融入各个学科和活动，使生涯教育的元素无处不在，让学生在潜移默化中受到影响。（4）体验性。生涯教育注重学生的实践和体验，通过各种实践活动让学生亲身体验职业的特点和要求，提高他们的职业认知和实践能力。（5）发展性。生涯教育关注学生的长期发展，不仅帮助他们规划职业，还帮助他们规划人生，实现个人价值和社会价值的统一。融入式生涯教育是一种具有前瞻性和可持续性的教育模式，它将生涯教育渗透到教育的各个环节，使每一个学生都能在教育过程中得到关注和发展。

二、中小学生"融入式"生涯教育现状

中小学生"融入式"生涯教育是一种以全面融入教育体系为目标，通过多元化的教育方式和手段，将生涯教育理念融入各个学科和活动中的教育模式。在当前的教育背景下，中小学生"融入式"生涯教育的重要性逐渐得到认可。随着教育改革的深入，生涯教育的重要性逐渐得到广泛认可。许多学校和教育机构开始重视将生涯教育融入日常教学，以帮助学生更好地认识自我、探索职业、规划未来。[2] 生涯教育融入方式呈现多样化。生涯教育理念已经渗透到各个学科中，如语文、数学、英语、科学等。同时，一些学校还通过开展主题班会、社团活动、社会实践等方式，进一步丰富生涯教育的形式和内容。生涯教育以体验式学习为主。生涯教育注重学生的亲身体验和实践。许多学校通过组织学生参加职业体验活动、社会实践、志愿服务等方式，让学生更直观地了解各种职业的特点和要求，提高他们的社会责任感和实践能力。

三、中小学生"融入式"生涯教育开展过程中的问题

（一）教育理念相对落后，重视程度不足

尽管生涯教育的重要性逐渐得到广泛认可，但仍有一部分教师和家长坚持传统的应试

---

[1] 王永丽. 国外生涯教育的特点及对我国的启示［J］. 基础教育参考，2010：16-17.
[2] 白玉萍. 从生涯规划到生涯适应［J］. 江苏教育，2016（09）：7.

教育理念，过分强调文化课程的学习，忽视学生的个性发展和职业规划的培养。他们认为中小学生年龄尚小，生涯教育可以往后推，当前的重点是提高学业成绩。这种观念影响了学校和教师对生涯教育的重视程度，一定程度上制约了生涯教育的开展。

（二）生涯教育资源严重匮乏

生涯教育需要丰富的课程资源、专业的师资力量以及社会各界的支持。然而，目前大多数学校没有设置系统的生涯教育必修课和选修课，生涯教育活动形式也相对单一。此外，生涯教育需要专业的教师团队来支撑，但现实中教师缺乏相应的生涯教育专业知识和经验，无法有效地开展生涯教育。同时，社会力量参与和支持也非常有限，学校与企业、社区的互动不足，资源匮乏直接制约了中小学开展生涯教育的效果。

（三）生涯教育系统性和协调性不强

当前生涯教育处于探索阶段，缺乏整体的规划和协调。各学科之间的衔接不够紧密，无法形成有效的教育体系。不同学段之间的生涯教育缺乏有效的衔接性和连贯性，导致生涯教育实施效果参差不齐。此外，不同地区和学校之间的生涯教育质量存在差异，缺乏统一的标准和评价体系，难以保证生涯教育的整体效果。

（四）生涯教育质量监管体系不健全

生涯教育标准和质量评价体系尚未建立，不同地区和学校开展生涯教育的质量参差不齐。一些学校可能只是形式上开展了生涯教育，但教学质量无法保证。缺乏科学有效的监管体系，无法对生涯教育的实施情况进行及时评估和反馈，也就无法针对性地改进教学方法和策略。

四、中小学生"融入式"生涯教育存在问题的原因

（一）学生对生涯认知不足

从本研究结果来看，大部分学生对于当前的职业知识缺乏了解和认知，其主要原因有两点。第一，高中学校在开展新高考以来，对于教学方案没有进行很好的设计。虽然目前我国已经有部分省份进行了新高考改革，但是新高考改革之下高中生生涯教育开展的情况却不容乐观。第二，高中生面对新高考和职业分类考试所需要用到的知识以及技能存在疑问，他们对于这些方面也没有全面的认知。因此新高考改革模式下高中学校需要针对学生的个体需求展开综合课程设计，让同学们对本学科或本专业有充分的了解和认识，并根据本学科的特点在综合课中灵活运用。

（二）观念落后，难以形成系统观念

在我国现阶段，学生与社会的互动模式较为单一，与自身发展目标难以形成共识。当

前不少学校都在探索如何与学生进行更好的交互，如何为学生开展生涯教育，但其理念与实际操作脱节严重，影响了学生个体的发展。尤其是生涯教育融入学校、融入社会之后还需要经过漫长的时间才能形成系统的理念。例如，不少学生认为教师是以自身作为教育对象来进行生涯教育的，他们很难认识到学生与教师之间存在的内在联系以及角色差异。学生对自身的角色定位模糊，对于自我发展规划缺少系统的认知，这也成为融入式生涯教育开展中遇到的最大问题之一。

（三）缺乏系统的规划

生涯教育并不是对一个人的一生进行指导和训练，而应贯穿于其每一天，是有目的、有计划的。因此生涯教育必须从规划做起，不以目标和内容为标准。生涯教育需要有一个从幼儿园到大学直至博士毕业的完整流程去完成。在这个过程中学生不仅仅学习知识，更多的应该是对其的引导和鼓励，因此需要有系统的规划，具体而科学的规划能够引导学生积极地行动，进而取得良好结果。然而我国生涯教育目前处于发展初级阶段，其开展也多是停留在制定规划阶段而未进行实践，或者更多的是停留在理论层面上而没有针对具体行动制定出具体计划来指导教学工作，如果要真正开展起来将是一个长期艰巨且漫长的过程。这种情况下如果学生缺乏系统设计，那么其生涯发展就会因缺少方向而处于混乱状态。

（四）缺乏教师与学生的有效沟通

在当前的生涯教育课程中，虽然教师会在课上给学生介绍生涯的相关知识以及个人生涯的规划、选择、职业技能等，但更多是对学生进行指导与帮助，学生需要及时与教师进行交流与沟通。在开展生涯教育活动时，教师往往无法全面地了解学生对于自我认知以及自身特质、能力水平、兴趣爱好等方面的情况，没有形成清晰的认知，很难为同学们提供有用的指导信息。而对于学生而言，这些信息更多地集中在某一方面，学生需要更多地了解社会发展以及自身各方面的情况。而目前大部分老师往往仅仅注重指导学生填好答题纸进行答题即可完成学业，并未深入、全面地了解学生个人发展状况及各方面情况。对学生而言，教师与学生之间虽真实存在着互动与交流，但是彼此之间缺乏有效的沟通，导致彼此情感难以产生共鸣，这样也不利于师生之间相互了解、理解、尊重与信任。

（五）生涯教育师资缺乏，人才培养模式单一

一方面，生涯教育教师的专业素质参差不齐，职业认知方面专业水平有待提高；另一方面，目前生涯教育教学大多以高中老师为主体，他们从事的主要是理论研究教学与指导服务工作，对教育教学理论方法及实际操作过程缺乏实践经验和了解。而高中生大多没有经历过系统的生涯教育训练，对自我认识不够、生涯规划能力较差、生涯规划能力差等特点普遍存在并缺乏了解和学习习惯。在学生职业认知能力方面，中学生涯专家缺乏、专业老师数量少以及中小学生涯咨询专业人才严重不足等因素也导致了生涯教育教学工作存在着很多困难，生涯专家也面临着很多问题及困惑。这些问题对我国开展生涯教育工作提出

了新的要求和挑战。

五、中小学生"融入式"生涯教育对策研究

（一）更新教育理念，提高对生涯教育的重视程度

1. 改变传统的应试教育理念

我国长期实行应试教育，过分强调学业成绩和升学率，因此学校和家长都对学生课堂学习成绩高度重视，这使得许多学生在学习中负担过重，缺乏充分的思考时间和锻炼创新能力的机会。同时，应试教育也压抑了学生的职业发展和选择能力培养。学生被迫选择主要依靠应试来确定前途的教育道路。长期实行的应试教育使学生成为被动的知识接受者，缺乏主动学习和思考的兴趣。应试教育过于强调文化课程的学习，忽视学生个性化发展。许多学生虽然在文化课学习上扎实掌握了知识，但无法了解自身的兴趣点和优势所在，独立思考能力和解决问题的能力也没有得到有效培养。如果长此以往，无法培养出社会所急需的具有创新精神和实践能力的人才。

因此，教育部门和学校必须转变教育理念，不再以应试教育为主导，而要充分重视生涯教育。生涯教育关注每个学生的个性发展，能够有效帮助学生对自我进行全面而准确的理解，找到自身的优势所在，并在此基础上对未来发展方向做出更加理性和合理的规划。生涯教育可以大大培养和提升学生的创新精神和实践能力，让学生找到适合自己的发展道路。这对于培养社会主义建设者和接班人具有重大意义。

2. 关注学生的个性化需求

学生个体之间在能力、兴趣、性格等方面的差异往往很大。教师在教学中要针对每一个学生的特点，帮助他们发现自身的兴趣点和优势所在。对不同特点和发展方向的学生，教师都要有针对性地开展生涯规划教育。要尽可能满足每一个学生个性化的学习和发展需求，帮助他们在各自感兴趣和善长的方面得到进一步提高。学校教育要提供展示和发挥个性的机会，对特长突出的学生给予表彰和支持。同时，还要加强对学习困难学生的定制化辅导，帮助他们找到适合的发展方式。一个人的成长成才离不开其个性的自由发展。

3. 加强家校沟通，形成合力

家庭和学校对一个学生的影响同等重要。要让两大环境形成合力，为学生成长提供最有利的条件。学校要通过多种方式帮助家长正确认识生涯教育的意义，改变只重结果的片面观念。家长要关心孩子的兴趣，给予其充分的尊重和支持，创设一个鼓励探索的家庭环境。定期参加学校生涯教育活动，与任课教师加强交流，共同推进孩子的生涯发展。

(二) 丰富生涯教育资源，完善教学内容和形式

1. 建立系统的生涯教育课程体系

设置职业价值观培养的课程。学校可以开设专门的职业道德、职业精神、职业责任等理论课程，通过讲授典型案例，启发学生思考，帮助学生建立正确的职业价值观和职业理想。这些课程要突出强调服务人民、奉献社会的社会主义核心价值观，塑造学生自觉报效祖国的动力。

开设自我认知和能力开发的课程。可以设置特长小组、心理讲座等课程，通过专业的心理测评，引导学生深入地了解自己的性格特点、兴趣爱好和能力优势，并在此基础上开展定制化的能力提升训练。这可以帮助学生找到适合自己的职业方向。

设置职业探索类型的课程。开设职业研究、行业分析等选修课，通过案例分析、行业大数据等形式，拓宽学生的职业视野，使他们对不同行业、不同类型的工作有全面的了解，为将来的职业选择打下基础。

开设职业规划的实务课程。设置履历、自我介绍、面试等职业技能实务课程，通过模拟面试、实际撰写等形式培养学生的职业规划能力，提升就业时的竞争力。还可以邀请人力资源专家进课堂指导。

2. 开展多种形式的实践活动

组织参观科技馆、企业等。通过组织学生深入科技馆、企业、工厂、农庄等场所参观考察，让学生可以零距离地观察各行各业的实际工作情况，拓宽知识面，培养社会责任感和职业精神。

开展企业家、专业人士讲座。学校可以与企业合作，定期邀请企业家、行业专家进校与学生面对面交流，分享工作经验和行业发展趋势，启发学生对未来职业的思考。

搭建校园职业体验区。在校园内设立模拟办公区、工作车间等专门场所，通过游戏、模拟等参与方式，让学生在轻松的氛围中对不同岗位的实际工作内容有直观的体验。

鼓励学生社会实践。组织学生开展志愿服务、社会调查、国情考查等社会实践活动，通过对社区、农村等基层的了解，增强社会责任感和职业价值观。

3. 加强师资队伍建设

提升在职教师的专业能力。对在职教师开展生涯规划、心理辅导等方面的培训，提升其生涯教育的专业知识和指导能力。也可以选派教师到校外进修学习，提高业务水平。聘请企业管理者、心理咨询师等外部专业人士到校开展专题讲座并提供指导。营造浓厚氛围，鼓励每个教师都要关心学生的发展，主动提供生涯规划方面的帮助和指导。

(三) 提高生涯教育的系统性和协调性

1. 统筹规划不同教育阶段的生涯教育

幼儿园阶段：培养兴趣和情感。通过组织孩子参与寓教于乐的故事讲述、唱歌游戏等活动，引导孩子探索身边的世界，培养学习兴趣和积极向上的情感态度。这为孩子未来的发展奠定基础。

小学阶段：奠定自我认知基础。设置适合不同年级的生涯启蒙课程，运用图片、讲解、体验等形式帮助学生认识自我，了解自己的性格特征、兴趣爱好和优势所在。这是自我认知的基础。

初中阶段：开展职业探索。组织学生参观科技公司、制造工厂、商场百货等，了解不同行业的职业类别和具体工作内容，拓宽学生的职业视野。这为未来的专业选择提供方向。

高中阶段：制定职业规划。职业测试、职业选择、求职技巧等课程，引导学生根据自己的性格特点和兴趣爱好，选择未来发展的方向和专业，掌握求职的技巧，为升学就业做好准备。

2. 融入日常教学，形成合力

在语文课上，识别职业需求。通过学习语文课文，启发学生分析书中人物的职业选择和奋斗历程，理解不同时期社会对不同职业的需求。在历史课上，汲取职业精神。通过历史名人的故事，让学生感受职业精神的力量，汲取奋斗品质。在科学课上，培养职业兴趣。组织学生参与科学实验、课程设计等，锻炼动手和创新能力，激发对科研工作的兴趣。在课外活动中，培养组织和沟通能力。鼓励学生主持活动、团队合作，在实践中提高社交、表达、组织管理等能力。

3. 加强校企社区合作

请企业专家开设讲座，提供职业指导；提供实习岗位，让学生提前体验工作。社区可以提供实时的本地就业形势分析，以及组织生涯规划相关活动的场地。学校培养企业所需的人才，并组织学生参与社区公益服务活动。三方密切合作，企业引领需求，社区提供资源，学校培养人才，共同推进学生的生涯发展。

(四) 建立科学的质量监管体系，规范生涯教育

1. 制定生涯教育标准和评价体系

教育部门要对各类学校开展生涯教育工作制定基本要求和规范，包括生涯教育课程设置、活动举办、资源配置、师资配备等方面的标准和要求。这是规范生涯教育的前提。要同时关注生涯教育工作的量化指标，如开设相关课程和活动的数量、学生参与覆盖率等。

也要注意质化指标,如学生和教师对活动的满意度、教学效果等。在生涯教育活动过程中,对参与情况、组织运作等实时监控,及时反馈问题。活动结束后,评估最终效果是否达到预期目标。过程评价和结果评价相结合。可以运用问卷调查、个案观察、专家评审等多种方式开展评价,定期对工作进行诊断,以全面客观地反馈结果,促进生涯教育工作改进。

2. 实施定期评估,建立反馈机制

各级教育部门开展检查评估,县区、市和省教育部门要定期或不定期对学校开展生涯教育情况进行检查评估。评估中发现的问题要及时反馈给学校,并限期要求整改,对进度进行监督。建立工作考核和激励机制。将评估结果与学校领导的工作考核和奖惩挂钩,对工作开展好的学校给予表彰和奖励。

3. 鼓励创新实践,推动生涯教育持续发展

对在生涯教育改革中有新思路和新做法的学校给予政策支持和资金保障。对改革效果好的做法,进行多渠道推广,使更多学校从中学习和受益。多渠道宣传生涯教育典型经验,营造学校互学互鉴的工作氛围。形成评估、反馈、改进的闭环机制,不断完善生涯教育工作,推动其持续健康发展。

总之,中小学生"融入式"生涯教育的实施是一项长期而复杂的任务,需要学校、教师、家长、社会等多方面的共同努力。只有通过深入了解当前教育的现状和问题,才能够提出有效的改进措施,为中小学生提供更加全面的教育支持。

大学生心理健康问题的干预机制研究*

韦耀阳①

当前，大学生作为社会发展的中坚力量，其心理健康状况不仅关系到自身的成长，也关系到国家社会的发展进步。然而，在社会转型期，大学生普遍存在心理压力大、抗压能力差的问题，各类心理健康问题屡见不鲜。抑郁、焦虑、人际关系障碍已经成为困扰大学生的主要心理健康问题。这既影响大学生的学习生活，也不利于培养社会主义建设者和接班人。因此，研究大学生心理健康问题的干预对策，对增进大学生心理健康水平，促进大学生全面发展具有重要意义。

一、大学生心理健康问题干预文献回顾

(一) 高校大学生心理健康现状研究

根据各省各地有关资料，我国大学生的自杀率约为十万分之一，有自杀倾向者的比例更是呈现出上升的趋势[②]。相关统计表明，高校学生的自杀率高于正常青年群体，重点大学高于一般大学，自杀已经成为15~34岁青年人非正常死亡原因的首位。自杀、自我伤害等恶性校园心理危机事件，对当事人、当事人家庭和师生等造成了严重的影响，在一定程度上影响了高校的安全稳定。[③]"00后"大学生成为大学生的主体，由于受到家庭环境、社会多元价值观、新兴媒体等因素影响，在行为、情感、思维、认知等心理方面特点明显，具有鲜明的时代烙印，其心理问题较为突出。[④]其主要心理问题表现在自我认知、生活适应、人际关系、情绪情感、生涯发展等方面。一小部分"00后"大学生抗挫折能

---

* 基金项目：2021年度湖北省高等学校哲学社会科学研究重大项目（省社科基金前期资助项目）"大学生心理健康问题干预机制研究"（项目编号：21ZD136）。

① 作者简介：韦耀阳，男，湖北南漳人，现为黄冈师范学院教育学院副院长、教授、明珠学者、硕士生导师，研究方向为学校教育管理。

② 王珠. 我国大学生心理健康教育演变与展望 [J]. 黑龙江高教研究，2020 (12)：135-139.

③ 林晓桂，徐建清. 新型冠状病毒肺炎疫情下体育锻炼对大学生心理健康的影响 [J]. 中国学校卫生，2020，41 (11)：1682-1687.

④ 孙国胜，薛春艳. 生命教育视野下的大学生心理健康教育 [J]. 学校党建与思想教育，2020 (21)：71-72.

力较差，人际交往能力较弱，依赖心理强，自我意识强，性格脆弱，行为较为冲动。① 而自媒体时代"00后"大学生接收到的信息参差不齐，多元价值观对当代大学生产生极大冲击，就业形势不乐观等给他们带来巨大的心理压力。极少数大学生因为成长经历、家庭环境、自我认知、个人心理承受能力差等，出现了心理和精神问题。②

（二）大学生心理健康的影响因素研究

国内学者研究发现高校学生心理健康的主要影响因素主要包括专业满意度情况、个人的自我认知、家庭情况、人际交往能力、生活自理能力，等等，这些方面的问题极大地影响到了大学生的心理健康情况，那些专业满意度差、个人认知水平低、家庭状况不良、生活自理能力较差、人交际关系能力较弱的大学生更容易出现心理健康问题，这说明了上述影响因素与大学生心理健康之间的内在联系。③ 有学者指出，自我评价的缺陷、自卑、缺少交际能力等，除了性格层面的缺陷之外，还有学校教学环境不理想、社会就业压力较大、家庭教育滞后等都会影响大学生的心理健康状况。④

（三）大学生心理健康教育具体策略研究

从国外大学生心理健康教育的情况来看，理论研究起步较早，并在具体实践方面进行了大量卓有成效的探索。理论研究方面，学者莫里斯、利夫顿等学者编撰的《大学生心理健康测量》《大学生心理学》等书籍以及文章，全面而具体地探讨了的大学生心理健康问题，提出了具体的心理健康教育策略。从实践方面来看，目前西方国家大学生心理咨询室属于学校的常设机构，学校都配备了专门的心理咨询师来负责对学生进行心理疏导，同时在心理健康教育师资队伍建设方面相对规范。⑤ 国内学者认为高校心理健康教育的关键是要高度重视这一工作，为这一工作的开展提供良好的支持以及保障；围绕大学生的身心特点来进行心理健康教育内容的设计，确保心理健康教育内容的丰富以及完善，注重发挥心理健康教育课程体系的重要作用。⑥ 高校学生心理健康教育要做到有的放矢，注意针对学生的具体心理健康问题，采取有效的应对措施，重点就是要让学生具有良好的心理健康意识，掌握一定的心理调适方法，培养学生的自信心、积极乐观的情绪、学会做时间的主

---

① 韩振峰. 当前大学生心理健康问题及应对策略 [J]. 人民论坛，2020（23）：121-123.
② 李海云. 数字化转型背景下地方应用型本科高校大学生心理健康教育的实践与思考 [J]. 教育与职业，2020（22）：105-108.
③ 郝颖. 新时代大学生心理健康教育创新的现实难题与对策 [J]. 教育与职业，2020（09）：107-111.
④ 郭立秋，张丽波，向鹏. 大学生心理危机管理的金字塔模型研究 [J]. 职业技术教育，2020，41（02）：76-80.
⑤ 张大均. 大学心理健康教育若干理论的探讨 [J]. 西南师范大学学报：人文社会科学版，2006，32（03）：130-136.
⑥ 黄天贵，蔡小丽. 高职大学生性心理健康教育现状的调查与对策 [J]. 教育与职业，2013（14）：2.

人。① 高校心理健康教育需要从心理健康预防保健体系、心理健康教育课程、心理健康档案、心理健康师资培训、心理健康拓展训练等多个方面着手。② 需要学校、家庭、社会、个体等多个主体的不断努力，形成一个立体化、全方位的心理健康教育环境，才能够最大限度地提升大学生心理健康教育效果。③

（四）大学生心理危机预防与干预实践与研究

高校学生心理健康教育与危机预防及干预，从20世纪80年代中期开始起步，20世纪90年代后进入制度化发展阶段，21世纪初进入快速发展时期。进入20世纪90年代后，随着我国改革开放进程的加速，大学生接触西方文化教育和多元价值的机会增多，大学生的迷惑和困惑也明显增加，有关大学生自杀事件的新闻开始出现，一些学者也开始了对大学生自杀问题的调查研究。研究主要集中在以下几个方面。①大学生心理危机干预工作体系研究。对心理危机干预体系的研究主要包括发现体系、监控体系、干预体系、转介体系、善后体系以及心理危机与预防工作机制的成效问题研究。②高校学生心理危机普查与排查制度与实践状况研究。研究者集中于学生心理危机预防与干预方案及流程，大学生心理健康普查和心理危机排查制度的形成与完善研究。③高校学生自杀问题研究。学界一直关注大学生自杀问题，对自杀意念、自杀原因、自杀态度等问题进行了深入研究。④大学生心理危机预防与干预的成效研究。通过对高校心理危机干预工作成效进行调查研究，了解高校心理危机干预的成效。如《大学生自杀事件的特点及心理危机风险管控探究》《1983—2012中国大陆心理危机干预研究的文献计量学分析》等对心理危机干预问题进行了研究综述。

通过对大学生心理健康和心理危机干预相关文献进行系统的回顾和分析，发现目前的研究状况存在以下几个突出问题：①研究内容单一，质量相对较弱。2004年之后国内研究大学生心理健康教育的成果越来越多，呈现出逐年增多趋势，研究质量却没有得到相应的提高。现有研究思路过于单一，研究成果同质化现象严重。②理论研究较多，实证研究较少。近10年来相关研究文献梳理后发现，大学生心理健康教育的研究成果大多停留在理论说明层面，采用实证研究的文献仅仅停留在现状调查上，对心理健康风险影响因素及其干预的实证研究欠缺。③心理健康预警的分级标准缺失。危机介入前一定要对危机作出准确的评定，这是心理危机干预工作的重中之重，但目前学术界并没有统一的、科学的心理健康预警的分级标准。在实际操作过程中往往会出现以干预者个人的判断标准进行判断的情况，从而导致诊断失误而收不到良好的干预效果，甚至将问题扩大化。④心理健康的预警机制研究欠缺。目前学术界提出的干预机制，只强调外因，忽视内因；只强调他者的主动作用，而且干预力量的传输是单向的，不是互动的；干预机制的主体性问题不明确，

---

① 朱昆阳. 浅谈高职中职学生心理健康教育［J］. 科学导报, 2015（01）: 5.

② 林琳, 柯晓扬, 袁忠霞. 提升高职学生心理健康教育的新思考［J］. 教育教学论坛, 2014（18）: 3.

③ 张大均. 科学有效地开展学校心理健康教育［J］. 教育科学论坛, 2016（02）: 1.

干预对象只是被动地接受他者的调节。目前的研究都把目光聚集在学校支持系统方面，而对其他方面的研究则相对较少。

从理论上，本研究从分析大学生心理健康的风险评估标准出发，探究大学生心理健康风险现状，探究大学生心理健康的预警机制，建立更加高效合理的应对机制，丰富我国大学生心理健康风险预警与干预理论与实践的成果。

在实践上，本研究通过问卷调查了解高校大学生心理健康风险现状，了解心理健康教育工作的工作现状、工作风险、管控重点以及危机干预成效等，挖掘导致目前困境的原因，寻找相应的治理策略，为大学生心理健康问题的提供缓解途径和策略群，有利于维护高校稳定，对于提高学生心理素质、促进学生全面发展具有积极意义。

基于大学生心理健康风险干预的模式及积极应对策略系统，将作为政策建议和咨询方案提交给教育管理部门，为高校心理健康教育的深入推进和教育改革提供决策参考。

二、大学生心理健康风险的现实考查

本次调查随机抽取黄冈师范学院不同年级学生共656人。调查内容主要涵盖身体健康状况、情绪问题、行为表现、教育情况、社交情况、经济损失等方面。采用网络问卷和纸质问卷相结合的方式，确保回收率和真实性。另外，对大学生、辅导员和心理咨询师等15人，进行了访谈。访谈主题主要关注大学生在身体健康、情绪控制、教育学习等方面的问题表现。

采用单独面谈和小组访谈相结合的非结构化访谈。通过问卷调查和访谈相结合，从定量和定性两个角度开展研究，保证了研究结果的科学性和真实性。通过实证调查发现，大学生主要存在以下几种主要的心理健康风险。

（一）身体亚健康风险

通过对120名大学生的问卷调查发现，有38%的学生每天睡眠时长少于6小时，82%的学生每周运动次数少于2次。部分大学生存在生活作息不规律、学习压力大的问题，长期下来容易出现头晕、乏力、注意力下降等亚健康状态。我们随机选取了10名存在身体亚健康问题的大学生进行了深入访谈，了解这些学生存在睡眠不足、运动量偏少的具体原因。据学生甲反映，他经常为了赶作业、准备考试而熬夜学习，一周下来很容易就会出现头痛头晕的问题，严重影响学习效率；而学生乙表示没时间运动的主要原因是每天要完成繁重的课业任务，对于健身房之类的运动场所缺乏兴趣。通过调查和访谈可以看出，大部分存在身体亚健康问题的大学生，是因为学习压力大，缺乏合理的时间管理，也没有科学的生活作息规律。如果这些问题不能得到很好改善，那么日后的身体健康只会面临更大的风险。

（二）情绪失控风险

统计数据显示有52%的大学生会间歇性地出现焦虑、抑郁、烦躁等负面情绪。我们访谈了12名经常出现情绪问题的大学生，了解这种问题的主要原因以及产生的影响。绝大多数学生反映负面情绪的产生主要与学业压力大、职业前景不明确相关；也有一小部分学生是因为人际关系、家庭变故等导致情绪问题。据学生乙表示，他最近压力较大，经常因为一些小挫折或者考试不理想就会出现较为极端的情感反应，比如暴躁发火、砸坏物品等。如果这些负面情绪得不到及时有效的释放和调整，很容易使问题持续恶化，严重影响正常的生活和学习。

（三）行为失范风险

对10名辅导员的访谈中了解到，约有20%的大学生存在不同程度的行为问题，表现为在校内外言行不当、违反纪律等。我们重点关注了5名存在行为失范问题的大学生，辅导员丙表示，他发现的最常见问题是学生参与打架斗殴、酗酒造成公共场所秩序混乱等。这些行为失范问题的产生，一方面与大学生自身自控能力差、约束意识淡漠有关；另一方面家庭及校园对学生的日常行为监管也比较松散。如果任其发展，这些小问题可能会愈演愈烈，严重影响学生的成长。

（四）教育失效风险

调查显示约8%的大学生存在旷课、睡懒觉等教育失效问题。我们访谈了5名经常旷课的大学生，也咨询了2名辅导员。部分家庭条件较好的大学生平时打理自己的生活缺乏家长监督，自律性比较差，很容易产生学习效率低下的问题；也有些家庭过度保护学生，缺乏自立意识的学生到校后也不适应新的环境。辅导员丁表示，这类教育失效问题如果不及时制止，会使大学无法实现人才培养的教育目标。因此，家长和学校都需要对大学生加强日常行为监督，培养自律性。

（五）社会不良交往风险

在访谈了8名不同年级的大学生后发现，约14%的学生存在社交退缩、关系封闭等问题，原因多是性格内向、表达能力差等；约17%的大学生交友范围过广，结交了一些社会人士或陌生人，存在被骗风险。我们重点了解了两名社交圈子过于封闭及两名社交范围过广的大学生。学生李四性格较为内向，平时很少主动与人交往；而王五则经常通过网络认识一些陌生人，与之见面或进行交易，存在很大的安全隐患。这两类社会交往方式都会对大学生的身心健康产生一定的负面影响。

（六）失恋风险

统计数据显示每年约22%的大学生会经历一次失恋，我们对13名失恋学生进行了深入访谈。大多数学生反映短期内会出现睡眠及饮食异常、学习效率下降等问题，但3个月后多数症状会消失。但也有3%的学生出现较为严重的抑郁倾向，个别甚至产生过自残想法。访谈的王小美就曾在失恋后连续一个月闭门不出，丧失学习、生活兴趣，后通过老师和医生的帮助才慢慢走出阴影。由此可见，失恋对部分大学生的影响确实较大，需要引起足够重视。

(七) 精神病性风险

在与心理医生的访谈中了解到，约 2% 的大学生存在不同程度的抑郁、强迫等精神问题。我们重点关注了 2 名有抑郁和强迫症状的大学生。心理医生表示，这类疾病的发生与遗传基因、成长经历和外部刺激密切相关。如果不能得到及时有效的干预，可能会对学业和就业造成重大影响。因此，学校和家庭都需要对此高度重视。

(八) 社会环境风险

通过问卷调查了解到去年约 12% 的大学生不同程度受到过经济骗局的损害，主要集中在网络购物欺诈和网络贷款行业。我们重点访谈了 3 名受不同程度经济损失的学生代表。统计数据显示，近 60% 涉及欺诈的金额在 1000 元以下，但也有个别达到万元级别的大案。如学生张三在一次网络购物中就损失了 5000 元。由此可见，许多大学生缺乏必要的防范意识，也不谙世事，很容易被一些不法分子所欺骗。因此，需要加强大学生的风险防范教育。

三、大学生心理健康问题根源分析

(一) 风险意识淡漠和判断力不足

大学生对于网络诈骗、校园贷等风险判断与防范意识普遍较弱。原因在于长期生活在校园这种相对封闭安全的环境中，很少接触外部社会的潜在风险，对险恶环境缺乏敏锐的直观体会。再加上自制力较差，容易冲动行事，对风险规避意识迟钝。具体表现在，他们看到高收益的网络投资广告，很难辨别真伪，或者面临地头蛇的威胁和哄骗也难以果断拒绝。还有部分女生夜间独自外出，没有意识到安全隐患。这些案例表明，风险意识与判断力的缺失是健康问题持续存在的重要根源。

(二) 情感需求无法满足

在这个人生最为敏感而又脆弱的阶段，大学生有着强烈的情感表达需求和被关爱的需求。他们渴望建立亲密关系，向他人倾诉烦恼。但由于交往技巧欠缺、表达能力有限，这些需求很难被满足。一些创伤性的人生经历如失恋、家庭变故等也容易成为导火索。无法发声的痛苦日积月累，最终化为抑郁、焦虑乃至极端行为。积极倾听和给予关爱是解决这类问题的有效解药。

(三) 支持性互动关系缺失

无论是师生间还是家长与学生之间，很难建立起常态化的密切联系。学生的学习生活动态、精神面貌很少得到关注，遇到问题也没有渠道倾诉；教师和家长对学生的关心和疏导同样不足。这种"互动缺位"状态使得健康风险更易在学生群体中蔓延。支持性的人际互动本可以起到重要的防护、疏导作用，关系的脆弱直接导致了问题的加剧。

（四）教育生态环境失衡

当前大学教育生态失衡主要表现为过分强调学业成绩和就业竞争，忽视了人文关怀、心理辅导等环节。学生面临的考核任务过重过密，缺乏校园文化和集体荣誉感的熏陶。这使得部分人在高压下产生焦虑甚至抑郁，也有的在缺乏约束下行为失控。调整生态环境，强化人文建设与心理指导，将有助于健康风险的防控。

（五）社会支持体系的缺失

当前大学生专业的心理测评与干预机制还相当薄弱，相关的资源投入也严重不足。一旦出现较为严重的健康问题，社会层面很难给予及时响应。这种被"抛弃"状态无疑加剧了问题的恶化。建立覆盖全国的大学生健康风险防控体系，不仅能起到重要的宣传教育作用，也能对发生问题的个案进行及时干预，这是解决这类风险的重要途径。

四、大学生心理健康风险预警系统建构

在明确大学生心理健康风险的基本概念及特征、心理健康风险的判定标准和指标体系选取的基础上，建构大学生心理健康风险模型的基本理论。心理健康风险预警系统包括三个子系统，分别是风险识别系统、风险评价系统和风险响应系统。其中风险评价系统包括风险定性分析和定量分析两个模块。

（一）风险识别系统

（1）确立识别指标。主要指标包括学业状态、人际关系、家庭支持、心理健康四个一级指标。在学业状态方面，考查成绩是否出现重大下降、学习主动性是否降低等；人际关系判断是否出现隔阂；家庭支持情况调查，经济状况是否良好、父母交流是否充分；心理健康监测是否有抑郁、焦虑迹象。每个一级指标下再设置二级定性定量指标，形成完整的指标体系。指标设置运用专家评审法，保证科学性。

（2）建立筛查机制。筛查机制整合多个渠道，形成筛查网络。具体包括：开展全员调查问卷，定期登记心理状态变化；建立生活轨迹记录模型，标注异常点；组织专家评估小组，对有偏差样本进行评定；介绍智能算法模型，综合各维度指标判断心理状态。同时建立预警信息反馈机制，一旦发现状态异常，立即采取对应措施。

（3）设置预警条件。心理健康风险预警系统分三个级别：重点监测、中度预警、严重预警。如学业成绩有所下降，发出重点监测预警；若人际关系明显恶化，则中度预警；如果出现抑郁、自残想法，则为严重预警。另外编制预警手册，详细标明各类指标对应的预警条件、处理措施说明。

(二) 风险评估系统

（1）个体化评估。个体化评估强调对样本特征的描述性分析。如全面考查学生家庭情况、成长状况、个性特点、学习状态、身心健康各个方面，采用质性研究的方法描摹个体特质，判断其健康风险的个体化成因。重点监测个体在关键转折点的生活轨迹，如升学、恋爱等关键性事件对个体心理的影响。

（2）碎片化评估。基于个体化分析的结果，采用定量研究方法对各碎片化指标进行细致测度。如设计学习态度量表，评估个体的积极性；使用人际关系诊断量表判断是否存在隔阂。同时运用统计模型判定各碎片化指标的权重，最终合成心理健康风险的测度值。

（3）模型化评估。在个体化和碎片化评估的基础上，建立结构方程模型，测定各因变量对心理健康风险的贡献大小。如家庭支持、人际关系这些潜在变量如何影响心理状态。运用协同过滤算法，辅助模型优化，使测度结果更加准确，最终可以得到客观的心理健康风险等级。

(三) 风险响应系统

（1）设置响应主体。主要响应主体包括学校心理咨询中心、公立医院精神科、家庭以及志愿者团体。产生严重心理问题并引发危机时，启动由上述主体共同参与的心理危机干预小组，全力开展救治。各主体根据专业分工承担干预责任。

（2）制定应对预案。预案按照心理健康风险分级设置对应的干预策略。如面对严重的预警情形，首要任务是全力保证学生自身与他人的安全，避免发生自残、伤人等极端行为；之后由专业医生开展症状治疗，抑制危机蔓延。不同级别预案中均明确了时间要求、资源需求、应变流程等。

（3）实施情景化训练。组织开展心理健康风险的桌面推演，模拟应对不同情景，检验响应效果。同时建立虚拟仿真平台，采用沙盘推演的方式测试预案，直至工作流程完全到位。也可以设置模拟患者，组织情景化演练。

五、大学生心理健康问题干预策略构建

(一) 建立心理健康风险动态评估机制

依照先期研究确立的大学生心理健康风险特征指标体系，利用数据采集技术、多源异构整合技术、认知诊断技术与结构方程建模技术对大学生心理健康风险特征进行常态与动态评估，形成大学生心理健康风险分级评估机制。

（1）构建评估指标体系。本阶段的首要任务是构建科学、系统的心理健康评估指标体系。该指标体系从个人内在心理、家庭支持环境、社交关系网络等维度出发，采用"整体分析、重点检测"的方法选取合理的一级指标与二级指标。例如，在个人内在心理方面，可以设置情绪波动、行为表现等一级指标，并在此基础上细分二级指标，判断正负

面情绪占比、情绪稳定性等；在家庭支持环境方面，可以设定经济状况、交流度等一级指标，二级指标可以检测家庭平均收入水平、亲子沟通频次等。在指标选取过程中，还需借助数据建模等技术手段判断指标的科学性与合理性，使最终形成的指标体系兼具全面性与系统性。

（2）开展常态评估。在指标体系构建完毕的基础上，下一步需广泛运用问卷调查法、统计分析法等手段，对学生群体进行抽样普查，监测其心理健康水平的总体分布情况，形成常态化评价结果。例如可以设计心理健康测评量表，或利用已有调查数据，从群体整体情况出发判断心理健康得分的平均值与标准差等，进而判定正常心理状态的区间范围。开展此类常态化评估工作，可以为后续的动态评估奠定基础。

（3）实施动态评估。与常态评估以样本群体的总体状况为检测重点不同，动态评估更加强调用时性监测与跟踪的手段，对特定个体样本的不同发展阶段心理状态进行测度，实现心理健康风险的精准识别与预测预警。具体工作包括：构建个体心理档案，收集不同时间段的测评数据；利用数据采集与多源融合技术，实现对目标个体关键状态的实时监测；依托时间序列分析方法，测绘心理状态变化的演化轨迹；辅助智能算法判断个体心理状况的发展趋势与预警点。通过动态评估实现心理健康风险的全程跟踪与精准预警。

（二）进行教育资源重构与融合

启动多源异构的大学生心理健康风险资源整合机制，采用主题分析和知识关联的方法进行多粒度大学生心理健康风险和危机管控融合。

（1）启动资源整合机制。目前高校及社会层面的心理健康教育资源分散状况较为严重，学校、医院、科研院所等机构各自为政，重复建设和信息隔绝问题突出。因此，迫切需要打通边界，建立统一的心理健康教育大数据中心，整合校内外分散的各类数据资源，构建全息化的知识服务支撑体系。该中心负责收集汇总和整理丰富的测试工具、典型案例、政策法规、科研文献等资源，采用云存储、分布式等技术手段实现资源的集中化整合，并依托人工智能、大数据分析等为融合处理和深度挖掘提供智能支持，向各类用户开放访问服务。

（2）开展多粒度融合。在打通整合的基础上，心理健康教育大数据中心还需要负责进行深度的知识融合与创新应用。可以运用关联分析、聚类分析等算法，从样本个案、情景模式、制度供给等不同粒度层面入手，寻找问题诊断与治理方案、政策法规与执行效果之间的内在联系。实现诊断结果与干预措施、政策供给与资源保障等之间的高度契合与匹配。此外，数据中心应当积极拓展各类心理健康教育新技术的创新应用，如将虚拟现实、数据化身等技术与资源深度融合，构建沉浸式的教学培训环境，提升教育治理的精细化水平。

（三）运用大数据强化反馈干预

综合运用关联分析算法、聚类分析算法和协同过滤算法，将用户大学生行为数据化并进行综合分析，确立演变和强关联规则，发现偏差；结合大学生心理健康的常用模型，对大学生心理健康风险状况进行度量和情感倾向判定，最后通过同学、教师或资源载体予以动态反馈。

（1）行为数据化采集。应充分利用大数据技术手段，对大学生主要活动场景中的日常行为进行细致化采集和记录。具体可以依托学校智慧校园建设成果，利用学生的手机号码、学号、公寓门禁卡等唯一身份标识，收集其在教室、图书馆、食堂等地点的考勤打卡数据、网络使用数据、消费交易数据等，逐步构建完整的个体行为数据库。与传统的抽象评级方法不同，行为数据化采集强调通过细节化的日常行为反映学生的心理健康风险症状。

（2）建立行为常模基准。在积累一定规模的学生行为数据库基础上，可以利用统计学 ANALYSIS 方法，计算不同行为项目的常态区间，建立行为常模基准。如社交网络使用时长、课堂缺勤次数等指标均可以测定正常波动范围。常模基准的建立为识别异常行为与判断风险水平提供了科学依据。

（3）实施主动反馈。面向个体行为，当监测发现学生在时间段、场景环境等维度上的行为特征出现异常，即超出事先定义的常模区间时，应组织教师、家长、同学等开展主动干预，实时反馈引导纠正。并且还需持续跟踪学生的后续表现，判断反馈效果，逐步优化完善干预措施。在整个过程中，充分发挥大数据技术的支持作用，实现对心理健康风险学生行为及反馈效果的精确描测。

（四）建立分级干预模式

（1）确立干预主体。心理健康风险干预任务的承担主体应当覆盖学校、家庭、医疗机构、各级政府等。其中，学校和家庭作为学生关系最近端的干预主体，应优先对低风险级别问题进行处理；心理咨询机构和医院则需要重点面向中高风险级别问题开展专业化的应对；政府及相关管理部门负责统筹协调资源，对扶持体系建设进行顶层设计。随着风险评级的提高，应构建"近端主体干预为基础，远端主体参与为支撑"的分级响应流程，健全网络化的协同应对格局。

（2）研制差异化方案。基于心理健康风险的评估结果，需要科学制定系统化的分级干预方案。方案中应充分考虑差异性因素，如面向轻度风险学生的应对措施可以简单直接；而对中度及以上风险学生则需要专业人员参与，采取个性化的捕捉应对方式。同时，各级别方案都需明确实施主体、具体措施内容、配套资源供给、关键时间节点等信息，使之成为可操作的行动方案。

（3）构建支撑体系。由省教育厅创建一套大学生心理健康风险监控数据信息系统，利用大数据信息网络建立常态化的预警制度，针对每一维度风险建立风险预警方案，明确风险管理的责任主体、管理方式、监督职能、经费来源等，确保大学生心理健康风险管理有法可依。为驱动分级干预模式的深入实施，需要从顶层构建系统化的保障体系。一是完善法规制度建设，制定详细的操作规程，规范各类主体行为；二是加大经费投入力度，为扩充专业员额、技术更新提供资金支撑；三是深化信息化建设，提升数据共享水平；四是健全监督考核机制，开展定期评估等。同时，在支撑体系构建中必须发挥政府的统筹协调作用,强化对重点环节的组织领导,促进资源与制度的有效衔接。

风险等级越低,应由大学生最亲近或最熟悉的干预主体实现,而风险等级越高,越需要加强更具管理权和资源分配权的干预主体来实现。风险干预过程中,政府、家庭、学校、社会都是干预主体。其中,各级政府部门是最具管理权和资源分配权的干预主体,在实现大学生心理健康风险干预中具有更大的制约权力。

六、结语

大学生心理健康问题关系到国家社会的发展进步,其风险防控体系的建立刻不容缓。本研究从理论和实践两个维度对大学生心理健康风险进行了全面解析,强调了风险识别、评估、干预等环节的重要性,并从资源整合、差异化应对、数据化支持等方面着手,构建起基于风险管理理念的心理健康问题防控体系。与此同时,也需要清醒看到心理健康治理的复杂性,预防问题蔓延需要学校、家庭、政府、社会各界形成合力,持续优化环境建设和资源供给。仅有制度设备还不足以根治这类问题,还需要提升大学生自身主体意识和自我调控能力,希望本研究的框架与路径选择对当前大学生心理健康问题治理实践提供一定支撑和启发。后续工作也将继续深入各个环节的具体落实情况,使心理健康问题防控体系不断得到加强和完善。

第 二 编
现代教育技术

中学人工智能教育课程的开设现状、问题及对策研究
——以黄冈市 A、F、H 学校为例

石睿思①

一、研究背景

国家已经把新一代人工智能教育提升到战略地位，并出台了一系列推动全国人工智能教育发展的政策和文件。《普通高中信息技术课程标准（2017 年版）》正式纳入了人工智能、物联网、开源硬件、算法等相关内容，"通过本模块的学习，学生应该了解人工智能的发展历程及其概念，能描述典型人工智能算法的实现过程"②。目前已有部分省市设立了人工智能教育试点，各级学校也积极开展人工智能教育课。

随着信息技术与教育教学的深度融合，中小学人工智能教育在教育技术领域的研究愈发受到关注和重视。在人工智能课程方面，柳栋等③提出中小学人工智能课程群建设可能的跨领域框架，谢忠新等④分层设计小学、初中、高中人工智能课程体系。周静基于具体的项目实践，进行高中人工智能课程设计与实施。关于人工智能教育，学者们讨论如何促进其实施与发展，张丹等⑤提出中小学阶段人工智能教育的实施框架，丁世强等⑥从 AI 教育意识、AI 学科知识、AI 实践技能三个维度构建中小学人工智能教师专业素养框架。综上，已有的研究成果大多从宏观层面进行知识理论研究，或基于某些案例进行具体的教学实践，关于人工智能教育的现状调查与分析研究较少，也未能结合各地各校实际提出相应的人工智能教育实施路径，缺乏具有相关数据的实证研究。有学者对一些经济发达地区

---

① 作者简介：石睿思，女，黄冈师范学院教育学院 2022 级硕士研究生。
② 周亚建，陆晓红. 人工智能时代的中小学智能教育［J］. 中国教育学刊，2023（S1）：6-8.
③ 柳栋，马涛，容梅，徐彤，陈美玲. 中小学人工智能课程群建设的一种跨领域开放框架［J］. 中国电化教育，2020（12）：16-21，28.
④ 谢忠新，曹杨璐，李盈. 中小学人工智能课程内容设计探究［J］. 中国电化教育，2019（04）：17-22.
⑤ 张丹，崔光佐. 中小学阶段的人工智能教育研究［J］. 现代教育技术，2020，30（01）：39-44.
⑥ 丁世强，马潇，魏拥军. 中小学人工智能教师专业素养框架研究［J］. 电化教育研究，2023（06）：120-128.

的人工智能教育存在的问题进行研究,①② 而对经济欠发达地区的研究成果却屈指可数。基于实证视角,正确、客观地看待和分析人工智能课程开设现状和人工智能教育存在的问题,提出促进黄冈市人工智能教育发展的对策及建议。

二、中学人工智能课程开设现状调查

（一）研究设计

1. 研究方法

研究主要采用问卷调查法收集相关数据,并以教师访谈内容作为对问卷调查数据的补充。

2. 研究对象

研究选取黄冈市城区和乡镇中学进行调研,调查样本选取调研学校的部分学科教师。

3. 研究工具

通过参考已有的调查问卷③,结合当地实际编制了教师问卷,问卷共33个题目,问卷的维度设计详见表1。通过问卷星平台在线发放问卷,问卷共回收94份,有效问卷为94份,问卷回收率为100%。

表1　　　　　　　　教师调查问卷维度设计

一级维度	二级维度	对应的题目
师资情况	教师的基本信息	1、2、3、4
	教师的任教情况	5
	教师的能力	15、17、18、20
人工智能课程认知及了解	对课程的认知和态度	6、12、24、26、33
	对课程的了解和看法	27、28、29、30、33
教师培训	培训情况及态度	13、14、16、33
教学情况	学生的兴趣	19、21
	教学内容及形式	23、25
	教学困难及建议	31、32、33

---

① 胡胜华. 佛山市中小学人工智能教育现状及发展路径 [J]. 中国教育信息化, 2021 (02): 40-43.

② 胡胜华. 佛山市中小学人工智能教育现状及发展路径 [J]. 中国教育信息化, 2021 (02): 40-43.

③ 宋彤. 小学人工智能课程实施现状与策略研究 [D]. 长春: 长春师范大学, 2021: 11.

续表

一级维度	二级维度	对应的题目
课程开设情况	开设时间	7、8、11
	课程体系及形式	9、10、22

(二) 数据分析

1. 师资情况

从教师的学历水平看,受访教师的整体学历水平较高,但只有极小部分比例的教师是专门的人工智能课程教师,大部分人工智能课程由信息技术教师担任,且所学专业与所教课程并不完全一致,通过访谈了解到教师大多数是教育技术专业或计算机相关专业毕业,可见人工智能任课教师相当缺乏。在人工智能课程知识与技能方面,反映教师对人工智能知识了解不够全面。调查数据显示,69%左右的受访教师并没有带领学生参加过人工智能相关的竞赛。根据访谈得知,大多数教师知道人脸识别技术,机器人等,但对虚拟现实(VR)算法、人工智能伦理与道德等内容没有清晰的认识。可见,教师的专业素养和能力有待提升。

2. 课程认知及了解

课程认知方面具体调查数据如表 2 所示。

表 2　　　　　　　　　　课程认知方面相关调查数据 (%)

调查内容	选项1	选项2	选项3	选项4	选项5
人工智能教育对于中小学生很重要	25.0	40.0	29.0	5.0	0
人工智能教育会增加学生的学业压力	11.0	23.0	31.0	30.0	5.0
人工智能融合教育态度	30.0	58.0	12.0	0.0	

从表中数据可以看出,关于"人工智能教育对中小学的非常重要"的问题,26%的教师表示"非常认可",40%的教师则表示"认可",29%的教师选择了"一般",观点中立,5%的教师表示不认可;从"人工智能教育会增加学生的学业压力"这一问题的调查数据中可以看出,11%的教师选择"非常认可",23%的教师选择"认可",31%的教师选择了"一般",还有30%的教师选择了"不认可",5%的教师表示"非常不认可",仅有不到半数教师认为人工智能课程不会增加学生的学业压力,大部分教师认为增加了学生的学习压力;大部分教师对于人工智能技术与教育融合应用持乐观态度,能根据学校实际情况进行选择,反映教师对人工智能课程都有一定的了解,也能产生自己的想法和意见。

同时,通过对教师访谈数据进一步分析可以看出,教师对人工智能课程开设等方面比较了解，但对知识了解一般。H 学校访谈教师表示"我们教授人工智能课程主要根据学生的意愿和自身备课学习的经历，学校里没有专门的相关教材可供参考"。F 学校访谈教师表示"人工智能课程只涉及信息技术教材的第五章内容"。可见，访谈内容与问卷数据一致。

3. 教师培训

通过问卷数据可知，大部分教师并没有参加过与人工智能课程相关的培训，说明区域教师人工智能相关知识培训情况不达标。但 93% 的调查教师表示愿意学习与人工智能相关的课程，说明教师整体对参与人工智能课程培训抱有期待，反映教师整体学习态度良好。

4. 教学情况

从教学方式调查数据来看，如图 1 所示，教师边教学生边动手的教学方式约占总比例的 61%，处于主导地位，可见教师更倾向于培养学生的动手能力。

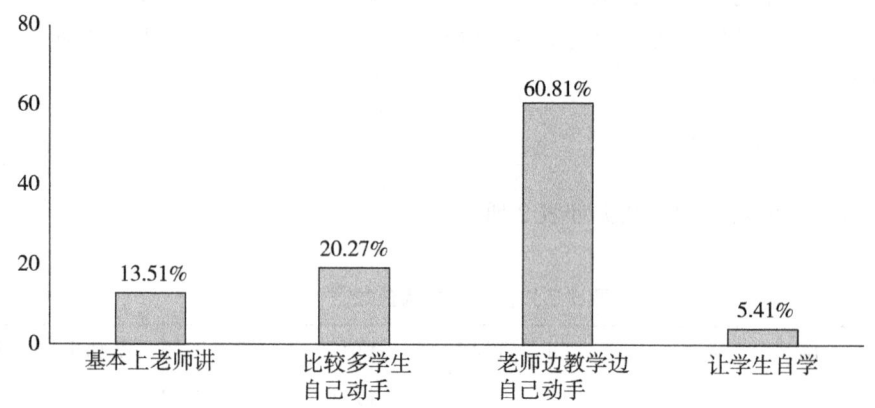

图 1 人工智能课程教师的教学方式

5. 课程开设情况

从学生学习课程的兴趣调查数据看，如图 2 所示。一半的学生（50%）对人工智能课程比较感兴趣，信息技术课（63.5%）、机器人教学活动（70.2%）、科技活动（51.3%）是学生主要感兴趣和喜欢的课程形式。关于学生的课程参与度，A 学校的访谈教师认为"学生在课程中的普遍参与度一般，很多学生边学边玩"。可见，学生虽然对课程有一定的兴趣，但教师如何让学生参与课程学习是一个难题。

调查数据显示，62% 左右的教师所在学校开设了一学年以上的人工智能课程，24% 左右的教师表示人工智能课程刚开设一学年。48% 的教师反映学校里的人工智能课程是选修课，17% 左右的教师表示人工智能课程在学校里属于必修课程。如图 2 所示，信息技术课

（75.9%）与科技活动（51.7%）是主要的课程形式。

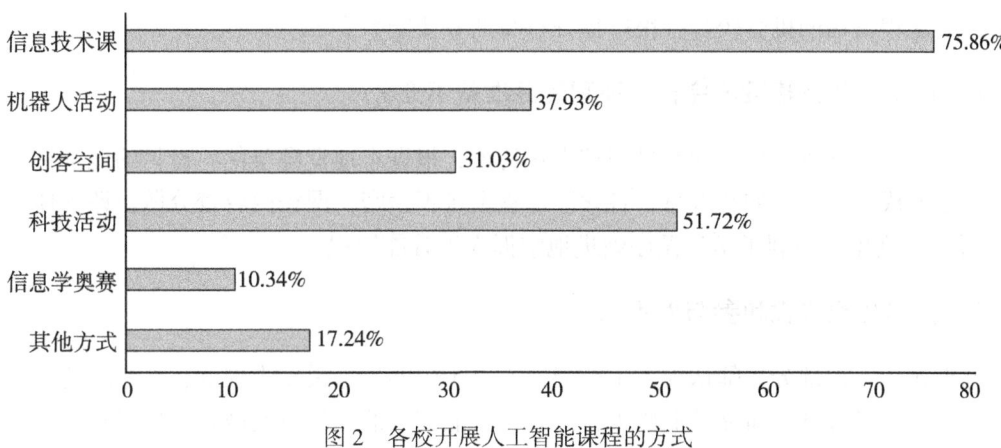

图 2　各校开展人工智能课程的方式

为了进一步了解人工智能课程在学校里的开设情况，对每所学校的人工智能课程教师进行访谈。访谈结果显示，大部分老师表示人工智能课程在学校里并不受重视，课时量少且只是作为学生的选修课。对教师认为课程实施存在的问题和建议进行总结，主要有以下几点"学校缺乏支撑人工智能教学的设施设备"，"没有完整的课程体系，课程资源有限"，"信息技术课时量少，人工智能课程的课时量更加不能得到保证"。关于人工智能教育方面的建议，主要涉及"希望学校开设人工智能课程及配置教学的硬件设备"，"想得到获取课程资源方面的支持"，"引进相关专业的教师并提供培训机会"。

三、人工智能教育存在的问题分析

（一）人工智能教育重视度不足，意识薄弱

城市区域经济相比于发达地区发展落后，整体的人工智能教育水平较低，有些学校人工智能相关课程的开设只在某一个学段，例如高一年级。高二、高三学段考虑到学生的学业压力，学校并没有开设。

（二）学校教学条件不完备

黄冈市属于经济发展水平欠发达的市州，目前区域中学已经基本覆盖了网络设施，但由于人工智能技术相对复杂，涉及多种算法技术，相关设备投入使用价格比较昂贵，中学信息化环境的搭建存在一定的难度。

（三）师资力量缺乏，教师人工智能素养有待提高

目前人工智能师资力量不足，专业素养基础薄弱等问题日益突出。调查结果显示，区

域中学人工智能课程教师通常由信息技术教师担任,人工智能课程教师的专业素养有待提高。一方面,很多教师对人工智能课程内容了解得不全面不充分;另一方面,教师获得的人工智能课程培训的机会较少,很难提升自身的专业能力。

(四)课程体系建设不完善,课程资源准备不充分

调查显示,学校的相关课程呈现校本化特征,根据本地资源条件,有目的地选择教学内容,未形成统一的标准和教材。各学段课程衔接不紧密,课程内容较分散,课程体系出现"断层"现象,不利于学生循序渐进地掌握人工智能知识。

(五)学生积极性和参与度不高

调查显示,大部分教师认为人工智能技术对于中学生来说较难理解,在平时的学习中主要是应对各科考试,面临学业压力,对人工智能相关的知识只能做到简单了解,将理论运用到生活实践却不易实现,这就阻碍了人工智能教育走向实践化。

四、开展人工智能教育的对策与建议

(一)发挥政府的领导力,多方助力学校智慧环境搭建

中央电化教育馆在2021年发布了中小学人工智能技术与素养框架,[1] 明确指出培养具有哪些人工智能素养科技人才的内容和要求。区域政府对开展人工智能教育具有重要的引领作用,需要发挥教育改革的指导和支持功能,根据本地区中学人工智能教育的实际需求和教育现状,结合人工智能素养框架,对区域内中学进行整体规划,加大财政投入,共同推进区域内中学人工智能教育"普及化"。

(二)搭建智慧平台,建设智能设施

一些发达地区为了增加学生与人工智能的互动体验、实际操作的机会,与校外机构合作,在学校里建立深度学习平台。例如上海市建立了人工智能实验室,学生可以在相关算法平台上学习最新的人工智能技术,进行人机对话,培养计算思维和关键能力。区域可以学习这些地区的做法,建设和利用人工智能平台,配置适当的开发环境,完善学校内的机器学习、虚拟现实等智能设施,增加人工智能教育的可行性。

(三)构建师资培训模式,采取教师激励举措

区域教研部门和学校应该为教师建构良好教学环境的同时,提供教师参与学习和教研的机会,鼓励教师积极参加与人工智能相关的培训,提升其专业素养,使人工智能教育不

---

[1] 中央电化教育馆. 中小学人工智能技术与工程素养框架 [EB/OL]. (2021-11-30) [2023-05-06]. http://www.ncet.edu.cn/zhuzhan/xgwzxwzx/20211130/5559.html.

断规范化。采取多种举措激发教师的教学才能,发挥教师的主动性,培养更多优秀教师,不断壮大师资队伍力量。

(四) 完善课程体系和课程资源

人工智能课程体系的建设应该系统化,根据学生的年龄特征和认知特点安排课程,做好不同学段课程之间的衔接。学校为学生提供多方面的课程资源,学生也可以发挥自主性,选择感兴趣的学习资源,包括人工智能理论知识和技术,探索人工智能课程资源建设新范式。

(五) 构建学生参与实践的人机协同机制

人工智能技术与素养框架的"人工智能与人类"这一领域内容中将"协同"作为一个二级指标,强调学生与人工智能交互的必要性。人工智能技术日益革新,学生不仅要了解技术在生活中的应用,学习理论知识,更要学会动手使用智能技术,理解技术背后的原理和算法。课程的学习不能局限于编程等理论知识的学习,要培养学生智能知识、能力、思维、应用、态度等全面发展。①

---

① 郑勤华,覃梦媛,李爽. 人机协同时代智能素养的理论模型研究 [J]. 复旦教育论坛,2021 (01): 52-59.

基于机器学习的大规模化学实验数据智能处理与优化

韦 笑[①]

一、引言

随着高通量合成、高内容成像等技术的广泛应用，产生了大量的化学实验数据。这些数据复杂多样，既包含化学反应条件（如温度、压力、溶剂、反应时间等）、原料组成和量的信息，也包含反应中间体和最终生成物的各种表征数据（如质谱、红外光谱、核磁共振等数据），以及反应过程中的热力学和动力学监测信息（如微卡仪、流变仪等数据）。可以说，一个化学反应从开始到结束，整个过程中产生的绝大多数实验数据现在都可以被精确地记录下来。[②] 以高通量合成为例，仅一个化合物库就可以运行数千个不同的反应，每个反应条件都不尽相同，一个化合物库可以产生上百万组独特的数据。

虽然数据量巨大，但直接的价值并不高，这些杂乱纷繁的数据很难直接用于指导科学研究。如何对这些复杂的化学实验数据进行有效整合，提取有用的信息，建立数据与科学发现之间的内在关联，实现数据驱动的知识发现，是当前化学研究面临的一个重要课题。

传统的统计分析方法，如线性回归、主成分分析等，难以处理上述大规模的、异构的复杂化学实验数据。这些方法要求数据满足特定分布条件，对缺失值和异常值很敏感，而实际化学数据往往比较"脏"，无法满足这些理想条件。此外，传统方法侧重提取线性关系，对数据的非线性特征表示能力较弱。近年来，随着计算能力的增强和算法的进步，智能化数据处理与优化技术为化学实验大数据的有效利用提供了新的可能。本文将综述当前在这一领域的最新进展。

二、监督学习模型在化学实验数据中的建模与预测

监督学习方法需要先验知识对数据进行标注和建模，然后用于对新数据进行预测和分类。这种方法在处理有标签的化学数据方面具有独特优势。监督学习可以分为分类、回归

[①] 韦笑，男，湖北黄石人，内蒙古师范大学化学与环境科学学院2022级本科生，研究方向为化学教育。

[②] 刘勇. 化学分析实验室检测结果的质量控制 [J]. 化学工程与装备，2022（01）：214-215.

等不同类型。下面详细讨论几种常用的监督学习模型在化学实验数据处理中的应用。

(一) 神经网络

神经网络是一种重要的监督学习方法，通过模拟生物神经网络的连接结构，实现对数据复杂特征的建模和学习。根据网络结构不同，可以分为多层感知器、卷积神经网络、递归神经网络等。神经网络应用于化学实验数据，主要优势有：

(1) 非线性建模能力强。神经网络通过隐层实现非线性特征转换，可以学习数据中的复杂非线性关系，而不受线性假设的约束。

(2) 端到端学习。相比传统方法需要独立数据预处理步骤，神经网络可以端到端从原始数据中抽取特征并完成下游任务，降低了人工特征工程需求。

(3) 拟合能力强。神经网络参数量大、表达能力高，可以充分学习数据规律，避免人工选择模型带来的偏差。

例如，Cherkasov 等利用递归神经网络模型预测小分子化合物的肿瘤靶点抑制活性，实现了比传统 QSAR 方法更高的预测精度，说明递归神经网络可以更好地从分子结构数据中提取关键特征。Schneider 等结合卷积神经网络和图表示学习等深度学习技术，实现了对蛋白质相互作用的预测，大幅提高了预测性能。

(二) 支持向量机

支持向量机是另一种重要的监督学习方法，通过求解 linearly separable 的最优超平面实现分类与回归建模。[①] 与神经网络相比，支持向量机的主要特点是泛化能力强，对小数据集更具优势。

支持向量机广泛应用于各类化学实验数据的建模。例如，Warmuth 等利用支持向量回归方法建立了有机反应产率的预测模型。该方法可以有效处理数据中的非线性映射关系。Lv 等使用最小化泛化误差支持向量回归模型对液相色谱保留时间进行回归预测。结果显示，相比多元线性回归等传统统计方法，支持向量机表现出更好的预测性能。

总之，监督学习方法可以利用有标注数据进行建模，然后预测新数据，在处理化学实验数据方面具有独特优势。相比传统统计方法，神经网络和支持向量机等可以更好地处理数据的非线性关系，实现复杂数据模式的学习。

三、非监督学习在化学实验数据中的特征提取与聚类

非监督学习方法可以在没有先验标签或目标的情况下，通过发现数据内在的隐含结构进行建模，常用于聚类、降维等目的。这对探索性分析化学实验数据具有重要意义。下面详细讨论非监督学习的两大类型在化学数据处理中的应用。

---

① 张黎，王振全. 基于小波分析与支持向量机控制图混合模式识别 [J]. 郑州航空工业管理学院学报，2023, 41 (04): 64-72.

（一）集成学习算法

集成学习通过组合多个模型的预测，可以取得比单一模型更稳定和精确的结果。随机森林是一种典型的集成学习方法，它集成多个决策树，在训练过程中引入随机性，可以有效控制过拟合问题。

随机森林广泛应用于化学实验数据的建模和预测。例如，Yan等利用随机森林建立了高精度的量子点发光行为模型，可以预测不同化学配位体和溶剂条件对量子点荧光波长和量子产额的影响。随机森林集成了多个决策树，可以捕捉数据中的非线性和局部模式，避免单一决策树的过拟合问题，从而实现对复杂化学系统的精准建模。

另一种集成学习方法是提升树，它通过递增学习方式构建模型集成，也广泛用于化学数据处理。此外，神经网络集成等深度集成学习方法也展现出在化学实验数据建模中的优势。

（二）降维技术

降维是非监督学习中常用的一类方法，通过消除数据冗余，将高维数据映射到低维空间，可以显著提高后续的数据处理和分析效率。

主成分分析是一种典型的线性降维方法，通过正交变换构建数据协方差最大的低维子空间。Niijima等利用主成分分析对包含数百个成分的复杂质谱和红外光谱的数据进行了降维，提取了最能代表原始数据信息的几个主成分，并在此基础上完成了不同化合物的分类。这显示出主成分分析可以有效解决化学实验数据的高维问题。

此外，t-SNE、局部线性嵌入等非线性降维算法也展现出在分析化学实验数据方面的优势。这些方法可以保留非线性的Components，更充分地表示数据的内在结构。

总之，非监督学习方法，如集成算法和降维技术，可以在无标注情况下发掘化学数据的模式，有助于数据的降维与可视化表达，为后续的监督建模奠定基础。

四、深度学习技术的应用前景

深度学习是当前机器学习领域最前沿的技术，通过构建复杂的多层神经网络结构，实现对数据高度抽象的特征学习，在图像、语音、文本等领域取得了巨大成功。深度学习在处理复杂、多源异构的大规模数据方面展现出独特的优势。① 下面讨论深度学习技术在化学实验数据处理中的应用前景。

（一）深度神经网络

相比传统的简单网络结构，深度神经网络由输入层、多个隐层和输出层组成，层数可

---

① 李晓帆，邓彬，罗成高，等. 基于深度学习的雷达成像研究进展［J］. 太赫兹科学与电子信息学报，2023，21（09）：1086-1099.

以扩展到数十乃至数百层。① 随着网络加深，模型可以学习数据的高阶抽象特征表示，拟合能力大为增强。

在药物设计方面，深度学习可以直接从分子结构数据中学习与药效相关的复杂特征，实现端到端的药效预测，避免人工特征提取的限制。例如，基于卷积神经网络的药物指纹可以从分子二维结构图中自动学习药效关联特征。

在材料发现方面，图神经网络等可以从材料的组成和结构数据中学习材料性能的复杂非线性关系，实现性能指导下的智能材料设计。②

（二）强化学习

强化学习通过让智能体与环境进行交互，根据反馈逐步改进策略，实现直接从经验中学习最优决策。③ 这一技术可以应用于自动化合成的顺序规划和优化。

具体来说，可将整个合成过程看作一个强化学习系统，智能体对应着自动化反应装置，环境为各类化学试剂和仪器，反馈为产物检测结果。通过不断尝试不同反应路线并根据产率、选择性等评估反馈，系统可以自主探索出最优合成路径。这将大幅提高化学合成的自动化水平。

五、结论

本文综述了当前机器学习在化学实验大数据处理与挖掘方面的进展。相比传统统计分析方法，现代智能算法特别是深度学习展现出在处理大规模、异构和复杂化学实验数据方面的巨大优势。

深度神经网络可以建立化学过程与性质之间的准确映射关系；强化学习实现主动探索最优化学反应路径。当前这些前沿技术为从海量实验数据中高效提取信息、发现化学知识奠定了坚实的基础。

随着高性能计算资源的发展和算法的进一步优化，未来智能化学实验数据处理与挖掘技术必将取得新的进展。这不仅会极大提高实验效率，更将推动数据驱动的科学发现，开启化学研究的新纪元。

---

① 李晨，许雪，郭业才. 基于深度神经网络的单幅图像盲去噪算法 [J]. 电子测量技术，2023，46（21）：183-192.

② 严茁，杨丰玉，钟依慧，等. 深度神经网络的测试输入选择与度量标准研究综述 [J/OL]. 计算机工程与应用，2024，60（06）：27-42.

③ 吕广鑫. 化学分析实验室检测结果的质量控制探析 [J]. 冶金管理，2020（13）：19-20.

中小学信息技术教学中德育渗透研究

孙毓姗　关玉蓉[①]

随着信息技术的快速发展，人们越来越意识到信息技术教育的重要性。信息技术教育不仅要让学生掌握基本的计算机技能，更应该注重学生的信息素养和信息道德的培养。德育渗透是信息技术教学的一个重要环节，它能够帮助学生树立正确的价值观、人生观和世界观。因此，研究中小学信息技术教学的德育渗透具有重要的现实意义。

一、中小学信息技术课程中德育渗透的现状

2019年，中共中央、国务院印发《中国教育现代化2035》，该文件提出八大理念，其中以德为先位于首位，充分体现素质教育背景下德育工作的重要性。[②] 因此，教师在进行教育教学工作时要渗透思想道德教育和法治教育，力求在有限的课堂教学时间里把尽可能多的道德思想和法律常识传授给学生们。但是当前，有很大一部分的信息技术教师并没有依照要求开展教学活动，在进行课堂教学时注重的是知识和技能的讲授，采用的仍然是传统的教学思路和教学模式，对德育存在着不重视的情况，从某种程度上对我国思想道德教育以及法治教育的开展未能起到很好的促进作用。[③]

首先，中小学信息技术课程中的德育内容存在着脱离学生和社会发展实际需要的情况。同时，德育内容也要进行改革以跟上时代发展的脚步，然而现实是德育并没有与社会生活建立起密切的联系，最终会逐渐与社会生活需要相脱离，表现出陈旧单薄的不足之处。

其次，中小学信息技术课程中的德育存在着教学方法单一的情况。教师大多采用强制灌输的方法进行德育，形成了"教师说、学生听"的模式。以这种方式进行的德育最终只会成为"教室里"的德育，无法走出课堂，走向现实社会。同时，学生的主体地位无法得到保证，对于德育学习的积极性会丧失，学习兴趣会极大减少，德育也无法达到应有的重要价值和作用，更会缺乏对学生的吸引力和感染力。

[①] 作者简介：孙毓姗，女，中国天津市人，黄冈师范学院现代教育技术专业硕士，研究方向为信息技术教学；关玉蓉，女，中国湖北省潜江人，黄冈师范学院博士，研究方向为计算机应用。

[②] 曾凡碧.教育现代化背景下中学德育探究[J].中学政治教学参考，2022（17）：81.

[③] 纪巍.信息技术教学中的德育教育[J].青少年日记（教育教学研究），2015（04）：33.

再次，中小学信息技术课程中的德育存在着重道德知识轻道德实践的情况。教师往往重视德育知识的讲授，仅仅停留在认识上的层面，而受多种因素的影响，德育的实践教育得不到足够的重视，没有为学生从认识到行为的转化搭建起桥梁，个体的知、情、意、行无法得到均衡发展，良好的道德行为就无法养成。

最后，中小学信息技术课程中的德育评价体系存在着不完善的情况。当前，教育评估大多集中于学生考试分数的程度，甚至会以对专业知识了解多少来判断学生的品德，造成"唯分数论"的现象普遍发生。部分老师只重视教学、不重视教育；只重视学生的分数，忽略学生品德的养成。① 虽然我们倡导素质教育，要求鼓励学生全面发展，但部分老师的教学观点转变面临很大的问题。

二、中小学信息技术课程中充分渗透德育的策略

未成年人思想道德教育是关乎我国命运的大事情，全党和整个社会都十分关心未成年人思想道德建设。今天我们要深切地意识到，德育教学不仅是班主任和思政教师的任务，每一个学科的任课老师都要承担传递知识、立德树人的责任。高度信息化的时代，科学技术是把双刃剑，手机和互联网的广泛应用使中小学生很早就接触到了海量的资讯，但这些信息往往真假掺半，良莠不齐，容易给青少年产生不良影响。因此，信息技术教师的身上肩负着重要的德育使命，需要依据学科的特点，将德育贯穿在课堂教学中。

（一）加强对信息技术课堂渗透德育的重视

首先，要重视教材和课程内容，使德育能够更好地融入中小学信息技术课程的教学。② 当前，我国的中小学信息技术教材中必然包含一些与网络道德规范相关的内容，例如人教版初中信息技术课程的教材中就有一节课是网络道德与安全。但是这些内容比较零散，缺乏系统性、完整性和连贯性。教材是老师授课的基础，也是课堂教学过程中的关键手段，因此想要提升信息技术教育中德育的有效性，就一定要把道德的实质内涵渗透到其中。

其次，教师要在教学过程中重视德育。我国教育的根本任务是立德树人，在青少年成长的过程中，德育起着至关重要的作用，因此中小学的各门学科都应该重视德育的地位。但是信息技术课程因为其技术性和理论性较强的特点，许多教师会忽略德育在教学中的重要性，从而导致学生在思想品德方面受教育的缺失。所以，在中小学信息技术课程的教学中，老师一定要着力发掘课堂内蕴藏的德育资源与内容，将课程理论知识与德育内容进行有效融合，从根本上促进学生思想品德的提升。③ 同时，教师也要注重学生信息素养的培

---

① 朱海波，姜国睿，孙家奎，等．中小学信息技术教学中存在的问题及其对策研究［J］．赤峰学院学报（自然科学版），2020（05）：35.
② 郭浩琳．中小学信息技术教学中加强德育的方法［J］．天津教育，2022（02）：31-33.
③ 祁建杰．浅谈中小学信息技术课程教学中的德育教育［J］．科普童话，2020（07）：154.

养，增强其信息社会责任感，为未来走向社会和正确合理运用信息技术打下坚实的基础。

（二）结合国家信息科技发展历程进行德育

首先，中小学信息技术课程中有很多关于计算机的基础知识，例如计算机硬件组成等知识。如果将我国的科技发展与之融合，就可以合理巧妙地对学生开展爱国主义思想德育。例如在介绍计算机模型时，可以对"神威太湖之光超级计算机"加以说明，这曾是全球排行第一位的超级计算机，凝聚着我国无数科技工作者的智慧。

其次，中小学信息技术课程中也同样有关于软件应用方面的知识，教师在讲解时可以对优秀杰出的民族企业进行介绍，例如华为、小米等，这些都是我国科技发展的重要力量。

最后，教师在布置课外任务时可以更加灵活变通，将有关中国科技发展的内容融入其中。例如，初中信息技术教材中有幻灯片制作的相关知识内容，在课下布置任务时，可以让学生依据所学的知识内容制作有关中国超级计算机领域发展历程的幻灯片，学生在搜集资料和制作的过程中，不仅可以对课上学习的内容进行复习巩固，还可以激发他们的科研热情。

通过了解一些国家自己研制的技术研究成果，能够极大地提高学生的荣耀感和创造力，启迪他们的爱国主义热情，还可以引导学生进一步探究创新技术，了解国家技术人员敢于攀登科学技术顶峰的精神，帮助他们形成良好的价值观。①

（三）引导学生正确认识互联网

随着网络的普及，互联网的相关知识及操作在中小学信息技术课程的教材中涉及的也较多，范围也较广泛，例如电子邮件、网页制作、搜索引擎等。

首先，中小学生的思维较为活泼，兴趣也较为浓厚，他们显然对于这些内容是比较感兴趣的。因此，教师在讲授知识的过程中就会与学生配合得比较好，以学生的主动性和兴趣为依托，教师在讲课过程中会相对更加容易。所以，教师在互联网教学的过程中可以充分渗透德育内容，方便学生进行理解和接纳。

其次，教师在进行互联网教学时，一定要正确引导学生认识和使用网络。科技是辅助人们创造美好生活的工具，功能强大的互联网也是如此，切勿让学生们被网络所控制。例如，教师要提醒学生，使用微信、QQ等社交软件时要注意保护好个人隐私，时刻保持警惕，具备防范意识，不可轻信他人。中小学生在具有较强好奇心的同时又会具有较弱的自控能力，稍有不慎就会容易沉溺其中无法自拔。教师要让学生清楚地认识到，互联网是一个完全虚拟的世界，在保护好自身权益的同时也不可以利用网络损害他人的合法利益，更不可以利用互联网做违法乱纪，损害国家的事情。同时，教师要着重强调网络的利害关系，甚至可以通过未成年人遭遇网络侵害的实际事件向他们提示与警惕。

---

① 刘浩. 浅谈中小学信息技术课的德育教育 [J]. 中学时代，2014（04）：203.

（四）教导学生养成良好的行为习惯

信息技术课程知识内容表现出很强的操作性，教学活动通常在多媒体教室中进行①，而机房环境需要师生共同进行维护。

首先，老师必须看到学生在操作计算机中出现的问题，同时应采取适当的方法协助学生加以纠正，同时培养学生的计算机技术应用能力。

其次，教师要以身作则，言传身教，以自己的良好品行影响学生的行为。例如，教师自己要注意机房的卫生状况，正确使用计算机设备等。

（五）全面培养学生的学习意识和创新探究精神能力

老师在开展中小学信息化课堂的教学活动中要学会运用各种教学方式，充分调动学生的学习积极性，培养学生的自主学习能力和探究精神，这也是在课程中渗透德育的方式。②例如，课堂上可以适时选择分组学习的模式，让学习能力较好的学生帮助基础学习能力较弱的学生，这不但能够培养他们的信息技术素质，而且还能够帮助他们的共同进步，培养团队合作精神和探索精神，同时这也是帮助他们未来融入社会、融入集体的有效方法。

三、总结

总之，当前中小学的信息技术课程存在着对德育渗透不全面的现象，这与学科和教学的特点有关。在中小学信息技术课程中强化德育，不仅有利于立德树人目标的实现，也是实施素质教育的时代需要。老师在开展信息技术课的教学活动时，要把信息技术知识和德育进行有机融合，将德育渗透其中，力求使中小学生信息课程中的德育达到良好的效果，促进中小学生信息社会道德观、伦理观的形成，实现全面育人。

---

① 姜峰. 在信息技术教学中渗透德育教育［J］. 考试周刊，2014（45）：119.
② 唐祖林. 中小学信息技术课程发展现状与出路［J］. 中国教育技术组装备，2020（05）：104-105.

论德育课程中跨学科融合的困境与教学策略
——以信息技术课堂教学为例

肖冰洁①

引言

在当前的德育中，传统的单一学科德育模式已经无法满足学生的需求和社会的发展。跨学科融合成为了德育的一种发展趋势。特别是在信息技术课堂教学中，由于信息技术的学科特性和社会影响力，对于德育的跨学科融合具有特殊的意义。然而，在实际的教学过程中，德育课程中的跨学科融合面临着许多困境。本文将以信息技术课堂教学为例，对这些困境进行探讨，并提出相应的教学策略。

一、德育课程中跨学科融合的概念界定

跨学科教学即跨越学科之间的界限，在注重各学科内在逻辑的基础之上建立学科间的联系，并将学科进行整合，进而在教学实践中实施整合后的多学科融合教学。② 德育活动主要是通过第四点社会信息责任进行体现，即积极探究技术应用给社会生活带来的变化，遵守相关的伦理道德与法律法规，形成与信息社会相适应的价值观和责任感，力求真正贯彻信息技术（2017 年版）课程标准要求，在德育中实现跨学科融合，将青少年培养成德智体美劳全面发展的社会主义接班人。德育课程中的跨学科融合是指将德育与其他学科相互联系、渗透和融合，以培养学生具备综合素质和应用能力的一种教育理念和教学方式。它强调不同学科之间的相互联系和互动，把德育渗透到各个学科的教学过程中，使学生在学习学科知识的同时，也接受到德育思想的熏陶，实现全面发展和成长的目标。

二、德育课程中跨学科融合的困境及原因分析

从 20 世纪 80 年代中后期开始，中国教育界便自觉地反思德育工作相关问题，至今仍

---

① 作者简介：肖冰洁，女，湖南邵阳人，黄冈师范学院硕士，研究方向为现代教育技术。
② 于国文，曹一鸣. 跨学科教学研究：以芬兰现象教学为例 [J]. 外国中小学教育，2017（07）：57-63.

未停止，随着信息技术、人工智能的发展，可以看出这种反思有其特定的社会历史背景和现实针对性。中小学生的传统德育工作也发生了巨大的变化，这对德育的实效性也产生了一定的影响。以信息技术课堂为例，中小学生的德育工作在德育顶层设计、德育观念、德育内容、德育环境等方面存在较多问题。

（一）德育课程中跨学科融合遇到的困境

德育课程中跨学科融合遇到的第一重困境是顶层设计问题，近些年来，国家文件中多次强调要探索基于学科的课程综合化教学，开展研究型、项目化、合作式学习。① 从数篇文献中可知，近几年国家政策对信息技术课程以及德育的重视，因此在德育课程中实现跨学科融合非常重要。本文以信息技术课程为例，对比传统学科语数英，可以发现信息技术在课程开发、课程标准和规范、评价目标体系、教师培训等方面还有明显可完善的地方。同时因为"应试教育"的影响，这门课程通常在中小学中不被重视，许多学校简单地将它当作计算机课，在课程实施过程，真正落实核心素养的学校也非常少，如何在信息技术课程过程中更好地对学生进行良好品德培养，是德育课程中跨学科融合遇到的第一重困境。

德育课程中跨学科融合遇到的第二重困境是观念内容问题。在德育观念层面，本文通过访谈数位黄冈中小学实习学姐和学长，笔者总结谈话记录后发现在黄冈地区，很多中小学教师没有树立"以学生为中心""以活动育人"的新德育观念，许多老师也缺少德育课程的跨学科融合思维。在德育内容层面，笔者通过数篇文献研究发现，德育内容偏向于生硬知识传授，德育重理论轻实践的现象仍然严重。这种知识抽去了具主体生命表征的内容，它无视人的情感和态度，鄙视直觉与体验，它将活生生的、有血有肉的人放逐出外……根本背离了道德和德育的本性，是德育的自我放逐、自我消解。②

（二）德育课程中跨学科融合存在问题的原因

探究问题背后的原因，是促进德育跨学科融合的必然要求，出现上述问题的原因，可以从学校、教师、学生三方面进行分析。

从学校层面来看，主要是学校缺乏对跨学科教学课程的系统设计，很多学校并未在国家课程方案的指导下，形成符合自身学校特色和学生需要的内容生动的教学资源包，导致跨学科教学政策理念难以转化落地。我国是三级课程管理体系，很多学校在以国家课程标准为指导的前提下，没有做好课程顶层设计，没有积极发挥自身作为课程管理主体的作用，没有对课程教学进行整体规划，没有平衡好学科课程与跨学科课程之间的关系。就信息技术课程而言，相较于传统学科语数英，通常是放在被忽视的位置，在课程开发和设计标准、课程实施指南和规范、评价目标体系等方面都没有形成整体框架。实际上，信息技

---

① 任学宝. 跨学科主题教学的内涵、困境与突破 [J]. 课程·教材·教法，2022，42（04）：59-64，72.
② 鲁洁. 边缘化 外在化 知识化——道德教育的现代综合症 [J]. 中国德育，2006（09）：94.

术、人工智能不但可以打破传统信息传播的局限性,它还可以让信息资源无限扩张,使得信息传播内容涵盖人们生活和工作的各个方面,还能打破教学空间障碍,让学生在现实和虚拟空间中,在一定的情境下真正感受到德育的生动活泼,促进学生"知情意行"全面发展,然而这样丰富的信息课程资源却没有得到学校充分的利用。

从教师层面来看,学校开展德育活动依靠的主要力量是教师,因此拥有一支专业的德育教师队伍关系到学校德育的成败。经访谈发现,黄冈中小学的学校很少组织教师参加信息技术培训,在信息技术课程中有意识培养学生德育更是没有,大部分信息技术教师在制定学习目标时,他们目标设定的空泛宏大,一节课下来,分不清重点和次重点,如"PPT制作"这节课,教师制定的学习目标是"教会学生做PPT",而对学生究竟要具备什么样的知识和能力,要能解决什么样的问题,要在活动中形成什么样的学习态度或价值观,最终形成什么样的素养,在这个目标设计中并未作出具体说明,以至于到活动结束后,学生对"为什么要开展这样的活动、学PPT用来干什么"这样的问题仍是一知半解。这就是典型的无法将知识转化为素养,没有落实信息技术课标中教学目标的社会信息责任这一点素养,没有将德育渗透进入信息技术课程当中。

从学生层面来看,通过访谈数名黄冈中小学实习学姐和学长,笔者发现学生在上信息技术课程的课堂参与度相较于传统学科会更高,鲁洁先生曾指出,德育课程是一门"行走在意义世界中"的课程,它要"引导儿童去理解、体验自己生活中有意义、有价值的内容,感受生活美好的方面,热爱自己的生活,逐步形成生活对于我是有意义的积极的生活态度"①,可见德育课程中,学生学习的自觉投入度是重点。

三、德育课程中跨学科融合教学策略

(一)以核心素养为基点:优化课程顶层设计

学生全面发展离不开跨学科课程融合,这是提升学生核心素养的重要路径。因此,对于跨学科融合,学校要以核心素养为基点,秉持本校的育人目标和办学理念,将德育课程中跨学科建设纳入本校整体课程结构中进行相应的顶层设计。② 本文以信息技术课程为例,学校应该要不断优化学科专业课程体系,实施专业课程优化攻坚行动,强化思政课,拓宽公共课,夯实专业基础核心课,让人才培养效果实起来。不仅要把握跨学科课程融合的根本目的,促进所有学生全面有个性的发展,同时也要防止跨学科课程融合异化成为一种额外负担。学校应该要对已有课程进行系统分析,根据学生发展需要对课程进行全面整合,要指向本校的育人目标,与本校已有的课程资源相匹配,对现有课程进行不断的优化和完善。

---

① 鲁洁. 行走在意义世界中——小学德育课堂巡视 [J]. 课程·教材·教法,2006(10):20-24.
② 刘登珲. 促进核心素养有效转化的课程统整策略探讨 [J]. 教育研究,2018,38(06):40-47.

(二) 以团队学习为中心：拓宽教师的跨学科思维

建设社会主义现代化文化强国，对教师队伍建设提出了新的更高要求。尤其是在德育课程的跨学科融合过程中，学校应该要构建专门的教师团队，培养训练教师的跨学科思维。教师的跨学科思维不是指各个学科教师"拼盘"上课，而是学校应该定期开展交流研讨活动，各学科教师团队共同开发跨学科融合课程，如在信息技术课程实施过程中，通过对实践中问题的解决和对经验的提炼，不断完善跨学科课程融合，切实把立德树人融入教育全过程，融入学生思想道德教育、文化知识教育、社会实践教育各环节促进；另一方面，学校可聘请外援专家，及时为跨学科课程融合实践提供相应的咨询建议，确保实践的科学性和合理性。教师只有树立起了跨学科思维，才能真正承担起传播知识、传播思想、传播真理的历史使命，肩负着塑造灵魂、塑造生命、塑造人的时代重任。

(三) 以创新课堂为重点：培养学生的信息意识

在复杂多元的信息环境下，学生面对爆炸式无序的信息，他们需要主动筛选、辨明真伪、判断价值，发现和利用真实、准确的信息，以提高学习效率，增长知识见识，形成信息意识，树立正确德育观。这就需要学校教师以创新课堂为重点，扩展课堂概念，树立新的课堂观念，培养学生综合运用各学科知识与思维解决真实情境中的复杂问题，使知识学习走向实践创新。以信息技术课程为例，近几年推广的翻转课堂在信息技术课程中效果不错，翻转课堂作为一种更加主动的学习设计，具有迎接这一挑战的潜力。对于翻转课堂中的知识获取而言，学生定期、及时地参与观看课前关于新话题的视频，对于受益于课内会议的学习活动至关重要。①

结语

今天的学生成长在一个信息爆炸、充满不确定性的新时代。"世界正经历百年未有之大变局"，世界力量对比变化加深美国的危机感，导致中美、美俄战略博弈加剧，多极化格局加大了综合国力竞争，人才强国战略显得十分迫切。同时，第四次工业革命方兴未艾，人工智能、机器人技术、虚拟现实以及量子科技等蓬勃发展，深度改变人类生产和生活方式，对变局发展产生重要的影响。信息网络技术突飞猛进，各种思想文化交流交融交锋更加频繁，学生成长环境发生深刻变化，面对全球大流行带来的新要求，教育将其工作重心放在了信息和通信技术的使用以及新教学模式的应用上，在网络3.0工具的帮助和应用下，使用数字文件、多媒体资源，特别是教师开发的网络3.0资源的频率增加，以改善

---

① Interdisciplinary Pedagogical Assessment and the Promotion of Learning [J]. IJOPCD, 2022, 12 (02): 1-12.

虚拟教学，保证在社会环境中的最佳和灵活的学习。① 高质量的德育活动，不仅要在真实的物理空间完成，也要在虚拟的数字空间实现，而信息技术课堂相较于传统学科可以更好地实现这一点，因为立德树人工作成效，不仅要经受线下教育的检验，也要经得起线上活动的考量。不同教育层次的高质量学术培训与学生的有意义的学习是一致的。本文以信息技术课堂为例，从课程顶层设计、教师思维、学生信息意识出发，探讨德育课程中相关问题并提出一定教学策略，当然，由于笔者理论基础不够深厚，加之资料收集途径和手段的有限，未能对研究的问题做更深入的探讨，有些研究分析可能还显稚嫩，但是笔者会在今后的学习和研究中更加努力。

---

① Páez-Quinde C., Chasipanta-Nieves A., Hernández-Dávila C. A., Arévalo-Peralta J.. Flipped Classroom in the Meaningful Learning of the Students of the Basic Education Career：Case Study Technical University of Ambato［J］. 2022 IEEE Global Engineering Education Conference（EDUCON），2022：785-789.

新时代推动基础教育数字化转型的路径研究

杨 宇①

一、数字化时代基础教育发展面临新机遇

我国大力实施教育数字化战略行动,推动高质量基础教育公共服务平台和高水平基础教育教师队伍建设。党的二十大报告明确提出"推进教育数字化",教育部将实施教育数字化战略行动作为2022年的重要工作内容,围绕数字化战略行动部署一系列工作。2022年3月,国家智慧教育公共服务平台正式运行,"已初步建成全球最大的数字教育资源中心与服务平台"。这种新供给模式是满足新形势下教学需求、助力"双减"政策全面落地、促进优质均衡的关键举措,有利于推进基础教育创新发展。此外,我国高度重视基础教育高质量教师队伍建设。2022年4月,教育部等八部门联合印发《新时代基础教育强师计划》,将中小学教师的教育教学能力和信息技术应用能力作为重要的建设目标。国家高度重视利用人工智能、大数据等新技术为教师减负和赋能,着力打造高水平、专业化和创新型教师队伍,为实现基础教育高质量发展提供基本保障。

二、数字化转型的发展脉络

EDUCAUSE对数字转型的界定是一个"通过文化,人力,技术等方面的深度和协同,对机构的运作,战略方向,以及价值观进行了最优化和调整的过程"。有些人把数字转型看作将信息化与人们的工作、生活相结合,也就是将数字转型、数字升级。而数字转型又与上述两种模式有很大的不同,其过程更复杂,所涉及的领域也更为广泛。"数字化"是将实物或仿真的资料转换为数码资料,并对资料进行整理和整理;数字变革就是利用数字技术和信息对机械的运作过程进行变革,从而使机械的自动化和简化。数字化转型指的是通过机构转型,利用一系列相互协调的文化、技术和劳动力的改革创新,实现教学模式、运营模式和价值主张的创新。数字化转型和数字化升级是数字化转型和数字化升级的基本

---

① 作者简介:杨宇,湖北鄂州人,黄冈师范学院硕士研究生,研究方向为现代教育技术。

要求，也是数字化转型和数字化升级的重要内容。①

三、基础教育数字化转型的战略意义

教育新基建属于国家战略，它已经转化成了地方政府关注的数字化转型重大工程。其中，平台体系新型基础设施的建设要成为数字底座的核心基础，平台体系建设具体包括了新型数据中心、教育数据应用、平台开放协同、网络学习空间建设等内容，着重强调了要促进各级各类教育平台的融合发展，构建一个互联互通、应用齐备、协同服务的"互联网+教育"大平台，这是国家政府第一次提出将平台体系定义为教育新基建的数字底座。② 教育的数字转型与教育的信息化有很大的区别。要想推动教育数字化转型，就需要对"信息化""数字化"的区别有一个准确的认识。信息化是指在信息技术的帮助下，教育与教学的全过程在物质空间的闭环中实现。数字化，指的是构建由物理空间映射而成的孪生数字空间，教育教学过程在数字空间中构建出一个逻辑闭环，并调用物理空间要素来实现。数字化转型，指的是在数据要素的基础上，对实体空间和数字空间中的教育教学要素进行整合，从而达到对学生进行育人的全过程的深度优化融合。③ 在数字空间的基础上，对教育观念进行更新，构建出一种新的教育教学模式，构建出一种新的教育体系。

四、数字化转型面临的挑战

1. 信息安全

《国家中长期教育改革与发展规划纲要（2010—2020 年）》强调了现代信息技术在教育发展过程中的重要地位。信息安全战略旨在制定基于风险的安全战略，以有效识别、应对和预防安全威胁和挑战。④ 为了避免成本高昂和效率低下的安全事故，我们优先考虑资金和资源。近年来，网络安全受到了越来越多的威胁，网络安全面临着越来越大的威胁。机构资料可能会在网络内外散布，因此资料的安全性总是有疑问的。为此，为了应付信息安全所面对的各种挑战，应当将问题交由一个专业组织来解决，而非领导阶层来进行讨论；在风险控制方面，增加成本，而非在策略上进行风险管理。学校没有建立信息安全发展策略，也就是缺乏与之相适应的目标、标准、职责等。学校的信息安全策略是一个亟待解决的问题。另外，在学校中，当增加一个新的体系时，通常会把它看作一个阻碍革新

---

① 兰国帅，张怡，郭倩，等. 推动基础教育数字化转型：优化、持续和创新——《2020 年十大 IT 议题》报告解读与启示 [J]. 开放教育研究，2020，26（05）：12-25.

② 田永健，付涛，等. 基础教育数字化转型的实践探索 [J]. 中国电化教育，2022，427（08）：106-132.

③ 李永智. 教育数字化转型的构想与实践探索 [J]. 人民教育，2022，868（07）：13-21.

④ 韩锡斌，陈香好，刁均峰，等. 基础教育教学数字化转型核心要素分析——基于学生和教师的视角 [J]. 中国电化教育，2022，426（07）：37-42.

的因素。其他的问题是，要保证每一个最终使用者接受训练，并且要在多个设施之间进行协调，并且要对新的防护要求和投资作出反应。

2. 隐私保护

隐私性保护是通过对各种限制信息的保护来维护组织会员的隐私性。个人隐私权是最重要的，也是最核心的，它是招生、学生支持以及其他核心行为的关键。学校应该对他们的公开和内部政策、程序以及如何处理个人隐私受到侵害的情况进行评估。提高个人信息的隐私保护水平，要求对个人信息进行规范，对个人信息进行有效的管理，对个人信息进行有效的管理。教育部门的领导必须积极地维护使用者的个人隐私，在不同的系统和利益相关者的数据存取中作出平衡。一个好的安全性对于个人的隐私保护有好处也有坏处。安全平台可以通过一种可辨识的方法来搜集资料，但是同时也会提高使用者个人资料的暴露。学校领导应高度重视信息技术的应用，并考虑一旦信息被泄露，所产生的负面效应和法律风险。

3. 可负担性

基础教育的可承受能力是指资讯科技组织的重点与资源，以及教育团体的重点与资源，都是为了将来的永续发展。最大的挑战就是要在费用与价值间，寻找一个平衡点。像是大规模的支出缩减这样的简单而又直截了当的方法，在基础教育的贬值中，会起到相反的效果。因此，学校管理者必须具备对学校可持续发展的远景规划，以及对学校组织结构的改变，才能对学校的可持续发展作出正确的引导。为了达到可支付的程度，整个社会的其他方面都要对可支付的程度承担起相应的责任。

五、教育数字化转型发展方向

数字化技术促进了"供给驱动"模式转变为"需求驱动"模式的转变。在此基础上，提出了一种新的、以"适需服务"为核心的、以人为本的教育模式。在这些需求中，有个体发展的需要，有人才市场的需要，有国家战略的需要，有人的发展需要。教育体制变革和发展的趋势是，如何更好地推动老师"育"和学生"学"。在教育数字化转型的实践中，重点不在于形式上的数字化转型，而在于其所能带来的学习生产力与质量的改变。数字教育的变革，必然会对教育机构的数字化素质与能力进行重构。数字素养观点基于新技术环境，用来表示组织人员在环境中使用数字资源、有效参与社会过程的能力，而能力指的是具备足够的知识、力量和技能，可以将某件事做好的品质或状态。根据这一定义，数字素养是指组织人员在其工作场所使用数字技术时的行为方式，并包括将这些技术运用于其工作、学习和生活中的能力。在教育的变革和创新过程中，提升教育的数字化转型能力是至关重要的。一些国家、地区和组织已建立了数字素养的框架，将数字素养的培养列入国家的课程体系，或通过教育和培训项目提高教师和学生的数字素养，从而促进教育数字化转型的能力建设。

(一) 云计算技术

云计算是指在因特网上以一种服务性的形式提供的一种应用，同时也是一种为其提供所需的软硬件。云计算为用户提供了对计算机、网络、存储、开发平台或应用等虚拟资源的访问，极大地改变了 IT 的投资模式和服务提供模式。虽然云计算会增加新的开销，但可以提高学校的服务水平、经费支出，让学校的技术人员更好地了解学生的实际需要，进而提高学校的教学水平。

(二) 物联网技术

物联网是利用射频技术、传感器等，根据约定的协议，实现人与人、人与物之间的信息的实时交换与通信。利用物联网技术，学习者可以利用传感器、执行机构等辅助手段实现智能学习。同时，它还鼓励学校采用新的技术手段。物联网可以帮助企业对现行的业务模型进行革新，从而增加生产率和盈利能力。目前的学校财务制度还需要不断地完善，而物联网能够以更低的费用来采集和传输数据，并把这些数据整合到学校的数据系统当中，从而对学校现有的过程和服务进行改善，从而大大地降低了运行费用，使学校财务制度得以健全。

(三) 大数据技术

大数据技术可以对学习者的年龄、个人习惯以及学习行为等相关数据进行收集和分析，从而为学习者提供他们所关心的学习内容，从而帮助实施个性化教学，推动学习者个性化学习。[1] 这些技术可以以较低的成本，对学习者的能力进行强化，并创造出大数据技术，利用对学习者年龄、个人习惯以及学习行为等相关数据进行收集和分析，为学习者提供他们所关心的学习内容，帮助实施个体化教学，推动学习者个性化学习。该方法能在较低成本的情况下，有效地提升学生的学习效果，并能创建个性化的档案，从而为在线学习开辟一条新途径。通过对教育教学中产生的数据的收集、挖掘、整理和应用，可以使学校更好地了解学生学习结果的影响因素，建立有个性的学习方法，革新传统的基础教育的教学方法，有助于学校的创新性改革。

(四) 学习分析技术

学习分析是指测量、收集、分析和报告有关学生和他们的学习情况的数据，以便更好地理解和最大限度地提高。学校机构将学习分析技术与教育教学有机地结合起来，利用对学生的基本情况、学习目标、学习动机、认知风格和学习需求等数据和信息的分析，有针对性地为学校机构提供资源和服务，提升学校机构教育教学资源分配的精度，优化其管理的科学性，帮助学校领导更好应对教学压力，提升学生的学业保持率，缩短学生获得学

---

[1] 程莉莉. 教育数字化转型的内涵特征、基本原理和政策要素 [J]. 电化教育研究, 2023, 44 (04): 53-56, 71.

位的时间,从而提升毕业率。①

(五)人工智能技术

人工智能技术可以为诸如自适应学习之类的教学方法提供支持,利用算法对内容进行定制,从而满足学习者的个体化学习需要。它还可以推动招生过程中的个人化,确定有可能顺利获得学位的学习者,帮助老师对学习者的进展进行识别,或者是帮助学习者在他们的理解有差别的情况下,对他们的学习进度进行控制。将人工智能技术运用于学校教学,可为教师、学生及学生的父母提供不断的反馈,以了解学生的学习进度。同时,将其与各种方法如学习分析等有机地融合在一起,对学校的教学进行整合,从而提高学校的竞争力。机器人、自动化以及其他的科技学习手段正在不断地变革着人类的生活、工作、学习的方式。新型技术以其不受限于时间和空间的灵活性,成为了促进学校数字教育发展的重要因素。通过对各种信息技术的创造性运用,可以使学校信息技术的课程体系更加完善,从而有效地改善学校信息技术的现状,提高学校信息技术的教学质量。

六、总结与展望

面对教育数字化转型这一教育改革蓝海,教育行政管理部门和学校、科研单位、第三方专业评估机构等要积极发挥作用,研究编制教育数字化转型的评估指标,建设开发评估评价信息化管理系统,组织开展区域、学校教育数字化转型的测量和分析,以专业化、科学化的评估评价建立起教育数字化转型的发展性评价。如欧盟在《数字教育行动计划(2021—2027年)》实施中就提出建立"欧洲数字教育中心",承担促进各成员国数字教育经验交流、开展监测和评估等工作。立足为每个学习者提供最适合的教育、成就其最大的社会价值,运用数字技术发掘学习者潜质、激发学习兴趣、深化数据驱动大规模因材施教、培养综合创新能力,是教育数字化转型的目标,也是教育工作者和全社会共同的责任与追求。

---

① 王素,袁野. 国际教育数字化转型经验与策略分析[J]. 人民教育,2022(15-16):50-53.

数字教育环境下中小学教师专业发展的路径与展望

余 敏[①]

一、引言

近年来,中国政府大力推进教育数字化建设,实施了教育数字化战略行动,持续加强各学段素质教育资源的建设和应用,建设了世界上最大的国家智慧教育公共服务平台体系。在党的二十大报告中也明确指出,要推进教育数字化,建设全民终身学习的学习型社会、学习型大国。数字化环境下,中小学教师的发展是一个多学科、多形态的过程,是一个系统化的工程。它需要基于教师发展的规律和特点,从教师自身出发,立足于促进教师自我实现、专业成长和可持续发展的需求。在此过程中,数字化技术扮演着重要角色,为教师的自主发展提供了多种可能,通过数字化技术为教师提供持续发展的动力和平台。[②]

二、数字教育环境下中小学教师发展的重要性

信息技术与教育教学的融合,使传统的教学方式发生了翻天覆地的变化,以数字教育为代表的技术革新正在改变着传统的教育模式。数字教育环境下的中小学教师发展能有效地解决教育改革中遇到的难题,是信息技术与教育教学深度融合所带来的必然要求。

(一)数字教育环境是确保学生享有优质教育的前提

数字教育环境是一个更加公平包容、更有质量、适合人人的教育环境。为构建数字教育环境,我国整合了优质数字教育资源,打破教育信息化孤岛的局面,上线了众多公共教育资源平台。例如国家中小学智慧教育平台、云朵课堂以及学堂在线等,平台汇聚了众多高水平教师的优质慕课以及众多的教材、实验、教研等各类型的资源,为学生提供更精准、更高效的在线学习体验。在这一基础上学生可以自由化、个性化地进行课程学习,打

[①] 作者简介:余敏,女,湖北咸宁人,黄冈师范学院教育学院2022级硕士研究生,研究方向为教育数字化转型。

[②] 苗逢春.从教师成长到课程重构——谈中小学信息技术教师的专业发展[J].基础教育课程,2009(06):22-25.

破了区域限制,缩小了学生学习质量,弥合了教育鸿沟,促进了教育公平惠及每一位学生。①

(二) 数字教育环境下教师专业发展能够推动教学水平提升

数字教育环境下,对教师队伍也提出了更高的要求,要求教师学会使用以计算机为核心的信息技术在教育教学中的理论与技术。教师在教学这一过程中所扮演的角色也在悄然发生着变化,他们从传统教育中的灌输者慢慢地转变为学生的帮助者和引导者,这些变化必然会引发他们职责的变化。一方面老师对学生的评价从传统的只看考试成绩转变为学生在遇到问题时的变化及其所采取的应对措施,这是因为教师通过在线平台能看到学生处理问题的全过程。另一方面是老师能把更多的时间留给学生,而老师也有更多的时间来引导学生从解决问题的多种方法中找到最佳方法。

三、促进中小学教师专业发展的举措

(一) 教育资源的共建共享

资源共建共享是数字教育环境下的一大亮点,随着我国社会经济的不断发展,人们越来越重视教育资源的共建共享,这对促进我国教育事业的发展具有十分重要的意义。信息资源的共享性和计算机的应用使学生能正确理解所学概念,并能以此为基础进行后续的探索及其创新,网络通信更是拉近了师生之间的关系。教师通过充分开发利用教育资源促进学生系统了解和掌握知识和技术能力的提升,从而提高学生的学习能力,提升教师的教育水平。教育资源的共建共享缩小数字鸿沟,使优质数字资源惠及所有群体,确保了公平包容的优质教育。

(二) 教学模式的创新创造

教师专业发展从某种意义上讲是一种自我超越和自我完善,这就要求教师在不断反思和借鉴他人经验的基础上,建构出适合自己个人发展和学生成长需要的一套行之有效的教学模式。现在不断涌现的新的教学模式中,教师通过采用具体生动、形象直观、具有一定趣味性、启发性等特点的教学方法来激发学生学习兴趣,帮助学生建构知识体系并培养学生的创新思维能力。近年来,随着我国教育改革和课程改革步伐不断加快,越来越多的学校开始尝试用新方法、新手段来改革教学模式,这种教学模式更符合现代教育发展趋势。②

---

① 吴军其,王薇.中小学教师专业发展标准的比较分析——基于6份典型教师专业发展标准的质性研究[J].现代教育管理,2021(05):77-85.
② 肖起清.美国基于行动的教师专业发展模式[J].肇庆学院学报,2021,42(03):49-54.

（三）教学观念的更新和转变

教学观念是对教学一系列重大问题的倾向性认识，随着时代的发展需要不断地更新。自 20 世纪 80 年代以来，我国新课程改革就一直在持续进行，以促进学生的全面发展和教师专业发展，这一过程中，教师教学观念的更新转变也成为了其中的重点内容。许多新兴教师都已经意识到要转变教育观念，不仅注重自身的专业发展，还不断学习新的知识，适应学生的发展需要。①

四、数字化环境下中小学教师发展的挑战

（一）教育资源共建共享仍存在着许多的障碍

在人类社会的发展过程中，教育资源无疑是一项极其重要的基础性资源。当前我国基础教育事业的发展过程中，广大中小学教师在不断地探索、实践，努力提高自身的业务水平，并取得了一定的成果的同时，我们也应该看到：与中小学教师专业发展的要求相比，在教育资源共建共享方面仍然存在着许多的问题和不足。一是数字环境设施的差距。技术应用需要软硬件环境，需要投入成本，但不同地区、学校、学科教师的环境条件不同，教师难以享有平等的技术获得和应用机会。二是优质数字资源的占有和资源获取的难易程度不同。技术教育的应用有扩大教师专业发展中的"数字鸿沟"的风险，特别是在偏远和贫困的农村地区，这使得教师专业发展的差距突出。②

（二）数字技术创新教学的能力亟待提升

技术赋能教育，教育塑造未来。当前，数字化时代对教育提出了更高的要求，教师要承担起新时期的责任。教师应该是数字技术创新教学的先行者，但目前我国中小学教师数字技术创新教学能力的发展还存在着诸多问题：一是教师对数字技术创新教学的了解程度普遍偏低。其原因在于缺少有效的培训、对数字技术创新教学缺乏必要的经验等。二是中小学教师开展数字技术创新教学存在诸多困难。一些学校存在信息化教学资源匮乏的现象，教师缺少数字化教学资源使用的支持与指导以及数字化教学资源的使用意识和能力。这也就导致教师对数字技术的理解有误区，教师的专业素养和能力不足，对于数字技术与学科课程融合水平不高，信息化教学技能有限等问题。

（三）教师专业发展需求难以满足

当前，我国教师专业发展需求呈现出多元化、个性化的特点，这与新时期教育改革对

---

① 杨静. 中小学教师信息技术应用能力发展现状与对策建议——基于 G 市中小学教师的问卷调查［J］. 教育导刊, 2022（10）: 59-65.

② 盛永红, 李正惺. 民族地区中小学教师专业发展现状调查与思考——基于实践共同体视角［J］. 兴义民族师范学院学报, 2021（05）: 28-33.

教师专业发展的要求不相适应。在数字化教育环境下，技术融合引发的教师专业知识扩展与专业能力发展需求不一，具体表现为内容与方式的多样化：一是专业发展内容的多样化。教育技术应用于不同的学科和班级，应用场景特征不同，教师的专业知识存在着个体差异，需要发展其学科对应的专业能力。二是专业发展方式的多样化。教育技术驱动的教师培训模式、教学方法多样化，如智力学习、虚拟实践学习、合作学习等。不同的专业发展方法各有优缺点，教师应根据专业发展要求、喜好等进行选择。而如何平衡教师专业发展的个性化需求，满足教师专业发展的个性化需求，是教师专业发展面临的重要挑战。

五、数字化环境下中小学教师发展的展望

（一）推进专业知识更新，加强信息化能力建设

教师的专业知识包括教师具有的特定学科知识和教育学、心理学、教学方法等相关的教育心理知识以及在实现有目的行为时的课堂情景知识。在信息化背景下，教师的专业知识需要不断更新。新课程改革也对教师的专业知识提出了更高的要求，即在传统教学理念的基础上，还要求教师具有创新精神和实践能力。[①]

教师应该转变思想，提高对信息技术应用于教学的认识，积极主动地使用信息技术来提高教学。进入数字化教育时代，面对海量资源，教师应该学会如何实现资源最大化。信息技术是一种工具，使用这种工具可以达到更高的教学效果，教师应深刻认识到信息技术作为一种新型的教学媒体，能突破传统的教学时空限制，为学生提供了更多的学习机会，为教师开展教学提供了更多的方法和手段。但同时，也要求教师在认识上要有新的突破。要将信息技术与学科教学有机地融合在一起，而不能只停留在简单地将其应用于课堂教学之中。

立足课堂，着眼于教师的专业发展。信息技术与课程的整合应用是教师专业发展的重要途径，只有不断提升自身的信息素养，才能更好地适应信息化教学的需要。教师必须立足课堂，着眼于教师的专业发展，将信息技术融入自己的教学过程之中，而不是简单地把信息技术作为一种辅助教学的手段，更不能以此为借口来逃避教学责任。教师通过各种手段创设问题情境和学习环境，激发学生学习兴趣，并帮助学生自主探索、合作交流。

（二）完善教师评价体系，推动教师评价可持续发展

教师评价体系是指以一定的评价原则、方法和程序对教师进行全面而系统的鉴定、评价和考核，它是对教师工作情况的鉴定，其目的是通过教师评价来促进教师的可持续发展。随着教育改革的不断深入，社会对人才培养提出了新要求，教学方式、教学方法和教学模式都在发生深刻变化，学校传统的教师评价体系已经不能适应这种变化。要实现现代

---

① 唐西胜，郑梦萍. 教育治理视域下中小学教师发展机制的构建 [J]. 教师教育论坛，2021，34（08）：35-37.

教育目标，必须建立科学、合理的教师评价体系。

确定多元评价主体，采用灵活多样的评价方法。首先要确保教师评价体系的公平、公正，必须建立起多方参与，平等互动，相互制衡的教师评价体系。同时要注重发挥学校管理、领导、家长等部门在评价中的作用，形成学校教育与家庭教育相结合，教师自我评价与教师互评相结合，学校综合评价与家长反馈相结合、内部评价与外部评价相结合的多元评价体系，以促进教师专业发展。

注重教师个性化发展。现代教育强调尊重个性发展，为每个学生提供适合其自身特点的教育，使每个人都能得到最大限度的发展。要充分发挥教师评价对教师发展的导向作用，激励教师不断学习和改进教育教学工作。

（三）加强信息素养培养，促进教师专业化发展

信息素养是指教师对信息、网络、媒体和信息技术的一种理解、掌握和使用能力，其核心是信息素养和应用能力。为了适应新时期教育教学要求，更好地适应课程改革的需要，更好地完成课程改革目标，必须使教师具有较高的信息素养。[1]

强化培训，注重实效。建立健全信息技术培训机制，为教师提供有针对性、操作性强的培训课程和培训方式，并在实践中不断完善培训体系。学校要重视教师信息素养的培养，将其纳入教师培训的重要内容。同时，教师要充分认识到信息技术对教学的促进作用，自觉地学习新知识、新技能，不断提高自身信息素养。学校要充分利用校本培训、远程培训等平台，采取多种方式对教师进行培训，使每一位教师都能掌握必要的信息技术，并能够将其有效地运用于教学中。

注重研究，完善机制。为了使教师能够更好地利用信息技术进行教学，学校要建立相应的激励机制，使教师的信息技术水平得到提高。不断地完善相关的激励机制，能够有效地促进教师信息技术的提高。学校还可以通过开展学科教研活动、专家讲座、专题研讨等形式加强教师之间的交流与合作，使不同层次、不同领域的教师互相学习与借鉴，取长补短。

---

[1] 何文涛，庞兴会，朱悦，等. 人工智能时代中小学教师信息化教学能力发展现状与提升策略[J]. 现代教育技术，2022，32（03）：92-101.

智慧课堂下中小学信息科技课程教学策略探析

朱兴敏[①]

一、引言

随着科技的快速发展和信息化时代的到来，信息科技课程在中小学教育中的地位日益提高。智慧课堂作为一种新兴的教学理念和模式，强调以学生的发展为根本，利用信息技术手段优化课堂教学，提高教学效率。在智慧课堂背景下，如何有效开展中小学信息科技课程教学，培养学生的信息素养和科技创新能力，是当前教育界需要关注和探讨的重要问题。本研究旨在探讨智慧课堂下中小学信息科技课程的教学策略，以期为中小学信息科技课程的教学改革提供有益的参考。

二、中小学信息科技课程教学现状

中小学信息科技课程教学的普及程度逐渐提高，但仍存在以下问题和需要改进之处，主要可以从以下几个方面来分析：

在教学内容上，中小学信息科技课程的教学内容在不同地区有所差异，很多学校的信息科技课程是孤立的、零散的，缺乏系统性和连续性。学生在不同年级、不同课程中所学习的知识点也互相独立，没有形成完整的知识框架。近年来，人工智能、大数据等新兴科技也逐渐被纳入信息科技课程。

在教学方式上，随着信息科技的发展，越来越多的教师开始采用多媒体、网络等先进技术手段进行信息科技课程的教学，线上教育平台和资源也逐渐得到广泛应用。但由于缺乏与时俱进的教材和实践机会，部分学生对于信息科技课程仍然存在较大的认知障碍。

在学生兴趣上，当前中小学生对于信息科技的兴趣普遍较低。这可能与一些学校将信息科技课程仅仅作为"填鸭式"教育的一部分有关，许多学生在信息科技课堂上只学到了理论知识，却缺少实践经验。在实际操作中往往会遇到各种问题和困难，而这些问题往往并没有被纳入教材内容，大量的理论知识和无趣的练习可能会让学生感到乏味。

在师资队伍上，目前国内中小学信息科技课程的师资队伍整体水平不够高。由于很多

[①] 作者简介：朱兴敏，黄冈师范学院研究生，研究方向为智慧教学。

学校缺乏专业化的信息科技教师，因此信息科技课程常由其他非信息科技专业的教师授课，这导致了教师素质参差不齐，影响了教学效果。虽然各地政府加大了对师资培训和培养的力度，但尚需继续加强师资队伍的建设和培训工作。

三、智慧课堂下的教学策略设计

教学策略是提高信息科技课程教育品质和学生参与度的关键，在信息科技课程中扮演着至关重要的角色。信息科技是一个不断发展和变化的领域，这需要教师掌握丰富的教学资源和知识储备，来制定出最适合具体班级和个人的教学方案，需要灵活和创新的教学方法来满足学生的需求。①

（一）教学目标

首先需要确定教学目标，包括知识、技能和态度等方面。然后根据不同的目标，选取合适的信息技术工具和资源来辅助教学。智慧课堂下信息科技课程教学目标可能包括以下几个方面：

培养学生信息素养：使学生掌握信息获取、处理、评价和应用的基本能力，能够熟练运用各类信息化工具和资源。

提高学生计算思维能力：培养学生在解决问题时采用逻辑思维和分析问题的能力，加深对计算机系统的认识。

增强学生的创新意识：鼓励学生动手实践、探究问题，培养其独立思考和创新能力，提升其解决问题的能力。

增强学生的合作意识：通过小组合作等方式，培养学生团队合作精神，增强互助协作意识。

帮助学生成为有社会责任的信息人才：让学生理解信息伦理规范，并将这种规范融入自己日常行为中。

（二）教学内容

根据教学目标和课程标准要求，将教学内容分解为单元或主题，然后针对每个单元或主题选择最适合的信息技术工具和应用来展示、讲解和练习。智慧课堂下的信息科技课程教学内容应该根据不同学年和不同阶段的学生而有所不同，有不同的教学内容。

计算机基础知识：介绍计算机硬件和软件的组成部分，以及操作系统、网络等基本概念。

编程语言：介绍编程语言的基本语法、逻辑结构和程序设计实践；使用 Scratch 等类似简易编程环境帮助学生初步掌握编程思想。

---

① 祝智庭. 智慧教育新发展：从翻转课堂到智慧课堂及智慧学习空间［J］. 开放教育研究，2016，22（01）：18-26，49.

制作网页：介绍 HTML、CSS 等标记语言和工具，帮助学生了解网页制作的基本知识；要求学生设计并实现一个个人网站或者小型网站。

数据库设计与管理：介绍关系数据库的组成元素和 SQL 语言，帮助学生理解数据库的概念、用途和操作；要求学生设计并建立一个简单的数据库。

数字媒体制作：包括音视频处理、动画设计等多种形式；通过这些内容，帮助学生锻炼自己的创意能力和多媒体制作技能。

（三）学习活动

根据教学目标和教材内容，设计不同的学习活动，如展示、讨论、合作、探究、演示等。其中可以充分运用信息技术工具，例如多媒体演示软件、虚拟实验平台、在线讨论平台等，智慧课堂下信息科技课程的学习活动设计需要考虑以下几点：

学生的学习兴趣和学习需求：在信息科技课程中，学生的兴趣和需求很重要。通过了解学生的喜好和需求，可以设计出符合他们的课程内容，增加学生的参与度和积极性。

任务驱动学习：在设计信息科技课程中，应该采取任务驱动的教学方法，让学生通过完成具体任务来建立对知识的理解。这种方法可以帮助学生提高实际运用知识的能力和信心。

多媒体教育资源：信息科技是多媒体教育资源中比较丰富的一门课程。以数据可视化、数字音像、网络交互等多媒体形式呈现教育内容可以有效提高教育效果。

教师引导与学生探究相结合：在信息科技课程中，教师既要起到引导作用，又要给予学生自由探究空间。通过引导和探究相结合，学生可以在自由探究中得到正确引导。

实践操作与理论知识相结合：信息科技课程需要结合实际操作与理论知识相结合。让学生学以致用，能够更好地锻炼他们的实践能力和创新精神。

评估与反馈：在信息科技课程中，评估和反馈也非常重要。通过对学生的学习成果进行评估和反馈，可以指导学生进一步提高自己的水平。

（四）评估方法

确定与教学目标相匹配的评估方法，并根据情况选取最适合的信息技术工具进行评估。例如，使用在线测验系统进行知识测试，在线讨论平台或博客上进行写作作业评估等。智慧课堂下信息科技课程的评估方法设计需要考虑以下几个方面：

目标制定：首先需要明确课程的教学目标和学习目标，评估方法要与目标相一致。

测量工具：根据教学目标和学习目标，选择合适的测量工具进行评估，比如问卷调查、考试、实验、作业等。需要注意的是，测量工具不仅仅要考虑有效性，还需要考虑可靠性和公平性。

评分标准：为了保证评估结果的客观性和准确性，需要制定明确的评分标准。在确定评分标准时，可以结合知识点的难易程度、重要性等因素进行权衡。

汇总得分：根据不同测量工具的得分以及不同学习目标的权重，汇总得到一个总体得分。在此过程中，需要注意不同指标之间的关联性和影响因素。

反馈机制：最后还需要建立反馈机制，在评估结果公布之后及时向学生或教师提供详细反馈，并根据反馈意见持续完善评估体系。智慧课堂下信息科技课程的评估方法设计需要综合考虑多个因素，保证评估结果具有可靠性、有效性和公平性。

（五）学习环境

充分利用智慧课堂平台提供的信息技术设备资源，建立互动、开放的学习环境，鼓励学生主动探究和合作学习。智慧课堂下信息科技课程的学习环境设计需要考虑以下几个方面：

硬件设备：学生需要适当配置的电脑、平板或手机等设备，以确保能够顺畅地访问在线学习资源和工具。同时，还需要配备合适的音响和摄像头，以便学生能够听到老师的讲解，并参与课堂讨论。

软件应用：为了保证在线教学质量，需要选择可靠的视频会议软件、在线课程平台、屏幕共享工具等。通过这些软件，老师可以方便地分享教材、演示实验、答疑解惑等。

网络环境：为避免出现卡顿和断线等问题，需要提供稳定、高速、充足的网络环境。建议在校园内建立专门的信息科技课程在线教室，在这里配备专用服务器和网络设备，确保线上学习能够无障碍进行。

课堂情境：智慧课堂下信息科技课程的学习环境设计还需要考虑到营造良好的课堂情境。通过设置互动环节、小组讨论、游戏化学习等，可以增加学生的参与度和兴趣，提升课堂氛围和效果。智慧课堂下信息科技课程的学习环境设计需要遵循"先人为师，后人为友"的原则，注重教学内容的质量、教学方式的创新、教室环境的营造和学生参与度的提高。

四、实施智慧课堂下教学策略的优势

通过引入新的教学方式和先进的技术设备，可以提高学生对课程内容的兴趣和参与度。智慧课堂下信息科技课程教育可以根据每个学生的不同需求，量身打造个性化的教学计划，满足每个人不同的学习节奏和风格。采用这种教学策略可以使教师更高效地进行课堂管理、监测学生的学习进度和表现，并且能够更好地评估和反馈学习结果。同时，信息科技课程教学不仅仅提供了传统方法所不能提供的多样性资源，而且能够培养创造性思维、解决问题的能力以及实践操作等方面的发展。随着全球经济、社会和文化环境不断发展变化，未来将需要具有全球竞争力的人才。通过实施智慧课堂下信息科技教育策略，可以为学生未来的职业发展和学习打好基础。

五、总结

信息科技已经成为当今社会必不可少的一部分，对于中小学生来说，学习信息技术可以帮助他们更好地使用计算机、互联网和其他数字工具。智慧课堂下中小学信息科技课程教学策略设计能够为学生提供更加全面深入的教育。首先，智慧课堂下的教学策略设计能够帮助学生获得更多的知识和技能。这种教育是基于计算机、数字化设计和其他技术工具的，可以使学生更好地了解这些工具如何工作，以及如何使用这些工具来解决问题。其次，还可以提高学生的逻辑思维能力。由于计算机编程需要严谨精准的思考方式，因此，在与计算机交互时，需要有清晰的逻辑思维模式来解决问题。从而提高了孩子在日常事务中应对问题时运用逻辑推理解决问题的能力。最后，未来教育发展方向也应该注重信息科技教育。智慧课堂下的中小学应该采用一种更加灵活的教学策略，根据学生的个性化需求和能力，选择不同的教育工具和方法。通过教育技术的发展和云技术的应用，将使得智慧课堂教育模式更加完善。

总之，智慧课堂下中小学信息科技课程教学策略设计为孩子们提供了更好的学习体验。未来教育发展方向需要注重信息科技的普及与应用，这样才能够为我们创造一个更加富有成效和富有活力的未来。

基于内容分析法的国内智慧教室研究综述

陈思勤①

一、引言

1988 年，雷西尼奥提出了 Smart Classroom，智慧教室的理念由此产生。随着互联网时代的到来以及信息技术的飞速发展，智慧地球的概念是由 IBM 首席执行官彭明盛于 2008 年年底提出的，从此智慧教室便进入了学者们的研究视野。② 为了满足教育信息化发展的需要，中国教育技术协会于 2010 年 5 月成立技术标准委员会，专业从事教学与技术行业标准化研发，并发布《多媒体教学环境工程建设规范》。③ 本文对近十年来智慧教室相关研究文献做了梳理与分析，有助于对智慧教室研究成果进行总结，明确今后的研究方向，推动智慧教室理论与实践向纵深发展。

二、研究方法和工具

（一）研究方法

本文以内容分析法为主，在知网上提取与智慧教室相关的文献关键词，通过对类目进行设定、归类、分析、对比、梳理并归纳国内的研究现状。内容分析法就是对研究内容进行客观、系统、定量和定性的分析。④ 一是确定了研究对象和研究范围；二是提取文献样本；三是建立编码体系；四是按编码体系研读文献样本，统计数据；五是对统计结果进行分析和说明。

（二）研究对象

以知网中的智慧教室作为关键词检索，时间范围没有限制，共检索到 1089 篇（检索

---

① 作者简介：陈思勤，黄冈师范学院研究生，研究方向为现代教育技术。
② 陈周阅．智慧教室建设问题与建议思考 [J]．教育教学论坛，2020（03）：286-287．
③ 多媒体教学环境工程建设规范 [J]．现代教育技术，2011，21（10）：121-158．
④ 风笑天．社会学研究方法 [M]．北京：中国人民大学出版社，2009：149．

日期：2022 年 12 月 6 日），见图 1；从学科分布来看，教育学和心理学是最重要的两个研究方向。排除会议论文、征稿启事等、在报纸和其他不相关的文献之后余下 605 份。

图 1　知网文献智慧教室检索

（三）编码体系

每一篇具有完整结构的文献，不论其规模如何，均被当作独立单元分析统计。需要一个统一的编码体系来规范各类型文献之间的关系。为使研究更客观，更具有科学性，编码体系设置借鉴了与智慧教室有关的综述文献类目归纳方法，结合智慧教室样本具体情况，将研究内容设置编码，具体内容如下。

（1）基本理论：主要涉及概念与内涵、意义与价值、特征与趋势、方法与策略、相关与比较等。

（2）建设实践：以具体领域实践为主，以科技资源应用为重点，开展系统模型化研究及现状分析。

（3）改进应用：以评价标准研究、管理研究、问题反思、平台开发、路径探析为主。

三、智慧教室研究文献数量分析

按发表时间对样本文献分类统计，得到了文献年度的数量分布图，如图 1。据知网检索结果，知网所收录的有关智慧教室的研究文献最早出现在 2012 年，是黄荣怀等人发表的《智慧教室的概念和特征》。2018 年以来，有关智慧教室的研究文献骤增，并于 2019 年达到顶点，共有 122 篇文章。教育部在 2018 年发布《教育信息化 2.0 行动计划》，需要把信息技术、智能技术融入整个教育过程，智慧教室必然是一项重要基础设施。① 且该计划的出台时间与上述文献数量的增长变化相吻合，阐述了国家政策在智慧教室研发中的重要作用。

表1　　　　　　　　　　知网智慧教室发文数量

2012年	2013年	2014年	2015年	2016年	2017年	2018年	2019年	2020年	2021年	2022年
2篇	7篇	14篇	13篇	30篇	43篇	91篇	122篇	109篇	113篇	61篇

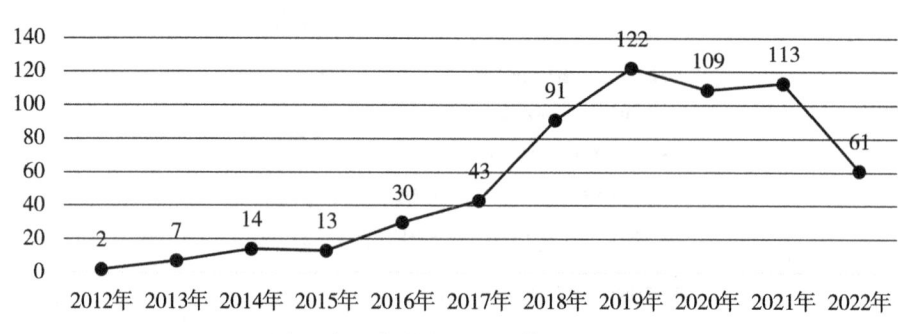

图2　知网智慧教室发文数量变化图

四、智慧教室文献来源分析

本文对期刊来源进行了分析，通过对期刊的载文量进行统计与分析，可了解当前何种期刊为有关智慧教室之重要研究来源。自2012年以来，我国关于智慧教室的研究成果逐渐增多。为便于统计，以下仅就2012—2022年中605篇样本文献加以整理，对载文量在10份以上的所有期刊进行统计，统计结果见表2。文献主要集中在教育学领域，但除了信息技术之外的其他学科对智慧教室的关注度较低。发文量在10份以上的杂志有6种，分别是《现代教育技术》《中国教育信息化》《电脑知识与技术》《中国教育技术装备》《无线互联科技》《教育现代化》，6种期刊发文总量达到130份，说明这些期刊是智慧教室相关研究文献的主要来源，它们所发表的与智慧教室相关的文章，对于智慧教室研究具有重要意义。

表2　　　　　　　　　　期刊载文量分布表

期 刊 名 称	载文量（篇）
现代教育技术	27篇

---

①　教育信息化2.0行动计划［J］.西部素质教育，2018，4（14）：15.

期刊名称	载文量（篇）
中国教育信息化	27 篇
电脑知识与技术	25 篇
中国教育技术装备	24 篇
无线互联科技	16 篇
教育现代化	11 篇
总计	130 篇

五、智慧教室研究文献内容分析

（一）总内容研究

从表3中可以看出建设实践方面的研究文献是最多的，占样本总数的51.7%；在所有类型研究中，实证分析与规范分析相结合、定性和定量研究相结合以及跨学科研究为主的趋势十分明显。完善应用方面的研究比例为23.6%，基本理论研究所占比例为22%。总体来看，我国建设实践研究还处于起步阶段。当前研究热点与焦点多是建设实践。

表3　　　　　　　　　　　期刊载文量分布表

	基本理论的研究	建设实践的研究	完善应用的研究	其他
载文量（篇）	96	226	103	12
百分比（%）	22	51.7	23.6	2.7

（二）基本理论研究

统计数据显示，对样本文献的内容进行分析，细分"基本理论研究等"类目的设置，得出了表4中的统计结果。其中，实证分析与规范分析相结合、定性和定量研究相结合以及以跨学科研究为主的趋势十分明显，见表4。智慧教室特征与趋势研究文献量最大，占这类样品总数的32.6%。最早的是2014年靳旭莹等[①]人在《教育教学论坛》上发表的《智慧教室的初探》，文章对智慧教室的由来、发展及特征进行了阐释，展望了智慧教室未来的研究热点与方向；最新的是2020年康乐[②]发表的《基于5G背景下智慧教室在教学

---

① 靳旭莹，马晓萍，申巍. 智慧教室的初探 [J]. 教育教学论坛，2014（44）：8-10.
② 康乐. 基于5G背景下智慧教师在教学活动应用中的特点与趋势 [J]. 黑龙江科学，2020，11（21）：76-77.

活动应用中的特点与趋势》，提出了在虚拟技术的支持下，将来，智慧教室将变得更便捷、更智能。其次为智慧教室方法与策略研究，占 26.3%。

表4　　　　　　　　　　"基本理论研究"分类目统计表

	概念和内涵	意义和价值	方法和策略	特点和趋势	相关性研究	对比研究
载文量（篇）	14	12	25	31	9	4
百分比（%）	14.7	12.6	26.3	32.6	9.5	4.2

（三）建设实践研究

智慧教室建设的实践研究，是当前的一个热点问题。表5显示了特定领域智慧教室实践研究占该样本总数的 31.4%。如谭威①的《Hiteach 智慧教室系统在小学数学课中的应用实践》和李少忠等②的《基于智慧教室的大学英语课程实验教学体系探究》，充分展示了智慧教室在促进特定学科学习中的重要作用。在这类样本中，科技资源应用研究占据了 26.1%，这类文献大多是计算机工程、信息工程等技术性研究，所涉范围亦颇广，例如图像识别技术、三维虚拟技术、无线定位技术等。所占比例最低的为现状研究，只有 3.5%。有关研究人员可加强对这一问题的探讨。

表5　　　　　　　　　　"建设实践研究"分类目统计表

	具体领域的实践	科技资源的应用	系统和模型研究	个案分析	现状研究
载文量（篇）	71	59	45	43	8
百分比（%）	31.4	26.1	19.9	19	3.5

（四）完善应用研究

如表6所示，国内对提高智慧教室的应用研究很少，重点是对智慧教室的建设思路的研究，这类研究的比例为 57.3%。在构建思路方面，研究成果相当丰富，但在该领域中却缺乏应用与实践研究，可操作性还有待研究者们的进一步证明。问题反思研究占 13.6%。国内学者对智慧教室的研究还处于起步阶段，未来应加强对智慧教室相关领域的理论研究与实践探索。智慧教室正在引起研究者们的普遍重视，在这一热潮下，更加需要

---

① 谭威.Hiteach 智慧教室系统在小学数学课中的应用实践［J］.中国教育信息化，2014（12）：21-23.

② 李少忠，李吕华.基于智慧教室的大学英语课程实验教学体系探究［J］.中国多媒体与网络教学学报，2019（08）：211-213.

研究者们冷静地去反思，为什么要构建智慧教室、怎样打造智慧教室等。① 目前关于智慧教室路径探析方面的研究只占2.9%，是目前急需发展的研究领域。本文从不同角度分析了智慧教室中的各种路径，并在此基础上提出相应建议，旨在提高学生的学习效率，实现教育信息化目标。

表6　　　　　　　　　　"完善应用研究"分类目统计表

	评价标准的研究	应用平台开发研究	问题反思的研究	管理绩效的研究	路径探析的研究	构建思路的研究
篇数（篇）	9	7	14	11	3	59
百分比%	8.7	6.8	13.6	10.7	2.9	57.3

六、智慧教室研究文献内容思考

智慧教室是信息化时代教育改革的必然产物，作为促进教学效率提高的重要保证，已引起了许多学者的兴趣与重视。未来智慧教室发展有三个方向。

（一）深化基础理论研究

智慧教室建设实践要想健康地开展，必须要有一个正确的理论来指导。智慧教室要注重与其他学科领域之间的交叉融合，将智慧教室的应用范围扩展到更多的领域，促进其在各个行业的普及与推广。针对国外理论经验研究，第一步，理论的介绍，通过对国外先进的智慧教室理论进行大量的研读，分析并归纳可能有利于国内智慧教室开展的建议；其次是进行案例学习和比较分析，找出适合我国智慧教室建设的模式及方法，以指导国内相关领域学者在此基础上进一步深入研究。第二步，理论内化，结合国外先进的理论经验和国内智慧教室开发的具体实践，形成本土化特色智慧教室开发理论，从而促进智慧教室建设实践。

（二）加强建设实践

智慧教室理论以指导具体实践为终极落脚点。目前，国外学者关于智慧教室的研究主要集中于对智慧教室概念及内涵的界定上。研究者需投入真实智慧教室的场景去体验和践行，政府需加大宣传推广，师生需提升信息技术素养与能力，学校管理人员有必要进行良好的监督管控，多方密切联系，使智慧教室实实在在地融入具体的学科建设中。在智慧教室开发中，科学技术是根本，也是关键要素，如何借助科技资源，实现智慧教室的建设，

---

① 胡国强，陈建平，韩苏建. "智慧教室"热衷的冷思考［J］. 实验室研究与探索，2019，38（02）：259-262.

是研究的重要点，还需研究者在实际工作中不断地重复验证，并进行有效的推广应用。科技资源不是"量"而是"精"，应选用最适宜、最高效的工艺，避免了资源的浪费。

智慧教室实践构建研究主要集中在个案探究，宏观研究较为欠缺，研究者应在宏观层面上更加重视智慧教室实践中普遍方案与共性问题，以期对各地区特定智慧教室建设与开发起到指导与启示作用。需重视案例的经验总结与推广，提炼区域建设智慧教室的先进经验，通过局部发展促进整体发展。

（三）关注应用完善

未来智慧教室制度的研究更需重视。实际上，两者融合不仅有利于提升教学水平，更有助于促进学生发展。要关注学生的学习需求，重视教学过程中学生对知识理解的程度，让智慧教室发挥应有作用。改进智慧教室应用，同样也要制定科学的评估标准，以正确的评价标准为导向，一方面，它能指引智慧教室向理想的目标迈进，另一方面，可对智慧教室建设和应用方案进行识别，及时发现，及时完善。

针对智慧教室应用平台进行研究，需重点关注实用性，研究者要考查现实情况，理解当前智慧教室在使用方面的要求。通过梳理已有文献发现，目前国内学者对于智慧教室建设方面的理论研究较少，还没有形成系统完整的理论体系。研究者可采取"框架加标准"的路径模式进行研究，树立智慧教室开发公信力标准，指引智慧教室的正确方向，确保智慧教室的高效运转，有效地提高教学质量。

（四）教学设计上，更注重深度融合

本文通过对文献分析发现围绕"智慧教室的环境"这一主题，学者重点关注了"分析和设计""智慧课堂教学"与"智慧课堂的研究"，课题研究的重点是"教学设计"，侧重"智慧课堂教学"。相关研究的主要内容集中在"智慧教室的运用"，智慧教室的建设、对智慧教室教学模式的探索、学生学习习惯转变和运用媒体等技巧方面。以教学设计模式为视角进行思考，高校教师大多比较关注教学技巧的提升，强调教师在智慧教室环境下的辅助作用，转变教学模式，却并未真正地为教学模式的改变以及教学技能的提升找到可以具体实施的环境。中小学教师对智慧教室环境的期待，在信息化设备的推动下，能做到即使老师的教学发生变化，同时，也促进了学生学习的目标。因此，教师需要将二者有机结合起来。

基于未来教室学习模式的构建探究

黄 戬①

一、未来教室的内涵

进入21世纪以来,全球各国以新的培养目标开展未来学校的探索与实践。这些未来学校项目以现代教育信息技术手段为支撑,通过开展个性化的学习与教学活动,培养能够适应未来社会发展的人才。② 随着科技的不断发展和社会的不断进步,教育领域也正在经历着翻天覆地的变化。传统的教室环境已经无法满足当今学生的需求,因此,研究人员开始关注未来教室的设计和发展。未来教室作为学校教育的重要载体,其设计理念和空间的呈现形式也必将随之改变。目前在我国教育信息化快速发展的背景下,有关未来教室的研究与实践也备受关注。在实施教育数字化战略行动中,未来教室作为教育新型基础设施,是教室改革、教育场景效能提升的新方向。关于未来教室的定义,国内外文献中略有介绍,有学者认为,未来教室并不是一种具体的物理形态,它是相对于传统和现代教室而言的,是随着教育理念和技术进步而不断发展的。③ 结合A学校的教学实践,我们理解的未来教室是由技术支撑的智慧学习环境,通过新技术的支持完成了一个全新的课堂结构搭建,实现多种新型教学模式,促进课堂教学的变革与创新,丰富师生学习体验。

二、未来教室设计特征

(一) 教育装备的 AI 化

对教室内的基础环境进行智能化控制,是未来教室最基本的要求,也是教育环境场景人性化的表现之一。教室教育装备的智能化,是在脑科学和学习科学的指导下融入各类技术支持,为师生搭建一个物理空间与虚拟空间高度融合的立体学习场。包含诸如可以便捷使用的数字平台、可以无感收集并伴随学生学习即时反馈的评价系统、协助师生完成任务

---

① 作者简介:黄戬,黄冈师范学院研究生,研究方向人工智能教育应用。
② 王素. 未来学校:为学生提供更加适合的高质量教育 [J]. 现代教育,2021 (08):3.
③ 宋卫华. 未来教室的构建及应用探讨 [J]. 中国信息技术教育,2011 (C2):123-126.

的教学媒介以及对实际教学跟踪记录并自动上传云端的录播系统等。师生利用人工智能技术实现自由多维交互,智能化的交互装备使得学习更具有趣味性和适用性,也为教师反思与教研成长提供鲜活素材,促进教师专业成长。

(二) 参与感的人性化

未来教室会重点关注使用者的体验。在注重师生参与体验的人性化方面,未来教室更多地体现以人为本的精神,尤其关注每个学生的个性发展与需要,学生能够感受到尊重与温暖,体现对学生的爱。首先,关照适龄学生的个性发展与需要。学生可以根据自己的身高调整课桌椅,也可以根据自己的学习方式对课桌椅进行不同的排列组合。同时,在教室墙面设置可随意书写与擦除的可写玻璃,满足学生涂鸦或小组合作或头脑风暴后的书写与展示。其次,通过智能交互的装备,师生可以根据需要自行调控室内的基础环境(如光线、温度、声音等),创设最舒适的学习环境。同时,教室内采用统一软硬件,教学终端师生人手一台,教室内不同区域的三块大屏幕,可实现师生随时查阅资料、在线作业或投屏分享等双向互动,平等展示"教"的内容和"学"的成果,实现教与学双主体的平等交流。最后,未来教室的即时性评价工具,在帮助教师实现精准教学的同时也为学生的终身发展服务。通过评价数据沉淀和大数据分析,可以实现对学生的个性化指导与追踪,引导、激励和促进学生终身学习。

(三) 资源空间的开放性

未来教室的开放性主要体现在教学空间和教学资源的开放性两个方面。在未来教室,师生可以根据教学的不同需求驱动对教室进行动态功能分区,充分实现一室多能。同时,教学应用的各类数据平台构成的网络空间又让交互和联结无处不在。在教学资源方面,未来教室配置了丰富的学习资源,如学习用具、学习资料、实验器材等。而教室墙面可在一定程度上"留白",用学生的作品不断丰富教室。同时,通过网络空间的交互,师生可以灵活地引入外部的数字资源,同时可以将课堂内部的讨论进行多屏展示,即时的输入和输出使教学生态更加具有开放性。在教学空间和教学资源的双重开放加持下,学生的学习和教师的教学都将迈入新阶段,产生了更多的可能性。

三、未来课堂学习新模式

(一) 自适应进阶学习

自适应进阶学习体现了学生的个性化学习。依据学习者已有的经验和水平,推送有效的学习资源以及合适的学习路径、工具等,促进学习者按需自主学习,同时提供学习诊断、学习反馈,促使学习者不断进阶与个性化发展。[1]

---

[1] 张永军. 如何创新适应未来学校的学习空间 [J]. 人民教育, 2022 (01): 74-78.

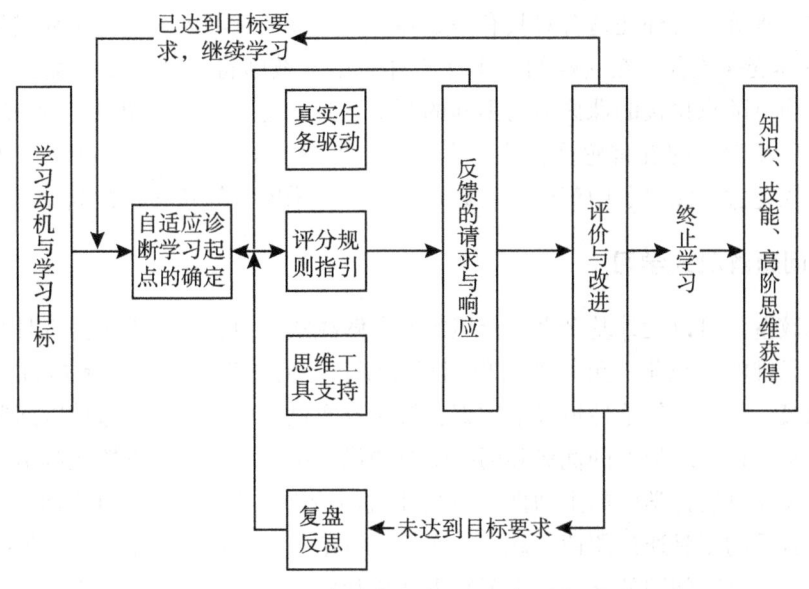

图1　自适应进阶学习框架图

首先，该案例依据学生学情，充分尊重不同的学习起点，运用多个学习平台和教学App、技术工具等，将枯燥的单词记忆转换为游戏性的学习程序，允许学生根据自己的进度开展学习，并通过即时性的评价与反馈提升学习效果，保证目标达成。其次，在基础掌握后，再次开展基于不同学习水平的进阶任务，为不同层次的学生设计不同的学习方案，通过地图探究导航、多元工具包、线上虚拟社区支持等方式，协助学生完成探究任务。最后，通过实践性的作业，让学生在生活中运用语言进行写作、汇报，根据自己的不同学习水平表现出不同的学习结果，教师以此评价学生对整个单元的个性化掌握情况，为下一阶段的学习提供依据。

(二) 多维交互式学习

学习是一种社会建构活动。未来教室的显著特征之一就是便于交互、联结，为学生创造线上、线下不同的联结点，实现多向互动，深度理解学习内容。多维交互式学习是一种创新的教育方法，通过整合多种学习资源和技术工具，为学生提供全面而个性化的学习体验。这种学习方式超越了传统的课堂教学模式，注重培养学生的自主学习能力和创造力。多维交互式学习的核心理念是将学生置于学习的中心，激发他们的学习兴趣和动力。通过引入虚拟现实、增强现实、人工智能等先进技术，学生可以在虚拟环境中进行实践操作和模拟实验，从而提高他们的实际应用能力。此外，多维交互式学习还注重培养学生的团队合作和沟通能力，通过在线协作平台和实时互动工具，学生可以与同伴进行合作学习和知识分享。

（1）内容选择。适合多维交互式学习的内容偏重各学科中的一些重难点知识和技能，比较抽象或者脱离学生实际生活的，如科学中的微观世界、化学反应，人文学科中的异国文化、历史背景等。另外还适合对具有一定弹性与广度的学习内容进行探究式学习等。

（2）具体变换流程。在这样的未来课堂样态中，教师将会基于多维交互的理念，充分运用教室内可随意拼接的课桌椅与不同的学习区域，通过学习流转中心实现多维互动，可以全方面调动学生的五官感受，让学生可感、可触、可听、可闻、可品，加深学习体验。学生的探究过程涵盖了中英语言、数学图形、音乐鉴赏等超学科技能。

（三）问题解决式学习

在未来教室，可以设计基于真实情境的问题解决式学习，让技术作为工具和媒介，助力学生设计思维的可视化，更好地实现创意和创新，促使学习者主动承担自身的学习责任，学会积极、主动、创造性地寻求知识，解决真实世界中的问题。这种以问题解决为中心的课堂样态，把传统学习的优势和网络学习的优势结合起来，既发挥教师引导、启发的主导作用，又充分发挥学生的主动性、积极性与创造性。学习平台和工具支持非常丰富，让学生选择合适的工具通过阅读、观察、实验、讨论等方法进行科学探究，解决生活中的科学问题，提高解决问题的能力，实现知识迁移和应用，培养学生的好奇心和求知欲。

四、未来教师实践成效预设

（一）以科研为驱动聚焦教学流程再造

在未来教室支持下，未来学校要进一步聚焦学生身心健康、自主善学、合作互动、实践创新等关键能力与核心素养，从大概念、技术融合、空间使用的视角，进行学习流程的再造，设计出适合学生深度探究的学习模式，形成了三类比较成熟的未来课堂学习样态，为信息化背景下学校教育教学改革提供了新的视角和路径。能够进一步地推动教育信息化的不断前行发展，为现代化教育事业的发展贡献智慧。

（二）以空间变革促进学习的赋能增效

未来教室的最大特色在于打破了传统的教室布局，对物理空间进行重组、优化，以技术赋能的方式对网络空间进行丰富、联通，让教室成为一个线上线下高度融合的资源充沛空间与立体学习场，能灵活适应不同的学习活动需求，支持多种形式的学习，为学生提供多个选择，让以前无法实现的学习得以发生。学生的学习自主性比较高，信息技术运用娴熟，沟通技能、合作能力大大提升，在积极主动的解决问题中，其创造性思维、批判性思维得到锻炼与发展。① 空间的变革对学习的赋能作用还是显而易见的。

---

① 朱佳，张丽君，梁婉莹. 数据驱动下的个性化自适应学习研究综述［J］. 华南师范大学学报（自然科学版），2020，52（04）：17-25.

（三）重视学习空间各利益主体的需求与体验

学习空间是教与学之间互动的平台，而老师与学生也是在教学空间中所必须着重考查的对象。① 当然其他有关人员也不应当忽略，包括学生家长、教学管理者等，因为教学空间中不仅包括物理空间，还包括数字技术下的虚拟空间，当然其中也可能包括其他人员。具体而言，在设计学习空间时，需要考虑是否能让教师易于上手，操作是否便捷等，不能因求新而使得学习空间成为教师教学的新负担。② 另外，学习空间应尽可能地满足教师的教学改革需求，特别是基于未来发展的教学需求等。对于学生来说，除了关注空间的物理特性是否切合学生的舒适与安全等需求外，还应该从设备配置和布局设计上考虑不同类型不同年级学生的个性化学习需求。此外，还需要注重物理学习空间与虚拟学习空间的有机结合，以利于学生数字技能的培养。未来教室的设计不仅仅是技术的应用，还需要考虑到学生的互动和合作。互动式学习环境可以促进学生之间的交流和合作，培养他们的沟通能力和团队合作能力。

（四）提升教师的学习空间素养水平

从教育发展趋势来看，技术与学习空间的融合是未来教育的一个典型特点。在这种学习空间的变革之下，单纯地掌握信息技术的使用已不足以成为一名合格的未来教师，学习空间素养自然成为必需。"空间的设计、布局和技术知识以及将其融入教学实践的理解和技能，特别是形成性评估、个性化、协作和创造性——应纳入教师专业能力和知识框架。"就具体实施而言，一是在政策层面，应将学习空间素养纳入教师教育有关规划中，特别是数字技术支持下的学习空间有关的知识和技能。需要指出的是，这并不意味着一定要让教师成为学习空间的设计师，但至少要求教师对学习空间有比较全面准确的认识，并能够与自己的教学方式结合起来。二是在实践层面，要采取基于真实环境的背景下，并有空间设计师、信息技术专家以及教育教学专家等共同参与的教师专题培训，以提高教师对学习空间的使用与设计能力。

五、结语

在未来教室当中，智慧就是创新的动力，科学技术是温暖的支持和多种可能性的激发。未来教室是学习的家园，是唤醒每一个人类生命的自主意识，焕发每一个生命的内在活力，点燃对知识的渴求与探究欲望，打通生活世界与学科世界，还原知识的本来面目，让孩子们自由探究、自然生长。本文建议在未来教室的应用和教学培训中，应当引导教师

---

① 郭光武，郭玉翠，郑成栋．未来教室成熟度模型构建与评价标准研究［J］．软件导刊，2023，22（01）：72-78.

② 杨钰．信息化时代教室布局设计创新的若干思考［J］．设计，2022，35（12）：133-135.

对核心素养的关注，不仅仅关注学科素养和学科技能的培养，还应当立足于信息时代的特征，[①] 立足于地球村的格局，立足于世界公民的培养理念，通过培养教师掌握跨学科任务的设计，通过组织学生开展真实问题的解决和探究活动，通过使用信息技术开放学习环境中的学习资源和人力资源渗透学生核心技能和素养的培养，提升教师进行建构性学习活动设计的层次。

  随着科技的不断发展和社会的不断进步，教育领域也在不断变革与创新。未来教室建设正朝着更加智能化、多样化和个性化的发展方向。首先，未来教室将充分融合先进的科技设备和教育资源，实现智能化教学。此外，未来教室将提供丰富的教育资源，包括虚拟实境、在线课程等，让学生能够在更广泛的领域进行学习和探索。最后，未来教室将更加注重个性化教育。每个学生的学习需求和兴趣爱好都不尽相同，未来教室将通过个性化的学习计划和教学方式来满足学生的需求，帮助他们发掘自己的潜能和兴趣。总之，未来教室建设将以智能化、多样化和个性化为主要的发展方向。

[①] 江丰光. 国内外学习空间重构案例分析与启发［J］. 中国现代教育装备，2021（02）：9-11.

大学生实践课中高阶思维能力培养研究*

路宜静　何　源①

一、研究背景

习近平同志在中央人才工作会议上发表的重要讲话指出，人才培养要面向世界科技前沿，面向国家重大需求。② 人才的培养将更多的由低阶思维向高阶思维转变，强调创新能力、问题求解能力、决策力和批判性思维能力等。

高阶思维能力体现了知识时代对人才素质提出的新要求，适应知识时代发展的关键能力。从创新能力层面来说，我国高校是科技第一生产力和人才第一资源的重要结合点。"面向未来，如何加强创新人才教育培养"已成为中国高校的必答题，培养具有强烈家国情怀的创新人才，培养具有原始创新能力的创新人才，培养擅于解决关键核心问题的创新人才是我们国家的发展趋势。高阶思维能力是当今时代对人才培养的新要求，促进学习者高阶思维能力的发展是一种弘扬人的主体性，开发人的潜能，发展人的创造性，培养健全人格的素质教育的具体体现，它所要求的是教育者摆脱传统死记硬背的教学模式，着重提高学生的辩证思考、解决问题、评价判断等方面的能力，同时这也是新课程改革的主要精神。

二、国内外研究现状

（一）国外高阶思维能力研究的现状综述

发展学生的高阶思维能力已经成为许多国家确立的教育目标之一，但是对于高阶思维

---

* 基金项目：鄂东教育与文化研究中心科研基金项目"大学生实践课中高阶思维能力培养研究——以鄂东地区为例"（项目编号：202238804）。

① 作者简介：路宜静，黄冈师范学院教育学院硕士研究生，研究方向为现代教育技术；何源，博士，黄冈师范学院教育学院硕士生导师，研究方向为现代教育技术、深度学习、高阶思维。

② 习近平在中央人才工作会议上强调　深入实施新时代人才强国战略　加快建设世界重要人才中心和创新高地［EB/OL］.（2021-09-28）［2022-04-19］. http：//www.moe.gov.cn/jyb_xwfb/s6052/moe_838/202109/t20210929_568037.html.

的内涵尚未达成统一的定论。其概念由来已久，最早起源于古希腊哲学家苏格拉底、柏拉图和亚里士多德，他们认为培养学生的高阶思维能力是重要的教育目标。高阶思维是一种复杂的思维模式。狄龙（Dillon）认为高阶思维能力包括解决问题、决策、批判性思维、创造性思维及系统性思维。① 高阶思维要摆脱传统的教育模式，从知识记忆、理解和应用转向更高层次的复杂认知机制，使学生具有自主解决问题、批判思考、创新发展的思维能力。尼克森（Nickerson）探索创造性思维在音乐教育中的作用，他认为在音乐创作中创新思维和批判思维是相辅相成的维度。② 米里、大卫、尤里（Miri & David & Uri）认为基于询问的触发机制，可以激发学生在化学课堂上的思考能力。③ 他们通过实证研究，发现学生发展了批判性思维，解决问题及知识整合能力。教育家布鲁姆1956年，按照认知水平的复杂等级，将思维过程细致地划分为六个教学目标，这六个教学目标分别是记忆、理解、应用、分析、综合和评价。④ 其中记忆、理解、应用通常被人们称作低阶思维；分析、综合、评价通常被称作高阶思维。高阶思维的认知程度较低阶思维要复杂。思维能力较弱的学习者看到复杂信息往往不具有整合能力，呈现出一种碎片化的、随机的片段内容。道奇博士（B. Dodge）⑤ 曾指出要想发展学习者的高阶思维能力，具体应该包括以下几种能力：能够对不同事物进行对比、鉴别，阐述其中的相同与不同之处；根据事物的属性和特征，将它们分类；对已知的原理和概念进行分析，推理出未知的结果；通过对事物进行分析，归纳出事物的一般性原理；能够针对自己的每一个观点，找到具有支撑性的论据；具有反思的能力，能够通过分析找出思维中的错误；拥有概括能力，能够分析出庞杂信息下隐藏的规律；能够提出自己的观点，具有清晰阐明论点的能力。斯滕伯格认为成功的智力包含三种智力能力，即三元智力理论，也称三种思维能力，包括分析、实践和创新。

哈佛大学心理学教授戴维（D. Perkins）认为："高阶思维是可以培养和训练出来的，良好的思维能力，就像百米赛跑一样，是一种技术、技巧上的训练结果。最有效的高阶思

---

① Faizah R., Taqwa M. R. A., Istiyono E., Ikhsanudin. Senior High School Student's Higher Order Thinking Skills Based on Gender and Grade [J]. Journal of Physics：Conference Series, 2021, 1918 (02)：22-31.

② Bahri A., Jamaluddin A. B., Muharni A., Fikri M. J. N., Arifuddin M. The Need of Science Learning to Empower High Order Thinking Skills in 21st Century [J]. Journal of Physics：Conference Series, 2021, 1899 (01)：12-14.

③ Sutama, Prayitno Harun Joko, Narimo Sabar, Ishartono Naufal, Sari Diana Purwita. The Development of Student Worksheets Based on Higher Order Thinking Skill for Mathematics Learning in Junior High School [J]. Journal of Physics：Conference Series, 2021, 1776 (01)：12-32.

④ Eka Putra Rizki, Iswantir. The Analysis of Implementation of Higher Order Thinking Skills (HOTS) With Problem Based Learning (PBL) [J]. Journal of Physics：Conference Series, 2021, 1779 (1)：12-37.

⑤ Afrianti Trayda, Zainul Rahadian. e-Learning Development on Basic Chemical Law Materials in Senior High School (SMA/MA) to Improve High Order Thinking Skill Ability [J]. Journal of Physics：Conference Series, 2021 (01)：12-28.

维教学是与学科相整合的教学。"① 戴维的研究为高阶思维的培养方式指明了方向，掀起了学科教学提升学生高阶思维发展实验研究的风潮。苏普拉普托（Suprapto，2017）等人采用准实验研究的方法，发现接受基于问题的教学的职校学生在问题解决技巧、团队合作和自信心等方面都要优于接受传统教学的学生。②③

（二）国内高阶思维能力研究的现状综述

在 CNKI 数据库中，对国内与高阶思维相关研究运用文献计量法进行检索，关键词为"高阶思维"，文献类型不限，发表时间从 2004 年 1 月 1 日至 2022 年 12 月 31 日，剔除国外文献与无关文献，共得到国内有效文献 2385 篇，2010 年及以前共只有 10 篇，2010—2012 年共只有 19 篇，与欧美国家的文献数字相比，我国高阶思维研究起步较晚、数目少，与国外相比处于明显劣势。

国内高阶思维能力的研究仍处于初级阶段，学者热衷于阐释各学科要达到的学科目标，探索高阶思维实施的条件及现状。贺莺探索了翻译教学模式的高阶思维培养目标及实施条件。④ 也有学者通过实证的方法对高阶思维能力进行了研究。汪茂华（2018）剖析初中科学学科高阶思维的评价工具，⑤ 他调查了初中学生科学学科高阶思维能力的现状并分析了动因。

21 世纪初期，国内的学者开始研究高阶思维能力这类问题，并且在一段时间内都处在翻译阶段，探索适合我国教育环境的高阶思维教育模式。我国的朱智贤教授对思维品质的研究促进了国内对高阶思维的研究进程，他认为一个人的核心智力就是思维能力，而思维品质又对思维能力起到关键性的作用。⑥

在高阶思维教学设计领域，国内研究者注重其促进高阶思维作用的研究。黎加厚在发表《教育信息化环境中的学生高级思维能力培养》中，认为要注重信息化的教学设计。⑦ 他强调"高阶思维"的培养，设计"基本问题"是信息化教学设计在教育观念上的一个飞跃，"增强学生对所学课程的理解，促进高阶思维能力的发展"。他认为信息化教学设计是从高阶思维的理论走向实践培养的关键步骤，要考虑如何运用信息化资源，合理安排教学的环节和要素，优化教学过程，并提出教师在设计中要注重问题设计，激励学生主动

---

① Habiddin Habiddin, Elizabeth Mary Page. Probing Students' Higher Order Thinking Skills Using Pictorial Style Questions [J]. Department of Chemistry, Universitas Negeri Malang; Department of Chemistry, The University of Reading, 2020, 39 (02): 9.

② Raisbeck Rhonda. Higher Order Thinking Skills and the Adult Learner [J]. Fine Print, 2014, 37 (03): 16-24.

③ Bhawani Prasad Mainali. Higher Order Thinking in Education [J]. Academic Voices: A Multidisciplinary Journal, 2013, 2 (01): 12.

④ 贺莺. 高阶思维取向型翻译教学模式研究 [D]. 西安：陕西师范大学, 2016.

⑤ 汪茂华. 高阶思维能力评价研究 [D]. 上海：华东师范大学, 2018.

⑥ 钟志贤. 如何发展学习者高阶思维能力？[J]. 远程教育杂志, 2005 (04): 78.

⑦ 钟志贤. 面向知识时代的教学设计框架 [J]. 电化教育研究, 2004 (10): 18-23.

探索，培养学生的高阶思维能力。另外教师的教学也要进行相应的设计，让学生更好地发生高阶学习行为。

我国研究高阶思维最具代表性的学者钟志贤提倡运用信息技术来促进高阶思维的发展与提升。①② 他提出"运用信息技术促进学习者高阶思维能力的发展是当前高阶思维教学研究的新视角，也是信息化教学研究的核心，研究表明，信息技术及其所构成的新型学习模式，能够有效地促进学习者高阶思维能力的发展，而定位于促进高阶思维，也正是信息技术应用和信息化教学模式开发的价值与前景所在"。目前，更多高阶思维研究基于网络环境，运用信息化手段来实施教学。③④ 本文结合学校网络教学平台组织实施课堂教学，整合网络学习资源，让学生更好地进行自主探索学习的行为。⑤⑥⑦ 高阶思维能力评价和指标体系的研究更深层次地剖析思维发生的过程，更有效地指导课程实践教学。⑧ 评价学生在学习中高阶思维的提升和发展关键是如何形成高阶思维发展的框架指标体系。钟志贤教授认为高阶思维能力主要由"问题解决思维能力、创造思维能力、决策思维能力、批判思维能力"四大能力构成。⑨ 本研究将这四种维度作为高阶思维能力量表的一阶指标，再借鉴学者郑淇文（2018）构建的高阶思维量表指标体系的研究成果，进行二阶指标维度的能力细分，并以此来观察评价学生发生的具体高阶思维行为。⑩

根据对国内外文献的研究和我国教师对高阶思维的研究现状看，国内外大部分学者分析和研究的是高阶思维的理论，或者是在学科教学中高阶思维的发展的研究，缺少的是如何促进学生高阶思维能力发展的教学设计方案研究，这值得一线教师去进行系统深入的研究。

三、大学生实践课程中存在的问题

（1）当前大学生的人才培养理念和教学模式与传统教学相比并未发生根本性转变。⑪

---

① 黎加厚. 教育信息化环境中的学生高级思维能力培养 [J]. 中国电化教育，2003（09）：59-63.

② 郑淇文. 面向高阶思维提升的项目式教学设计与评价研究 [D]. 福州：福建师范大学，2018.

③ 李金梅. 基于学生高阶思维能力培养的跨学科课程整合设计 [J]. 教育理论与实践，2021，41（20）：45-48.

④ 于江威，徐彦辉. 信息技术学科培养学生高阶思维能力的探究 [J]. 电脑知识与技术，2021，17（13）：164-166.

⑤ 张露. 面向大学生高阶思维培养的教学策略模型建构与效果检验 [D]. 上海：上海师范大学，2021.

⑥ 胡雨寒，代鸣，姚宝骏. 教师高阶思维能力教学行为影响因素路径研究 [J]. 教育导刊，2020（10）：52-56.

⑦ 汪艳. 旅游管理专业本科生高阶思维能力培养研究 [D]. 沈阳师范大学，2020.

⑧ 胡雨寒，代鸣，姚宝骏. 教师高阶思维能力教学行为影响因素路径研究 [J]. 教育导刊，2020（10）：52-56.

⑨ 汪茂华. 高阶思维能力评价研究 [D]. 上海：华东师范大学，2018.

⑩ 钟志贤. 面向知识时代的教学设计框架 [J]. 电化教育研究，2004（10）：18-23.

⑪ 杨丝洁. 学生高阶思维的培育路径研究 [D]. 成都：四川师范大学，2018.

高校教学模式革新不显著，不利于创新型人才的培养，大学生缺乏持续性的高阶思维学习和锻炼，其高阶思维能力有待提高，同时学习主动性相对不足，被动接受学习，不利于他们的高阶思维培养。

（2）部分教师教学模式相对传统，容易墨守成规，出现"满堂灌"，课堂效果往往不理想。① 特别是一些刚参加工作的青年教师，本身实践经验积累得少，如果再不重视理论的研究，课堂教学将难以展开，教学目标等也无法落实，长此以往工作的积极性将受到打击。同时在其教学过程中存在大量模板式学习，长期的墨守成规可能会导致学生思维封闭，很难有效发展和培养高层次思维，不利于产生创新性发展，创造性改变。

（3）信息技术并未改变课堂教学的传统模式。② 在教学中引入了信息化技术和设备，然而现实中大多也只是在教学中用 PPT 代替板书环节，或者增加实践研究课程，提供相关的教学资料，其本质目的是发散思维，但在一定程度上却变成了生搬硬套，其教学观念的根本并未发生改变，从教师讲授或演示，到学生学习过程中教师进行辅导，最后提交作业和总结。这些只是信息化简单或浅层次的教学应用，从根本上没有改变传统教学模式。

四、策略及建议

（1）教师为学生提供挑战性的项目和问题。鼓励他们进行深入思考和解决复杂的现实问题。这些项目可以要求学生运用多学科知识进行分析、综合和评估，培养他们的批判性思维和创造性解决问题的能力。

（2）鼓励批判性思考。在实践课程中，教师可以提出一些引导性的问题，促使学生思考问题的不同角度和解决方案的可能性。教师还可以引导学生进行讨论和辩论，培养他们的批判性思维和论证能力。

（3）引导学生自主学习。教师可以充当指导者的角色，鼓励学生进行自主学习和独立思考。提供丰富的学习资源和指导性问题，帮助学生自主获取知识，并激发他们思考和探索更深层次的问题。

（4）促进团队合作。实践课程中的团队合作可以培养学生的协作和沟通技能，同时也促进他们的高阶思维能力。通过合作项目，学生可以共同解决问题、分享观点和进行集体决策，从而培养系统思考和团队合作的能力。

（5）提供反馈和评估机制。及时的反馈和评估对学生的高阶思维能力的培养至关重要。教师可以通过给予具体的反馈和评估学生的解决方案，帮助他们发现不足之处并提供改进的方向。这样可以激励学生思考和提高他们的高阶思维能力。

---

① 葛林．WebQuest 模式下培养学生高阶思维能力的方法研究［D］．长春：东北师范大学，2012．
② 范大军．网络虚拟学习社区——培养学习者高阶思维能力的有效途径［J］．中国科技信息，2010（10）：92-93．

五、展望及不足

本文对国内和国外已有研究结果进行了系统的梳理和细致的分析，针对国内学生高阶思维的现状分析了现存问题，在此基础上提出可行性建议，但由于时间匆忙，篇幅有限，未能对大学生群体开展广泛的实证分析，并且研究范围较广泛。后续研究会根据具体的学生群体开展调查问卷及访谈研究，并确定研究地域。

国内外小学生计算思维培养研究述评

齐 纪①

一、引言

计算思维是21世纪的关键技能,是个体发展必备的核心素养。2006年,周以真教授提出了计算思维②,他认为,在信息时代,计算思维就像阅读、写作、算术一样,已经成为信息社会中学习者解决问题的基本能力。③ 2011年起,英国、爱沙尼亚、澳大利亚、德国也相继将计算思维纳入教育框架。2017年,我国教育部明确将计算思维确定为核心素养之一,认为计算思维是在形成问题解决方案的过程中产生的一系列思维活动。④ 2022年,我国将计算思维纳入《义务教育信息科技课程标准(2022年版)》之中。由此可见,计算思维受到了全世界的关注。

随着信息化社会的发展,人们逐渐意识到计算思维对于未来社会发展的重要性。小学教育是个体系统接受教育的开端,小学生的思维能力刚刚发展且具备了一定的接受能力,所以,在小学阶段培养计算思维势在必行。然而,目前有关于计算思维培养的研究大多数集中于高等学校阶段,很少有研究关注小学阶段,但小学生也有特殊的认知特点和学习需求。因此,本研究使用了内容分析法和文献计量法,旨在对国内外80篇文献进行深入研究,希望对未来小学阶段计算思维培养研究提供参考价值。

二、研究设计

(一) 研究方法

本文选用了文献计量法和内容分析法。文献计量法是定量分析方法,能反映出文献的

---

① 作者简介:齐纪,黄冈师范学院硕士,研究方向为计算思维。
② Jeannette M. Wing. Computational thinking [J]. Commun ACM, 2006, 49 (03): 33-35.
③ 肖广德,高丹阳. 计算思维的培养:高中信息技术课程的新选择 [J]. 现代教育技术, 2015, 25 (07): 38-43.
④ 普通高中信息技术课程标准(2017年版) [M]. 北京:人民教育出版社, 2018: 6.

外部特征。内容分析法是一种对具有明确特性的传播内容进行的客观和定量描述的研究技术。其目的是弄清分析对象中本质性的趋势,揭示其含有的隐性内容,对事物发展做预测。① 内容分析法的步骤一般为限定总体和选择样本、设计类目表格、评判记录和信度分析、得出结论。具体实施步骤见下文。

(二) 限定总体与选择样本

首先,确定了中英文筛选样本文献后的原则要求:(1) 此文献是属于教育领域的。(2) 此文献是实证类研究。(3) 此文献的主题为计算思维。

其次,进行了中文文献的筛选工作。在中国知网全国期刊数据库中进行搜索,检索方式选择高级检索,将主题词设定为"计算思维"和"小学生",勾选北大核心期刊和CSSCI 期刊。经检索,共得到中文文献 8 篇。

再次,进行了英文文献的筛选工作。在 Web of Science 数据库进行筛选,将主题词设定为 "computational thinking" 和 "elementary students" 以及 "computational thinking" 和 "primary students" 两种组合形式进行搜索,将引用主题限制为 "Education & Educational Research",将文献类型设定为"论文",将 Web of Science 类型设定为 "Education Educational Research"。经检索,共得到英文文献 207 篇。

最后,对获得的中英文文献按照上文制定的原则进行筛选,共得到了 80 篇有效样本文献,其中中文文献 6 篇,英文文献 74 篇。

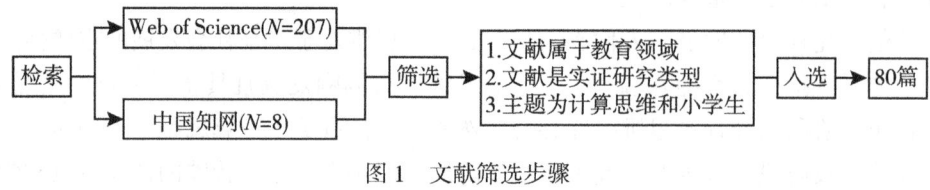

图 1 文献筛选步骤

(三) 类目表设计

类目是根据研究假设的需要,把资料内容进行分类的项目。笔者认真分析了选取的80 篇文献,最后确定了小学生计算思维培养的类目表格。

表 1　　　　　　　　　　小学生计算思维培养的类目表格

一级类目	二级类目	指标
	研究类型	质性研究、量化研究、混合研究

---

① 张屹,朱莎,杨宗凯. 从技术视角看高等教育信息化——历年地平线报告内容分析 [J]. 现代教育技术, 2012, 22 (04): 16-20, 39.

续表

一级类目	二级类目	指标
研究设计	样本年龄	6~7岁、7~8岁、8~9岁、9~10岁、10~11岁、11~12岁
教学设计	计算思维概念界定	计算思维、计算实践、计算观念 创造力、批判思维、问题解决、算法思维、合作能力 抽象、分解、算法思维、评估、概括
	培养工具	图形化/模式化编程、不插电编程、插电编程、游戏化编程、协作编程、机器人编程
	组织策略	独立学习、合作学习、混合学习
教学评价	评价方法	基于试题的评价、基于量表的评价、基于编程任务的评价、基于作品分析的评价、基于访谈的评价、基于问题调查的评价、基于课堂观察的评价、基于作品档案的评价

(四) 评判记录和信度分析

此步骤需按照预先类目表格，系统地判断并记录各类目出现的客观事实和频数。本研究中笔者为主要评判员，另一人为第二评判员，当两名评判员对相同类目的判断结果基本一致时，说明判断是可靠的。本次评判的信度系数较高，说明评判具有较高的可靠性。

三、结果描述与分析

(一) 文献计量分析

1. 文献发表的时间分布

文献发表的时间及其数量能反映教育领域对于国内外小学生计算思维培养研究的关注情况和发展趋势。从图2可以看出，关于"小学生计算思维培养研究"在核心期刊上的文献最早出现在2015年，2015—2022年，发文数量呈现上升趋势，2017年，发文数量明显增加，这是由于2017年印发并实施了《新一代人工智能发展规划》，其中明确指出了计算思维的重要性。① 此外，2017年国内首次将计算思维引入K-12教育，引起了学者们对在小学阶段培养计算思维的重视。2022年，迎来了发文数量的巅峰。在2022年之后，关于小学生计算思维培养的文献数量减少，由此看来，在小学阶段培养学生的计算思维还有待学者们进一步探究。

---

① 陈兴冶，马颖莹，杨伊. 面向计算思维发展的深度学习模型建构——以可视化编程教学为例[J]. 电化教育研究，2021，42（05）：94-100，121.

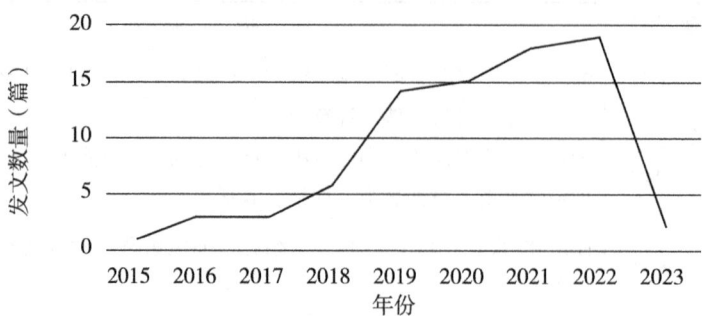

图 2　国内外小学生计算思维培养研究文献年度分布情况

2. 文献发表的期刊来源分布

表 2　　　　　　　　　　文献发表期刊来源统计

	编号	期刊名称	数量
国内	1	中国电化教育	3
	2	电化教育研究	1
	3	远程教育杂志	1
	4	基础教育	1
国外	5	Journal of Educational Computing Research	11
	6	Computers & Education	10
	7	Interactive Learning Environments	8
	8	Journal of Research on Technology in Education	5
	9	Educational Technology Research and Development	5
	10	Education Tech Research Dev	3
	11	Education in the Knowledge Society	3
	12	Education and Information Technologies	3
	13	Informatics in Education	2
	14	Education Sciences	2
	15	Computers in the Schools	2
	16	Journal of computer assisted learning（JCAL）	2
	17	Computers in Human Behavior	2
	18	Revista Iberoamericana de Education a Distancia	2

续表

	编号	期刊名称	数量
国外	19	International Journal of Technology and Design Education	1
	20	Original Paper	1
	21	Journal of Computing in Higher Education	1
	22	Journal of Educational Ressearch	1
	23	International Journal of Serious Games	1
	24	Thinking Skills and Creativity	1
	25	Frontiers in Psychology	1
	26	International Journal of Online Pedagogy and Course Design	1
	27	Informatics	1
	28	Jurnal Eksplora Informatika	1
	29	Journal of the Korean Association	1
	30	Ieee Transactions on Learning Technologies	1
	31	Culture and Education	1
	32	Computers and Education Open	1

对发表文献的期刊及发文数量统计分析得知，80篇文献发表在32种期刊中，其中发文数量排名前五的期刊为 Journal of Educational Computing Research、Computers & Education、Interactive Learning Environments、Journal of Research on Technology in Education、Educational Technology Research and Development。可以看出，Journal of Educational Computing Research 期刊对小学计算思维培养研究关注度极高。

3. 文献发表的学校分布

统计发表文献的学校可以了解作者的身份和研究方向。经过统计分析，80篇样本文献来自53所学校，总体来看，研究力量是比较分散的。发文量在2篇以上的学校共10所，这10所学校在研究小学生计算思维方面有巨人的实力。其中，西班牙国立远程教育大学位居第一，发文量为8篇，华中师范大学、香港教育大学和印第安纳大学紧随其后，发文量为4篇，位居第三的是香港大学，发文量为3篇，最后，北京师范大学、萨拉曼卡大学、卡斯蒂利亚拉曼查大学、博伊西州立大学和塔亚卡亚国立自治大学位居第四，发文量为2篇。其他学校在小学生计算思维培养方面发文较少，需要在此方面进一步研究。此外，需要学校之间加强合作和沟通，合力创造更多的研究成果。

表3　　　　　　　　　国内外学校发文数量统计（篇数>=2）

学校	数量
西班牙国立远程教育大学	8
香港教育大学	4
华中师范大学	4
印第安纳大学	4
香港大学	3
北京师范大学	2
萨拉曼卡大学	2
卡斯蒂利亚拉曼查大学	2
博伊西州立大学	2
塔亚卡亚国立自治大学	2

（二）研究设计分析

1. 研究类型

本研究将研究类型分为质性研究、量化研究和混合研究。经研究，样本文献中量化研究类型的文献居多，其次是混合研究类型的文献，数量较少的是质性研究类型的文献。量性研究的研究方法大多为抽样方法、资料收集方法和数据统计方法等；质性研究的研究方法大多为观察、访谈、实物分析等方法。混合研究是指此样本文献同时设计了以上的两种方法。由此看来，在小学阶段进行计算思维的培养的过程中，量化研究的类型最受欢迎，究其原因，是因为小学生比较好动，使用观察和访谈等方法不易于收集数据，而使用量化研究的方法收集数据会更容易，得到的结果不易受到主观因素的影响，更加准确。

2. 样本年龄

由图3可知，小学生计算思维的培养主要集中于四至六年龄阶段，一至三年龄阶段的文献存在，但是相较之下研究文献数量较少。究其原因，是因为小学生在心理和生理上始终处于发展阶段，无论是开展哪一种类型的实证研究，都是非常困难的。相比而言，高年级的学生已经有了一定的接受能力，能很好地根据要求完成相关的实证研究。然而，目前已经有研究证明，低年龄段的学生也可以进行计算思维概念的学习，因此，未来的研究可以采用低年龄段学生感兴趣的学习策略进行教学，从而研究并分析学生的计算思维是否得到提升。

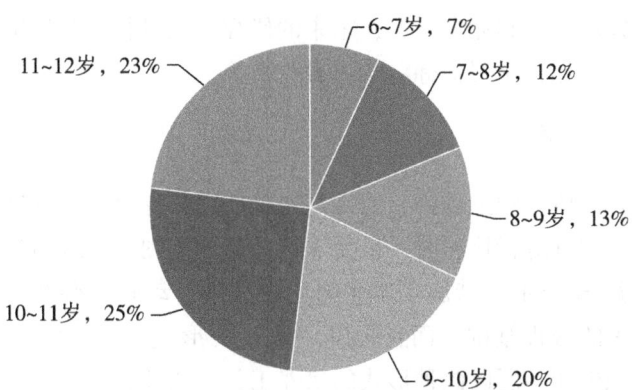

图 3　国内外小学生计算思维培养文献中样本年龄分布情况

(三) 教学设计分析

1. 计算思维概念界定

表 4　　计算思维概念界定统计

CT 概念界定	数量	占比
计算概念、计算实践、计算观点	61	76%
创造力、批判思维、问题解决、算法思维、合作能力	10	13%
抽象、分解、算法思维、评估、概括	9	11%

经过对样本文献进行计算思维概念界定的统计分析得知，小学阶段计算思维培养集中于以下三种概念：第一种是由美国学者 Brennan 和 Resnick 提出的计算概念、计算实践、计算观点三维目标[1]；第二种是由 Selby 制定的计算思维标准：抽象、分解、算法思维、评估、概括；第三种是由国际教育技术协会（ISTE）指出计算思维是一种复合型能力，包括创造力、批判思维、问题解决、算法思维、合作能力。[2]

由表 4 可知，三维目标是目前最受欢迎的对计算思维概念的界定。计算概念是指程序员所指定的概念，计算实践是指程序员在编程过程中解决问题时所使用的方法，计算观点

---

[1] Brennan K., Resnick M.. New Frameworks for Studying and Assessing the Development of Computational Thinking [C] //Proceedings of the 2012 Annual Meeting of the American Educational Research Association, Vancouver, Canada. 2012, 1: 25.

[2] 张屹，黄静，张敏，等. 基于设计的 STEM+C 教学对小学生计算思维的影响研究 [J]. 中国电化教育，2019（11）：104-112.

是学生对自己、与他人的关系以及周围科技世界的理解。① 可见，关于计算思维的概念界定是非常多元的，并没有得到完全统一，未来的研究者在进行计算思维概念的选用时，可以结合多方面衡量，比如，学习目标、学习者分析等。

2. 计算思维培养工具

在小学生计算思维培养的过程中，通常是通过使用某种培养工具进行培养。在表5中可以看到，使用培养工具进行培养时，最受欢迎的是使用图形化/模式化的编程进行培养，比如Scratch，可以用Scratch创造属于学生自己的故事、动画和游戏。② 其显著性的优点是学生不需要有太多的编程基础，而且是以"块"的形式呈现在学生的眼前，能够更好地激发学生学习的积极性，所以此种形式的培养工具大受欢迎。其次是以"机器人编程"的形式进行培养，以此种形式进行培养，可以使学生的计算思维和数学逻辑思维能力得到增强，学生在学习知识的同时也增强了学生的动手能力，促进学生多样化的健康发展。③ 因此，未来的参与者在对小学生的计算思维进行培养时，应注意时刻以学生为中心，以提高学生的积极性为重点来进行培养方案的设计。

表5　　　　　　　　　　培养工具情况统计

培养工具	数量	占比
图形化/模式化编程	47	49%
机器人编程	21	22%
游戏化编程	7	7%
不插电编程	7	7%
插电编程	5	5%
协作编程	2	2%
工具不明	7	7%

3. 计算思维组织策略

本文将小学生计算思维培养组织策略集中在独立学习、合作学习和混合学习三种组织方式（见图4）。合作学习是样本文献中使用的最多的组织策略，混合学习位居第二，最后是独立学习的组织策略。究其原因，是因为合作学习培养了学生的合作精神和交往能力，因此，被越来越多的教育工作者认同。而独立学习比较针对于已经有独立思想和实践

---

① 范文翔，张一春，李艺．国内外计算思维研究与发展综述［J］．远程教育杂志，2018，36（02）：3-17．
② 赵兰兰．运用Scratch软件培养中学生计算思维的研究［D］．上海：上海师范大学，2013．
③ 代光光．小学教育中机器人编程的计算思维探究［J］．科幻画报，2021，307（05）：87-88．

能力的学生，小学生在这两方面并没有发展完全，所以此种教学策略在小学阶段没有得到广泛使用。未来的研究者在研究策略的选用上要结合具体情况进行选择，充分激发出学生的潜能，扬长避短，使得学习效果最优化。

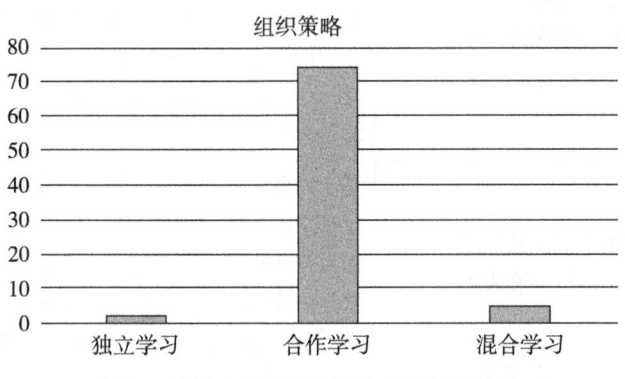

图 4　小学生计算思维培养组织策略统计

（四）教学评价分析

评价方法在计算思维培养中起着重要的作用，一个合适的评价能充分地反映出学生计算思维的发展情况。经过对研究文献的分析，评价方法以使用次数为依据从上到下依次为基于试题的评价、基于访谈的评价、基于量表的评价、基于问卷调查的评价、基于课堂观察的评价、基于作品分析的评价、基于作品档案袋的评价以及基于编程任务的评价。

表 6　　　　　　　　　　　　教学评价方法及介绍

基于试题的评价	用于考查参与者对概念原理的解释或对知识技能的掌握情况，通常采用测试题的方式进行考查，比如 CTt、Bebras Tasks 等	基于试题的评价比较适合在大样本中使用，效率比较高，而且比较方便。但是因为样本对象和实验目标的不同，导致了在编写测试题目的时候有一定的难度，如果被试是低年级的学生，还需要配备助教老师帮助学生理解题目，同时也存在着一些学生应付差事，随便回答测试题的情况发生
基于访谈的评价	基于访谈的评价从参与者的学习行为出发，在学生做完项目后，对学生进行访谈	基于访谈的评价能够得到学生关于计算思维的深度评价。但是访谈耗时耗力，非常容易受到学生主观因素的影响，而且因为每个学生在回答问题时不采用规范术语，导致编码难度大
基于量表的评价	用于评价参与者的情感态度或思维能力，比如 CTS 等	量表类评价简单、易操作，而且每一道题目的选项答案存在着一定的相似性，通俗易懂，不会给学生造成困扰。但是因为学生的识字量不多，理解能力不够完善，所以同样需要配备助教在一旁协作

续表

基于问卷调查的评价	是参与者填写完问卷后对其填写情况进行分析评估	此评价方法在编码上比较容易，但是在问卷编写上并不简单，目前较为常见的编写方法是在原有的问卷的基础上，再根据实验目标进行修改，然后再进行信度和效度的检测后投入使用。此外，根据被试的年龄特点，也要注意问卷中语言的简洁性，不能让学生对问卷产生歧义。学生在填写问卷时容易受到主观因素的影响，且具有一定的滞后性
基于课堂观察的评价	是用来记录被试在实验过程中的行为和表现	基于课堂观察的评价能够使得研究者获得学生在此实验过程中的本能反应和行为，可以进行最为直观的分析，而且视频也是可以反复观看的，最大限度地保证了实验数据的准确性。但是此种方法在编码过程中是较为耗时耗力的，分析也具有一定的难度，易受主观因素的影响
基于作品分析的评价	常用来评价学生在其作品中代码块的使用情况，以此来考查学生的计算思维是否有所提升，比如 Dr. Scratch 等	此种评价方法对打分的教师水平要求极高，需要教师能够察觉到学生在此作品中所使用的所有代码块，这是非常耗时耗力的。此外，仅仅以作品分析作为评价方式又忽略了学生在实验过程中的表现，没有做到将过程性评价与结果性评价相结合，因此，很少被研究者使用
基于作品档案袋的评价	是一种基于学生作品和表现的评价方式	此种方法能够调动学生的主观能动性，记录着学生的动态成长，但教学任务量比较大，而且花费时间多，难以实施
基于编程任务的评价	是结合计算思维理念对参与者的编程能力进行评价，比如 The Fairy Assessment 等	此种评价方式多样，能够极大程度上激发学生的好奇心。但是对于小学生来讲，编程还是存在着一定的难度，存在着不易操作和不易理解的问题

四、结论与展望

（一）研究结论

本文通过对国内外小学生计算思维培养研究的核心文献进行内容分析和文献计量分析，得出以下结论：

第一，相较于国外，我国对小学生计算思维培养的研究不够深入，还处于起步阶段。*Journal of Educational Computing Research* 期刊对小学生计算思维培养研究的关注度较高，国外的研究力量集中在西班牙国立远程教育大学和印第安纳大学，国内的研究力量集中在华中师范大学和香港教育大学。从期刊样本来源上或是发布文献的数量上看，国外对于小学生计算思维培养的研究关注度略高一些。

第二，关于小学生计算思维培养的研究文献类型以量化研究为主，质性研究和混合研究少之又少；被试年龄主要集中于高年级，忽视了低年级学生的计算思维的培养。

第三，在计算思维概念界定方面大多数文献选取的是计算概念、计算实践和计算观点三维目标，其余概念界定涉及较少；研究工具的选择上是以 Scratch 为主的图形化/模式化编程为主；学习策略上大多选择以合作学习为主，培养学生的合作学习能力和团队精神。

第四，在教学评价上主要涉及了 8 种评价方法。其中，基于试题的评价、基于访谈的评价和基于量表的评价较为常见。

(二) 未来展望

虽然计算思维在教育领域的重要地位已经被确定，但是我们还是可以看到在小学阶段计算思维培养研究中的一些不足。理论层面体现在计算思维概念界定不够明确，实践层面体现在计算思维的评测不够科学等。未来的研究人员要重视计算思维培养的广度和深度，构建科学完整的计算思维培养体系、选择有效的小学生计算思维评价工具和学习策略、采取多样的评价方法进行评价。与此同时，综合评价方式，进行混合测量。在参考国外成果和立足于本土研究的基础上，不断地推动我国小学生计算思维的发展。

信息技术背景下中小学生
计算思维能力培养的研究趋势

白晗笑[①]

1. 引言

经过多年的发展,我国计算思维的研究日渐丰富,并取得了较大的进展,计算思维也成为相关教育的研究热点。计算思维作为当今社会必备的素养,很有必要对其的未来研究趋势进行预测和研究。

基于此,本研究采用文献计量法和科学知识图谱方法,对检索到的计算思维文献进行分析,利用CiteSpace知识图谱对计算思维进行可视化分析,探索其研究热点和未来发展趋势。通过对计算思维研究机构、作者分布、热点主题聚类等进行知识图谱分析,以期为计算思维的深入研究、实践探索提供参考。

2. 研究方案

2.1 研究工具

本研究使用的研究工具是由美国的陈超美教授开发的可视化分析工具CiteSpace。这是一个针对国际前沿性研究进行追踪和分析的软件。该软件相对而言可操作性很强,因为它的很多参数可以被灵活调节。CiteSpace是用文献计量学,以文献系统和文献计量学特征为研究对象,不仅仅可以定量测量轮廓分布以及研究之间的一个关系和丛集,还可以描述和预测特定研究领域的发展,还可以分析不同国家、机构、期刊和学者的信息,并比较它们的贡献。[②] 因此可以用CiteSpace来进行学术文献的可视化分析,通过分析软件制作的关键词共现、关键词聚类等图谱,能够较为全面地了解某一学科或领域的前沿热点以及

[①] 作者简介:白晗笑,女,河北邢台人,黄冈师范学院教育学院现代教育技术专业硕士研究生,研究方向为游戏化教学。

[②] 陈超美.CiteSpace Ⅱ:科学文献中新趋势与新动态的识别与可视化 [J]. 情报学报,2009 (03):401-421.

发展趋势，具有便捷、高效的特点。

2.2 数据来源

本研究的研究对象选自中国知网（CNKI）中的核心期刊数据库、CSSCI 期刊数据库和硕博论文数据库，检索条件为"（主题：计算思维）AND（主题：小学+初中+高中+中学）"，词频为"精确"，时间跨度为 2011—2023 年，检索时间为 2023 年 3 月。对检索结果进行手工筛选，删除会议报告、纲要等无关文献，最终得到 500 篇有效文献。分析结果如图 1 所示。后续的分析研究均以该 500 篇文献为基础。

Input:D:\360MoveData\Users\baihanxiao\Desktop\CNKI\input
Output: D:\360MoveDate\Users\baihanxiao\Desktop\CNKI\output

Records Processed: 500

图 1　有效文献统计

3. CiteSpace 文本分析

3.1 关键词共现分析

关键词是对文章内容的总结归纳，关键词的出现频次可以反映出该研究方向受关注情况，体现其是否为研究领域内的研究热点。因此，通过观察关键词共现网络，分析关键词大小、关键词之间的连线等方面，能够了解该研究领域在一段时间内有哪些研究热点。①

本文采用关键词分析法，设置文献发表时间为 2011—2023 年，时间切片（Years Pers Slice）为 1 年，选择单位时间内出现频次最高的前 50%，裁剪方式设置为 Pruning Sliced Networks，形成如图 2 所示的关键词共现图谱。

表 1　关键词频次表

Visible	Count	Central	Year	Keywords
√	287	0.00	2011	计算思维
√	35	0.00	2017	人工智能
√	24	0.00	2011	教学改革
√	21	0.00	2013	信息技术
√	19	0.00	2018	编程教育

---

① 陈悦，陈超美，刘则渊，等．CiteSpace 知识图谱的方法论功能［J］．科学学研究，2015，33（02）：242-253．

续表

Visible	Count	Central	Year	Keywords
✓	13	0.00	2016	核心素养
✓	12	0.00	2012	信息素养
✓	10		2011	程序设计
✓	10	0.00	2011	实验教学
✓	9	0.00	2015	大数据

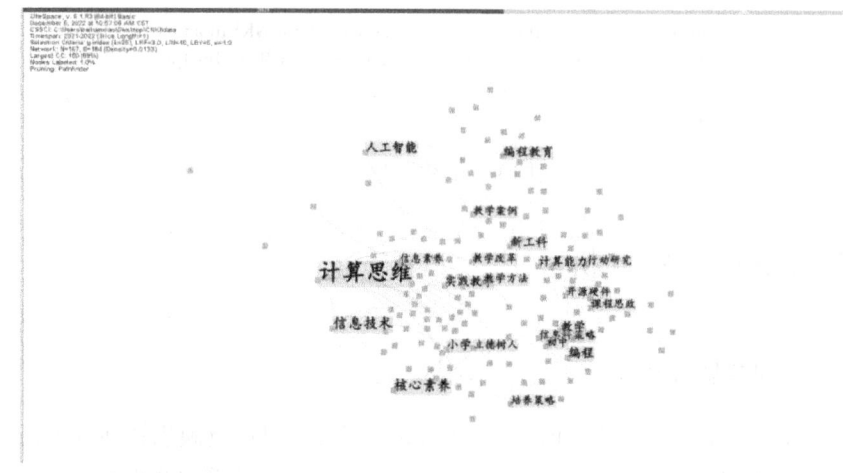

图 2　关键词共现图谱

3.2　关键词突现分析

作为文献内容挖掘的重要工具，"突现词"（又称为"涌现主题术语"）是指在某一时期使用频次骤增的关键词，表示这个关键词在该时间段受到研究人员的高度重视。突现分析用来探测某个领域中突现的动态概念和潜在的研究问题，适于检验学科发展的新兴趋势和骤然变化，反映活跃或前沿的研究节点。① 关键词突现是指在某一段时间内，某个关键词的被引用次数突然增加或减少，突现值越大，其突现频次变化率越高。通过分析这些关键词突现的情况，可以了解到某个研究方向的前沿性和研究发展趋势。

本文设置 γ=0.9，Minimum Duration 保持默认值为 2，获得 5 个突现词，如图 3 所示。按照出现年份对突现词进行排序得到：教学改革（2012—2016 年）、信息技术（2017—2019 年）、人工智能（2018—2021 年）、编程教育（2018—2021 年）、新工科（2019—2020 年），这表示了计算思维研究领域各个时间阶段的研究热点。

从图 3 可以清晰地看到各个词爆发的时间以及爆发的趋势。例如"教学改革"，是这

---

① Wing J. M.. Computational thinking [J]. Communications of the ACM, 2006 (03): 33-35.

高突现性关键词Top 5

Keywords	Year	Strength	Begin	End	2011—2023
教学改革	2011	4.59	2012	2016	
信息技术	2013	2.59	2017	2019	
人工智能	2017	6.47	2018	2021	
编程教育	2018	4.33	2018	2021	
新工科	2019	2.41	2019	2020	

图 3　关键词突现性分析图

几个关键词中爆发时间最早的，并且持续时间最长，2012 年开始，2016 年结束。根据爆发的强度来看，人工智能的爆发强度最强，可以基本预测该关键词是未来计算思维研究和发展的方向和趋势。

3.3　关键词聚类分析

在关键词共现的基础上对其进行聚类分析。关键词聚类是研究领域内具有相似研究主题的关键词形成的互相联系的网络集群，各集群的内涵是由各自包含文章中高频使用的标题词来标识。CiteSpace 中，同一个集群的节点使用凸壳覆盖或者仅显示边界线，集群从 0 开始编号，即集群#0 是最大的集群，而集群#1 是第二大的，依次递推。

为深入挖掘各个主题的联系，本研究对呈现出的关键词使用 LLR 算法进行聚类，聚类结果如图 4 所示。聚类效果通过参数 Q 值和 S 值来衡量，$Q>0.3$ 且 $S>0.7$ 时，聚类结果是具有参考价值的。① 在该图谱中 Q 值 = 0.6926，说明了该聚类的结构显著，S 值 = 0.9646，说明了该聚类合理且具有可信度。

#0 是计算思维，此聚类包含的关键词有培养策略、信息意识、AppInventor 等。与人工智能相结合，将更好地实现智能化应用。聚焦教育领域，分析了大数据对教育教学各个环节可能产生的变革性影响；梅宏院士指出当前的大数据应用尚处于初级阶段，需理性认识，强调大数据所催生的教育研究新范式及对未来社会教育服务模式、教育决策等方面的影响，推进社会治理效能的提升。②

#1 是人工智能，此聚类包含的关键词有编程教育、人机协同、人机共生等。研究人员认为，计算思维与数学、阅读、写作一样，是未来公民应该具备的一项基本素养。有学者从宏观与微观两个层面探寻人工智能教育实践的路径，指出中小学阶段开展的人工智能课程教学，课程目标是要培养学生的人工智能学科素养，使其具备适应智能时代要求的基本素质。

---

① 梅宏．大数据发展现状与未来趋势［J］．交通运输研究，2019，5（05）：1-11.
② 刘邦奇，贺胜．多层次 AI 教育体系的构建及其实施路径［J］．现代教育技术，2021，31（01）：26-32.

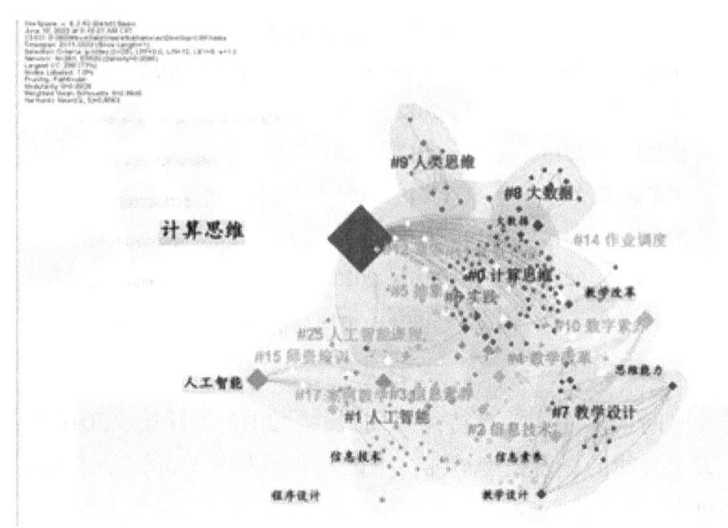

图 4 关键词聚类分析图谱

#2 是信息技术，此聚类包含的关键词有高中信息技术、案例设计、计算思维评价等。学者们大多从信息技术的应用、信息技术与教学的融合等方面开展研究。如曹晓明设计了一个完整系统的教学案例，很好地将计算思维与高中阶段课程相融合，提升学习者计算思维，在一定程度上推动了信息技术的教学改革。

#3 是信息素养，此聚类包含的关键词有信息技术课程、新课标、支架式教学等。在基础教育改革的浪潮中，学科核心素养被多次提及和强调，如何落实学科核心素养已经成为了刻不容缓、亟待解决的关键问题。如于颖以学科核心素养中的计算思维为指导，将信息技术学科核心素养与教学内容相结合，设计出基于核心素养的课程教学结构。①

#7 是教学设计，此聚类包含的关键词有初中信息技术、PBL 教学模式、任务驱动等。此类研究聚焦于信息技术课程的教学"设计—任务—活动"的项目设计，将计算思维结构和主题融入课堂教学中，可以采用能提高学生计算思维的教学设计，从而提高学生的计算思维能力。②

#8 是大数据，此聚类的关键词有云计算、学习模型、计算科学等。大数据的本质是对数据的处理，其涉及的主要学科为计算机，数据科学与大数据，该学科的培养目标也是为社会各行各业培养复合型创新人才，而复合型创新人才的核心就是具有较好的计算思维能力，也就是利用计算机科学等相关内容来解决实际问题的能力。

---

① 于颖，于兴华. 学科核心素养统领的高中信息技术教学内容结构建构［J］. 现代教育技术，2019，29（08）：120-126.

② 余燕芳，李艺. 基于计算思维的项目式教学课程构建与应用研究——以高中信息技术课程《人工智能初步》为例［J］. 远程教育杂志，2020，38（01）：95-103.

4. 核心研究机构分析

本文通过将 CiteSpace 中的 Node Types 选项设定为"Insitution",其余设置为默认值,经过绘制得到如图 5 的分析图谱,从而得到近年该领域研究机构发文量的主要机构。由图可知,华东师范大学、北京师范大学、华南师范大学是研究该领域主要的核心机构。

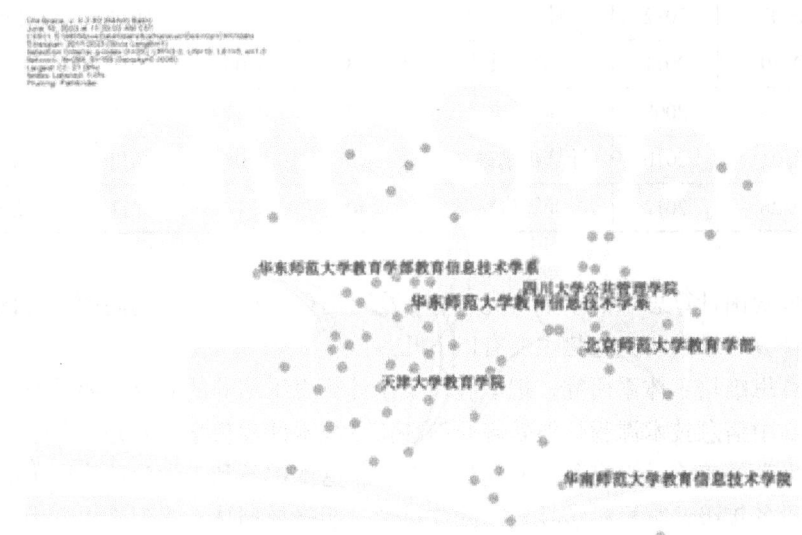

图 5 核心研究机构分析图谱

从图中可以看出,华东师范大学教育信息技术部处于核心地位,并且该机构发文量高达 10 篇。但是由图也可以看出,各个机构之间的节点关联性不强,所以未来可以加强各个机构的合作,共同研究出更有水平的作品。

5. 计算思维研究趋势分析

关键词是为了文献标引工作而从学术论文中选择出来用以表示全文主题内容信息款目的单词和术语,从知识理论的角度看,中心度和出现频次高的关键词代表一定时间内研究者关注较多的问题,即研究热点。① 如表 2 所示,计算思维研究的关键词主要包括"计算思维""教学改革""计算机基础""计算机科学""能力培养""翻转课堂""MOOC"等,这些关键词反映了计算思维的研究与发展过程中的主要关注点与变化趋势。

---

① 甘茂华. 我国计算思维能力培养的研究热点与趋势——基于 CiteSpace 的可视化分析 [J]. 计算机应用与软件, 2019, 36 (06): 1-6, 42.

表2　　　　　　　　　　　　　　计算思维研究高频词分析表

频次	中心度	年份	关键词	频次	中心度	年份	关键词
1825	0.6	2008	计算思维	72	0.07	2011	能力培养
365	0.08	2010	教学改革	69	0.11	2009	计算机
163	0.05	2011	程序设计	65	0.08	2012	大学计算机
163	0.11	2011	大学计算机基础	64	0.14	2011	计算机基础课程
153	0.14	2010	教学模式	59	0.04	2011	教学
145	0.07	2012	计算机基础	55	0.06	2014	翻转课堂
117	0.19	2011	信息技术	53	0.03	2012	课程改革
111	0.03	2008	教学方法	52	0.01	2015	MOOC
105	0.01	2010	计算机基础教学	50	0.04	2012	计算思维能力
79	0.26	2012	计算机科学	50	0.12	2011	课程体系

为了把握我国计算思维的未来研究趋势，通过对研究计算思维的高频关键词分析，可以分析我国计算思维的研究趋势主要有以下几点：

（1）计算思维培养体系研究。把握我国关于计算思维培养的研究主要涉及大学计算机基础课程与高中信息技术课程。但是普通高中信息技术课程教学主要是培养学生的信息素养，中学与大学的培养是没有联系的，是分散的，这些都不利于学生计算思维的培养。同时加强各学段各年级计算机科学教育间的连贯性，明确规划从小学到高中到大学每一阶段学生应达到的目标。

（2）计算思维培养途径研究。随着互联网技术的发展，虚拟现实技术与人工智能越来越普及，社会越来越重视人才的计算思维能力。仅依靠中学信息技术课程与大学计算机基础课程培养大学生的计算思维能力是不够的，有必要加强计算机思维的跨学科教育。然而不同学科思维习惯不同，如何在跨学科的课堂中进行计算思维的培养并将计算思维的培养与教学目标相结合也有待研究。

（3）计算思维评价体系与实证研究。① 从现有国内外文献来看，有很多关于计算思维概念的界定及教学实践研究，但如何更有效地培养学生的计算思维，以及如何评价学生的计算思维的能力仍显不足。随着计算思维研究的进一步深入，未来必然要建立计算思维评价体系，并进行实证研究，探讨计算思维的培养效果以及对学生发展的影响。

6. 研究结论

通过上述对计算思维的关键词聚类分析、关键词突现分析以及对未来计算思维的研究

---

① 陈兴冶，王昌国．高中信息技术学科计算思维培养的实证研究［J］．电化教育研究，2019，40（12）：97-102．

趋势的预测等,基本上可以明确相应的发展阶段以及各阶段的研究主题,并且可以发现现学界已经积累了不少的研究成果,但仍处于初级发展阶段,主要以对计算思维的描述性研究为主;计算思维研究的主要领域为计算机教育、信息技术教育与教育技术,其他相关专业如医学、农学等对计算思维也有所涉及,但是研究结果不集中,有待进一步地深化研究。综上可知,我国计算思维未来的研究,可以将重点放在以下几个方面:

(1)对计算思维进行系统分析。曾有学者提到下一个十年赢在计算思维,未来是人和智能机器人一起仰望时空的时代。在此背景下,对计算思维概念的清晰界定能够更好地指导计算思维教学实践的开展。

(2)继续围绕计算思维的教学模式和应用效果展开系统化研究,进一步关注对计算思维的实证研究,通过分析基于计算思维的教学模式的应用效果从而客观地进行检验和评价。

(3)计算思维的培养是一项长期的工作,在如火如荼地开展计算思维教育的形势下,也应该认识到教师的计算思维教学能力很大程度上决定了计算思维教学的效果,关注信息技术在职教师以及职前教师的计算思维教学能力,是提升全民计算思维能力的基础。

信息技术支撑下基于 STEAM 理念的小学课程探究*

姚力源①

一、背景

教育部在近几年出台了有关信息技术课程要求的指导纲要,《中小学综合实践活动课程指导纲要》也明确说明了,在我国义务教育阶段中的小学教育阶段要学习并应用信息技术,通过创作,做出具有一定创造性的数字作品;利用我们日常生活中最常见的计算机技术处理我们面对的现实问题,并服务于学校学习工作和日常生活;在中学教育阶段,学生们也要通过对计算机技术的学习与应用,提高分析问题和解决问题的能力以及能开发设计出更有意义的数字化产品。教育部还发布了《普通高中信息技术课程标准(2017 年版)》,其中提到信息技术教师在备课时有了新的要求和标准,包括对课程目标、教学内容、课程评估,以及教学实践等均提出了新的要求。② 同时,该标准也提出,跨学科的教学活动将有助于提高学习者的综合素养,以及对创造力的训练。所以,教育者必须善于找到各学科间的联系,以训练学生在面临问题时全面、多角度地考虑并解决问题的能力。反思当前的小学信息技术课程教育,存在着教学方法太过枯燥无趣,太过注重系统知识的传授和反复操作练习,没有对学生的创新能力以及解决生活中实际问题能力的有效培养,③ 因此,在小学信息技术学科教学中,探索新的教学思路成为信息技术教师义不容辞的责任。

二、STEAM 教育

近些年来,STEAM 教育理念被我国许多教育研究者讨论和探究,STEAM 教育理念的

---

* 基金项目:2023 年湖北省黄冈市黄冈师范学院规划重点课题"黄冈市鄂东教育与文化研究中心科研基金项目"研究成果。

① 作者简介:姚力源,黄冈师范学院硕士研究生,研究方向为信息化教学设计与教育技术科学理论。

② 夏婕,张克松. 教育信息化 2.0 时代下信息技术教师专业成长问题与策略探究[J]. 软件导刊(教育技术),2019,18(11):84-85.

③ 谢泽琛,黄映玲. 基于 STEAM 教育理念的初中信息技术课程教学设计[J]. 韩山师范学院学报,2019,40(06):81-85.

不断完善为我国教育工作者对中小学基础教育改革无论是现在还是未来都提供了一种新的改革思想。①

（一）什么是 STEAM 教育

在我们传统的教学模式当中，可以保证学生对知识的掌握，并且对每一个知识点进行反复学习，但是学生对于他们学习的每个学科知识之间的关联性了解得很少，这就导致了学习者虽然掌握了知识，却不能灵活地将各科知识运用起来解决实际问题。但是我们要明白的是当前生活中所要解决的现实问题，都不是用一个学科的知识就能解决的，解决生活中的现实问题往往需要多个学科的知识，那么 STEAM 教育理念中的跨学科学习理念就可以很好地解决这个问题。

（二）STEAM 教育的"跨学科"理念

教育工作者们首先要清楚"跨学科学习"是一个学习方法，是为了辅助教学，我们在实施课堂教学的过程中，不要因为进行了跨学科学习就不顾及自身当前课程能否适应跨学科学习的形式，而老师作为当前课程的主要参与者，在实施跨学科学习的教学模式中，要使跨学科课程自然而然地进行下去。② 而在跨学科学习方法中的"跨学科主题学习"是指老师把学生在校掌握的多种有关学科知识想办法融合，提出一种主题或问题来实施课程，每个学科知识都为这种主题或问题所服务，与各个其他的学科知识相互配合，最终解决问题或完成主题。③

（三）基于 STEAM 教育理念的项目式学习

项目式学习也是 STEAM 教育理念当中的一个教学方式。在进行项目式学习时，教师要设计一个具体的项目，将要学习和整合的各个学科知识放在项目中，让学生在学习的过程中自然而然地将各科知识串联起来，在这个过程中教师要引导学生自己动手完成学习项目。要注意的是在小学信息技术课程教学过程中。④ 我们要以学生的现实生活为主题，尽量在教学设计过程中以真实问题为主题或任务，让学生产生学习兴趣，这样学生才能自发地去探究问题，不断提高自己的创新思维和创造能力，能在不断的实践操作中运用所整合的知识。

---

① 王丁. 基于 STEAM 教育理念的小学信息技术教学探究 [J]. 华夏教师，2019（18）：60.
② 郝毅. 基于跨学科学习方式下的小学信息技术教学设计 [J]. 小学教学研究，2021（36）：22-23.
③ 朱萍. 聚焦跨学科学习　提升育人价值 [J]. 现代教学，2021（07）：4-5.
④ 李晓亮. 中职 Flash 动画制作教学中激发学生创新能力的方法 [J]. 西部素质教育，2021，7（21）：187-189.

三、基于 STEAM 理念的小学信息技术课程设计思路

（一）STEAM 理念下的教学目标的设计

当前 STEAM 教育理念中所倡导的是让教育工作者通过项目—学习的教育方式去开展课堂教学活动，引导学生一步步地对项目进行解读—任务分解—方案制定—实施去有效地培养学生的创新思维，或者通过发现、提出、分析、解决问题这四个步骤来更好地增强解决问题的能力。

（二）STEAM 教育理念下教学方法的选择

项目式学习是一种动态的学习方法，让学生们可以在通过解决问题的过程中学会和掌握的知识和能力。基于 STEAM 教育理念的项目式学习是将教师所准备的几个学科知识融合在一个项目中，它是以学生为中心，让教师站在学生的视角开展教学，在教师的引导下自然而然地把所学学科知识联系起来综合运用去解决遇到的问题。

1. 基于问题解决的教学

在利用 STEAM 教育理念和信息技术课程教学相融合的课堂上，先要确定一个让同学们需要解决的主题或需要解决的问题，之后通过学生的主动思考和小组合作探究的方式分析问题、解决问题。

2. 合作探究学习

合作探究性学习是一种以小组或团队的形式进行课程学习的策略，以实现共同任务目标。对学习者而言，这些教学方法的目的不仅要完成所规定的课程任务，还训练了学习者的协作能力、交流能力、沟通能力、组织能力、领导才能以及批判性思考，从而获得或超越所期望的教学效果。

（三）STEAM 理念下的评价方式的选择

传统评价方式存在一定的弊端，那就是根据这种评价得到的反馈是无法准确全面地反映出学生的学习情况，这无法满足我国对于人才培养的要求。

1. 评价方式多样化

在利用 STEAM 教育理念和信息技术课程教学过程中，我们可以首先采用形成性评价、观察、提问、记录、沟通等方式，这样就可以随时得到学生的学习情况，根据学生的学习情况及时作出反馈，从而完善教学过程。最后我们可以用总结性评价来进行测试或展示学习成果，这两种评价方式可以更好更客观地评价学生的学习情况。

2. 评价主体多元化

当我们采用评价主体多元化时，要知道对学生的评价除了有教师单方面对学生的评价，应该还包括学生自评、学生与学生互评（同伴互评），这就是根据主体角色的不同从多个方向评价学生的学习情况。这种评价方式使评价客观性与公平性得到了提升，评价结果更具有说服力。

四、基于 STEAM 教育理念的小学信息技术课程教学设计实例

把 STEAM 教育理念和小学信息技术课程相结合，跨学科学习和项目式学习是它的两个特征，根据以上的分析，结合 STEAM 教育理念融入小学信息技术课程教学设计，选择语文学科当中的一篇文章"乌鸦喝水"为主题，随后融入所要进行的小学信息技术课对于 Flash 软件的运用。

课程主题："乌鸦喝水"动画制作。

教学对象：小学六年级学生。

基于 STEAM 教育理念整合学科：信息技术、语文、美术、音乐。

(一) 教学目标的确定

1. 语文学科目标

（1）知识与技能目标。能够理解课文中的生字，流利地进行诵读，从而理解课文内涵。

（2）过程与方法目标。通过小组合作的学习方式，让学生配合完成课文的阅读，根据故事情节发展的情况控制朗读的语气和语速，有条理地记录喝水的过程，把重点部分写具体。

（3）情感价值目标。联系生活经验，展开丰富的想象，从不同角度感受主角的形象，做到有感情地朗读。

2. 美术学科目标

（1）知识与技能目标。通过细致的观察，用彩笔、粉笔、彩纸等其他学习材料表现动画角色和场景。

（2）过程与方法目标。通过合作探究的学习方式，利用不同形式的表现形式展示出学生自己心中的动画形式，培养学生的动脑动手能力和绘画能力。

（3）情感价值目标。让学生根据生活实例展开想象，激发学生的创作灵感和求知欲，培养学生对美术正确的审美能力。

3. 音乐学科目标

（1）知识与技能目标。学生能了解动画中音乐的功能。

(2) 过程与方法目标。学生在倾听动画音效的过程中，能体会到音乐传达的情绪。

(3) 情感价值目标。让学生联系生活，提高对音乐的鉴赏能力，能发现身边优美的音乐，树立学生对音乐的正确审美观。

4. 信息技术学科目标

(1) 信息意识。学生能够根据自己的需要主动地获取信息并处理信息，将自己获取的信息分享给合作探究的同学。

(2) 计算思维。使用计算机解决问题，掌握"逐帧动画"中单幅画面的拍摄方法、技巧和制作方法，能控制动画的播放速度，学会将配音、配乐的声音文件插入动画中。

(3) 数字化学习与创新。在信息技术课上，学生利用机房的计算机与多媒体黑板等资源，通过小组合作、知识分享、自主学习的学习方式完成项目式学习任务，能够将动画作品在网络上分享。

(4) 信息社会责任。要遵守信息安全法律法规，树立正确的信息意识，遵守信息社会的法律法规。

(二) 教学内容分析

Flash 动画制作依靠 Flash 软件将创意呈现出来，学生需要做的不仅是熟悉 Flash 软件的功能，更重要的是将该软件视为一个展现创意和创新能力的平台。因此，教师在 Flash 动画制作教学过程中，要特别关注学生的创意，让学生明白只有加入了创意的动画才是优质的作品，在制作过程中教师引导学生将其他学科的知识融入 Flash 动画制作。

(三) 教学方法

本节在"乌鸦喝水"动画制作课程教学过程中采用项目式学习和基于问题解决的教学，学生在教师的指导下经过小组的协作、探究，不断完善设计，顺利完成任务。

(四) 教学课程设计

1. 导入环节

在多媒体黑板上播放乌鸦喝水的动画视频，让同学们脑中产生疑问，乌鸦是怎么喝到水的，这个动画是怎么样制作出来的？

2. 确定学习主题

教师使用 Flash 动画制作软件让学生们了解"逐帧动画"的简单制作和配乐配音，介绍如何进行"逐帧动画"，借助"逐帧动画"自学指南，让学生分小组探究"逐帧动画"的制作方法。

3. 小组合作探究

活动1：学生小组讨论确定所要制作的故事场景和动画角色；明确文章的重点和叙述

方法，小组内分工，分别进行动画角色和场景的创作。

活动2：小组中的部分成员将相机和场景固定，剩下的小组成员每次在拍摄时负责移动故事中的动画角色，最后一起给录制好的故事配音。

活动3：教师演示如何将拍摄好的画面导入Flash，制作成动画；之后小组合作探究Flash"插入音频"的方法，将录制好的配音插入进Flash中。

4. 分享交流

在黑板上播放每个小组的视频动画，听取同学们和教师的建议，进一步优化作品，然后分享给其他年级的同学，分享自己这节课所获得的知识。

5. 评价作品

教师可通过观看、参与学生小组合作探究学习等的方式清楚了解每个学习小组里的学生在完成作品过程中的表现，最后给每个小组进行评价，随后再进行组间评价、组内互评等。

（五）教学反思

本节课以故事情节为导入，基于STEAM教育理念设计的一门小学信息技术课程与语文、音乐、美术学科的整合，利用信息技术工具Flash动画制作其中的"逐帧动画"来完成一部自己的视频动画作品。以小组合作探究的方式来解决问题，提升学生的理解能力、审美能力、创造能力、创新能力和问题解决的能力。

五、总结

不管当下，或者过去，在中国许多小学的信息科学技术课堂上，老师们仍然以单纯地传授知识为主，布置机械性的教学任务或者练习，对学生的评价很简单。但是当我们把STEAM的教育理念与信息技术教学相互融合之后，就会大幅度弥补我们目前信息技术课堂教育的缺陷，给现代信息技术教育带来全新的思考。在采用了STEAM教育理念的现代信息技术教育过程中，在已有的信息技术课程的基础上融入了其他课程的知识点，从而使学生在每节课上都能得到全方位发展，同时还能够培养学生的创造力和逻辑思维力；采用了多样化的教学方法，使学生在学习过程中不再枯燥无味，启发学生的自主学习能力，并指导学生合作研究；利用多种形式的评价方式，让学生在积极的竞争下学习，让结果更加公平公正。这种形式的融合推动了信息技术课程形式的改变，也在一定程度上推动了STEAM教育的发展。

信息时代小学教师信息素养提升策略探究*

张 喆②

引言

随着信息时代的到来，教育信息化已经成为教育发展的重要趋势。小学教师作为学生成长过程中的重要引导者和教育者，其信息素养的高低直接影响到学生的学习效果和未来的发展。因此，提升小学教师的信息素养，对于推动教育信息化、提高教育教学质量具有重要意义。本文旨在探究信息时代小学教师信息素养提升的策略，以期为小学教师教育和实践提供有益的启示。

一、信息时代小学教师信息素养现状

（一）教师层面

1. 教师信息技术水平与学科教学融合能力不足

在众多文献资料和实习访谈里发现，多数教师都能意识到教育信息化对课堂教学发展的重要性，在国家政策和学校领导的引导和要求下，具备了较强的信息意识和基本的信息知识，③但在课堂中运用信息技术的能力普遍较差，尤其在涉及学科教学与信息技术的融合发展过程中，很多教师处于不知从何处下手的状态。经过培训过后的教师回到课堂还是照着原本的教学方式上课，而且最终学生学习的好坏还是要看考试、看分数，所以对技术与学科的整合也就难以提上日程，在课堂教学中也没法深入开展。因此，在今后的信息技术培训活动和课程中要重视对教师的信息能力与学科教学的整合，提高教师的信息化教学能力。

---

* 基金项目：2023年鄂东教育与文化研究中心科研基金项目"信息时代小学教师信息素养提升策略探究"。
② 作者简介：张喆，黄冈师范学院教育学院硕士研究生，研究方向为现代教育技术。
③ 朱旭东. 论教师的全专业属性［J］. 教育发展研究，2017，37（10）：1-7.

2. 教师专业学习与实际应用存在差距

教师本身具有职业性和专业性的双重属性，需要专业知识和职业素养作为保障。① 教师的专业学习也是一个不断发展、不断完善的过程，不断提升自身的专业素养、信息能力以及实践智慧。由于日常教学的繁重以及对信息技术与自身专业发展缺乏长远认识，教师更愿意借助现有的教学设备和条件开展课堂活动。教学更多的是成为教师日复一日的工作，而不再是一个寻求下一次课堂更优秀的职业追求。教师处于被动的接受状态，将信息技术的使用作为外在的任务去完成，而不是探究自身教学的可能性和专业发展的未来性，渐渐缺乏对信息化教学能力提升的追求和渴望。

(二) 学校层面

1. 学校缺乏完备的硬件和软件设施

当前学校对教师的信息技术培训工作较为重视，但是在硬件和软件设备方面尚不能满足教师的发展需求和教学需要。② 学校缺乏完备的硬件和软件设施对教师信息素养提升造成了一系列影响。首先，教师的信息化教学能力受到限制。缺乏多媒体设备和高速网络的支持，教师难以将丰富的教学资源应用于课堂教学，无法利用互联网进行教学辅助和资源共享。此外，学校信息基础设施的不完善也影响了教师们的专业发展和学习。缺乏合适的教育软件和在线学习平台，教师们无法方便地进行教育技术培训和教学研究，限制了他们的专业成长。

2. 学校缺乏教师相互交流的平台

学校存在教师互助学习网络平台缺失的问题。目前，大部分教师通过 QQ 和微信交流群来传递资料和学习。虽然这些通信工具方便了教师之间的交流，但由于没有专门的资料储存空间和便捷的工具软件，不利于教师进行网络研讨和合作交流。教师的专业发展和信息能力提升需要一个资源共享、合作交流的平台和氛围。特别是在当前信息高速发展的信息时代，需要教师之间相互帮助、共同进步。然而，由于学校缺少相应的技术平台支持，限制了教师信息化教学能力的提高和发展。

3. 学校缺乏信息化学习的氛围

为有效促进教师信息素养的发展，需要营造有利于信息技术与教学融合的学校文化和信息化氛围。然而，在实际情况中，学校在营造信息化氛围方面存在一些问题。大部分教师对信息技术与教学融合发展的趋势和程度了解不深，仍停留在将技术视为工具的认知阶

---

① 马欣研. 中小学教师信息素养研究 [D]. 华东师范大学, 2019.
② 孔晶, 赵建华. 教师信息技术应用能力发展模型及实现路径 [J]. 开放教育研究, 2017, 23 (03)：87-95.

段，学校没有形成激励教师提升信息素养的氛围。因此，学校应加强对智慧教育理念和政策的宣传，同时建立学校管理者与教师之间的沟通交流平台，形成教师基于主体性发展的信息素养和智慧，营造一个促进信息技术发展的良性生态环境。

（三）国家层面

1. 培训形式缺乏活力和新意

接受系统的专业信息培训是教师提升信息素养的重要途径之一，有助于促进教师专业发展和全面提升信息能力。大多数教师会认为参加培训只是为了完成任务，而非出于个人学习兴趣。他们只需完成培训课程即可获得证书。少数教师甚至不愿意参与信息培训，因为他们认为所学技术在课堂上无用，并且培训还会占用大量休息时间，增加工作负担。教师不愿参加脱离实际的理论知识培训，因为这些知识在实际工作中很少用到。相反，教师愿意学习那些与教学实践有关、能够促进教学实践的实用信息课程。

2. 网络服务平台建设不够完备

良好的信息资源和服务平台能够为教师信息素养发展提供全方位的支持和保障，促进教师信息能力的快速成长。然而，当前的网络资源建设平台存在问题，包括信息混杂、工具落后，不利于教师日常的教学操作和使用。很多教师认为，当前给学校配备的网络平台确实存在着一些问题，比如交互式功能不方便教师在课堂中操作。网络服务平台不仅要为教师的学习交流提供充足的资源，还要做好课堂服务。因此，要针对教师的实际需要，进行有目的的改进，满足其日常的教学需求。

二、信息时代小学教师信息素养提升策略

（一）教师层面

1. 丰富信息知识，引领学科融合

信息时代，教师要不断丰富自身的信息知识，广泛学习信息化学科知识、信息化教学法知识以及信息化学科教学法知识，通过多渠道实现信息知识的交流和共享。为此，教师应充分借助技术手段和智能设备，与教育的同行、专家进行学习和探究活动，在研讨交流中实现知识的生成和发展。同时，教师要意识到自身在智慧教育发展中的重要作用，积极分享优质教学资源和学科知识，不仅实现学科教师之间的合作和共享，同时带动师生、生生之间的相互学习和进步。教师在信息平台的学习、交流和探讨的氛围中，要注意不断提升自身的信息化教学能力，以促进师生信息素养的双向发展，使教师不仅成为信息化教学的拥有者，更要成为学生成才的引领者。

2. 增强信息能力，掌握教育技术

教师所具备的信息能力包括信息工具的使用能力、信息获取能力、信息处理能力、信息表达能力以及信息创造能力。在信息时代，教师的角色具有双重性，要秉持专业学习和教书育人相统一的理念。一方面，教师要不断学习和积累信息知识，实现信息知识的内化并逐步向信息型转化，在教学活动中再将其外化为信息化教学能力，而信息能力的提升又促使教师获取更深层次的信息知识。最终教师在信息知识、信息智慧和信息能力的螺旋式循环中不断提升自身的专业素养和水平。另一方面，教师作为学校信息化教学的设计者和执行者，需要在掌握信息技术的前提下，对学生的信息能力进行全方位的培养和提升，在学科教学中融入先进的信息技术，潜移默化地增强学生的信息意识和素养，同时激发学生主动学习信息技术和创新应用技术的积极性。

（二）学校层面

1. 构建信息学习空间

构建完善的学习空间，教师可以充分利用学习平台和信息设备，开展基于问题的学习和基于项目的学习，通过网络研修活动，促进线上和线下学习的共通和融合。一方面，教师可以通过自主合作的学习方式，在小组合作中提出问题、分析问题、搜集信息、分享信息、协作交流、反思日志等一系列活动中，提升自身的信息素养和专业技能。另一方面，教师可以基于自身的需求开展有针对性的个性化学习，选择符合自身发展的专业资源和课程体系，最终实现自身对信息资源的创造性使用和信息化教学能力的培养。

2. 建立教师信息教研共同体

构建多主体参与、共同发力的教研共同体。第一，带动学校的骨干教师，形成网络名师工作室，利用网络资源丰富性和便捷化的优势形成在线研修空间，发挥优秀教师的带头作用，鼓励广大教师积极参与研修共同体，不断提升工作能力和信息水平。第二，构建开放化、混合式的教研活动。通过网络研讨与实践教学相结合，线上线下的双向互动，加深信息技术与学科教学的融合深度，促进教师信息化教学能力的成长和发展。相同学科的教师形成同质学科教研共同体，加深新老教师的双向交流和沟通，实现教师个人隐性知识向显性知识的转化。不同学科的教师可以形成异质学科教研共同体，打破学科壁垒，推动跨学科、跨领域教研活动推广，促进教师信息化和教学多学科融合能力的发展。

（三）国家层面

1. 建立健全信息化人才培养体系

在当前教育信息化发展的趋势下，应该将信息技术知识引入教师自身的知识结构，形成信息技术知识与教师传统知识结构的融合发展，使之发挥整体的优化效应。为促进师范生的信息素养培养，应考虑将 TPACK 知识纳入教师的知识体系之中，提升教师的现代化教学能力和水平。

2. 加强网络服务平台建设

教师学习和培训工作的有效开展，良好的资源服务平台是关键。因此，教育部门和社会机构要为教师培训提供丰富多元的信息资源和服务平台，以促进教师在信息素养培训过程中的发展和提升。在优化层次的信息技术培训中，要加强教师在不同情境下有效利用信息技术开展教学工作的能力和素养，合理应对在技术支持的课堂教学环境下产生的教学事件和问题。

核心素养视域下我国近十年项目式学习研究领域的可视化分析

赵 琪 王 锋①

一、相关概念界定

(一) 项目式学习

项目式学习（project based learning），是以建构主义理论为指导，强调学生在真实的情景中进行探究学习，通过解决一个真实的与实际生活相贴切的项目，从而提升学生多元能力的教学模式。由于项目式学习独特的构建方式，因此它有着许多其他教学模式无法替代的优点，张文兰②等学者认为学生可以在项目式学习的过程中通过解决真实世界中具有挑战性的任务，最终逐步习得包括知识、可迁移技能、思维方式、价值观等在内的21世纪学生必备品格与关键能力。滕珺③等学者认为项目式学习作为一种有计划、有目标、有评价的教学模式，对我国新课程改革的深入推进起到不可忽视的助力作用。

(二) 核心素养

新课标中指出项目式学习是培养学生核心素养的关键手段。④ "学科核心素养"这一概念是由"核心素养"演变而来，"学科核心素养"由北京师范大学的研究者们首先提出，并且对"学科核心素养"进行相关概念的概括和基本概念的界定，核心内容是培养全面发展的人。信息技术学科核心素养主要包括：信息意识、计算思维、数字化学习与创

---

① 作者简介：赵琪，黄冈师范学院教育学院硕士研究生，研究方向为项目式学习；王锋，黄冈师范学院教育学院教授，硕士生导师，研究方向为信息技术教育、信息技术与课程整合。

② 张文兰，苏瑞.境外项目式学习研究领域的热点、趋势与启示——基于CiteSpace的数据可视化分析［J］.远程教育杂志，2018，36（05）：91-102.

③ 滕珺，杜晓燕，刘华蓉.对项目式学习的再认识："学习"本质与"项目"特质［J］.中小学管理，2018，327（02）：15-18.

④ 陈明选，张宁.基于高中信息技术学科核心素养的学习活动设计［J］.中国电化教育，2019（01）：87-93.

新、信息社会责任四个方面。

二、研究设计

（一）数据来源

本研究选取中国知网数据库（CNKI）中学术期刊文献，以"项目式学习"为关键词，设定检索时间段为2013—2023年，共得到1068篇文献，经过对文献的筛选，剔除访谈、通知、专题、前言和与主题关联性不强等文献，最后得出篇文献905篇。每篇文章都包括标题、作者、摘要、关键词、来源机构等信息。中国知网目前收录7556种各类期刊，其核心期刊、重要评价性数据库来源期刊收录率达到99%①，确保了该研究的可靠性，能够较为准确地说明该研究的整体状况。

（二）研究方法与分析工具

本文借助 CiteSpace 6.2.R2 版本绘制相关知识图谱，用定量研究的方法，分析我国项目式学习研究的现状、热点和前沿。

三、研究过程与结果

（一）项目式学习的研究现状

1. 项目式学习的发文量

根据引用的905条文献，绘制了我国对于项目式学习研究的发文量变化趋势的折线统计图，如图1所示。2013年关于项目式学习的发文量只有20篇，发文总数占比仅有2%，直到2017年开始我国对于项目式学习的研究有了显著的增加，发文量达到52篇，占总体发表数量的5%。但2020—2021年对项目式学习的研究增长缓慢，发文量只有4篇，可能是由于受新冠疫情的影响，国内大部分学校无法开展线下教学，项目式学习实施困难。2022年是项目式学习研究发文量的峰值，当年发文量高达219篇，占总体发文量的24%。可能与同年4月教育部发布的《义务教育课程阶段和课程标准》有关，更多的学者开始注重对教学的研究。截至目前，由项目式学习的发文量折线图可以看出，我国学者一直在持续不断地对项目式学习进行研究，每年都呈现增加的趋势。

2. 文献研究机构分布

对所选905篇文献来源的机构在 CiteSpace 软件中进行可视化分析，筛选出文献数量

---

① 仇琛. 中国知网和《中国知识资源总库》[J]. 中国索引，2005（02）：44-46.

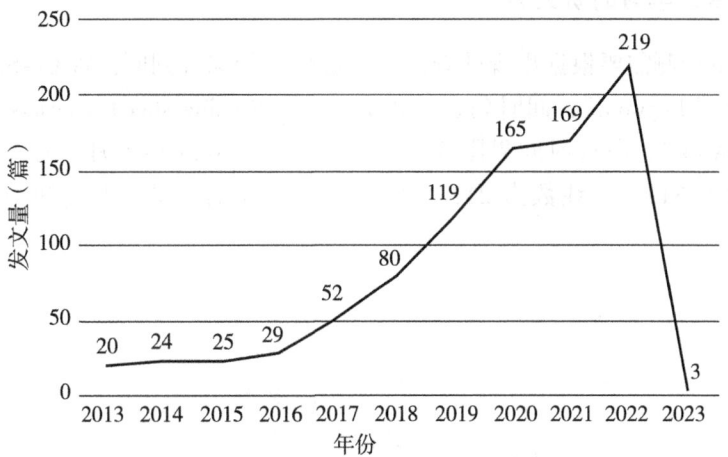

图 1 CNKI 数字素养研究文献发文量折现统计图

发表量排名前 10 的机构,如表 1 所示。由表 1 可知,排名前 10 的发文机构大多是高等院校,表明高等院校是研究项目式学习的主力军,并取得一定的研究成果。其中北京师范大学、佛山科学技术学院、上海师范大学发文量分别是 22 篇、9 篇、8 篇,是发文量最高机构之一,发文地区集中在北京、广东、上海、陕西等地区,可能与其所处的地理位置、政治、经济、文化的发展有关。师范类院校发文整体较多,说明项目式学习研究更受教育领域的重视。此外,北京师范大学第二附属中学的发文量也有 4 篇,可以从侧面说明对于项目式学习的研究除了在高等院校外,在义务教育阶段也深受研究者们的青睐。

表 1 发文量前 10 的机构

序号	机构	发文量	占比
1	北京师范大学	22	2.4%
2	佛山科学技术学院	9	0.9%
3	上海师范大学	8	0.8%
4	陕西师范大学	8	0.8%
5	云南师范大学	7	0.7%
6	东北师范大学	5	0.6%
7	华东师范大学	4	0.4%
8	吉林师范大学	4	0.4%
9	北京师范大学第二附属中学	4	0.4%
10	西安欧亚学院	4	0.4%

(二) 项目式学习的研究热点

研究热点的探测需要根据出现的频次及中心性进行综合判断,将 CiteSpace 的 "Node Types" 设置为 "Keyword",同时勾选 "Pathfinder" "Pruning sliced networks" 和 "Pruning the merged network",所选时间界限为 2013 年 1 月至 2023 年 1 月,时间跨度为 1 年,绘制出节点数为 311、连线数为 211、密度为 0.0046 的关键词共现知识图谱,如图 2 所示。

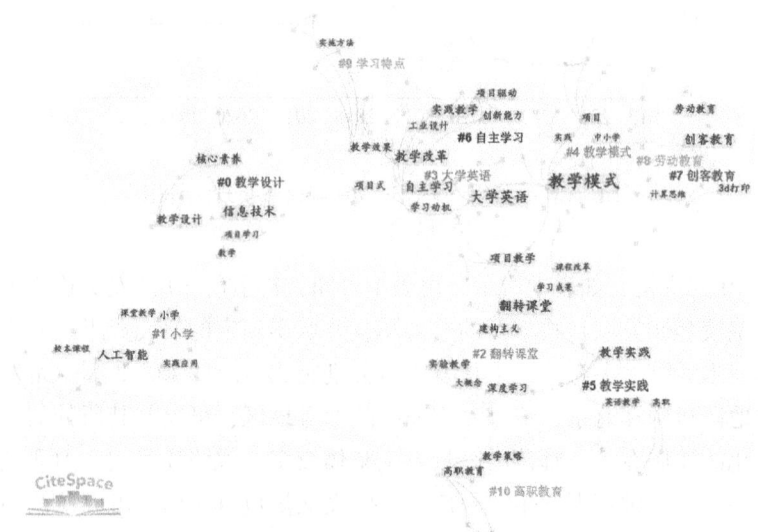

图 2 关键词共现图谱

根据关键词的共现图谱,中心性大于或等于 0.1 的有 6 条数据,如表 2 所示。

表 2　　　　　　　　　　　中介中心度排名统计

序号	频率	中心度	关键词
1	46	0.27	教学模式
2	19	0.18	信息技术
3	7	0.18	项目式
4	25	0.17	大学英语
5	3	0.15	学习动机
6	17	0.12	教育改革

进一步将频率排在前 6 名的关键术语筛选出来,如表 3 所示。

表3　　　　　　　　　　　　　　　　　频率排名统计

序号	频率	中心度	关键词
1	48	0.03	核心素养
2	46	0.27	教学模式
3	38	0.09	翻转课堂
4	29	0.02	教学设计
5	25	0.17	大学英语
6	24	0.05	深度学习

除去关键词项目式学习，中介中心度与被引频次排名都较高的有教学模式、大学英语，说明项目式学习的研究与高等教育之间相互渗透，除此之外，"核心素养""翻转课堂""深度学习""信息技术"等关键词表明项目式学习作为一种教学模式，与2022年新发布的《义务教育课程阶段和课程标准》紧密结合。根据高频次和高中介中心度所在的文献，总结出我国项目式学习的研究热点。

1. 项目式学习致力于提高学生的核心素养

胡红杏认为，项目式学习能够塑造学生的科学精神和人文精神，在学科教学中实施项目式学习可以使学生理解知识价值，从而有助于学生提升学科核心素养。2014年教育部研制印发《关于全面深化课程改革落实立德树人根本任务的意见》①，教育部将组织研究提出各学段学生发展核心素养体系。学生发展核心素养，主要指的是学生应具备的，能够适应终身发展和社会发展需要的必备品格和关键能力。杨明全认为，在落实立德树人根本任务的主旋律下，项目式学习不仅为素质教育的发展提供了不同的育人方式，还为学生提升实践能力和在提高综合素养的过程中提供载体。

2. 项目式学习促进深度学习的发生

赵永生等学者认为项目式学习以学生为主体、教师为主导，利用充满挑战性的任务让学生自主进行探究与创新，是培养学生高阶思维能力，促进深度学习发生的最佳教学模式。李人等学者认为项目式学习无论是在驱动性上、核心素养的目标上、项目内容上，还是评价方式上，都与深度学习相互兼容。在项目式学习实施的过程中，学生从领会、应用、分析，最终到综合评价也与深度学习的转知成智、转智成慧高度契合。

3. 项目式学习与翻转课堂等多种教学模式相互渗透

项目式学习和翻转课堂作为新兴的教育技术手段在教学过程中深受研究者们的青睐，

---

① 教育部关于全面深化课程改革落实立德树人根本任务的意见 [EB/OL]．（2014-04-08）[2022-12-13]．http：//www.moe.gov.cn/srcsite/A26/jcj_kcjcgh/201404/t20140408_167226.html.

李慧芳认为翻转课堂和项目式学习都以学生为主体强调让学生自主地进行问题探究和问题解决。翻转课堂的本质也在于提高学生的批判性思维、解决问题的能力和创造新知识的能力。实施翻转课堂和项目式学习的联动能更好地提高课堂效能。龙菡在项目式学习与翻转课堂结合的实证研究中发现，二者的结合能够在真实的环境中解决许多无法在传统课堂中解决的问题，在这种教学环境中可以强化学生对于知识的建构与迁移，提高教育质量。

（三）项目式学习的研究前沿分析

突现术语代表着未来的学术前沿。在 CiteSpace 中设置"Node Types"为"Keyword"，点击 Control Panel 中"Burstness"，点击 Refresh，生成项目式学习研究前沿知识图谱，如图 3 所示。由图可知，排名前六的关键词都在 2021 年前突现结束，这表明从 2021 年开始，后人的研究是在前人的基础上进行的探索，没有创新和突破，项目式学习的研究遭遇瓶颈时期。结合突现词展开研究，得出项目式研究前沿主题如下。

高突现性关键词Top 6

Keywords	Year	Strength	Begin	End	2013—2023
大学英语	2014	2.76	2014	2020	
教学模式	2013	2.85	2016	2017	
翻转课堂	2014	4.66	2017	2019	
项目教学	2017	3.72	2017	2019	
英语教学	2018	2.91	2018	2020	
创客教育	2018	3.08	2020	2021	

图 3 CNKI 项目式学习关键词突现性分析图

1. 项目式学习在义务教育阶段中被广泛使用

项目式学习作为一种舶来的教学模式，在 2016—2017 年的学科教学中被广泛使用。张惠钰在高中物理学科中开展项目式教学，通过设计与实际生活相联系的物理项目利用小组合作的方式进行实施并取得了显著的教学效果，在进行项目式学习的过程中，不仅能够发展学生自身的核心素养，还能结合教师与学生在项目中构建的不同角色组成学术型师生研究共同体。同年，张晖在高中地理中运用项目式学习，在项目式学习的过程中实现以学生为主体，教师为主导。培养学生解决问题、探索创新和团队合作的能力，加强终身学习的理念，可以看出项目式学习在各个学科中都被推广实施，并取得了一定的教学效果。

2. 项目式学习在高等教育中寻求发展

高等院校在近年来一直是我国研究项目式学习的主力军，在 2014—2020 年的大学英语中被持续挖掘和使用。左静妮等学者在大学英语中开展实施项目式教学并提出了探究式、任务式、小组合作式和体验式等更适合高等教育课堂教学中的应用方法，以此来提高我国大学英语教学水平。董艳等学者提出项目式学习是对高校学生知识层面的认知、技能层面的掌握以及能力培养等方面都发挥了巨大的作用。项目式学习对于大学生而言能够带来更高水平的知识建构，对大学生的学习成绩和自我效能感的提升也更大，我国高等院校的学者们对于项目式学习的研究一直在持续推进，寻求发展。

3. 项目式学习与创客教育、翻转课堂高度契合

在2014—2021年，项目式学习与翻转课堂、创客教育紧密联系。我国在《教育信息化"十三五"规划》中明确提出，"要积极探索信息技术在'众创空间'、跨学科学习（STEAM教育）、创客教育等新教育模式中的应用"①。王超认为创客教育能够有效发展学生的跨学科思维、动手能力、问题解决能力、创新意识和创造能力。项目式学习可以赋予学生更多自主探究的机会，创客教育与项目式学习无论是在理念，还是在实施的过程中都具有契合性。马晓玲等学者则对项目式翻转课堂进行了研究，她们将项目式学习与翻转课堂进行了有机结合，以项目或任务为驱动，以翻转课堂为策略，通过将项目学习任务、学习资源及相应的学习支持体系前置于课前让学生自主学习并完成项目任务。这样的教学模式更能提高课堂教学的效率和质量。

四、启示与讨论

（一）加强项目式学习在义务教育阶段中的开展

我国对于研究项目式学习的机构主要以高等师范院校为主，在义务教育阶段研究并展开实施项目式学习的学校仍占少数。而在《义务教育课程阶段和课程标准》以及《关于全面深化课程改革落实立德树人根本任务的意见》等国家相关政策上来看，培养全面发展的人是当代教育的重中之重，也是当代教育的大势所趋，在义务教育阶段开展项目式学习有助于培养学生独立思考、自主探究、小组合作等思维能力。学者和教师们应该更注重对项目式学习的钻研以便在基础教育阶段开展教学，向教育的本质靠拢，推动教育的进步。

（二）注重项目设计，促进深度学习

项目式学习开展的重点和关键在于项目，如何设计出更符合学生认知规律、身心发展规律和能够吸引学生兴趣的"项目"是一线教师们需要认真思考和探索的。项目式学习的基础是项目，只有项目设计得好才能将项目式学习的地基打牢固，才能在后续的教学中让学生们达到领会、应用、分析、综合评价，最终形成评判性思维和高阶思维，以达到深度学习的效果。

---

① 国务院. 中华人民共和国国民经济和社会发展第十三个五年规划纲要［EB/OL］.（2016-03-17）［2022-12-24］. http：//www.china.com.cn/lianghui/news/2016-03/17/content_38053101.htm.

（三）借助新兴的教育技术手段促进项目式学习的实施

随着经济和科技的不断发展，教育技术的发展也在大步向前，近年来，教育领域的新型技术手段也层出不穷，比如 VR/AR、智慧教室、人工智能，等等。利用 VR/AR 技术是否更能让学生体验到真实的情景？在智慧教室中开展项目式学习是否能有利于增强学生的学习效果，实现深度学习？利用人工智能是否能在项目实施的过程中更加便捷高效？如何将新兴的技术与项目式学习相结合也是学者和一线教师需要研究和关注的重难点问题。

五、结语

项目式学习旨在培养学习者的多元能力；项目式学习能够提升学生的核心素养，培养全面发展的人；项目式学习能够促进深度学习的发生，构建学生的高阶思维和批判性思维；项目式学习也能更好地实现跨学科融合。但在目前的实施过程中仍面临着不少的困境与挑战，这就期望我国的学者和一线教师能够持续不断地对项目式学习进行探索和深度研究。当今社会，文化和教育是我国发展的风向标，应加强对项目式学习的研究，并发挥项目式学习的最大优势，促使我国教育良性发展。

初中信息技术课堂教师教学语言的特征研究
——以十节初中信息技术优质课为例

李梦帆[1]

一、绪论

(一) 研究缘起

近年来,教育界越来越多的学者把关注点放在了教师的专业化发展上,而课堂教学语言作为教师教学行为的重要组成部分,其优劣会直接影响学生对于教学内容的理解。因此,一线的信息技术教师更应该重视优化自己的课堂教学语言。

通过观看初中信息技术的优质课视频,笔者发现这些教师具有丰富的教学经验,善于运用高质量的课堂教学语言。而促进新手教师的课堂教学语言发展是教师专业发展研究的重要组成部分,如何帮助新手型教师提高课堂教学语言水平,是信息技术教师必须关注的问题。

本研究通过分析优质课教师的课堂教学语言,以此来了解优秀教师课堂教学语言的特点,从而为新手型教师提供切实可行的实践依据,帮助新手型教师快速成长。

(二) 文献综述

针对国内的研究现状,李昌明指出,语言是人们传递信息、交流情感、启迪智慧的重要工具,也是教师教学的要素,[2] 而教学的语言艺术是指运用系列处理方法,使教学语言具有创造性、美感性、趣味性与丰富性的过程。[3] 关于如何提升自己的教学语言水平,不同学者也都提出了自己的观点,张国平认为教师要学会将教材中抽象生硬的文本语言转换为鲜活形象的教学语言,[4] 姚慧和朱雪梅提出师范生在师生交往中要增强以学生为主体的

---

[1] 作者简介:李梦帆,女,黄冈师范学院硕士研究生,研究方向为现代教育技术。
[2] 李昌明. 运用智慧语言 点亮精彩课堂 [J]. 中学政治教学参考,2018 (07):40-41.
[3] 毛硕. 初中生物学教学的语言艺术 [J]. 生物学教学,2019,44 (03):25-27.
[4] 张国平. 从语言转换、教材重构到立场联结——基于学生角色发展的思政新教材实施策略 [J]. 思想政治课教学,2021 (06):30-33.

意识、教学语言的感染力、课堂评价的针对性与激励性等建议①，贾美华和李美娟通过优质课和低效课之间的对比，提出了教师要树立利用学生想法的意识、多运用间接和积极语言、给学生主动发言创造机会等建议。②

对于国外的研究现状，Ornstein 和 Coffman 论述了教师的教学语言对儿童记忆和其他认知技能的发展变化的重要性，③Chan 从学生的角度论述了教师的教学语言与学生学习的情感联系，④Catalina 等人提出了一种能够自动描述教师话语的方法，从而使我们能够在整个过程中可视化教师话语的变化，⑤Nibal 认为教师应该运用语言技能进行教学，并培养自己的语言技能，丰富自己语言的学术内容。⑥一位外国学者通过对新手型教师和专家教师的教学语言进行比较，得到以下启示：教师要精简教学语言，合理控制教学时间，善用肯定语，为学生提供提示和必要的思考时间等。⑦

通过对国内外文献的梳理，笔者发现大部分文献都是关于语言学习类的，对于信息技术课程教学语言的相关文献则少之又少，仅有的文献也只是对其教学语言提出了一些要求，因此本文以十个初中信息技术优质课的教学视频作为研究对象，通过转录的文本内容找到教师教学语言的共同特征，从而为新手型教师提供一些指导。

二、研究设计

（一）研究对象

为保证研究的科学性与权威性，笔者在国家教育资源公共服务平台选取了十节初中信息技术优质课的视频作为研究对象，优质课视频的具体情况如表1所示。

---

① 姚慧，朱雪梅. 师范生与成熟教师师生交往行为的比较研究——基于"城市化"同课异构的数字化课堂观察［J］. 地理教学，2019（16）：4-8.

② 贾美华，李美娟. 优质课的教学语言特征初探——基于优质课与低效课比较的视角［J］. 基础教育课程，2020（Z1）：88-94.

③ Ornstein P. A., Coffman J. L. Toward an Understanding of the Development of Skilled Remembering: The Role of Teachers' Instructional Language［J］. Current Directions in Psychological Science, 2020, 29（05）: 445-452.

④ Gaowei Chen, Jiahong Zhang, Carol K. K. Chan, Sarah Michaels, Lauren B. Resnick, Xiaorui Huang. The Link between Student-perceived Teacher Talk and Student Enjoyment, Anxiety and Discursive Engagement in the Classroom［J］. British Educational Research Journal, 2020, 46（03）: 210-214.

⑤ Catalina Espinoza, Toni Pikkarainen, Jouni Viiri, Roberto Araya, Daniela Caballero, Abelino Jiménez, Raúl Gormaz. Analyzing Teacher Talk Using Topics Inferred by Unsupervised Modeling from Textbooks［J］. FMSERA Journal, 2020, 3（01）: 119-125.

⑥ Nibal Malkawi, Tamara Krishan. Utilization of Teaching Language Skills Across the Curriculum for Developing Language Skills to Rich Academic Content in All Subjects［J］. World Journal of English Language, 2022, 13（01）: 309-313.

⑦ A Comparative Study of the Teaching Language of a Novice Teacher and an Expert Teacher in Algebra Instruction［J］. Research in Mathematical Education, 2020, 23（01）: 287-295.

表 1　　　　　　　　　　　研究视频课例具体情况

视频编号	课例名称	视频时长
1	探究草莓种植建议物联系统	39min50s
2	在线数字气象站	42min15s
3	基于 OneNET 开放平台的物联网项目	40min15s
4	智能小车——机器学习	40min10s
5	人工智能与我的生活	42min50s
6	爱心远程求助	40min30s
7	冰墩墩在东奥	39min55s
8	利用基本几何体建模	42min55s
9	奇偶校验	40min10s
10	人工智能之机器学习	40min50s

语料来源是对优质课视频进行转录，先由文字识别软件进行识别，然后再根据视频一字一字进行对照、修改和补充。

（二）研究方法

本文主要运用了文献研究法和案例分析法这两种研究方法。

通过中国知网获取最新的电子资料，尽可能多方面地搜集与课堂教师教学语言相关的文献，以便全面地认识课堂教师的教学语言，尤其是与信息技术课堂相关的研究现状，从而为本文的研究提供方向和思路。

案例分析法是对有代表性的事物深入地进行周密而仔细的研究从而获得总体认识的一种科学分析方法。本研究选取了初中信息技术课程的十节优质课视频，利用文字识别软件将视频转换成文字脚本，从而对优质课教师的教学语言进行针对性研究。

（三）研究计划

本研究基于十节初中信息技术优质课的转录文本，通过挖掘转录文本中蕴含的信息，发现优质课教师语言的优势之处，进而为新手型教师提出一些可行的建议。

主要的分析内容包括：

（1）教师语言占比和语言速度分析。通过分析教师语言在整节课堂中所占的比例，可以分析出该教师是否存在"满堂灌"现象；语言速度分析，则是通过教师每分钟转录语言的字数，并结合观看视频的感受分析优质课教师语言的流畅性和丰富性。

（2）常用词的分析。通过软件找到优质课教师讲课的常用词，分析教师使用的词汇及其背后的原因。

三、数据分析过程

（一）教师语言占比和语言速度分析

1. 教师语言占比分析

根据识别转录文本的文字，将转录后的课堂语言分为教师语言与学生语言，再根据两种语言的字数占比，得到表2。

表2　　　　　　　　　　　　课堂结构分析

分析内容	含义
教师语言占比	教师语言的字数占总转录字数的比值
学生语言占比	学生语言的字数占总转录字数的比值

对十节初中信息技术优质课视频转录的文字进行计算和整理，得到以下结果，如表3所示。

表3　　　　　　　　　　　　教师语言占比数据

视频编号	转录字数（教师）	转录字数（学生）	教师语言占比
1	5660	1253	81.87%
2	4191	1045	80.04%
3	4775	1118	81.03%
4	4510	1820	71.25%
5	5349	1210	81.55%
6	5758	1495	79.39%
7	5094	294	94.54%
8	3700	113	97.11%
9	4874	861	84.97%
10	6240	1984	75.88%

对以上十节优质课的教师语言占比取平均值，得到教师语言平均占比为82.76%。由此可知，虽然以上十节课均选自初中信息技术的优质课，但是在课堂上，学生所拥有的话语权仍然没有很多，大多数信息技术课堂还是以教师说，学生听的模式为主。想要真正地在课堂上建立平等、民主的师生对话关系，仍然任重道远。

2. 语言速度分析

在教师语言占比很大的情况下，可根据转录视频时长和转录文本字数，得到每分钟的教师语言字数，从而得到教师语言密度的分析结果。在空白时间不长的情况下，语言密度与语言速度密切相关，呈正相关，则可用语言密度来反映语言速度的情况，计算公式如表4所示。

表4　　　　　　　　　　　　　　　语言速度分析

分析内容	计算公式	含义
教师语言速度	教师语言转录字数与转录时长的比值	每分钟教师语言字数

通过上部分课堂结构的分析结果，我们得到了十位教师的转录字数。通过计算教师语言转录字数与转录时长的比值，可得每分钟教师语言字数，即教师语速，计算结果如表5所示。

表5　　　　　　　　　　　　　　　教师语言速度结果

视频编号	视频时长	转录字数（教师）	每分钟教师语言字数
1	39min50s	5660	142.1
2	42min15s	4191	99.2
3	40min15s	4775	118.6
4	40min10s	4510	112.3
5	42min50s	5349	124.9
6	40min30s	5758	142.2
7	39min55s	5094	127.6
8	42min55s	3700	86.2
9	40min10s	4874	121.4
10	40min50s	6240	152.8

对以上十节优质课的每分钟教师语言字数取平均值，得到每分钟教师语言字数平均值为122.73，这与笔者观看视频的感受是相同的。优质课教师在讲课时不会一味地让学生观看PPT或微课视频等，而是会用更加生活化的语言来进行讲解，并及时与学生进行互动与交流，更加注重学生的感受。此外，笔者还注意到，优质课教师在思维上更加敏捷、迅速，也有能力来说出更多专业且丰富的语言，这与教师的专业能力和日常积累是密不可分的。

(二) 常用词的分析

通过相关的软件,笔者得到了十节优质课视频的常用词,结果如表6所示。

表6　　　　　　　　　　　　　优质课视频常用词

视频编号	常用词
1	指令　小组　设备　程序　模块　密码　手机活动　数值远程控制　物联网平台　环境数据　环境条件　活动手册　智能设备
2	物联网　网络层　小组　屏幕　模块　传感器　应用层　电脑　程序　知识　屏幕显示　物联网平台　逻辑结构　文本消息　反馈机制
3	云平台　红灯　上传　按钮　模拟　物联网　设备　传输　云端　物联网技术　上传数据　工作流程　数据采集　云端命令
4	老师　小组　作品　程序　机器　分类　屏幕　标志　主题　机器学习　智能小车　实验材料　人工智能　训练模型
5	程序　机器人　游戏　编程　人类　大脑　唤醒　世界　信号　人工智能　图像识别　条件判断　语音识别
6	老人　设备　小组　医生　物联网　老师　主题　程序　家人　物体　调试　社区　按钮　物联网平台　社区工作
7	图像　图层　关键帧　调节颜色　画面弧度工具调节　变形工具　背景图层　旋转角度　椭圆工具　橡皮擦工具　文字工具　动画效果
8	建模　中心点　圆柱体　球体　视图　几何体　坐标　圆锥体　作品　圆环　顶部　数值　中心点位置　布尔运算
9	接收端　校验位　计算机　监测　规律　传输　性能　二进制　表格　模拟　指标数据　数据校验　编码规则
10	小组　模块　表情　程序　动作　分类　按钮　积木　机器学习　人工智能　训练模型　模型按钮　人脸识别

笔者选取了视频编号4《智能小车——机器学习》,对教师的常用词进行可视化分析,如图1所示。

由图1我们可以看出,教师常说的词就是本节课的主要学习内容——"机器学习",并且我们也可以看到"红绿灯""罪犯""识别""模型""垃圾"等词汇,由此可见,优质课视频中教师的教学语言是非常丰富的。此外,教师说的大多数词汇是信息技术的专业用语,可见优质课教师教学语言的严谨性,这与教师的日常积累是息息

图 1 《智能小车——机器学习》词频云图

相关的。

四、优质课教师的教学语言特征

（一）教学语言流畅，逻辑清晰，有较强的专业性

信息技术是一门科学性很强的学科，而我们从以上十节教学视频中可以看出，优质课教师经过不断的教学，积累了大量的经验，专业性也更强。同时，他们还能够监控学生以及教室的状况，并根据一些因素的变化来及时调整课堂节奏，灵活更改教学计划，因此基本上不会出现卡顿的情况，整个教学过程十分流畅，思维逻辑也非常清晰。

（二）教学语言深入浅出，词汇丰富

在学习较为复杂的概念时，优质课教师会从学生们的日常生活中出发来帮助学生理解。以下文本选自《智能小车——机器学习》的部分内容，"机器学习在我们的生活中应该说是无处不在的，那我们看一下它有哪些应用？想一想，比如同学们在食堂的刷脸支付，对不对？有没有同学还用过这样一个 App 或小程序拍照？像这些应用都是需要机器在大量数据学习的基础上去实现的"。我们可以看出，该教师并没有一开始就急于介绍机器学习的定义，而是从学生们熟知的刷脸支付、图像识别等例子出发，从而帮助学生理解。

（三）教学评价语多元化，多以正面激励为主

评价语会对学生的积极性产生很大影响，好的评价语能够激发学生学习的积极性，但

不好的评价语却会打击学生，从而影响学习效果。以下文本选自《爱心远程求助》的部分内容，"非常不错，平常就比较关注这些技术，对不对？""非常好，这个操作很简便，对不对？""不错，学以致用了。我们上节课做了一个这样的运动手环，对不对？非常好，可以实现自动求助"。我们可以看出，该教师针对每一位同学作出了不同的评价，且十分契合他们的回答内容，这样的评价语会调动他们的学习热情，从而使他们更积极地投入学习。

五、结论与展望

通过对以上十节初中信息技术优质课的教学视频的分析，笔者深刻地感受到了优质课教师的语言魅力，同时也被他们精湛的教学能力所折服。同时，笔者也总结了优质课教师的语言特征，如教学语言流畅、逻辑清晰、专业性强、词汇丰富、深入浅出、评价语多元化等，这与他们多年的教学经验以及日常积累是分不开的。那么作为信息技术的新手型教师，则应该更加注重增强自己的专业能力，使用幽默风趣、富有魅力的教学语言，上课时感情充沛，富有感染力，从而提高自己的课堂教学语言水平。

但是，由于个人水平有限，且本文仅选取了十节信息技术的优质课视频，总结概括时难免不够全面，存在许多不足之处，仍需细细琢磨，笔者会在今后的教学实践中继续深化对信息技术课堂教学语言的认识，探索教学语言的高超艺术。

我国中学混合式教学研究热点与发展趋势
——基于 CiteSpace 可视化分析

刘　泉①

一、引言

在信息化时代，教育发生了翻天覆地的改变。教育部发布的《教育信息化 2.0 行动计划》文件，指出到 2022 年基本建成"互联网+教育"大平台，实现数字校园建设覆盖全体学校。②"教育信息化"将信息技术与教育教学深度融合，混合式教学便逐渐成为教育常态。随着新高考、新课改对中学教育教学提出要求，混合式教学更是成为教学改革的重要方向。同时，在疫情防控期间线上教学模式的基础上，进一步探索线上线下教学融合的新模式，是中学教师参与教育教学改革的任务之一，也是"互联网+教育"的重要应用。

二、混合式教学的概念

混合式教学在西方被称为"Blending Learning"，也被译为混合式学习。Elaine Voci 和 Kevin Young 在人本主义学习理论和建构主义学习理论等的基础上提出了混合式教学的理念。③从广义方面来说，混合式教学中的"混合"包括学习理论、学习资源、学习环境等的混合，宽泛的定义不利于对混合式教学的进一步研究。由此，国内外学者对混合式教学的定义聚焦于一个狭义的理解：线下面授学习与在线学习相混合。

本研究的混合式教学正是这种狭义的概念，即在教学的过程中，教师根据教学的实际需要以及学生的掌握程度，将线上网络学习与线下课堂学习相结合，教学方式由以传统的教师的"教"为中心，转变成以学生的"学"为主体，线上课程与线下课程互为补充，

---

① 作者简介：刘泉，现代教育硕士研究生，研究方向为混合式教学。
② 中华人民共和国教育部. 教育信息化 2.0 行动计划［EB/OL］.（2018-04-18）［2023-01-15］. http：//www.moe.gov.cn/Srcsite/A16/S3342/201804/t20180425_334188.html.
③ Elaine Voci, Kevin Young. Blended Learning Working in a Leadership Development Programme［J］. Industrial and Commercial Training，2001，33（05）：157-161.

引导学生发挥主观能动性，同时促进学生信息化学习能力。中学混合式教学是指在初中或者高中阶段的课程学习中运用此教学方法。

三、研究方法与数据来源

（一）研究方法

本研究借助 CiteSpace 软件做可视化分析，对文献进行作者、关键词、被引作者、被引期刊等内容的可视化分析，识别研究热点、预测未来发展走向。时间跨度为 2007—2023 年，节点类型选择关键词，其他参数均为系统默认值，生成关键词共现图谱，聚类图谱及关键词突现词谱。

（二）数据来源

本研究选择了中国知网数据库（CNKI）中的期刊论文作为数据样本。以"混合式教学"与"中学"为主题词进行检索，共检索到 294 篇文献，经剔除后共 255 篇有效文献，文献分布时间为 2007—2023 年，每篇文章都包括标题、作者、摘要、关键词、来源机构等信息。

四、研究结果与数据分析

（一）中学混合式教学现状

1. 中学混合式教学发文量分析

通过对近年来所筛选的中学混合式教学研究论文发表数量的统计，可以掌握论文发表的总体趋势，各时间段发文量的变化趋势如图 1。

从图中可以看出，发文量趋势划分为 3 个阶段；（1）平稳发展期（2007—2017 年），这一阶段发文量基本不变或者是增长缓慢。（2）快速发展期（2017—2021 年），这一阶段发文量快速增长，从开 10 篇增长到 88 篇。（3）冷静思考期（2021—2022 年）这一阶段的发文量呈现快速下降的趋势，但在绝对数量上依然保持较高的水平，经过冷静期之后发文量预测还会出现上升的趋势。

2. 期刊发文量统计分析

根据期刊类型和发表情况，可以大致看出中学混合式教学基础研究的质量和水平，期刊来源较多，说明中学混合式教学涉及的范围较广，研究者相对较广泛，被关注度比较广。发文量排名前 10 位的期刊见表 1。

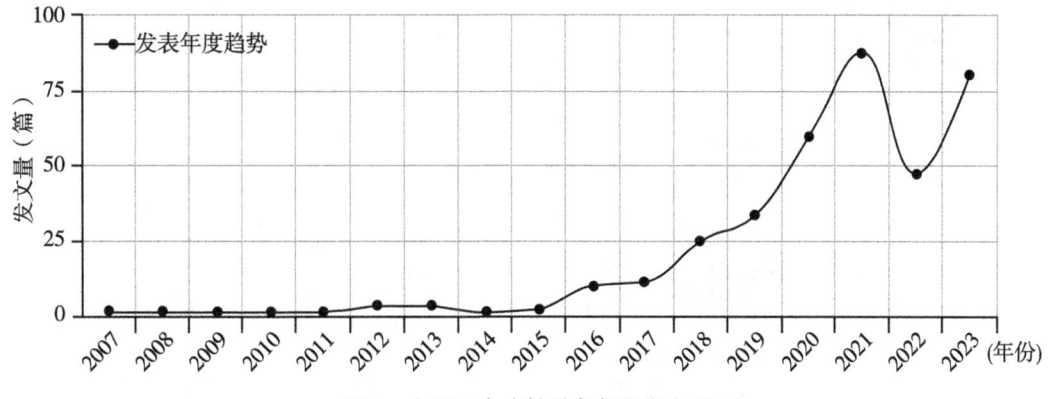

图 1 中学混合式教学各年段发文量

表 1　　　　　　　　　　发文量排名前 10 的期刊

期刊来源	发文量（篇）	占比
现代教学	8	3.13%
西南大学	7	2.74%
高考	5	1.97%
陕西师范大学	5	1.97%
华中师范大学	5	1.97%
中国教育信息化	5	1.97%
教育教学论坛	4	1.56%
广东技术师范学院	4	1.56%
河南大学	4	1.56%
新疆师范大学	4	1.56%

由表 1 可知，发文量排名前 10 位的期刊所发文章已经达到 20%，相关研究的主要研究方向主要集中于现代教育教学以及信息化教学，说明混合式教学是现代教育教学中比较关注的领域和教育教学方法。

3. 作者共线分析

运行 CiteSpace 将控制面板的类型设置为作者，时间设置为 2007—2023 年，其余参数设置为默认设置，运行得出节点数 $N=167$，$E=35$，具体运行后的作者共现图谱，如图 2。

由图 2 可知，学者间的连线非常少，其中网络结构有相连的苏娜与王升文、刘琳与史磊等之间，虽然有联系但为同一单位之间的联系，不同单位之间几乎没有联系，说明混合式教学在未来研究阶段还需要加强完善合作，要切身关注到中学阶段，加强与

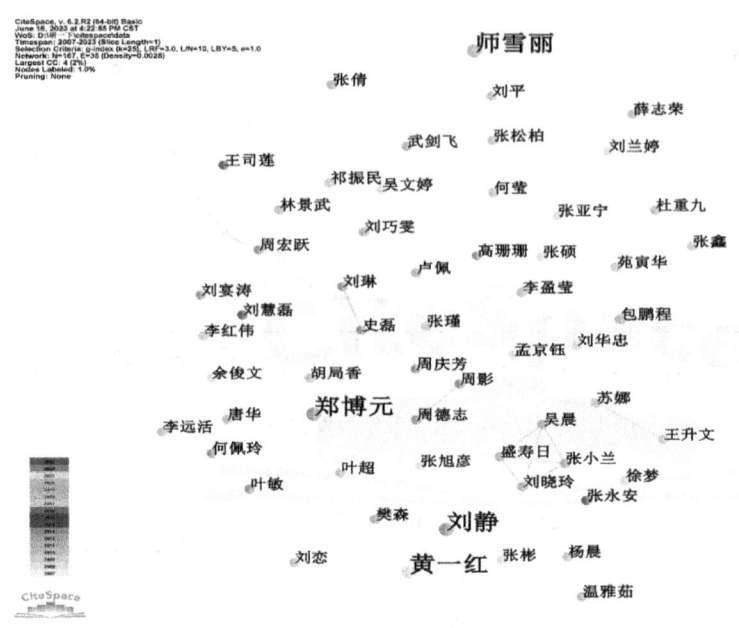

图 2　作者共线知识图谱

教师之间的交流。

4. 现状分析解读

从研究的发文量来看,混合式教学的研究截至 2021 年发文量一直是上升趋势,2022 年略微下降,预测 2023 年的发文量仍呈现为上升趋势。

从研究对象来看,现有研究大多是针对大学生及以上年龄的人群,针对中学生的研究较少。

从中学应用现状来看,段怀玺将其应用于初中物理一个单元教学,得出该模式可以有效提高学生物理成绩,提升学习兴趣。① 潘景城将其应用于高中生物学的教学,认为该模式可以帮助教师更高效地完成教学目标,激发学生学习动机。② 在教育改革的当下,教育界对混合式教学的研究已经逐渐从理论研究过渡到实践研究。

(二) 中学混合式教学研究热点

1. 关键词共线分析

关键词是整篇文章的核心表述,频次高的关键词可认为文献所属领域的研究热点,运

---

① 段怀玺. 初中物理线上线下混合式教学的研究与实践 [D]. 银川:宁夏大学,2021:13.
② 潘景城. 混合式教学在高中生物学教学中的应用研究 [D]. 乌鲁木齐:新疆师范大学,2021:21.

行后得到图 3 所示的关键词共现图谱。

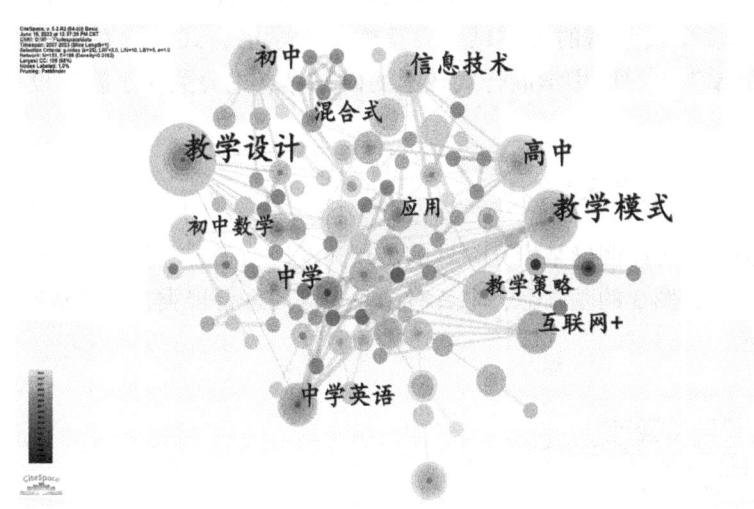

图 3　关键词共线图谱

从图谱中得出节点数 $N=256$，$E=353$，关键词的节点相对较大被称为核心节点，也是当前热点，节点越大被关注度也就越多。以核心节点进行发散的小节点被称为边缘节点，边缘节点会成为未来可能发展的趋势。① 便于热点的研究，笔者将关键词的频率按照从大到小排名前十的筛选出来，如表 2。

表 2　　频率排名统计

排序	频次	中心度	年份	关键词
1	22	0.28	2009	教学设计
2	17	0.31	2013	教学模式
3	14	0.11	2018	高中
4	11	0.14	2019	初中
5	9	0.09	2009	中学英语
6	9	0.16	2013	信息技术
7	9	0.15	2017	教学策略
8	8	0.07	2019	线上线下
9	8	0.13	2019	互联网+
10	7	0.12	2020	中学数学

---

①　张雷雨，顾亚雯，王世凤，等．混合式教学的研究现状、热点及趋势分析［J］．山西青年，2022（09）：18-20.

由图3和表2可知，关键词"教学设计"出现频次最多。"教学模式""中学英语""信息技术""教学策略"这些关键词的频次较高且中心性≥0.1，表明以教学设计为轴心的关键词形成多个较紧密的关系结构，反映了中学混合式教学在推进、发展过程中关注领域的聚焦和变化。① 中学混合式教学的研究热点主要关注于教学设计以及教学模式的规划。

2. 关键词共线图谱的聚类分析

关键词聚类功能可以明确某研究领域的热点和发展趋势。② 为更好地展现混合学习研究热点间的关系，在图3的基础上，笔者对高频关键词进行聚类，共生成有意义的聚类4个，如图4所示。

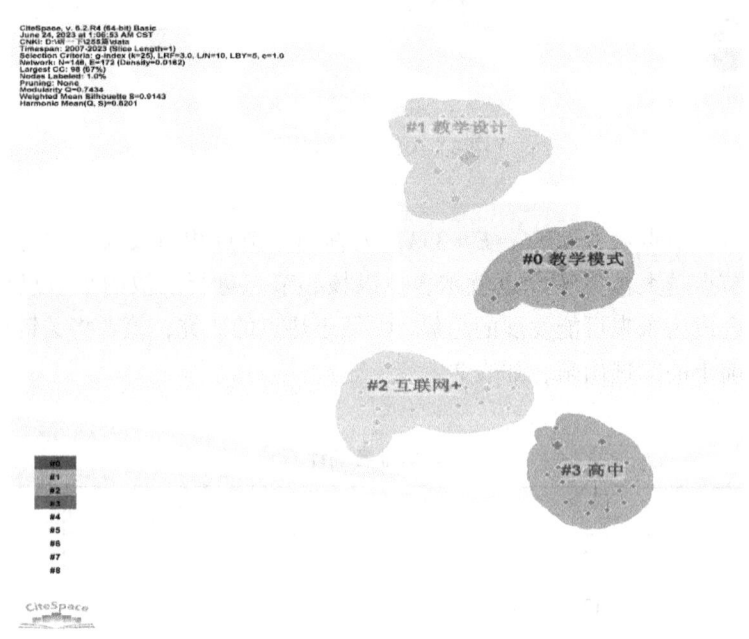

图4 关键词聚类图谱

由图4的聚类分析图谱可以看出：聚类模块值Q为0.7434，超过0.3意味着聚类结构显著。聚类平均轮廓值S为0.9143，超过0.7聚类即是令人信服的。由聚类分析图谱可知共出现4个关键词，数字越小代表包含的关键词越多。从聚类图谱可看出研究热点概况为教学模式、教学设计、互联网+、高中领域四个主要方面。

---

① 谭秀阁. 基于Citespace引文空间的混合式教学研究可视化分析 [J]. 计算机时代, 2022（05）: 126-129.

② 王艳阳. 近20年我国混合式教学研究的热点与趋势——基于Citespace的可视化分析 [J]. 才智, 2021（16）: 9-11.

3. 中学混合式教学的热点分析解读

从关键词的共线图谱及聚类图谱得出关键词的热点表明我国中学混合式教学研究侧重教学平台的设计开发、教学方式的创新、教学模式的转变、网络教学资源的应用拓展。

（1）有关教学设计的研究。目前国内关于混合式教学设计的研究大致围绕着三个方面展开：一是以活动为中心，基于活动理论构建混合式教学模式。如冯玲玉阐释了教学设计的技术性路径。① 二是从教学设计按教学实施的先后顺序进行设计研究。如李俊凯阐释从线上自主学习、线下面授学习、课后总结评价等几个阶段探讨了混合式教学的设计应用。② 三是从技术环境视角进行研究。如李小平探讨了虚拟现实技术和增强现实技术环境下混合式教学设计问题，③ 这三种研究状态内容互有交叉和重叠。

（2）有关教学领域的研究。混合式教学的研究在中学阶段英语、信息技术、数学开展混合式教学研究较多。实践类课程混合式教学的开展情况也是一个关注点。李芳芳指出在英语教学中，传统教学没办法满足教学需求，教师们需结合学生的学习特点运用混合式教学模式来提升学生们在课堂上的参与度。④ 金梅将混合式教学应用到中学数学日常教学中，提高教育工作的广度和深度，教学课堂更加和谐圆满。⑤

（三）中学混合式教学发展趋势

所谓前沿，就是研究领域中最先进、最有发展前景的领域。其表现通常为关键词年度的变化、各关键词之间关系的变化以及新兴词汇的出现，如图5。

由图5可知，"中学教学"的关键词突现时间较长，"教学设计"突现强度最大，"教学策略"作为最近几年的突现词，很大可能成为未来持续研究的话题。结合突现词图谱展开研究，得出研究前沿如下。

1. 教学设计与课堂教学相辅相成

在突现词中可以看出教学设计和课堂教学的突现开始和结束时间相同，在研究教学中课堂的生成必然会有教学设计，两者不可分割。混合式教学的设计不仅包含课堂教学的设计，还包括资源应用的设计，以及线上内容的设计，课堂教学设计的必要部分也是不可分割的部分。

---

① 冯玲玉，甄宗武，虎二梅．"以学习活动为中心教学设计"视角下的混合式教学机理分析［J］．电化教育研究，2021（11）：100-106．
② 李俊凯．混合式学习模式在高中信息技术教学上的应用研究［D］．陕西理工大学，2022：12．
③ 李小平，张琳，赵丰年，等．虚拟现实/增强现实下混合形态教学设计研究［J］．电化教育研究，2017（07）：20-25．
④ 李芳芳．混合式学习模式在英语教学中的应用［J］．农家参谋，2019（12）：296．
⑤ 金梅．基于混合式的中学数学创新型课堂探析［J］．考试周刊，2019（A4）：59-60．

高突现性关键词Top 12

Keywords	Year	Strength	Begin	End	2007—2023
中学教学	2007	1.4	2007	2019	
教学设计	2009	2.01	2009	2017	
课堂教学	2009	1.56	2009	2017	
中学英语	2009	1.15	2009	2013	
教学模式	2013	1.36	2013	2016	
应用探究	2016	1.21	2016	2017	
应用	2017	1.09	2017	2020	
混合式	2018	0.99	2018	2019	
学数学	2019	1.46	2019	2020	
教学改革	2019	1.02	2019	2020	
中学语文	2020	1.48	2020	2021	
教学策略	2017	0.96	2021	2023	

图 5　关键词突现性分析图

2. 中学混合式教学的应用促进信息化教学

应用线上线下混合式教学，是时代发展的必然，也是新时期提高教学质量的有效教学模式。以学生为主体的混合式教学模式，能够促进学生的深度学习，培养学生的专业素养，提高学生的专业知识水平。应用"互联网+教育"只有与学科教学、教师教研、学生学习等融合起来，才能改变和重构教育生态，促进教育信息化发展。①

3. 中学混合式教学策略优化教学效益

随着信息技术的不断发展，混合式教学在教育领域中逐渐得到推广并受到广大师生的青睐。线下教学与线上教学深度融合的混合式教学策略能促使学生在课前自主学习，其解决问题的能力、整合信息的能力以及各项思维能力均能得到锻炼。② 师生、生生互动的混合式教学模式相对于单一的教学模式而言，其教学效果更加明显。

五、结论与启示

利用CiteSpace对中国知网上发表的以中学混合式教学为主题的文献进行相关分析，得出以下结论：研究发文量整体呈现上升趋势；作者之间缺乏合作，未来需要重视；研究热点主要为混合式教学的设计与混合式教学模式的研究，教学策略是中学混合式教学未来

---

① 吴昊. 信息化背景下混合式教学在高中信息技术课程中的实践应用［J］. 中国新通信，2023，25（06）：80-82，239.

② 徐存芳，朱宋煜. "双新"背景下混合式教学模式在中学信息科技课程中的应用［J］. 中小学信息技术教育，2023（01）：50-52.

的研究趋势。基于以上热点和趋势，本文得出以下启示。

(一) "互联网+技术"背景下混合式教学模式的创新发展

网络、大数据、云平台、AR、物联网等科技的蓬勃发展，给传统混合式教学带来了巨大挑战。一些体验式、仿真型、即时互动混合教学的产生，使得未来混合式教育发展仍处在持续发展阶段，许多具有危险性的实验课程都需要利用仿真技术及逆行模拟实验，这对混合式教学方法、课程设置等产生重要作用，利用互联网进行的虚拟实验教学会成为教学研究的趋势。

(二) 开展中学混合式教学适用性及评价研究

目前，我国多数中学已经开展或开展过混合式教学，但还不能达到预期的效果。未来的研究可对混合式教学模式的适用性及局限性作出深入探讨。对于混合式教学是否存在边界问题，未来还需结合课程实践，从学生水平、教师水平、教学课程、技术应用等多方面作适用性探讨。

翻转课堂模式对大学生自主学习能力的影响研究

沈彩甜①

一、引言

随着互联网时代的发展,翻转课堂教学模式已经逐渐取代了传统的教学模式。在后疫情时代,一些学校会利用网络进行教学,翻转课堂教学模式逐渐成为了教学主流。在这种情形下,学生的自主学习能力是高还是低引起了学者的广泛关注,尤其是对于大学生。本研究旨在探究翻转课堂教学模式下学生的自主学习能力。

二、文献综述

(一)翻转课堂研究现状

翻转课堂译自"Flipped Classroom"或"Inverted Classroom",也可译为"颠倒课堂",它意味着对课内和课外的时间进行了重新安排,把主动权由老师转向了学生。它的基本含义是改变传统的学习流程,使学习者在课余时间里,通过对知识点和概念的自主学习,把课堂变成师生互动的地方。②

在知网上,关于"翻转课堂"的论文有66226篇,关于"大学""翻转课堂"的论文有25035条。因此,根据检索结果来看,在我国,对于翻转课堂的研究已经有了一定的理论依据和实践经验,特别是最近几年,我国关于翻转课堂的研究结果有了爆炸式的发展。随着互联网技术的发展,大众越来越倾向于利用手机进行远程学习,这种方式不仅高效便捷,而且支持用户登记并访问,提升了学习者学习的兴趣,同时也可以达到个性化推荐的模式。

---

① 作者简介:沈彩甜,女,江苏扬州人,黄冈师范学院教育学院硕士研究生,研究方向为现代教育技术。
② 马秀麟,赵国庆,邬彤.大学信息技术公共课翻转课堂教学的实证研究[J].远程教育杂志,2013,31(01):79-85.

(二) 自主学习能力研究现状

对于如何界定自主学习能力这一问题，学界众说纷纭。Little[①]认为，自主学习能力主要包含以下3个方面的能力，也就是进行理性的、批判性反思的能力，作出决策的能力，以及采取独立行动的能力；Benson[②]将自主学习能力定义为控制自我学习的能力。就国内而言，曾东霞[③]根据 Zimmerman 的研究，将自主学习能力界定为以元认知、动机和行为为基础的一种自我导向、自我监督、自我调控的学习能力。总的来说，关于自主学习能力的研究已经逐步丰富起来，但在研究生学生中，还存在着一些问题，比如自主性差、自控能力不足等，这些问题依然是需要解决的。

(三) 翻转课堂对大学生自主学习能力的影响研究

朱世平[④]于2021年在《大学英语翻转课堂提升学生自主学习能力之探讨》一文中指出翻转课堂是一种将教室内部和外部的教学流反转，使学生的学习发生逆转的新型教学模式。学生的自主学习是影响成效的一个重要因素。同年林秀琴[⑤]在《翻转课堂模式下大学生英语自主学习能力培养的现状及策略》中提到在英语教学中运用"翻转课堂"进行自主学习，不仅是学校顺应网络时代教育趋势的一项重大措施，更是对学生主体地位的尊重。

综上所述，在翻转课堂教学模式下，学生自主学习能力的研究正在逐步完善，但仍然存在着一些缺陷。首先，需要增加被试的种类，因为被试的个人状况将会对被试的结果产生直接的影响。其次，现有的翻转课堂实证性研究多侧重于对学生的学习成就进行测验，而缺乏对学生其他方面的评价。

三、研究设计

本文旨在探讨在翻转课堂中，学生的自主学习能力能否增强，从而寻找一条切实可行的途径，将其合理有效地融入我国高校的教学。

---

① Little D.. Leaner Autonomy 1: Definitions, Issues and Problems [J]. Teacher & Leaner Perspectives, 1991, 62 (04): 395-397.
② Beson P. Teaching and Researching Autonomy [M]. Beijing: Foreign Language Teaching and Researching Press, 2012: 148.
③ 曾东霞. 惯习与场域：大学生自主学习能力的影响因素——以中南大学为例的实证研究 [J]. 中南大学学报（社会科学版），2011, 17 (03): 128-137.
④ 朱世平. 大学英语翻转课堂提升学生自主学习能力之探讨 [J]. 海外英语, 2021 (20): 201-202, 247.
⑤ 林秀琴. 翻转课堂模式下大学生英语自主学习能力培养的现状及策略 [J]. 江苏经贸职业技术学院学报，2021 (01): 89-92.

（一）研究问题

（1）根据问卷调查前后自主学习能力测试题的结果，翻转课堂教学模式是否有助于培养大学生的自主学习能力？

（2）大学生对于翻转课堂教学模式有什么认识？

（3）大学生在翻转课堂教学模式中对于自主学习能力发现和观察到的问题是什么？

（二）研究方法

问卷调查就是研究者利用这一控制性的测度，对被研究对象进行测度，以获得可靠的数据。采取问卷调查法的理由主要有以下几个方面：首先，在目前的大数据信息采集中，问卷调查法仍然是使用最基础，也是最广泛的一种研究方法。第二，将问卷发给学生，能在比较短的时间内，收集到大量的数据。第三，便于定量分析。① 如果使用问卷调查方法，利用编码，利用 SPSS 统计分析，将文本中的数据进行量化，从而使结论更加有说服力。

（三）研究对象

研究对象来自中国湖北省一所师范类大学。参加此项调查的是 63 名大学二年级教育技术专业的学生。他们作为受试者（标记为 N）参与了这项研究。本研究通过对 63 名学生进行随机抽取，筛选出 30 例，并对其进行分类。其中男性 12 人，女性 18 人，各占比 40%、60%。老师根据他们在 2021 年秋天的每一门专业课程的期末平均分数来决定前一个学年的总分。表 1 为被试学生和参与者的上一学年综合测评情况。

表 1　　　　　　　　　　上一学年综合测评一览表

分数段 （最大值=100）	被试人群（$N=63$） 受试人数	平均分	参与者（$n=30$） 参与者人数	平均分
90—100	7	91.31	5	91.88
80—89	44	85.67	20	85.58
70—79	10	77.65	5	77.83
60—69	2	68	0	0
低于 60*	0	0	0	0

注：* 低于 60 分者为不合格学生。

---

① 赖扬盛，康桥水，段子勇，等. 体育类问卷调查法的问卷量表的编制［J］. 内江科技，2021，42（05）：22-23.

（四）研究过程

翻转课堂教学模式学习项目自 2022 年 11 月 5 日开始，12 月 3 日结束，历时 4 周。该项目能为大学生提供在翻转课堂模式下自主学习的机会。本研究以 63 位受试者为研究对象，进行自主学习能力测验。学生每周的学习任务有：按照学生所感兴趣的题目，采用"翻转教室"的教学方式，完成一次 1 小时的自习。在项目实施的第 2、第 3 个星期及项目完成后第 5 个星期，由两位研究助理主持了 6 次个人访谈及 3 次小组访谈。在本研究的最后，我们对 41 名同学进行了自主学习能力的测验，并对其进行了问卷调查。图 1 是研究的设计和数据来源。

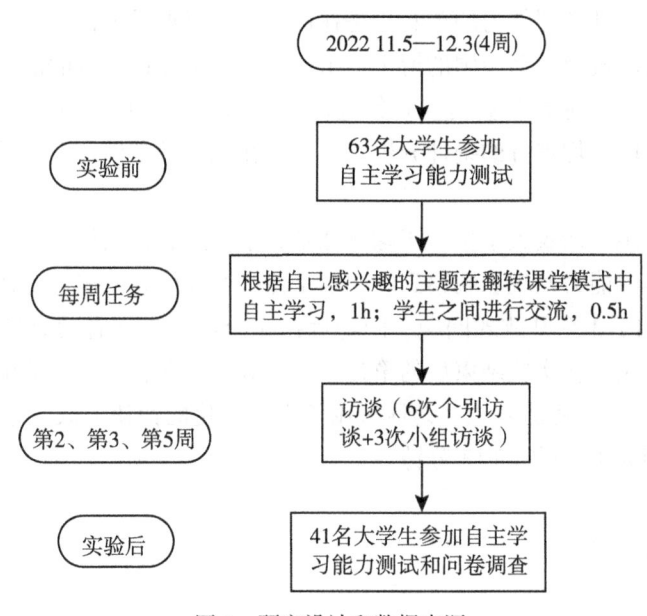

图 1 研究设计和数据来源

（五）研究工具、数据收集与分析

本研究采用了定性与定量相结合的研究方法，收集的数据包括：实验前后自主学习能力测试、实验后调查问卷、一对一访谈以及小组访谈。自主学习能力测试的内容及评分标准具有合理性、一般性、明确性、非诱导性、便于整理分析，① 两名中国专家在实验前和实验后，检查了自主性学习测试的内容和评分标准，并检查了调查问卷，以确保所使用工具的正确性。同时，为了保证该量表的适用性，本研究还对两位大学生的自主学习能力进行了测试，并对其进行了问卷调查。表 2 所示为实验所收集的数据。

---

① 骆雯，张宁. 浅谈问卷调查法应用原则 [J]. 新西部，2017（15）：136-137.

表2　　　　　　　　　　　实验数据采集的过程

数据采集	第一周	第二周	第三周	第四周	第五周
实验前期自主学习能力测试	✓				
实验后期自主学习能力测试					✓
个别访谈		✓	✓		✓
焦点小组访谈					✓

实验前后的大学生自主学习能力测试包括两部分：第一部分是与学生有关的基本信息。第二部分为回答问题，即与大学生在翻转课堂模式下的自主学习能力是否得到提升相关的内容。两项自主性学习能力的测验均是在征询学生意见后进行的。两个小组的评判员分别由一名中国的教授及一名中国的博士生组成。为了确保评分者的信度，评分者在调查问卷前和调查后，分别对8名被调查对象进行共同的评分，并将两组的评分结果进行对比。通过对两个组的平均得分的统计分析，得出了在这一教学模式下，学生自我学习能力的效果。

实验后的问卷主要调查大学生对于翻转课堂教学模式有什么认识以及在翻转课堂教学模式中对于自主学习能力发现和观察到的问题是什么？该问卷依据里克特5级量表设计了12个问题，并追加了1个开放式问题。问卷旨在充分征询参加者的意见，所以资料分析采用描述性统计方法。在实验结束后的第二、三、五个星期，分别对被试进行了访谈。每周面谈2~3次，每次面谈3~4人。访谈采用了半结构化的面谈方式。个人访谈和小组访谈的平均时间分别为10分钟和13分钟。

四、结果分析

（一）前后自主学习能力测试结果

通过对大学生在实验前后问卷中自主学习能力测试题的分析，可以得出学生在翻转课堂教学模式中可以提高自主学习能力。具体来说，翻转课堂教学模式以学生为主体，教师仅发挥引导及指导作用，因此翻转课堂教学模式对于培养大学生的自主学习意识具有重要意义。

其次，翻转课堂教学模式有助于学生的全面发展。翻转课堂教学模式强调学生的学习主体地位，教师作为教学过程的主导，其作用更多的是组织课堂教学及在课堂教学过程中对学生进行引导。

（二）对翻转课堂教学模式的认识

在参加完翻转课堂教学模式的学习后，学生的自主学习能力有很大的提高，大部分学生也表示比较喜欢翻转课堂教学模式。本研究在对比了不同教学模式下的学生自主学习情况,并了解了学生对"互联网+"的学习资源方面的需求后,发现实施自主学习过程中也存在一些不足。① 总体来说,大学生通过这种方式对翻转课堂教学模式有了更深的认识,并且支持使用这种方法。

(三) 对自主学习能力的认识

翻转课堂教学是否能够成功实施的关键在于学生自主学习能力的高低,因此,培养学生自主学习的能力就显得尤为重要。② 经过前后的问卷测试,大学生们大多认为自主学习能力得到了提高。提高自主学习能力已成为绝大多数学生的迫切需要,之前大家固有的观点认为这个过程需要教师的积极参与,这样才能达到教育学生的目的。

(四) 发现的问题

学习者在翻转课堂教学模式下进行了一段时间的学习,虽然发现了很多优点,但是仍然存在一定问题。当前,翻转课堂存在学生主动性不强、教师受传统教学方式束缚未能实现良性互动、教学改革观念转换困难等诸多问题。因此,学生要转变学习方法与学习方式,教师应加大教学改革精力投入和增强教学责任心和使命感,转变教学理念,创新教学方法,与时俱进突破旧有课堂教学模式,这是解决翻转课堂教学模式中存诸多困境的可行性对策。③ 此外,学生在学习过后虽然会提高自主学习能力,但是在这个过程中,里面五花八门的知识可能会使学生的注意力分散,不能专心于某一特定内容。

(五) 小结

通过对问卷调查和访谈资料的分析,发现翻转课堂是一种有效且有意义的学习方式。此外,学生对翻转课堂教学课程的评价,亦有正面的感受,能让学生感受到激励、互动与成功。虽然仍有许多不足之处,但是受试者都表示愿意在未来的学习过程中,更多地运用翻转课堂的学习方式。

五、结果讨论

(一) 翻转课堂教学模式下的自主学习能力

翻转课堂教学模式与大学生的自主学习能力存在着密切的联系,研究结果也发现大学生在翻转课堂教学模式下,自主学习能力确实得到了显著提升。

---

① 甘露,王艺芳.地方院校翻转课堂教学模式下的大学生英语自主学习现状调查——基于湖北民族学院大学英语自主学习 [J].教育现代化,2017,4 (23):207-210,223.
② 简斌.翻转课堂教学模式的认识误区及对策研究 [J].教育探索,2016 (02):134-136.
③ 彭飞霞,吴南中.学生自主学习能力培养中师生自主性的再认识 [J].湖南广播电视大学学报,2011 (04):5-9.

(二) 建议

为了更好地提升学生在翻转课堂教学模式下的自主学习能力，本研究提出了以下建议：

第一，在翻转课堂教学平台上可以将学生学习的内容进行分类，以便学生快速找到想要学习的资源而尽可能避免因为其他内容导致的分心这种情况。

第二，为了使翻转课堂教学模式能够更好地提高学生的自主学习能力，因此可以对学生进行一些额外的训练，以便学生更好地适应这种模式。

中学生数字化学习的现状调查研究*
——以鄂东地区为例

李一丹①

一、引言

教育数字化是当下我国教育改革的重要主题，而随着科学技术及互联网技术的不断发展，中学生有了更多的机会和更好的条件使用数字化学习方式，从而适应数字化时代的发展。2022年1月，全国教育工作会议提出了实施教育数字化战略行动；2022年10月，党的二十大报告中进一步明确强调要求推进教育数字化，逐步将我国建设成为全民终身学习的学习型社会、学习型大国；2023年1月，全国教育工作会议再次强调要统筹推进教育数字化和学习型社会、学习型大国建设。显然，统筹推进教育数字化与学习型大国建设，正成为新时代的普遍共识。为此，需要推动教育和学习型大国的双重数字化转型，以及教育数字化与学习型大国建设的双向赋能，共同致力于全面建设社会主义现代化国家的战略任务。

二、数字化学习研究现状

（一）相关概念

国内以"数字化学习"或"数字化学习与创新"为主题的论文是1998年《开放教育研究》发表的《数字化学习环境：开放远距离教育新的可能与机遇》，文章对传统课堂教学的学生非自主学习与远程教育的学生自主学习进行论述和对比，展现了数字化学习发展的必然趋势和对中学生发展的必要性。

《普通高中信息技术课程标准》中强调数字化学习是个体通过评估并选用常见的数字化资源与工具，有效地管理学习过程与学习资源，创造性地解决问题，从而完成学习任

---

* 黄冈师范学院研究生工作站课题（课题编号：5032023004）。
① 作者简介：李一丹，湖北黄冈人，黄冈师范学院教育学院2022级硕士研究生，研究方向为数字化学习。

务，形成创新作品的能力。①《义务教育信息科技课程标准》中提到数字化学习是个体在日常学习和生活中通过选用合适的数字设备、平台和资源，有效地管理学习过程与学习资源，开展探究性学习，创造性地解决问题。②

E-Learning 是指主要通过因特网进行的学习与教学活动，它充分利用信息技术所提供的学习资源，从而实现一种全新的学习方式。③并且数字化资源与数字化工具的利用可以有效地提高学生的学习效果。④

（二）研究现状

国内有很多研究者对数字化学习进行了论述，研究现状如表 1 所示。

表 1　　　　　　　　　　　　国内研究现状

作者	研究内容与结论
陈明选	从意识、能力、应用三个层面解读数字化学习的内涵⑤ 设计数字化学习与创新素养培养的教学环节⑥
解月光	提出数字化学习与创新素养的表现方面⑦
杨晓哲	阐明数字化学习与创新素养的培养方式⑧
赵苗苗	数字化学习服务的服务理念、服务目标、核心技术、资源形式、学习形式、评价方式⑨

西方国家也从很早就开始关注数字化学习并对其进行了研究。数字化学习（E-

---

① 潘家琪，刘俊强."数字化学习与创新"素养解读与教学建议 [J]. 中国教育信息化，2019 (06).

② 中华人民共和国教育部. 义务教育信息科技课程标准（2022 年版）[M]. 北京：人民教育出版社，2022：27.

③ 何克抗. e-Learning 的本质——信息技术与学科课程的整合 [J]. 电化教育研究，2002 (01)：3-6.

④ Evolving Ed. Digital Learning: What to Know in 2020 [EB/OL]. (2021-08-31) [2022-12-13]. https://www.schoology.com/blog/digital-Learning.

⑤ 陈明选，张宁. 基于高中信息技术学科核心素养的学习活动设计 [J]. 中国电化教育，2019 (01)：87-93.

⑥ 解月光，杨鑫，付海东. 高中学生信息技术学科核心素养的描述与分级 [J]. 中国电化教育，2017 (05)：8-14.

⑦ 解月光，杨鑫，付海东. 高中学生信息技术学科核心素养的描述与分级 [J]. 中国电化教育，2017 (05)：8-14.

⑧ 杨晓哲，任友群. 高中信息技术学科的价值追求：数字化学习与创新 [J]. 中国电化教育，2017 (01)：21-26.

⑨ 赵苗苗，陈琳. 智慧学习服务内涵、特征及体系框架研究 [J]. 中国远程教育，2016 (03)：17-21，79.

Learning, Digital Learning) 概念最早是由 Jay Cross 于 1998 年提出,他主张以信息技术为手段重塑学习方式。2000 年美国教育部公布的 *14—19 Education and Skill White Paper*[①] 中对 E-Learning 这一概念的核心价值进行阐述,提出如何使用技术比技术本身更重要。

本研究首先明确了研究主题的关键词,通过文献研究法,确定数字化学习与创新素养内容,梳理关于数字化学习、数字化学习与创新素养等的国内外研究现状。了解中学生数字化学习与创新素养的现状。根据新课标对中学生数字化学习与创新素养的能力要求的表述,设计问卷调查当下信息技术学科关于数字化学习与创新素养的达成情况。分析当下中学生数字化学习与创新素养培养现状所产生的原因,针对学生的数字化学习与创新能力的现状进行分析,提出培养策略。

三、调研过程

(一) 问卷设计

根据前期查阅的相关资料和新课标中对数字化学习与创新的能力要求,编写调查问卷。问卷包括两个部分,第一部分是对学生及其学校基本情况的了解。第二部分是对中学生数字化学习不同维度的调查,从认识、环境适应、习惯养成、能力四个维度进行了问卷设计,如表 2 所示。

表 2 问卷基本框架

一级指标	二级指标	题号
T_0:学生及其学校基本情况	学生接触计算机的时间与学校的信息化建设和应用水平	3~7
T_1:数字化学习与认识	认识数字化学习环境的优势与局限性	8~13
T_2:数字化学习环境的适应	能够在数字化学习环境下进行学习与探究	14~19
T_3:数字化学习的习惯	在日常的学习生活中主动借助数字化设备进行学习与创新	20~26
T_4:数字化学习的能力	掌握数字化学习系统、学习资源与工具的操作技能	27~31

(二) 调研情况

本研究的调查对象是鄂东地区不同年级的中学生,包括初中生和高中生,以及初一到高三的学生,涉及 13 所中学的学生。

通过问卷星平台制作完成调查问卷。借助不同学校的信息技术教师将问卷在信息技术

---

① 上海市教科院智力开发研究所. 美国教育部教育技术白皮书 [R]. 2001:4.

课堂上发放，采用分层抽样进行调查研究。获取数据后筛选问卷，剔除答题时间过短或者选项连续重复的问卷。

本次调研以中学信息技术课堂现场发放问卷为主，在 2023 年 6—7 月实施，问卷来源于鄂东地区多个县市的中学，包括黄冈市、黄石市、鄂州市。对收集的问卷数据利用 SPSS2.0 进行统计分析，得出结论。

（三）样本基本情况

本次调研获得问卷为 396 份，其中有效问卷为 374 份。样本中包括初中生与高中生，其中初中生 206 人，占 55.08%，高中生 168 人，占 44.92%。由于初三及高三开设信息技术课程较少，因此参与调查人数较少，可以看出，本次调查的结果比较偏向中学中每个学段较低年级。其中包括男生 198 人，占 52.94%，女生 176 人，占 47.06%。

四、研究结果

（一）各维度整体分析

关于学生数字化学习与创新素养水平的问卷采用五级评价量表设置，赋分从非常符合到非常不符合，由 5 分依次递减至 1 分。四维度的整体情况如表 3 所示。

表 3　　维度整体情况

一级指标	最大值	最低值	均值
T_1：数字化学习的认识	5	1	3.71
T_2：数字化学习环境的适应	5	1	3.54
T_3：数字化学习习惯	5	1	3.40
T_4：数字化学习能力	5	1	3.16

T_1 均值为 3.71 分，是该调查中学生得分最高的维度，当前鄂东地区的中学生认识到数字化学习的重要性以及提高自身数字化学习与创新素养的必要性。T_4 均值为 3.16 分，是该调查中学生得分最低的维度，从中反映出鄂东地区中学生在数字化学习能力方面存在不足。因此，提高鄂东地区中学生的数字化学习与创新素养是有必要的。

（二）不同性别在各维度方面的差异性

如表 4 所示，性别的不同在四维度得分上体现出了差异性，女生在数字化学习与创新的认识、数字化学习环境适应情况维度的平均得分高于男生，在环境适应情况和学习习惯方面略低于男生。

表4　各个维度在性别上的差异分析

变量	性别	个案数	平均值	标准偏差	t
数字化学习与创新的认识	男	198	3.6061	1.18387	-0.024
	女	176	3.6089	1.10954	
数字化学习环境适应情况	男	198	3.5048	1.15867	0.524
	女	176	3.5619	1.15964	
数字化学习习惯	男	198	3.5079	1.18202	0.112
	女	176	3.4943	1.16448	
数字化学习技能	男	198	3.5051	1.25939	0.755
	女	176	3.4091	1.18887	

（三）不同年级在各维度方面的差异性

表5　各个维度在年级上的差异

变量	年级	个案数	平均值	标准偏差	F
T_1：数字化学习与创新的认识	初一	139	3.3345	0.77254	139.885
	初二	57	3.2982	0.71737	
	高一	62	3.8333	0.68553	
	高二	101	4.0330	0.69683	
	高三	15	4.2444	0.70392	
T_2：数字化学习环境适应情况	初一	139	3.2614	0.82826	91.964
	初二	57	3.3772	0.73025	
	高一	62	3.3575	0.73418	
	高二	101	3.8201	0.91703	
	高三	15	4.1556	0.80046	
T_3：数字化学习习惯	初一	139	4.2343	0.87946	92.048
	初二	57	2.3208	0.71799	
	高一	62	2.3111	0.67925	
	高二	101	3.8091	0.91256	
	高三	15	4.0476	0.82538	
T_4：数字化学习技能	初一	139	3.2906	0.87881	96.594
	初二	57	3.2632	0.80370	
	高一	62	3.1968	0.71103	
	高二	101	3.6772	0.95623	
	高三	15	4.0667	0.79522	

根据表 5 的单因素方差分析结果可以看出，数字化学习的四个维度都在年级上存在显著差异。四维度的差异性体现出学生数字化学习在各个维度上的水平虽然是作为高中生的信息技术学科核心素养在课程标准中出现的，但其水平并非突然获得，从初中到高中，中学生的数字化学习与创新各方面的水平是逐步上升的过程。

（四）云图分析

根据词云图分析可知，中学生经常使用的数字化学习工具有智学网、作业帮、Bilibili App、百度、百词斩和网易有道翻译，等等。当前在网络上有着各种各样供学生学习的网站和 App，种类多种多样，侧重点也各不相同，中学生已经具备一定的自主选择和使用数字化学习工具的能力，结合调查问卷中的开放题可知，当代中学生已具备一定的自主、数字化学习的能力，并且能够在日常沟通交流中获得多种数字化学习工具的使用。如图 1 所示。

图 1　中学生常常用数字化学习工具词云图

五、数字化学习能力培养策略

（一）加强重视程度，提高自身认识

政府及相关教育主管部门的政策对社会和学校的数字化资源建设、培养目标设置有着直接的影响。一方面，要加强对中学生数字化学习的重视程度，要从根本性政策上加强建设，为青少年的发展提供基础。青少年的数字化学习与创新能力也是成长成才过程中十分重要的一部分。在调查过程中发现，部分地区只重视文化课程的学习，而忽略学生素质教育的培养。另一方面，要关注鄂东地区学校在数字化资源的基础建设。相比发达城市，鄂东地区多属于三、四线城市，教育资源及水平要略差于一、二线城市，相关部门应从基础条件上体现对数字化学习的重视，加强认识。

（二）开设相关课程，提高相关素养

从学校的角度来看，要保证中学信息科技等相关课程的开设，才能保证对中学生数字化学习与创新能力的有效培养。在调查过程中，发现有部分学校并未开设信息技术课程，或经常性出现信息技术课程被其他"重要"科目霸占的情况。信息技术课程的进行难以保证，学生数字化学习能力的培养受阻，这也是在培养新时代青年的各方面能力上各学校需要重视的地方。对于开设相关课程的学校，不仅要教授学生相关理论知识和操作技能，也要在学习的过程中对学生作出正确的引导，从"数字化学习与创新"素养培养的要求上，养成好的数字化学习习惯，加强学生的创新等各方面的能力。

（三）重视师资培养，做好培养规划

2022 年中国教育科学研究院颁布《中小学人工智能教师能力标准（试行）》①，为智慧教育时代的中小学教师培训和智能技术应用能力的提高发挥着重要作用。教师专业标准的更新，意味着对教师表现的评估体系将更符合时代性的要求。教师专业标准是评估教师表现的最主要，也是最基本的依据。但是随着技术的不断更新，教师的教学方式也发生了变化，那么传统教师专业标准中的专业知识与专业能力也需要紧跟时代作出相应变化。

六、结语

总而言之，鄂东地区的中学生，受网络视频与线上教学的双重影响，已经初步适应了数字化环境，但其数字化学习的相关能力存在较大不足，因此分析当前学生数字化学习与创新素养水平现状与其影响因素很有必要。今后可以从政府政策、资源重视、师资培训、课程设置和活动开设等方面加强鄂东地区中学生对数字化学习的认识，使其适应数字化发展时代的新要求、养成正确的数字化学习的习惯并提高数字化学习的能力。

---

① 中国教育科学研究院．中小学人工智能教师能力标准（试行）[R]．2022：17．

智慧课堂下的小学数学教师
信息技术应用能力的研究

陶治雪①

一、引言

近年来,我国颁布了多项关于教师信息技术应用能力的政策文件,我国教育信息化的发展越来越受到重视,在各项政策的要求下,尤其是随着智慧教室的普及,教育教学要与信息技术创新相融合,教师要不断提升自身的信息素养,使自己成为具有高素质的技能型人才。基于此,本研究通过对智慧课堂下的优质课例与普通小学数学教师的教学视频中的课堂教学行为进行对比分析,探究二者之间的差异,从而为提升智慧课堂环境下的教师信息技术应用能力提供参考。

二、文献综述

(一)中小学教师信息技术应用能力

教师信息技术应用能力是指教师能够有效地运用信息技术提高学生的学习效率、促进学生学习能力的发展,以及改进工作效能的专业能力。② 2017年美国国际教育技术协会(ISTE)要求教师的应用能力要以促进学生核心素养发展为目的,调动学生的学习能动性,以教学法创新为核心。③ 王永军等基于ISTE构建了包含多种角色的中小学教师信息技术创新应用能力框架。④ 魏非、祝智庭等学者构建其框架,阐述基于微认证的教师信息

---

① 作者简介:陶治雪,黄冈师范学院现代教育技术专业硕士。
② 教育部. 关于实施全国中小学教师信息技术应用能力提升工程的意见 [EB/OL]. (2013-11-15) [2022-12-28]. http://old.moe.gov.cn//publicfiles/business/htmlfiles/moe/s7034/201311/15904 2. html.
③ Majumdar S. Regional Guidelines on Teacher Development for Pedagogy-teachnology Internation [DB/OL]. https://unesco.org/ark: 48223 /pf0000140577.
④ 王永军. 中小学教师信息技术创新应用能力框架构建研究——基于ISTE 2017版《教育者标准》[J]. 远程教育杂志,2019,37(06):50-60.

技术应用能力培养的实践路径，提出适用多媒体教学环境、智慧学习环境等信息技术应用微认证能力模型。①② 近些年，研究者们对其应用能力现状、影响因素及提升策略进行研究，如黄慕雄等揭示了培训后教师技术应用转化情况、类型及学用转化影响因素。③ Iris Backfisch 验证了自我效能感、价值信念对能力发展的重要性。④ 随着智能技术的普及，针对特定学科的教师 ICT 能力也受到了关注。庞敬文等构建小学教师信息技术应用能力测评的事理图谱，为教师能力测评及提升提供思路。⑤ 唐烨伟等探析了初中化学教师的信息技术能力水平。⑥ 由此可见，教师应用能力不再局限于运用电脑、互联网等工具的能力，而是要求能灵活运用各种信息技术来支持教学活动、促进学生的发展。

（二）智慧课堂下的教学行为分析

对智慧课堂的界定随着时代的发展而逐渐变化。新一代的智慧课堂是以先进的学习理论为指导，以促进学生核心素养发展为宗旨，利用多种智能信息技术打造智能、高效的课堂，推动学科智慧教学模式的创新，并促进学习者智慧的发展。⑦ 一些学者认为智慧教室是对研究中的技术和技术的概念化⑧，如 MacLeod 等人⑨和 Pingxiao⑩ 将智能教室指定为集成教育技术的物理教室。而检验与推进智慧教室应用的关键问题之一是对师生、生生、人与技术之间的互动效果评价研究。⑪ 其中最典型的课堂教学分析方法为弗兰德斯分析方

---

① 魏非，闫寒冰，祝智庭．基于微认证的教师信息技术应用能力发展生态系统构建研究［J］．电化教育研究，2017，38（12）：92-98.
② 魏非，闫寒冰，李树培，等．基于教育设计研究的微认证体系构建——以教师信息技术应用能力为例［J］．开放教育研究，2019，25（02）：97-104.
③ 黄慕雄，张秀梅，陆春萍，等．学用脱节还是学以致用？——中小学教师信息技术学用转化质性研究［J］．中国电化教育，2021，409（02）：68-74.
④ Backfisch I.，Scherer R.，Siddiq F.，et al．Teachers'Technology Use For Teaching：Comparing Two Explanatory Mechanisms［J］．Teaching and Teacher Education，2021，104（02）：218-224.
⑤ 庞敬文，刘东波，卜凡丽，等．基于智慧课堂环境的小学数学教师信息技术应用能力测评事理图谱研究［J］．现代教育技术，2022，32（02）：81-89.
⑥ 赵一婷，钟绍春，唐烨伟，等．数据驱动下初中化学教师信息技术应用能力测评事理图谱研究［J］．现代教育技术，2021，31（08）：50-59.
⑦ 吴晓如，刘邦奇，袁婷婷．新一代智慧课堂：概念、平台及体系架构［J］．中国电化教育，2019，386（03）：81-88.
⑧ 李文，杜娟，王以宁．信息化建设薄弱地区中小学骨干教师信息技术应用能力影响因素分析［J］．中国电化教育，2018，374（03）：115-122.
⑨ Alfoudariaisha M.，Durugbochristopher M.，Aldhmourfairouz M.．Understanding Socio-technological Challenges of Smart Classrooms Using a Systematic Review［J］．Computers & Education，2021，173：104-282.
⑩ Pingxiao W.．Research on the English Teaching and Autonomous Learning Based on Multimedia Platform and Smart Classroom System［J］．International Journal of Smart Home，2016，10（09）：373-384.
⑪ 李文，杜娟，王以宁．信息化建设薄弱地区中小学骨干教师信息技术应用能力影响因素分析［J］．中国电化教育，2018，374（03）：115-122.

法①，顾小清等提出基于信息技术的互动分析（ITIAS）②与应用广泛的 S-T 分析系统③。智慧课堂环境下，教师能够利用多种技术收集、分析数据，为学生提供个性化的学习支持，促进教师的专业发展，实现教育资源的优化。

（三）小学数学课堂教学行为

小学数学课堂教学行为的研究能为教学创新、改革提供支持，也可以为教学评估和监控提供依据。张屹等对教学行为互动进行分析发现智慧教室环境下进行教学更有助于发挥学生的主体性，调动积极性。④ 2022 年版《数学课程标准》中强调要促进信息技术与数学课程融合，促进数学教学方法的变革，提高学生的信息素养。⑤ 因此，通过本研究可以为教育实践和政策的制定提供指导，促进小学教育的发展与进步。

综上所述，通过对已有文献的分析发现，当前研究大多集中对优质课例进行分析，忽略了大多数普通教师的信息技术应用能力，使样本缺乏代表性。基于此，本研究选取优质课例和普通小学数学教师课堂教学视频作为研究对象，对二者进行对比分析，以期测验当前教师的应用能力水平，并提出对策以促进教师信息技术应用能力的发展。

三、研究设计

（一）研究对象

本研究随机选取 2019—2023 年"全国信息技术与教学融合创新展示与培训活动平台（http：//huodong.edusoa.com）"中获奖的 2 节优质课例及 2 节某小学数学老师的普通教学课例进行分析。此 4 节样本课例均为新授课，内容涉及小数点的移动、平移与旋转两大主题的同课异构。

（二）小学数学信息化教学行为的编码

本研究通过对已构建的编码表进行比较、分析，选择采用由庞敬文等改进后的智慧教室环境下中小学数学教师信息化教学行为编码表，如表 1 所示。

---

① Flanders N.. Analyzing Teacher Behavior [M]. MA：Addison-Wesley，1970：207.
② 顾小清，王炜. 支持教师专业发展的课堂分析技术新探索 [J]. 中国电化教育，2004（07）：18-21.
③ 傅德荣，章慧敏，刘清堂. 教育信息处理（第 2 版）[M]. 北京：北京师范大学出版社，2011：109.
④ 张屹，祝园，白清玉，等. 智慧教室环境下小学数学课堂教学互动行为特征研究 [J]. 中国电化教育，2016，353（06）：43-48，64.
⑤ 义务教育数学课程标准 [M]. 北京：北京师范大学出版社，2022：11.

表 1　　智慧教室环境下中小学数学教师信息化教学行为编码表

维度	分类	编码	具体行为	技术支持	行为内容
教师行为	教师言语行为	TW	提问	无技术行为	以教师的意见与想法为基础，询问学生内容与步骤的问题；通常要求学生记住一些事实，或引导其想象、分析
		PJ	反馈与评价		教师以结论性的回答结束谈话；针对学生的回答，教师请学生进一步思考或讨论，补充或发展学生提出的意见或想法；对学习内容、学生观点或学习效果进行评价
		QG	情感表达		称赞、鼓励或批评等与课堂教学内容无关的情感类语言
	教师活动行为	JDR	技术支持的课堂导入	技术应用行为	利用信息技术手段设计并实施课堂教学的导入环节
		JJS	技术支持的课堂讲授		利用信息技术设计并优化讲解、启发、示范、指导、评价等课堂讲授活动
		JZJ	技术支持的总结提升		利用信息技术资源或工具开展课堂总结与提升活动
		JZS	技术支持的展示交流		利用信息技术手段支持课堂内外的讨论、辩论、成果展示等活动
		JCS	技术支持的情境创设		利用技术创造真实的学习情境，将学习内容与现实环境进行有意义的关联和互动
		JJJ	技术支持的发现与解决问题		鼓励、帮助学生借助技术发现与解决问题并创设相关的技术环境，引导学生掌握用技术解决问题的策略
		JZD	技术支持的方法指导		利用信息技术手段或资源支持运算推理、归纳概括、调研分析等活动
		JZZ	技术支持的学习小组组织与管理		借助信息技术组织与管理学习小组，丰富学习方式、提高参与度与资源获取，推动学习进展，促进交流互动
		JGB	基于数据的个别化指导		用信息技术采集和分析数据，针对不同的问题、需求、兴趣，给予有针对性的、差异化的指导
学生行为	学生言语行为	STW	主动提问	无技术行为	学生没有理解教师讲授的内容或经自己思考后教师的观点出现差异时，主动向教师提出自己的疑惑
		SZH	主动回答问题		学生经过思考之后，主动阐述自己的思路和见解
		SBH	被动回答问题		在教师的指导或引导下回答问题，构建集体回答和个人回答的情景对话
		SYS	演示与讲解		学生向全班演示与讲解自己或小组的研究成果

续表

维度	分类	编码	具体行为	技术支持	行为内容
学生行为	学生活动行为	SZZ	自主学习	技术应用地为	在教师安排下，学生利用 iPad、移动手机等工具自学学习，观看教师推送的资源及任务
		SXZ	小组协作学习		在教师安排下，学生借助 iPad、移动手机等工具，以小组为单位，合作完成教师布置的任务
		SCZ	学生创作作品		学生针对教师布置的任务，提出自己的猜想和构思，并运用数字知识予以实现，形成作品
		SSJ	借助媒体或教具的实践活动		学生在教师的指导下发现、提出问题，思考解决问题的办法，并通过归纳、推理、验证等系列行为来解决问题
无意义行为		WG	无关行为、沉寂与混乱	无技术行为	与教学实施无关的停顿、等待，如上下课起立、学生走向讲台的过程或设备调试等

（三）实施过程与方法

1. 数据获取

本研究采用视频分析法和内容分析法，观察并分析 4 节小学数学课中的教师、学生及交互行为，无论课堂行为在 10 秒内是否发生变化都以 10 秒为单位来记录。

2. 研究方法

本研究运用 Nvivo12 软件对样本数据进行分析。首先对编码后的文本绘制成编码密度表进行教学行为分析，找出二者在教学行为上的差异；其次将视频编码后用 GSEQ5 软件转换成行为转换频率表和调整后的残差表，分析教师的信息技术应用能力。

四、数据分析

（一）智慧课堂下小学数学教学行为分析

通过 Nvivo 软件得出的教学行为密度表，横向表示每一个行为发生的次数以及每次持续的时间，纵向表示每个行为发生的先后顺序以及整节课的所有行为的排列组合情况。

本研究对样本优质课中的一节课进行分析，"教师行为"频次最高，此行为占据课堂的大部分时间。其中，"技术支持下的课堂讲授"为"教师活动行为"中的主要行为，其次是"技术支持下的展示交流"。根据编码带的分散程度来看，说明教师并没有长时间进行知识点的讲授。从师生的言语行为来看，学生的言语行为占大部分，二者言语行为此起彼伏，学生能够在教师的引导下积极回答问题。

虽然教师处于智慧教室中，但仍然偏重讲授式教学，学生主体性不突出。在课程开始阶段，学生课堂参与度比较高，课程后半段以教师的行为为主，学生动手操作的活动较少。从内容上，课例中教师对回答问题的学生给予积极、正向的评价，但评价词汇比较单一。教师借助智能化工具进行教学并不频繁，仍以 PPT 教学为主；对于信息设备的操作不够熟练。

从整体上看，优质课例中教师对整个教学内容和教学环节的安排更加有层次，根据情景采用合适的教学方法，提高学生的积极性。普通教师对智能化设备操作不够熟练，对智慧课堂的理解趋于表面。

（二）教师信息技术应用能力分析

滞后序列分析法（LSA）是一种"用于检验一种行为发生之后另一种行为的概率及其是否存在统计意义上的显著性"的研究方法。[①] 行为序列分析可以发现行为之间隐含的联系，当残差表中的 Z 值大于 1.96（$p<0.05$）代表该行为路径具有显著性。本研究采用滞后序列分析法，借助交互行为分析软件 GSEQ 对不同课堂中的行为序列进行分析，来了解教师的信息技术应用能力。

1. 优质课例教师信息技术应用能力

首先对优质课程中的行为转换频次进行分析，发现教师利用信息技术进行教学呈现出较高频数，能利用智慧教室中的相关资源进行教学。同时，学生讲解展示、主动回答问题的频次较高，也表明学生参与度与积极性比较高。

2. 普通课例教师信息技术应用能力

对普通课例中的行为转换频次表进行分析，显示教师对于技术的功能可能不太清楚或不能学以致用，但师生间的关系呈现良性互动，课堂氛围较好。

五、研究结论

在智慧课堂环境下，教师能有意识地应用信息技术进行教学，提高学生的参与度。但大部分教师对于设备的功能、适用场景不熟，对设备的使用仅限于部分功能，导致其不能很好地学以致用，这可能是由于教师个人的技术储备不足、培训机会有限等。因此，当地学校应该为教师提供定期的信息技术培训，建立共享资源平台，促进教师之间的交流与合作，提升教师在智慧课堂中的信息技术应用能力。同时，教师也要提升自身动机与自我效能感，从内部激发对信息技术应用能力提升的渴望。

[①] 杨现民，王怀波，李冀红. 滞后序列分析法在学习行为分析中的应用 [J]. 中国电化教育，2016，349（02）：17-23，32.

国内编程教育的现状、热点与趋势研究

庹思敏①

一、引言

为适应科学技术发展与人才培养需要，编程教育被提上全球议程，时至今日，成为一种培养学生综合能力的重要方法。从美国的 Scratch Day 活动②、"编程一小时"③，芬兰等国将编程教育正式纳入国家课标④，到《2017 年地平线报告（基础教育版）》提出编程将成为推动基础教育的关键要素⑤，证明编程教育在世界范围得到了普遍重视。

相较国外，中国编程教育起步较晚。《教育信息化"十三五"规划》⑥《国务院关于印发新一代人工智能发展规划的通知》⑦ 均提出推广编程教育，后国家及各省市也相继出台一系列政策文件，助力我国编程教育进程的发展。人工智能时代来临，编程教育作为踏入人工智能学习的第一步，其发展壮大既是国家发展的需要，也是人才培养的关键。

编程教育发展势态迅猛的当下，它究竟发展到了何种程度？现今教育界对其关注的重点是什么？未来又会有怎样的发展趋势？为厘清这些问题，本研究从文献分析入手，对编程教育的研究现状、领域热点及发展态势进行梳理，希望能为编程教育的未来发展提供一定借鉴。

---

① 作者简介：庹思敏，女，湖北孝感人，黄冈师范学院教育学院硕士，研究方向为现代教育技术。

② 孙丹，李艳. 国内外青少年编程教育的发展现状、研究热点及启示——兼论智能时代我国编程教育的实施策略 [J]. 远程教育杂志，2019，37（03）：47-60.

③ 李玉顺，代帅，等. 编程教育如何更好地促进早期儿童计算思维发展——基于国际实证研究的系统述评 [J]. 电化教育研究，2021，42（11）：121-128.

④ 康建朝. 芬兰中小学编程教育的缘起、实践路径与特征 [J]. 电化教育研究，2021，42（08）：101-107，115.

⑤ NMC Horizon Report [EB/OL]. (2018-10-05) [2022-11-23]. http://www.nmc.org/nmc-horizon-news/nmc-and-cosn-release-the-horizon-report-2017-青少年-edition.

⑥ 教育部. 教育信息化"十三五"规划 [EB/OL]. (2016-06-22) [2023-01-25]. http://www.moe.gov.cn/srcsite/A16/s3342/201606/t20160622_269367.html.

⑦ 参见《国务院关于印发新一代人工智能发展规划的通知》（国发〔2017〕35 号）。

二、研究设计

(一) 研究方法

本研究采取科学知识图谱方法,借助可视化工具从作者、机构、关键词等多个角度对国内编程教育的现状、热点进行分析并作出相应解读,研读各个时期编程教育领域的核心期刊,深入剖析多年来国内编程教育的发展方向,并进一步探讨其未来的走向。

(二) 研究工具

本研究主要选用 CiteSpace 和 VOSviewer 绘制科学知识图谱。二者在可视化分析的相关研究中应用广泛,CiteSpace 通用性强,而 VOSviewer 在关键词共现分析所提供的图表更加直观,结合它们的优点,使知识图谱更清晰,对国内编程教育现状及其发展的探讨也能够更全面。

(三) 数据来源

本研究以中国知网数据库为搜索源,采用"主题"检索,设置检索词为"编程教育",以学术文献的全部期刊为检索范畴,发现相关文献从 2010 年开始出现,但由于 2010 年发表文献仅两篇,且直至 2016 年再无相关论文发表,因此检索时间限定为"2016—2023 年",共检索出 315 篇文献,进一步筛选,最后得到有效文献 271 篇。

表1　　　　　　　　　　　数据来源总览表

内容	
数据来源	中国知网
检索格式	主题:编程教育
时间跨度	2016—2023 年
文献语种	中文
文献类型	学术期刊
精练结果	271 篇期刊论文

三、国内编程教育研究现状及热点分析

(一) 文献发表数量分析

使用 Excel 绘制国内编程教育研究文献发文量趋势图 (如图1)。由图可知,国内编

程教育的研究量从 2016—2021 年逐年递增，起初文献数量极少，2016 年关于编程教育的文章仅一篇，该文章主要探讨了人工智能背景下基础教育的发展，未关注到编程教育在人工智能学习的奠基作用；2017 年后，编程教育开始受到重视，诸多学者开展相关研究，编程教育的文献量逐年增长。编程教育发展势头正热，结合当代对计算思维和信息素养的人才培养需求，国内编程教育仍有很大的发展空间。

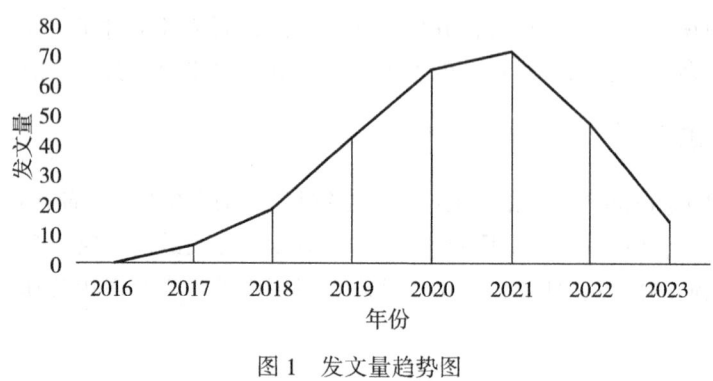

图 1 发文量趋势图

（二）作者共现分析

在 VOSviewer 中筛选出发文量两篇及以上的作者，得到了 33 位学者及共现分析图，如图 2。根据图表，孙立会是发文最多的作者，达到了 8 篇，参考普赖斯定律得出 m≈2.996，即发文量达到 3 篇及以上的作者可被视为编程教育领域的核心作者，从数据中得到发文量≥3 篇的作者有 12 位，仅占总作者数的 2.08%，可以发现国内编程教育领域的核心作者较少，而与之前相关研究的数据相比，发文量≥2 篇的作者由 13 人①增长到了 33 人，说明加入编程教育研究的作者数量有一定增长，但有部分作者并未持续性地进行编程教育研究，故未能成为学科核心作者。此外，图谱将 33 位作者分为了 22 个聚类，总体来看，作者之间的联系较少，节点较为分散，说明编程教育研究仍未在大范围内建立作者关系合作网络；局部来看，有四组作者建立了较为紧密的合作关系，且其中三组的作者均为国内编程教育领域的核心作者，说明作者间达成良好合作能够促进编程教育的研究与发展。

（三）机构共现分析

本研究选用 CiteSpace 构建机构共现知识图谱，如图 3。初步观察，可以发现扬州大学尤为突出，天津大学、南京师范大学等也较醒目，数据统计显示，这几个机构的发文量均超过 4 篇，且均属于高等院校，同时，高校超过总机构数的一半，也就是说编程教育更

---

① 刘卫星，刘凤娟. 国内编程教育研究的可视化分析——基于 2016—2019 年中国知网的期刊分析[J]. 教育信息技术，2021，325（03）：20-24.

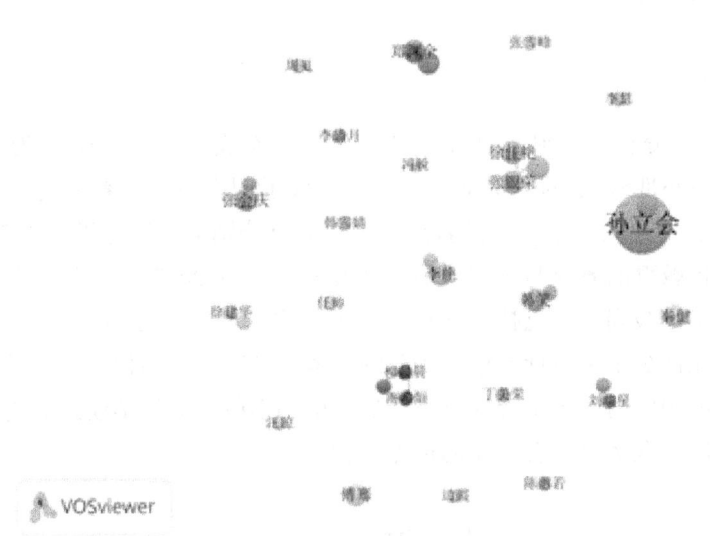

图 2　作者共现图谱

受到高校的关注。进一步来看，总体上图谱的节点分布松散，节点间的连线也不多，意味着各机构之间合作并不密切；而从局部分析，高校与各类机构均有节点连接，说明以高校为引领的机构合作体系能够带动各类型的机构参与编程教育的研究。但深入挖掘会发现，这些机构间的合作较少，因此想要构建优良的国内编程教育机构合作网络，需要高校作为牵线者，促进各类机构间的合作，从实际研究入手，不断跟进，形成国内编程教育研究的独立机构体系。

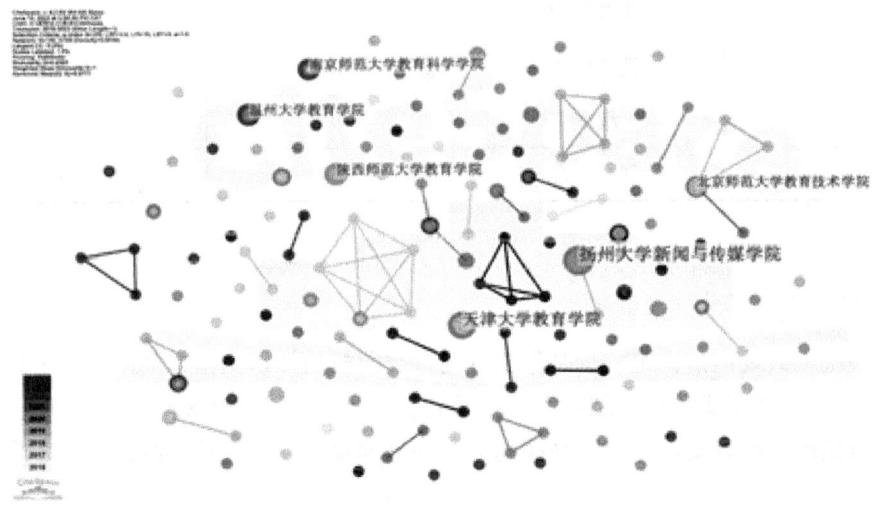

图 3　机构共现图谱

(四) 关键词可视化分析

1. 关键词共现分析

使用 CiteSpace 进一步分析,得到 209 个节点,337 条连线,其网络密度为 0.0155 (如表2)。通过分析,中心性>0.1 的关键词共 7 个,构成了国内编程教育研究的基本要素。除"编程教育"外,节点大且中心度排名高的三个节点分别为计算思维、人工智能、少儿编程,可以看出编程教育的研究与这三个方面密切相关。在 2017 年版普通高中信息技术课程标准中,计算思维被列为信息技术学科核心素养之一,其核心与编程息息相关,故而编程教育的探讨中往往少不了对计算思维培养的思考。其次少儿编程、中小学、儿童编程教育均名列前茅,说明国内大多学者的研究聚焦于中小学段;而教学模式的优化与创新也是国内编程教育领域的众多研究者关注的重点话题。

表 2　　　　　　　　　　关键词数据分析

排名	关键词	频次	中心度
1	编程教育	111	0.73
2	计算思维	57	0.40
3	人工智能	38	0.39
4	少儿编程	20	0.25
5	中小学	16	0.15
6	信息技术	14	0.17
7	儿童编程	11	0.09
8	教学模式	10	0.10
9	编程	9	0.06
10	创客教育	6	0.05

2. 关键词聚类分析

基于关键词共现图谱,进一步制作关键词聚类分析的知识图谱,如图5,其中 Q 值为 0.0655>0.03,说明聚类分析的结构显著,具有科学性,S 值为 0.8998>0.7,说明聚类具有较高的可信度。综合文章内容、高频词汇及关键词聚类,可大致归纳出以下 4 个研究热点:

(1) 编程教育与计算思维研究。为顺应新时代促进全面发展的教育方针,教育的关注点从掌握技能转为创新创造,这就要求学生具备一定的高阶思维能力,在信息技术领域对应"计算思维"。计算思维强调了运用计算机的方式解决问题，正对应了编程教育中编程的过程，同时，计算思维的培养离不开实际教学活动，因此，此类研究聚焦于编程教育的内在价值，即计算思维的培养需求。

（2）编程教育体系与模型设计研究。教育理念不断推进，在多种编程工具的支持下，编程教育与教学理念、资源相结合，诞生出全新的编程教育教学模式、教学组织形式与教学方法，如编程教育的核心研究者孙立会教授提出"非计算机化"儿童编程教学模式①；刘敏和汪琼将结对编程视为"中小学编程教育的首选教学组织形式"②。

（3）编程教育创新实践研究。编程教育的系统性发展不仅需要模式的创新，更需要在具体的实践应用中进行总结、完善。研究者将各类教学方法、教育理念与编程教育深度融合，对构建的编程教育模式、教学资源③等运用的有效性等方面展开探讨，发掘问题，实践应用，整理经验，提出改进措施。

（4）借鉴国外经验的研究。编程教育研究者积极吸收接纳外国先进的编程教育理念与方法，并对其在中国的运用展开探讨。王国强、张雪峰指出政府应与公益性教育机构合作，开展面向青少年的免费编程教育活动，助力青少年的编程学习；④ 吴璇和王宏方从日本小学编程教育，发现其"面向社会"的课程编制理念、主动学习的教学策略以及注重学科融合的编程教育理念⑤，均值得借鉴。

3. 突现词分析

本研究使用 CiteSpace 绘制国内编程教育研究突变图谱（如图5），将最小持续时间设为2，展现出8年间中国编程教育研究具有代表性的10个关键词的突现时间变化。从该图谱中可以观察到三个特点：首先，从突现强度来看，强度最高的是编程，接着是人工智能。其次，这8年来国内有关编程教育的研究侧重有所不同，初期，学者们习惯将编程教育作为人工智能的一部分进行研究，中期则逐渐将视野转回编程，关注人才培养和实践路径这两个方面；近几年，学者们更关注基础教育、教学设计等问题。最后，图谱中的关键词突现时段均较短，说明了国内编程教育研究热点的多元性，进一步对比可以发现，2020年以后的研究主题持续时间较长。

---

① 孙立会. "非计算机化"儿童编程教育教学模式的构建与应用［J］. 现代教育技术，2023，33（02）：52-60.
② 刘敏，汪琼. 结对编程：中小学编程教育的首选教学组织形式［J］. 现代教育技术，2022，32（03）：102-109.
③ 刘昱含. 应用增强现实技术促进小学生编程学习投入的实践研究［D］. 北京：中央民族大学，2022：21.
④ 张雪峰. 苏格兰公共图书馆编程教育模式及其启示——以代码俱乐部模式为例［J］. 图书馆工作与研究，2020，294（08）：51-56.
⑤ 吴璇，王宏方. 日本小学编程教育融入课程：理念、路径及启示［J］. 上海教育科研，2021，404（01）：33-37.

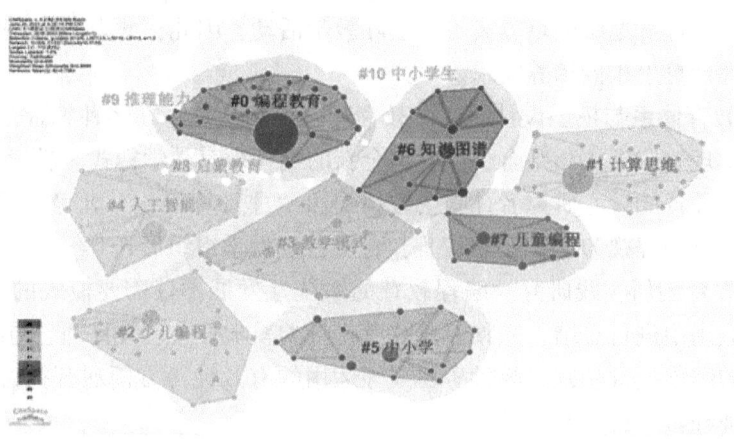

图 4　关键词聚类图谱

高突现性关键词Top 10

Keywords	Year	Strength	Begin	End	2016—2023
人工智能	2016	1.1	2016	2017	
中小学	2017	0.38	2017	2018	
编程	2019	1.66	2019	2020	
图形编程	2019	0.67	2019	2020	
人才培养	2019	0.67	2019	2020	
实践路径	2019	0.31	2019	2020	
元分析	2020	0.23	2020	2023	
教学设计	2021	0.82	2021	2023	
学前儿童	2021	0.55	2021	2023	
基础教育	2019	0.4	2021	2023	

图 5　关键词的突现性分析图

四、国内编程教育研究结论与启示

（一）研究结论

本文借科学知识图谱，梳理了近年来国内编程教育领域的研究现状、热点及趋势，得出以下结论：

第一，国内编程教育正处于多元化发展阶段。教育信息化发展及基础教育改革推动编程教育快速发展，延伸出了教学模式、理念的创新以及多样化的实践研究，研究内容也从人工智能发展到了儿童编程、计算思维等方面，拓宽了编程教育研究的深度与广度。

第二，国内编程教育的研究重点包括计算思维培养、新型教学模型建构以及编程教育的实践探索。计算思维培养顺应核心素养要求，着重强调高阶思维和问题解决能力的养成；新型教学模型构建多为编程教育与教育理念、教学模式和方法有机融合，以求达到更好的教学效果；编程教育的实践探索聚焦于中小学阶段，其内容包括了课程整合、模式应用、系统评测等多方面的实践探索。

第三，编程教育在基础教育的创新与运用仍是其未来发展的重要方向。创新理念与科学技术的发展推动了编程教育研究，少儿编程成为重要话题的当下，编程教育领域的研究者们更应抓住时机，在社会多方的支持下，找到更适合中国学生学习编程的教学方法和教学资源，推进编程教育在基础教育的运用研究，同时归纳经验，将之迁移到更高学段的编程学习中。

（二）启示与展望

1. 完善编程教育研究体系

针对编程教育领域学者和机构联系不紧密的问题，根据作者与机构分析相对比，可以发现核心作者所在的机构间往往联系较多，因此需要核心作者积极沟通，带动边缘作者加入国内编程教育的研究当中，同时与相关机构达成合作，建立起编程教育研究领域合作网络，促进我国编程教育研究领域水平的提升。

2. 扩大研究对象范围

国内编程教育的研究对象多是学习者，因此，编程教育研究者可以从多个主体入手，挖掘主体间的联系及相互作用。编程教育的发展对教师素养提出了更高的要求，这就需要研究者们从教师专业发展出发，发现编程教师团队中整体存在的问题，借鉴优秀教师案例，完备师资队伍；同时，教育资源的增多可以助力教学优化，当代"家—校—社"合作理念也为教育拓宽了道路，而如何有效地统筹这些人力、物力资源促进教学，也应成为关注的重点。

3. 深化编程教育具体内容研究

编程教育研究内容囊括了课程设计、思维培养、智能技术运用等，对于学习需求、教学影响因素等方面的探索有所欠缺，因此需要继续扩展研究内容，使研究者能够根据学生需求有针对性地开发编程教学模型，根据影响教学效果的重要因素展开设计，激发学习动机。同时，未来编程教育的研究应尽可能全面，囊括高等教育、成人教育等在内的教育层次，继续加强学科间的交流与合作，为终身教育贡献力量。

基于内容分析法的中国大学 MOOC 在线教育资源研究

王陈成[①]

一、引言

(一) 研究背景

随着教育数字化转型和教育信息化浪潮的大势所趋，在线教育模式已经成为常态化的一种教学模式。任何一种好的教学模式都离不开优质的教育资源，而在线教育模式也正是在优质在线教育资源的支撑下发展得越来越好。在线教育资源包括诸多种类，其中中国大学 MOOC 在新冠疫情期间更是作为一种优质在线教育资源，担任着中国在线教育的领头军。中国大学 MOOC 就是指在中国大规模开放性的网络课程平台。我国作为世界最早启动了全民在线教育模式的发展中国家，2 亿中小学生也为"互联网+教育"提供了真实的实验环境。[②] 吴玉杰、杨军等人研究的网络教育方法为网络教育创造了多种多样的教学资源与方法，可以提高学习者的认识、技能与素质等方面的课程目标的达成。[③]

(二) 研究意义

考虑到时代社会背景，中国大学 MOOC 存在哪些隐性问题以及改进措施更是少之又少，本文将中国大学 MOOC 置于信息时代大背景中，论证其存在哪些问题，以期能够填补对中国大学 MOOC 研究方面的缺陷。我国关于在线教育资源设计的研究目前较为丰富，但针对其存在的问题的研究却十分有限，在线教育资源虽然也属于教育资源的一种，但其

[①] 作者简介：王陈成，男，湖北荆州人，黄冈师范学院教育学院硕士研究生，研究方向为现代教育技术。

[②] 丁雅诵. 停课不停学期间，亿万师生参与在线教学——线上开课堂 学习不打烊（大数据观察·新产业新业态）[EB/OL]. (2020-07-16) [2023-01-10]. http://paper.people.com.cn/rmrb/html/2020-07/16/nbs.D110000renmrb_07.htm.

[③] 吴玉杰，杨军，吴方平，等. 疫情期间大学物理课程 在线教学实践研究 [J]. 中国现代教育装备，2021（17）：72-74.

本身也具有独特性，它更能顺应时代发展的潮流，对其进行拓展和深入研究能够极大地丰富在线教育资源这一概念。同时也能为优化改良我国在线教育资源提供一定的借鉴，为我国在线教育资源研究起到一定的促进作用，为 MOOC 实践改革提供指引与方向。

二、国内外 MOOC 研究现状及评述

（一）国外 MOOC 研究现状

通过数据库对文献进行分析，发现国外对 MOOC 的学术研究更多侧重于 MOOC 这种教育模式的介绍，MOOC 社交网络的应用等方面，还有许多研究者对新出现的如 Coursera 等 MOOC 平台进行学习研究。

Apostolos 等学者就 MOOC 课程学习过程中在线讨论问题进行了详尽的讨论，该研究通过叙事研究的方式对学习者在课程论坛中使用的一些具有情感色彩的词汇进行分析，判断学习者在 MOOC 课程学习中的表现。①

McAuley 等认为 MOOC 是将社交网络、专家和互联网资源整合起来，通过多种社交媒体参与、讨论、思考和分享教育资源，以在参与者的交流中产生课程内容。②

Carlos Alario-Hoyosl 等通过 MOOC 教学可以使用内部交流工具如 Q & A 和论坛，以及外部社会交流工具如 Facebook，Twitter 和 MentorMob。参与者认为社交工具有助于促进他们与同伴之间的交流，并倾向于使用论坛作为课程设计的优先考虑的交流工具③。

发现国外对于 MOOC 的研究主要表现在对 MOOC 学习理念、网络社交软件、MOOC 学习者的调查、学习方式以及 MOOC 对学校、教师、图书馆等方面的影响。对于 MOOC 在线教育资源在实践上如何优化展开的研究较少。

（二）国内 MOOC 研究现状

我国对 MOOC 的研究相对国外来说起步比较晚，为了解国内学者对 MOOC 进行的有关研究，笔者从知网数据库中总共检索到了截至目前的学术期刊有 2.64 万余篇，学位论文有 2387 篇，会议论文有 582 篇，报刊有 135 篇。

李京杰阐述了 MOOC 课程模式相较于传统的课程模式所拥有的优势，从 MOOC 课程完成率、评价机制和可持续发展等方面对 MOOC 课程模式存在的一系列问题进行了深入

---

① Koutropoulos A., Gallagher M. S., Abajia S. C. et al. Emotive Vocabulary in MOOCs: Context & Participant Retention [J]. European Journal of Open, Distance and E-Learning, 2012: 23.

② McAuley A., Stewart B., Siemens G. et al. The MOOC Model for Digital Practice [J]. University of Prince Edward Island, Social Sciences and Humanities Research Council's Knowledge Synthesis Grants on the Digital Economy, 2010: 51.

③ Carlos, Alario-Hoyosl, MarPerez-Sanagustinl, Carlos, Delgado-Kloosl. Analyzing the Impact of Built-In and Social Tools in a MOOC on Educational Technologies [J]. Springer Berlin Heidelberg, 2013: 5-18.

分析。①

张璇将 MOOC 与传统的视频公开课从资源角度进行了分析比较,分析了 MOOC 在线教学模式中存在的弊端和缺陷,从实践教学过程中对 MOOC 在线教学模式进行借鉴和优化。②

贾寿迪、杨洋介绍了 MOOC 的概念、发展的趋势和现状、主要特征和一般运行模式,概括出了其发展历程和存在的优缺点,详细分析了 MOOC 对当代高等教育产生的影响。③

丁琳、王颖等借助 MOOC 在线教育资源的优势,构建出了全新的教学模式,提高了计算机类有关在线课程的教学质量和效果。④ 周香英、钟琦用同样类似的方法对 MOOC 中计算机模块课程进行了教学模式上的重构和优化,主要是对理论方面的描述。⑤

(三) 研究现状评述

目前国内外关于在线教育资源中的研究大部分仍在阐述理论性质上的内容,对 MOOC 在线教学资源中如何去构建和优化一个好的教学设计,在该方面的研究较少。本研究主要以中国大学 MOOC 平台中的计算机板块为例,对中国大学 MOOC 平台中开设课程的院校、开设课程的次数等方面进行统计分析,更加深入地剖析在线课堂中存在的隐性问题,为课程开设者提供参考和改进意见建议。

三、研究过程

(一) 研究对象

本研究基于中国大学 MOOC 平台,以其中的计算机板块作为研究对象。通过精确查询检索到教育教学模块共有 278 门课程,其中已经完结的课程有 83 门,剔除掉尚未完结的课程,以已完结的课程作为研究的样本。

(二) 研究方法

中国大学 MOOC 平台在疫情期间发挥着至关重要的作用,但是随着加入课程的人数逐渐增加,课程中所附带的教育资源是否能够满足学生的学习需求,如何改进优化教育资源是目前亟待解决的问题。本研究采用内容分析法作为研究方法。内容分析法是指针对明显的媒介信息,先进行客观而又全面的分析后,再进行综合评价的分析方法。

---

① 张璇. MOOC 在线教学模式的启示与再思考——以江苏开放大学实践为视角 [J]. 江苏广播电视大学学报,2013 (05):5-10.
② 贾寿迪,杨洋. MOOC 模式带给我国开放课程的启示 [J]. 中国教育信息化,2014 (05):6-10.
③ 王文礼. MOOC 的发展及其对高等教育的影响 [J]. 江苏高教,2013 (02):53-57.
④ 桑新民. MOOCs 的挑战与教学学术的深化 [J]. 阅江学刊,2014 (01):46-54.
⑤ 周文清. 数字时代的关联主义学习理论研究 [D]. 上海:华东师范大学,2014:21.

(三) 研究分析

1. 分析维度

本研究把最小分析单元预设为每一个计算机类的课程,划分四个不同维度进行具体分析,四个维度分别为:开设课程团队、开设课程次数、课时安排以及辅助参考资源。

2. 信度分析

本研究以研究者本人为主评判员 A,另外邀请两个助理评判员 B 和 C 进行评判。按照信度分析式:

$$R = n * K / [1 + (n-1) * K] \tag{1}$$

若信度大于 0.9,说明本次评判结果是可靠的,则可以把主评判员的评判结果作为内容分析的结果。[①] 通过计算可知,信度 R 约为 0.941,可把研究者评判结果作为最终结果,可保证本次研究的信度。

3. 结果分析

本研究从开设课程团队、开设课程次数、课时安排和辅助参考资源四个方面对研究结果进行分析。

(1) 开设课程团队。从图 1 可知,开设课程团队人数在 1~3 人的课程门数是最多的,其中大部分课程从始至终都是由一位老师单独进行讲授,有 45 门课程,课程数约占总课程数的 54.2%;10 名老师及以上进行合作协同分工讲授的课程数量为 4 门;20 名教师以上的团体仅有 1 门课程。以上数据表明,目前中国大学 MOOC 平台中计算机模块视频教学资源主要还是以单人讲授完成教学任务为主,缺少多人团队合作共同完成教学任务。

(2) 开设课程次数。从图 2 可知,开设课程次数在 1~3 的课程最多,其中只开设过一次的课程有 24 门,约占课程总数的 28.9%,占比最高。其中有 5 门课程在 2021 年结课,9 门课在 2020 年结课。造成这种只开设一次就停滞的课程,可能由以下因素导致,首先根据学校教学进度安排,一个学期开设一次,该课程可能为新开设的课程,刚刚结束这一轮的教学;其次开设到完成一个完整的课程教学需要花费大量的时间,早一批课程可能由于此原因未进行再次开设;最后由于教材的更新迭代,知识点也会相应作出调整,课程也会随之作出调整而未及时再次开设。开设课程次数在 4~6 次的课程有 30 门,占比排第二,占比达总课程数的 28.1%。这表明,学生对这些课程的课后反馈不错,能够满足学生的学习需求,课程教学效果较好才能多次支持该课程开设。

(3) 课时安排。数据显示,课时量最少的课程类型为硬件实际操作课程,共 8 课时;课时量最多的课程类型为理论讲解型课程,共 210 课时。10~20 课时的课程门类有 7 门,约占总课程数量的 6%。在 33~64 课时的课程门类有 42 门,约占 50%。说明处于该学时

[①] 张屹,周平红,范福兰,等. 教育技术学研究方法 [M]. 北京:北京大学出版社,2013:79.

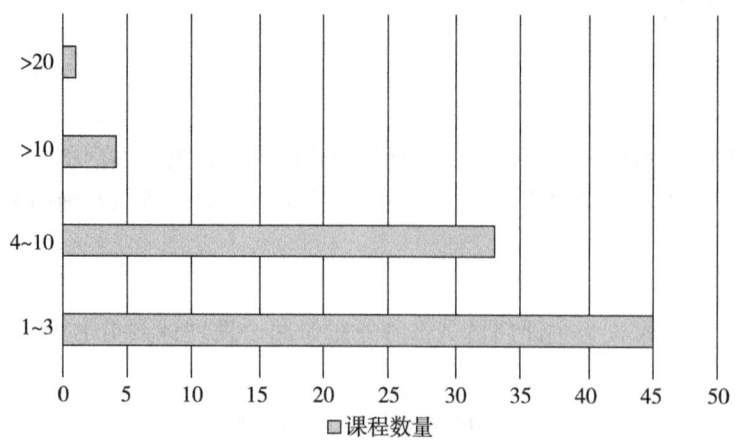

图 1 课程团队与课程数量

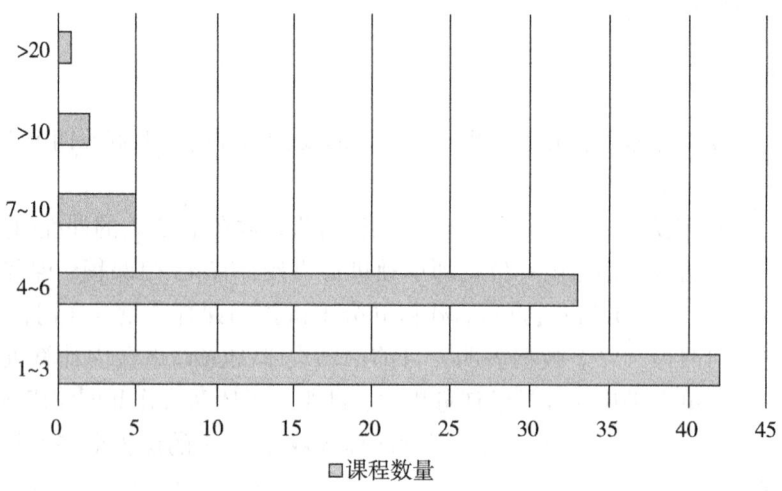

图 2 开课次数与课程数量

量范畴内的教学和线上课程教学的课时总量规模大体一致,而教学设置则根据线下教学安排来设定。表明不论是在网上教学或是线下课堂,教育者对理论与实践相结合的课程模式重视程度逐渐提高。课时量大于 64 课时的课程共有 8 门,主要是软件编程类课程。

(4) 辅助参考资源。见表 1,根据统计数据显示,存在 20 门课程没有提供或者是推荐的辅助参考资源,约占总课程数的 24.1%,这表明,仍有部分教师没有意识到在线视频教学的局限性以及辅助参考资源的重要性,认为仅讲授规定的教学内容就足够了,课外知识延伸拓展不够;提供纸质资料的课程共有 50 门,占总课程数的 60.3%。这说明在在线课程教学中,大部分教师还是根据教材来进行教学设计,教材是目前最主要的辅助参考资源。表明在线教学中辅助参考资源较为单一,缺乏一定的多样性,不利于学生的个性化学习。

表 1　　　　　　　　　　　辅助参考资源类型与课程数量

辅助参考资料	课程数量
纸质资料	50
视频资源	5
纸质及视频资源	8
无	20

四、研究结果

通过数据显示，课程团队中人数最多的团队共包含了 14 位副教授以上的老师授课，该课程开设过 11 次，共有 32479 名学生参与该课程的学习；相反，参与人数最少的课程为数据库与商业智能，仅由一名教师授课，共有 768 个学生参与学习。另外在一名教师授课的 47 门课程中共有 7 门国家精品课程，而团队合作的课程共有 35 门课程，其中 7 门为国家精品课程。这就充分表明，团队合作协同教学所带来的教学质量以及教学效果要比一个老师独立授课更加显著。

在研究样本中，只开设过一次的课程有 24 门，其中近 20 门课程在两年内陆续结课。说明计算机类大部分课程仍然处于基础建设试验阶段，并没有达到成熟多次开课的阶段。一般课程数量是 74 门，精品课程数量较少。说明大部分学校有能力去进行在线教育课程，但是最后教学质量和效果不佳，缺乏保障，有待加强。

一节课的课时量设置是否合理，体现在教师讲课的时间是否充裕以及学生的注意力是否集中等多个方面。在本研究选取的样本中有 4 门课的课时量大于 84 个课时，显著多于正常范围内的课时量，较多的课时量对教师来说无形增加了他们的工作量，对学生来说难以始终抓住学生的学习兴趣，学生会出现厌学现象。

有价值的辅助参考资料可以较好地丰富网络教学中所涉及的知识点，有效解决学习者的困惑。本研究还表明，目前网络教学中可使用的辅助参考资料主要是电子版的，音频类的分享较少。实现辅助参考资料多样化，不仅能帮助学习者按照自身现有的知识和能力去选取合适自身的辅助参考资料提高对学习相关知识点的掌握，还能让学生根据自己已有的经验和兴趣去选择适合自己的辅助参考资源加强对课程有关知识点的理解。

五、实践建议

（一）鼓励加强团队合作

从本研究中可以看出，教师间协同合作完成课程讲授较少，教师的合作意识不强。此隐性问题就会导致学生接受单一性的知识传输。当代教师应该具有教学反思和教学改进的能力，不仅要满足学生的个性化学习，更要做到自身面对不同知识时的差异化教学。通常这对一个老师来说难度过大，需要一个完整的教师团队进行协同合作教学，这样的教学方式能够融合不同教师的教学风格，更能提升学生的学习兴趣，还能够依靠教师自身的魅力吸引到更多的学习者进行学习。

（二）实现参考资源多元化

在线课程的辅助参考资源应该具有多样性。不同的知识对应不同的教法，所以不同的课程也应提供不同的辅助参考资源。慕课主要是以教师讲授为主，缺乏与学生的交流互动，为学生答疑也只能通过评论区或者是作业反馈的形式进行。为学生提供多种类型的辅助参考资源不仅符合了以学生为本的思想，满足了学生的个性化需求，能够提升学生的学习兴趣，提供的辅助参考资源也能有效为学生答疑解惑，帮助学生更好地理解有关知识点。

（三）优化教学过程设计

教学过程设计的优化需要以学生为中心、融合先进教育理念与技术手段，构建高效、互动、个性化的学习体验。OBE 是一种以学生最终学习成果为核心的教学设计模式，因此 OBE 课程结构设置强调以学习者为核心，并强调通过预先设计由学习者产生，然后再通过学习者来进行的教学、培养与评估。因此，需要依托教学目标与学生的能力目标去优化教学过程，达到最好的教学效果。

TPACK 视野下师范生
信息化教学能力提升的路径研究

熊佳仪①

一、引言

《教育信息化2.0行动计划》（以下简称《2.0计划》）的出台，正式开启了教育信息化的现代化进程。《2.0计划》提出启动"人工智能+教师队伍建设行动"，新时代的教师要积极应用人工智能帮助教学创新。在使用人工智能技术时，要真正做到：想用—会用—真用—用好（一是能指向核心素养，二是能生成智慧课堂）。②但目前师范生信息化教学能力的培养路径往往以在职教师的能力标准作为研究师范生相应能力的依据，忽略了师范生与在职教师的区别。③因此，对于师范生信息化教学能力培养的问题亟待解决。整合技术的学科教学知识（Technological Pedagogica Content Knowledge，简称TPACK）理论框架将教师能力划分为七类，它为深入理解技术和教师知识之间的关系提供了一个理论和分析框架，同时为促进教师教育者信息技术教学技能的培养与发展提供了新视角。④本研究以 TPACK 理论框架为基础并结合问卷调查，分析师范生信息化教学能力的现状以探索师范生信息化教学能力的发展方向，为师范院校建设高水平、专业化、智能化、开放化、特色化的师范教育提供借鉴。

二、信息化教学能力的概念

胡小勇、祝智庭（2003）首次提出"信息化教学能力"概念，将其界定为"信息化

---

① 作者简介：熊佳仪，女，湖北荆州人，黄冈师范学院教育学院硕士研究生，研究方向为现代教育技术。
② 王润兰，李梦雪. 师范生智能教育素养：框架构建、现状调查与培养路径［J］. 中国电化教育，2023（03）：120-126.
③ 任友群，闫寒冰，李笑樱.《师范生信息化教学能力标准》解读［J］. 电化教育研究，2018，39（10）：5-14，40.
④ 王辞晓，吴峰. 职前教师 TPACK 水平的绩效分析与改进路径［J］. 现代远距离教育，2018（02）：62-71.

形态下教师独立于其他教学参与者的核心职业素养提高"①。教师信息化教学能力是信息化环境下教师从事教育教学活动的核心能力，是全社会提高教育质量的重要抓手。② 教师要具备信息化教学能力，就需要不断学习和掌握信息化技术，在教学中积极探索和创新，通过信息化手段来实现教学目标。我国学者已从技术使用、教师发展等不同视角探讨了其概念内涵，普遍认同信息化教学能力是融技术手段和教学能力于一体的综合性能力。关于信息化教学能力内涵，李天龙等人认为，教师的信息化教学能力包括计划、实施、监控、评价和整合教学的能力。③

教师信息化教学能力提升是促进教师专业发展以适应教育数字化转型的重要途径。④ 作为未来的教师，师范生应该不断地学习和探索，提高自己的信息素养和信息化教学能力，为学生提供更好的教育教学服务

三、TPACK 框架在衡量信息化教学能力中的应用

教师的知识能力是一个复杂而且不断动态发展的体系，具有很强的综合性、发展性。⑤ 师范生作为未来教育的后备军，其身份在"学习者"向"教学者"的转变过程中还存在一些问题。TPACK 模型为研究信息技术与教育教学相融合探究教师的知识结构这一课题提供了切入点。

国外研究中最具有代表性的则是由 Koehler 和 Mishra 于 2006 年提出的 TPACK 框架，该框架目前已被学界广泛接受和使用。⑥ 学科知识（Content Knowledge，CK）、教学法知识（Pedagogical Knowledge，PK）和技术知识（Technological Knowledge，TK）是 TPACK 的单一维度知识，它们相互独立又相互影响；学科教学知识（Pedagogical Content Knowledge，PCK）、整合技术的学科知识（Technological Content，TCK）、整合技术的教学法知识（Technological Pedagogical Knowledge，TPK）是二维融合知识，TPACK 是三重互动知识。TPACK 框架将教师应掌握的技术知识与学科内容知识和教学法知识进行了融合，与本研究中师范生信息化教学能力提升的主题十分贴合⑦，其模型如图 1 所示。师范生对

---

① 胡小勇，祝智庭．信息化视野中的教师教育［J］．中国电化教育，2003（06）：25-27.

② 张妮，杨琳，程云，等．教师信息化教学能力量表的设计及检验［J］．现代教育技术，2021，31（04）：81-89.

③ 李天龙，马丽．大学教师信息化教学能力构成要素探析［J］．当代教师教育，2013，6（02）：44-47.

④ 杨海茹，马明月，向前臣，等．教师信息化教学能力发展轨迹与提升策略研究——基于认知网络分析法［J］．中国电化教育，2022（11）：90-98.

⑤ 吴林静，张少帅，刘清堂，等．网络研修中教师研修需求的差异性研究——基于研修计划的认知网络分析［J］．电化教育研究，2020，41（12）：43-49.

⑥ Mishra P, Koehler M J. Technological Pedagogical Content Knowledge: A Framework for Teacher Technology [J]. Teacher College Record, 2006（06）: 1017-1054.

⑦ 吴林静，张少帅，刘清堂，等．网络研修中教师研修需求的差异性研究——基于研修计划的认知网络分析［J］．电化教育研究，2020，41（12）：43-49.

角色认知存在一定的适应期,在接受学习和执行教学中不能及时地实现角色的转换。学者任友群的《师范生信息化教学能力标准》解读中表明我国侧重对职后教师的研究,而面向师范生的相关研究明显不足。① 熊西蓓等学者在调查少数民族师范生 TPACK 能力的情况时,发现对这一研究领域的重点较少放在职前教师身上,针对这一过渡期的培养标准也尚待完善。② 且与在职教师相比,当代师范生作为数字原住民的成长背景、所处的信息时代与教学实践经验也与职后教师存在较大区别。在此背景下,全面提高师范生的信息化能力是师范院校所面临的一项重大课题。

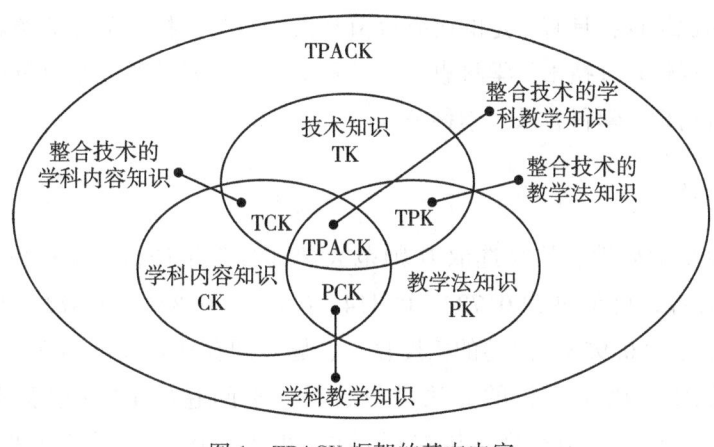

图 1 TPACK 框架的基本内容

四、研究设计师范生信息化教学能力现状调查

(一) 问卷设计

为了解师范生信息化教学能力现状,本研究基于 TPACK 框架编制了《TPACK 视野下师范生信息化教学能力现状调查》问卷。问卷第一部分为师范生基本信息,包括年龄、年级、性别、学科等;第二部分为 TPACK 视域下师范生信息化教学能力现状测量,分别为 TK、CK、PK、PCK、TCK、TPK、TPACK 对应的能力,共七个维度。问卷采用李克特五点式量表,按照"很不符合""不太符合""一般符合""比较符合""非常符合"五个维度设置(按照 1~5 分进行赋值)。分数越高表明师范生信息化教学水平越高,反之则越

---

① 任友群,闫寒冰,李笑樱.《师范生信息化教学能力标准》解读[J].电化教育研究,2018,39(10):5-14,40.
② 熊西蓓,郑格,李燕华. 少数民族师范生整合技术的学科教学知识(TPACK)调查研究[J]. 电化教育研究,2020,41(03):122-128.

低。调查结果使用 SPSS26.0 软件进行统计与分析。

(二) 问卷调查

1. 调查对象的确定

本研究以 H 大学为例,选取对象为该校师范生。H 大学是一所有着百年历史的师范教育特色显著、师范与非师范教育均衡发展的多科性普通全日制本科高校。同时,其教育技术学专业被评为省一流专业建设点,是推动教育信息化的重要支撑力量。考查该校师范生受教育后的知识结构,具有一定的研究价值和借鉴意义。抽样的专业领域共 11 个,依次是教育管理、现代教育技术、学科思政、学科语文、学科数学、学科英语、学科生物、学科化学、学科物理、学科音乐、学科美术。

2. 信效度检验

为确保数据的有效性,研究选取 H 师范大学部分学生进行了小范围预调查,问卷各维度标准化后各维度信度为 0.784、0.814、0.864、0.844、0.872、0.923、0.893,整体克隆巴赫系数为 0.953,问卷的信度良好,题目间存在较高的内在一致性。问卷的效度分析通过探索性因子分析的方法进行检验。本问卷的 KMO 检验系数为 0.943,Bartlett 的球形度检验中,显著性无限接近于 0,小于 0.05,达到显著水平,说明问卷的效度良好。

(三) 调查实施

本研究主要通过分层抽样的方式选取样本,主要针对某师范院校研一、研二、研三学生进行抽样调查。在导师和同学的帮助下,笔者借助 QQ、微信等即时交流工具向所研究的师范大学的 11 所学院发放问卷星的在线问卷链接,由师范生自主填写提交,共收到有效问卷 224 份,有效率为 98%,符合调查研究的有效性要求。

五、影响师范生信息化教学能力的因素分析

(一) H 大学教育硕士毕业生 TPACK 整体水平分析

研究发现:H 大学教育师范生 TPACK 水平测量所得七因子均值为 3.791,各因子均值集中在 3.620~3.874 范围内,即研究对象对于自身 TPACK 知识的掌握情况介于"一般符合(3)"和"比较符合(4)"之间,表明 H 大学师范生 TPACK 水平整体良好。

表 1 TPACK 视域下师范生信息化教学能力描述性分析

	TK	CK	PK	PCK	TCK	TPK	TPACK	七因子均值
平均值	3.620	3.847	3.874	3.831	3.701	3.781	3.797	3.791
标准差	0.614	0.536	0.510	0.452	0.557	0.508	0.517	0.520

（二）师范生信息化教学能力各维度分析

为了有针对性地为师范生信息化教学能力提出提升路径，实验对各个维度进行了分析。各维度能力平均值从小到大依次为 TK<TCK<TPK<TPACK<PCK<CK<PK。PK 对应能力的平均值为 3.874，在 TPACK 框架的七个维度中为最高，表明师范生对学科教学法知识的掌握较好，在理论层面有较好的基础。CK 和 PCK 分别对应的数据表现良好，证明师范生自身对学科知识的学习掌握比较牢固，以及教师通过多种途径解释教学主题，以适应不同概念和学生的先验知识也较为丰富。① 综上，师范生对理论层面的知识掌握。数据显示在 TK 对应能力及 TCK 对应能力、TPK 对应能力、TPACK 对应能力等方面水平不高，说明凡是涉及运用信息技术能力的水平均较低。其中 TK 的平均值最低，为 3.620，表明师范生对信息技术的掌握和应用水平较低。整体来看，师范生 TPACK 能力整合度不高，在教学过程中，由于对 TK 层面知识和实践的缺乏导致 TCK 对应能力、TPK 对应能力、TPACK 三个能力维度的整合不理想。

（三）问题原因分析

1. 学生展示学习成果和学生参与实践教学的机会不够

从年级角度纵向分析师范生信息化教学能力来看，高年级信息化教学能力水平整体平均值高于低年级且实践经验较丰富。由此，可以从两个方面来分析原因：一是高年级师范生在课程学习上较低年级投入较多，表明课程学习是培养师范生信息化教学能力的重要原因之一；二是高年级师范生在学校的培养计划中大多具备实习经历，相比于低年级学生实践经验较丰富。

2. 系统学习信息技术教学的课程有待开设

通过研究发现，偏理工科类学科教学专业的师范生信息化教学能力数据表现相对文科类学科教学师范生数据较好。这可能和专业需要的实践性相关，大多学科教学理工科的专业需要使用信息技术参与学习分析，因此可能与开设了相关的信息技术课程有关。

---

① 罗强. 智能时代教师知识结构的发展框架及其实现路径 [J]. 现代教育技术，2022，32（07）：31-39.

六、师范生信息化教学能力提升路径

研究发现，师范生在 CK、PK、PCK、TCK 上有较高水平，但在 TK、TPK、TPACK 上水平还有待提高。因此，本研究将从国家、学校、教师三个层面结合 TK、TCK、TPK 三类知识论述中小学教师信息技术应用能力提升策略。

（一）加快构建师范生 TPACK 课程体系

信息化是一种状态，师范院校要在潜移默化中推动师范生不断适应信息化的发展。通过 TPACK 课程体系的建设，以 TPACK 框架为基础，以七个维度的平衡和加强来提升师范生信息化教学能力。信息化教学设备是硬件基础，学校需要提供信息化教育环境，让学生在潜移默化中学习、应用相关的技术。加快师范生 TPACK 课程体系的建设与完善，让师范生受益于信息化教学再学以致用，实现双重的信息化教与学。

（二）着力打造师范生教学实践支持体系

实践是认识发展的动力。师范生处于"一线"学习理论，师范生在实习中可以将最新的理论性知识带入教学实践，在实践中及时地发现问题有利于师范生的专业成长。同时，当地政府积极联合学校组织交流与学习，组织信息化教学技能竞赛，一线教学教师、专家对参赛学生进行培训和考核，有针对性地为当地教育教学培养师资。最后，信息化教学能力的培养需要学校的专业设备的支持，当地政府需要提供技术和资金的支持，以促进当地教育的长远发展。

（三）努力提升师范生信息化教学原动力

师范生要以教师的标准要求自己、提升教学信念，争做成长型、研究型教师。现代社会知识不断更新、发展，这也就意味着教师要做成长型教师，着眼于培养学生的综合素质，为社会的持续发展培养人才。同时，针对教育的复杂性，教学中很多具体问题并没有现成或唯一的答案，甚至在理论书籍中也很难找到具体的答案。因此，在对师范生的培养阶段，不仅重视对知识与技能的传授，也要重视对师范生教学反思和教学研究能力的培养。①

此外，师范生信息化教学能力的提升还需要政府和师范院校联合加强师资力量、邀请信息技术教学的专家对师范生进行培训、组织相关师范生参与信息化技能大赛等，以此加强师范生对信息化教学技能的重视，从而提升师范生信息化教学能力的水平。

---

① 郭晨霞，王蔷. 基于行动研究的英语教师教育模式与研究型教师培养研究［J］. 北京城市学院学报，2022（04）：49-54.

七、结语

人工智能时代师范院校要加强对师范生信息化教学能力的培养，积极推动高等教育培养模式的创新与改良。目前，师范生信息化教学能力的提升路径、评价标准等相关研究尚处于起步阶段，还需要更多的研究者作深入探讨。

中学信息技术考核系统研究与实施
——基于数字化转型视角

杨 宇①

一、引言

我国传统教育的考核方式莫过于纸质试卷。纸质试卷通过填空、选择、计算、问答综合的评测来判断学生对知识的掌握程度，这是一种仅对结果评判的考试方式，不适合作为对操作能力的考核，最能够反映某人操作能力的方法是对考题的回答过程和结果进行综合判断。② 信息化是当今世界发展的潮流，国家社会发展大趋势，信息化水准的高低是衡量一个国家现代化水平和综合国力的重要标准。③《中华人民共和国国民经济和社会发展第十四个五年规划和2035年远景目标纲要》提出：加快建设数字经济、数字社会、数字政府，以数字化转型整体驱动生产方式、生活方式和治理方式变革。④ 在教育领域里，教育数字化是教育信息化在新时代的迭代和升级，是教育信息化演变的高级阶段，是顺应数字时代潮流推动教育深化变革与创新、开辟发展新领域新赛道、塑造发展新动能新优势、实现教育现代化不可或缺的动力和支撑。⑤ 党的二十大报告指出"推进教育数字化"，这为进一步做好新时代教育数字化工作指明了前进方向。本文探讨中学信息技术考核系统实施，从系统结构、系统功能、系统特点、系统特点来介绍中学信息技术考核系统，从而推动数字化转型的发展，并为其提出所面临的问题和挑战。⑥

---

① 作者简介：杨宇，湖北鄂州人，黄冈师范学院硕士研究生，研究方向为现代教育技术。
② 吴满意，高盛楠. 思想政治教育数字化转型：理论内涵、核心指向与实践进路 [J]. 思想理论教育，2023，528（04）：85-91.
③ 潘斌辉. 浅谈"信息技术"计算机化考核系统的研究和实施 [J]. 数字技术与应用，2019，37（04）：210-211.
④ 转引自崔英玉. 中国基础教育信息化存在的问题及对策 [J]. 鞍山师范学院学报，2011，13（06）：51-53.
⑤ 刘霞，张砚. 基于Java技术的高校教师考核信息系统研发 [J]. 中国市场，2016，894（27）：227-228，241.
⑥ 王泽民，周宇. 基于B/S的网上中小学教师信息技术考核系统 [J]. 河南教育学院学报（自然科学版），2012，21（04）：23-25.

二、系统结构

如图 1 所示，对于中学信息技术考核系统而言，中学信息模块、学习信息模块、考核信息模块以及负责人信息模块、题库子系统模块这五个部分是组成软件系统结构的主要组成部分。首先对于中学信息模块而言，其在该过程当中的主要任务是：对参与信息技术考核的中学进行信息录入。其次对于学习信息模块，主要通过这个模块可以了解到学生平常的做题情况。考核信息模块管理者可以通过这个模块给学生分发试卷，并且可以了解到学生的考核情况。负责人信息模块：将负责人的信息登录进去，才可以进入考核系统的后台了解学生的学习情况、考核情况。最后，对于题库子系统而言，题库子系统正如其名一样，其在该过程当中的主要任务是创建考核过程中所需要的试题，以及对组卷规则进行充分且有效的管理。目前，题库子系统当中所包含的内容主要有：建题模块，以及组卷模块这两个部分。每一部分都有它们需要完成的工作，也就是它们在整个系统中的作用。整个过程就像是一场"接力赛"，每个部门都会根据自己的职责，尽可能地完成自己的任务。只有这样，才能更好地完成每一个环节，才能达到更好的效果，才能更好地发挥各子系统的功能，便于以后的扩充，便于管理人员的管理。

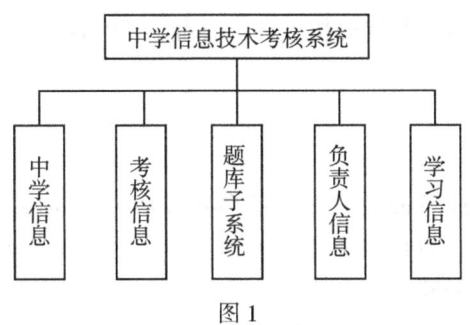

图 1

三、系统功能

（一）组卷功能

第一，固定试题组卷设置后，试卷试题是一样的，如果想要防作弊，可以设置试题乱序，或者试题选项顺序随机。试题乱序：勾选了这个选项后，试题的顺序就会随机变化。选项顺序随机：勾选了这个选项后，试题的顺序不变，但是试题的选项会随机变化。第二，随机抽题组卷设置后，考生考试时，系统随机抽题组卷，每份试卷的内容不一样。同时也可以设置试题选项随机。第三，固定+随机试题组卷固定+随机试题组卷，就是可以设置一部分试题是固定的，一部分试题是随机的。

（二）考核功能

考核可以被分成两种类型，一种是单机考核，另一种是网络版。单机版主要用于那些没有网络的学校，在单机上进行考核，在考生完成考核并交卷的时候，会将考试结果进行加密、压缩、打包，并以文件的方式保存到本机软盘中。网络版是以 WINNT 为基础，以 Client/server 结构为基础的。考生按照自己的准考证号码，在指定的网站上登录并进行答题，在考试结束并交卷后，将试卷的内容以文件的方式上传到服务器上，由监考人员将试卷的内容从服务器上回收。阅卷系统根据考生的成绩，采用百分制评分，并根据全国统一考试的评分标准，产生相应的分数。阅卷系统通常能够快速地完成阅卷和打分的工作。对每一次考试的评分结果，包括总分、单项分等，进行即时的统计，并将其传送到考务管理子系统，供后续处理。

（三）自动阅卷功能

计算机自动批改是计算机考试的重要特点，同时也是计算机考试的技术难点。在系统设计中，在客观题的评分上，主要以回收的考生答案为基础，按照答案与标准答案的匹配程度进行打分。基础知识的多项选择题都是完全的客观性问题，其总分将根据正确的答案计算。主观题在打分时，应尽可能地把一道大题分为若干个知识点，逐个进行记分。主观题主要有简答题、计算分析、案例分析、计算答疑、综合题等。

四、系统特点

新一代技术革新和产业革命引领经济社会各领域持续向数字化和智能化方向转型升级，教育领域也概莫能外。教育数字化转型是世界范围内教育转型的主要方向和重要载体。信息技术考核系统作为顺应时代潮流发展起来的一种全新考核机制，其在不断的发展中更是有着许多的特点。[1] 基于此，本文将从以下几点对信息技术考核系统的特点进行相关的阐述：

（一）先进性

信息技术考试系统采用了考试管理、学校信息管理、考试过程控制（考试信息模块）、评分、成绩收集等方法，使考务、考试的自动化、无纸化。该系统能在各种复杂的网络环境中，如任何一个局域网，都能正常运行，从而使考试管理工作向电子化、无纸化方向发展。目前，一般学校的考试工作，基本上还是停留在人工手动的方式，费时费力不说，工作效率也不高。而信息技术考试系统，能很好地解决这些问题。考试流程是整个考试过程的核心，关系到整个考试过程的管理和控制。而传统的人工手动模式，不但会耗费

---

[1] 虞歌，茅育青．高中信息技术会考考核系统的开发与应用 [J]．中国电化教育，2003（03）：89-90．

大量人力、物力和时间，而且还很容易出现差错。采用信息技术考试系统后，考生通过网络登录系统，在答题过程中只要按照提示操作就可以了，所有的操作都会被记录下来并生成报表。由于系统能够实现自动控制、自动判分、自动评分等功能，所以大大提高了工作效率和工作质量。

（二）灵活性

具有开放性的设计，允许用户添加试题，通过一个试题输入界面，可以方便快速地输入试题，还可以在任何时间、任何地点，对题库的客观题及操作题进行添加、修改和删除。按照难度与知识点来组织试题库，实现考试的统一管理。教师还可以在系统中对试题规则进行设计，也就是考试题型、知识点以及分数分布等。在此基础上，该系统可以自动地生成多组测试题，同时还可以通过修改测试题来提高测试题的质量。

（三）智能性

考生答完题，点击交卷，将试卷提交到信息技术考试系统，成绩汇总、统计、分析和发布也可由系统自动完成。该系统不但具有单选题、多选题、判断题、填空题、输入题、操作题、综合题等主观题的评分功能。在完全真实的办公软件中，快速准确地批改试卷。同时，该系统可以精确地为每一道题目打分，并给出每一道题目的正确答案，分析出错误的位置。

（四）可操作性

由于采用上机操作考核形式，试题必须考虑操作的软硬件环境，能在给定的环境下实现，且能在有限的时间内完成。

（五）安全性

本系统有着严密的安全机制，针对考试过程中容易发生的断电、死机、网络中断等突发情况有着一整套的防护机制。信息技术考核系统采用的非对称加密技术有着完善的防作弊机制，如防平行复制、防提前开考、摄像头人脸录像、数据包签名等可以有效地防止作弊，保证了系统安全性、数据的一致性、数据的完整性以及数据的正确性。系统具有完善的权限管理系统和缓存机制，保证了系统安全、高效、稳定地运行。

五、关键技术

（一）系统安全

在测试环境中，只有主考官的计算机是可以联网的，主系统将试卷发送到主考官的计算机，然后主考官的计算机会断开与机载计算机的连接，组成一个局域网，然后主考官会将试卷发给每一位考生。而且每个PC只能拥有一个使用者资料夹的全部权限。在考生计算机上，必须按照限定的用户名登录，这样，每一台考生计算机操作的用户文件夹之间相互独立，无法相互访问，没有一位考生可以进入其他考生的用户文件夹。同时，为保证信息系统的安全，还应该针对不同的使用者，赋予相应的权限。考官档案的权限与考生档案的权限不同，考生将自己的试卷档案交给考官档案，最终由考官统一交给考官档案。

（二）兼容性问题

一个系统中存在兼容性问题时，最明显的表现就是一个功能被多个版本同时使用。比如，在一个软件中有某个功能需要和另外一种功能共存，当这两个功能都被使用时，就会导致出现兼容性问题。在这些解决方案中，都是为多用户应用程序提供了解决方案。例如，微软最新推出的Windows10专业版系统，就提供了多种与Windows10相兼容的设备。

六、建议与期望

教育数字化转型是世界范围内教育转型的主要方向和重要载体。后疫情时代，疫情的冲击和数字技术飞速迭代的叠加，加速了教育迈向数字化的进程。百年未有之大变局的加速演进以及科技革命的深入发展给教育发展带来巨大机遇，也使教育数字化转型面临巨大挑战。

（一）数字化转型需要信息技术支持

新时代我国需要加快建设高质量教育体系和人力资源强国的目标，从而加快教育数字化转型。首先，目前我国教育发展矛盾已转变为人民日益增长的对美好教育的需求同教育发展不平衡不充分之间的矛盾。为解决这一矛盾，实现教育公共服务均等化，加快建设高质量教育体系，迫切需要教育数字化转型赋能教育。其次，新一代数字技术和经济数字化转型迫切需要教育培养出社会所需的创新型人才，提高人力资源质量，以应对未来国际竞争及建设人力资源强国的需要。当前我国产学研的完全融合还需进一步加强，所培养的人才在数量上和质量上尚未满足数字经济发展的需求，存在数字经济人才供需不平衡等现象。

（二）信息化发展不平衡不充分

不同层次的学校、不同区域的学校之间也存在着教育信息化发展不平衡问题，教育信息化发展不平衡问题无处不在，发达地区已经覆盖用上信息化考核系统，而在一些欠发达地区还是使用着传统的纸质化考试。发展水平总体上呈现出"南高北低""东高西低"的特点，尤其是西部地区基础教育信息化的水平较低，由于我国各地区发展不平衡和领导对数字化转型的重视程度不够等方面的原因，一些经济欠发达地区，特别是农村的中小学多媒体设备的数量较少、信息化设备落后，不能满足正常的教学需要。

(三) 教育数字化转型面临的问题与挑战

在课堂教学中，教师利用信息技术工具与课堂教学相结合，提高信息技术与课程内容的融合，培养学生的实践能力和对教学内容的理解能力。在信息技术的支持下，中学生的学习积极性和主动性需要进一步增强。信息技术支撑下的学生学习现状，与信息技术全方位助力学生学习模式优化、学习效果提升方面的预期目标之间还存在着一定的差距。信息技术和教育教学相结合，需要进一步加强。数字教学是指利用信息技术对教育进行赋能，进而提高学校的人才培养质量。在目前迫切需要信息化与高校教育教学深度融合的大环境中，新技术、新设备、新环境"被闲置""不好用"的情况依然存在。在此基础上，本文探讨中学信息技术考核系统的研究与实施，从系统结构、系统功能、系统特点、系统特点来介绍中学信息技术考核系统，从而推动数字化转型的发展，并为其提出建议和经验。随着"混合教学"在中学教育中逐步成为新常态，我们迫切需要对教师"数字教学"能力进行重新认识，并对其内涵进行更新。利用新一代的信息技术来提升教育管理的精细化、智能化水平，推动教育决策从经验驱动到数据驱动，从单一的管理到协同的管理，从被动的响应到主动的服务，从而实现了学校考试考核的流程再造和模式创新。

中学生信息技术课程
深度学习现状的调查及对策研究
——以黄冈市 H 中学为例

周瑞杰[①]

一、研究背景及意义

我国现阶段正处在教育信息化 1.0 向 2.0 阶段跃升的关键时期。2018 年 4 月，教育部印发了《教育信息化 2.0 行动计划》，提出大力提升教师教育素养，这也标志着我国顺利迈入教育信息化工作的新征程。2000 年，新一轮课改重点要求改变学生的学习方式，并且要求学生培养终身学习的能力，以此来提高学生的学习能力。2016 年 9 月正式发布中国学生发展核心素养总框架，提出了中国学生发展核心素养以"全面发展的人"为核心，综合表现为人文底蕴、科学精神、学会学习、健康生活、责任担当和实践创新六大核心素养。[②] 由此可见，促进学生深度学习，提升学生学习效率尤为重要。

二、国内外研究现状

国外对于深度学习的研究起步较早，1956 年，布鲁姆在"认知领域目标"的探讨中发现，认识目标维度的划分蕴含了深度学习的思想，即"学习有深浅层次之分"。2004 年，美国教育传播与技术协会（AECT）重点强调了深度学习的思想理念，重新修订了教育技术的定义，并将教育技术的重要目标定为促进深度学习。国外对于深度学习研究既有理论的分析，又有实践的探索，已经形成了一定的范式，能够为我国进行深度学习研究提供很好的借鉴。

国内对于深度学习的研究开始较晚，最早关注深度学习的是教育技术领域。在 2005 年上海师范大学的黎加厚教授在《现代教学》中系统地阐述了前人有关深度学习的概念。对于深度学习的研究现状，在中国知网（CNKI）以"深度学习"为主题词进行高级检索

[①] 作者简介：周瑞杰，黄冈师范学院教育学院研究生。
[②] 于蒙蒙. 高中信息技术教学中构建深度学习课堂的实践研究 [D]. 哈尔滨：哈尔滨师范大学，2018：27.

发现，截至 2023 年 6 月共 136421 篇文献，文献的学科分类主要集中在计算机领域（6.61万），自动化教育（5.79 万）以及中等教育（1.35 万）。在文献检索的过程中，发现从 2014 年后，教育领域关于深度学习的研究开始稳步上升，在近几年关于深度学习的研究热度不减。总体来看，我国关于深度学习的研究大多数有关于理论研究，在教育教学方面涉猎还比较少，有待更深一步的探讨。

三、文献综述

（一）深度学习的概念

深度学习也被译为深层学习，在教育领域里，深度学习主要研究学习的目标和学习过程问题。在国内，黎加厚教授对深度学习的界定得到了广泛的认可，即所谓深度学习就是指在理解学习的基础上，学习者能够批判性地学习新的思想和事实，并将它们融入原有的认知结构中，且能够将已有的知识迁移到新的情境中，作出决策和解决问题的学习。此外，美国深度学习项目（SDL）的研究提出了深度学习的能力框架，如图 1 所示。

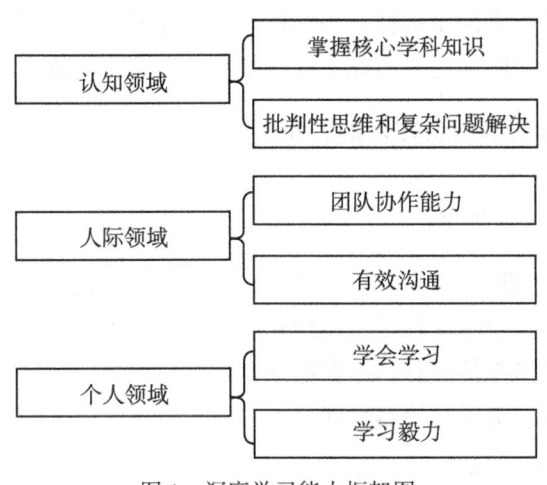

图 1　深度学习能力框架图

（二）深度学习与浅层学习的对比

浅层学习是教育过程中的产物，但它把信息作为孤立的，不相关的事实来进行记忆的，但这样的记忆是短时的记忆，无法灵活运用所学的知识来解决问题。深度学习与浅层学习在记忆方式、知识体系等方面存在显著的差异①，如图表 1 所示。

---

① 叶晓芸，秦鉴．论浅层学习与深度学习［J］．软件导刊，2006（02）：19-21．

表 1　　　　　　　　　　　　深度学习与浅层学习对比

	深 度 学 习	浅 层 学 习
记忆方式	强调理解基础上的记忆	机械记忆
知识体系	在新知识和原有知识之间建立联系，掌握复杂概念、深层知识等非结构化知识	零散的、孤立的、当下所学的知识，且都是概念、原理等结构化的浅层知识
关注焦点	关注解决问题所需的核心论点和概念	关注解决问题所需的公式和外在线索
投入程度	主动学习	被动学习
反思状态	逐步加深理解，批判性思维、自我反思	学习过程中缺少反思
迁移能力	能把所学知识迁移并应用到实践中	不能灵活运用所学知识
思维层次	高阶思维	低阶思维
学习动机	学习是因为自身需求	学习是因为外在压力

通过表中的分析可以看出相较于浅层学习，深度学习强调知识的迁移，这就要求学习者不仅能够在海量的学习资源中选择有用的信息，还要能够将学习到的新知识转移到新的情景之中，以此来解决实际问题，因此对深度学习也有更高的要求。

（三）深度学习与高中信息技术的关系

1. 高中信息技术课程标准

《普通高中信息技术课程标准（2017 年版）》是国家对信息技术这门课程的基本规范和要求。普通高中信息技术课程是一门旨在全面提升学生信息素养，帮助学生掌握信息技术基础知识与技能、增强信息意识、发展计算思维、提高数字化学习与创新能力、树立正确的信息社会价值观和责任感的基础课程。①

2. 高中信息技术课程中深度学习的意义

根据深度学习的相关理论可知，让学生在高中信息技术学科教学中经历真实生活情景的问题解决过程，激发学生的学习内在驱动力，重构其认知结构，实现知识从量变到质变的飞跃过程，最终能够达到提升信息技术学科核心素养的目的。②

---

① 黄斐. 基于核心素养的新旧高中信息技术课程标准对比［J］. 中国信息技术教育，2019（24）：59-61.

② 黄斐. 基于核心素养的新旧高中信息技术课程标准对比［J］. 中国信息技术教育，2019（24）：59-61.

四、研究思路和方法

（一）研究思路

在阅读有关深度学习的文献后，梳理深度学习的内涵及其特征。在确定研究内容后确定研究对象和研究方法，参考已有的成熟量表和问卷，设计调查问卷；发放调查问卷收集相关数据；对获得的调查数据进行整理与分析，总结高中生信息技术课程深度学习的现状，进而提出促进初中生信息技术课程深度学习的策略。

（二）研究方法

结合实际情况与所需研究内容，本文将采用文献研究法与问卷调查法对高中生信息技术学科深度学习现状进行研究并分析数据，并得出相关结论。

五、中学生信息技术课程深度学习现状调查设计与研究

（一）研究目的

在21世纪信息化社会下，培养学生的核心素养是教育领域不变的话题，而深度学习则是培养核心素养的有效途径。但是在高中信息技术学科的深度学习中还存在一些问题，例如学生的学习兴趣不高等，因此有必要进一步对高中生信息技术学科深度学习的现状进行调查与研究。

（二）研究对象

本文的调查对象选取黄冈市H中学高一到高三的学生。

（三）研究设计与实施

1. 调查问卷的设计

通过对深度学习内涵的研究，高中信息技术学科的相关特点，以及参考了前人对深度学习调查问卷的设计，在此基础上完成了《高中生信息技术深度学习现状调查问卷》的编写，问卷主要根据李克特五点量表进行编写，每个问题均设计五个选项，分别是"非常符合到非常不符合"。对于问卷的设计，主要包括四个方面：第一部分是关于学生的个人基本情况；第二部分是对学生学习方式的调查；第三部分是对学生学习结果的调查；第四部分是对教师深度教学方式的调查。

2. 调查问卷的信度与效度

（1）信度。信度是指测得结果的稳定性及一致性，量表的信度越大，则其测量标准

误差越小。本研究采用克朗巴哈 α 系数对问卷的信度进行检验，用以测验问卷内部所有题目间的一致性程度。

除了问卷个人信息部分，使用 SPSS 对 26 道题目进行检验，问卷整体的 Cronbach's α 值大于 0.9，如表 2 所示。说明问卷具有良好的可信性。

表 2　　　　　　　　　　　　问卷信度分析

可靠性统计

Cronbach's α	项数
.945	26

（2）效度。效度是用于衡量心理或行为特质所到达的有效程度。在结构效度的检验方法中，最为常用的是因子分析法，在研究中一般使用 KMO 检验。如表 3 所示，该问卷的 KMO 系数值为 0.922 大于 0.9，显著性小于 0.05。说明本量表适合作探索因子分析，具有良好的效度。

表 3　　　　　　　　　　　　KMO 和巴特利特检验

KMO 取样适切性量数		.922
巴特利特球形度检验	近似卡方	2139.710
	自由度	325
	显著性	.000

3. 描述性统计分析

本研究主要从高中生信息技术学科深度学习现状的三个部分来进行描述性分析，分别是深度学习方式、深度学习结果情况及初中信息技术教师深度教学方式。结果如表 4 所示。

表 4　　　　　　　　　　　　描 述 统 计

	N	范围	最小值	最大值	均值	标准 偏差
3. 我对信息技术课的喜爱程度	162	4	1	5	4.05	.964
4. 信息技术课上，我能集中精力听讲	162	4	1	5	3.18	.939
5. 信息技术课上，我能专注地完成老师布置的计算机操作任务	162	4	1	5	3.14	.902

续表

	N	范围	最小值	最大值	均值	标准 偏差
6. 我在课余时间会主动学习信息技术相关知识	162	4	1	5	3.27	1.008
7. 信息技术课上,对于老师讲的核心知识点(基本概念、基本原理、基本法则等),我会深入思考其内涵	162	4	1	5	2.12	1.083
有效个案数(成列)	162					

4. 相关性分析

相关性分析主要用于描述两变量相互间关系的密切程度,采用斯皮尔曼分析如表 5 所示。

表 5 相 关 性

斯皮尔曼Rho	性别	相关系数	1.000	.110	.186*	.055	.050	.208**
		Sig.(双尾)	.	.165	.018	.490	.530	.008
		N	162	162	162	162	162	162
	年级	相关系数	.110	1.000	-.102	.063	.094	-.031
		Sig.(双尾)	.165	.	.198	.426	.234	.696
		N	162	162	162	162	162	162
	我对信息技术课的喜爱程度	相关系数	.186*	-.102	1.000	.523**	.350**	.408**
		Sig.(双尾)	.018	.198	.	.000	.000	.000
		N	162	162	162	162	162	162

*. 在 0.05 级别(双尾),相关性显著。

学生所在的年级对学生深度学习的方式无显著性关联,学生的性别在学习结果方面将所学内容与实际生活相联系存在显著的正相关关系($r=0.208$,$p<0.01$)。学生对信息技术学科的喜爱程度与学习信息技术知识时,能将新旧知识相结合存在显著的正相关关系($r=0.408$,$p<0.01$)。

六、中学生信息技术课程深度学习现状中存在的问题与对策

(一)存在的问题

通过对问卷调查数据进行分析后,发现高中生信息技术学科深度学习现状还存在一定

的问题，对相关问题进行精简与提炼，主要表现在以下几个方面：

1. 高中生深度学习现状整体处于中等水平

在对收集到的调查问卷数据进行一系列的分析后，可以发现高中生信息技术课程深度学习的现状处于中等水平，并不太乐观。从调查问卷的数据中可以发现，大多数高中生对信息技术学科报有很大的兴趣，但是在涉及比较复杂的编程、动画制作等需要对知识进行深度加工时，部分同学就不愿意进行更深层次的探索，仅仅停留在表面。

2. 高中生思维定势存在局限性

在问卷中，有一道题目是调查学生在信息技术知识或技能的学习的过程中能否将其举一反三，很多同学的选择是"一般"或者"不符合"，这种现象表明了很多高中生在知识点的理解上还比较浅显，无法将所学的知识准确地迁移到其他问题的解决当中，或者在迁移的时候遇到困难却没有进行更深一步理解。

3. 教师有关深度学习的教学方式比较单一

教师在学生深度学习的过程中同样充当着重要的角色，教师对于信息技术学科知识的讲授方式也对学生的深度学习有着很大的影响。教学方式的单一，缺少一定的趣味性，就会使得学生无法达到深度学习的状态，无法吸引学生的注意力，激发学生的学习兴趣。

（二）促进高中生信息技术课程深度学习的对策

1. 学生方面

学习的提升主要取决于学生个体，决定因素是个人的态度和努力，在学习的过程中首先要激发对学习的兴趣，认识到学习的重要性，对学习产生浓厚的兴趣才能进一步去探索新的知识。如果说端正的学习态度是必不可少的前提条件，那么个人的努力就是深度学习不可或缺的保障，要选择适合自身的学习方法，合理运用学习工具，在理解的基础上对知识进行转换、加工与迁移，进而有意识地提高自己的深度学习能力，进一步提高学习效率。

2. 教师方面

教师作为学习的引导者，首先要保证自身的扎实基础。同时作为信息技术教师，要对信息具有一定的敏感度，能够不断接触新的事物，进行新的尝试，不断丰富自身深度学习与深度学习的相关教学理论，将教学方式结合自身经验与学生的个体发展作出有效的调整与改变，不断地提升自己，辩证地看待问题，从而引导学生进入深度学习。

其次，要加强学生学习动机的培养。学生的学习动机越强，对知识的加工、处理与应用的效果就越好。激发学生的求知欲、探索欲能够使学生更加积极主动地学习。因此教师在进行信息技术课程的教学时，可以多增加一些有趣的例子，让课堂上充满趣味性，从而能够让学生将注意力集中在课堂学习中，更好地促进深度学习的发生。

七、总结

综上所述，高中生深度学习现状总体来说处于中等水平，不是很理想，在不同性别和年级上并没有显著差异，高中生深度学习的方式与学习结果呈显著的正相关性；教师的深度学习教学方式与学生的学习结果呈正相关。在数据分析的过程中，发现高中生在信息技术学科中的深度学习还存在一些问题，例如对信息深度加工与应用的能力存在一定限制，无法将所学知识迁移到生活中实际问题的解决，在课后对知识的反思与评价还不够，等等。为了克服这些问题，不仅需要教师对深度学习进行良好的引导与帮助，营造有趣的课堂氛围，不断加强自身深度学习的知识储备，还需要学生从自身出发，端正自身的学习态度，寻找适合自身的学习方法，加强深度学习的能力。

基于智慧课堂的中学信息技术课程教学设计
——以"加密与解密"一课为例

朱兴敏①

一、引言

智慧教育是基于计算机技术、信息技术和网络技术,借助现代化的信息化手段,对教育过程中的各个环节进行优化和升级,以提高教学质量、效率和管理水平,以智慧教育理念作为指导构建一种新型的课堂模式智慧课堂。② 智慧课堂是以信息技术为基础,利用先进的教育技术手段,改变传统教学模式,提高教学效果和质量的一种课堂模式。在智慧课堂的发展中,各种先进技术不断涌现,使得智慧课堂呈现出越来越丰富多彩、功能更加齐全的发展态势。

二、智慧课堂的应用价值

智慧课堂是一种基于互联网和数字技术的教育模式,可以在中学信息科技课程中发挥重要的应用价值。③ 首先,智慧课堂可以提高教学效率。传统的课堂教学存在着许多问题,比如教学效率低下、信息传递不及时等。而在智慧课堂中,老师可以通过电子白板、在线互动等方式实现教学内容的快速传递,同时可以对学生进行实时监控和个性化指导,从而提高了教学效率。其次,智慧课堂可以增强学生的参与感。传统的课堂教学往往以老师为中心,缺乏对学生兴趣的引导和积极性的培养。而在智慧课堂中,通过各种互动手段和游戏化设计等方法,可以增加学生对于课程内容的兴趣和参与度,进而提高学习效果。④ 再次,在信息科技课程中进行实践操作是非常必要的。而智慧课堂可以为

---

① 作者简介:朱兴敏,黄冈师范学院硕士研究生,研究方向为智慧教学。
② 祝智庭. 智慧教育新发展:从翻转课堂到智慧课堂及智慧学习空间 [J]. 开放教育研究,2016,22 (01):18-26,49.
③ 刘邦奇. "互联网+"时代智慧课堂教学设计与实施策略研究 [J]. 中国电化教育,2016,357 (10):51-56,73.
④ 刘邦奇. "互联网+"时代智慧课堂教学设计与实施策略研究 [J]. 中国电化教育,2016,357 (10):51-56,73.

此提供一个良好的实践平台。例如，在信息科技课程中采用物联网连接各个物体，通过编写程序实现对其控制。在智慧课堂中，可以实现同样的操作，而且更加直观、生动，并且会有更好的参与度。最后，智慧课堂可以提高教育公平性。通过智慧课堂技术的应用，学生不再受到地域、文化等因素的限制，可以获取到全球优秀教师的优质资源。同时，由于信息技术为教师提供了更多的个性化教育工具和手段，使得每个学生都能够获得更好的学习体验和教育机会。

三、智慧课堂的意义

智慧课堂在中学信息科技课程中具有非常重要的意义。提高教学效率，智慧课堂采用多媒体教学手段，可以让学生通过图像、声音、视频等多种形式来获取知识，这比传统的黑板讲解更生动、直观。[①] 同时，智慧课堂还能够实现互动教学，让教师和学生之间的交流更加灵活、自由，提高了教学效率。拓展学习资源，智慧课堂可以通过网络等方式拓展中学信息科技课程的学习资源。例如，可以通过在网络上搜索相关资料拓展知识面；或者是利用在线资源库来获取丰富的教育资源等。智慧课堂不仅提供了知识内容，也提供了一些协同工具和平台。例如，在智慧课堂上，老师可以设置小组作业或者团队项目来促进合作与创新，并且将这些协作工具与技术融入教育。引导自主学习，智慧课堂利用技术手段可以让学生实现自主学习。例如，老师可以设置在线测试以及讨论区来引导学生进行自主学习和自我检测，通过这些方式，可以激发学生的兴趣、自信心与探索精神。智慧课堂在中学信息科技课程的教学中具有不可替代的作用，它能够帮助教师更好地传递知识、提高教育效果、促进合作创新等。[②]

四、教学设计与实施

（一）教学设计

以高一年级的信息技术科目为例。

1. 课程标准要求

本节课是教育科学出版社出版的高中信息技术必修1《数据与计算》中第3单元认识数据中的一节，普通高中信息技术课程标准中，多次提到"信息安全"。信息安全成为信

[①] 刘邦奇."互联网+"时代智慧课堂教学设计与实施策略研究［J］.中国电化教育，2016，357（10）：51-56，73.
[②] 刘邦奇."互联网+"时代智慧课堂教学设计与实施策略研究［J］.中国电化教育，2016，357（10）：51-56，73.

息技术学科四大核心素养中的"信息意识"和"信息社会责任"中的重点内容。本节课正是让学生了解数据既为我们带来便利，也存在许多安全隐患，如何用密码保护数据，还有对数据进行加密来保护数据，也正是课程标准中的信息安全的部分，是培养学科核心素养的重要内容。本节课程内容，可适当延伸，与学校德育工作中安全教育结合起来。正面教育、正向引导学生，自觉遵守全国青少年网络文明公约：从自己做起，遵守相关法律和必要的道德规范，共同维护健康、良好的数据环境。

2. 学业要求

（1）学生能够了解数据加密和解密，会分析生活中由密码引起的数据安全问题。（信息意识）

（2）利用软件工具或平台对数据进行整理、组织、计算与呈现；破解恺撒密码的过程中理解加密与解密算法，依据解决问题的需要，设计和表示简单的算法。（计算思维）

（3）根据需要选用合适的数字化技术工具和信息系统开展学习，利用数字化工具创造性地完成任务，形成创新作品。（数字化学习与创新）

（4）通过技术方法密码保护数据，还有对数据进行加密来保护数据，自觉遵守信息社会的法律法规和伦理道德准则。（信息社会责任）

3. 教材分析

本节课是教育科学出版社出版的高中信息技术必修1《数据与计算》中第3单元认识数据中的一节，本节是第3单元乃至整本书非常重要的一节，旨在让学生树立信息安全、信息保护意识，而这是信息技术学科四大核心素养中的"信息意识"和"信息社会责任"的重点内容。在学习本节课之前，学生已经充分认识了数据，了解了数据编码、数据关系，并掌握了一定的 Python 编程基础。本节是要让学生认识到数据既为我们带来便利，同时也存在许多安全隐患，我们要树立保护数据的安全意识，并掌握相应方法和技能。提醒学生从自己做起，遵守相关法律和道德规范，共同维护健康、良好的数据环境。

4. 学情分析

本节包含以下几个方面的学习任务：（1）树立保护数据安全意识。（2）体验密码破解、防范密码盗窃、掌握设置安全密码的技巧。（3）加密、解密的概念及原理。（4）用 Python 实现简单的加密算法。其中，体验密码破解、防范密码被盗、掌握设置安全密码技巧这部分内容学生有模糊的意识，但没有实际的体验和深入的了解，需要让每个学生充分参与，在体验、经验的基础上领悟、归纳、总结；避免直接灌输结论，更不要让学生机械地背诵结论。加密、解密的概念及原理这一部分内容难度不大，但学生没接触过，也非常容易混淆，需要让学生在理解的基础上掌握。

5. 教学目标

（1）信息意识：学生通过理解数据加密和解密的概念及原理，了解数据加密的历史，从而会分析生活中由密码引起的数据安全问题，理解对数据进行保护的意义。

（2）计算思维：通过任务一穷举破解密码感受运算速度，分析有哪些影响破解速度的因素，破解恺撒密码的过程中理解加密与解密算法。

（3）数字化学习与创新：会用 Python 编程实现简单的加密算法解决问题，尝试设计并实现自己的加密算法并与同学们进行分享展示。

（4）信息社会责任：学生了解到数据既为我们带来便利，也存在许多安全隐患，学会如何用密码保护数据，还有对数据进行加密来保护数据，自觉遵守全国青少年网络文明公约；从自己做起，遵守相关法律和道德规范，共同维护健康、良好的数据环境。

6. 教学重难点

（1）教学重点：Python 编程实现恺撒加密。
（2）教学难点：恺撒加密的原理及编程实现。

7. 教法学法

教法：任务驱动法、讲授法、演示法等。
学法：合作学习、讨论法、练习法等。

8. 教学过程

教学流程见图 1。

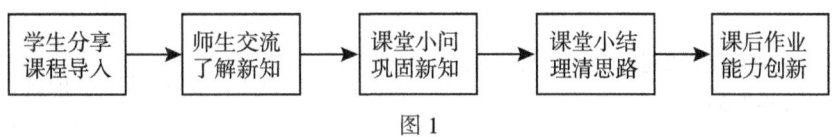

图 1

9. 教学过程

表 1

教学环节	教师活动	学生活动	设计意图
学生分享，课程导入	学生自主预习，阅读第 79 页任务二让数据"隐身"之活动 1 古老的"隐身术"，填写表 3.4.3，引入"加密"话题，教师评讲填写情况，引出数据安全、数据加密话题	学生阅读、上网查找资料	引导学生了解数据加密的发展历史，充分激发学生的学习兴趣

续表

教学环节	教师活动	学生活动	设计意图
师生交流，了解新知	加密：加密就是将原始信息（数据）隐匿起来，使之在缺少特殊信息（数据）时不可读。原始信息（数据）称之为明文，加密后的信息（数据）称之为密文。将密文还原成明文的过程称为解密（或解码） 加法密码：恺撒密码只是简单地将明文中的每一个字母用字母表中该字母后的第 3 个字母替换。例如，将明文中的 a 用 d 替换，b 用 e 替换……z 用 c 替换。像恺撒密码这样，明文中的所有字母都在字母表上向后（或向前）按照一个固定数目进行偏移后被替换成密文，这种密码称之为加法密码	学生观看相应的动画视频介绍	学生明白加密、解密、明文、密文的概念
	恺撒密码，也被称为恺撒密码，是一种古典的加密方式。它的原理很简单，就是通过将明文中的每个字母都按照一个固定的偏移量来替换成密文中的字母。例如，如果偏移量为 3，则 A 会替换成 D，B 会被替换成 E，以此类推 由于这个加密方式非常简单，所以也很容易被破解。但在古代时期，在没有计算机进行暴力破解的情况下，这种加密方式仍然很有效，并且在历史上经常被使用	学生认真听讲后，并尝试在自己的计算机上将图 3.4.1 恺撒加密算法流程图补充完整。小组内进行分享所填写的答案	学生掌握恺撒密码的原理
	根据流程图 2 进行讲解是与前面的文字叙述相匹配的	学生讲述，老师总结	学生进一步理解整体的流程，为程序编写理清思路
	通过对于流程图 2 的整体了解，学生尝试自己动手写出恺撒密码的解密算法，对于还不太了解的可以借助书中已经给出的程序来进行补充操作	学生阅读思考解密算法程序	学生进一步熟悉 python 程序
课堂小问，巩固新知	【想一想】恺撒密码的安全性能如何？ 可以说，保密性能极差。将明文字符前移或后移一个固定的长度 d，即使改变 d 的值也最多只需 25 次尝试 d 的值，就能破解	分组讨论，积极抢答	通过一个小问题使学生更好地掌握本节课的内容，动脑思考
课堂小结，理清思路	老师和学生一起回顾本节课的知识	学生回顾	巩固本堂课的知识，体现教学的完整性

续表

教学环节	教师活动	学生活动	设计意图
课后作业，能力创新	以上就是本节课的内容，课后请同学们参照恺撒加密算法，尝试设计并实现自己的加密算法并与同学们进行分享展示	学生课后完成作业	在完成作业的过程中，对所学知识进一步理解

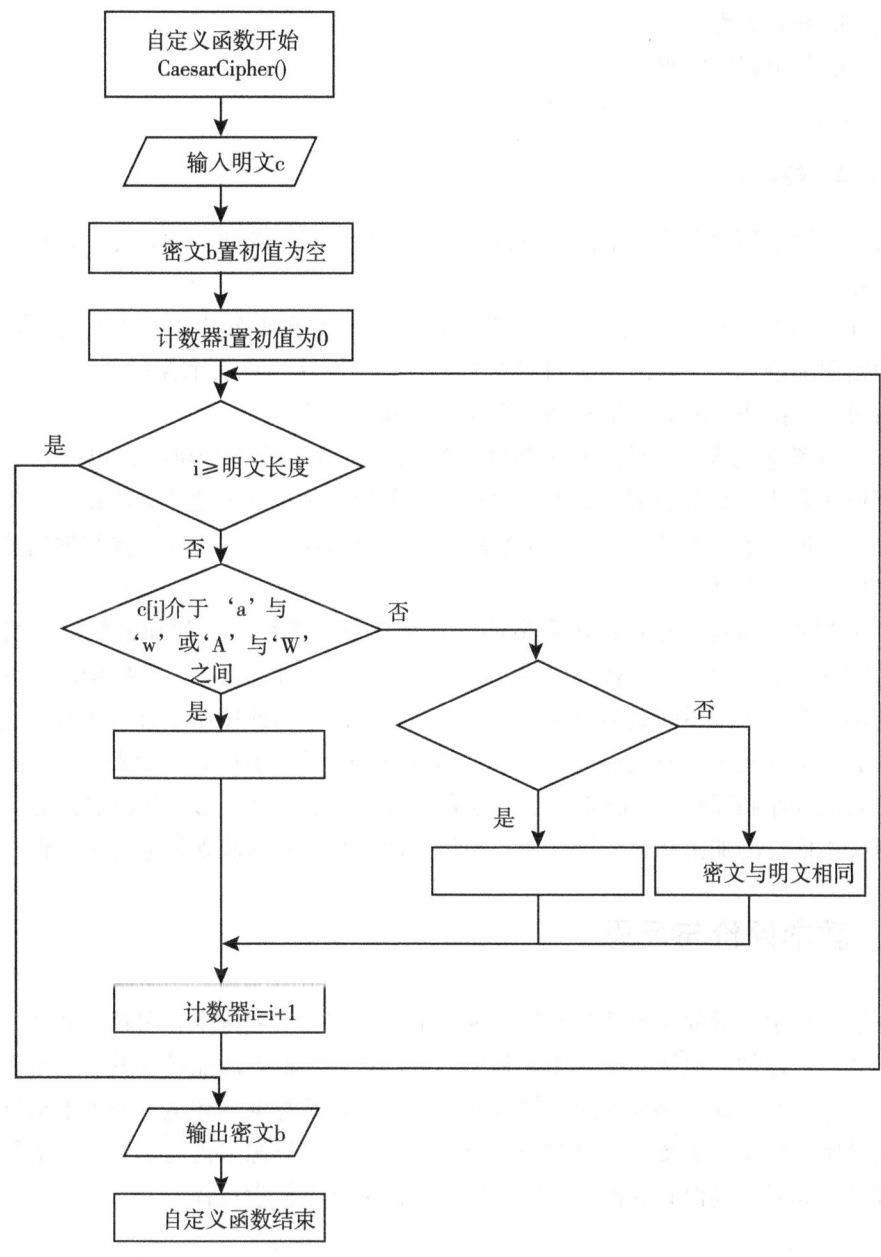

图2 恺撒加密算法流程图

10. 板书设计

> **3.4 加密与解密**
> 1. 加密
> 2. 加密算法
> 3. 补充流程图
> 4. 补全程序代码

（二）教学实施

针对智慧课堂环境下的高中信息科技课程加密与解密一课的教学设计，可以按照以下步骤进行相应实施：

（1）确定教学目标。在此课程中，学生首先需要了解什么是加密和解密，并学习不同类型的密码加密算法。其次，他们需要了解如何应用这些算法来保护数据安全和隐私。最后，通过实践操作了解如何编写和执行加密和解密算法。

（2）设计教学内容。在此过程中教师可以采用多种方式进行讲解，包括利用多媒体工具、图形化表达、示例演示，等等。同时使用实际案例来展示这些算法在现实生活中的应用。在这个过程中，教师可以引导学生思考数据隐私和安全的问题，并与他们分享现实生活中的信息安全案例。

（3）配置教学资源。通过使用合适的软件和工具，例如常见的加密软件、编写加密程序所需的开发工具包等，在智慧课堂环境下提供一系列互动机会。这些资源能够让学生通过自己动手尝试实现不同类型的加密算法并运行自己编写或使用已有的解密算法。

（4）设计教学任务。通过把学生分为小组并安排不同的任务，来保证他们在课堂上进行更有效的合作和互动。① 例如把学生分为加密、解密两个小组，并让他们通过编写程序实现对文本信息的加密和解密操作，从而更好地理解加密算法如何运行和工作。

五、教学评价与反思

在教学过程中，教师应该及时监督学生，了解他们的学习进度和问题。此外，可以通过多种方式进行评估，包括测试、作业和项目等。这些评估方法能够查看学生是否真正掌握了关键概念，并在加强必要方面提供帮助。总之，在智慧课堂环境下的中学信息科技课程加密与解密一课中，重要的是要利用各种交互式方法和资源来提高学生对这个复杂主题领域的理解。同时为确保有效性，需定期检查并评估整个教学过程。

---

① 刘军. 智慧课堂："互联网+"时代未来学校课堂发展新路向［J］. 中国电化教育，2017，366 (07)：14-19.

中学生数字公民素养的现状调查研究

程梦冉　徐小双①

一、研究背景与意义

数字公民素养是数字社会合格公民应具备的基本生存技能,是青少年预防数字风险、有效参与数字社会、实现个人全面发展的必备素养。② 我国正处于数字化转型、智能化升级的关键时期,数字化转型和智能化升级不仅是经济发展的主要趋势,也是提高产业竞争力、促进经济发展、改善民生、提高社会治理和创新能力的重要手段。提升中学生数字公民素养可以帮助其合理使用技术,成为数字社会的积极参与者,也有助于其适应未来社会发展。③

二、文献综述

(一) 数字公民的定义

当前学界对数字公民素养概念的界定尚未统一。琼斯 (Jones) 和米切尔 (Mitchell) 认为,数字公民主要包括对他人的尊重、对他人行为的宽容,以及负责地参与网络社会活动。④ 崔 (Choi) 认为,数字公民能够"使用网络理解、引领、参与和改变自身,以及所在社区和社会乃至整个世界"⑤。我国数字公民研究的代表学者杨浩等提出数字公民应该

---

① 作者简介:程梦冉,黄冈师范学院教育学院硕士研究生,研究方向为人工智能与教育;徐小双,黄冈师范学院教育学院,教授,研究生导师,研究方向为现代教育技术。
② 祝智庭,徐欢云,胡小勇. 数字智能:面向未来的核心能力新要素——基于《2020 儿童在线安全指数》的数据分析与建议 [J]. 电化教育研究,2020,41 (07):11-20.
③ 李凌云. 美国国家学生教育技术标准新旧三版对比分析 [J]. 现代教育技术,2018,28 (01):19-25.
④ Jones L. M., Mitchell K. J.. Defining and Measuring Youth Digital Citizenship [J]. New Media & Society, 2016 (09): 2063-2079.
⑤ Choi M.. A Concept Analysis of Digtal Citizenship for Democratic Citizenship Education the Internet Age [J]. Theory & Research in Social Education, 2016 (04): 565-607.

"恰当地、负责地使用各种信息技术,以参与社会活动,促进社会发展"①。可见,数字公民是指在数字化社会中具备相关知识、技能和价值观,能够合理、负责、安全地利用数字技术和网络资源,积极参与数字社会、数字经济和数字文化的个体。

(二)数字公民基本要素

数字公民研究领域的领军人物瑞布(Ribble)认为,数字公民包括3个方面9个成分:第一方面是数字学习和学业表现,包含3个成分,即数字准入、数字沟通、数字技术素养;第二方面是数字环境和数字行为,主要包括数字安全、数字礼仪、数字权责;第三方面是学校以外的数字生活,主要包括数字法律法规、数字健康、数字商务。②

(三)数字公民的测量

目前国外学者已经针对数字公民这一概念展开了相应的测量研究。崔(Choi)等编制了由5个因子构成的数字公民量表,包括网络政治积极性、技术技巧、全球/地区意识、批判视角以及网络媒介。③ 金(Kim)和崔(Choi)从教师视角开发了测量青少年数字公民的五因子量表分别为数字环境中的自我身份特征、合理的活动、社会文化参与、数字工具流畅使用、数字环境中的道德。④ 国内在实证研究方面有孙小欢根据诺丁等的量表对中学生进行的调查⑤,但该研究没有汇报该量表在中国使用后的结构效度。徐顺根据崔的5因子量表进行了数字公民素养的本土研究。⑥ 鉴于数字公民教育的重要性,有必要借鉴国外成熟的研究框架,针对我国青年群体开发具备较好信度和效度的本土化测量工具,明确我国青年的数字公民现状,为今后深入的实证研究提供测量基础,为教育策略的开发提供依据。

三、研究设计

(一)研究对象

本研究选择一所地方普通中学七年级学生作为研究对象,该校是一所在地教育水平较

---

① 杨浩,徐娟,郑旭东.信息时代的数字公民教育[J].中国电化教育,2016,348(01):9-16.
② Ribble M..Digital Citizenship in Schools[M]. Oregon:International Society for Technology in Education,2011:2.
③ Choi M. Glassman M..Cristol, D. What it Means to Be a Citizen in the Internet Age:Development of a Reliableand Valid Digital Citizenship Scale[J]. Computers & Education,2017(107):100-112.
④ Kim M. Choi D..Development of Youth Digital Citizenship Scale and Implication for Educational Setting[J]. Educational Technology & Society,2018(01):155-171.
⑤ 孙小欢.家长对青少年数字公民养成的影响研究[D].武汉:华中师范大学,2017:16.
⑥ 徐顺.基于社会认知理论的大学生数字公民素养影响因素及提升策略研究[D].武汉:华中师范大学,2019:20.

高的学校，学生综合素质较高，对信息技术教育也比较重视，因此，该校样本的选择具有一定的典型性和代表性。截至2023年5月，本研究共发放问卷200份，回收有效问卷181份，有效率达到90%。样本中男生87人，女生95人。来自乡镇13人，城市168人。

（二）研究工具

调查问卷主要由学生基本信息、数字公民素养量表组成。其中，学生基本信息主要包括性别、出身来源、年级、计算机设备的累计使用时长和日均数字设备使用时长。数字公民素养量表是根据数字公民研究领域的领军人物瑞布（Ribble）对数字公民的定义，主要从数字学习和学业表现，数字环境和数字行为几个方面编制的量表。各维度的Cronbach α系数均大于0.8，量表采用李克特五点量表进行题项设置，即从"不符合"（1分）到"非常符合"（5分）。

（三）数据分析方法

本研究采用的数据分析方法包括因子分析、描述性统计分析、涉及的数据处理与分析软件包括Excel、SPSS26.0。数据分析过程如下：首先，采用探索性因子分析计算量表的信效度，使用Cronbach α信度系数检验量表的内部一致性，然后根据研究惯例，使用SPSS26.0通过方差分析检验性别、出身来源、年级、计算机设备的累计使用时长和日均数字设备使用时长等变量对于数字公民素养的影响。

四、结果与讨论

（一）频率分析

根据各个变量的频率分析结果可以得出，分布基本满足抽样调查的要求。本次调查的是某中学七年级的学生。其中，被调查城市学生比例为92.8%，乡镇为7.2%。使用计算机年限在1~2的占比为49.2%。学生每天使用数字化设备的时间平均为1.64小时。

（二）信效度检验

1. 信度检验

根据信度分析结果可以得出，在数字学习和数字学业上总体的标准化信度系数为0.911，根据项删除后的信度系数，都是小于总体的信度系数0.911，在数字环境和数字行为上总体的标准化信度系数为0.882，根据项删除后的信度系数，都是小于总体的信度系数0.882，因此，这两部分的题目不需要进行调整。总体的标准化信度系数为0.911，信度系数的取值范围在0~1，越接近1可靠性越高，根据本次分析的结果，问卷信度很好。

2. 效度检验

根据探索性因子分析的结果，KMO 检验的系数为 0.911，效度系数的取值范围在 0~1，越接近 1 可靠性越高，本次分析的结果，效度很好。根据球形检验的显著性可以看出，本次检验的显著性无限接近于 0，所以问卷有良好的效度。

表 1　　　　　　　　　　　KMO 和巴特利特检验

KMO 取样适切性量数		.911
巴特利特球形度检验	近似卡方	1914.019
	自由度	171
	显著性	.000

（三）差异性检验

通过独立样本 t 检验，以及单因素方差分析等检验方法研究变量不同维度上的差异情况。根据独立样本 t 检验的结果可知，在数字学习和数字学业的差异显著性检验值为 0.18，在数字学习和数字学业的差异显著性检验值为 0.459，说明男女之间并没有存在显著差异，在数字环境和数字行为的差异显著性检验值为 0.04，小于 0.05，说明城乡之间存在显著差异，常住城市的得分要高于乡镇的大概 4 分。

根据单因素方差分析结果，数字学习和学业表现、数字环境和数字行为显著性检验的值都为 0，小于 0.05，说明计算机使用年限对数字素养的影响存在显著差异。根据多重比较，在数字学习和学业上，1~2 年、3~4 年的、5~6 年的得分均值都小于 6 年以上的，说明使用计算机年限越长，中学生的数字素养越高。根据单因素方差分析，可以看到电子设备使用时长在数字学习和学业表现上的显著性检验值为 0.994，说明没有显著差异。而在数字环境和数字行为方面显著性检验值为 0.072，说明有显著差异。

（四）结论

描述性统计分析结果表明，被调查对象的数字安全均值比较高，为 4.21 分，数字技术素养的均值也达到了 3.31 分。数字安全涉及个人数据的保护、网络诈骗和网络犯罪等方面，这个均值比较高的结果可以说明，被调查学生在数字安全方面的认识和行为具有一定的积极性和有效性。数字技术素养的均值达到了 3.31 分表明，被调查学生具有一定的数字技术素质，能够使用数字技术来获取和处理信息、进行学习和工作。

被调查对象数字健康的均值达到了 3.83 分，这是一个比较高的分数。数字健康既关注数字技术使用对健康带来的影响，也关注人们在进行数字化生活时的身心健康问题。数字化生活也给我们的身心健康带来了各种潜在威胁，比如过度使用数字设备、网络成瘾、不良网络行为等。均值达到了 3.83 分，说明被调查学生比较关注数字健康问题，并且在数字化生活中有一定的防护和保护措施,这是一个值得肯定的结果。近年来,有学者系统梳理了数字土著特征对电子产品成瘾的影响后发现,数字土著特征与四种电子产品依赖都显著相关。① 据此,我们提出将数字健康教育纳入数字公民教育体系是必要且必需的。

被调查对象的数字法律均值为 3.64 分,说明本中学学生普遍具备良好的法律法规意识,对数字生活中的法律边界有清晰的辨别。互联网搭建出来的虚拟世界曾被误认为是"法外之地",网络谣言蒙蔽了公众的认知,数据泄露无孔不入,网络霸凌蔓延滋长,道德乃至法律底线不断地被突破。② 这个结果也充分体现了被调查对象在数字公民素养方面的良好表现和素养。

五、对策与建议

数字公民素养教育是伴随互联网和数字技术发展而产生的一个新兴话题,随着互联网和数字技术的快速发展,数字公民素养的需求越来越明显。数字公民素养教育应该成为基础教育和职业教育的重要组成部分,同时也需要政府、社会和企业的共同努力,通过政策、技术、管理和培训等多种手段,来提供有力的支持和保障,下面将提出相应建议。

(一) 数字公民素养教育的开展需要政府部门发挥指导和协调功能

(1) 制定数字公民素养教育政策。政府需要出台有关数字公民素养教育的政策和法规,建立统一的教育体系和教育标准,明确各个教育阶段的数字公民素养教育内容和目标。

(2) 加强政策宣传和推广。政府需要通过各种途径,包括媒体、网络等,加强数字公民素养教育政策的宣传和推广,鼓励广大教育机构积极开展数字公民素养教育。

(3) 提供资金和支持。政府需要提供充足的资金和技术支持,鼓励各级教育部门和学校积极开展数字公民素养教育,同时支持各类数字公民素养教育项目的开展。

(4) 建立数字公民素养教育评估体系。政府可以建立数字公民素养教育评估体系,对数字公民素养教育的实施和成效进行全面、系统、科学的评估与监测,及时发现和解决问题。

(二) 完善数字公民素养教育内容,建立综合、系统、全面的教育框架

(1) 教育阶段划分依据学生的年龄、思维能力和知识水平,将数字公民素养教育划分为小学、初中和高中阶段,分别设置不同的教育目标、教育内容和教育方法。

---

① Wang H. Y., Sigerson L., Cheng C.. Digital Nativity and Information Technology Addiction: Age Cohort Versus Individual Difference Approaches [J]. Computers in Human Behavior, 2019 (90): 1-9.

② Law N., Chow S. L., Fu K. W.. Digital Citizenship and Social Media: A Curriculum Perspective [A] //J Voogt, GeraldKnezek, et al. Second Handbook of Information Technology in Primary and Secondary Education [C]. Switzerland: Springer, 2018: 53-68.

（2）教育目标设定根据不同的教育阶段和学生需求，制定数字公民素养教育的总体目标和阶段性目标。总体目标包括提升学生的信息素养、道德素质、安全意识和责任意识等多个方面；阶段性目标则根据不同年龄段学生的需求，设计相应的目标和重点。

（3）教育内容设计从信息获取、处理、传递和管理等方面，设计数字公民素养教育的课程内容和范围。主要包括信息素养、法律法规、网络安全、数字知识、隐私保护、信息伦理和责任等方面的教育内容。

（4）评估和监测教育框架建立后，需要建立相应的评估和监测机制，对数字公民素养教育的实施和成效进行评价和监测，根据实际情况对数字公民素养教育进行及时、有效的调整和完善。

（三）拓宽数字公民教育形式，实现线上、线下教育有机融合

（1）组织线下实践活动通过组织各种实践活动，例如网络安全知识讲座、社区服务、志愿者活动等，让学生更加直观地了解数字世界与社会的关联。同时，在实践中，学生可以积极应用所学知识，增强数字公民素养。

（2）利用在线学习平台除了传统的面授教育，可以利用各种在线学习平台，例如MOOC、在线学习平台等，为学生提供更多、更方便的数字公民教育资源。这些资源可以包括图书、视频、互动演示以及教师在线授课等。

（3）建立数字公民教育家长网在数字公民素养教育中，家长扮演了重要角色。可以以数字公民教育家长网的形式建立家校互动平台，让家长更好地了解自己孩子所学习的内容，了解数字世界中的风险与危机，进一步提高家长的数字素养。

（4）利用社交媒体平台的普及，为数字公民教育提供了新的拓展方式。通过开设教育微信、微博以及各种社交媒体账号，可以向更多人群传播相关数字公民教育知识，增强公众的数字素养。

六、结语

本研究反映了部分中学生的数字公民素养，研究结论有助于教育者更深刻地理解性别、出身、计算机使用年限以及电子设备使用时间对中学生数字公民素养的影响，从而更好地开展数字公民教育，有效提升中学生数字公民素养。

基于智慧教室环境的初中信息技术课堂教学互动行为分析

丁晓倩[①]

一、引言

师生互动是课堂教学的本质，而言语行为一直是课堂教学互动行为研究的重点。但是近年来，随着信息技术与课堂教学的深度融合，尤其是信息技术课堂，技术对师生互动的支持与影响更加密切和深入。移动学习终端如笔记本电脑，平板电脑等与智慧课堂教学支撑系统相结合应用于常态化课堂教学，营造了一种数字化、个性化和智能化的教学环境，为学生提供了更多参与课堂互动的机会。使学习方式由"单向传播"到"双向互动"转变，更好地支持1∶1数字化课堂教学应用的开展。然而由于缺乏实践指导以及有效的评价方法，教师在这种环境下开展教学应用容易陷入"为了技术而技术"的误区从而忽视了课堂教学的本质。

本研究拟从教学互动行为分析的角度出发开展智慧课堂教学应用研究，分析1∶1技术支持下的教学互动形式。选取5个初中信息技术课堂实录视频课例，对其进行分析来研究智慧教室中的师生互动行为。

二、研究背景

自从短视频诞生以来，就有研究者试图将其引入课堂，并且通过课堂视频分析，帮助教师发现教学中存在的问题。常见的课堂视频分析方法有弗兰德斯互动分析系统（Flanders Interaction Analysis System，FIAS）、S-T 分析法、TIMSS 录像分析法、IIS 图分析法等。[②] Anorue 认为在课堂观察分析方法中 FIAS 最有效，其应用面也最广。[③] FIAS 以量

---

① 作者简介：丁晓倩，黄冈师范学院硕士研究生，研究方向为课堂教学行为分析。
② 韩后，王冬青，曹畅．1∶1数字化环境下课堂教学互动行为的分析研究［J］．电化教育研究，2015，36（05）：89-95．
③ 贺颖洋，石曙东．智慧教室环境下小学语文课堂互动行为分析［J］．湖北师范大学学报（自然科学版），2022，42（03）：60-66．

化的方式对课堂教学中师生言语互动行为进行统计、分析处理，提高了研究的客观性和科学性。但是观察量表仅仅是对教师和学生的言语行为进行量化，没有考虑到基于信息技术的教学媒体对课堂教学产生的重大影响。顾小清等学者从新课改的实施理念和信息技术应用的角度出发，对 FIAS 做了进一步的改进，提出了基于信息技术的互动分析编码系统（Information Techno-Based Interaction Analysis System，ITIAS），增加了人与技术之间的互动，能够比较准确地反映多媒体教室教学的真实情形。① 然而，ITIAS 是在信息技术进入课堂的初期提出的，十年间技术的巨大进步引发了教学环境和教学方式的重大变革，课堂环境从多媒体教室向 1∶1 数字化课堂发展，教学内容传递方式以及教学互动行为已经产生较大改变，将 ITIAS 直接应用于 1∶1 数字化课堂视频录像分析会存在问题。为了能够真实反映 1∶1 数字化课堂环境下的教学互动行为，提高分析结果的可信度，因此本研究选用 1∶1 数字化环境下课堂教学互动行为分析编码系统（One-to-One Techno-Based Interaction Analysis System，OOTIAS）。OOTIAS 改进并细化了人机互动中技术的支持作用，构建了包含 24 个指标的编码体系。② 为了区分同时发生的教学行为，OOTIAS 将人机互动的教学作用分为直接和间接两类，即在采样时间内，直接作用是指师生使用技术的行为是可观察的唯一行为或者主要行为；间接作用是指同时存在人与人，人与技术的互动并且人与人的互动是主要行为，人技互动的行为只起到了辅助教学的作用。③ OOTIAS 对教师操作技术和学生操作技术进行更为详细的划分，有助于观测师生深层次的技术使用行为。

三、研究意义

课堂教学中的互动是影响教学过程的有效开展，也是影响教学效果的重要因素。信息技术和学科融合背景下的课堂教学互动尤为复杂，值得我们思考和研究。以前的研究多是使用现有的观察量表和工具对课堂交互进行分析，关注视角更多的是教师和学生产生的人际交互，已经不适宜研究新课改大背景下的课堂教学。因此，本研究基于前人的研究成果，通过初中信息技术视频课例来分析智慧教室环境下的师生教学互动行为。一方面为一线教师进行课堂的教学互动探索和研究提供了一些新视角；另一方面将对教师开展信息化教学实践与有效的教学互动提供借鉴依据，帮助教师反思性教学，改进教学行为，提高教学质量。

---

① 吴华君. 优质课堂中的教学互动行为研究——基于全国职业院校技能大赛教学能力比赛获奖作品的视频分析［J］. 高等职业教育探索，2022，21（04）：67-75.

② 李岩林. 基于智慧教室环境的小学数学课堂教学互动行为特征的分析［J］. 教育观察，2019，8（11）：112-113.

③ 邹佳人. 基于平板电脑的课堂教学互动行为分析系统的构建与应用研究［D］. 兰州：西北师范大学，2017：10.

四、研究设计

1. 研究对象

本研究从哔哩哔哩官网上选取 5 个初中信息技术课堂实录视频课例，上课内容为"for 循环""建立家庭小账本""妙手回春秀文字""校园文化报——图文混排"以及"智能图像识别"。课例选择依据是教学环境符合"1∶1 数字化环境要求"，具有智慧教室基本特征，师生都拥有一台移动学习终端，使用交互式电子白板等设备。

2. 研究方法

（1）文献研究法。文献研究法主要指搜集、鉴别、整理文献，并通过对文献的研究形成对事实的科学认识的方法。

（2）课堂教学录像分析法。课堂教学录像分析法是利用信息技术对课堂教学中师生互动过程中丰富复杂的信息进行编码，即对信息进行收集、分析和再处理的分析方法。① 通过对典型的信息技术和学科深度融合背景下的课堂录像进行深入观察和编码分析，并统计整理课堂教学互动的各项数据，对课堂中产生的各种互动现象进行具体描述和分析，以探求课堂教学互动的特征。

3. 研究工具

本研究选用质性分析软件 Nvivo11.0 和电子表格软件 Excel 两种工具，Nvivo11.0 支持访谈、开放式调查、社交媒体网页内容等材料的非结构化或定性数据处理分析，能够对视频资源进行切分和特定节点的编码，而 Excel 具有强大的数据可视化和分析功能。

4. 分析系统

本研究将做两方面的系统分析：第一是采用 OOTIAS 对课堂教学互动行为进行编码统计。OOTIAS 有一套课堂教学互动行为分析编码体系，包括人与人的互动和人与技术的互动，共分为五类行为，24 个编码指标，并有指标行为描述（OOTIAS 教学互动行为分析编码体系见表 1）。第二是为了获得师生言语行为率、学生讨论率、教师提问率、学生应答率（各种行为率变量的缩写字母见表 2）等教学活动量化数据，参照 FIAS 提出的变量含义及其计算方式，结合 OOTIAS 的编码项目设计计算公式，以便更深入地了解智慧课堂中的师生互动情况。

---

① 胡栋柱. 基于 iFIAS 的高中信息技术课堂教学互动行为分析研究 [D]. 重庆：重庆师范大学，2021：14.

表 1　　　　　　　　　OOTIAS 教学互动行为分析编码体系

分类		编码	表述
人与人的互动	教师言语	1	教师接纳情感
		2	教师鼓励表扬
		3	采纳意见
		4	提出开放性问题
		5	提出封闭性问题
		6	讲授
		7	指令
		8	批评
	学生言语	9	被动应答
		10	主动应答
		11	主动提问
		12	分组讨论
	沉寂	13	沉默或混乱
		14	思考问题
		15	做练习
人与技术的互动	教师使用技术	16	软件、设备工具切换
		17	资源演示
		18	学情分析
		19	作品分享与评价
	学生使用技术	20	资源学习
		21	自主练习
		22	实践创作（个人）
		23	实践创作（小组）
		24	成果展示

表 2　　　　　　　　　行为变量的缩写字母

变量	缩写字母	变量	缩写字母
教师活动率	T	学生主动应答率	Sa
学生活动率	S	学生被动应答率	Sp
沉寂行为比率	Q	学生讨论率	Sd
教师言语行为率	Tl	沉默率	Qc

续表

变量	缩写字母	变量	缩写字母
学生言语行为率	Sl	思考问题率	Qw
教师提问率	Tq	练习率	Ql

5. 数据收集

首先，将 5 个课堂实录视频按 1~5 进行编号，逐一导入 Nvivo，将视频每 3 秒暂停一次，即按 3 秒进行分割取样；其次，根据 OOTIAS 的编码体系，将 3 秒取样内容记录对应编码，并在 Excel 中对技术的"直接"和"间接"作用加以标记；最后，导出记录结果，加以汇总统计。例如，1 号课例教学时长为 39 分 3 秒，除去开篇和结束的非教学时间，对应 24 个指标共记录编码总数为 721 个，针对人与技术互动中技术的作用来分别用不同的底色进行标注。

6. 编码过程

由一名研究者对所选取的课例进行编码，具体过程如下：首先，研究者熟悉 OOTIAS 编码类别及其行为表述，确保正确理解了该编码体系。其次，对所选课例进行预编码，预编码后将 OOTIAS 的行为表述进一步具体化，提高编码体系的操作性。例如，编码 18 "学情分析"就被细化为"教师分析学生上课之前已经掌握的知识与技能以及分析学生上课之后应该达到的水平。"最后，编码结束后整理编码结果。

五、分析结果

对五个课例进行编码后，本研究获得教师言语、学生言语、沉寂、教师使用技术和学生使用技术等五类、24 种教学互动行为的发生频次，如表 3 所示。按照各项公式，本研究计算出教师言语行为率、学生言语行为率等 12 个相关变量值，如表 4 所示。

表 3　　　　　　　　　　**24 种教学互动行为的发生频次**

编码/次数 课例编号	1	2	3	4	5	6	7	8
课例 1	0	25	12	35	57	226	100	0
课例 2	0	5	40	0	75	265	18	0
课例 3	1	8	25	2	73	381	33	0
课例 4	0	5	25	0	89	374	9	0
课例 5	2	18	32	13	35	224	44	0
汇总	3	61	134	50	329	1470	204	0

续表

编码/次数	9	10	11	12	13	14	15	16
课例编号								
课例 1	8	42	1	2	18	16	1	3
课例 2	156	0	0	16	1	16	100	10
课例 3	78	11	0	69	10	88	49	15
课例 4	97	0	0	80	7	0	203	8
课例 5	82	32	1	46	8	5	155	20
汇总	421	85	2	213	44	125	508	56
编码/次数	17	18	19	20	21	22	23	24
课例编号								
课例 1	28	4	24	55	78	0	17	1
课例 2	15	2	30	30	85	0	8	1
课例 3	23	5	37	40	60	1	24	2
课例 4	30	7	14	47	63	2	5	2
课例 5	12	1	26	53	70	0	15	0
汇总	108	19	131	225	356	3	69	6

由表 3 数据可知，所选取的实例课程中，教师在课堂中所提的问题主要以封闭性问题为主，授课方式也以讲授法为主，教师接纳情感和提出开放性问题较少，没有任何批评行为。学生行为中的被动应答居多，其次是主动应答，分组讨论和成果展示，主动提问行为比较缺失。

表 4   12 个相关变量值

课例编号	Sa	Sp	Sd	Qc	Qw	Ql
1	5.58%	1.06%	1.33%	2.39%	2.12%	10.49%
2	0.00%	17.87%	1.83%	0.11%	1.83%	11.45%
3	1.30%	9.25%	8.19%	1.19%	10.44%	5.81%
4	0.00%	14.62%	7.50%	0.66%	0.00%	19.03%
5	3.58%	9.17%	5.15%	1.45%	0.56%	17.34%

续表

课例编号	T	S	Q	Tl	Sl	Tq
1	60.42%	7.04%	4.65%	60.26%	20.09%	12.22%
2	46.16%	19.70%	13.4%	53.76%	33.9%	8.59%
3	62.04%	18.74%	17.44%	71.53%	33.81%	8.90%
4	47.05%	16.59%	19.68%	52.58%	27.74%	8.34%
5	41.16%	18.01%	18.79%	47.76%	33.45%	5.37%

由表4数据可知，教师倾向于用言语直接控制教学进程，教师在课堂教学中占主导地位。教师采用积极话语强化的时间明显多于消极话语强化的时间，教师采用更多的命令、直接讲授等指示性言语开展教学。无论是积极话语还是消极话语，教师并没有明显的性别倾向，也不会因为学生回答不出问题而给予批评指责，课堂中的情感气氛相对融洽，师生情感交流比较顺利。关于学生的应答行为，大多数学生是为了回应教师而被动作答，并没有主动表达观点和回答问题。关于智慧课堂中技术的使用，教师使用技术的比率远远超过学生，教师能够在讲授时熟练地操作技术，而学生则主要使用电脑进行资源学习或者完成练习。

六、总结与建议

1. 研究结论

（1）在智慧教室进行的初中信息技术课堂中，教师的提问率不太高并且教师提出的问题以封闭性问题为主，大多数学生被动应答并且缺失了深度讨论的机会。教师较少组织学生开展深层次合作项目，给予学生进行讨论的时间也不太充足，学生之间缺少深度交互的机会。虽然大多数学生主动提问和质疑的自主性不强，但从整体课堂氛围来看，他们也并没有走神游离于课堂之外。

（2）在智慧课堂中的师生互动行为还是以讲授、资源演示和学生被动应答为主，教师活动率明显高于学生活动率。其中，教师行为以讲授和资源演示为主，以采纳意见，作品分享和评价为辅；学生在大多数情况下处于被动应答的状态，很少主动与教师进行互动。极少数课例会应用协作和探究教学模式。智慧教室中的初中信息技术课堂师生互动行为并没有发生明显的转变，还是教师以教学为中心，教师的活动率明显高于学生活动率。

（3）在课例中发现教师使用技术的比率高于学生的比率，人与技术互动的深度还有待进一步的挖掘。教师使用技术的行为以自愿演示为主，比较重视技术的评价功能，会用系统跟踪学生的答题情况，参照自动生成的统计数据来评估学生的学习状态。教师能够熟练运用智慧教室的基本功能，但是人与技术的互动主要体现为"师-生"或"生-师"单向演示、推送或成果上传，以技术为中介的互动频率较低，学生没有足够的机会运用技术支持知识共享、同伴互评等功能。

2. 研究不足

（1）本研究选取的样本课例数量不够多，导致研究结果和观点可能存在一定的局限性，而且研究的样本课例只选择了初中信息技术这一门学科，在以后的研究中研究更多的样本课例和学科。

（2）在研究数据进行编码时，虽然反复观看所选取的课例教学视频，但不可避免还是会受到一些个人主观因素的影响，没有进行对应的信效度检验，可能存在偏颇或遗漏。同时，由于条件限制，没有办法对视频课例中的授课教师和学生进行访谈，因此缺乏对这些师生互动行为产生的背后因素的挖掘，未能深入透彻理解师生互动行为的根本原因。

3. 建议与展望

技术融合不应该取代学生的自我建构以及师生间的交往互动，技术可以优化教学过程，减少学生的认知负担，但并不能削弱教师的组织合作和教师的监督指导作用，不能用来替代学生的独立思考。技术也可以用作学生知识建构的辅助工具，但也不能替代师生，生生之间的社会建构以及学生内在的自我建构。学生高阶思维能力的发展往往都是通过启发式教学来培养的，不能因为技术的"可视化"能够给认知提供便利就轻易地逾越学生的深度思考。例如课例1中，在学习for循环语句时，教师并没有直接操作电子白板或者让学生自己操作电脑上的软件，而是先引导学生深入思考和大胆猜想，再让学生在电脑上进行操作探索规律，最后再邀请同学分享成果和解释说明。

项目式学习在高中信息技术课程中的应用
——基于 CiteSpace 的可视化分析

沈彩甜[①]

一、引言

《普通高中信息技术课程标准（2017年版）》于2017年年底印发，其中明确指出，普通高中信息技术课程是一门以提高学生的信息素质为目标的基础课，主要内容包括：基本信息技术基础知识与技能的培养、信息意识的培养、计算思维的发展、数字化学习与创新能力的提高、正确的信息社会价值观的树立和责任感的基础课程的训练。项目式学习（PBL）的目标在于培养学生解决问题的能力和协作能力，让他们在团队中完成一个项目。

科技时代给世界带来了翻天覆地的变化。在这些方面中，项目式学习被广泛地应用于各种领域和教育背景。[②] 从2013—2023年的十年时间里，国内关于项目式学习在高中信息技术课程中的应用成为研究问题。[③] 为了解决这个问题，我们采用 CiteSpace 知识图谱软件，对 CNKI 收录的项目式学习和高中信息技术相结合的文献进行可视化分析，探索其发展趋势和热点。

二、研究过程

（一）研究工具的选择

CiteSpace 由美国德雷赛尔大学的陈超美教授开发，专门针对当前国际前沿领域前沿

[①] 作者简介：沈彩甜，女，江苏扬州人，黄冈师范学院教育学院硕士研究生，研究方向为现代教育技术。

[②] Zhang D., Hwang G. J.. Effects of Interaction between Peer Assessment and Problem-Solving Tendencies on Students' Learning Achievements and Collaboration in Mobile Technology-Supported Project-Based Learning [J]. Journal of Educational Computing Research, 2023, 61（01）: 208-234.

[③] 张文兰, 苏瑞. 境外项目式学习研究领域的热点、趋势与启示——基于 CiteSpace 的数据可视化分析 [J]. 远程教育杂志, 2018, 36（05）: 91-102.

问题进行跟踪和分析。这是一种以文献为基础的统计方法,将文献系统和文献计量学特征作为研究对象,目前在国内主要用于研究中的热点内容、研究前沿以及研究趋势的探讨。①

(二)数据来源及研究方法

本文对我国高中信息技术课程中项目式学习的应用进行了分析,并以国内有关文献为依据,对关键词的词频和聚类进行了分析,从而找到了信息技术课程的研究趋势和热点。

在中国知网"高级搜索"网页上,先选择"期刊",接着将"主题"检索项这一栏设为"信息技术 & 项目",然后时间区间设置为 2013—2023 年,来源类别中选择"全部",将学科选为"中等教育"与"计算机软件及计算机应用",主要主题和次要主题都选择与信息技术课程以及项目式教学相关的内容,总共获得了 237 条结果,手工筛选这些结果,最终获得了 193 篇有效的文献,并选择生成导出所选文献的引文,文章的导出选择"Refwork"的格式。

使用 CiteSpace 对 CNKI 文献进行分析,其步骤是:采用数据转换法,把 Refwork 格式的文章转换成 CiteSpace 所能辨别的格式;设定时间跨度,本研究设置的时间跨度为 2013—2023;节点类型选择 Keyword(关键词);链路参数的相关系数选择 Cosine;在可视化参数和功能区选择 Cluster View-Static(静态聚类视图)与 Show Merged Network(显示整体网络);通过对关键词进行聚类,获得知识图谱。

三、结果与分析

我们对 CNKI 数据库核心数据合计 2013—2023 年共 193 篇文献,运用 CiteSpace6.1.R2 SE(64-bit)进行可视化分析后,得到如下结果。

(一)"信息技术 & 项目"期刊论文分析

1. 期刊文献发表趋势及分析

"信息技术 & 项目"在 2013 年至 2023 年数量分布如图 1 所示。

从图 1 可以发现,自 2013 年以来,项目式教学在信息技术课程中的应用在 2020 年以前虽增长缓慢,但也是呈现稳步增长的趋势,并且从 2018 年开始增长迅速,于 2020 年达到峰值 44 篇,这与国家对信息技术课程应用的重视程度密不可分;在 2020—2023 年,文献数量缓慢减少,但相较之前的数量也还是较多,说明国内学者对这部分内容的研究已相对达到饱和状态,但仍有新的内容需要进行研究。

---

① 陈悦,陈超美,刘则渊,等. CiteSpace 知识图谱的方法论功能 [J]. 科学学研究,2015,33 (02):242-253.

图 1 "信息技术 & 项目"在 2013 年至 2023 年数量分布

2. 高被引量的期刊分析

表 1 是被引次数排在前四位的文章，以肖广德、黄荣怀教授的《高中信息技术课程实施中的问题与新课标的考量》为代表，被引次数最多，为 133 次，这篇文章发表在 2016 年的《中国电化教育》上。文章主要对教育部实施的普通高中信息技术课程标准实施现状进行了调查研究，介绍了高中信息技术课程在其实施过程中的几个最重要的问题，并且探讨了新修订的课程标准在应对策略上的想法。①

表 1 被引量高的文献

文献题目	作者	期刊来源	发表日期	被引次数
高中信息技术课程实施中的问题与新课标的考量	肖广德；黄荣怀	中国电化教育	2016-12-02	133
基于计算思维的项目式教学课程构建与应用研究——以高中信息技术课程《人工智能初步》为例	余燕芳；李艺	远程教育杂志	2020-01-20	107
教师信息技术使用对学生数学学业成绩的影响——基于三个学区初中教师的跟踪研究	郭衎；曹一鸣；王立东	教育研究	2015-01-15	73
高中信息技术学科教材"三重结构"及课堂实施建议	曲茜茜；解月光；王海	课程·教材·教法	2018-12-01	27

---

① 肖广德，黄荣怀. 高中信息技术课程实施中的问题与新课标的考量［J］. 中国电化教育，2016，359（12）：10-15.

3. 发文作者与发文机构分析

对发文作者与发文机构进行分析可知研究这一领域的作者主要有哪些，更好地让我们了解国内对这一领域重视程度较高的作者以及机构。表2列出了发文作者与发文机构。从表中可以看出，我国学者对项目式学习在高中信息技术课程中实施的重视程度很高，自2019年以来，这方面越来越受到学者的关注，并且多数集中在教育学院，其他学院对此的重视程度还不太够。因此，这也说明项目式学习教学模式在发展上有很大的前景和空间。

表2　　　　　　　　　　发文作者与发文机构（部分）

序号	数量	年份	发文作者/机构
1	2	2022	扬州大学新闻与传媒学院
2	2	2017	刘畅
3	2	2019	安徽省阜南一种
4	2	2019	卢庆广
5	2	2020	南京师范大学教育科学学院
6	2	2020	江苏省苏州科技城外国语学校
7	2	2015	湖南师范大学教育科学学院
8	2	2020	佛山科学技术学院

（二）基于关键词聚类的研究热点探析

研究热点主要是指研究者关注度较高的一些问题，主要表现在中心性和频次上。中心性指的是一个节点充当其他两个节点之间最短的桥梁次数，它是一个节点在整体网络中连接作用大小的衡量标准，一个关键词出现的次数越多，它的中心性就越高，这说明这个节点就越重要；频次指的是关键词出现的次数。如果关键词数量过大的话，中心性就不会自动计算，需要我们手动让其计算出来，选择"Nodes"，点击"Compute Node Centrality"，便会进行自动计算。使用CiteSpace对所选择的文献中的关键词进行了聚类操作，计算后的Q值为0.6081，比0.3大，这表明所获得的聚类是可信的。从表3可以看出，在本次研究中出现频次较高的关键词为"信息技术""项目学习""核心素养""计算思维""高中"等，这些都表明了我国目前对信息技术领域研究的重点和变化。

表3　　　　　　　　关键词贡献频次，中心性及年代（部分）

序号	频次	中心性	年代	关键词
1	98	1.25	2013	信息技术
2	23	0.17	2013	项目学习

续表

序号	频次	中心性	年代	关键词
3	18	0.05	2018	核心素养
4	17	0.08	2019	计算思维
5	11	0.01	2015	高中
6	10	0.01	2013	应用

1. 关键词共现图谱分析

基于关键词的文献共现图谱如图 2 所示。

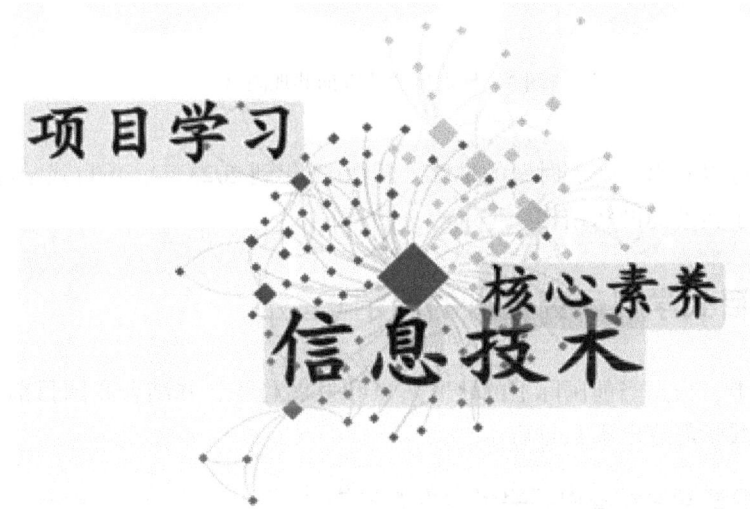

图 2　基于关键词的相关研究文献共现图谱

如图 2 所示，2013 至 2023 年，项目式学习在高中信息技术课程中的应用最大的研究热点是信息技术、项目式学习以及核心素养。这说明国家不仅重视学生的实践应用能力，更加重视对学生的信息技术学科核心素养的培养，从而促进学生的全面发展。

2. 聚类视图分析

聚类视图对圆圈和标签进行了分析，它们构成了一个元素。元素的大小由节点的度、连线的强度、被引量等因素决定，元素的颜色代表了它所在的聚类，不同的聚类用不同的颜色来表示，我们可以对每一个单个的聚类进行观察，比如，我们可以通过主题共现来发现研究热点的结构分布。在本研究中，通过谱聚类算法，生成 5 个主要聚类，分别为：聚类#0 信息技术、聚类#1 计算思维、聚类#2 项目学习、聚类#3 项目教学。关键词聚类的共现知识图谱如图 3 所示。

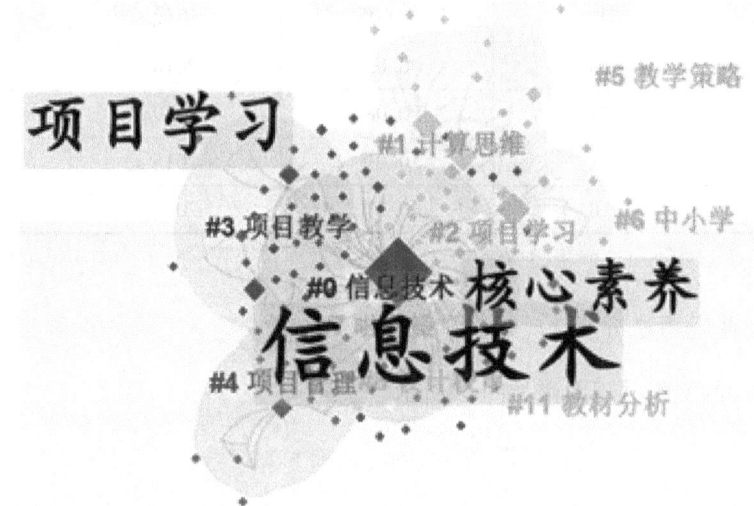

图 3　聚类后的关键词共现图谱

从图 3 中可以看出，随着时间的推移，从 2013 年到 2023 年，项目式学习的关联度越来越强，形成了良性的网状结构。

四、项目式学习研究热点的启示

在此基础上，根据当前国际上的研究热点和发展趋势，并结合我国目前的研究状况，对未来的项目式学习有以下几点启示：

（一）项目式学习过程中要突出学生的主体性

"授人以鱼，不如授人以渔"，老师不应该仅仅只是把知识传授给学生，还应该在项目中培养学生的多种能力，比如协作学习、独立思考、创新能力等。① 在这个过程中，应当把学生放在核心位置，充分发挥他们的主体作用，这样才能使学生更好地学习，促进学生核心素养的培养。

（二）项目式学习可以促进教师的专业发展

项目学习指的是对复杂的、真实的问题进行探索的过程，它还包括了项目任务的设计、计划和实施以及项目结果的制作。② 项目式学习与学科进行融合会增强教师进行学习的动力，教师需要花费更多的时间研究每个具体的小项目，从而创造出适合学生学习的内

---

①　周业虹．实施项目式学习发展学科核心素养［J］．中小学教师培训，2018，385（08）：33-37．

②　汤向明，黄立，黄玫婷．借助项目式学习发展学生数学核心素养——以"建立函数模型探究气温变化问题"为例［J］．教育评论，2022，275（05）：149-153．

容,在这个过程中,教师自身的水平会逐渐变高,所以,这将对教师的职业发展起到一定的推动作用。因此,项目式学习可以针对性地为教师和学生提供帮助,增强教师的专业化能力,促进教师角色在新时代的发展与转型。

(三)项目式学习评价方式具有多元性

在评价方法上,"项目式学习"更具有多样性。评价主体包含了教师、学生以及家长等多种角色,将定性与定量评价、形成性与总结性评价、个人与小组评价等多种方式结合在一起。[①] 通常情况下,评价主体往往只有教师,但在项目式学习中,鼓励同伴之间互相评价,发展协作学习能力,在项目的开始、中途和结束都进行评价,采用定量分数以及教师言语的定性评价,使评价方式更具多元性。

五、结语

自从新的课程标准发布以来,在高中信息技术课程中培养学生的学科核心素养以及倡导学生终身学习的观念一直受到推进,项目式学习是促进学生发展的一种方式。因此,通过 CiteSpace 对 CNKI 收录的关于项目教学在信息技术课程中应用的文献进行了分析,得出以下结论:第一,通过分析发文量的趋势可知,在 2020 年数量达到最多,共计 44 篇,表明在高中信息技术课程中,项目式学习受到了广泛的关注,学者越来越注重学生在项目中解决问题的能力以及和同伴协作的能力。第二,关键词共现图谱得到的关键词是信息技术、项目式学习以及核心素养,这与国家的政策密不可分。现如今,技术已经融入了我们生活的各方面,为了培养适合社会发展的人才,我们要帮助学生在项目中提高他们的解决问题能力和独立思考的能力[②],并且正确运用信息技术,成为具有核心素养的数字公民。

---

① 张文兰,张思琦,林君芬,等.网络环境下基于课程重构理念的项目式学习设计与实践研究[J].电化教育研究,2016,37(02):38-45,53.

② 董艳,孙巍.促进跨学科学习的产生式学习(DoPBL)模式研究——基于问题式 PBL 和项目式 PBL 的整合视角[J].远程教育杂志,2019,37(02):81-89.

中学生信息科技课程协作问题解决能力的调查研究
——以黄冈市 H 中学为例

龚 晨[①]

一、问题的提出

《义务教育信息科技课程标准（2022 年版）》强调以问题为导向，倡导学生小组合作学习，提升问题解决能力。在核心素养中，多次提到学生的解决问题的能力。[②] 协作问题解决能力素养是 21 世纪的核心素养已经引起了国际社会的广泛关注，与批判性思维、自我管理、沟通和人际关系能力并立。协作问题解决能力还被认为是人工智能时代必备的高阶能力。[③]

2015 年国际学生评估项目[④]（Program for International Student Assessment 2015，PISA2015）和 21 世纪技能评价与教学项目[⑤]（Assessment and Teaching of 21st Century Skills Project，ATC21S）对全球学生的协作问题解决能力进行了大规模测评并提出了测评框架。[⑥] 自我效能感能影响学业情绪，学业情绪对协作问题解决有显著影响。[⑦] 为探究学生信息科技课程学习自我效能感与协作问题解决能力的关系，因此在 PISA2015 测评框架

[①] 作者简介：龚晨，黄冈师范学院硕士研究生，研究方向为学习行为分析。
[②] 中华人民共和国教育部.信息科技课程标准（2022）[M].北京：人民教育出版社，2022：4.
[③] GRAESSER A, KUO B, LIAO C. Complex Problem Solving in Assessments of Collaborative Problem Solving [J]. Journal of Intelligence, 2017, 5（02）：10.
[④] 郑旭东，马云飞，范小雨.协作问题解决：人工智能时代必备的高阶能力 [J]. 现代教育技术，2021，31（03）：12-19.
[⑤] OECD. PISA 2015 Draft Collaborative Problem Solving Framework [EB/OL].（2015-07-23）[2022-12-27]. http：//www.oecd.org/pisa/pisaproducts/Draft% 20PISA% 202015% 20Collaborative% 20Problem% 20Solving%20Framework%20.pdf.
[⑥] Griffin P, Care E. Assessment and Teaching of 21st Century Skills：Methods and Approach [J]. Assessment in Education Principles Policy & Practice, 2015, 21（04）：502-505.
[⑦] 刘君玲，刘斌，张文兰.学业情绪对在线协作问题解决的影响研究 [J]. 中国电化教育，2019（07）：82-90.

基础上加入了自我效能感维度。测评是为教师教学和学生学习服务，改进教与学的过程。[1] 我国在协作问题解决能力测评方式上，张娜等以证据为中心的测评框架，研制了以学生在任务情境中学习的过程性数据为参考的评价工具[2]，袁建林等创设真实任务情景，进行动态、交互的真实测试[3]，吴斓等依托PSAA平台面向学生过程表现进行评估。[4]

虽然国内外都提出了不同的测量方法，但大多数是从情景的角度出发，利用人机交互在情境中研究学生的协作问题解决能力。对于中小学而言，这种测量方式需要一定的人力物力成本，在测评方式上有一定的难度，会因为学生信息素养的不同而对结果造成差异。因此本研究通过调查问卷与实地调研访谈的形式，直观真切地收集学生在信息科技课程中的协作问题解决水平数据。

理论联系实际，服务中小学的信息科技课程实际教学需求。H中学是黄冈市一所重点中学，办学实力雄厚。H中学的教学以小组合作学习为主，在实地调研的过程中发现，学生小组协作氛围良好，解决问题能力强。但是在信息科技课程中，学生沉默地完成学习任务，缺乏其他课程中的小组交流协作与展示环节。因此调研该中学的信息科技课程协作问题解决能力现状并分析原因，不仅可以促进该学校学生信息素养的全面发展，也可以为黄冈市其他学校信息科技课程的开展提供借鉴意义。研究选择黄冈市H中学学生作为调查对象，对中学生信息科技课程协作问题解决能力进行测试，拟解决如下问题：

（1）中学生信息科技课程协作问题解决能力整体情况如何。

（2）中学生信息科技课程协作问题解决能力是否因性别、地区、年级、年龄、在小组合作中扮演角色不同而存在显著差异。

二、研究设计

（一）研究对象

本研究在湖北省黄冈市一所百年老校H中学开展。由于初三学生面临中考，主要向初一初二年级发放纸质调查问卷。按照人数比例，向初一年级发放问卷100份，有效问卷96份，有效率为96%，对初二年级发放问卷200份，有效问卷194份，有效率为97%。样本分布情况为：男生145人，女生145人；农村148人，城镇142人。

---

① 袁建林，刘红云. 合作问题解决能力的测评：PISA2015和ATC21S的测量原理透视［J］. 外国教育研究，2016，43（12）：45-56.

② 张娜，李峰. 合作问题解决能力评价的本土化研究——基于以证据为中心的设计模型［J］. 中国考试，2019（08）：59-65.

③ 袁建林，刘红云. 合作问题解决能力测量：真实性与过程性评价视角［J］. 电化教育研究，2022，43（05）：100-108.

④ 吴斓，余胜泉，骈扬，等. 面向学生过程表现的协作问题解决能力评估研究［J］. 中国电化教育，2022（07）：87-96.

（二）研究方法

研究采用调查问卷与实地访谈相结合的形式，回收问卷后录入问卷星平台统计，使用SPSS工具进行数据分析与处理。问卷包含三个部分：第一部分是学生的基本信息情况，包含学生的性别、年级、年龄、地区、在小组合作中扮演的角色。第二部分根据PISA中协作问题解决的维度进行问卷的编制并添加了自我效能感维度的测量。其中探究与理解、表征与形成、计划与执行、监控与反馈的维度主要来源于覃素梅①开发的高中生协作问题解决能力现状调查问卷，每个维度6道题，学习自我效能感维度来自刘钦②开发的初中生协作问题解决水平调查问卷，有4道题。问卷除基础信息外一共28题，每题采用五点李克特量表进行题项设置，从"非常不符合"到"非常符合"，赋分为1~5分。

由表1可知问卷的Cronbach's α系数为0.95，一般情况下大于0.7则表示信度良好，因此本问卷具有较高的内部一致性信度。

表1   量表信度分析

维度	校正项总计相关性（CITC）	项已删除的α系数	Cronbach α 系数
探究与理解	0.816	0.946	0.950
表征与形成	0.900	0.932	
计划与执行	0.900	0.932	
监控与反馈	0.880	0.935	
自我效能感	0.817	0.947	

标准化Cronbach α系数：0.950

对量表使用KMO和Bartlett检验效度。由表2可知，量表的KMO值为0.9，p值小于0.05，KMO值大于0.8说明量表非常适合信息提取，量表效度较高。

表2   量表效度分析

KMO值		0.900
Bartlett球形度检验	近似卡方	1480.159
	df	10
	p值	0.000

---

① 覃素梅. 基于创客教育的高中生协作问题解决能力培养策略研究[D]. 桂林：广西师范大学，2021：14.

② 刘钦. 基于协作问题解决的创客教学活动设计与实践研究[D]. 兰州：西北师范大学，2021：19.

三、数据与结果分析

(一) 总体现状

计算中学生信息科技课程协作问题解决能力各维度的平均值,标准差等,结果如表3所示。自我效能感维度均值最高为3.447。各个维度的均值都在3.3~3.5,标准差较小,说明样本中绝大多数学生在信息科技课程协作问题解决能力各维度的表现比较稳定和均衡。从整体来看,学生在信息科技课程中协作问题解决能力处于中等偏上水平,有待进一步提高。学生信息科技课程协作问题解决能力各个维度都朝着正向发展。

表3　　　　　　　　　　　　　　　总 体 现 状

名称	样本量	最小值	最大值	平均值	标准差	中位数
探究与理解	290	1.167	5.000	3.396	0.766	3.500
表征与形成	290	1.500	4.833	3.351	0.791	3.333
计划与执行	290	1.333	5.000	3.438	0.783	3.500
监控与反馈	290	1.333	5.000	3.314	0.782	3.333
自我效能感	290	1.000	5.000	3.447	0.819	3.500

(二) 性别差异及分析

为探究中学生信息科技课程协作问题解决能力是否存在性别差异,对调查学生样本进行独立样本t检验。如表4所示,p值均小于0.01,学生的协作问题解决能力存在显著的性别差异。男生在信息科技课程中协作问题解决能力明显高于女生,特别是在自我效能感层面,男女生之间的差异最大。这说明男生在信息科技课程的学习中,能更自信地完成学习任务。因此教师应加强对女生的协作问题解决能力的培养。数据分析显示女生在监控与反馈层面得分较低,教师可以强化女生在小组合作中的团队目标的引导、小组角色的监控等方面。

表4　　　　　　　　　　　　　性别差异分析

	性别 (平均值±标准差)		t	p
	1.0 (n=145)	2.0 (n=145)		
探究与理解	3.73±0.63	3.06±0.74	8.236	0.000**
表征与形成	3.70±0.63	3.00±0.78	8.439	0.000**

续表

	性别（平均值±标准差）		t	p
	1.0（$n=145$）	2.0（$n=145$）		
计划与执行	3.77±0.66	3.10±0.75	8.106	0.000**
监控与反馈	3.66±0.65	2.97±0.75	8.248	0.000**
自我效能感	3.81±0.77	3.08±0.70	8.430	0.000**

* $p<0.05$　** $p<0.01$

（三）地区差异及分析

为探究中学生信息科技课程协作问题解决能力是否受地区影响，以地区为变量进行独立样本 t 检验。如表5所示 p 值均小于0.01，即农村学生与城镇学生在信息科技课程协作问题解决能力的各个层面都存在显著差异，城镇学生在信息科技课程协作问题解决能力明显高于农村学生。在实地考察的过程中了解到，农村学生在小学期间对信息科技课程接触较少，用电脑获取信息资源学习的机会不多，与城镇学生相比有不小的基础资源的差异。

表5　　　　　　　　　　　地区差异分析

	地区（平均值±标准差）		t	p
	农村（$n=148$）	城镇（$n=142$）		
探究与理解	3.19±0.77	3.61±0.71	−4.817	0.000**
表征与形成	3.15±0.78	3.56±0.75	−4.505	0.000**
计划与执行	3.25±0.76	3.63±0.76	−4.244	0.000**
监控与反馈	3.11±0.75	3.53±0.76	−4.737	0.000**
自我效能感	3.28±0.76	3.62±0.85	−3.598	0.000**

* $p<0.05$　** $p<0.01$

（四）年级、年龄差异及分析

在做调查研究时，初三学生即将中考，因此收取样本只含有初一初二两个年级的学生。以年级为变量对协作问题解决能力进行独立样本 t 检验，结果如表6所示，根据表中的分析结果得出，初一初二两个年级的学生在探究与理解层面 p 值小于0.01，存在显著差异。在表征与形成、计划与执行、监控与反馈、自我效能感等层面的 p 值均大于0.05，故并没有出现显著差异。

表6　年级差异分析

	年级（平均值±标准差）		t	p
	初一（n=96）	初二（n=194）		
探究与理解	3.56±0.71	3.31±0.78	2.659	0.008**
表征与形成	3.44±0.76	3.31±0.80	1.344	0.180
计划与执行	3.47±0.80	3.42±0.78	0.471	0.638
监控与反馈	3.34±0.79	3.30±0.78	0.432	0.666
自我效能感	3.47±0.77	3.44±0.84	0.324	0.746

* $p<0.05$　** $p<0.01$

初一、初二年级的学生年龄集中在十三四岁，以年龄为变量对协作问题解决能力5个维度进行方差分析，分析结果如表7所示，5个维度的 p 值均大于0.05，故在年龄对于中学生信息科技课程协作问题解决能力没有显著差异。

表7　年龄差异分析

	年龄（平均值±标准差）					F	p
	12（n=20）	13（n=107）	14（n=136）	15（n=20）	16（n=7）		
探究与理解	3.18±0.70	3.38±0.78	3.39±0.78	3.69±0.54	3.50±0.92	1.209	0.307
表征与形成	3.20±0.86	3.35±0.80	3.31±0.81	3.70±0.50	3.62±0.66	1.456	0.216
计划与执行	3.27±0.94	3.39±0.78	3.45±0.78	3.74±0.67	3.57±0.67	1.149	0.334
监控与反馈	3.06±1.01	3.25±0.73	3.36±0.79	3.55±0.67	3.57±0.82	1.491	0.205
自我效能感	3.24±0.68	3.36±0.82	3.51±0.85	3.54±0.80	3.79±0.60	1.226	0.300

* $p<0.05$　** $p<0.01$

（五）在小组合作中扮演角色的差异及分析

学生在小组合作中会扮演不同的角色。为探究小组成员角色对中学生信息科技课程协作问题解决能力的差异，采用方差分析的方式，结果如表8所示。学生在信息科技课程协作学习中通常扮演角色为观察者，在小组合作中扮演角色的不同对协作问题解决能力的5个维度 p 值均小于0.01，故学生在小组合作中扮演角色对信息科技课程协作问题解决能力具有显著差异。

表 8　　　　　　　　　　在小组合作中扮演角色差异分析

	扮演角色（平均值±标准差）					F	p
	记录者 ($n=26$)	观察者 ($n=128$)	评价者 ($n=30$)	发言者 ($n=76$)	其他 ($n=30$)		
探究与理解	2.97±0.71	3.13±0.69	3.89±0.67	3.85±0.60	3.27±0.79	20.365	0.000**
表征与形成	2.94±0.68	3.07±0.75	3.89±0.59	3.78±0.65	3.28±0.81	18.433	0.000**
计划与执行	3.08±0.72	3.16±0.73	3.90±0.67	3.86±0.67	3.38±0.76	16.408	0.000**
监控与反馈	2.96±0.65	3.09±0.76	3.91±0.65	3.64±0.69	3.17±0.75	13.793	0.000**
自我效能感	3.11±0.83	3.25±0.75	3.97±0.70	3.79±0.79	3.17±0.77	11.542	0.000**

* $p<0.05$　　** $p<0.01$

进一步分析性别、地区对学生在小组合作中扮演角色的差异，采用交叉卡方检验的方式，结果如表 9、表 10 所示。性别和地区对学生在小组合作中扮演的角色的 p 值均小于 0.05，因此性别和地区对学生在小组合作中扮演的角色具有显著差异。在性别差异中，男生扮演评价者和发言者的角色人数高于女生，女生则扮演观察者和记录者的角色人数高于男生。

表 9　　　　　　　　　　交叉（卡方）分析结果

	名称	性别（%）		总计	χ^2	p
		男	女			
扮演角色	记录者	7（4.83）	19（13.10）	26（8.97）	16.610	0.002**
	观察者	57（39.31）	71（48.97）	128（44.14）		
	评价者	17（11.72）	13（8.97）	30（10.34）		
	发言者	41（28.28）	35（24.14）	76（26.21）		
	其他	23（15.86）	7（4.83）	30（10.34）		
总计		145	145	290		

* $p<0.05$　　** $p<0.01$

在地区差异中，农村的学生充当记录者和观察者角色的人数高于城镇学生，城镇学生则充当评价者和发言者角色的人数高于农村学生。因此教师在教学过程中在性别上，可以有意识地引导女生多扮演评价者和发言者的角色；在地区上，引导农村学生多扮演评价者和发言者的角色。

表10　　　　　　　　　　　交叉（卡方）分析

名称		地区（%）		总计	χ^2	p
		农村	城镇			
扮演角色	记录者	20（13.51）	6（4.23）	26（8.97）	23.886	0.000**
	观察者	73（49.32）	55（38.73）	128（44.14）		
	评价者	8（5.41）	22（15.49）	30（10.34）		
	发言者	28（18.92）	48（33.80）	76（26.21）		
	其他	19（12.84）	11（7.75）	30（10.34）		
总计		148	142	290		

* $p<0.05$　　** $p<0.01$

四、研究结论与讨论

（一）研究发现与结论

本研究对中学生信息科技课程协作问题解决能力进行评估，并从性别、地区、年级、年龄、在小组合作中扮演的角色等方面探究是否对中学生信息科技课程协作问题解决能力具有显著差异。研究结果表明，性别、地区、在小组合作中扮演的角色对中学生信息科技课程协作问题解决能力具有显著差异。年级年龄对中学生信息科技课程协作问题解决能力没有显著差异。男生在信息科技课程中的协作问题解决能力水平明显高于女生，城镇学生在信息科技课程中的协作问题解决能力水平明显高于农村学生，在小组合作中扮演评价者和发言者的学生在信息科技课程中的协作问题解决能力水平明显高于扮演记录者和观察者的学生。通过交叉卡方检验进一步研究性别、地区对学生在小组合作中扮演角色的差异发现，男生扮演评价者和发言者角色的人数高于女生，女生则扮演观察者和记录者角色的人数高于男生；农村学生充当记录者和观察者角色的人数高于城镇学生，城镇学生则充当评价者和发言者角色的人数高于农村学生。

（二）研究不足与展望

本研究利用调查问卷与访谈的形式，从实证研究的视角对H中学学生的信息科技课程协作问题解决能力进行性别、地区、年级、年龄、扮演角色等方面的探讨。在探究年级年龄是否对学生的信息科技课程协作问题解决能力有影响时，由于初三年级学生即将中考未曾获得初三年级的数据，样本具有一定的局限性。未来将在此基础上，对黄冈市其他学校初一、初二、初三年级学生进行大规模的实证研究，让研究扎根本土，服务于黄冈市信息科技课程改革。

我国智慧作业研究的现状、热点与趋势
——基于 CiteSpace 的可视化分析

李佳怡①

一、前言

2021年7月中共中央办公厅、国务院办公厅印发《关于进一步减轻义务教育阶段学生作业负担和校外培训负担的意见》（以下简称"双减"），"双减"政策的主要任务之一是"明确提出要全面压减作业总量和时长，减轻学生过重作业负担，合理调控作业结构，提高作业设计质量，加强作业完成指导"②。如何聚焦作业减负，强化课堂教学效果，为学生提供精准、有效、及时的复习和巩固，事半功倍真正发挥作业的功能，是一线教育工作者和教育研究者急需解决的问题。

在此背景下，"智慧作业"成为当前广受关注的研究与实践热点，集成多种智能技术的智慧作业应用系统迅猛发展，国内部分区域开展了规模化应用，形成了一些典型案例与经验，但智慧作业的理论研究与实践探索总体上还处于起步阶段，智慧作业的基本概念、基本工作机理、关键核心技术、实践路径和有效模式等问题还有待进一步深入研究。③

为系统了解我国智慧作业的研究现状，本研究采用文献计量法和知识图谱法，对中国知网（CNKI）收录的有关智慧作业的文献进行可视化分析，揭示该领域的研究热点，并展望未来深化研究的发展趋势。这对于推动"双减"研究具有理论意义，对于缓解中小学学生学业负担具有重要的实践意义。

二、研究方法与数据来源

研究采用文献计量学分析方法，使用 CiteSpace 进行可视化分析，研究数据来源于中

---

① 作者简介：李佳怡，黄冈师范学院硕士研究生，研究方向为信息技术教学、智慧教育。
② 中共中央办公厅国务院办公厅印发《关于进一步减轻义务教育阶段学生作业负担和校外培训负担的意见》[J]. 教育发展研究，2021，41（Z2）：33.
③ 柯清超，田雪松，鲍婷婷，等. 智慧作业的基本原理与实践方向[J]. 中国电化教育，2022（12）：74-83.

国知网（CNKI）。由于本研究主题的"智慧作业"是近年发展形成的概念，故设置检索时间跨度为2019年1月1日至2023年5月31日，以"智慧作业"为主题进行检索，保留学术期刊、学位论文、会议论文、特色期刊类别，共检索到264篇相关文献。经阅读筛选，最终得到有效文献175篇，其中学术期刊24篇，学位论文4篇（硕士），会议论文66篇，特色期刊81篇。

三、近5年我国智慧作业研究分析

运用CiteSpace可视化分析，可发现近5年来我国智慧作业研究基本情况如下。

（一）发文量分析

为方便描述我国智慧作业研究的基本特征，选取总发文量、硕博发文量、中文核心期刊发文量、会议发文量四个维度的代表性数据进行分析，如表1所示。

表1　　　　　　　　　　近5年智慧作业研究发文量

年份	总发文量	硕博发文量	中文核心发文量	会议发文量
2019	6	0	0	0
2020	6	0	1	0
2021	19	1	2	1
2022	90	3	3	44
2023	54	0	5	21

在研究演进上，智慧作业研究呈现出受政策驱动且偏好策略研究的动向，发文量自2019年起呈增长趋势。四个维度的数据在设定的时间范围内，各自的变化和演进具有趋同性，以2021年为时间节点，研究变化的趋势大致可以分为两个阶段。

第一阶段为萌芽发展期（2019—2021年）。该阶段仅有少量研究者投入智慧作业研究，奠定了相关人员后续研究的基础，发文总量31篇。朱少波（2019年）[1]、宋宣（2020年）[2] 等是国内较早关注智慧作业的研究人员。萌芽期的关注点在电视端智慧作业的项目建设，以及对智慧作业作出简单定义，阐明教育信息化的发展为解决学生作业压力问题提供了新方法，智慧作业在出题、做题、批改与反馈、推送资源和应用场景五个方面都带来了改变[3]，开启了定位于"智慧作业"这一具体方向上的作业研究视域。

---

[1] 朱少波，杨帆，梁斌. 论江西广电网络智慧作业学习平台建设 [J]. 声屏世界，2019，453（S1）：5-8.

[2] 宋宣，陈俊鹏. 核心素养导向下的"智慧作业" [J]. 人民教育，2020，832（Z2）：109-110.

[3] 宋宣，陈俊鹏. 核心素养导向下的"智慧作业" [J]. 人民教育，2020，832（Z2）：109-110.

第二阶段为增速发展期（2021—2023 年）。2021 年"双减"政策出台后，该领域内发文量明显上升。由于检索时间截至 2023 年 5 月 31 日，未满一年，所以发文量数据较低，但按趋势合理推断，发文数量应仍稳定上升。此阶段发文总量为 163 篇，智慧作业相关问题已经逐步引起研究者的关注。大量会议论文探讨了如何利用智慧作业有效提高中小学学科学习效率，南昌大学黄悦进行了基于智慧作业的初中生英语自主学习有效性策略研究①，柯清超等（2022 年）② 对智慧作业的基本原理与实践方向进行了阐述。

（二）研究机构与人员的分布

研究机构代表从事某一特定学术领域的研究主体，其发文量可以反映出不同机构对该领域的贡献度，而彼此之间的合作程度能够在一定程度上反映合作水平和研究质量。③ 根据 CiteSpace 的发文量图谱，考察机构的地区分布，可发现以江西省为代表的华东地区最早投入研究，是该研究领域的主力军，且早期研究重点多在于智慧作业软硬件的建设与应用。

核心作者群的状况能够集中反映该研究领域的发展趋势，同时也可借此管窥该领域的科研活动状况。④ 普赖斯定律是文献计量学中分析核心作者的重要指标，计算公式为 $M = 0.749\sqrt{N_{max}}$，其中，N_{max} 为最高产作者的论文篇数，M 为论文篇数，将发文数在 M 篇以上的作者称为核心作者。⑤ 统计发现，发文最多的作者论文数量为 6 篇，将 $N_{max} = 6$ 代入公式，计算可知 M 值为 1.835，即发文量在 2 篇及以上的作者即可视为核心作者。核心作者共有 4 位，分别是唐旭、付卫东、刘尊贤、杨帆，共发表论文 8 篇，占 5%。核心作者撰写论文数量应不低于该领域论文总数的 50%，因此，智慧作业研究还未形成核心作者群，智慧作业还需长期和持续性的关注。从研究人员看，唐旭、付卫东、刘尊贤三位合作较为密切，他们的主要关注点是智慧作业与留守学生课业负担、家长教育焦虑的关系，以及基于智慧作业生态圈的作业 AI 自动批改探索与实践。其他研究者大多为中小学一线教师或师范生，他们基于学科教学展开实践研究，阐述智慧作业在学科教学中起到的积极作用，或提出具体的智慧作业实施方案，具有一定的现实意义。

（三）研究关键词分析

1. 关键词频次统计分析

关键词是作者对研究核心内容的提炼，关键词的频次以及中心度是识别研究热点的重

---

① 黄悦．基于智慧作业的初中生英语自主学习有效性策略研究［D］．南昌大学，2022：14．

② 柯清超，田雪松，鲍婷婷，等．智慧作业的基本原理与实践方向［J］．中国电化教育，2022（12）：74-83．

③ 黄晓茜，程良宏，李蓉荣．国内教师学科教学知识（PCK）研究：现状审视与未来展望——基于 2005—2019 年 CNKI 文献计量分析［J］．当代教育与文化，2020，12（01）：101-109．

④ 邱均平，马瑞敏．基于 CSSCI 的图书馆、情报与档案管理一级学科文献计量评价研究［J］．中国图书馆学报，2006（01）：24-29．

⑤ 毛乐．我国教育惩戒的研究热点与趋势——基于 CiteSpace 的可视化分析［J］．教育理论与实践，2023，43（11）：18-22．

要指标。根据 CiteSpace 分析,中心性>0.1 的关键词如表 2 所示。在该领域,研究人员多关注智慧作业在小学数学等科目中的应用,关注智慧作业在助力义务教育减负增效、落实"双减"政策中的作用。

表 2　　　　　　　　智慧作业研究关键词中心度及频次

中心度（Centrality）	频次（Freq）	关键词（Keywords）
0.36	74	智慧作业
0.29	15	智慧课堂
0.27	16	减负增效
0.16	2	优化作业
0.14	16	作业设计
0.14	9	"双减"政策
0.14	3	作业管理
0.13	28	小学数学
0.1	7	小学英语
0.1	6	信息技术
0.1	3	作业改革
0.06	18	"双减"

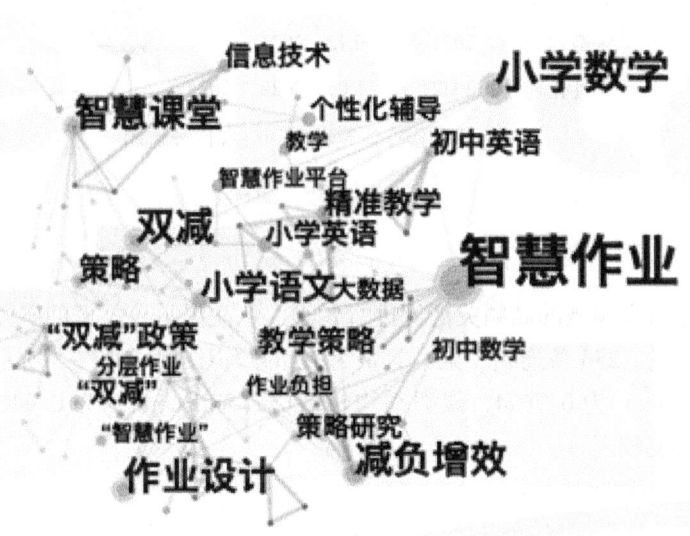

图 1　智慧作业关键词共现图谱

2. 关键词突现分析

结合 CiteSpace 软件的突现分析（Burst Detection）功能，可以准确定位某一关键词的兴起与衰落，识别热点研究的发展阶段。[①] 根据关键词突现较大变化情况，2019—2021年"智慧教育"一直是研究的关注点，智慧课堂、智慧作业作为智慧教育的一环，很多教师在实际教学中进行了应用与研究。2020—2021年，疫情期间很多课程转到线上，加速了在线教育的发展，也为教育大数据的采集提供了便利。借助智慧作业平台教师可以通过大数据精准分析学生学习的薄弱点，开展精准教学与个性教学，进行作业的个性化设计，同时也可以增强师生的共享和交流。所以"精准教学"与"大数据"在 2020 年—2021 年备受关注。从图中可看出 2022—2023 年最新最近的研究热点是"个性化辅导"，个性化学习同样基于大数据，更注重以学生为中心，是技术与教育深度融合到高级阶段的表现形式。在教学中，每个学生的学习方式、学习能力是不同的，每个学生知识掌握的程度也各不相同，精准教学可以实现个性化学习，更有利于因材施教，真正实现降低教师工作难度、缓解家长焦虑情绪、减轻学生作业负担的目的，从而调动学生的学习积极性，促进"双减"政策落地。

高突现性关键词Top 6

Keywords	Year	Strength	Begin	End	2019—2023
智慧教育	2019	1.55	2019	2021	
教学策略	2020	1.05	2020	2020	
精准教学	2020	1.02	2020	2021	
智慧课堂	2020	0.73	2020	2020	
大数据	2021	0.72	2021	2021	
个性化辅导	2022	1.05	2022	2023	

图 2　智慧作业研究关键词突现性分析图

3. 关键词聚类图谱分析

对智慧作业研究领域的高频关键词进行聚类，从而揭示该领域的研究主题。此次聚类共生成 166 个节点、256 条连线、聚类数量为 10 的知识图谱，如图 3 所示。该图谱中聚类模块值（Modularity）为 0.7674，聚类平均轮廓值（Silhouette）为 0.946，说明图谱聚类效果明显，可信度较高。

[①] 严奕峰，周佳璇. 近 20 年来我国小学数学作业研究的回溯与展望——基于 CiteSpace 软件的可视化分析［J］. 教育理论与实践，2023，43（08）：50-55.

图 3　智慧作业研究热点聚类图谱

(四) 研究热点及内容分析

根据 CiteSpace 绘制的智慧作业研究热点聚类图谱，对聚类靠前的研究热点进行分析。

"减负增效"是最大的聚类主题。自"双减"政策出台以来，减负问题引起了全社会的关注，借助信息化的优势促进作业减负增效对深化课内外作业的研究具有重要意义。很多学者，特别是一线教师对此展开了讨论，经阅读后发现，大部分作者通过分析我国义务教育阶段作业设计存在的问题，结合智慧作业提出改进意见，力求为我国义务教育阶段作业设计的创新和优化提供借鉴与思考，提升学生主观幸福感。

"个性化作业"是第二大聚类主题。个性化作业是贯彻"因材施教"教育方针、实施精准化教学的重要途径。经阅读，研究者在初中数学、初中生物等学科领域中对个性化作业的研究较多，他们在实践中利用信息化手段融合学科进行个性化作业设计，实现因材施教，促进学生在学科上的个性化发展。南昌大学张沁①利用实验法，结合实验后学生对实施个性化作业的反馈及实验前后成绩对比结果得出结论，基于智慧作业平台实施初中数学个性化作业能够切实提升学生作业质量，减轻学生负担，培养学生主动学习和自主学习的兴趣与能力，激发学生学习兴趣。

"智慧课堂"是第三大聚类主题。研究者基于智慧课堂环境对作业提出设计，进行相关的作业分层研究、智慧作业效果研究。智慧课堂是基于动态学习数据分析与"云端、网络、客户端"应用的新型信息化课堂教学模式，是推进教育信息化建设的重要手段。在智慧课堂背景下通过构建作业体系，对单元整体作业及课前、课中、课后作业进行系统

---

① 张沁. 基于智慧作业平台的初中数学个性化实践研究 [D]. 南昌：南昌大学，2022：24.

性重构，建立教、学、评一体化的作业模式，既减轻了学生过重的作业负担，又让其在课堂教学中发挥重要作用，从而改变了教师"满堂灌"的课堂教学方法，可以促进学生深度学习，提高学生的学习效率和学习质量。

值得指出的是，有学者针对农村小学运用智慧作业进行了探索，通过构建以学生为中心的作业评价体系，推动农村的精准教育，同时，通过对家庭电视机盒进行软件升级，实现"智慧作业"，从而避免了电子产品的不足。① 付卫东还基于江西省 78 个县（区）的智慧作业调研数据，针对智慧作业使用能否在留守儿童作业管理、学习情况及亲子关系三个方面减轻其家长教育焦虑展开研究②，分析后得知，智慧作业实施后，作业管理显著正向影响教育焦虑，学习情况与亲子关系均显著负向影响教育焦虑。

四、未来研究趋势

在数据驱动与技术赋能下，智慧作业发展正处于加速期。在借助 CiteSpace 分析国内现有智慧作业研究的基础上，还需要展望未来深化研究的发展趋势。

在未来研究群体上，应整合研究力量，发挥核心研究力量在智慧作业研究中的引领作用，加强智慧作业研究的合作交流。要加强不同学科背景与不同研究机构的研究者协同研究，增强智慧作业研究的合作产出，打造适合我国学生的智慧作业平台，促进我国智慧作业研究的发展。

在未来研究热点趋势上，可能会更突出学生核心素养的培养。新社会需要新人才，"核心素养"课程改革理念的转型，将推动素养导向的作业设计，智慧作业如何为教师设计适合课标又贴合学情的高质量作业体系值得研究。同时随着综合课程的推广，各学科之间也要加强交流与融合，结合不同学科设计综合性作业，以达到减负增效的目的。

---

① 曹锋.智慧作业在农村小学数学的运用方式探究［C］//廊坊市应用经济学会.对接京津——协调推进基础教育论文集，2022：81.

② 付卫东，刘尊贤，唐旭."双减"背景下智慧作业使用减轻了留守儿童家长教育焦虑吗？——基于江西省 78 个县（区）的调查数据分析［J］.当代教育论坛，2023，314（02）：115-124.

师范生信息化教学意识与能力的调查研究

李一丹[①]

一、引言

随着信息技术的飞速发展和应用,信息化教育已经逐渐成为教育改革的重要方向之一。师范生是未来教育事业的中坚力量,他们的信息化教学意识与能力的培养已经成为教育部门关注的焦点。[②] 黄冈师范学院作为一所具有悠久历史和深厚文化底蕴的高等师范院校,一直致力于师范生教学能力的培养。为了深入了解师范生信息化教学意识与能力的现状,本文以黄冈师范学院为例,开展了一项调查研究。

本文的研究方法主要是问卷调查和数据分析,通过对黄冈师范学院的师范生进行调查,获取师范生信息化教学意识与能力的相关数据,从而深入了解师范生信息化教学能力的现状,本文旨在通过对黄冈师范学院师范生信息化教学意识与能力的调查研究,深入了解师范生信息化教学能力的现状和存在的问题,为教育部门提供相关政策建议,推动信息化教育事业的发展,促进我国教育事业的现代化进程。

二、研究设计

(一)研究方法

该研究使用调查问卷的方式展开调查。问卷题目的设置参考教育部中国移动科研基金项目的"师范生信息化教学能力标准与培养模式实证研究"课题组的研究成果《师范生信息化教学能力标准》[③]。调查问卷主要分为四个维度,分别是教育背景、信息化教学意

[①] 作者简介:李一丹,湖北黄冈人,黄冈师范学院教育学院2022级硕士研究生,研究方向为数字化学习。

[②] 马启龙. 信息化教育学原理[M]. 兰州:甘肃人民出版社,2017:141.

[③] 任友群,闫寒冰,李笑樱.《师范生信息化教学能力标准》解读[J]. 电化教育研究,2018,39(10):5-14,4.

识、信息化学习能力、信息化教学能力①。

(二) 研究工具

问卷星平台提供多种题型的设置。调查问卷的题目设置主要分为四个维度：教育背景、信息化教学意识、信息化学习能力以及信息化教学能力。其中包含单选题、多选题、量表题以及开放题等多种题型。

表1　　　　　　　　师范生信息化教学意识与能力的调查问卷

维度	题目设置
教育背景	1. 学历
	2. 专业
	3. 是否有过教学的实践经验
信息化教学意识	4. 您认为教师应该具备信息化教学的能力
	5. 您认为信息化教学对教育教学有何作用②
信息化学习能力	6.1　我常通过在线课程平台来学习新知识和新技能
	6.2　我至少有一个喜欢的在线开放课程、在线学习期刊等，并持续学习
	6.3　我常利用技术工具规划学习过程并记录学习过程
	6.4　我能熟练地使用至少一种学习平台
	6.5　我能在对网上搜索的信息进行再整合后得到自己的教学内容
信息化教学能力	7. 您在信息化教学设计中会使用哪些工具和资源？（电子白板、教学视频、电子书籍、在线课程平台、模拟软件、教学游戏）
	8. 您如何评价您在信息化教学设计方面的能力（教学设计、制作课件、微课视频、使用在线学习平台、使用电子白板或投影仪、使用交互式教学软件和游戏）
开放题	9. 您对师范生信息化教学技能的提高有哪些改进意见和建议？

该研究在问卷星平台设置为一台设备只能填写一份问卷，一人一卷问卷填写的有效性。

(三) 研究样本

调查过程中共收到问卷165份，其中有效问卷133份。本研究以黄冈师范学院为范

---

① 刘喆. 设计思维方法支持下的师范生信息化教学能力发展研究 [J]. 中国教育信息化, 2020, 471 (12)：1-8.
② 何文涛, 庞兴会, 朱悦, 等. 人工智能时代中小学教师信息化教学能力发展现状与提升策略 [J]. 现代教育技术, 2022, 32 (03)：92-101.

围,对黄冈师范学院的本科生和师范生开展调研。主要学历及专业构成如下。

表2 　　　　　　　　　　　　被测者学历及专业构成

名称	属性	人数	总百分比
学历	本科生	56	42.11%
	研究生	77	57.89%
师范专业	师范专业（含教育硕士）	116	87.22%
	非师范专业	17	12.78%
教学经验	有	88	66.17%
	无	45	33.83%

三、师范生信息化教学意识与能力现状分析

（一）师范生信息化教学意识的现状

从师范生对于现代教师应该具备怎样的信息化教学能力的认识来看,其中有认为教师应具备教学设计能力和教学实践能力的同学占90%左右,由此可见,大部分同学认为教师应具备最基本的教学设计能力和教学实施能力。另外,师应具备教学资源设计与开发能力的同学占86.47%,少于前面两种情况,这可能与师范生们是否真正进入学校、站上教师岗位有关。最后,认为教师应掌握教育技术的同学占77.44%,相比于前面几项,人数略少,这可能与师范生是否接受过教育技术相关培训有关。

在对于信息化教学对教育教学作用的认识方面,师范生们普遍都能认识到信息化教学在当今教育教学当中的重要地位。从整体来看,黄冈师范学院的师范生有较高的信息化教学意识。

（二）师范生信息化学习能力的现状

在被测者中有133个为师范生。在对师范生的信息化学习能力的调查中,分为自主学习意识、技术使用和信息加工三个维度。设置六种情况:我常通过在线课程平台来学习新知识和新技能;我至少有一个喜欢的在线开放课程、在线学习期刊等,并持续学习;我常利用技术工具规划学习过程并记录学习过程;我能熟练地使用至少一种学习平台;我能在网上大量资源中筛选出所需的资源;我能在对网上搜索的信息进行再整合后得到自己的教学内容。具体情况如表3所示。

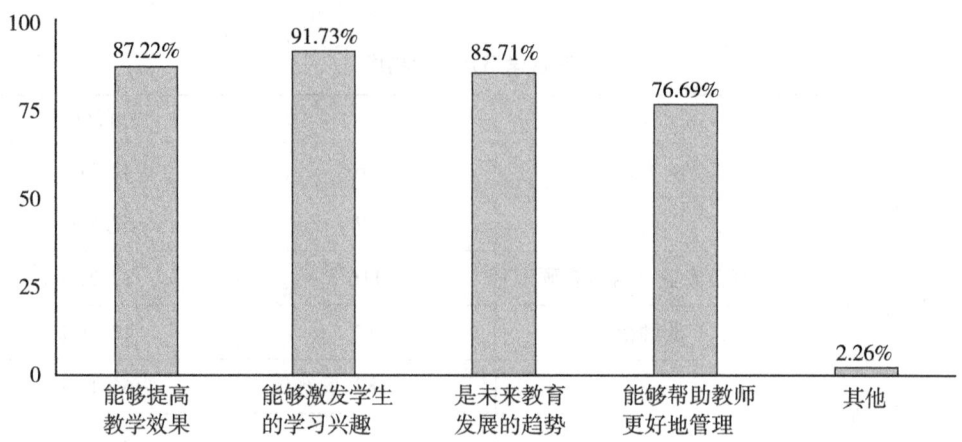

图 1　信息化教学对教育教学的作用

表 3　　　　　　　　　师范生信息化学习能力的现状图

题　目	非常符合	符合	一般	不符合	很不符合
我常在在线课程平台学习新知	35(30.17%)	47(40.52%)	31(26.72%)	3(2.59%)	0(0%)
我至少有一个喜欢的开放课程，并坚持学	16(13.79%)	55(47.41%)	24(20.69%)	17(14.66%)	4(3.45%)
我常利用技术工具规划学习过程并记录学习过程	16(13.79%)	45(38.79%)	40(34.48%)	12(10.34%)	3(2.59%)
我能熟练使用至少一种学习平台（如学习通）	31(26.72%)	44(37.93%)	32(27.59%)	6(5.17%)	3(2.59%)
我能在网上大量资源中筛选出所需的资源	21(18.1%)	44(37.93%)	32(27.59%)	12(10.34%)	7(6.03%)
我能在对网上搜索的信息进行再整合后得到自己的见解	23(19.83%)	37(31.9%)	38(32.76%)	5(4.31%)	13(11.21%)

由图中数据可见，首先，师范生有着良好的自主学习意识。其次，大多数师范生能够利用信息化学习工具来辅助自己的学习或是记录学习过程。最后，从信息加工的角度来看，黄冈师范学院师范生对于信息加工的能力总体中等偏上，还有待提高。

总体来看，黄冈师范学院师范生的信息化学习能力较强，但也有很大的提升空间。能够做到最基本的信息化学习，能够利用网络来辅助自己学习。但是仍要更大限度地有效利用网络促进学习，这是所有高校学生或是作为教师需要思考的问题。

(三) 师范生信息化教学能力的现状

在对师范生所掌握教学工具和资源使用能力的调查中,能够明显地看到,大部分师范生都掌握了电子白板和教学视频在教学中的使用,这与黄冈师范学院的教学条件有关,黄冈师范学院在多个教学楼、办公楼上都安有电子白板等多媒体教学设备,供师生学习及使用。其次,电子书籍的使用相比于多媒体教学工具使用相对较少,但由于其便捷性、容量大、保质期长等特点,在高校中使用率较高。相比于前面几种教学工具的使用,模拟软件对教师的信息化能力要求较高,但模拟软件并不适用于所有的科目,对于一些有实验部分的科目,模拟软件能够在模拟的环境下让学生参与实践,减少实验成本,提高学生实验操作能力。同样教学游戏对于教师的设计开发能力有一定的要求,合理并适度地使用教学游戏才能提高教学的效率,否则会分散学生的注意力,形成负面的效果。

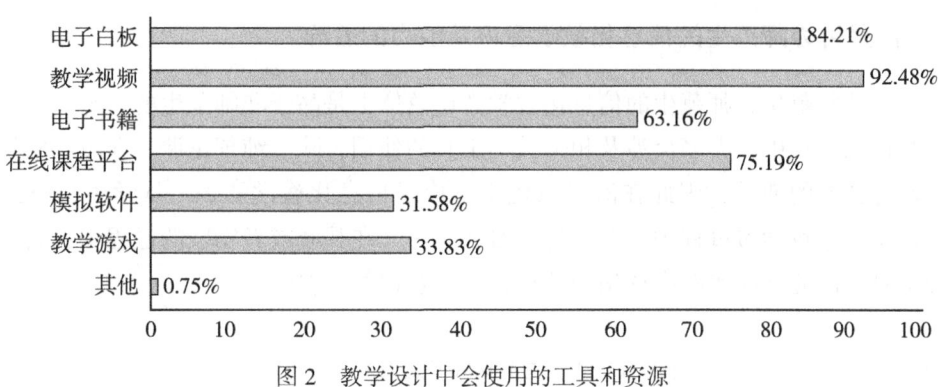

图 2　教学设计中会使用的工具和资源

四、师范生信息化教学意识与能力差异分析

(一) 不同学历师范生的信息化教学意识及能力的差异

对比黄冈师范学院本科生和研究生对于在线课程平台的使用情况来看,研究生相比于本科生有较高的信息化学习能力。如表 4 所示。

表 4　不同学历师范生的信息化教学意识及能力的差异平均值对比

学历		学习能力	教学
本科	平均值	2.5000	2.7708
	个案数	56	56
研究生	平均值	2.3139	2.4502
	个案数	77	77

续表

学历		学习能力	教学
总计	平均值	2.3922	2.5852
	个案数	133	133

首先，黄冈师范学院研究生均为教育硕士，其中有较大部分的教育硕士本科是师范生，因此有过一定的教育实习或见习的经验。其次，大多数教育硕士的毕业目标为从事教育行业，因此有较高的自主学习的觉悟性。另外，通过全国研究生招生考试的锻炼，其有着较长时间的线上学习的经历，从而也有着相对较高的信息化学习能力。但是这并不意味着研究生就有着更强的教学能力，学习是一个无止境的过程，每一个阶段都应该有每一个阶段的目标，因此教育硕士应该对自己有着更高的要求。

（二）是否为师范生的信息化教学意识及能力的差异

相比于非师范生，师范生的信息化教学意识总体上是高于非师范生的。师范生在高校培养所开设的课程中，大多会涉及相关教学工具的使用，除了纯理论课，在教学实践中也会涉及教育技术的使用，因此在潜移默化中形成了信息化教学意识。从学生自身经验来看，师范生在本科学习过程中，会参与见习和实习，在观摩或者实践的过程中，会接触教学辅助工具，因此会在实践中认识到信息化教学意识的重要性。

表5　　　　　　　　是否为师范生的信息化教学意识及能力的差异

专业		学习能力	教学
师范类	平均值	2.3664	2.5417
	个案数	116	116
非师范类	平均值	2.5686	2.8824
	个案数	17	17
总计	平均值	2.3922	2.5852
	个案数	133	133

从信息化学习能力方面来看，是否为师范生与信息化学习能力的相关性不大。随着信息技术的发展以及受后疫情时代的影响，大多数高校学生已经能够适应以信息技术赋能的学习方式。信息化学习能力是新时代中不同阶段的学生所必须具备的能力。

（三）教学实践经验不同的学生信息化教学意识及能力的差异

是否有教学经验对师范生的信息化教学意识和信息化学习能力的影响不大。这是由于黄冈师范学院注重对师范生教学能力的培养，师范生有较高的教学意识与素质，而信息化学习能力是大多数高校学生在疫情时代中所必备的能力，因此对其影响不大。

表 6　　教学实践经验不同的学生信息化教学意识及能力的差异

是否有过教学的实践经验		学习能力	教学
有过教学经验	平均值	2.2614	2.4508
	个案数	88	88
没有过教学经验	平均值	2.6481	2.8481
	个案数	45	45
总计	平均值	2.3922	2.5852
	个案数	133	133

相比于没有教学经验的师范生，有教学经验的师范生是有更高的信息化教学能力。一方面，有过教学经验的师范生在积累了一定的实践经验，在实际的教学过程中，他们适应教学环境以及学校中的教学设备，且熟练掌握教学设备；另一方面，随着科技的不断发展，技术赋能的课堂环境已经逐渐普及，这要求师范生要提高自身的教学能力以及对教学设备的使用能力，适应教育的新发展和新变革。

五、问题及对策

（一）面临问题及挑战

师范生的信息化教学意识需加强培养。① 从研究中来看，黄冈师范学院的师范生有较高的信息化教学意识，技术赋能的教学环境在飞速发展和改革，师范生有基本的信息化教学意识是远远不够的，还应该积极地去了解前沿的教育技术的应用和普及，不能做"被淘汰"的教师，要做新时代教师，做新时代教育的主力军。

师范生对于信息化教学工具的使用能力有待提高。做新时代的教师就要符合新时代的要求，随着技术赋能的各种设备进入中小学校，未来的教师要更好地适应未来的教育行业，必须把提高信息化教学工具的使用能力作为自己的必修课，这是行业的要求，更是时代的要求。

教育硕士的教学资源创造性和开发能力欠佳。教育硕士未来的就业目标不应只是普通的教学型教师，而应该具备一定的教学资源的设计与开发能力。因此不能只拘泥于做好教学设计和做好教学课件，更应该掌握更多的教育技术，提高研究能力，做新时代研究型教师。

---

① 郭二军. 高校师范生信息化教学能力提升策略研究［J］. 教育信息化论坛, 2022（02）: 9-11.

（二）提升对策及建议

一方面给师范专业的同学开设教育技术的必修课或者选修课，让所有学科的师范生都能够了解到前沿的教育技术的发展情况和使用情况。同时也让师范生了解到不同地区对教师的要求，增强师范生提高自身信息化教学能力的意识，从而自主地加强自身认识与能力。

另一方面加强理论知识学习的同时给予师范生更多的实践。在条件允许的情况下，让师范生能够使用智慧教室的各种功能，培养其教育技术的使用能力。

图 3 "对师范生信息化教学技能的提高意见和建议"云图

六、结语

本文旨在通过调查研究，探究黄冈师范学院师范生信息化教学意识与能力的现状、存在的问题及其影响因素，进一步了解师范生信息化教育能力的发展情况，为学校师范生培养提供一些建议，促进黄冈师范学院信息化教育事业的发展。① 但是由于问卷收集数量不够多，导致参考价值一般。学校一直都十分重视师范生的培养，在信息化教学的道路上，学校提供了很多硬件上的帮助，因此只要有效合理地利用起来，一定能使师范生信息化教学意识与能力得到有效提高。

---

① 侯冬青，袁宇峰．师范生信息化教学能力评价与提升对策——以 X 师范学院为例［J］．陕西教育（高教），2023，567（01）：56-59.

人工智能视域下县城高中教师专业发展的调查研究

周茹忆　王艳丽①

一、人工智能技术下高中教师专业技能发展的背景和意义

（一）人工智能技术在教育领域的应用背景

人类对于教学自动化的追求，要早于对数字计算机与人工智能的追求。早在1927年，普莱西就设计出了能够开展个性化教学的机械设备，称为"教学机器"，甚至希望可以开启一个新产业。20世纪60年代末开始探索利用人工智能技术实现适应性教学。②。而在半个多世纪后，人工智能技术开始成为教师教学的重要工具，数字化已经成为教育领域的一项趋势。通过数字化教学资源的共享和互联网技术的发展，教育领域实现了数字化教学资源的优化和创新。但是，世界范围内依旧存在着地域发展水平不平衡、教师教育资源不充足、教师数字素养不均的情况。在国内，教师主导课堂活动，忽视人工智能技术的情况依旧存在。因此，也应该分析人工智能技术下高中教师专业发展情况。

（二）高中教师专业技能发展面临的挑战

1. 智能时代下，部分学科采用传统的授课方式或被更改

当下，人工智能技术带给中小学教育教学的焦虑多集中在文化课程中，由于人工智能所具有的特性，使得学生较过去能得到更好的替代物，对学生的逻辑思维能力、语言表达能力的要求更低。传统的授课方式已经无法满足学生已拥有的信息技术能力以及所带来的需要。教师需要通过人工智能工具学习和执行创造性任务，比学生更早一步了解人工智能技术。并且通过创新教学设计，改变课堂教学过程中的学习任务和学习目标，以培养学生

---

① 作者简介：周茹忆，女，湖北黄冈人，黄冈师范学院教育学硕士研究生，研究方向为师生交互行为分析；王艳丽，女，湖北襄阳人，华中师范大学人工智能教育学部博士研究生，黄冈师范学院教育学院副教授，研究方向为学习行为分析。

② 张志祯，徐雪迎，李英杰，等．智能时代教师学习的十大难题［J］．中国远程教育，2022（02）：1-12，76．

超越人工智能的创造性思维和独特技能。

2. 智能时代下，教师的主导地位或被动摇

人工智能技术的发展催生了教学文化的快速变革，选择将人工智能技术与教学相整合已然成为了越来越多中小学校"时尚和必然的选择"①。在这种"时尚"的教学文化的裹挟下，教师教育者们反复向教师们灌输着要将人工智能技术与教学相整合的理念，人工智能技术的使用也成为了课堂教学评价标准中的一个指标，教师不得不在课堂上使用人工智能技术。可是，教师们看似运用了有技术含量的教学工具，却并没有让技术含量获得多大的提升。②若教师被人工智能等高新技术所创造的教学环境所裹挟，无法在教学过程中发挥主观能动性，则很容易进一步失去独立思考的能力，进而无法意识到人工智能的潜在风险，失去课堂的主导地位。

3. 智能时代下，教师专业技能的培养或将改变

现如今，人工智能正在逐步走向成熟，教师的专业知识培养也变得轻松，教师能够在人工智能的帮助下高效获取专业知识，构建完善的专业发展体系。这一趋势也随之让另一个问题开始显露，即教师育人专业性的培养。近年来，社会上对提高教师育人专业素养的呼声越发强烈，教师引导学生道德、情感、价值观发展的能力也成为了教师专业技能培养的另一个重点。

二、研究设计

（一）研究问题

重点探讨：人工智能时代背景下，县城高中教师专业发展现状以及影响因素。

（二）研究对象

本研究选取湖北省黄冈市黄梅县鄂东华宁高级中学的教师为调查对象，涵盖不同年级和学科，共140人。鄂东华宁高中位置较偏，离中心等经济发达地区较远，教育要素保障度较为完善，每个班级都安装了希沃白板，具有一定的标本意义。

（三）研究工具

采用线上问卷调查法，依据教师专业发展调查问卷，③并作出了必要的修改使之符合

---

① 邱相彬，李艺，沈书生．信息技术作用下的课程文化变革思维［J］．教育研究，2017，38（09）：92-98．
② 周彬．教学治理现代化：时代挑战与实践转向［J］．教育科学，2019，35（04）：17-22．
③ 杨瑞强，谈幼珍．高中教师专业发展的现状调查研究——以H市三所高中为例［J］．高等继续教育学报，2018，31（03）：57-61．

本研究的需要。主要包括三个部分：第一部分主要了解被访者的个人基本情况和工作概况，包括师资队伍的性别、年龄、教龄、教育程度、带教年级、科目等；第二部分主要调查人工智能时代被访者对于教师专业发展的认识，并采用量表对教师的专业知识、专业能力、专业发展的需求进行测量，同时也涉及教师职业道德、专业发展的意愿等调查；最后一部分同样用量表测量个人、学校和社会三个层面对教师专业发展的影响。量表采用李克特的五点量表法，1 分代表非常不符合，5 分代表非常符合，以此类推。

表 1　　　　　　　　　　　中学教师专业发展测评指标体系

一级指标	指标阐释
教师专业知识与技能	教师是否具有完善的专业知识储备
教师师德	教师面对人工智能等信息技术所存在的伦理道德和安全问题时，能够遵守相关法律法规
教师发展意愿	教师在专业发展时是否受到个人、家庭、社会、薪资等问题的影响
教师智能技术的运用	教师在教学过程中，能否将人工智能等信息技术与教育教学相结合，以便更为高效地获取教师专业知识

（四）研究过程

该问卷在编制后选择 10 位教师进行问卷测试，依据其问卷结果进行信度检测，得到结果后进行再次调试，最终确定完整版问卷。运用 SPSS 软件对问卷数据进行信度分析，其中量表的科隆巴赫 α 系数总体为 0.962，大于 0.8；且根据各指标的信度分析结果，最终保留 42 个题项，各指标的 α 系数介于 0.729~0.957（如表 2），均大于 0.7，说明量表信度良好。

表 2　　　　　　　　　　　量表信度检验

指标	项目数	Cronbach α 系数
教师专业知识与技能	6	0.843
教师师德	4	0.957
教师发展意愿	15	0.943
教师智能技术的运用	7	0.729

三、研究结果与分析

（一）教师专业知识与技能

教师专业知识与技能描述性结果如表 3 所示。由描述性结果可以看出，高中教师关于专业知识和技能掌握程度较高,均值多在 4.000 以上。其中 17 题的"我具有良好的教学语言组织能力"最高,均值为 4.615。通过课堂观察发现,学校高中教师的课堂语言能力都较强,在课堂中无明显结巴、中断的情况。并且教师在课堂授课时,由于依旧是以传统讲授型授课为主,因此教师在课堂中占主导地位,教师发言的时长远大于学生的发言时长,教师的语言能力在实践中经常运用。而在第 23 题的"我具有良好的教育教学研究的能力"均值相较最低,仅有 3.846。通过对学校的教研活动统计与观察可以发现,由于高中教学依旧以语文、数学和外语为主,其他学科的教研活动如政治、历史、地理等次数较少,为两周一次,或无教研活动。因此不同科目教师其教育教研能力不等,存在着偏差较大的情况。

表3　　　　　　　　　　教师专业知识与技能描述性统计

题目	均值	标准差
17	4.615	0.506
18	4.308	0.630
19	4.385	0.768
20	4.231	0.927
22	4.000	0.913
23	3.846	1.068

(二) 教师师德

教师师德包括教师对教学、学生的态度,是否能遵守教育的道德标准。本问卷相关题目的描述性统计结果如表 4 所示。由表可知,教师师德相较于专业知识与技能均值较低,最高分仅为 4.000 分,即 24 题的"我具有良好的学生心理辅导的能力"。高中教师面临的教学难题不仅是教学内容和教学方法上的,还有对学生的心理健康教育和道德品德培养。高中阶段的学生正处于思维能力不断增强,逻辑抽象思维能力逐步占主导地位,他们开始以批判的眼光来看待周围的事物,自主意识快速发展。随之而来的学生思维与现实产生较大落差,将不可避免地产生与周围环境的冲突。县城教师对于学生心理健康的关注度相较于其他方向较低,且不具备完整的心理疏导能力。

表4　　　　　　　　　　教师师德描述性统计

题目	平均值	标准差
24	4.000	0.816
25	3.923	0.954

续表

题目	平均值	标准差
26	3.769	1.166
27	3.923	1.320

(三) 教师发展意愿

当今社会中，教师专业发展意愿受多方面影响，本研究从个人、家庭、薪资等角度探索影响教师专业发展意愿的因素，其描述性统计结果如表5所示。由表可知，37题中的"职称评定"以及41题的"国家对教育事业的关注"均值较高，高中教师相对于工资水平、家庭因素、教研活动和工作培训等因素，更加关注高中教师的职称问题和事业发展前景。通过观察和访谈可以发现，高中教师年龄层30岁以上的已婚人士，对于稳定性和发展性有较高需求。人工智能时代下教师这一职业是否有被替代的风险成为了他们首要关注。因此，与发展前景高度相关的职称评定和教育事业是他们迫切关注的重心。

表5　　　　　　　　教师发展意愿描述性统计（部分）

题目	平均值	标准差
28	3.615	1.387
29	3.615	0.768
……	……	……
42	3.769	1.166

(四) 教师智能技术的运用

教师智能技术的运用描述性结果如表6所示。可以看出，高中教师关于智能技术在专业发展上的运用较熟练，其中最高分为13题"我能通过智能技术，掌握学生心理辅导知识"、第15题"我能通过智能技术，掌握学科专业知识"和第21题"我具有良好的运用多媒体手段能力"均值得分为4.000分及以上。由此可以说明高中教师对于利用智能技术获取专业知识，并利用此与学生进行沟通是较频繁和习惯的。而在第16题的"我能通过智能技术，掌握学科教学知识和方法"则分值较少。高中教师较少通过人工智能技术学习合适的教法，通过后续的访谈进一步了解到，部分教师更倾向于在具体的实践教学中摸索或者向同辈教师请教合适的教学方法。

表6　　　　　　　　　教室智能技术的运用描述性统计（部分）

题目	均值	标准差
11	3.846	0.987
12	3.769	1.092
……	……	……
21	4.231	0.725

四、人工智能技术下教师专业技能发展的结论与对策

（一）提高高中教师的数字素养和信息技术应用能力

数字素养已成为数字时代公民的必备基本素养。① 在人工智能时代下，一方面，数字技术与教育的融合发展正逐步深入，教师必须适应数字技术的蓬勃发展及其在教育行业的快速渗透；另一方面，"双减"、教育评价改革等重大政策的落地都对教师数字素养提出了更高要求，然而我国教师在数字化教学理念、数字化教学创新能力等方面还有所不足，教师数字素养亟待提升。②③ 作为高中教师，应该提高自己的信息素养和信息技术应用能力，熟练掌握数字化平台、软件和资源，培养数字化意识、数字技术知识与技能、数字化应用、数字社会责任，以及专业发展五个维度。以便充分发挥数字技术资源的效益，进而为教师开展数字化教育教学做好充足准备。

（二）提高高中教师的教育教学创新能力

教师教育者的教学创新主要体现为教师教育者在职前和在职教师教育课程教学、教学能力指导等实践活动中，有意识更新教育教学理念，完善和优化教师教育课程内容结构，创新教师教育课程的教学模式与方法，改革教学与学习评价的方法，实现教师教育质量的不断提升。④ 用教学理念的创新引领教学资源和内容的创新，高中教师应时刻保持对教学理论的关注与学习，充分理解教师与学生之间的关系，在深入理解和批判吸收已有教育理

---

① 吴砥, 陈敏. 教师数字素养：教育数字化转型背景下的教师发展重点 [J]. 中国信息技术教育, 2023（05）: 4-7.

② 吴砥, 余丽芹, 饶景阳, 等. 大规模长周期在线教学对师生信息素养的挑战与提升策略 [J]. 电化教育研究, 2020, 41（05）: 12-17, 26.

③ Chen M, Zhou C, Man S, et al. Investigating Teachers' Information Literacy and Its Differences in Individuals and Schools: A Large-scale Evaluation in China [J]. Education and Information Technologies, 2022, 13（05）: 22.

④ 叶宇平, 何笑. 智慧教育引领教学方式新变革 [J]. 高教发展与评估, 2020, 36（04）: 87-96, 111-112.

念的基础上，依据已有的教育教学实践，在不断形成假设与结果总结的过程中实现理念创新。另一方面，在教学资源和教学内容上，高中教师可以用自主探究、小组讨论、合作实践等方式充分发挥学习的主体性和能动性，提高他们的思维品质，自主建构知识，提升实践教学能力。①

（三）更新教育理念，构建新型教育组织形式

人工智能在教育领域缺乏实质性的应用，主要不是技术问题，而是教育理念和教育组织落后于技术发展和教育发展②，因此，学校应突破传统的教学思维定势，更新教育理念，构建新型教育组织形式。在教育理念上，高校要注重赋予学生更多自主性，培养具有良好价值取向、较高思维品质和较强思维能力的智慧型人才，为学生的未来生活和发展做准备。只有更新旧有的教育理念，才能在新型的教育关系上构建新型教育组织形式，从而促进人工智能更好地融入高校课堂。

---

① 崔藏金. 教师教育者教学创新能力发展途径探析 [J]. 宁夏师范学院学报, 2022, 43 (05)：41-45.

② 倪闽景. 人工智能技术赋能教育首先要有人 [EB/OL]. (2021-07-15) [2022-11-21]. https：//mp.weixin.qq.com/s/9gNfOY4HphR E_4x_QHHLiQ.

支架式教学对培养学生计算思维影响的元分析

刘肇薇　金凌云①

一、研究背景

随着现代社会的发展，信息化趋势不可逆转，计算思维的突出作用为世界各国所普遍关注。2014年，欧洲、中东几个国家率先将计算思维纳入高中课程体系。② 2016年，在《K12计算机科学框架》中提到，美国必须培养学生的计算思维能力。③ 在我国2017年版信息技术新课标中，计算思维与信息意识、数字化学习与创新、信息社会责任一同作为四大核心素养被纳入高中信息技术课程之中。④ 从计算思维的本质上来讲，抽象与自动化是至关重要的，这也是K12阶段学生难以达成的部分。因此，需要采用有效的教学方法，辅助学生理解抽象的概念，构建思维模型。当下，在计算机课程中，利用编程工具将计算思维模型直观展示出来，以便学生快速掌握。⑤⑥ 但针对此方法，有研究者提出会遏制学生的想象力，影响学生的逻辑思维能力的发展。⑦ 另外，部分学者认为可以在跨学科的课程中发展学生的计算思维。然而，受制于跨学科知识的庞杂性，使得选取什么样的教学方法成为一个重要课题。基于此，需要找到合适的教学方法，以便于促进计算思维在各门课程中的发展。

---

① 作者简介：刘肇薇，黄冈师范学院教育学院硕士研究生；金凌云，黄冈师范学院教育学院硕士研究生。

② Heintz F., Mannila L., Farnqvist Tommy. A Review of Models for Introducing Computational Thinking, Computer Science and Computing in K-12 Education [C]. Frontiers in Education Conference. IEEE, 2016: 17.

③ CSTA. CSTA_K-12_Computer Science Standard [EB/OL]. (2016-12-18). [2022-07-18]. http://www.csta.acm.org/Curriculum/sub/CurrFiles/CSTA_K-12_CSS.pdf.

④ 教育部. 普通高中信息技术课程标准（2017年版）[S]. 北京：人民教育出版社，2017：3.

⑤ Wyeth Peta. How Young Children Learn to Program with Sensor, Action, and Logic Blocks [J]. Journal of the Learning Sciences, 2008 (04): 517-550.

⑥ Lye S. Y., Koh J. H. L.. Review on Teaching and Learning of Computational Thinking through Programming: What is Next for K-12? [J]. Computers in Human Behavior, 2014: 51-61.

⑦ Wing J. M.. Computational Thinking [J]. Communications of the Acm, 2006 (03): 33-35.

依据维果茨基的最近发展区理论来看,学习支架可以帮助学生立足于现有学习水平逐步接近教师期待水平。然而,关于支架式教学是否能够有效地促进学生计算思维能力的发展以及支架式教学如何影响学生计算思维能力这些问题,学界尚未有定论。

因此,本研究采用元分析的研究方法,选取 11 项国内外高水平实验以及准实验设计的研究案例,整合分析支架式教学法与计算思维发展之间的关系。主要研究问题有:支架式教学法是否能有效培养学生计算思维?针对不同学习周期、学生学段,学习支架的影响是否存在差异?

二、文献综述

(一)计算思维

关于如何界定计算思维,国内外相关研究人员给出了不同的答案。计算思维最早是在 2006 年由周以真提出:"利用计算机科学的基本概念进行问题求解、系统设计以及理解人类行为的思维活动。"① 2010 年周以真更新了该定义,即计算思维可以帮助学生能够将问题和问题的解决方案用某种机器可识别的方式清晰、直观地表述出来。② 英国两位学者在 2013 年总结得出计算思维的要素囊括算法思维、评估、分解、抽象、概括等。③ 国内相关研究起步较晚,2009 年董荣胜将计算思维概括为"与计算机科学密切相关的思维活动"。④ 国内关于计算思维的权威界定来自 2017 的高中信息技术课程标准,即计算思维是指学生要学会应用计算机科学的领域的思想方法,在解决实际问题时要养成用计算机思维思考问题的习惯。⑤

由上可知,关于计算思维未有统一的定义,但经由文献梳理可发现,目前学界普遍认为计算思维与处理和解决具体问题相关,需要在实际问题解决的过程中进行培养。并且,国外学者极其重视计算思维在当今社会中所发挥的重要作用,也提出了各类教学设计方案,但各类教学的实际效果有待考证。

(二)学习支架

维果茨基指出学生的学习目标要略高于学生的发展水平,不能是学生已掌握部分的简

---

① Wing J. M.. Computational Thinking [J]. Communications of the ACM, 2006, 49 (03): 33-35.
② Wing J. M.. Computational Thinking: What and Why? [EB/OL]. (2010-09-17) [2019-01-17]. http://www.exploring.org/content/uploads/2010/09/Wing-CT-Article.pdf.
③ Neil C. C. Brown, Sue Sentence, Tom Crick. Restart: The Resurgence of Computer Science in UK Schools [J]. Acm Transactions on Computing Education, 2014, 14 (02): 1-22.
④ 董荣胜, 古天龙. 计算思维与计算机方法论 [J]. 计算机科学, 2009 (01): 1-4, 42.
⑤ 中华人民共和国教育部. 普通高中信息技术课程标准(2017 年版 2020 年修订)[M]. 北京:人民教育出版社, 2020: 6.

单重复。然而，这也必然导致学习目标与学生发展间存在一定的距离，为此布鲁纳提出为学生搭建学习的脚手架。① 学习支架在学生认知发展、能力发展以及促进学生掌握问题解决策略方面发挥着明显的作用。国内外学者也进行了教学设计，例如 She 等设计了直接和间接的学习支架来支持学生的探究性学习。② Yeh Y 的研究表明，合理的运用支架式的教学方式，可以对学生的技能学习、知识学习等产生积极的正向影响。③ 国内学者朱龙在教学中应用了以问题为支架的教学方式，结果表明问题支架可以帮助学生形成解决问题的思维模式。④

综上所述，学习支架与学生现有能力及能力发展密切相关，国内外学者也在实际的教学中尝试应用学习支架以辅助学生发展。

(三) 学习支架与计算思维

为更有效地培养学生计算思维，国内外有不少学者将目光聚焦在计算思维与学习支架的结合之上。李婧雯在初中信息技术课程中采用学习支架，结果证明支架式教学对学生信息技术核心素养的发展有着显著的积极作用。⑤ 周齐的研究结果显示应用支架式教学的实验组的计算思维水平显著高于控制组。⑥ 张玲玲经过深入实验研究发现学习支架有利于学生计算思维能力的发展。⑦ 学者刘楠指出不同的学习支架对于学生计算思维的不同维度的影响也是不同的。⑧ 与国内学者相比，更多的国外学者在各类学科中尝试使用学习支架以提升学生的计算思维能力水平。Sengupta 在小学物理及生物课程中设计了支架式的教学，研究数据显示支架式教学有利于培养学生的计算思维能力。⑨ Berland 在中学物理课程中

---

① 朱琳琳. 关于支架式教学基本问题的探讨 [J]. 教育导刊·幼儿教育, 2004 (10): 4-10.

② She H. C., Wa H. L., Weng H. L.. Effects of Scaffolds and Scientific Reasoning Ability on Web-based Scientific Inquiry [J]. Online Submission, 2016 (01): 12-24.

③ Yeh, Yuchu, Yeh, Yiling, Chen, Yu Hua. From Knowledge Sharing to Knowledge Creation: A Blended Knowledge-Management Model for Improving University Students' Reality [J]. Thinking Skills & Creativity, 2012, 7 (03): 245-257.

④ 朱龙, 付道明. 一种提升学生问题解决能力的问题支架应用框架——基于翻转课堂的实证研究 [J]. 电化教育研究, 2020, 41 (02): 15-12.

⑤ 李婧雯. 面向核心素养的初中信息技术支架式教学研究 [D]. 锦州市: 渤海大学, 2019: 19.

⑥ 周齐. 支架策略运用在 Scratch 课堂上对学生计算思维的准实验研究 [D]. 上海: 上海师范大学, 2020: 11.

⑦ 张玲玲. 面向初中生计算思维培养的学习支架设计与应用研究 [D]. 济宁: 曲阜师范大学, 2021: 8.

⑧ 刘楠. 面向计算思维培养的初中图形化编程学习支架设计与应用 [D]. 上海: 上海师范大学, 2022: 15.

⑨ Sengupta P., Kinnebrew J. S., Satabdi Basu. Integrating Computational Thinking with K-12 Science Education using Agent-based Computation: A Theoretical Framework [J]. Education and Information Technologies, 2013 (02): 351-380.

进行教学设计，结果显示实验组学生计算思维能力水平显著提高。① Fadjo 在编程教学中应用支架式教学方式对学生计算思维能力的发展产生了积极的影响。值得关注的是，2012 年，Fadjio 的另一项研究结果显示，支架式教学对学生计算思维能力发展产生了消极的影响。② 此外，Lee 的实验数据显示，采用支架式教学方式对学生计算思维能力产生了中性的影响。③ 经由以上的文献梳理可知，计算思维在现代社会中的重要地位日益突出，培养学生计算思维能力的任务迫在眉睫。学习支架对于学生能力发展的作用，为国内外学者所认可。其中关于学习支架对培养学生计算思维的研究也不在少数，然而，目前相关的研究结果并非完全一致，且尚未有研究从元分析的视角系统梳理学习支架对学生计算思维的影响效果。

三、研究过程与方法

相较于传统的文献综述，元分析讲究对数据定量的归纳与总结，可以相对客观地展示研究数据之间的关系。文章采用具体详细的分析流程如下：

（一）文献检索

文章选用 Web of Science 以及 CNKI 中国知网两个数据库作为数据来源，共经过三轮检索：第一轮，分别使用两个中英文数据库的高级检索功能，英文以"computational thinking"并列"learning scaffold"作为主题词在 Web of Science 中进行检索，检索出英文文献 49 篇文献。中文以"学习支架""脚手架"并列"计算思维"在 CNKI 中国知网进行检索，检索出期刊文献 3 篇，学位论文 19 篇。

第二轮采取回溯查找法，即在第一步检索到的与计算思维、学习支架相关的综合述评类文章引用的参考文献中再次检索，共获取 10 篇文献。

（二）文献筛选标准

（1）研究主题：学习支架对计算思维培养的影响。

（2）研究类型：实验研究（包括随机实验和准实验），单组实验中需要有明确前后测的对照，双组对比实验中需要有实验组与控制组（对照组）。

（3）研究对象：在校学生。

（4）文章数据：文章需可查阅全文；实验数据、测量数据须明确完备，需要包含样

---

① Berland M., Wilensky U.. Comparing Virtual and Physical Robotics Environments for Supporting Complex Systems and Computational Thinking [J]. Journal of Science Education & Technology, 2015 (05): 628-647.

② Fadjo C.L.. Developing Computational Thinking Through Grounded Embodied Cognition [M]. Columbia University, 2012: 24.

③ Lee Y. J.. Developing Computer Programming Concepts and Skills via Technology-enriched Language-art Projects: A Case Study [J]. Journal of Educational Multimedia & Hypermedia, 2010 (03): 307-326.

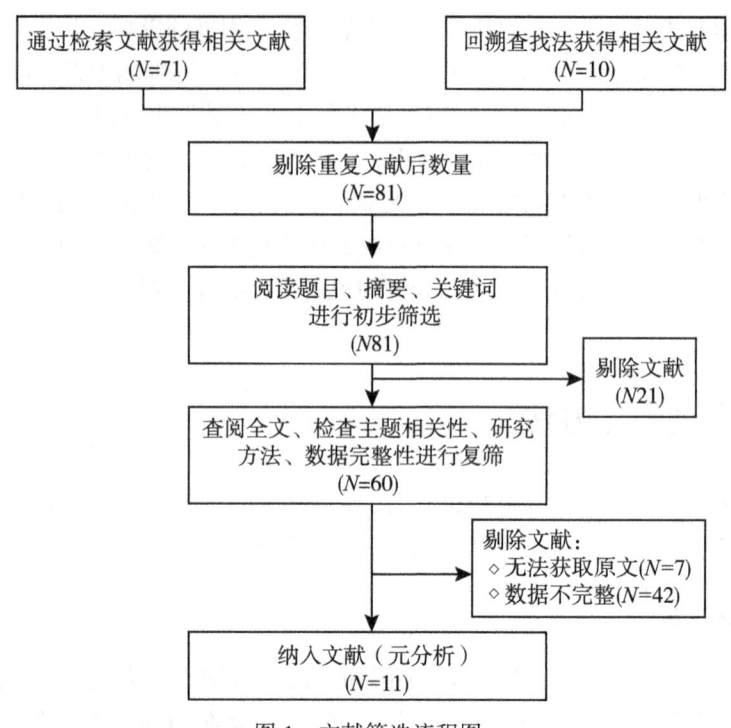

图 1 文献筛选流程图

本量、平均值（MD）、标准差（SD）等，可进行平均效应值与合并效应值的计算。

（5）最终纳入分析的样本量共有 11 篇，其中中文 6 篇，英文 5 篇。

（三）文献编码

本研究对 11 篇文章进行编码，编码特征量有 11 个。编码由两个编码人员在互不告知的情况下独立进行，编码结果的 Cohen's Kappa 一致性系数为 0.91，说明该特征值编码有效、结果可信。针对有争议的编码选项，两位编码者进行了充分的讨论，最终确认了各个编码选项。由于有两个实验研究存在两个对照组，所以在编码结果共有 13 个独立的效应值。部分编码表如表 1 所示：

表 1 编码表

序号	作者	年份	研究设计情况				实验结果	实验组均值	控制组均值	实验组标准差	控制组标准差
			实验组		对照组						
			样本量	研究学段	研究时长	研究学科					
1	刘楠	2022	39，39	初中	42	信息技术	积极影响	4.0869	3.7356	0.5062	0.4286
2	曹威	2021	40，33	小学	98	信息技术	中性	4.316	4.579	0.492	0.610

续表

序号	作者	年份	研究设计情况				实验结果	实验组均值	控制组均值	实验组标准差	控制组标准差
			实验组		对照组						
			样本量	研究学段	研究时长	研究学科					
3	唐玉盼	2022	70，70	小学	126	信息技术	积极影响	55.736	47.487	4.0417	5.4664
4	张玲玲	2021	42，43	初中	30	信息技术	积极影响	90.7	84.4	4.117	4.873
5	李婧雯	2019	50，50	初中	90	信息技术	积极影响	4.2188	3.9063	0.4338	0.5219
6	周齐	2020	20，20	小学	84	信息技术	积极影响	27.75	18	5.730	5.712
7	Fadjo	2012	32，24	中学	15	信息技术	积极影响	44.63	43.25	19.622	25.552
8	Fadj	2012	44，34	中学	16	信息技术	消极影响	36.09	44.93	14.911	26.326

（四）出版偏倚评价

出版偏倚（Publication Bias）是 meta 元分析中常见的系统错误，是指有意义的研究结果比没有意义的研究结果更容易被发表的趋势，已经出版的研究文献不能够表示总体的具体情况从而出现偏移的情况。在 meta 元分析中，判断是否存在出版偏误的途径有很多，本研究采用 Funnel Plot 漏斗图来评价发表偏倚。本研究采用 CMA 软件可得出以下漏斗图（见图2），从图中可以看出圆点均匀分布在漏斗两侧，说明本研究的 meta 元分析的结果是稳定的，发表偏移不明显。

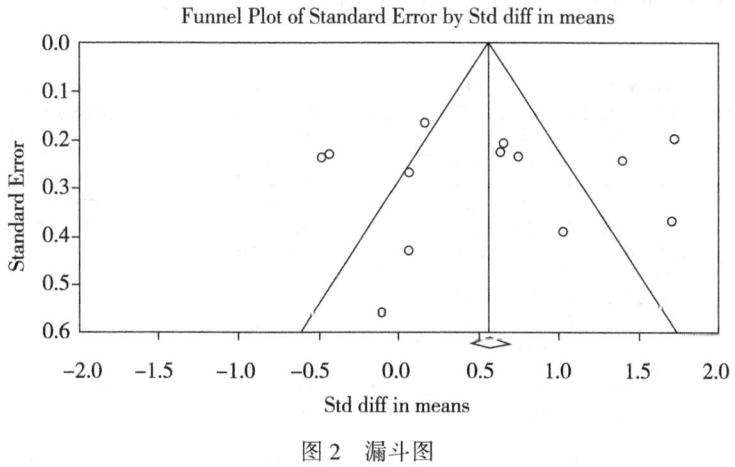

图 2 漏斗图

（五）异质性检验

异质性检验结果显示，q 值为 107.301（$p<0.001$），I^2 值为 88%>50%，表明本研究的

样本之间存在异质性。因此，本研究采用随机效应模型来评估学习支架对学生计算思维能力的影响。

表2　　　　　　　　　　　　异质性检验表

效应模型	效应量	95%置信区间		异质性检验		
		下限	上限	I^2	df	p
固定效应模型	0.557	0.423	0.691	88%	12	0.000
随机效应模型	0.559	0.144	0.974			

四、研究数据分析

（一）学习支架对学生计算思维的影响

采用随机效应模型检验学习支架与计算思维的关系，通过 Review Manger 5.4.1 软件分析得出学习支架对学生计算思维影响的森林图（见图3）。结果显示，学习支架与计算思维的合并效应量为 0.65，95%CI 为 [0.23，1.07]，总体效应量检验 Z = 3.04（p = 0.002<0.005）。依据 Jacob Cohen 的经验法则，当效应量 = 0.2 时，表明影响很小；当效应量 >= 0.8 时，表明影响显著；当效应量介于 0.2 与 0.5 之间时，表明中度影响。学习支架对于学生计算思维总体效应量（SMD = 0.65）由此可见，学习支架和计算思维之间存在中等偏大的相关性，即学习支架可以帮助学生提高计算思维能力，且提升作用明显。

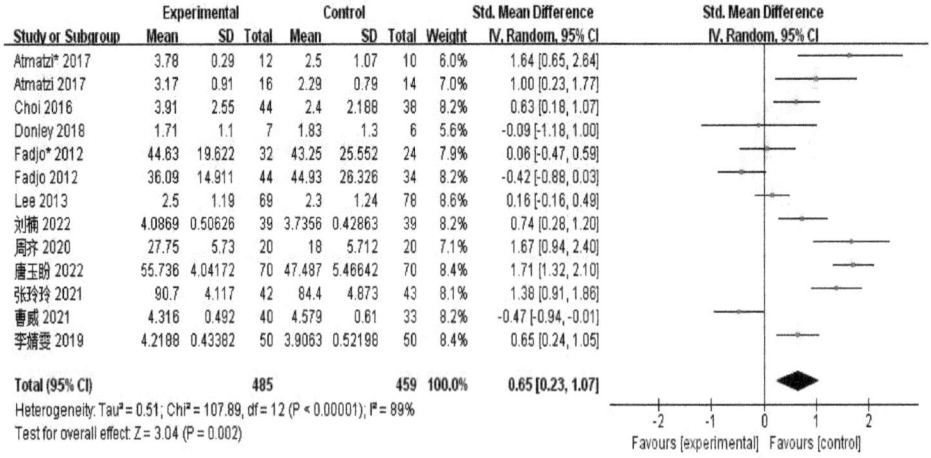

图3　森林图

(二) 调节效应检验

本研究以研究时长、学生学段为调节变量，利用 Review Manger 5.4.1 软件分析不同研究时长与学生学段对二者的关系。在学生学段上，纳入分析的文献集中在对 K12 教育进行分析，因而为保证数据分布均匀，以 12 岁为分界点，6~12 岁为"小学"，12~18 岁为"中学"；在研究时长上，以 14 天（2 周）、56 天（8 周）为分界点，0~14 天为"两周以内"，14~56 天为"两到八周"，56 天以上为"八周以上"。

(1) 教学周期。由表 3 可以看出，学习支架对"两至八周"（SMD = 0.46）、"八周以上"（SMD = 0.89）计算思维影响的效应量均高于 0.2，"八周以上"的影响高于 0.8，而学习支架对于"两周以内"（SMD = 0.16）计算思维的影响较小。合并效应量检验 $Z = 8.47$（$p<0.05$），表明研究达到统计显著水平，即学习支架对各个教学时长下计算思维的发展有积极影响。从组间效应检验结果看，$Chi^2 = 15.88$，$p = 0.004$ 小于 0.05，表明学习支架在统计学意义上对不同教学时长的影响存在显著差异。具体来看，不同教学时长合并效应量的排序为：八周以上>两到八周>两周以内。可见，学习支架在长时间的教学中对学生计算思维的影响效果更好。

表 3 教学时长亚组分析

教学周期	数量	效应量	权重	95%置信区间		异质性检验 I^2（%）	组间效应量
				下限	上限		
两周以内	1	0.16	17.3%	-0.16	0.49	—	$Chi^2 = 15.88$ $p = 0.004$
两到八周	6	0.46	42.8%	0.26	0.67	85	
八周以上	6	0.89	40.0%	0.68	1.11	89	
合并效应量检验				$Z = 8.47$（$p<0.00001$）			

(2) 学生学段。为了进一步探究学习支架对不同年龄段学生计算思维的影响，所选的文献按照研究学段划分，分为小学、中学两组，各组效应值见表 4。小学的效应值为 0.81（SMD = 0.81），小学的效应值为 0.39（SMD = 0.39），两组数值的合并效应值 $Z = 8.47$（$p<0.05$）达到统计显著水平，说明学习支架对于两个学段的学生计算思维的发展都具有积极作用。从组间效应检验结果看，$Chi^2 = 9.34$，$p = 0.002$ 小于 0.05，表明学习支架在统计学意义上对不同学生学段的影响存在显著差异。具体来看，不同学生学段合并效应量的排序为：中学>小学。可见，学习支架在小学阶段的教学中对学生计算思维的影响效果更好。

表 4　　　　　　　　　　　　　　学生学段亚组分析

学生学段	数量	效应量	权重	95%置信区间		异质性检验 I^2（%）	组间效应量
				下限	上限		
小学	7	0.81	46.2%	0.61	1.01	90	$Chi^2 = 9.34$
中学	6	0.39	53.8%	0.45	0.57	88	$p = 0.002$
合并效应量检验			$Z = 8.47$（$p<0.00001$）				

五、结论

（一）加强学习支架与计算思维的融合

从上述研究数据可得，在教学中应用学习支架可以一定程度上促进学生计算思维的发展。计算思维在当今社会的作用与日俱增，在 K12 教育阶段的课堂中，依据学习者的差异化特征、教学内容的特殊性以及教学过程的动态性，设计出以计算思维培养为目标的学习支架，能够促进学生计算思维的发展。

（二）支架式教学需关注学生计算思维发展的阶段性

学习支架对于学生计算思维的发展在不同的学段影响效果有一定的差异，学习支架对于小学生思维的影响相对更大，而对于中学生的影响相对较小。小学阶段的学生学习速度相对较慢、学习知识的困难度相对较大、自我意识水平相对较弱，因而更容易受到教师教学教法的影响。中学阶段的学生，处于青春期，自我意识觉醒、已有知识经验丰富，部分学生会存在一定的思维定式和功能固着，故而其计算思维受影响的程度相对较低。以发展学生计算思维为目标的学习支架设计，需要考虑学生学段的差异性，把握学生发展的阶段性。后续研究也可以将计算思维发展的阶段性作为研究点，进行深入探究。

（三）支架式教学需把握学生计算思维发展的长期性

在不同的教学周期上，学习支架对于学生计算思维的影响程度也是不一样的。数据表明，教学周期越长，学生的计算思维水平受学习支架的影响越大。"八周以上"的效果值远大于"两周以内"的效果值。学生计算思维的发展具有长期性，这与学生总体的思维发展趋势是一致的。并且低水平的计算思维与高水平计算思维之间又存在差异。支架式教学中，教师需要关注各次教学效果的同时，也不能妄想一蹴而就，要将学生计算思维发展的过程视作一个长期、递进发展的过程。

幼儿教师信息化教学水平现状的调查研究
——以苏州市 S 幼儿园为例

陆玲玉[①]

2020 年,为应对突如其来的新冠疫情,全国范围开展了一场规模空前的在线教育实践,疫情加速推动了教育面向数字化的转型步伐。当前,如何促进数字化教育的持续深入发展,积极推动教育教学变革,是教育系统和全社会高度关切的问题。我国从发布《教育信息化 2.0 行动计划》到如今提出"三全两高一大"的发展目标,学前教育作为基础教育的基础和终身教育的开端,其教育质量应摆在教育考核的重要位置。为顺应社会的要求和时代的变化,幼儿教师应该提升自身的信息技术应用能力,[②] 充分发挥互联网等现代信息技术在幼儿园教育中的应用价值,提供优质教学课堂。

一、研究设计

基于数字化教育转型的时代背景,本文就提升幼儿教师信息化教学技术能力展开调查。本次研究分为三部分,分别是幼儿教师信息化教学能力现状研究,分析目前幼儿教师信息化教学能力存在的问题和提升幼儿教师信息化教学能力的策略研究。问卷共有 27 题,其中包括人口学问题 5 题。问卷主要内容分为 3 个维度,第一是幼师信息化教学理论水平现状;第二是幼师信息技术支持自身学习的能力现状;第三是幼师信息技术支持教学能力的能力现状。

二、调查的实施

本次调查是在教学实习过程中展开的,将在线问卷发放给吴中区和虎丘区 2 所公立幼儿园的 73 名幼儿老师进行填写,调查过程为期 3 天,由问卷星汇总结果。

三、调查结果与分析

通过 SPSS 分析,该问卷的克隆巴赫系数为 0.748,信度较高。最后回收问卷 70 份,

---

① 作者简介:陆玲玉,黄冈师范学院硕士研究生,研究方向为课堂教学行为分析。
② 李锋. 儿童媒介教育:批判力的视角 [J]. 全球教育展望,2011,40 (08):60-64.

有效问卷为 65 份,调研数据的分析根据问卷组成的 3 个维度逐一对应进行。

1. 幼师信息化教学理论水平现状分析

幼师的信息化教学理论水平是信息化教学实践的基础,本次问卷设置了 3 个问题对幼师的信息化教学理解做了简单的调查。通过对 65 份数据的统计发现,有 89.23% 的老师均比较看重自身的信息技术应用能力。

信息技术对幼儿教学活动的帮助程度很大程度影响着老师对信息化教学的态度,若信息技术能够很大程度地提升教学活动质量,那么幼儿老师也会有意识地不断提升自身的信息技术能力以提供给幼儿更好的教学。通过统计发现,有 81.54% 的老师认为信息技术可以帮助提升工作效率和工作质量。

通过对问卷第一部分的数据汇总,发现幼儿老师的信息化理论水平比较高,绝大部分老师很重视自身的信息化教学能力的提高并在日常工作和教学中有意识地使用信息技术手段,这为我们打造高质量信息化教师队伍打下坚实的基础。

2. 幼师信息技术支持自身学习的能力现状分析

从上面的数据可以看出,目前教师的信息化教学理论基础比较牢固,在此基础之上,对幼师的信息技术支持自身的学习的能力情况进行具体的分析。这部分共有 9 题,可分为幼儿教师在提升自身教学能力时使用的信息技术情况以及学习需求。

通过调查老师在提升自身的信息化能力时使用过信息技术的频率情况来看,图 1 中经常使用信息技术提升自己专业化水平的老师占到 53.85%。另外据统计有 49.23% 的老师会经常充分利用身边已有的设备给自己"充电",有 24.62% 的老师总是会利用这种方式给自己"充电"。使用最多的方式是通过百度等搜索引擎进行自学以及与其他教师进行交流与学习,其次是参加集中培训,由此可见,大部分老师使用信息技术来提升自己的教学专业能力意识很强,这样的意识也为老师进行高质量的信息化教学提供了保障。

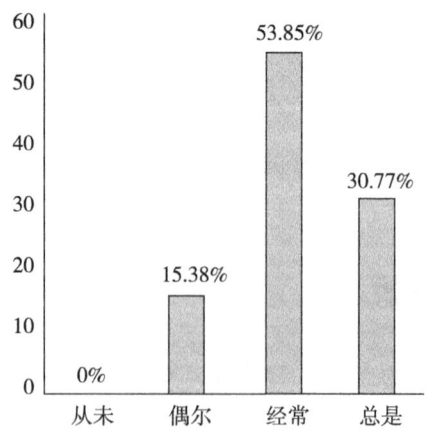

图 1 幼师提升信息化能力时使用信息技术的比例统计图

面对教育2.0时代的到来,不仅仅是幼儿老师有积极学习提升自己能力的意识,幼儿园的领导、社会层面也积极响应,开展了较多的学习和分享交流会。图2所示的是老师参加信息技术应用的相关学习和培训的频率,有超过52.31%的老师是偶尔参加,还有9.23%的老师从未参加过相关的学习和培训。通过了解,老师参加率较低的原因或是教学任务繁忙或者开展的交流会与教师的学习需求不匹配。

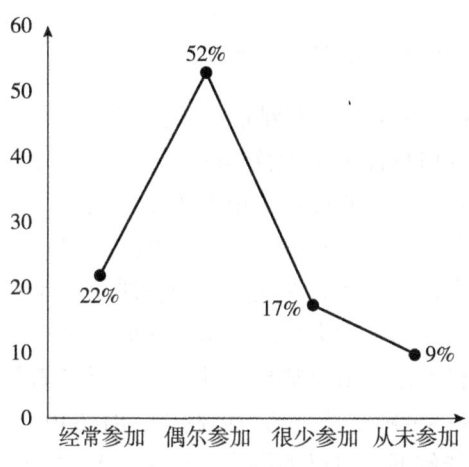

图2 幼师参加信息技术应用的培训情况

在提升自己的过程中,老师们会遇到不同程度的困难,通过调查在影响幼儿教师信息技术应用能力提升因素中,信息化硬件条件缺失和教学资源软件缺乏占到一半以上,这也是导致老师信息化教学能力提升不显著的重要原因之一。

幼儿老师的主要任务是日常的教学,而培训、"充电"是老师为提升自身的信息化教学能力的手段和方式。在日常的教学活动中,老师的具体需求如表1,其中老师对可供下载的教学资源包和各类信息技术应用培训的需求较多,而可自主学习的远程在线课程需求量较少。

在知识付费时代,很多人对付费购买知识的行为已经逐渐开始接受,通过调查幼儿老师在信息技术支持自身学习过程中的付费情况,从统计结果来看,有63.8%的老师认同知识付费的行为,但是一般不会使用付费资源。

表1 日常教学活动中的具体需求统计

需求	N	占比(%)
可供下载的教学资源包	45	69.23
各类信息技术应用培训	37	56.92
信息化硬件配置(如电脑)	28	43.08

续表

需　　求	N	占比（%）
信息技术与课程整合案例及相关指导	36	55.38
可自主学习的远程在线课程	25	38.46

3. 幼师信息技术支持教学能力的现状分析

教育2.0时代对教师提出的要求归根结底是要落实到幼儿的教学活动中去，因此问卷的第三部分着重调查教师的信息技术支持教学的情况。按照教学活动的进程，在设计课程和备课的过程中，有56.92%的老师总是采用电子备课的方式进行，还有36.92%的老师经常使用这种方式备课，总体而言，已经有超过90%的老师将传统的备课方式转化为电子备课的方式来更好地提升备课效率。在这些老师备课的过程中会涉及资源的获取，几乎所有的老师都会借助搜索引擎和各种类型的网站来获取资源。

教学活动所需的电子材料是否由老师自己动手制作反映着教师信息技术应用的能力，通过调查发现，有12.31%的老师坚持全部自己制作，81.54%的老师能自己制作部分，总体而言，超过90%的老师能够通过自己的操作获取所需要的教学资源。

幼儿的课程活动总体而言分为5大领域，分别是科学、语言、艺术、健康和社会。从反馈结果看，科学、语言和艺术领域使用信息化教学的频率相对更多。在教学过程中，考虑到幼儿作为特殊的教学对象，注意力集中的时间有限，且基于幼儿学习主要依靠直接经验的特点，老师也更加倾向于使用PPT、Word等常用软件进行备课、教学，其次使用的比较多的是视频资源，通过播放视频或者动图来延长幼儿注意力集中的时间。因而，在整合教学资源时，老师对Word、PowerPoint和Excel的熟练程度也是比较高的。

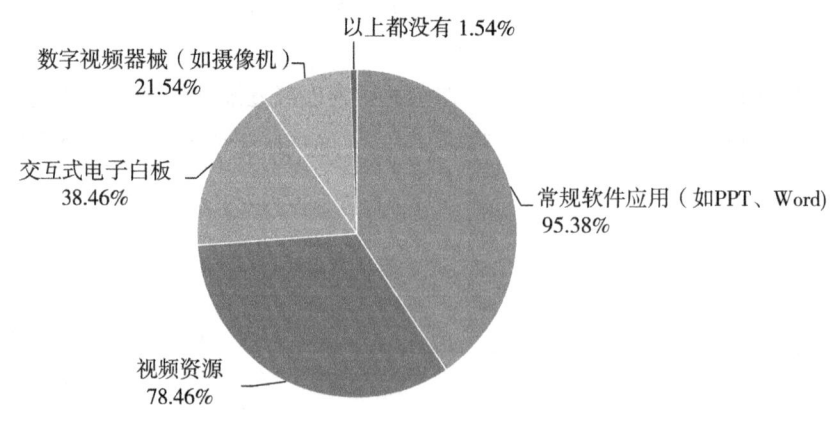

图3　幼师教学活动中设备使用情况

4. 幼师信息化教学能力培训的现状分析

从以上的统计数据来看，幼儿老师的信息技术理论素养还是比较扎实的，但是参加培训频率不高，图4是幼儿老师需要获得的培训内容。

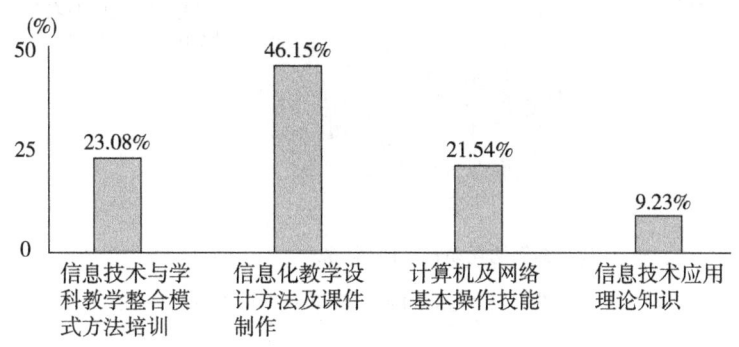

图 4 幼儿老师渴望获得的培训内容

从图4来看，大部分老师对信息化教学设计方法及课件制作的学习需求较大，其次是信息技术与学科教学整合模式方法的学习，基于此可以看出目前幼儿老师面对教育2.0时代所提出的要求还在努力适应和学习中，对日常的教学设计和课件的制作有大量的学习需求。

而每个老师基于自身的不同情况和所处班级的情况，想要的培训方式也是有差异的。如图5所示，首先，在老师中呼声最高的是有基于案例的互动式培训，其次是一线教师主讲的教学应有辅导讲座和与教研活动相结合的分散式培训。目前老师更加需要的培训方式是基于案例的互动式培训，一是有具体的案例可以让老师联系自身的教学经历，给自己的教学设计带来灵感，二是互动式的培训也有利于老师在讨论中解决自身遇到的实际问题。

四、相关讨论

通过以上的数据汇总与分析可知，目前幼儿教师的信息化教学能力还有较大的提升空间，通过结合自己的实习经历和在园老师的反馈，以下是关于提升幼儿教师信息化教学能力的有关措施。

1. 树立幼儿教师的信息化教学理念

随着教育信息化2.0时代的到来，提升教师的信息化教学能力已经成为不可逆的潮流趋势。在大数据时代的背景下，舍恩伯格和库克认为，大数据将引发社会的大变革，其中一个重要方面就是思维的变革。① 幼儿老师目前迫切需要树立信息化教学的提升意识，培

---

① 彭知辉. 论大数据思维的内涵及构成 [J]. 情报杂志, 2019, 38 (06): 124-130, 123.

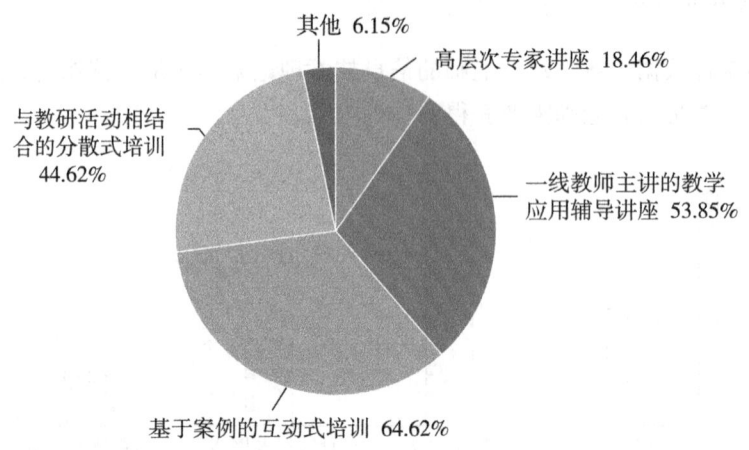

图 5　幼儿老师渴望获得的培训方式

养数据思维，促进学习意识的转变，变被动接受学习为主动加工构建的学习。当面对浩如烟海的数据资料时，老师要能够有分析、加工、应用资源①的意识，对外界的信息有选择地吸收和学习，从而提升自己的信息化教学能力，给幼儿提供更好的学习体验。

目前教育信息化的发展已经进入以应用能力建设为核心的阶段，② 提升教师的信息化教育应用的敏锐度将成为高质量教师队伍建设的核心任务。提升教师信息化教育应用的敏锐度需要老师们有意识地阅读高质量的信息化教学案例，将高质量的课程案例与本班的幼儿情况和本园的发展方向相结合，尝试开发适合幼儿的信息化教学课程，在不断修改和完善的过程中，积累信息化教学应用的经验，从而在潜移默化中提升信息化教育应用的敏锐度③。

2. 完善提升幼儿教师信息化教学能力的培训体系

幼儿教师职前教育的培训。目前幼儿教师的职前培训主要依赖老师们在学校教育阶段中接触的信息技术课程，这些课程的学习虽然可以提升自身的信息操作能力，但是由于没有与具体的幼儿园课程相衔接，就会使所学内容比较宽泛，在接触到幼儿园课程之后，无法将所学的知识与现实相融合。因此，培训需要加强幼师培训的针对性，促进教师从理论知识向实践知识转化。④

---

① 葛晓英，杨冬梅，王默. 基于大数据重建幼儿园教师培训支持体系 [J]. 学前教育研究，2021（10）：68-71.

② 洪秀敏. "停课不停学" 背景下幼儿教师专业发展的挑战与应对 [J]. 学前教育研究，2020（06）：27-30.

③ 洪秀敏. "停课不停学" 背景下幼儿教师专业发展的挑战与应对 [J]. 学前教育研究，2020（06）：27-30.

④ 顾小清. 行动学习：面向信息化的教师专业发展策略 [J]. 全球教育展望，2005，34（03）：52-55.

幼儿教师入职后的培训。幼儿老师相对于其他教龄段的老师来说工作内容有很大的不同，除了要组织教学活动，还要组织幼儿的一日生活活动、协助阿姨完成保育活动以及和家长进行及时的沟通。很多幼儿老师在入职之后会反映教学任务比较繁重，对于幼儿园组织的信息化教学专题没有太多的时间去参加和学习。基于此，我们需要对开展的讲座和专题活动进行有效的筛选，在尽可能小地增加教师工作负担的同时，提高教师的信息化教学能力。

3. 优化幼儿园信息化教学环境

硬件环境建设。通过调查发现有相当多的老师反映了目前影响其信息化教学提升的因素是硬件条件的缺失和不完善。部分幼儿园的电脑反应较慢，开机时间比较长，打开常用的办公软件时会卡顿。还有部分老师反映在幼儿园组织线上学习时，也会存在视频延迟等现象。目前幼儿园已经将信息化教学纳入生活常规中，应不断加强幼儿园硬件环境的建设为教师信息化教学提供重要物质支持，给予幼儿和老师更好的发展与成长。

软件环境建设。通过问卷调查发现，大部分老师对于常见软件都可以熟悉操作，但是当问及教师平时学习的网站时，大多比较局限于百度等搜索引擎。虽然幼儿园组织的学习中也会分享可以使用的教学资源平台，但是利用率不高。幼儿园内部或者幼儿园之间可以引进专业的信息化教学人士，组建信息化资源开发团队，建立教学资源库以供教师进行阅览、学习和交流。

4. 完善信息化教学的考核制度

要想实现快速建设信息化教学的教师队伍的目标，需要完备的信息化教学考核制度的加持。[①] 通过建设和完善信息化教学的考核制度，可以使教师的考核变得有据可依，将教师职称的评定、薪资与信息化教学能力相挂钩，倒逼教师们进行不断的学习，在实践中逐渐提高信息化教学水平。

五、结语

通过本次调研发现，目前幼儿教师的信息化教学能力还不高，很多方面的能力还没有达到教育信息化2.0时代对教师提出的要求，仍然有很大的学习提升空间。另外目前幼儿教师的信息理论素养较高，对信息化教学有了最基础的认知和判断，但还存在如信息化学习能力还不够、信息化教学的意识薄弱、课程开发的创造能力不足等问题。

教师信息化教学能力的提升不是一蹴而就的，也不是开展几次高质量的专题学习和讲座就有明显效果的，这需要幼儿教师们共同努力与建设。虽然这是一个任重道远的工程，但是目前几乎所有的教师已经意识到信息化教学能力的重要性，相信在不久的将来，幼儿教师都能够陆陆续续满足教育信息化2.0时代对其提出的要求。

---

① 田穗. 教育现代化进程中我国教师培训体系创新 [J]. 继续教育研究, 2017 (07): 92-99.

基于六维度的高中生数字素养的现状分析

路宜静①

一、研究背景

信息化时代已经来临，我国正面临着教育数字化转型的关键期，数字技术应用各个领域，而中学生作为国家以及社会发展的核心力量之一，提升自身的数字素养已经成为当务之急。

（一）数字素养已成为当今网络社会中的"生存技能"

国家十分重视信息化时代国民数字素养。党的二十大报告指出：网络舆论乱象丛生，严重影响人们的思想和社会舆论环境。因此，需健全网络综合治理体系，推动形成良好网络生态。全民数字素养与技能日益成为国际竞争力和软实力的关键指标。

（二）互联网用户群体庞大，未成年网民占据多数

互联网用户数量剧增，人们参与意识增强。中国互联网络信息中心（CNNIC）在京发布的第50次《中国互联网络发展状况统计报告》显示，截至2022年6月，中国的网民数量庞大，已经多达10.51亿人，网络普及率达到了74.4%。互联网用户的身份由以前的单纯信息获取者，转变为兼具信息发布者、组织者、获取者的多重身份。

未成年网民群体庞大，网络现有问题应引起重视。据国家网信办发布的数据，未成年人上网普及率已近饱和，未成年人近半年内的上网率达99.9%，网络已成为未成年人成长发展过程中不可分割的一部分。

（三）提升中学生数字素养是时代进步的迫切需要

在互联网带来诸多便利的同时，也显示出许多风险。据澎湃新闻报道，仅2022年所发生的网络暴力事件就有311起，分析这些案例发现，超4成被网暴者为普通公众，女性更容易因两性关系和外貌穿着遭遇网暴。在某线上问诊平台上，以"网暴"为关键词检索到的问诊者中，近6成遭受了半年以上的心理困扰，3成求助患者是未成年人。

---

① 作者简介：路宜静，黄冈师范学院教育学院硕士研究生，研究方向为现代教育技术。

二、文献综述

(一) 数字素养的内涵及研究现状

对数字素养的内涵,各组织的理解各不相同,从侧面反映出数字素养是多元化的概念。

1994年,国外学者Yoram Eshet-Alkalai提出数字素养,他指出数字素养是由图片-视觉思维、再生思维、分支思维、信息思维、社会-情感思维五个维度组成。[1] 1997年,美国学者Paul Gilster将数字素养定义为"对借助电脑显示的各类数字信息及资源予以认知及使用的能力"[2]。从2009年起,随着社会各界对数字素养给予更多的重视与关注,众多学者也对数字素养的概念及内涵进行了扩充。[3]

在CNKI数据库中运用文献计量法进行检索,关键词为"数字素养",文献类型不限,发表时间从2006年1月1日至2022年12月31日,剔除无关文献,共得到国内有效文献680篇。在2006—2011年,国内对数字素养的研究刚起步;自2012年起,围绕数字素养进行的分析与研究逐步增多,我国数字素养研究起步较晚、数目少,与国外相比处于明显劣势。我国数字素养的相关研究在2015年以前整体呈缓慢上升趋势(见图1)。

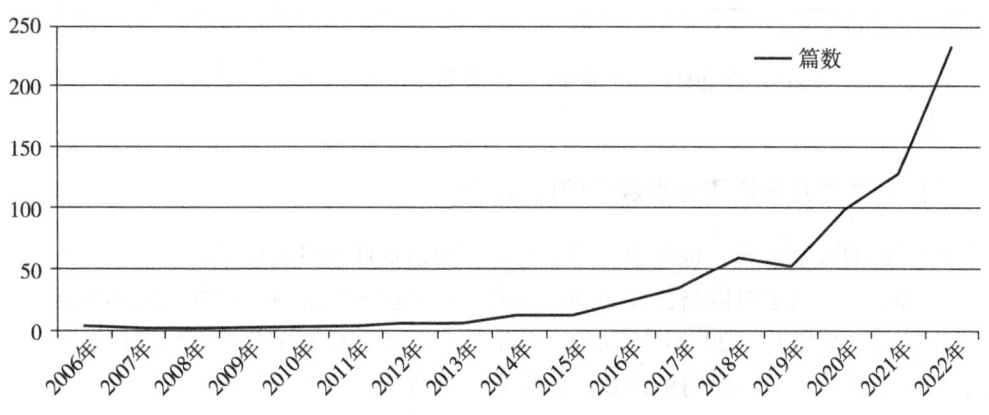

图1 数字素养文献年度分布图

---

[1] Eshet-Alkalai Y..Thinking in the Digital Era: Arevised Model for Digital Literacy [J]. Issuesin Informing Science and Information Technology, 2012 (09): 267-276.

[2] Bawden D..Information and Digital Literacies: Are View of Concepts [J]. Journal of Documentation, 2001 (57).

[3] Bancrof T. J..Multiliteracy Centers Spanning the Digital Divide: Providing Afull Spect Rum of Support [J]. Computers and Composition, 2016, 41: 46-55.

(二) 数字素养框架

在学界比较权威的数字素养框架是 Yoram Eshet-Alkalai 的五元素理论框架、NMC 数字素养模型①等。这些已有框架从维度建立、层次划分和具体内容等方面对数字素养进行了概念明晰,其中,Yoram Eshet-Alkalai 的五元素理论框架为本研究问卷设计的理论基础。具体框架如表 1 所示。

表 1　　　　　　　　　**Yoram Eshet-Alkalai 的数字素养理论框架**

图片-视觉素养	掌握图像信息并理解的能力,也就是图片-视觉思维。在数字环境动态发展的情形下,传统的基于文本的句法环境已发展为基于图像的语义环境
再生素养	对思维的基本内容进行再造的能力,也就是指"复制"能力。主要是有效整合图像、文本等媒体信息,进而实现更多新含义的赋予
分支素养	分支素养,也就是对超媒体予以驾驭的能力。在现代超媒体环境中,非线性特征是最显著特征。如果拥有分支思维,人们就能够以新的思维对问题进行思考
信息素养	指的是对信息的适用性进行识别的能力。信息时代,人们需要学会怎样搜索数据与信息,并对数据与信息的真伪进行识别
社会-情感素养	在情感交流中对存在的虚拟空间陷阱予以识别的能力就是社会-情感素养。人们对共享信息与知识予以掌握的同时,也需要借助数字化形式进行情感的交流,准确识别虚拟空间中的人物

Yoram Eshet-Alkalai 在 2012 年的时候对此概念框架作了进一步丰富,添加了"实时思维"技能②。

(三) 数字素养在道德伦理层面的研究现状

增强公民的数字素养,也是增强网络道德和网络责任的可行性手段之一。国内研究者冯建军(2022)③通过对网络公民的理论研究,提出应该培养具有智能伦理和网络道德的现代数字公民。周维栋(2022)④认为,数字技术赋予公民数字身份,国家以及平台的权利压制或者助推国民数字身份的出场。数字素养是数字公民需要具有的基本素养。数字素养也是国际上十分重视的话题。郑云翔、钟金萍、黄柳慧和杨浩(2020)阐述了一些数

---

① 孙铭悦. 中学生数字素养自我感知与实际表现调查研究 [D]. 天津:天津师范大学,2020:27-64.

② Eshet-Alkalai Y.. Thinking in the Digital Era:Arevised Model for Digital Literacy [J]. Issuesin Informing Science and Information Technology,2012(09):267-276.

③ 冯建军. 网络公民教育:智能时代道德教育的新要求 [J]. 伦理学研究,2022(03):1-9.

④ 周维栋. 元宇宙时代的数字公民身份:认同困境、实践逻辑与理论证成 [J]. 电子政务,2022(10):62-74.

字素养的研究基本理论基础，对数字素养教育的意义进行了探讨①②。这些已有经验可以为国内数字素养在青少年中的普及教育提供些许启发。

（四）文献述评

通过对以上文献和数字素养框架进行梳理发现当前研究共存在以下问题：

（1）国外关于数字素养的研究起步早，研究较全面，并且参与其中的研究学者和机构数量多，并且已经取得了一定的成果。而国内目前正处于教育信息化的改革阶段，对于数字素养的研究较少，并且现有的成果大多参考国外，并没有形成"中国化"的数字素养理论框架。

（2）目前针对数字素养的研究对象大多为高校学生，比较少的文献资料是针对中学生的。③ 因此，针对中学生这一群体的数字素养研究还有一定的提升空间，相关提升策略也需要进一步探究完善。

（3）当前处于信息时代，产生了一些数字化时代背景下的道德伦理需要，但目前在国内已有文献的研究中，主要是研究中学生在课堂中的数字素养表现，而很少将数字素养和道德伦理相结合。

因此，针对以上问题，通过总结以及考虑研究可行性，假设从以下几个方面入手进行研究：

（1）本文采用国外学者 Yoram Eshet-Alkalai 数字素养框架，将数字素养所包含的能力具象化，思考各个维度之间的相关性关系。

（2）在已有框架的基础上，加入了道德伦理维度，以期了解高中生在此维度的现状。

（3）研究对国内和国外的已有文献进行了归纳整理，以高中生为研究对象，作为伴随互联网数字技术成长起来的"数字原住民"更擅长利用技术进行学习，在互联网的日常交流沟通中，也需要对数字交往中的数字素养现状进行探究，并且希望能够提出提升策略。

三、研究设计与实施

研究在 Yoram Eshet-Alkalai 五元素框架的基础之上，将其中的五个维度进行细化，并且根据国内学者的研究添加了道德伦理维度，每个维度在问卷中体现为四个题目。通过问卷星平台面向文理科高中生数字原住民群体发布问卷。数字原住民能够较好地运用网络，

---

① 郑云翔，钟金萍，黄柳慧，杨浩. 数字公民素养的理论基础与培养体系［J］. 中国电化教育，2020（08）：69-79.

② 周小李，王方舟. 数字公民教育：亚太地区的政策与实践［J］. 比较教育研究，2019，41（08）：3-10.

③ 徐顺，杨浩，朱莎. 数字原住民是合格的数字公民？——兼论数字公民素养的提升［J］. 中国远程教育，2021（09）：8-15，76.

利用网络获取信息，具备一定的技术学习优势。① 此问卷按照不同的方向分为两部分，第一部分是为了对学生数字原住民的程度和对数字素养的影响进行明确。第二部分主要调查学生的数字素养水平。全部测量题项均采用李克特五级量表（见表2）。

表2　　　　　　　　　　　　　　问卷维度及分值

维度	题项（个）	分/题	总分
图片-视觉思维	4	1-5	20
再生思维	4	1-5	20
分支思维	4	1-5	20
信息思维	4	1-5	20
社会-情感思维	4	1-5	20
道德伦理思维	4	1-5	20

四、调查结果及分析

（一）信度、效度

在对数据进行分析之前，需要先对调查问卷进行效度和信度检验，研究的信度检验选择 Cronbach's 系数，效度检验选择探索性因子分析。

表3　　　　　　　　　　　　　　　信　度

Cronbach's α	基于标准化项的 Cronbach's α	项数
.959	.960	24

表4　　　　　　　　　　　　　　　效　度

KMO		.923
Bartlett 的球形度检验	近似卡方	2343.797
	df	210
	Sig.	.000

---

① 宋士杰，赵宇翔，宋小康，等．信息源对数字原住民健康信息可信度判断的启发式实验研究［J］．情报学报，2020（04）：399-408.

以上两表说明问卷调查的数据具有良好信度和效度。

（二）描述性统计分析

此次问卷调查共回收有效问卷132份。在年龄分布方面，所有调查对象都未满20岁，高中理科班学生64人，高中文科班学生68人，占比各为50.75%与49.25%。调查问卷中，数字化资源的使用率为100%，由此可见，数字化资源在高中生生活中起着重要作用。根据问卷中调查结果，目前大部分学生拥有手机，这种互联网以及网络设备的普遍使用符合数字原住民特征（见表5）。

表5　　　　　　　　　　　　　　基本信息统计

统计属性	水平	数量	所占比重
性别	男	67	50.75%
	女	65	49.25%
学科类别	理科	64	48.48%
	文科	68	51.52%
使用过数字化资源	是	132	100%
	否	0	0
拥有能连接网络的设备	是	117	88.63%
	否	15	11.36%
每周上网时长	2小时以内	35	26.51%
	2~6小时	39	29.54%
	6~10小时	14	10.60%
	10小时以上	44	33.33%
上网网龄	2年内	10	7.57%
	3~6年	52	39.39%
	7~10年	49	37.12%
	10年以上	21	15.90%

被调查的学生中，上网网龄在2年以内的有10人，占比为7.57%，使用时间在3年至6年的有52人，占比为39.39%，使用时间在7年至10年的有49人，占比为37.12%，使用时间在10年以上的人数为21人，占比15.90%。国家从2015年开始教育信息化改革，对于中学生的数字化学习给予了高度重视（见表6）。

表6 各维度描述性统计分析

	N	全距	极大值	极小值	和	均值		标准差	方差
	统计量	统计量	统计量	统计量	统计量	统计量	标准误	统计量	统计量
图片视觉思维	132	4	5	1	490	3.71	.080	.921	.839
	132	4	5	1	526	3.98	.074	.847	.721
	132	4	5	1	536	4.06	.089	1.017	1.016
	132	4	5	1	517	3.92	.085	.973	.938
再生思维	132	4	5	1	495	3.75	.084	.959	.922
	132	4	5	1	483	3.66	.084	.965	.939
	132	4	5	1	500	3.79	.078	.890	.792
	132	4	5	1	472	3.58	.099	1.134	.876
分支思维	132	4	5	1	548	4.15	.077	.877	.874
	132	4	5	1	552	4.18	.074	.826	.831
	132	4	5	1	549	4.16	.076	.857	.849
	132	4	5	1	539	4.08	.089	.993	.985
信息思维	132	4	5	1	544	4.12	.075	.871	.856
	132	4	5	1	506	3.83	.090	1.034	1.078
	132	4	5	1	548	4.15	.089	.987	.951
	132	4	5	1	535	4.05	.075	.894	.787
社会-情感思维	132	4	5	1	568	4.30	.077	.882	.774
	132	4	5	1	561	4.25	.079	.903	.883
	132	4	5	1	551	4.17	.078	.895	.805
	132	4	5	1	586	4.44	.069	.794	.652
道德伦理思维	132	4	5	1	541	4.10	.085	.891	.860
	132	4	5	1	591	4.48	.078	.792	.769
	132	4	5	1	512	3.87	.073	.812	.653
	132	4	5	1	506	3.83	.081	.913	.925

五、结论及建议

数字素养是数字化时代公民所应具备的基本能力。① 数字素养的教育以及培育贯穿于

---

① 王佑镁, 杨晓兰, 胡玮, 等. 从数字素养到数字能力: 概念流变、构成要素与整合模型 [J]. 远程教育杂志, 2013, 31 (03): 24-29.

人生的各个阶段，对于高中生而言，数字素养所涵盖的内容十分广泛，应在日常生活中就培养起来，不能仅仅局限于学校开设的信息技术课程来提升高中生数字素养，还应该从社会、家庭、学生角度多方面进行考量。

（1）学校需要营造丰富多样的数字素养培育环境，鼓励和引导学生正向利用网络。将数字素养培育相关教育内容纳入中小学教育教学活动，设立信息科技相关必修课程，打造优质精品教材，开展数字素养相关课外活动。

（2）在青少年日常使用互联网的过程中，有必要加强青少年群体网络准入和网游时间限制，增强信息分辨能力，培养独立判断能力。学生需要主动学习相关文件，例如《青少年网络文明公约》《网络道德标准》等。

（3）在高中生日常使用互联网的过程中，家长需要履行监护能力，防止未成年人被不良信息诱惑，发布不道德甚至违法的言论，也要注重高中生的身心发展状况，以防成为网络暴力事件的参与者或者受害者，如果发现中学生具有行为异常的，需要及时了解情况并且进行教育和劝导，适当的时候进行心理咨询。

六、展望及不足

本文通过对已有的国际中知名的数字素养框架结合网络道德伦理维度进行问卷设计，参考了国内学者的研究结果以及问卷，并根据高中生的身心发展特征调整了问卷的难度，在实施过程中发现了一些存在的问题：首先是道德伦理维度的量表并没有权威参考，是笔者根据国内发布的相关文件自己编写，虽然通过了信度和效度检验，但其适用性还需要后续进一步探索；其次是对于高中生现状的了解主要基于高中生主观层面，并没有进行客观考量，如果有客观角度的观察或者考察与之对比，将主观和客观进行对比，也许会有新的研究思路；最后本文最初的设想是分析文理科学生在数字素养方面有无差距，但由于样本量较小，并不能体现出学科类别之间的差距，后续研究需要扩大样本量，也会增加初中和高中的对比。

"课程思政"视域下高中信息技术教学设计研究
——以数据编码为例

齐 纪[①]

一、引言

黄冈师范学院思想政治理论课教师座谈会上曾强调"用习近平新时代中国特色社会主义思想铸魂育人，贯彻党的教育方针，落实立德树人根本任务"。在新时代党的教育方针下，立德树人是根本任务，为了推进教育领域"三全育人"的新格局，需要各学科课程结合思想政治教育共同实现知识传授和价值引领的统一，即"课程思政"。会上还强调，"要把统筹推进大中小学思政课一体化建设作为一项重要工程"，推动思政课建设内涵式发展，从而更好地为党育人，为国育才，培养时代新人。因此针对高中信息技术课程中融入课程思政的研究就显得格外重要。

二、在高中信息技术课程中融入课程思政的重要性

为了提高学生的学科核心素养，提高学生的计算思维并引导学生将这种思维应用于实际生活中遇到的各种问题，各高中都开设了信息技术课程，高中是思想政治观念形成的关键时期，在高中课堂中开展课程思政，是适应大中小思想政治一体化的需要，是推动高中思想政治教育的有力举措。高中信息技术课程作为培养学生的重要载体，在新时代背景下也肩负着更加重要的责任。在教学过程中，如何将课程思政融入教学内容，建立"三全"育人模式，提高学生正确处理学习和生活问题的计算思维，培养其在信息时代下的信息社会责任感，全面实现核心素养目标以及德育目标是我们本次研究的重点。[②] 本文以数据编码课为例，教学过程中融合课程思政元素，引导学生积极主动的参与教学中的各个环节，真正做到以学生为中心，让学生在学习数据编码的同时，感受中国智慧、弘扬中国精神、弘扬学生的文化自信心和民族自豪感，富有网络安全责任感，具备科学素养和数学文化素

[①] 作者简介：齐纪，黄冈师范学院硕士研究生，研究方向为计算思维。
[②] 孙晋非，周勇，王新，等. 论大学计算机基础教学中的思政教育 [J]. 煤炭高等教育，2019，37（04）：108-113.

养，并具备团队合作精神，将思政元素"落地"。

三、课程思政视域下的教学设计

（一）教学设计理念

教师要满足教书育人的基本要求，明确教书的内容，把握育人的基本方向。作为高中的信息技术教师，不仅要完成平时的教育教学任务，还需要给学生们传达思想政治知识，以充实学生的头脑，这就体现了将课程思政融入高中信息技术教学设计的重要性，教学设计的过程包含很多的内容：教学目标的确定、学情分析、重点难点的分析、教学方法的设计以及教学过程的设计等。①

教师在进行课程思政视域下的教学设计时，要遵循新课标要求，寻找本节课中可以和课程思政相结合之处，根据本班学生具体学情分析，了解学生的思维特点，将课程思政元素自然而然地融入本节课的教学内容当中，最大限度地发挥课程思政的效益。

（二）教材内容分析

数据编码是教科版信息技术必修一数据与计算第三章第一节的内容，本节课主要首先介绍了二进制的特点，其次介绍了进制转换方法，同时也介绍了加密和解密的相关知识，以使学生掌握知识，学会用计算机解决问题，提高其计算思维，在具有保护数据安全意识的同时，体会到中国古人的强大智慧，培养民族自信心和自豪感。

（三）学情分析

本节课的授课对象是高一年级的学生，学生的思维能力和逻辑能力较初中相比，已经有了极大的提升，且学生思维活跃，求知欲旺盛。学生通过前两个章节内容的学习，已经认识了数据与计算，初步掌握了编程计算方法，对数据和编码有了基本的认识，但对二进制以及乘权累加不太了解。学生平时将注意力集中在课业学习上，很难有时间关注思政方面，所以，在课堂上落实课程思政显得非常重要。

（四）教学目标

1. 知识目标

（1）了解二进制的特点。
（2）学会二进制和十进制间相互转换的方法。
（3）了解加密与解密的原理。

---

① 汤梦园."课程思政"视域下初中数学教学设计研究［D］.天津：天津师范大学，2022：15.

2. 能力目标

掌握二进制和十进制的互换方法并加以应用。

3. 思政目标

（1）通过本节课的学习，学生应充分认识到数据安全的重要性。

（2）通过十进制转换为二进制过程中的层层推导，养成持之以恒的品性，具备家国情怀、科学精神、数字文化素养、社会责任感和实践创新精神。

（3）本节课的学习为学生成为合格的数字公民打下了坚实的基础，为学生树立了正确的世界观、人生观和价值观。

（五）教学重难点

教学重点：知道二进制的特点和加密与解密原理。
教学难点：学会二进制和十进制间的转换关系，通过学习培养民族自豪感和自信心。

（六）教法学法

教法：讲授法、任务驱动法、问题教学法。
学法：讨论法、合作学习法、自主探究法。

（七）教学流程

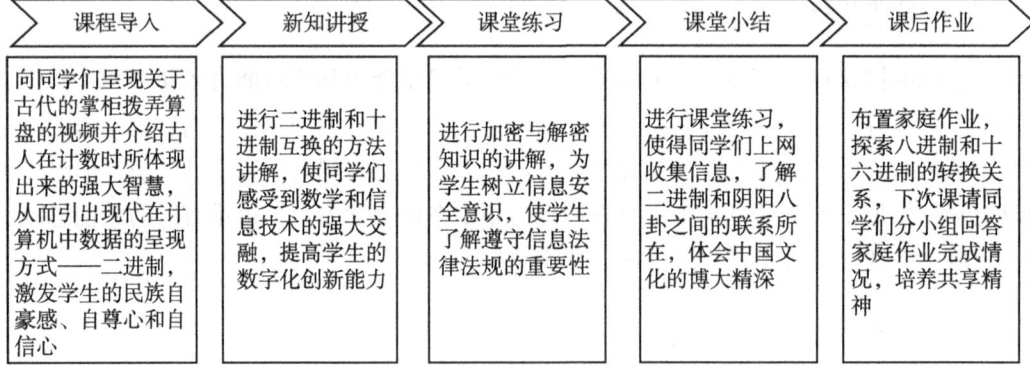

图 1　教学流程

（八）教学设计方案

1. 任务驱动、兴趣导入（3分钟）

（1）教师活动。

讲授筹码转化为算盘的故事并播放《掌柜拨弄算盘》的视频，让学生体会中国古代数学家解决问题时的智慧，引导学生思考计算机中为什么使用二进制进行存储，而不使用十进制？

（2）学生活动。

观看《掌柜拨弄算盘》的视频，认真思考教师提出的问题。

（3）设计意图。

借助古代数学历史，通过让学生观看古代中国数学历史的视频，让学生深刻地体会到古人的强大智慧，让学生积极主动地思考问题，激发学生的好奇心，激发学生学习二进制的兴趣。

（4）思政切入点。

增强文化自信、培养数字文化素养，培养学生自主学习和思考的精神，体现科学育人的教育态度。

2. 新知讲授、启发教学（12分钟）

（1）教师活动。

活动一——讲授二进制的特点：

二进制的数字装置简单可靠，所用元件少：二进制只有两个数码0和1，因此它的每1位数都可用任何具有两个不同稳定状态的元件来表示，这样，数码的存储、分析和传输，就可以用简单而可靠的方式进行。

二进制的基本运算规则简单，运算操作方便：两个二进制数和、积运算组合各有三种，运算规则简单，有利于简化计算机内部结构，提高运算速度。

具备一定的安全性：用二进制表示数据具备抗干扰能力强、可靠性高等优点。

活动二——"卡片活动"小游戏：

给学生做示范操作卡片组合小游戏，讲解游戏规则，通过随机翻动卡片来证实二进制和十进制的对应关系，让学生使用桌子上的卡片，两人一组来证实数据转换关系。

活动三——二进制与十进制的转换关系：

二进制转换为十进制使用的方法是乘权累加法，其定义是每位二进制数与其对应位置的权值相乘（求积），然后求和，所得结果即二进制数转换后的十进制数。在本节课中，我们只考虑基本的正整数的转换，不考虑负数和小数。以二进制数10010为例，向同学们介绍此方法的具体应用，请大家在听课过程中注意书写规范。

十进制转换为二进制的方法是除2取余倒计法，其定义是将十进制数除以2，得到的商再除以2，依此类推直到商为0时停止，然后在旁边标出各个步骤得到的余数，最后倒着写出来，就得到了二进制。以十进制整数18为例，向同学们介绍此方法的具体应用，请大家在听课过程中注意书写规范。

活动四——加密与解密：

通过上半节课的讲解，同学们对数据编码有了初步的了解，数据应用既为我们带来便利，同时也存在许多安全隐患，如未经许可数据被复制、篡改、暴露或破坏。因此，我们必须采取相应的策略，进行数据保护，如设置密码和验证码、对数据加密、对数据进行备份等，确保信息的完整、可用、保密和可靠。

向同学们讲述《中国大百科全书·轻工卷》记录的有关于"锁"的文字："早在公元前 3000 年的中国仰韶文化遗址中，就留存有装在木结构框架建筑上锁。"木门闩是迄今为止被发现的古代中国早期形态最具体的锁具，也是世界上最古老的锁具。

从早期的恺撒密码到现在信息技术应用中的加密和解密技术，无不印证着信息安全的重要性。加密就是将原始信息（数据）隐藏起来，使之在缺少特殊信息（数据）时不可读，原始信息（数据）称为明文，加密后的信息（数据）称为密文。将密文还原成明文的过程称为解密（或解码）。

（2）学生活动。

认真听讲，了解二进制的特点。认真观看教师的演示，并两人一组，动手使用卡片来证实二进制和十进制间的转换关系。认真观看教师的讲解过程，并理解成权累加法的应用，听讲后在练习本上练习计算，在此过程中注意书写规范。认真观看教师讲解过程，并理解除 2 取余倒计法，听讲后在练习本上练习计算，在此过程中注意书写规范。听教师讲解木门闩的由来，了解加密解密原理。

（3）设计意图。

通过教师讲解，使学生了解到计算机中使用二进制进行存储而不是使用十进制进行存储的原因。学生们了解了二进制的特点，通过小组合作学习也证实了进制之间是可以相互转换的，循循善诱地指引学生探索，更好地引出二进制和十进制互换的方法和原则。

教师通过例题讲解，使学生理解乘权累加法和除 2 取余倒计法的应用，知道书写要点并注意规范性。在课堂上讲解木门闩的由来，激发学生的学习兴趣，然后引出恺撒密码的原理，使学生了解数据安全的重要性以及加密的重要性。

（4）思政切入点：

培养学生的思辨思维和探索精神、团结合作精神。培养学生的科学素养和数学文化素养，进一步感知中国古人的智慧所在，激发学生的民族自豪感。

3. 课堂小练、深度感知（3 分钟）

（1）教师活动。

在 PPT 上为同学呈现八卦图和二进制的关系图，向同学介绍第一台计算机虽然起源于美国，但是最早却可以在我国《易经》中找到源头。同学们现在上网查找《易经》中能够与 0 和 1 对应起来的知识。告知学生们代表新科技的计算机能和阴阳八卦产生联系，中华文化博大精深，源远流长，有许多的奥秘等待同学们探索。

（2）学生活动。

学生上网查找知识。万事万物有"一阴一阳"两种形态，分别用一个阴爻、一个阳爻来表示，其中阴爻用中断线"--"表示，与二进制数字"0"对应；阳爻用连线"—"表示，与二进制数字"1"对应。

（3）设计意图。

通过课堂练习，使学生自主探究，上网查询资料。

（4）思政切入点。

培养学生的探索能力和自主精神，体会到古人的智慧，激发起爱国情怀。

4. 归纳总结、落脚育人（2分钟）

（1）教师活动。

引导学生回忆反思，总结二进制特点、是禁止和二进制的互换方法以及加密解密原理，并了解学生在本节课的掌握情况和掌握程度。

（2）学生活动。

在教师的引导下，回忆并总结本节课所学，并知道自己的薄弱知识所在。

（3）设计意图。

在回顾课堂所学内容的同时，学生可以对自己学习情况有所掌握，通过总结对不足之处加深印象。

（4）思政切入点。

引导学生再一次体会古人的智慧，进一步增强民族自信，更好地落实课程思政。

5. 课后作业、探索新知（课后）

（1）教师活动。

为学生布置必做题和选做题，让学生根据自身情况选择题目。

（2）学生活动。

学生根据自身情况，自主选择题目。

（3）设计意图。

在布置作业时采取阶梯式设计的方式，因为学生的接受能力是不同的，采用阶梯式布置作业的形式可以使得学生根据自身能力和接受能力自主选择，也符合了因材施教的教学原则。

（4）思政切入点。

培养学生自主探索精神、实践创新精神和科学精神。

（九）课程思政的创新与评价

在教学过程中始终围绕着"课程思政"这一主题进行教学，充分落实了"以学生为中心"的教学理念，教师在教学中充当着引导者、合作者和组织者的角色。将"课程思政"润物细无声地融入数据编码课程，于宏观上，关注思政导向，于微观上，关注教学细节，让学生自主探索新知，培养团结合作精神，使学生深刻地体会思政内容，实现主动的思政学习，提升思政教育的实效性。

将课后作业完成情况纳入过程性评价，提高学生课后学习的积极性，形成连贯的知识体系，逐步培养学生良好的学习习惯。①

四、总结

  高中阶段的学生即将步入社会，在此阶段培养学生的思想政治教育是十分重要的，这对于学校来说也是非常必要的。信息技术教师担负着教书育人的责任，要将在教育教学的过程中融入课程思政元素作为首要任务，履行立德树人的使命。本文围绕数据编码一课进行教学设计，在设计过程中，落实了家国情怀、民族自信、数字文化素养、团队合作意识和社会公德等思政教育内容，希望能够为信息技术类课程的思政建设提供一些借鉴和参考。

---

  ① 刘晓飞，袁清强，宋洪强，等．课程思政视域下信息化案例教学设计在"运动处方"课程中的应用［J］．科教文汇（上旬刊），2020（09）：114-116．

农村小学教师信息技术应用能力调查研究

葛艺乐　王　锋①

一、研究背景及意义

随着教育信息化快速发展，信息技术在教育中发挥越来越重要的作用。2019年4月，《教育部关于实施全国中小学教师信息技术应用能力提升工程2.0的意见》中明确指出，"信息技术应用能力是新时代高素质教师的核心意识"，"到2020年要基本实现教师信息化教学能力的整体发展"。② 可见，现代教学需要教师具备现代化的信息技术能力，并在教学过程中灵活运用。中小学学科课程标准中也体现了对教师信息技术应用能力发展的需求。2022年4月新发布的《义务教育信息科技课程标准》中指出，课程理念要反映数字时代正确育人方向、构建逻辑关联的课程结构，意味着现阶段教师在教学中为达成教学成果，需要提高自身的能力。教育信息化不仅能够促进教学资源开发与共享，而且能够最大限度地提高教学效率，为教师的职业发展提供科学的指导方向。③

经过查阅小学教师信息技术应用能力方面的文献，发现相较于城市学校，农村学校存在信息设备不足、师资力量薄弱等问题。④ 智能设备与技术的发展及国家对现代化教师的要求使农村教师的信息技术应用能力提高成为可能。本文试采用问卷调查法了解农村小学教师信息技术应用能力现状，并提出改进对策，以期提高农村小学教师信息技术应用能力，为教师队伍教学能力的发展以及早日实现农村教育信息化、现代化添砖加瓦。

---

① 作者简介：葛艺乐，黄冈师范学院教育学院硕士研究生，研究方向为个性化教学；王锋，黄冈师范学院教育学院教授，研究生导师，主要研究方向为信息技术教育。
② 中华人民共和国教育部. 教育部关于实施全国中小学教师信息技术应用能力提升工程2.0的意见 [EB/OL]. (2019-03-21). [2022-11-18]. http://www.moe.gov.cn/srcsite/A10/S7034/201904/t20190402_376493.html.
③ 景海晏. 农村教师信息技术应用能力提升意义研究 [J]. 新课程（上），2018，463 (11)：331-331.
④ 南凌岳. 西部农村中小学教师信息素养现状分析 [J]. 新西部（理论版），2012 (07)：2.

二、研究设计

(一) 研究对象

本研究的调查对象是湖北省某县域内某乡镇小学教师。调查采用偶遇抽样的方法通过问卷星发放，共回收有效问卷 33 份。对调查对象进行描述分析，可发现其主要特征如表 1 所示。

表 1　　　　　　　　　　　　调查对象的主要特征

	性别		年龄			学历		
	男	女	35岁以下	35~50岁	50岁以上	专科及以下	本科	硕士及以上
频率	9	24	28	2	3	4	27	2
百分比（%）	27.3	72.7	84.8	6.1	9.1	12.1	81.8	6.1

数据显示，调查对象的性别、年龄、学历均符合农村教育的实际情况，表明调查对象具有代表性。调查对象大部分是中青年教师。对这部分作为小学教育中坚力量的教师进行信息技术应用能力调查，能够一定程度上反映农村教师信息技术应用能力的普遍情况。

(二) 研究工具

本研究以华南师范大学教育信息技术学院团队所编制的调查问卷作为研究工具。该问卷按照张屹等[①]根据《中小学教师信息技术应用能力标准（试行）》规定的技术素养、计划与准备、组织与管理、评价与诊断、学习与发展这 5 个维度编制。所有题目均采用李克特五点量表计分方式，备选答案由"完全不符合"到"完全符合"分为 5 等，分数为 1~5 分，分值越高，表示信息技术应用能力越强。同时，使用 SPSS 软件对数据进行统计分析。

三、研究结果分析

(一) 描述分析——农村小学教师信息技术应用能力总体情况

经调查发现，农村教师信息技术应用能力现状与 2020 年的调查情况相比有明显的提高，尤其体现在技术素养维度，如表 2 所示，但目前农村教师的信息技术应用能力仍不足

---

① 张屹，马静思，周平红，等. 中小学教师信息技术应用能力现状及培训建议 [J]. 中国电化教育，2015 (01)：7.

以应对现代化的教学需求，有很大的发展空间。

表2 农村小学教师信息技术应用能力总体情况

	技术素养	计划与准备	组织与管理	评价与诊断	学习与发展
平均值	4.0386	3.9134	3.7576	3.8535	3.8424
标准差	.78534	.86598	.75126	.73451	.76772

调查结果显示教师信息技术应用能力中的组织与管理维度在5个维度中最低，这实际上是因为"组织与管理"本身具有较高的难度，要求教师根据不同的设备环境采用恰当的教学模式、选择低成本高效果的设备、搭建智能教学环境等。

（二）相关分析——信息技术应用能力五个维度间的相关关系

将各个维度进行相关分析，表3显示信息技术应用能力的各维度间均存在显著的相关性，尤其是"计划与准备"和"组织与管理"维度之间相关性最高，相关系数 r 为 0.844。其次是"评价与准备"和"组织与管理"维度，其相关系数 $r=0.830$，表现出两个维度极其相关。同时，该相关性结果说明组织与管理维度在促进教师信息技术应用能力的发展方面有相当重要的作用，它被其他维度深深影响着。"计划与准备"和"学习与发展"维度之间的相关系数为0.720，相关度最低。

表3 各维度间的相关关系

	技术素养	计划与准备	组织与管理	评价与诊断	学习与发展
技术素养	1	.809**	.766**	.786**	.777**
计划与准备		1	.844**	.816**	.720**
组织与管理			1	.830**	.738**
评价与诊断				1	.806**
学习与发展					1

（三）差异分析——教师不同组间的差异比较

1. 性别差异分析

由于本研究中收集的男女教师样本量较少，须进行正态性检验。检验结果如表4所示，女教师在"技术素养""计划与准备"维度的 p 值分别为0.041，0.044（均小于0.05），呈现非正态分布。

表4　　　　　　　　　　　　　正态性检验

维度	性别	统计	自由度	显著性
技术素养	男	.863	9	.103
	女	.913	24	.041
计划与准备	男	.901	9	.259
	女	.914	24	.044
组织与管理	男	.964	9	.839
	女	.957	24	.380
评价与诊断	男	.920	9	.389
	女	.942	24	.182
学习与发展	男	.933	9	.513
	女	.936	24	.132

因此，对比教师性别在这两个维度的差异需进一步做非参数秩和检验。检验结果如表5所示，"技术素养"与"计划与准备"维度的 $p>0.05$，不存在显著性别差异。

表5　　　　　　　　　　　　　非参数秩和检验

	技术素养	计划与准备
Z	-.648	-.408
渐近显著性（双尾）	.517	.683

"组织与管理""评价与诊断"及"学习与发展"维度中的男性组与女性组的正态性检验的显著性（如表4）、方差齐性检验的显著性（如表6）均大于0.05。

表6　　　　　　　　　　　　　方差齐性检验

维度	莱文统计	自由度1	自由度2	显著性
组织与管理	1.009	1	31	.323
评价与诊断	.526	1	31	.474
学习与发展	.819	1	31	.372

采用独立样本 T 检验了解男、女教师在组织与管理、评价与诊断、学习与发展三个维度的掌握情况，结果如表7所示，"组织与管理""评价与诊断"及"学习与发展"维度的 t 值分别为-1.334，-0.623，-0.801，对应的 $p>0.05$，这三个维度中也无显著的性别差异。

表7　不同性别的教师组织与管理、评价与诊断、学习与发展维度比较

维度	平均值		T检验	
	男	女	t	Sig.（双尾）
组织与管理	3.4762	3.8631	−1.334	.192
评价与诊断	3.7222	3.9038	−.623	.538
学习与发展	3.6667	3.9083	−.801	.429

综合以上分析可知，农村小学女教师信息技术应用能力中各维度的平均值高于男教师，但不存在显著的性别差异。

2. 年龄差异分析

为方便统计，将"35岁以下"调查对象定义为青年组，"35~50岁"定义为中年组，"50岁以上"定义为老年组。采用单因素方差分析，结果如表8所示，除了学习与发展维度中年组均值最高之外，其他4个维度中得分均值皆是青年组高于中年组，中年组高于老年组；组织与管理维度的三个年龄组间存在显著差异（$p=0.046$）；对五个维度中的各年龄组进行LSD多重比较，发现"技术素养"和"组织与管理"两个维度中青年组与老年组之间存在显著差异。

表8　不同年龄的教师信息技术应用能力各维度比较

维度	年龄	平均值	显著性	LSD多重比较
技术素养	青年	4.1364	.117	青年组与老年组存在显著差异
	中年	4.0000		
	老年	3.1515		
计划与准备	青年	4.0459	.110	无显著差异
	中年	3.2857		
	老年	3.0952		
组织与管理	青年	3.8878	.046	青年组与50岁以上老年组存在显著差异
	中年	3.2857		
	老年	2.8571		
评价与诊断	青年	3.9107	.446	无显著差异
	中年	3.8333		
	老年	3.3333		

续表

维度	年龄	平均值	显著性	LSD 多重比较
学习与发展	青年	3.8500	.966	中年>青年>老年
	中年	3.9000		
	老年	3.7333		

出现该结果有以下两点原因：其一，青年教师成长与学习的阶段处于信息时代，信息素养以及信息化的教学能力已经成为他们的基本文化素养。[①] 其二，青年教师在入职后更着眼于新技术的应用，且缺乏教学经验；老年教师则大多处于职业"天花板"，学习与发展的意愿相对不特别强烈；而中年教师兼有教学经验与职业发展需求，他们既希望习得青年教师卓越的信息技术能力，又想拥有老年教师至高无上的教学权威。因此，中年教师更渴望进步，所以在发展与学习维度的表现显得更突出。

3. 学历差异分析

采用单因素方差分析与 LSD 多重比较对不同学历的教师的信息技术应用能力进行分析（表9）。硕士及以上学历的教师的信息技术应用能力高于本科学历教师，高于专科及以下学历教师，但无显著差异，这实际上与教师的职前培训有关。专科及以下学历的教师进行职前培训的时间短、机会少，其信息技术应用能力相对弱，而硕士及以上学历的教师在专科或本科阶段的信息技术应用能力有一定的发展，这同样属于职前培训。一般而言，教师学习与培训的时间越长，收获就越大，进入工作岗位后信息技术应用能力就更强。

表9　不同学历的教师信息技术应用能力比较

学历	N	平均值	标准差	显著性	LSD 多重比较
专科及以下	4	135.50	15.864	.301	硕士及以上>本科>专科及以下
本科	27	143.07	28.272		
硕士及以上	2	159.50	2.121		

四、提高教师信息技术应用能力的对策

（一）统筹多方资金，加强设备维护

现代化课堂飞速发展，教育信息化发展倍受教育部重视，教育系统及社会各方为农村

---

① 顾小清，祝智庭，庞艳霞. 教师的信息化专业发展：现状与问题 [J]. 电化教育研究，2004 (01)：7.

学校投入大量资金配置多媒体设备。但由于学校整体统筹经费，多数学校将应该投入在信息化教学方面的资金大量转移到添置桌椅板凳或翻修校园建筑等方面，经费捉襟见肘导致农村中小学信息化教育环境建设中出现设备不完整、不够用的问题。此外，农村地区年龄偏大的教师信息技术操作知识储备少，在教学实施过程中运用多媒体设备时往往操作不当，不仅加大了现代化教学设备损害的风险，也未最大限度地发挥出昂贵的设备的教学价值。因此，需要加强农村学校教学硬件设备维护，意味着学校需要引进多方资金及专业人才。

(二) 提高信息化教学意识，完善教师培训制度

青年教师表现出职业发展的现实需求，会有意识地参加现代化智能技术在教学中应用的相关培训。但是处于职业倦怠期的中老年教师并未有强烈的动机参与信息技术学习。针对该问题，学校应制定合理的培训制度鼓励全体教师参与培训。一方面，侧重对中老年教师的操作性知识培训，满足其对现代化教学设备的基本使用需求。① 另一方面，根据维度对教师信息技术应用能力提供个性化的指导与培训。本调查发现，青年教师在"技术素养"和"组织与管理"维度的能力显著高于老年教师，那么仅针对老年组教师加强这两个维度的培训，可以降低培训成本、减轻年轻教师的培训负担。

因地制宜的培训方式将会在实践中节约多媒体设备的运行与维护成本，进而学校可以用节省下的经费完善、升级信息化教学设备。教师与学生等学校主体成员间建立信息技术应用技能迭代培训系统，农村学校便可转劣势为优势，形成教师队伍整体具备信息意识。宏观上，该策略可加快农村区域学校与城市区域学校接轨，实现发达地区与欠发达地区间优质教学资源开发与共享、缩小城乡间教师队伍专业素质差距与学科教育效果差距，保障教育公平，促进农村教育实现现代化发展。

(三) 设立教学示范点，发挥模范示范作用

设立代表性强且具有参考意义的学校或区域为示范点，不必只在乎资金投入，更重要的是合理优化资源配置，通过构建信息化教学模式最大程度上发挥信息技术赋能教育教学的优势，以免资金严重不足的农村学校望而却步。身处信息化教学发展缓慢学校的教师要注重自身职业发展、与时俱进，积极向发展更加现代化的学校教师靠拢、讨教。

总而言之，现阶段农村青年教师逐渐增多，青年教师将成为教师队伍的主体，其自身在成长及求学过程中已经形成了一定的信息意识及信息技术应用能力，且在职期间有强烈的职业发展意愿。因此，预计未来农村教师信息技术应用能力向好发展，农村教育信息化事业蒸蒸日上。提高农村教师信息技术应用能力的举措依靠教育系统内部的方方面面、依靠与教育系统有关的领域和部门及全体教育工作者的坚持不懈的努力。由此，信息技术在教育教学过程中发挥应有的辅助价值，教师队伍整体教学水平可实现与时俱进。

---

① 张旭如，高倩. 乡村教师信息技术应用能力现状调查研究——以山西省六市为例 [J]. 中国教育信息化，2020（14）：52.

基于网络云平台的混合式教学的个案研究
——以黄冈师范学院智慧课堂课程为例

梁 娟 程 云①

2019年12月，突如其来的新冠疫情给我国高校的教学工作带来了巨大考验。在教育部"停课不停教，停课不停学"防疫方针的指引下，各个高校纷纷积极组织开展线上教学。②

一、基于网络云平台的混合式教学模式出现的背景

（一）国家政策提出要求

党的十九大以来，党中央对教育信息化提出了更高的要求，有了更明确的目标，这也标志着教育信息化进入了全新的发展阶段，教育信息化2.0时代已然到来。③ 在教育信息化2.0这个新时代，线上线下结合的教与学成为主流。也就是说，在3年到5年之内，将不会再有在一间教室里教师只用黑板和粉笔进行教学的情况。无论课上还是课下、教师还是学生，都将把网络和数字信息自觉或不自觉地应用于教与学之中。④

2019年，《中国教育现代化2035》对我国教育前景做出了细致的描绘，并提出了加快信息时代教育变革的战略任务。⑤ 同年12月，新型疫情暴发，各高校都推迟了2020年春季开学时间。对此，教育部印发指导意见，要求采取政府主导、高校主体、社会参与的

---

① 作者简介：梁娟，黄冈师范学院研究生，研究方向为教学行为分析；程云，黄冈师范学院，教授，研究方向为教学行为分析。
② 余慧娟.2020中国基础教育政策分析［J］.人民教育，2021（02）：7-25.
③ 陈琳，姜蓉，毛文秀，等.中国教育信息化起点与发展阶段论［J］.中国远程教育，2022（01）：37-44，51.
④ 王珠珠.教育信息化2.0：核心要义与实施建议［J］.中国远程教育，2018（07）：5-8.
⑤ 孙立会，刘思远，李芒.面向2035的中国教育信息化发展图景——基于《中国教育现代化2035》的描绘［J］.中国电化教育，2019（08）：1-8，43.

方式，共同实施并保障高校在疫情防控期间的在线教学，实现"停课不停教，停课不停学"。① 各级各类学校积极响应号召，并摸索出以网络云平台为基础的混合式教学模式。

（二）人工智能技术提供可能

以网络云平台为基础的混合式教学模式的流行，离不开人工智能技术的支持。人工智能在农业、工业、科技等领域的深度渗透，不仅使人类的生活迎来全新的改变，还影响了传统的教育教学。智能时代的来临，孕育了各类信息化智能化技术，如"互联网+"、大数据叠加、精准叠加、精准计算等技术，智能时代发展背景下，线上教学日渐成熟，各种教学平台的广泛应用，各种学习资源的共建共享，学生的学习将不单局限于一方书桌、一间教室，而是拓展到各类场所。② 可见，人工智能技术为基于网络云平台的混合式教学模式实现提供了可能。

二、基于网络云平台的混合式教学现状

（一）混合式教学内涵探索

在混合式教学概念的分析上，国内外研究者开展了较广泛的探索。通过对相关文献的收集和分析，得出不同研究者对混合式教学概念和特征的解释，见表1。

表1　　　　　　　　　　　国内外关于混合式教学的概念探索

国外研究	Garrison	混合式学习是将课堂面对面学习体验和在线学习体验深度地融合在一起的学习。③
	美国Sloan联盟（现在叫在线学习联盟）	按照在线学习比例来分类学习，指出在线学习比例达到30%~79%的课程被称为混合式学习。
	Graham	不以在线学习时间作为衡量标准，认为只要是在线和面对面指导相结合的学习就是混合式学习，他按照混合的最初目的，将混合式学习分成三类：发生型混合、促进型混合、改变型混合。

---

① 关于在疫情防控期间做好普通高等学校在线教学组织与管理工作的指导意见［EB/OL］. (2020-02-05)［2022-12-27］. http：//www.moe.gov.cn/srcsite/A08/s7056/202002/t20200205418138.html.

② 郭炯，郝建江. 人工智能环境下的学习发生机制［J］. 现代远程教育研究，2019，31（05）：32-38.

③ Garrison D. R., Kanuka H.. Blended Learning：Uncovering Its Transformative Potential in Higher Education［J］. Internet and Higher Education，2004（02）：95-105.

续表

国内研究	何克抗	混合式教学是一种将在线（Online）教学与面对面（Face to Face）教学有机整合，从而达到降低成本、提高效益的教学方式，这种教学方式既要发挥教师的主导作用，又要充分体现学生的主体性。①
	黎加厚	混合式教学是为了达到最优化的教学效果，教师在教与学的双边活动中，按照学生实际的学情和需要，将教学内容、模式、方法、技术、媒体、策略等所有教学要素进行选择和组合。②

国外学者对混合式教学的研究是由 Cooney③ 等人在学龄前儿童教育研究中首次提出，在此后十几年里，国外有关它的理论和实证研究得到了迅速发展。总体经过了三个阶段，第一阶段为 2000—2002 年，此阶段提出混合式学习，但对其并没有做明确的定义；第二阶段为 2003—2007 年，此阶段为定义发展阶段，其中较为主流的概念由 Garrison、美国 Sloan 联盟（现在叫在线学习联盟）、Graham 提出。第三阶段为 2008 年至今，此阶段为实证研究，探讨混合式学习的有效性和影响力。

而国内对于混合式教学起步较晚。2003 年由祝智庭和孟琦首次将混合式学习介绍到国内，其后我国学者陆续开展了对混合式教学的研究，其中以何克抗教授和黎加厚教授的研究最具代表性。尤其是近 10 年里，有关混合式学习的发文量快速增长，涵盖了基于技术平台的混合式学习系统建设与应用，研究基于网络公开资源的混合式学习设计和实践，通过实证研究探讨混合式学习模式的有效性，以及混合式学习设计在具体某个课程中的应用④。

基于对国内外混合式教学模式概念的梳理，我们可以看出无论是国内还是国外对于混合式教学模式的研究都由最初的理论研究进一步向实证研究转变，来探索混合式教学的无限可能性。

（二）主流平台

混合式教学催生了一些具有代表性的网络平台，如超星学习通、雨课堂、腾讯课堂等。

1. 超星学习通

北京超星尔雅教育科技有限公司研发出的超星教学平台由移动端和电脑端组成，两者共同辅助课堂教学。学习通是一款有丰富海量的学习资源，多功能的学习平台。超星学习

---

① 祝智庭，孟琦. 远程教育中的混合学习 [J]. 中国远程教育，2003（19）：30-35.
② 黎加厚主编. 教育技术教程 [M]. 上海：华东师范大学出版社，2002：78.
③ Cooney M. H., Gupton P., O'laughlin M.. Blurring the Lines of Play and Work to Create Blended Classroom Learning Experiences [J]. Early Childhood Education Journal, 2000, 27 (03): 165-171.
④ 郑静. 国内高校混合式教学现状调查与分析 [J]. 黑龙江高教研究，2018，36（12）：44-48.

通 APP 的基本功能包括：课程管理、班级管理、课程 PPT 调取、资源管理、PPT 投屏、签到等。

2. 雨课堂

雨课堂是由清华大学组织研发的一款教学辅助工具。该软件功能丰富，它支持课前学习，在任意时间都能将所需的教学资源放入课件中，并和学生的微信同步；它支持课中学习，在学生需要完成练习时能将练习题插入课件中并及时发送到学生微信上，练习时间由教师设置；同时，它支持多功能的师生互动，使用投稿、弹幕等功能让所有学生都能参与课堂发言。

3. 蓝墨云班课

蓝墨云班课可以简称为云班课，它的功能特点包括智能、免费、课堂互动强等。使用云班课，教师可以创建班课号，学生使用班课号加入班级，应用到不同的教学场景，如投票问卷能够让老师快速地得到学生的投票反馈结果；头脑风暴能够让所有学生独立思考并积极发言，老师还可以点赞，加分甚至进行快速智能标签分类；答疑讨论则能够让师生随时随地沟通互动，等等。

三、教学案例介绍

（一）课程简介

本次研究选取的基于网络云平台的混合教学模式个案来自黄冈师范学院开设的《智慧课堂》课程。教学对象为该校现代教育技术方向教育硕士一年级的学生。该课程属于学生必修课程，旨在使学生对现代教育技术的发展与应用进行深层次的探究与解读，培养能够运用教育技术优化教与学的高素质教师。

（二）需求分析

新冠疫情背景下，线上教学模式成为同时满足疫情防控与教学双重需求的应时之举，也是推动教育教学领域的一场革命。① 进入后疫情时代，疫情防控期间线上线下相结合的混合式教学模式并没有取消，而是得到了各大高校的高度重视。但与传统的线下教学模式不同，基于网络平台的混合式教学模式对教师的综合素质提出了更高的要求，任课教师要转变传统的育人理念和教学模式，教学内容和课程设计要考虑"线上"实际情况，充分利用互联网、人工智能、大数据等技术，尝试通过多种渠道和平台增加教师的互动性与参与度，激发学生的学习兴趣，提升教学效果。在本次研究选取的个案中，部分学生因疫情

---

① 钟秉林，南晓鹏. 后疫情时代我国高等教育发展的宏观思考 [J]. 教育研究，2021，42（05）：108-116.

暂时无法返校，同时结合本门学科的特殊性，选择在智慧教室的环境下，基于网络云平台采用"线上+线下"同时教学。

（三）课程设计

本课程主要分为理论学习与实操学习。《智慧课堂》课程要求学生具备良好的教育技术意识与态度，掌握教育技术的基本知识和基本技能，能运用教育技术的相关理论指导教与学的实践，从而能够运用教育技术优化教与学，促进教育教学改革。

混合式教学模式把传统教学方式的优势和网络化教学的优势结合起来，既发挥教师引导、启发、监控教学过程的主导作用，又充分体现学生作为学生过程也就是主体的主动性、积极性与创造性，其本质也就是突出学生的主体地位。本课程主要使用的网络云平台为超星学习通，教学方案如图1所示。

四、教学案例实施过程

（一）教学实施过程

1. 课前

本课程的教学对象是本校研究生一年级学生，教师与学生相互并不了解，本着学生是一切教学活动和教学设计活动的中心和出发点，所以课程开始之前，通过超星学习通平台收集了学生的基本信息，了解了各位同学的学科背景，旨在制定更加合理的教学目标与安排教学计划。同时，在课程开始之前，教师通过超星学习通平台上传现代教育技术专业相关的学习资源，如微课视频、文献等，并发布课前预习作业，使学生在课前能对本节课要学习的内容有个大概的了解，以便后续进一步地学习。如在学习智慧课堂概念与体系构成课程时，教师上传智慧课堂的简介视频，智慧课堂与传统课堂的区别等；学生也能在超星学习通平台讨论区随时发起讨论话题，也可以向教师发起提问，这样就能带着思考和问题进入课堂；同时，教师也需要及时关注学生交流、学习、讨论情况，对课堂教学内容进行有针对性的设计。

2. 课中

在新课开始之前，教师可以使用超星学习通提供的手势、拍照、位置、二维码等进行考勤记录，让学生能够尽快进入学习的状态，并且根据在学习通平台发布的课前预习，让学生相互讨论、评析，教师根据学生讨论的情况，引出本节课的重难点。同时在课中，组织学生进行展示，小组代表抢答汇报，其他人予以补充，如在学习智慧课堂的概念一节时，教师发起"说说你眼中的智慧课堂"这一话题，学生可通过超星学习通中的"抢答""评分"等功能发言或者评价；也可以将学生分组或让学生自由分组，以小组合作的形式针对某一章节的重点内容进行汇报，其他组学生来提问和讨论，最后由教师指导、总结，

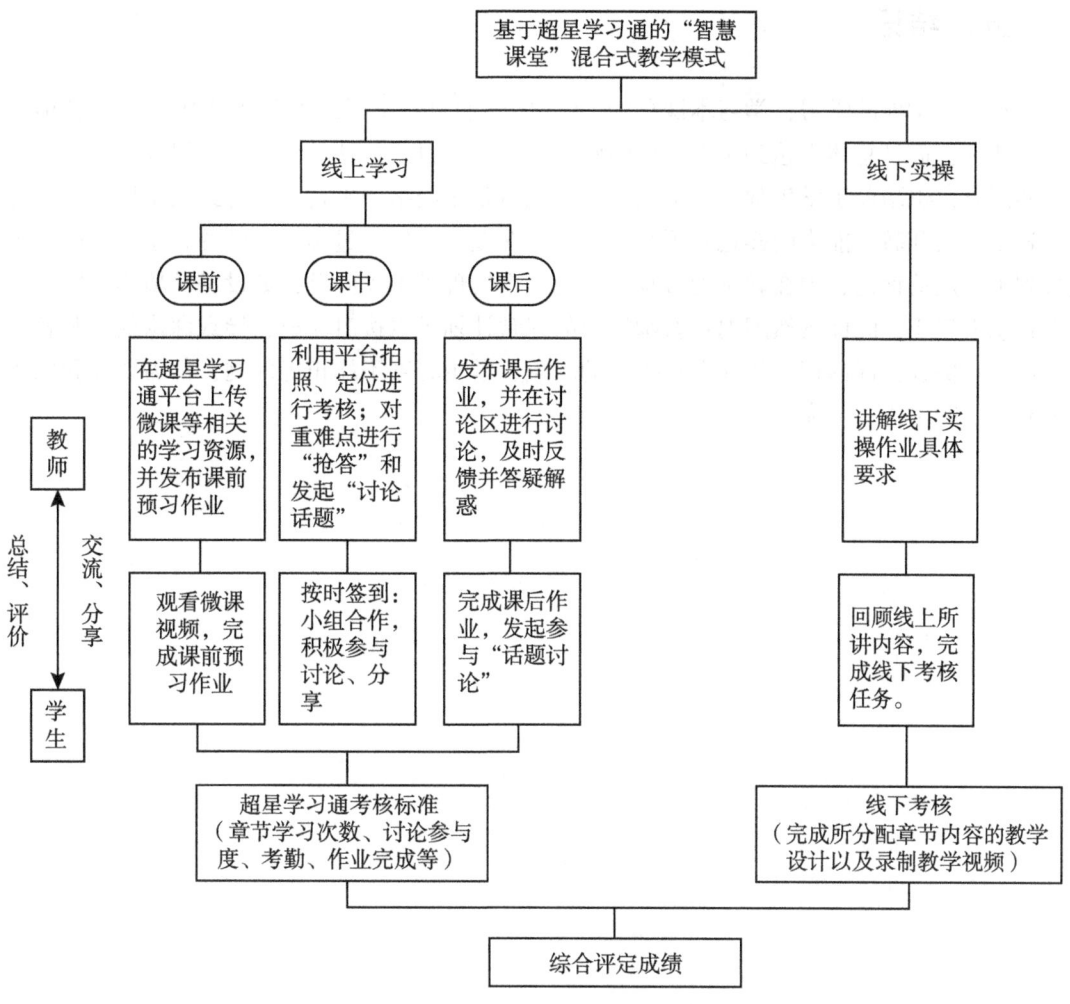

图1 基于超星学习通的"智慧课堂"教学方案

充分调动学生学习的主动性和积极性。

3. 课后

教师通过学习通平台发布课后作业、讨论话题并设置完成时间；学生在规定时间完成，教师及时查阅与学生进行互动。同时课程考核分为线上考核与线下考核，线上考核与超星学习通平台的使用率及学习参与度密切相关。平台通过大数据记录学生的学习参与度，并结合其平台使用率，按照权重实时、全方位地进行科学综合分析，得到公正、合理、客观的线上考核结果。而线下考核主要是测验学生在智慧课堂信息化环境下，学生对教学活动的设计。主观和客观评价相结合，优势互为补充，使考核更科学合理，真实可信。

五、结语

经过一学期的学习,学习本课程的18名同学通过线上学习和线下实操,不但各项成绩均达标,而且总体上达到了以学生体验为主的教学目的;从学生出发,提高了学生积极性的同时,也培养了学生独立思考的能力。同时基于网络云平台的混合式教学模式对教师的教学方式和教学能力同样也是不小的考验,在教学实施的过程中教师的教学能力同样也得到了一定的促进,但在教学的过程中,同样也出现了不少问题,如设备环境不稳定导致声音忽大忽小、画面突然闪退;教师原定的课堂计划难以按时完成,导致课堂效率和教学质量难以保证;课前课后作业存在抄袭的现象,学生态度不端正等问题,都需要在我们接下来在实践中进一步完善。

基于数据分析技术的在线自适应学习研究

刘琴琴　韦海梅[①]

引言

新冠疫情的暴发打乱了各级各类学校的教学计划,为了人民安全,传统的线下教学在此时已经不适用了,各级各类学校纷纷响应教育部"停课不停学"的号召,开启了中国历史上规模最大的线上教学。为了保障在线教学的顺利进行,中央教育部和各地教育行政部门都出台了相关政策文件,教育部在2020年1月29日发出倡议:利用网络平台,展开"停课不停学"[②],为了响应中央的号召,各地教育行政部门纷纷出台了有关在线教学具体落实的指导方案。同时,多媒体、计算机、互联网的发展拓宽了教育与学习的空间,5G通信技术、人工智能和大数据的发展与应用又为在线教学的开展提供了新思路和新手段。疫情社会大环境刺激了在线教学的开展,国家政策和前沿技术为在线教学的顺利进行提供了保障,但如何提高在线教学的自适应性仍是需要解决的难题。

一、文献综述

自适应学习是美国学者在20世纪90年代所提出的概念,其主要原理是分析知识体系和评估学生的能力,构建立体的知识架构网络,为每位学生制订个性化的学习计划,达到因材施教的目的。[③] 后来,外国学者在自适应学习领域做了许多相关研究,例如美国匹兹堡大学的Peter Brusilovsky教授针对学生的学习背景、兴趣偏好和知识水平进行用户建模,为适应学习者与系统交互过程中的个性化学习需求,先后开发了InterBook、ELM-ART、Knowledge Sea、AnnotatEd、TaskSieve等自适应学习系统,荷兰爱因霍芬科技大学DeBra教授、澳人利亚墨尔本皇家理工大学Wolf教授及希腊雅典大学的Papanikolaou等人也分

[①] 作者简介:刘琴琴,黄冈师范学院研究生,研究方向为教育大数据、课程资源;韦海梅,黄冈师范学院副教授,研究方向为教学媒体的设计与实践。

[②] 教育部:利用网络平台,"停课不停学"[EB/OL].(2020-01-29)[2023-01-18]. http://www.moe.gov.cn/jyb_xwfb/gzdt_gzdt/s5987/202001/t20200129_416993.html.

[③] 李璐.自适应学习的内在动机对大学生自主学习效能影响的实证研究[J].江苏高教,2021(11):52-59.

别研发了 AHA!、iWeaver、INSPIRE 等个性化教育超媒体系统。① 与国外学者的观点相似，我国学者认为自适应学习是满足学习者个性化的学习，其中以学习者模型构建为关键手段，采用 Web 和文本挖掘等技术为个性化学习的实现提供有效途径。②

MOOC 的意思是大规模在线开放课程。在线开放课程最早发源于 20 世纪 60 年代，美国发明家道格拉斯·恩格尔巴特向斯坦福研究中心提出一个研究计划"扩大人类智力之概念纲领"，并在其中强调使用电脑辅助学习的可能性。2012 年，美国的顶尖大学陆续设立网络学习平台，在网上提供免费课程，Coursera、Udacity、dX 三大课程提供商的兴起，给更多学生提供了系统学习的可能。2013 年 2 月，新加坡国立大学与美国公司 Coursera 合作，加入大型开放式网络课程平台。③ MOOC 的凭借其免费、开放的优势，而且有系统的课程视频，有实名身份的讲者，可以为学习者提供广泛的远程在线支持，包括课程内容讲解、课程任务布置、学习自我检测、师生和生生之间的线上互动，颠覆了传统的教学模式，④ 把视野拉到国内，国内很多知名大学也加入了发展 MOOC 课程的行列。北大和清华于 2013 年 5 月加入了 EdX。2013 年 7 月，复旦大学和上海交通大学加入了 Coursera。2014 年 4 月 1 日和 4 月 8 日，复旦大学和上海交大分别有 2 门和 1 门课程相继亮相 Coursers 平台，与全球学习者见面。⑤

二、基于中国大学 MOOC 学习平台的数据分析

（一）基于中国大学 MOOC 学习平台的数据分析框架

本文以中国大学 MOOC 为数据来源，利用网络爬虫技术对数据进行爬取，将爬取后的数据进行清洗，对清洗后的数据进行数据分析与数据可视化，最后基于数据分析和可视化结果，对在线自适应学习的发展提供相关对策与建议，图 1 所示。

（二）实验数据

以中国大学 MOOC 为数据来源，使用 Python 的网络爬虫技术爬取中国大学 MOOC 课程的有关数据。首先使用 for 循环获取子网页 URL 链接，然后，为了精准爬取所需文本数据内容，选择使用正则表达式和 BeautifulSoup 来进行定位、查找和获取，最后，访问并

---

① 姜强．自适应学习系统支持模型与实现机制研究［D］．长春：东北师范大学，2012：17.

② 董晓辉，杨晓宏，张学军．自适应学习技术研究现状与展望［J］．电化教育研究，2017，38（02）：91-97，121.

③ 黄海瑛．MOOC 课程的兴起及其在英美文学教育中的应用［J］．文学教育（中），2014（05）：85-86.

④ 李晓明，张绒．慕课：理想性、现实性及其对高等教育的潜在影响［J］．电化教育研究，2017，38（02）：62-65.

⑤ 刘佳慧，王杜春．基于文献计量的 MOOC 课程文献综述［J］．黑龙江教育（高教研究与评估），2017（01）：38-41.

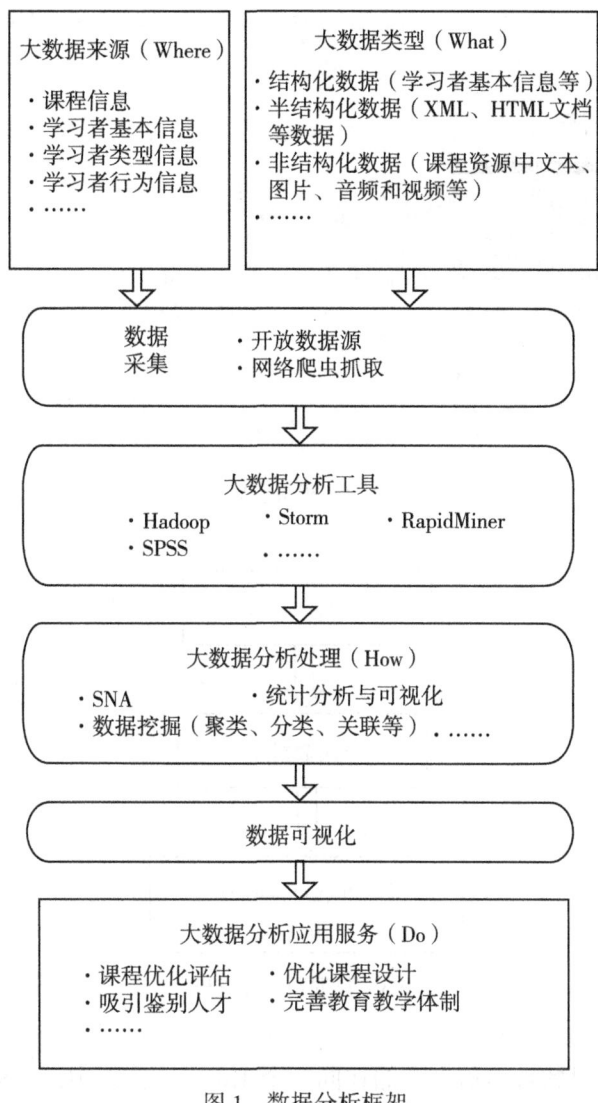

图 1 数据分析框架

保存所有的 li 标签，包含了用户信息、用户评论、发表时间、教师参与、回复用户信息、浏览量、回复量、投票量等数据。如图 2 所示。

（三）数据预处理

首先对利用 Python 的网络爬虫技术采集的中国大学 MOOC 有关数据信息进行预处理主要分为三个步骤，如图 3 所示。第一步，导入一个用于导入和管理数据集的 Pandas 类库；第二步，导入中国大学 MOOC 数据集，利用 Pandas 类库中的 read_csv 方法把本地的 csv 文件读取为一个 dataframe，然后在 dataframe 中分别对自变量和因变量建立矩阵和向量；第三步，导入 drop_duplicates 函数对重复值和缺失值进行删除。如图 3 所示。

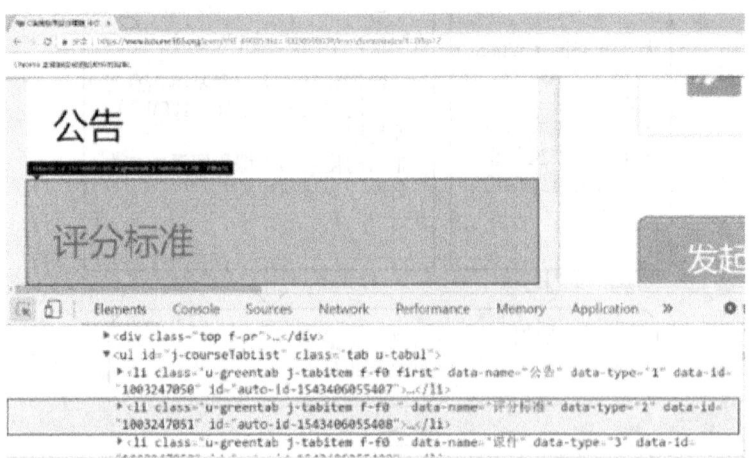

图 2　实验数据

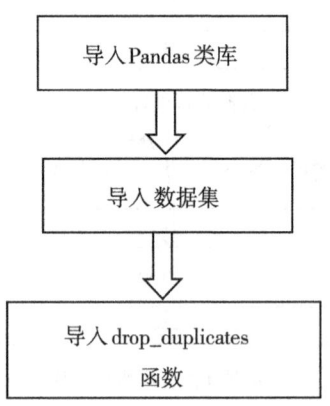

图 3　数据预处理流程

然后将所预处理过的数据信息存储在同一个 Excel 工作簿中，共计获取 1998 门课程的详细内容，如图 4 所示为存储的 1998 门课程详细内容。

(四) 数据可视化分析

1. 文本数据量化分析

量化分析主要包括两个方面的内容：一是讨论区评论回复和教师参与的量化分析，二是 icourse 网站中课程总体分布情况的量化分析。

对讨论区回复和教师参与的量化分析后，发现评论零回复的课程竟然高达四个，仅有 C3、20 这两门课程零回复为 1%；评论教师零回复的课程超过半数，其中 C2、C4、C6、C8、C14、C16、C17 和 C19 这八门课程的教师零回复占比都超过了 90%，如图 5 所示。由在线讨论区回复数量可以发现学习者通过在线课程获得帮助的效果不理想，很多问题不

	A	B	C	D	E	F	G	H	I
1986	1984	No	艺术设计	中国书法	2	2017年04月	2017年08月	当前开课	3小时每
1987	1985	No	艺术设计	设计心理学	1	2018年03月	2018年04月	当前开课	0.5-1小
1988	1986	No	艺术设计	交互数字媒体技术与	1	2017年06月	2017年07月	当前开课	3-5小时
1989	1987	No	经济管理	创意学经济	1	2017年09月	2018年02月	当前开课	3-5小时
1990	1988	No	哲学	职业：道与术	1	2017年04月	2017年05月	当前开课	1-2小时
1991	1989	No	艺术设计	人文飘香：静思茶道	1	2017年03月	2017年06月	当前开课	3
1992	1990	No	No	畜牧学概论	1	2017年05月	2017年07月	当前开课	1-2小时
1993	1991	国家精品	经济管理	标准与我们的生活	2	2017年02月	2017年07月	当前开课	3-5小时
1994	1992	No	计算机	数据结构	2	2017年03月	2017年07月	当前开课	3-5小时
1995	1993	No	工学	浅论电子学	3	2017年03月	2017年06月	当前开课	1-2小时
1996	1994	No	经济管理	孙子兵法与企业经营	2	2017年03月	2017年06月	当前开课	2-3小时
1997	1995	No	哲学	哲学问题	6	2017年02月	2017年05月	当前开课	3-5小时
1998	1996	国家精品	法学	中国近现代史纲要	6	2017年02月	2017年05月	当前开课	2小时每

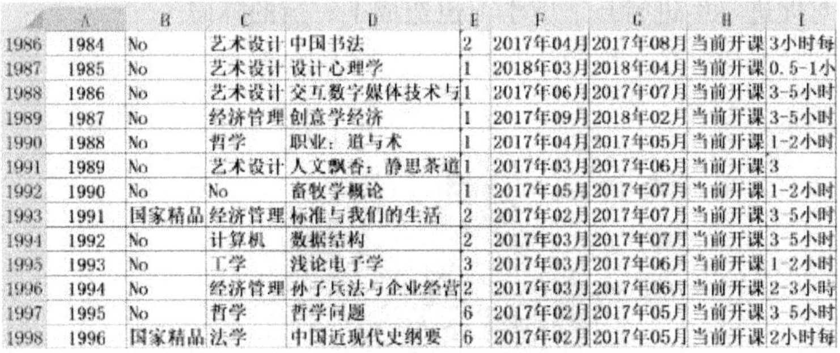

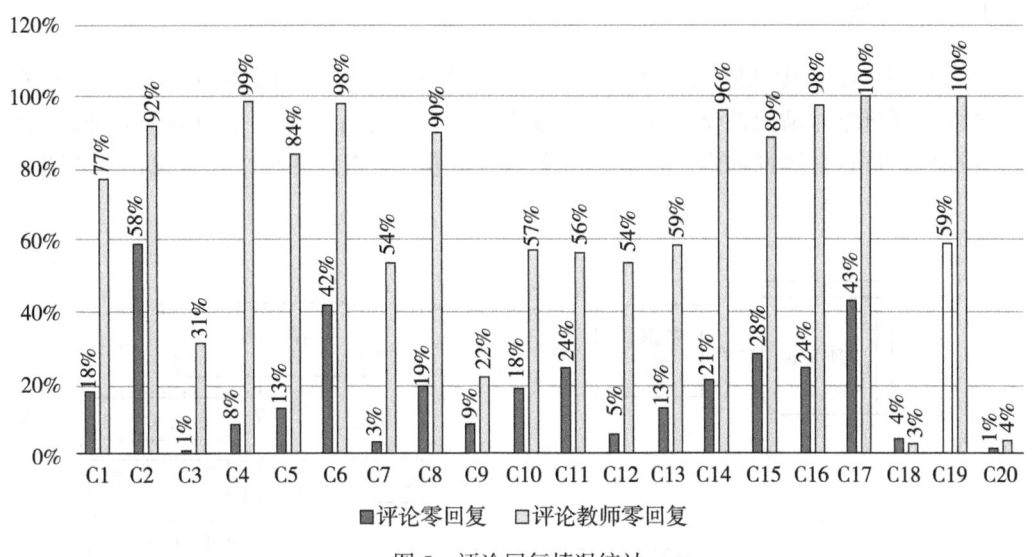

图 4　以 xlsx 格式存储 1998 门课程的详细信息

能得到有效回复，更不要说对学习者进行因材施教，对于学习者进行自适应学习也造成了一定的障碍，学习平台和教师应对学生的问题与疑惑进行及时回答，并对学习者的学习结果提供有效反馈，从而加强学生与教师以及学生与在线平台的学习交互，让学生能更好地自适应学习，从而提升学习效率。

图 5　评论回复情况统计

对 icourse 网站中课程总体分布情况的量化分析，发现课程数量较多的四类为工学、计算机、经济管理、理学，这四类课程在所有课程中的数量占比都超过了 10%；理学位居第二，占比为 15.6%；计算机类仅次于经济管理类，位居第四，占比为 10.1%。法学、外语、心理学、艺术设计、哲学这五类课程在总课程中的数量占比均低于 5%，如图 6 所示。由量化分析结果不难发现：icourse 中理工科的课程占比远远高于了文科类、艺术类、医药类、农学类等学科，这是一种极度不平衡的现象。对于爱好理工科的学生来说，可供选择的课程数量比较多，而对于爱好文科类的学生来说，可供选择的课程数量并不多，这就造成了一定程度上的教育不公平，对于爱好文科的学生来说，更大概率的会选不到所倾向的课程，这对促进学生进行自适应学习也造成了一定的障碍。

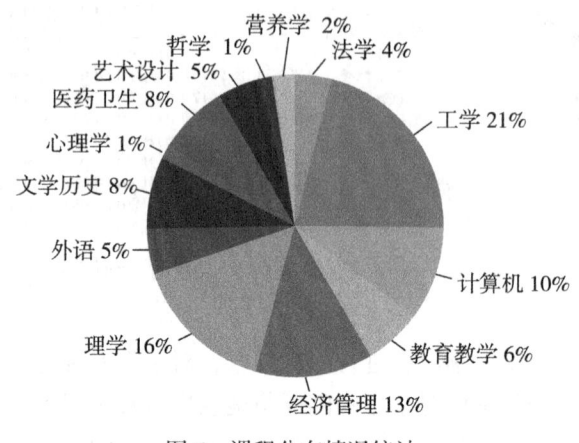

图 6　课程分布情况统计

2. 文本处理分析

对大学 MOOC 讨论区的文本进行处理分析，找到学习者在大学 MOOC 课程中的关注点，从而为促进学生适应性学习提供相关参考。首先，进行文本数据的编码处理，其次，选择分词模式进行关键词抽取，最后，对文本内容进行分析，并将结果可视化，如图 7 所示。

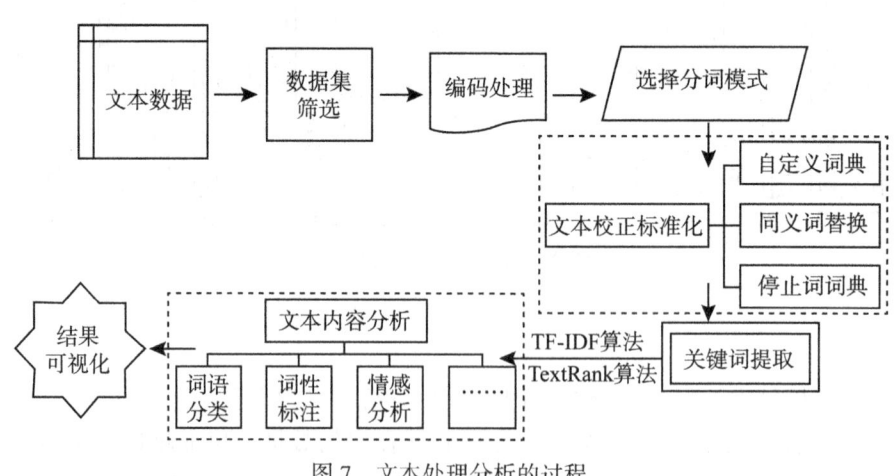

图 7　文本处理分析的过程

利用词云图对最后分析的结果进行可视化处理，选择合适的图案，进行个性化配置，生成自己需要的词云图，并对其进行可视化分析。将大学 MOOC 讨论区的关键词显示在一张词云图上，出现频率高的词汇相应地面积占比会更大，出现频率低的词汇相应的面积占比也会更小，如图 8 所示。由图可知，学习者更多关注的是二进制、计算、转换与进制之类的机器语言入门知识，一方面，表明机器语言对于初学者来说可能比较晦涩、抽象，不容易理解，从而引发讨论量比较多；另一方面，表明随着时代科技的发展，越来越多的人想要学习与计算机相关的课程。可见，自适应学习应紧跟时代的步伐，在 MOOC 课程中多融入有关计算机类的知识，注意学生计算思维的培养。

图 8　高频关键词统计

三、对策与建议

（一）创设适合的自适应学习环境

要让学生做到自适应学习，就必须打造合适的自适应学习环境，能基于学生认知能力和兴趣特长，构建个人知识网络伸展与优化学习支撑环境。以人工智能为基础、以学习者为中心、以计算机为媒介，利用计算机模拟数学专家的思维过程，形成的开放式人机交互系统，打造利于终身学习的教育生态环境。线上的自适应学习环境即虚拟的学习环境，是一种由信息技术构建起来的多媒体学习系统；线下的自适应学习环境即物理学习场所，指教室等场所。随着云计算、人工智能的应用，教育生态环境将会被重构，比如借助物联网和移动通信技术形式，能够对教师内部的设备、温度、光纤等实施自适应调节，并将主要讲师的技术支持从之前的电教教师转变为人工智能，将电教教师的角色从设备管理者转变为数字教育资源开发利用者，并为学生和教师之间的校内外教学提供互联互通的平台。① 进一步优化教师内部的硬件，比如黑板、白板等教师操作工具。

（二）完善课程建设的均衡性

首先，在线学习平台中，多建设文科类相关课程，避免理科类课程比重过于庞大，推

---

① 王未. 分析人工智能支持下自适应学习路径构建 [J]. 汉字文化, 2021 (04): 130-131.

动文科类相关课程资源建设要在优化资源配置上下工夫，通过制度安排解决资源配置不平衡、分散、低效、重复等问题，要提高资源配置前瞻性，合理布局资源，盘活现有资源，把优质的资源用于文科建设重点领域，支撑文科教育关键改革，不断提高资源利用效率；其次要进行分层建设，分层建设课程资源。按照课程的基本要求，以目标人群的能力层次为基础，建设不同深度的学习资源，同时根据专业群内学生、专业群教师、专业群所属行业以及社会大众等实际需求特征及可接受程度，结合地方经济、社会、文化等发展实际，统筹设计课程知识树及相应的知识点，明确各个知识点面向不同群体的资源表现类型与数量。① 最后，要增强资源的可理解性。在课程资源内容设计方面，要充分考虑课程内容的逻辑性、丰富性、实用性、新颖性等，并针对学生的个性特征来整合、优化在线课程资源，设计不同形式、多样化的课程资源，为学习者提供有趣、前沿的学习资源，以增强课程内容的丰富程度。另外，还应将课程资源组织成逻辑紧密且与实践相结合的学习内容，以便于学习者理解与吸收，从而保证课程资源能促进学生自适应学习，能促进学生的认知情感发展，能应用知识，最终可以创新知识。

（三）完善学生的学习体验和感受

学生是教学的主体，是学习的"主人"，学生的学习体验和感受对于提高在线自适应学习的效果影响重大，应依托先进的信息技术，通过数据分析挖掘学生的兴趣点和薄弱点，有针对性地为每一位学生提供教学内容和方法，达到因材施教。② 根据学习者的多种特点和行为倾向，如学习风格、媒体倾向、兴趣、认知水平等，提供与学习者自身水平相适应的学习策略和学习内容，推荐个性化的学习路径和学习资源，为学习者提供一种个性化学习服务。它能够在学生学习过程中对学生的行为数据进行记录，然后通过数据挖掘、学习分析等技术，实现实时评价与反馈，并最终以可视化学习报告的形式将学生的学习结果反馈给教师和学生，从而促进学生可持续的学习改进，帮助教师及时掌控学生课前知识的掌握程度以及学习偏好，为课中有针对性地教学提供技术支持。学生完成课程学习以后，教师能对学生的疑难困惑及时解答，而且学习平台能对学生的学习结果进行形成性与阶段性评价。良好的学习反馈，一方面可以让学生了解本阶段学习的不足；另一方面，也可以增强学生的自信心，更愿意投入下一阶段的学习中。

四、结语

本文基于中国大学 MOOC 平台，进行数据分析，然后为学生的在线自适应学习提供相关建议。首先在线学习平台只涉及中国大学 MOOC 平台这一个平台，仅以这一个平台上的在线自适应学习数据进行分析研究显然是不够全面的，具有片面性，在后续的研究

---

① 彭飞霞. 在线学习视域下自适应学习探析 [J]. 成人教育，2018，38（07）：29-34.
② 李可，梁慧颖，李颖，等. 自适应学习在计算机专业课程教学的实践与探索 [J]. 中国多媒体与网络教学学报（上旬刊），2021（12）：8.

中，应对市面上多个主流在线学习平台进行数据分析，从而确保分析数据的客观性与完整性。其次，对大学生 MOOC 学习平台进行数据分析的维度不够全面，后续应通过查阅文献，探索更多分析的维度，从而能为促进学生在线自适应学习提供更完备的建议。

"互联网+"背景下中学生心理健康教育的现状及改革策略探究*

刘亚男①

引言

中小学心理健康教育是根据中小学生生理、心理发展特点，运用有关心理教育方法和手段，培养学生良好的心理素质，促进学生身心全面发展和素质全面提高的教育活动。②心理健康教育的核心任务不仅包括帮助学生解决心理问题和压力，更重要的是发现学生的身心成长规律，并根据这些规律有计划、有目的地引导学生增强自尊自信，增强心理素质，维护自身心理健康发展，培养学生积极的心理状态和品质，促进其形成健全的人格。③

目前中学都普遍开设了心理健康教育相关的课程内容，但在实际学校中对学生心理健康的教育开展情况并不完善，通过新闻报道我们可以发现中学生因为心理健康问题而引发的悲剧依然在持续增加。在"互联网+"背景下，通过互联网技术使其他领域互联网化，为其他领域带来了新机遇，同样这一技术给教育领域的发展带来了翻天覆地的变化，使得互联网+教育成为一种新的且普遍的教育形式，但相关心理健康教育内容并没有紧跟时代发展，同时受到时代环境的影响，中学生出现的心理健康问题越发复杂化，因此在"互联网+"背景下对中学心理健康教育现状进行分析并进一步提出改革策略具有十分重要的现实意义。

---

* 基金项目：2023年"'互联网+'背景下信息技术促进中学生心理健康教育发展的改革策略研究"。

① 作者简介：刘亚男，黄冈师范学院教育学院硕士研究生，研究方向为现代教育技术。

② 关于加强中小学心理健康教育的若干意见［J］.中华人民共和国国务院公报，2000（06）：16-18.

③ 莫美福.中小学心理健康教育信息化的应用探析［C］//2020年"教育教学创新研究"高峰论坛论文集，2020：622-623.

一、"互联网+"背景下中学心理健康教育现状

（一）学生主体层面

教育部印发的《中小学心理健康教育指导纲要（2012年修订）》中提到中学生正处于身心发展的重要时期，随着生理、心理的发育和发展、社会阅历的扩展及思维方式的变化，特别是面对社会竞争压力，他们在学习、生活、自我意识、情绪调适、人际交往和升学就业等方面，会遇到各种各样的心理困扰或问题。大多数学生由于缺乏与教师、家长关于生活或心理问题的交流，或者心理变化较为敏感，在面临困扰时并不能及时表达需求，从而产生较多的心理健康问题。

其次目前社会正处于中学生为"00后""10后"的时代，他们作为"网络原住民"出生并生长在互联网时代中，在面对互联网快速发展、资源丰富的社会环境时，一方面接受、模仿、学习能力较强，更容易接收到各种负面信息并被引导产生负面情绪；另一方面中学生要面临升学考试压力的现实问题，高强度的学习压力以及社会普遍的教育环境的影响下更容易导致学生出现各种心理健康问题。

（二）学校教育层面

学校开展的心理健康教育工作旨在"提高全体学生的心理素质，培养他们积极乐观、健康向上的心理品质，充分开发他们的潜能，促进学生身心和谐可持续发展，为他们健康成长和幸福生活奠定基础"①。随着社会的快速发展，中学生所面临的压力不断增加，相关的中学生心理健康问题也在持续增长，对此学校教育对于中学生的心理健康教育重视程度不断提升，但在学校心理健康教育的实际开展情况并不理想。

目前我国中学已有的心理健康教育体系并不完善，虽然多数学校设有心理健康教育相关课程，并要求其他各科教师在教学过程融入心理健康教育，但由于教师综合素质存在差异，许多教师没有接受过专业的心理健康教育培训，同时根据各个地区、学校的实际状况，存在不同程度的心理健康师资力量缺乏、心理健康教育资源设备不完善等问题。

其次已经开展心理健康教育的学校并不能很好地结合"互联网+"背景。传统的心理健康教学模式单一，包括教室课堂心理知识讲授、心理专题讲座、心理主题班会、心理咨询室等形式，但主要还是以教师为中心单一讲授为主。② 传统授课方式及心理咨询室的开放可能会使很大一部分学生羞于表达，或是刻意逃避自己出现的心理健康问题，若其心理问题得不到及时正确的引导会引发一系列问题的产生。

---

① 肖莹，单李丹. 互联网背景下中小学心理健康教育的挑战与应对 [J]. 教师教育论坛，2020，33（12）：70-72.
② 中小学心理健康教育指导纲要（2012年修订）[J]. 中小学心理健康教育，2013（01）：4-6.

(三) 家庭教育层面

中学生的心理健康教育不能仅靠学校教育来完成，还需要家庭教育的协同配合。学校教育仅能顾及学生的部分生活，且存在部分学生迫于教师或家长威严在学校与家庭中表现不一致的情况，因此中学生的心理健康教育需要家长的参与配合，只有二者相配合才能保证学生健全人格形成发展的一致性。

目前我国的教育现状导致家长更关注学生的学习情况而忽略其心理健康的发展，而且大部分家长并没有专业学习过与心理健康相关的知识，与学生存在认知差异，同时学业任务繁重导致学生与家长交流不足。

针对学生课余时间缺失这一问题，2021年中共中央办公厅、国务院办公厅印发《关于进一步减轻义务教育阶段学生作业负担和校外培训负担的意见》，要求增加学生课后空余活动时间，但在实际情况中，对于"双减"政策的落地实施，一方面家长并不能很快地进入角色，增加与学生的有效活动与交流；另一方面中学生在学校中的学习压力并没有因"双减"政策落地而减轻，反而加重了学生的心理负担。

(四) 社会教育层面

一方面，目前社会群体总体上对于中学心理健康教育的认知存在一定偏差，片面地认为心理健康教育只为帮助学生解决实际出现的各种心理问题，而忽视了处于身心发展关键期的中学生的实际发展需求。实际上，关于教育部制定的《中小学心理健康指导纲要（2021年修订）》中提出，心理健康教育的总目标是：提高全体学生的心理素质，培养他们积极乐观、健康向上的心理品质，充分开发他们的心理潜能，促进学生身心和谐可持续发展，为他们健康成长和幸福生活奠定基础。心理健康教育的主要内容包括：普及心理健康知识，树立心理健康意识，了解心理调节方法，认识心理异常现象，掌握心理保健常识和技能，其重点是认识自我、学会学习、人际交往、情绪调适、升学择业以及生活和社会适应等方面的内容。①

另一方面，社会对中学生心理健康教育问题并不重视，认为中学生年龄较小，身心发展都不成熟，对于其一些常见的心理健康问题或是轻度的心理健康疾病会自动将其归类为青春期或叛逆期的反常表现。

(五) 网络资源层面

"互联网+"背景下信息技术与教育领域的不断融合，互联网的开放性能够为中学心理健康教育提供更丰富的资源。一是学生能从互联网上接收更丰富、具体的有关心理健康方面的知识与资源。二是教师能够从互联网中获取具体有关中学生心理健康教育的案例，通过分析已有案例增强自己在实际教学中处理中小学生心理健康问题的能力。三是家长能

---

① 杨喆，吴晓帆．崔建梅代表：建议国家编写统一的中小学心理健康教材［N］．中国青年报，2022-03-03．

够通过互联网获取相关心理健康教育专业知识，学习应对孩子出现的各种心理问题的专业解决方案。四是社会群体能通过互联网接收到丰富的中学心理健康发展现状及案例，从而加强对中学生心理健康教育的重视并树立正确观念。

由于在实际网络平台中任何人都可以获取各种信息资源，任何机构、个人都可以自由地在平台上发布信息，导致互联网信息资源中出现大量无用、重复甚至负面的信息。而互联网平台无法对相关信息进行识别划分，因此不能避免一些不利于中学生心理健康发展的信息资源的推送。

二、"互联网+"背景下中学生心理健康教育改革策略

（一）学生主体层面

在互联网时代，中学生要有分辨互联网信息正确与否的能力，主动避免一些负面消息的接收并主动了解心理健康相关知识，以便在自我认知形成过程中正确认识自我，克服消极态度，对自己心理变化情况能及时感知并主动调节或寻求帮助。对于学校及社会各方所举办的各类有益身心健康的活动要积极参与，形成积极向上的人格。

（二）学校教育层面

学校教育作为中学教育中最为重要的一环，其在中学生心理健康教育中应发挥重要作用。首先要建立完备的心理健康教育体系。

一是课程体系，学校首先要开设专门的心理健康教育相关课程，并充分利用互联网技术，打造内容丰富、形式多样的心理健康课程。除了专门课程的开设之外，还要将心理健康教育与其他学科课程实现有效融合，同时借助互联网平台对课程进行辅助、补充作用。学校可以建立连通教师、学生及家长的心理健康资源管理系统平台，通过一系列包括：定期心理健康水平测评、学生心理发展数据报告分析、相关心理健康教育资源推送、在线一对一心理健康咨询、单独面向教师、学生及家长群体的信息交流平台等功能的实现，更精准地满足每个学生的个性化需求。

二是师资队伍体系，学校要解决曾经"一校一师"的状况，建立一支专业的心理健康教育师资队伍并配备相应的心理健康咨询室。咨询室及心理健康教师并不单独为中学生开放和服务，要同时服务于其他教师及家长，不仅是对其进行一定的心理健康教育知识培训，要同时关注他们的心理健康发展状况，从实际出发，对教师及家长自身心理健康问题给予对应的帮助和引导，切实有效地提高心理健康水平，增强处理学生遇到的各种问题时的应对能力。

三是教材体系，教材作为教学的直接依据，目前国家针对中小学心理健康教育课程还没有统一的教材。2022年全国两会召开在即，全国人大代表、安徽省蚌埠市第一实验学校教育集团总校校长崔建梅带来了《关于国家编写统一的中小学心理健康教育教材的建议》，在建议中她指出"孩子健康的身体和心理是学习知识技能、适应社会需要的前提条

件，心理健康课程也和其他所有课程一样，需要国家投入更多的人力、物力，编写出更权威的教材，让心理健康教育有章可循"①。国家层面应尽快组织编写统一的心理健康教育教材，进一步推动中学心理健康教育课程的建设。

（三）家庭教育层面

首先家长要意识到，国家针对教育出台的一系列政策、意见、指导文件等不仅仅是给学校教育工作者提出的，同时要求家长充分了解并积极地响应国家政策，与国家教育发展方向保持步调一致。

其次家长对于学校教育要积极主动地配合参与，弥补学校教育中对学生缺乏关注的内容，实现对学生心理健康全方位的教育。充分借助互联网平台促进家校沟通，学校可以不定期向家长发送心理健康教育理念、知识、方法等，让家长可以利用专业知识积极参与学生心理健康指导，能及时发现问题、帮助并引导学生形成积极、健康的人格。

（四）社会教育层面

关于《中华人民共和国国民经济和社会发展第十四个五年规划和2035年远景目标纲要》中明确要求"健全社会心理服务体系和危机干预机制"，"加强国民心理健康教育与服务"。一方面对于国家及各地有关部门要充分利用互联网平台，加强对社会群体关于心理健康教育相关知识的宣传和普及力度，推动全民心理健康素养提升，消除社会群体对中学心理健康教育的认知偏差；另一方面社会群体要主动意识到中学生心理健康教育的必要性及重要性，从各方面联合营造一个有利于中学生心理健康发展的社会氛围。

（五）网络资源层面

国家及各部门要加强对网络资源的筛选、审查，如2019年国家互联网办公室牵头上线的"青少年模式"，该模式可以有效控制学生的上网时长，并推送更适合学生观看的学习课程、科普知识等。这一模式目前多数应用于视听媒体软件，同样在互联网平台中，可以对信息资源的搜索或推送设置一定的权限，为中学生筛选有利于心理健康发展的内容。

三、结语

在"互联网+"背景下，面对中学心理健康问题越发复杂化的情况，社会各方对中学心理健康教育越发重视，但具体教育发展状况却没有紧跟时代发展。针对目前中学生存在的心理健康问题，学校、家庭、社会各方要充分利用互联网技术，及时发现问题并进一步实施改革策略，从多方面积极促进中学生健全人格的形成和发展。

---

① 俞国良，王浩. 构建新时代心理健康教育新格局［N］. 中国社会科学报，2021-12-09（007）.

高中信息技术优课课堂教学师生互动行为分析

吴 芬①

引言

目前，高中信息技术优课存在利用率不足、资源浪费等问题，对高中信息技术优课进行分析是十分重要的。师生课堂交往可以分为师生言语行为和师生非言语行为，但是师生言语行为占比更重，在课堂教学活动中，教师的言语及其言语行为在教育教学中起到了一个不可忽视的作用。美国教育学家弗兰德斯认为，把握课堂教学的关键就是要把握住师生言语行为互动。但本研究将采用iFIAS对高中信息优课进行分析，总结高中信息技术课的特点，目的是发现高中信息技术教学过程中存在的问题，对高中信息技术优课提出反思和建议，以此来提高教学过程中的教学效果和教学质量。基于此本研究将探讨以下三个方面的问题：为什么从师生言语互动方面进行分析？高中信息技术优课具有什么特点？有什么好的建议能够解决高中信息技术的不足？

一、弗兰德斯互动分析系统及其改进

国内教学专家根据我国教学的特点，对弗兰德斯互动分析系统进行了改进，目前应用比较广泛的是基于信息技术的互动分析编码系统（ITIAS）②和iFIAS；研究根据关键词FIAS、弗兰德斯互动分析系统输入知网，根据不完全统计，截至2022年5月2日，与FIAS相关的成果共有559篇。目前国内关于FIAS的研究有：一是关于利用iFIAS对某门学科的教学质量进行分析，例如冯帆、周什荣、林伟华等学者基于iFIAS对高中数学课堂的行为研究与分析；③ 二是在FIAS的基础上设计出更加科学的互动行为分析系统；三是利用iFIAS分析微课、在线课程等的学习效果。

---

① 作者简介：吴芬，黄冈师范学院教育学院硕士研究生，研究方向为课堂教学行为分析。
② 方海光，高辰柱，陈佳. 改进型弗兰德斯互动分析系统及其应用［J］. 中国电化教育，2012（10）：109-113.
③ 冯帆，周仕荣，林伟华. 基于iFIAS对高中数学课堂的行为研究与分析——以"一师一优课"中一节数学优质视频课为例［J］. 林区教学，2022（02）：114-119.

二、研究设计

（一）研究对象

本研究对来自"一师一优课，一课一名师"平台上"Excel 建立统计图标"和"广度优先搜索方法"的两节高中信息技术优课案例为研究对象。

（二）研究方法与工具

本研究采用 iFIAS 的编码规则，根据编码规则选择方海光教授所开发的 improved Flanders Interaction Analysis Assis-tant 研究工具进行数据编码和 AnalysisTool 研究工具进行数据分析。

三、基于 iFIAS 的言语互动分析

按照 iFIAS 对三节高中信息技术优质课进行分析之后，分别生成各自的分析矩阵。优课的迁移矩阵及行为占比图如下所示。

	1	2	3	4	5	6	7	8	9	10	11	12	13	14	合计
1	0	0	0	0	0	0	0	0	0	0	0	0	0	1	1
2	0	4	2	5	8	4	0	0	3	0	0	1	0	0	27
3	0	0	31	3	3	0	0	0	3	0	0	3	0	0	51
4	1	3	0	27	7	4	0	4	30	1	0	1	0	0	78
5	0	4	0	21	109	7	0	1	7	0	0	3	0	2	154
6	0	0	0	1	6	8	0	2	7	0	0	7	0	2	33
7	0	0	0	0	0	0	0	0	0	0	0	0	0	0	0
8	0	2	3	3	1	0	0	11	0	0	0	0	0	0	21
9	0	6	15	14	13	1	0	1	83	1	0	0	0	0	134
10	0	0	0	0	0	1	0	0	0	21	0	1	0	0	23
11	0	0	0	0	0	0	0	0	0	0	1	0	0	0	1
12	0	0	0	3	5	4	0	2	0	1	0	87	1	1	104
13	0	0	0	0	0	0	0	0	0	0	0	45	1	1	47
14	0	0	0	0	0	0	0	1	0	0	0	0	0	119	126
合计	1	27	51	78	154	33	0	21	134	23	1	104	47	126	800
比例	0.12%	3.38%	6.38%	9.75%	19.25%	4.12%	0%	2.62%	16.75%	2.88%	0.12%	13%	5.88%	15.75%	

图 1 "Excel 建立统计图标"的互动矩阵

	1	2	3	4	5	6	7	8	9	10	11	12	13	14	合计
1	0	0	0	0	0	1	0	0	0	0	0	0	0	0	1
2	0	2	0	3	5	0	0	0	0	0	0	0	0	0	10
3	0	2	5	1	1	0	0	0	0	0	0	0	0	0	10
4	0	0	0	26	7	8	0	0	4	0	0	0	0	0	45
5	0	4	0	10	153	6	0	0	11	1	0	12	2	6	205
6	0	0	0	2	7	0	0	1	0	0	0	5	1	0	25
7	0	0	0	0	0	0	0	0	0	0	0	0	0	0	0
8	0	0	0	0	0	1	0	0	0	0	0	0	0	0	1
9	0	2	5	2	10	0	0	0	98	1	0	4	0	2	124
10	0	0	0	1	0	0	0	0	10	0	0	1	0	0	13
11	0	0	0	0	0	0	0	0	0	0	0	0	0	0	0
12	0	0	0	0	13	5	0	0	2	0	0	91	0	2	113
13	0	0	0	0	1	0	0	0	0	0	0	0	33	0	36
14	0	0	0	0	8	1	0	0	1	0	0	0	0	128	138
合计	1	10	10	45	205	25	0	1	124	13	0	113	36	138	721

图 2 "广度优先搜索"的互动矩阵

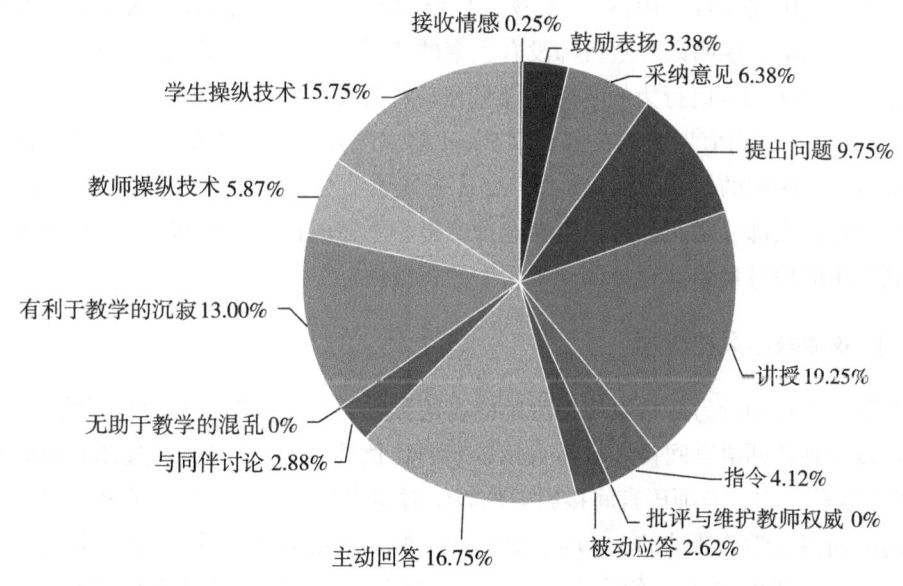

图 3 "Excel 建立统计图标"每种师生互动行为的占比

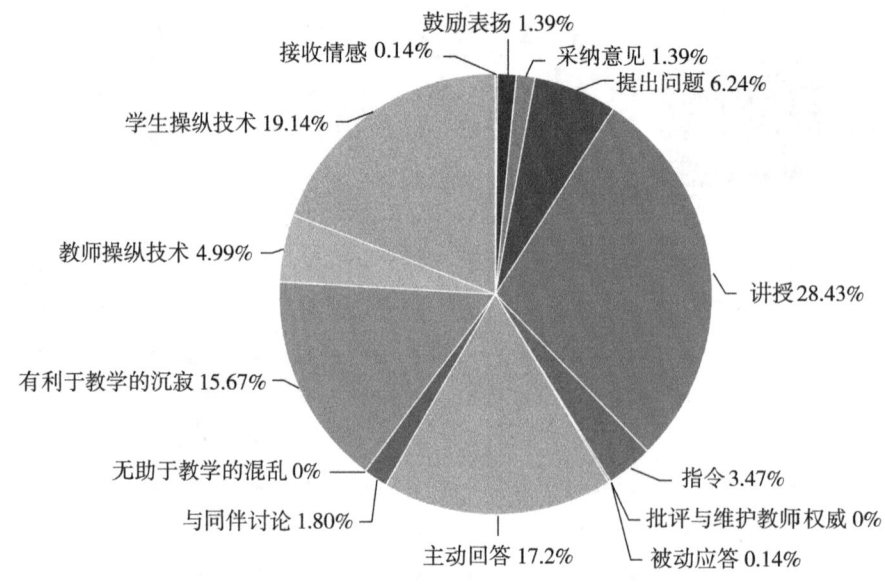

图 4 "广度优先搜索"每种师生互动行为的占比

(一) 课堂结构分析

其中在"Excel 建立统计图标"中教师的言语行为的时间占课堂互动行为总时间的 43%，在"广度优先搜索"中占 41.15%，均值为 42.08% 与外国常模数字 68% 相比，远小于外国常模的值，说明该课堂教师没有主宰的课堂言语行为的话语权。在"Excel 建立统计图标"中学生的言语行为的时间占课堂互动行为总时间的 22.25%，在"广度优先搜索"中占 19.14%，均值为 20.7%。在"Excel 建立统计图标"中信息技术的占比主要占课堂言语行为总时间的 21.62%，在"广度优先搜索"中占 24.13，均值为 22.8%。通过视频可以知道，大部分时间都是学生在老师的指令下完成任务，有利于培养学生的动手能力，提高学生的信息素养，充分调动了学生的积极性。

(二) 教师教学风格分析

弗兰德斯的互动行为分析系统把教师语言的影响分为直接影响和间接影响，通过表 1 的公式可以看到教师语言间接影响与直接影响的比例达到 83.96%，通过图 4 可以知道在"广度优先搜索"中，教师语言间接影响的教学时间占教学活动总时间的 9.16%，教师直接影响的时间占教学总活动的 31.9%，通过表 1 的公式也可以看到教师语言间接影响与直接影响的比例达到 28.28%。综合以上数据，可以得出在教育教学过程教师主要是通过直接影响来影响学生。通过视频可以发现，教师使用间接影响的互动语言主要是为了在课程中提出一些引起学生思索的问题来激发学生的学习兴趣，面对学生积极思考、提出的自己的看法或者解决方案给与鼓励、表扬、建议、评价等，使学生能够积极参与课程，完成教学任务。国外鲍里奇学者在课堂研究中发现：间接教学相对于直接教学来说，更有利于学生的学习和激发学生自主学习的积极性，提高学生的学习成绩和教学效果。①

表1　　　　　　　　信息技术课堂互动行为计算公式统计表

统　计　项	"Excel建立统计图标"比例	"广度优先搜索"的比例
教师语言比例	43%	41.15%
学生语言比例	22.25%	19.14%
有益于教学的成绩比例	13%	15.67%
教师语言的间接影响与直接影响比例	83.96%	28.28%
教师语言的积极强化与消极强化比例	239.39%	180%
教师提问所占比例	33.62%	15.2%
学生语言中学生主动说话比例	75.28%	89%
信息技术应用比例	21.62%	14.13%
学生主动应答占学生主动说话的比例	91.25%	99.23%
教师提开放性问题占教师提问比例	52.56%	80%
学生主动提问的占比	0%	0%
内容十字区比例	35.5%	35.7%

（三）课堂情感氛围分析

根据图2可知，在"Excel建立统计图标"中积极格的频数和缺陷格的频数比为45∶1，根据图3可知，在"广度优先搜索"中其比例为9∶1。综合分析可知，师生之间的情感交流的顺畅，课堂气氛活跃，师生之间的互动情感浓厚，但是师生在交流方面还存有一定障碍。② 根据视频可以知道，教师在提出问题，学生在主动回答问题之后，教师鼓励、采纳学生的观点，有利于学生对教师情感交流做出快速反应，从而达到师生之间情感的共鸣，学生在教学过程中获得成功的喜悦，有利于实现情感态度与价值观的教学目标。

---

① 加里·D.鲍里奇.有效教学方法[M].朱浩,译.南京：江苏教育出版社,2009：213.
② 邹林伕."一师一优课"语文课堂师生言语行为互动案例研究——基于iFAIS分析系统[J].智库时代,2019(49)：191-192.

(四) 教师提问类型分析

表 2　　　　　　　　"Excel 建立统计图标"的教师提问倾向

模式	训练型提问				创新型提问			
序对	4, 4	4, 8	8, 4	8, 8	3, 3	3, 9	9, 3	9, 9
频次	27	3	4	11	31	15	3	81
总计	45				130			

表 3　　　　　　　　"广度优先搜索"的教师提问倾向

模式	训练型提问				创新型提问			
序对	4, 4	4, 8	8, 4	8, 8	3, 3	3, 9	9, 3	9, 9
频次	26	0	0	0	5	1	5	98
总计	26				109			

iFIAS 继承了 FIAS 中对教学方法、教学策略、教学模式的诊断功能，可以对教师提问倾向（训练型提问和创新型提问）进行分析。iFIAS 对教师语言中教师提出问题这一类做出了更加细致的划分，从表 1 可以看出，在"Excel 建立统计图标"中教师提开放型问题的时间占提问总时间的 52.26%，通过简单的计算可以知道，教师提封闭型问题的时间占总时间的 47.74%，在"广度优先搜索"中教师提开放型问题的时间占提问总时间的 80%，通过简单的计算可以知道，教师提封闭型问题的时间占总时间的 20%。说明两节课的教师在高中信息技术提问的类型主要是以开放型问题为主，教师提出的开放型问题主要是培养学生散发思维和逻辑推理的能力和养成独立思考的习惯。①

(五) 学生言语特征分析

从图 3 可以看出，在"Excel 建立统计图标"中学生语言比例为 22.25%，其中学生与同学讨论、学生主动说话、学生被动回答的时间分别占课堂总时间的 2.88%、16.75%、2.62%，从图 4 可以看出，在"广度优先搜索"中学生语言比例为 19.14%，其中学生与同学讨论、学生主动说话、学生被动回答的时间分别占课堂总时间的 1.8%、17.2%、0.14%。根据两节课的数据，进行归纳总结可以得出：学生被动应答的时间远远小于学生主动回答的时间，其中学生主动回答的互动行为频率最大。同时根据学生与同学讨论的占比分析可以知道，学生在学习过程中小组讨论与探究相对较少，没有充分发挥合作学习的优势。在整个教学过程中，学生面对老师提出的问题积极回答，发表自己的看法，但没有

---

①　钟启泉. 论"教学的创造"——与日本教育学者佐藤学教授的对话 [J]. 教育发展研究，2002 (Z1)：34-36.

引导学生进行小组合作。

四、高中信息技术优课特点分析

(一) 师生互动行为密切

在图 1 "Excel 建立统计图标"中积极格和缺陷格的比例为 35∶1，在图 2 "广度优先搜索"中积极格和缺陷格的比例为 9∶1，由此可见积极格远大于缺陷格，说明教师与学生情感交流顺畅，没有明显的隔阂，与此同时，教师通过采纳、鼓励、认同等间接影响的语言来代替指令、命令等直接影响的语言，有利于增加教师和学生之间情感的交流，在这过程中将有利于唤起学生学习的兴趣，激发学生的求知欲。教学过程中采用间接影响的语言有利于师生之间情感的交流，营造一种和谐的氛围，更有利于教师的教和学生的学，同时也更符合认知主义学习理论、建构主义学习理论等先进学习理论的要求，更具科学性。

(二) 师生共同为中心主导课堂

通过折线图的师生语言和学生语言交互的次数和矩阵图分析，教师平均语言占比为 42.08%，与常模比较相对较小，可以得出该课堂是以师生共同为中心的主导课堂。现实教学中大多数课堂都是以学生为主体的课堂，或者是以教师为主导的课堂，两种课堂教学方式都有其优点和缺点，但是采用以师生共同为中心主导的课堂可以实现这两种课堂教学方式的互补，有利于培养学生的创新意识、创新思维、创新能力，同时又可以调动学生的积极性和主动性。

(三) 学生参与度低

通过互动矩阵可知学生语言占比为 22.25%，但是相对于教师语言占 43% 而言较少，由此可以得出高中信息技术优质课程学生参与度低。教学活动是离不开教师的教和学生的学组成的相互影响的双边活动，因此在教学活动过程中，教师语言和学生语言占比应该要相近。在一节课堂中，如果学生参与度低，会导致教师与学生的交流不够，不利于课堂教学。

(四) 学生主动提问少

通过表 1 可以发现，在两节优质课程中，学生主动提问占比教学活动总时间的 0%，可以得出在高中信息技术课程中学生不善于主动提问。通过观看视频可以发现，学生都是在解决老师提出的问题或者是讨论解决每个问题，没有给学生时间提出自己疑惑的问题。

(五) 学生讨论时间短

根据图 3、图 4 可知，在 "Excel 建立统计图标"中学生讨论占总教学总时间的

2.88%，在"广度优先搜索"中占教学总时间的 1.8%，所以得出学生讨论的时间较短。学生之间的讨论有利于培养学生的合作能力，让学生在合作学习中不仅能收获知识，还能提高自己的交流能力。21 世纪的核心素养就包括了合作与交流能力，可见在教学活动过程中学生之间讨论的重要性。信息技术课程相对于数学、语文等其他课程来说更加注重合作的重要性，所以课堂讨论占比相对更长。

五、启示和建议

（一）增强学生的参与性，烘托课堂氛围

针对学生参与度较低的问题，可以通过不同的教学策略、教学方法、教学模式来吸引学生主动参加教学活动来营造一种有利于教师教学，学生学习的学习氛围。在此过程中，学生能够在心情完全放松，思想高度集中的学习氛围中学习，教师可以轻松自如地掌握教学，促进教学相长。

（二）鼓励探究式学习，引导学生主动提问

探究式学习的思想最早是由美国教育心理学家布鲁纳提出来的，后来由美国学者萨奇曼进一步完成。在高中信息技术教育教学中开展巧妙的整合探究式学习，不仅能够促进课堂小组成员之间的合作和沟通，还能够发现小组成员在学习过程中各自有什么问题，通过提问的方式解决问题，这对素质教育中突出学生的主体作用提供了实践。

（三）加强师生情感交流，增强互动教学

增强互动教学在信息技术课堂中有利于调动学生学习的积极性和加强师生情感的交流，对于教师来说有利于创新课堂教育模式和创新教育理念。教师在教学过程中可以采用情境教学法等教学方法来创设真实问题情境，多采用间接语言与学生交流，可以加强师生之间的情感交流，增强互动教学。

（四）提高教师自身素养，巧妙运用语言魅力

由于教学对象的不同，教师要根据教学对象的特征，提出有针对性的个性化问题，调动学生的积极性和主动性，在此过程中让学生产生学习的内在动机，学生可以在教学过程中获得自信心和进行自我反思。信息技术老师要善于应用巧妙的语言来帮助学生克服主动提出问题的恐惧，让学生在课堂教学中有感就发、有问就提，形成一种良好积极的探究性学习的氛围，有利于促进学生的全面发展。

六、结语

运用 iFIAS 对高中信息技术优课进行研究，发现高中信息技术优课具以下特点：课堂

师生互动密切、师生共同为中心主导课堂、学生参与度低、学生主动提问少、学生讨论时间短等。由于本研究只采用了两节课作为研究对象，研究样本较少。后续可以通过做实验等方式，分析出不同学习风格的学生课堂行为占比分布情况。希望通过研究，师生可以把握课堂师生言语互动行为的占比，合理地进行教学，促进教学相长和教育的变革。

信息化背景下大别山红色文化在乡村中学的传播与应用研究

赵 琪 王 锋[①]

引言

2016年6月7日，教育部正式颁布的《教育信息化"十三五"规划》，为我国今后五年的教育信息化在提升教育质量、促进教育公平、推进教育现代化和服务社会经济发展等方面提供了翔实蓝图。[②] 自此，我国教育信息化进入了全新的时代。信息技术作为信息化背景下最有潜力的教育媒介走进乡村教育发光发热将是信息技术学科的必由之路。如何实现乡村振兴，发展乡村教育减少教育资源之间的鸿沟也是我国目前的教育研究领域的焦点问题，在信息化背景下，信息技术的高速发展和应用让乡村教育看到了转机。

一、大别山红色文化

大别山位处于中国华东地区，坐落于安徽省、湖北省、河南省的交界处。大别山地区是中国革命老区之一，是土地革命战争时期全国第二大革命根据地——鄂豫皖革命根据地的中心区域。大别山的红色文化源远流长，江峰、汪颖子在《中国红色文化生成的系统要素透析——以大别山红色文化为例》一文中提到基于多种文化元素的影响，大别山这一独特文化在中国革命史中是浓厚的一抹红色，对近代中国的革命和斗争乃至当今社会发展都有着极其重要的意义。[③] 张元婕，汪季石从大别山战略位置的特殊性、革命的开端性、三大起义的重要性、红色部队的传奇性、将星的聚集性、遗迹遗址的丰富性、重大事

[①] 作者简介：赵琪，黄冈师范学院教育学院硕士研究生，研究方向为项目式学习；王锋，黄冈师范学院教育学院教授，硕士生导师，研究方向为信息技术教育、信息技术与课程整合。

[②] 任友群，郑旭东，吴旻瑜. 深度推进信息技术与教育的融合创新——《教育信息化"十三五"规划》（2016）解读 [J]. 现代远程教育研究，2016，143（05）：3-9.

[③] 江峰，汪颖子. 中国红色文化生成的系统要素透析——以大别山红色文化为例 [J]. 北京师范大学学报（社会科学版），2016：89-97.

件的厚重性、所作贡献的突出性、红色艺术的浓厚性和红色精神的崇高性等全面概括了大别山红色文化的历史特色和人文养分。① 周平针对大别山红色文化的定性、创新和传承认为，大别山红色文化中流传下来的革命精神和老区精神，正好吻合了广大人民拥护中国共产党领导、服务人民大众的真实选择，因而能在巍巍大别山一带生根发芽。② 从以上学者的研究中不难看出，大别山红色文化底蕴深厚。无论是历史意义或是现实意义都有许多值得后世深入思考与研究的地方。

二、乡村教育

乡村振兴是党中央在新的历史时期作出的重大战略部署，是一个涉及诸多方面的复杂系统工程。乡村教育是乡村振兴中不可或缺的一环，乡村教育是乡村振兴的重要战略支撑，作为基本公共服务体系，其既是美丽、宜居、富饶、现代乡村建设的基本要求，也是乡村生态建设与优化、乡村文化保护与发掘、乡村文明复兴与传扬的原动力，更是通过信念坚定、思想解放、观念进步、知识更新、技能培养等造就新型乡民不可或缺的重要途径。教育信息化是农村教育精准扶贫战略实施的重要内容，有利于为农村教育精准扶贫培育创新人才，提供技术保障以及缩小城乡教育差距。当前，农村教育精准扶贫中教育信息化发展滞后表面体现为信息化基础设施薄弱、人才队伍短缺、管理体系滞后、传统教育理念影响和资金投入不足等方面。但其发展滞后的深层原因是教育一体化建设思路与城乡二元机制的冲突、农村本土文化服务与教育现代化追求分离以及农村教育传统定位与社会转型发展矛盾。基于此，唯有确立现代教育信息化理念、构建城乡教育信息化共同体、强化本土文化与教育信息融合、完善教育信息化管理体制，才能促进农村教育信息化发展，实现农村教育精准扶贫战略目标。

三、大别山红色文化被运用于乡村中学德育的可行性

在信息化背景下乡村振兴战略是一项伟大而艰巨的任务，是全党工作重中之重，只有动员全党、全社会的力量才能够实现。③ 乡村振兴教育先行，教育兴则国家兴，教育强则国家强。要达到农业强、农村美、农民富的美好乡村图景，教育起到重要的支撑作用。对农村地区来说，教育既能助力于破除思想盲区、解开眼界枷锁，更能为乡村建设发展培植、赓续人才力量和智力支持，是深入实施乡村振兴战略不可替代的基础性工程。而大别山，有着突出的红色文化教育资源，将红色文化寓于德育中，更有助于乡村中学的可持续

---

① 张元婕，汪季石. 浅析大别山地区红色文化的历史特色 [J]. 黄冈师范学院学报，2014：1-4.
② 周平在. 大别山红色文化：定性·创新·传承 [J]. 湖北广播电视大学学报，2010，30 (12)：61-62.
③ 朱启臻. 当前乡村振兴的障碍因素及对策分析 [J]. 人民论坛·学术前沿，2018，139 (03)：19-25.

性发展。将大别山红色文化运用于乡村教育的德育中有以下优势。

（一）红色文化具有吸引力和正能量

大别山红色文化所蕴含的价值是多元和多角度的。大别山红色文化源远流长，其为新时代精神提供了大量的动力与营养，赋予大别山红色文化新的时代内涵，敢于创新、无私奉献、艰苦创业、苦干实干、不胜不休、无私奉献，大别山这些优秀的能量正与新时代中学生的德育相契合。大别山红色文化是伴随时代发展常提常新的而不是僵化不前的，大别山红色文化也是因地制宜面向具体而不是笼统抽象的，大别山红色文化有着完整的体系而不是孤立的个别现象。大别山红色文化的精神内涵包括：坚定的革命理想信念、紧紧依靠群众的理念和深厚的群众基础、团结协作顾全大局的胸怀、坚韧不拔的斗争勇气、积极探索勇于创新的求实作风。[①] 大别山红色文化是乡村中学进行德育教学的有效载体，大别山红色文化具有鲜明的时代特色和地域特色，能更大限度地激发中学生的爱国情感。

（二）红色文化的发展需要青年一代的传承

立足地方红色资源优势，实现大别山红色文化与傍依大别山的中学德育的高效对接，也是对大别山红色文化的继承和发展的需要。大别山红色文化数量众多形式多样，跨越时间较长，文化底蕴深厚，研究分析和传播弘扬红色文化，深度开发和挖掘大别山红色文化资源，弘扬本地特色，把红色文化渗透到德育中，可以加强青少年爱国情怀和民族自信心，这种因地制宜的红色教育可以让红色文化精髓融进中学德育课堂并延伸至课外，拓展到中学生的精神追求当中，而中学生又是学生思想教育的黄金时期，良好的红色教育可以更好地为青少年树立人生观、世界观、价值观立起风向标。在乡村中学德育的田地里洒上大别山红色文化的春雨，滋养学习热情和爱国主义，既能从新的途径和方法壮大大别山红色文化新的生命力，又能助力乡村学子实现伟大复兴中国梦。

（三）二者具有深度融合

对大别山红色文化的研究，一方面可以通过红色文化对人类社会进行道德教育，另一方面又可以从借鉴、参考道德教育的运用，为整个中国红色文化的进一步研究提供相应的实践基础。大别山红色文化的特性决定了大别山红色文化具有政治引导、意识建立、文化传承、道德示范、教育教学、历史镜鉴等一系列功能。大别山红色文化的核心功能就是育人功能，对学生和对领导干部，也包括对人民群众的教育功能。大别山红色文化易于传播，易于宣讲，可以深度融合于当前的中学德育生活。在理论上大别山红色文化在中学生的爱国主义教育和社会主义核心价值观的确立中具有很强的教育效应，甚至在无形中促进整个中学生群体的文化素养，从而促进国家文化软实力发展。我们主张地方中学运用红色元素与德育课程相结合，因为红色文化作为地域文化特色的一种，首先在道德情感的培养中占据优势地位。

---

① 汪晓冰. 大别山红色文化在中学德育中的运用研究 [D]. 武汉：华中师范大学，2017：21.

四、路径与建议

百年大计，教育为本。教育是提高国民素质的唯一途径。我国目前的教育体系主要包括三个方面，即学校教育、社会教育和家庭教育。党和国家高度重视红色文化育人价值的挖掘，在战略层面对红色文化育人进行规划和布局，在信息化背景下把红色文化育人上升到文化战略和教育战略之中，利用信息技术把红色文化育人融入学校教育、社会教育和家庭教育之中。教育部、文化和旅游部等部门应统筹规划，搭建"红色文化育人"网络平台，以线上线下相结合的形式在不同层面利用红色文化的资源，对国民进行红色文化的教育，尤其是要对党员干部和青少年进行红色革命传统的教育，促使红色文化在育人方面的教化、凝聚、激励等价值功能的彰显和实现。如何在信息化背景下将大别山的红色文化传播进入乡村中学的德育中仍是我们需要关注的重点和探索的难点。乡村振兴，教育先行，让大别山优秀的红色文化在信息技术的支持下走进乡村教育走进年轻一代的内心，对各级教育组织、学校、家长从三个层面提出以下几点建议。

（一）对于各级教育组织而言

首先，要加强对红色文化的重视程度，德育是教育环节中的重中之重，不少学校和地区现在有重智育，轻德育之风，作为教育组织机构而言，要加强对各个学校开展红色德育情况的重视。要发展通才而不是单才。其次，通过线上线下相结合的形式定时组织傍依大别山的各级学校展开红色文化交流活动利用信息技术等手段跨越时空距离，在各大网络平台搭建大别山红色文化课程，在重大节日以及纪念日时各区各校可以积极地进行成果展示与汇报，如三月雷锋活动月各校开展红色文化主题，将大别山红色文化辐射进雷锋精神之中；四月有我国传统节日清明节，传达各个学校组织学生扫墓等活动也是非常有利于大别山红色文化走进校园。在互联网与科技高速发展的今天，各级教育系统还可以将信息技术与大别山红色文化相结合，致力于利用新媒体、公众号等宣传手段，弘扬德育与大别山红色文化相结合。

（二）对于学校而言

积极传达新课标中的思政目标，开展红色校本课程，加强对周边红色文化自然资源的开发，观看大别山红色电影、组织大别山地区联校红色知识竞赛、组织大别山主题班会等等活动。此外大别山红色文化在地方中学的德育中具有一定的基础，各个学校可以将大别山红色文化引进课堂，典型的例子就是在课堂举例中运用大别山革命故事，或者请革命前辈做专题讲座；在实践中，对红色资源的运用主要体现在红色教育基地的建立，利用课程资源平台在线上自学大别山红色文化，红色影视作品展示和校园红色歌曲大赛等形式。这种大别山红色文化与中学德育的结合形式首先在中学生群体中广受欢迎，可以逐步提高学生们的爱国精神和民族责任感。其次也是对中学生文化生活内容的丰富和对中学生文化教育的发展，拓宽了中学生的道德教育渠道，对于处于成长期的中学生思想具有较强的塑造性和引导性。

(三) 对于教师而言

新课标已经落地实施两年有余，新课标之于老课标最明显的改动就是在各个科目中加入了思政目标。而红色文化可以很好地将思政目标得以体现唤醒学生的民族自豪感。在各类学科的教学中，教师要贯彻落实新课改中的思政目标，可以将大别山红色文化的非物质文化遗产与所教科目相结合，充分利用信息技术等先进手段从思想上将红色文化得以渗透；除了在中学生群体中掀起"唱红歌、看红色影视剧、游红色之旅、读红色经典"的红色活动以外，还要结合红色人文、红色经济和红色政治文化的发展，让中学生树立积极正确的价值取向，让大别山红色文化在地域文化的沃土中发展，更大限度地让学生在红色文化的摇篮中得以成长。与此同时，榜样教育是中学德育的有效方法之一，大别山英雄人物的革命事迹众多，作为一种价值体系的象征，能够更深刻地贴近生活，更易于指导中学生的社会实践。

五、总结与展望

红色文化是中华民族传统文化的继承和发展，而大别山红色文化是中国红色文化的一个十分重要的组成部分，这一文化凝聚了大量优质资源，蕴含了丰富的革命精神和厚重的历史文化内涵，这是大别山区厚重的革命历史地位决定的。[①] 本文以信息技术为手段，以大别山红色文化为依托，结合在信息化背景下大别山红色文化走进乡村中学的可行性，探索红色文化走进乡村教育的路径，但仅以教育组织系统、学校和家长三个方面来进行红色文化教育仍具有片面性。在今后进一步的开拓和规划红色文化进程，需要当地党团组织带头结合信息化政策，善于利用信息技术等先进的媒介，培养大别山红色文化人文素养，着力于建设和巩固社会主义思想文化阵地，大力发展先进文化，保护好、管理好、利用好大别山革命历史文化遗产，以期能够从一个新的视野推动这一文化及其精髓在乡村中学的传播及弘扬。

---

① 张元婕. 红色文化的育人价值与实现路径研究 [D]. 武汉：武汉理工大学，2013：10.

多模态视域下信息技术智慧课堂的师生互动探究

周茹忆　王艳丽[①]

一、研究现状

在以往的课堂行为研究中，教师通常使用弗兰德斯互动分析系统[②]、基于信息技术的交互分析系统[③]、S-T课堂行为分析法[④]等方法分析学生的课堂行为。信息技术课堂作为语言和技术教学的重要组成部分，很大一部分的教学内容与教学环节都将涉及软件操作部分，其课堂行为也更多地体现出明显的多模态交互特征。单一模态让行为分析存在不准确性，从多模态视域出发分析课堂交互的整体特征尤为重要。

二、研究设计

（一）数据来源

近年来，"让互动更方便"的智慧课堂教学模式受到学习者的欢迎。为了让研究结果更有针对性，本研究选择湖北省武汉市几所小学的信息技术智慧课堂近百节的课程录屏作为信息技术智慧课堂课程资源库，并且从教学内容、教学效果和年级等角度对这些角度进行初步筛选，然后从中选取得分最高的10节信息技术智慧课堂课程的录屏为研究对象。具体情况见表1。

[①] 作者简介：周茹忆，湖北黄冈人，黄冈师范学院教育硕士研究生，研究方向为师生交互行为分析、教学分析；王艳丽，女，湖北襄阳人，华中师范大学人工智能教育学部博士研究生，黄冈师范学院教育学院副教授，研究方向为学习行为分析。

[②] 顾小清，王炜.支持教师专业发展的课堂分析技术新探索[J].中国电化教育，2004（07）：18-21.

[③] Zhang Y., Qiu C. Z., Zhong N., et al. AI Education Based on Evaluating Concentration of Students in Class：Using Machine Vision to Recognize Students' Classroom Behavior [A]. 2021 The 5th International Conference on Video and Image Processing [C]. NY：Association for Computing Machinery，2021：126-133.

[④] 单迎杰.以S-T分析法分析教育技术专业课课堂教学问题[J].现代教育技术，2008（10）：29-31.

表1　　　　　　　　小学信息技术智慧课堂基本信息（部分）

序号	年级	学科	课程名称	时长
1	小学	信息技术	探秘生态王国	40分30秒
2	小学	信息技术	好汽车中国制造	40分21秒
3	小学	信息技术	智能家居发布会	39分51秒
……	……	……	……	……
10	小学	信息技术	制作导游图	39分46秒

（二）信息技术课堂多模态行为分析框架

本研究依托外语视频直播课堂多模态教学行为分析框架[①]、课堂互动分析等框架。分析对象从视频直播课程转成课堂视频实录，因此教师的肢体动作将考虑走近、点头和摇摆。而课堂交互中学生的注意力无法时刻集中，因此在学生的语言行为中增加了无意义语言的次级类别，主要包括与教学内容无关的语言；在动作行为的次级类别中增加了无意义行为，如撩头发、拉凳子等。另外，在课堂中交互具有不稳定性的特点，沉默行为不可避免，因此在师生语言行为中增加了沉默。最后再结合信息技术教学过程的特点，从语言行为、身体动作和信息技术应用三个维度来分析课堂的多模态师生互动行为。

表2　　　　　　　　信息技术课堂行为分析框架

行为类型		次级类别	编码	描述
教师多模态教学行为	语言行为	提问	T1	根据教学目标或内容向学生提问
		反馈	T2	根据学生的回答进行反馈
		讲授知识	T3	根据教学目标或内容讲授新的教学知识
		发布指令	T4	通过教师终端发布任务
		沉默	T5	与学生无语言交流
	身体动作	手势	T6	通过表征手势、语用手势、人际手势、指示手势等来表达意义和交流情感
		肢体动作	T7	走近、点头或摇摆
	信息技术	演示	T8	通过教师终端展示教学内容
		发放奖励	T9	给予爱心等
		展示作品	T10	通过教师终端展示学生作品

---

① 吴玲娟. 外语视频直播课堂的多模态教学行为研究及启示［J］. 现代教育技术, 2022, 32（10）：53-60.

续表

行为类型		次级类别	编码	描述
学生多模态学习行为	语言行为	回答提问	S1	口头回应教师的提问
		主动发言	S2	主动提出问题或者回答教师的提问
		无效语言	S3	与自己或和他人说与课堂无关的话
		沉默	S4	教师与学生交流时,学生无交流
	身体动作	手势	S5	通过表征手势、语用手势、人际手势、指示手势等来表达意义和交流情感
		肢体动作	S6	通过点头、摇头、前倾或摇摆身体等方式表达意义或交流情感
		无意义行为	S7	拉凳子,整理衣服等没有实际意义的行为
	信息技术	课堂练习	S8	使用鼠标、键盘等操作课程软件完成课堂练习
		查找网络资料	S9	使用搜索引擎软件查找资料
		作业展示	S10	使用多媒体软件进行作业展示

(三) 数据处理

本研究使用可以精确定位到 0.01 秒的多模态标注软件 ELAN6.4,通过对教学视频中学生语言行为、肢体行为和信息技术应用行为的观察、分析和标注,获取量化数据。

为深入了解小学信息技术课堂师生互动行为,本研究选择数据方法中的相对数对比分析法,对各行为进行定量分析。相对数对比分析是对比分析的分析方法之一,其内容是通过将两个性质相同的数值相除,获取相对数进行对比,用来表明同类现象在不同空间条件下的差异。①

三、研究结果

(一) 小学信息技术智慧课堂的学生多模态行为特征

1. 课堂行为以交互为主,交互时长大于单独发言时长

平均每节课学生的话语行为时长及频次如表3所示,可以看出学生回答提问的频次要高于学生主动发言。这是因为在教学中,该情况发生在教师提出开放性问题,而学生才会有主动回答的意愿。例如在《探秘生态王国》这节课程中,教师让学生说出平时的环境

---

① Yezhova O. V., Pashkevich K. L., Manoilenko N. V.. Comparative Analysis of Foreign Models of Fashion Education [J]. Revista Românească pentru Educaţie Multidimensională, 2018: 117-121.

中有什么动物和植物,学生这才主动发言。而在教学形式上,由于学生回答的方式依旧是学生举手、教师示意的方式,所以学生回答的次数有限,时长也较短。另外,由于在智慧课堂中教师更偏向于学生之间的自主探究,所以学生的活动更加偏向以小组为形式围成圆进行讨论与合作。在这期间学生的无效语言,如与组员的聊天、开玩笑等与教学内容无关的语言不可避免,这是由其社交属性决定的。但整体上并不影响教学的进程,因此录屏中教师并没有进行阻止。

表3　　　　　　　　　平均每节课学生的话语行为记录表

分析数据	学生回答提问	学生主动发言	学生无效语言	学生沉默
平均频次(次)	13	5	8	5
平均时长(s)	8.92	6.42	1.75	9.20
总时长(s)	116.03	32.15	30.15	46.02
时长占比(%)	0.49	0.13	0.13	0.19

2. 以指示手势为主,身体动作较为单调

平均每节课学生的手势动作行为记录如表4所示,可以看出学生更加偏向使用指示手势和人际手势。根据Kendon①的手势分类可知,指示手势在课堂中是举手、手势向前或者手势向下的状态。而用于表达情感的手势,则被认为是人际手势。在智慧课堂中,学生往往在教师提问之后通过举手来表达回答的想法,因此学生的指示手势通常与教师提问的频次相关联。而由于智慧课堂中学生小组探讨的时间与频次较多,表达赞同等情感的人际手势,以及用来表述具体物件的表征手势和语用功能的语用手势也在这一环节中频繁使用。

表4　　　　　　　　　平均每节课学生的手势动作行为记录表

分析数据	表征手势	语用手势	人际手势	指示手势
平均频次(次)	5	2	11	12
平均时长(s)	6.89	1.75	3.53	5.07
总时长(s)	34.47	3.5	38.87	60.89
时长占比(%)	0.14	0.01	0.16	0.25

3. 以多人合作使用信息技术为主,个人探究较少

结合表格和视频观察可知,学生使用学生终端进行课程练习为课程的重要教学环节。

---

① Kendon A.. Gesture:Visible Action as Utterance [M]. Cambridge:Cambridge University Press,2004:108-354.

通过对教学录屏的研究可知，在教学过程中学生终端及线下资源为共用的情况。例如在课程"'智'造万物"中，学生并不是一人一份线下资源，在完成任务时需要多人的资源进行整合。教师通过共用资源的方式，让学生在学习过程中既能了解数字化学习环境，又能在环境中有意识地共享信息及资源，尊重他人。因此，学生的教学活动依旧以多人合作为主，在熟练使用学生终端等信息技术时完成任务，个人探究的频次和时长较少，多发生在教师通过教师终端为学生发布讲解视频时。

（二）小学信息技术智慧课堂的教师教学行为特征

1. 教师反馈多于提问，讲授频次较低

平均每节课教师的话语行为记录如表5所示，通过对比与视频观察可知，教师的反馈要多于提问。这是因为在智慧课堂中，教师更偏向让学生主动探索。教师不再占据课堂的主体地位，提问行为不再是检验学生学习效果的唯一途径。教师通过教师终端将新知以二维码的形式发送到学生终端，并让学生进行观看，通过多次反馈也让后续的教学内容进而呈现。因此在智慧课堂中，教师反馈多于教师的提问行为，并且其总时长也多于提问时长。

表5　　　　　　　　　　　平均每节课教师的话语行为记录表

分析数据	教师提问	教师反馈	教师讲授知识	教师发布指令	沉默
平均频次（次）	18	23	8	8	6
平均时长（s）	3.48	6.06	26.59	5.77	8.50
总时长（s）	62.6	139.359	212.754	46.143	50.99
时长占比（%）	0.26	0.58	0.89	0.19	0.21

2. 教师手势动作高频出现，肢体动作持续时间长

教师的身体动作行为频次与时长记录如表6所示，可以发现教师在课堂中手势与肢体动作的频次高于其他动作行为，时长上教师的肢体动作总时长也多于其他行为。例如在《智能学习伙伴》中，教师的多次提问都伴随一个表征手势，在学生举手后再使用指示手势表示请同学回答的意愿。而在学生回答结束后，教师依旧会使用指示手势示意学生坐下，或者使用人际手势表示赞赏等情感。因此，教师的手势动作频次高于肢体动作频次，但其平均时长较少。并且手势并不是单独表示，存在着多种含义的手势交替出现的情况。

表6　　　　　　　　　　平均每节课教师的动作行为记录表

分析数据	表征手势	语用手势	人际手势	指示手势	教师手势	教师肢体动作
平均频次（次）	0	1	6	37	44	23
平均时长（s）	0	3.04	4.17	2.56	2.79	64.29
总时长（s）	0	3.04	38.87	94.81	122.87	1606.02
时长占比（%）	0	0.01	0.16	0.40	0.51	6.72

3. 教师信息技术应用偏好演示且持续时间长

在智慧课堂中，信息技术以教师终端进而学生终端的形式存在，教师借助信息技术进行演示和教授知识，并且使用信息技术与学生进行互动。通过分析将平均每节课教师的信息技术行为记录如表7所示，可以发现，在智慧课堂中，教师并没有借助教师终端发放奖励的行为，而是偏向使用教师终端对教学内容进行演示，以达到讲授新知的教学目的。

表7　　　　　　　平均每节课教师的信息技术行为记录表

分析数据	教师发放奖励	教师展示作品	教师演示
平均频次（次）	0	2	6
平均时长（s）	0	5.79	28.18
总时长（s）	0	11.59	169.09
时长占比（%）	0	0.05	0.71

四、小学信息技术智慧课堂教学效果优化建议

（一）增加教师反馈时长，提高师生互动时长

在课堂实录中，教师的反馈多为积极反馈，即对学生的回答与行为表示支持、同意以及赞赏。但是通过观察发现，教师反馈的平均时长较低，给予反馈时仅有"不错"或者"给这位同学一些掌声"。形式较为单一，内容和深度较浅。因此在教学过程中，教师可以丰富反馈的形式，例如在教师提问"生活中有什么人工智能？"后，学生回答"手机"时，教师可以给予信息策略，既肯定了学生的回答，又能丰富学生的视野，让学生通过实例的表面探索人工智能深处的共性。另外，教师可以通过问答反馈的方式在学生与教师之间建立多次对话，在对话中进行支架式教学，促进学生的进一步思考，进而推动学生思维方式的转变。

(二)增加教师的鼓励性动作行为,提高与学生的情感互动次数

在教学过程中,教师的鼓励性行为较少,与学生的身体以及手势的交互较少,因此教师在与学生进行互动时应充分考虑动作行为对学生的影响。例如在学生的作业展示环节,可让学生走上讲台进行演示。由于学生的性格不同,其展示会有不同的效果。当学生在演示时较为流畅,教师可以在互动时选择信息策略,扩展、强化以及肯定学生的成果,让学生进一步提高学习的积极性,教师也可以通过成果进行教学内容的总结与深化。而当学生情绪较低时,教师应该在互动时选择鼓励性动作行为,通过引导为学生的演示行为提供脚手架策略,并且可以适当地为学生给予提示和帮助,以避免陷入僵局而影响学生对学习的兴趣并产生抵触心理。

(三)提高教师的应对能力

教师在课堂中的应对能力影响着教学过程的流畅性,同时影响着教学效果以及学生的学习效果。提高教师的应对能力,要求教师在与学生的交互和反馈过程中保持敏锐。一方面,要了解学生的长处和短处,在教学中出现意外状况时,能轻松化解;另一方面,对于信息技术教师应该深入了解其功能和优缺点,在学生操作信息技术出现困难时为其答疑解惑,帮助学生树立正确的价值观和信息意识,培养学生具备初步解决信息问题的能力。

基于内容分析法的教育元宇宙热点问题分析

王陈成①

随着信息技术的不断发展和普及,教育领域也逐渐开始采用新兴技术来创新教学方式和提升学生学习效果。其中,教育元宇宙作为一种新兴的教育模式,将虚拟现实、增强现实、人工智能等技术与教育教学相结合,为学生提供了一种沉浸式、互动式、个性化的学习体,成为教育领域的一个热门话题。教育元宇宙旨在促进学生的知识建构和技能培养,同时提高他们的学习兴趣和积极性。它是一个数字化学习环境,可以模拟现实世界的学习场景,让学生参与各种活动,如实验、探险、角色扮演等,从而更好地理解和掌握知识。教育元宇宙还可以通过智能算法识别学生的学习风格和需求,为他们提供个性化的学习资源和服务,达到最优的学习效果。可以说教育元宇宙是一个充满创新和可能性的教育概念,它将为未来的教育带来新的思路和机遇。本研究旨在通过对教育元宇宙的综述,揭示其发展现状和研究进展,为进一步推动教育元宇宙的发展提供参考。

一、数据来源和研究方法

(一)数据来源

本文中文数据选取在知网中以"教育元宇宙"为主题词进行检索,检索时间范围为2021年9月15日到2023年6月6日的407篇学术以及学位期刊论文。本文外文数据选取Web of Science 数据库中以 Education of the Metaverse 为主题词检索出的文献,检索时间为2014年-2023年,共489篇学术论文。

(二)研究方法

CiteSpace 是美国德雷赛尔大学陈超美教授研发的一款专门用于学术文献分析的信息可视化工具,适用于多元、分时、动态的复杂网络分析。②首先本研究采用 CiteSpace 绘

---

① 作者简介:王陈成,男,湖北荆州人,黄冈师范学院教育学院硕士研究生,研究方向为现代教育技术。
② 王娟,陈世超,王林丽,等.基于 CiteSpace 的教育大数据研究热点与趋势分析[J].现代教育技术,2016,26(02):5-13.

制教育元宇宙有关问题的可视化图谱，研究热点分析一般利用关键词、主题词共现，研究前沿探测主要使用共被引、耦合、共词、突现词检测等，主要是对各年份教育元宇宙相关热点问题进行筛选，以可视化的形式呈现出来并得到结论。

NVivo 软件是第一款用于定性方法和混合方法研究的软件，主要分析纵向研究、行为研究、内容分析、对话分析、人类学、文献回顾及上述多种方法混合使用的定性研究数据。① 其次本研究运用质性分析软件 NVivo 11 对教育元宇宙相关核心论文进行分析，选取核心期刊（现代教育技术、电化教育研究、中国电化教育、现代远程教育研究、远程教育杂志、开放教育研究）中以教育元宇宙为主题的 33 篇论文，在 Nvivo11 中对相关问题以及趋势做出编码分析，将与研究主题相关的编码汇总，直观地展示文献之间的相关性，并得出结论。

二、研究分析过程

（一）发文量分析

从图 1 中的数据显示可以看出 2014—2023 年有关教育元宇宙主题论文发文数量的变化趋势，在 WOS 数据库中 2014 年开始出现有关教育元宇宙的论文，中国知网数据库（CNKI）中 2020 年开始出现教育元宇宙相关论文。且均从 2021 年开始快速增长，在 2022 年达到发文量最大值。说明元宇宙以及教育元宇宙的热度在 2022 年最高。在物联网、人工智能、区块链等技术的加持和应用场景的不断延展下，学者预测，2022 年有很大机会成为"元宇宙教育元年"。元宇宙技术和虚拟现实技术交织在一起螺旋向上，将推动在元宇宙空间构建教育所需要的知识系统和虚拟现实场景系统高速增长。"元宇宙+教育"相较于"互联网+教育"将有着超越代际的重要飞跃，将发展出互联网教育所不可比拟的新功能。

（二）发文机构分析

通过对发文机构进行分析，能够了解某个学术机构在特定领域的研究水平和影响力。通过分析发文机构的文献库，可以了解该机构在某个领域的研究历史、现状和未来发展趋势。比较不同学术机构在某个领域的研究实力和影响力。通过对比不同机构的发文量、被引用次数等指标，可以评估各机构在相关领域的学术声誉和研究实力发现学术合作机会。通过分析文献中的作者合作网络和机构合作网络，可以发现潜在的学术合作伙伴，促进学术合作和知识交流。为了探究国内教育元宇宙研究当中的核心机构，本研究针对教育元宇宙主题发文机构以及发文起始年份和发文量做出了统计，见表 1。从表 1 中的数据显示可

---

① 李晓静，刘祎宁，冯紫薇. 我国青少年数字素养教育的现状问题与提升路径——基于东中西部中学生深度访谈的 NVivo 分析 [J]. 中国电化教育，2023，435（04）：32-41.

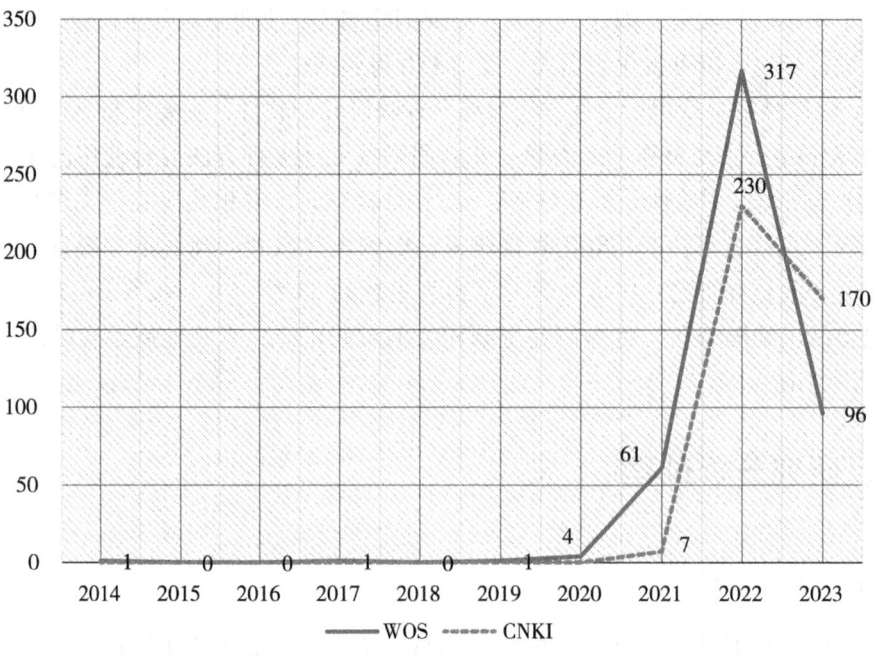

图 1 教育元宇宙发文量变化图

知,西南大学教育学部、华中师范大学国家数字化学习工程技术研究中心、华东师范大学经济与管理学部、华东师范大学教育信息技术学系、郑州航空工业管理学院信息管理学院为发文数量较多的机构,发文量均在 4 篇以上,表明这 5 个机构在教育元宇宙方向的研究上具有较强的研究实力以及较大的研究潜力。表 1 中的机构大多来自各个高校与计算机以及元宇宙相关领域的院系,说明教育元宇宙领域已经受到了各高校机构的普遍关注。另外,数据显示国内教育元宇宙研究机构大多集中在发达城市,说明该领域的研究需要以先进的技术和设备予以支撑。

表 1 教育元宇宙研究的核心机构

序号	发文量	起始年份	发 文 机 构
1	7	2021	西南大学教育学部
2	6	2022	华中师范大学国家数字化学习工程技术研究中心
3	6	2022	华东师范大学经济与管理学部
4	5	2022	华东师范大学教育信息技术学系
5	4	2022	郑州航空工业管理学院信息管理学院

续表

序号	发文量	起始年份	发 文 机 构
6	3	2023	同济大学马克思主义学院
7	3	2022	江苏师范大学智慧教育学院
8	3	2022	北京师范大学新闻传播学院
9	2	2022	西北政法大学管理学院
10	2	2022	复旦大学国家智能评价与治理实验基地
11	2	2022	西安科技大学马克思主义学院
12	2	2022	北京师范大学教育学部"VR/AR+教育"实验室
13	2	2022	希腊开放大学人文学院
14	2	2022	华东师范大学经济与管理学部信息管理系、上海智能教育研究院
15	2	2022	长春人文学院
16	2	2022	桂林信息科技学院创意设计学院
17	2	2022	北京大学教育学院
18	2	2023	南开大学新闻与传播学院
19	2	2022	希腊帕特雷大学自然科学学院
20	2	2022	北京科教创新信息科学研究院
21	2	2022	福建师范大学马克思主义学院
22	2	2023	南开大学元宇宙联合实验室
23	2	2022	新疆师范大学
24	2	2022	上海市教育学会

为探究不同机构之间在教育元宇宙领域的合作情况，对发文机构进行了分析，生成了教育元宇宙研究的机构合作图谱，见图 2。作者合作网络意味着这些作者的观点是类似的，或是通过合作共同完成某项研究，在一定程度上具有研究趋同性。① 其中，节点为机构名称，节点大小代表发文量，节点环表示年轮，标签字号大小代表中心性，边描述机构合作。② 分析后的机构合作网络中共有 94 个节点，40 条连线，合作网络结构整体密度为

---

① 刘虹豆，杨瑞东，倪士光. 国内外高等教育国际化研究的对比分析——基于 CiteSpace 可视化知识图谱的应用 [J]. 现代教育技术，2020，30（12）：48-54.

② 张子石. 基于 CiteSpace 的网络学习知识图谱分析 [J]. 中国电化教育，2015（08）：77-84.

0.0092。连线较多说明少数机构之间存在多次合作，例如华东师范大学教育信息技术学系与华中师范大学国家数字化学习工程技术研究中心机构进行了多次合作发表。合作网络密度较小意味着机构之间的合作关系比较分散，缺乏一定的相关性。可能是因为机构之间的研究领域、研究方向或者研究实力存在较大的差异，导致它们之间的合作比较困难或者较少。机构合作网络密度较小可能会导致知识交流和学术合作的瓶颈，表明该领域的研究力量较为分散，需要更多的合作和整合来推动领域的发展。此外，密度较小也意味着某些机构在特定领域的研究实力和影响力相对较弱，需要加强与其他机构的合作来提高自己的研究水平和学术声誉。

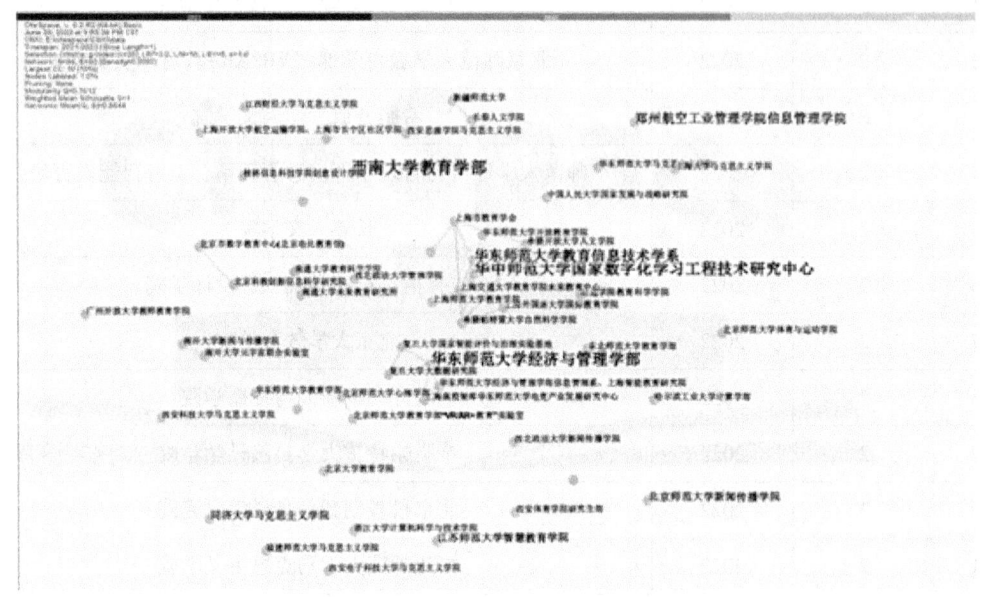

图2　教育元宇宙研究机构的合作图谱

（三）关键词分析

在 CiteSpace 中，通过统计一组文献的主题词两两之间在同一篇文献出现的频率，可以形成一个由这些词对关联所组成的共现词网络。这个网络中的节点代表主题词，而节点之间的连线则表示这些主题词在同一篇文献中出现的频率，共现频率也是与点中心性呈正相关关系。通过分析关键词的共现频次和点中心性，可以了解到该领域的研究热点和重要节点，从而更好地掌握该领域的研究现状和发展趋势。

通过表2以及图3中数据显示，国内关于教育元宇宙研究文献中出现频次较高的关键词有"元宇宙""虚拟现实""人工智能""数字孪生""在线教育""应用场景""数字技术""区块链""虚拟空间""虚拟世界"等，这些数据都显示了教育元宇宙在改革演进过程中重点聚焦领域的变化。

表 2　　　　　　　　　关键词共现频次、中心性及年份（部分）

序号	频次	中心性	年份	关键词	序号	频次	中心性	年份	关键词
1	275	1.28	2021	元宇宙	11	6	0	2022	数字经济
2	31	0.02	2021	虚拟现实	12	6	0	2022	医学教育
3	20	0.05	2021	人工智能	13	6	0	2021	图书馆
4	15	0.03	2021	数字孪生	14	6	0	2022	高等教育
5	15	0	2021	在线教育	15	6	0	2021	虚实融合
6	14	0.01	2022	应用场景	16	6	0	2022	教育
7	10	0.01	2022	数字技术	17	5	0	2023	职业教育
8	10	0	2022	区块链	18	5	0	2022	未来教育
9	7	0	2022	虚拟空间	19	5	0	2022	技术赋能
10	6	0	2022	虚拟世界	20	5	0	2022	增强现实

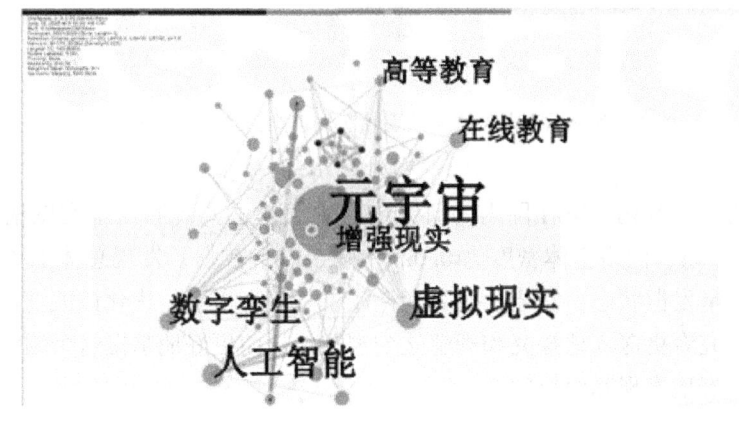

图 3　教育元宇宙关键词共现图

CiteSpace 的关键词聚类功能可以明确某研究领域的热点和发展趋势。① 首先会根据关键词在网络中的连接情况，将网络划分为不同的群组。每个群组都包含一组紧密相连的关键词，这些关键词在文献中经常一起出现，代表着某一特定的研究主题或领域。然后，CiteSpace 会根据每个群组中关键词的共现情况，选择一个在群组中具有代表性的关键词作为群组的标签。这样，我们就可以看到由不同颜色区分、由多个不规则形状组成的聚类结果。对从 CNKI 数据库中检索的相关文献进行聚类处理，选择时间切片为 1 年，聚类词来源选择标题、摘要、作者信息、关键词、节点类型等，剪切连线设置为路径探测算法，

---

① 段春雨，蔡建东. 国际泛在学习领域知识图谱研究 [J]. 现代远程教育研究，2016（01）：85-95.

进而得到教育元宇宙文献聚类图谱①。

对国内文献做出聚类分析后,如图 4 可示,"元宇宙"作为教育元宇宙相关文献中出现频次以及中心性最高的概念,发挥着最根本最基础的概念支撑。在国内文献研究中"元宇宙"出现的频次最高,中心性说明了节点的重要性,根据中心性的大小可以对节点进行重要性排序,国内研究中节点重要性排序依次为"元宇宙"(1.28)、"人工智能"(0.05)、"数字孪生"(0.03)、"虚拟现实"(0.02)等。

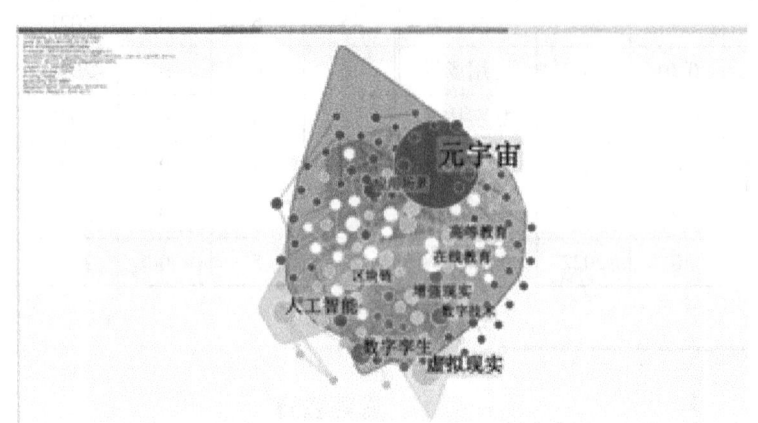

图 4 教育元宇宙关键词共现频次聚类图谱(跨度:1 年)

由图 4 表明,教育元宇宙在国内的研究中有关关键词共现频次聚类图谱里共有节点 171 个,连线 364 条,网络整体密度为 0.025。基于以上数据,发现总体上关键词共现网络的密度较低,呈发散状态。需要让研究者专注于某一个主题,优化该关键词共现网络结构,可以帮助研究者更深入地探究和理解这个主题,从而更好地掌握这个领域的核心知识和前沿研究,更好地发现和解决问题。

(四)核心论文编码分析

本研究主要对教育元宇宙领域中热点主题进行两轮编码,首先提取文献中的语句作为自由节点,后对若干个自由节点进行整合,形成主题相关的子节点。对子节点间的类属关系进行分析、归纳和总结,形成各类范畴(父节点)。② 最终形成节点编码体系,见表 3。从节点编码体系显示,目前教育元宇宙核心论文中热点主题为元宇宙、赋能、价值冲突、自身、未来教育、学科教育和职业教育。

---

① 晏齐宏,杜智涛,付宏. 国内在线学习主要模式演化的知识图谱分析 [J]. 中国远程教育,2015(09):25-31.

② 钱小龙,张奕潇,宋子昀,等. 打开元宇宙学校之门:发端、现状与走向 [J]. 现代教育技术,2023,33(03):15-26.

表3　教育元宇宙核心论文中热点主题的节点编码体系

父节点	材料来源/份	子节点	参考点/个
赋能	18	赋能学习空间建构 技术赋能	32
价值观念	15	公共与资本属性 伦理风险 情感支持	43
自身	10	自身认知理论 自身学习 强化自身投入	17
未来教育	7	未来学校的建设 元宇宙学校的理论基础 元宇宙学校的模型建构 元宇宙学校的实践案例	16
学科教育	16	跨学科融合	27
元宇宙	32	教育元宇宙的创新与挑战 元宇宙的技术支撑 元宇宙的相关概念 元宇宙的应用场景 元宇宙相关标准发展 化身发展与具身转化	168
职业教育	12	优化职业教育改革	20

三、研究分析结论

未来教育元宇宙的发展需要政府、企业、教育机构等多方面的努力，共同推动教育元宇宙的健康发展，为教育事业注入新的活力和动力。

（一）加强对教育元宇宙的研发和应用

政府、企业、教育机构等应该投入更多的资源和资金，推动教育元宇宙的研发和应用。政府可以出台相关政策，鼓励企业和科研机构开展元宇宙的研究和应用，同时加强对元宇宙的监管和管理。企业可以开发更多的教育元宇宙应用，提供更多的教育资源和学习体验。教育机构可以探索如何将元宇宙应用于课堂教学，提高学生的兴趣和参与度。

（二）建立健康的教育元宇宙生态

教育元宇宙的发展需要一个健康、和谐的生态，因此，需要建立一个规范的教育元宇宙管理机制，规范元宇宙中的行为和言论。政府可以制定相关的法律法规，加强对元宇宙的监管和管理。企业可以建立自律机制，加强自我管理和约束。教育机构可以引导学生正确地使用元宇宙，培养学生的健康习惯和道德意识。

（三）重视教育元宇宙的伦理问题

教育元宇宙的发展中存在许多伦理问题，例如隐私保护、公正性等。因此，需要加强对教育元宇宙的伦理研究和管理，确保元宇宙的健康发展。政府可以制定相关的伦理规范，加强对元宇宙的伦理管理和监管。企业可以建立伦理机制，加强自我约束和伦理意识。教育机构可以开展伦理教育，引导学生正确地使用元宇宙和保护个人隐私。

（四）促进教育元宇宙的跨界合作

教育元宇宙的发展需要不同领域、不同行业之间的合作和交流。因此，需要促进教育元宇宙的跨界合作，推动各行业之间的资源共享和合作。政府可以鼓励各行业之间的合作，提供政策支持和资源支持。企业可以开展跨界合作，共同开发教育元宇宙应用市场。教育机构可以与其他领域的人才进行交流和合作，推动教育元宇宙的创新和发展。

目前教育元宇宙在职业教育、学科教育、未来教育、价值观念等方面正在被学者们深入探索研究。未来教育元宇宙的发展将更数字化、个性化、社交化、持续化和跨界化。这将为学生提供更加沉浸式、互动式、个性化的学习体验，帮助学生更好地掌握知识和技能，提高自己的综合素质和能力。教育元宇宙的未来发展态势将会十分广阔乐观。

翻转课堂对中小学学业成绩影响的元分析
——基于国内外 29 项实验与准实验研究

金凌云 刘肇薇①

在技术进步推动的众多教育创新中，翻转课堂模式变得越来越流行。尽管翻转课堂在教学实践中已经得到广泛应用，但其对基础教育学生学业成绩影响的有效性仍存在争议。基于此，本文旨在对中小学翻转课堂对学生学业成绩的影响进行元分析，以提供具有普遍性的结果，为翻转课堂的实践提供一定的参考。

一、文献综述

（一）翻转课堂

翻转课堂将传统课堂知识传授部分转移到课前自主学习，而将课堂时间用于引导学生深入思考、讨论和实践，其目标是提高学生的思维能力、参与度和学业成绩。然而，对于提升学业成绩的研究结果存在很大差异，学界存在两种观点。

主流观点认为翻转课堂能显著提升成绩。比如，Bhagat 等[②]采用准实验设计，发现高中数学课程中运用翻转课堂，实验组（翻转课堂）比对照组（传统课堂）学生的学业成绩明显提高。Olakanmi 等[③]在尼日利亚的一所中学进行化学翻转课堂教学，结果表明，实验组所有评估的成绩均显著高于对照组。Al-Jarrah 等[④]以约旦一所公立学校八年级的学生为研究对象，进行了一学期的英语翻转课堂教学，在认知成绩测试的平均分上，实验组要优于对照组。

---

① 作者简介：金凌云，黄冈师范学院硕士研究生，研究方向为混合式学习理论与实践；刘肇薇，黄冈师范学院硕士研究生，研究方向为混合式学习理论与实践。

② Bhagat K. K., Chang C. N., Chang C. Y.. The Impact of the Flipped Classroom on Mathematics Concept Learning in High School [J]. Educational Technology & Society, 2016, 19 (03): 134-142.

③ Olakanmi E. E.. The Effects of a Flipped Classroom Model of Instruction on Students' Performance and Attitudes Towards Chemistry [J]. J Sci Educ Technol, 2017 (06): 127-137.

④ Mohammad Al-Jarrah, Firas Ibrahem et al.. International Journal of Advanced Computer Science and Applications [J]. West Yorkshire, 2021, 12 (08): 97-101.

另一种观点认为翻转课堂对学习成绩的提高没有帮助。比如，Al-Abdullatif 等①探讨翻转课堂对初中生学业成绩的影响，结果表明翻转课堂组和传统课堂组的学业成绩差异不具有统计学意义。再如，Yang 等②在台湾北部的两个班级进行了翻转课堂对学生英语词汇学习的影响研究，翻转课堂组和传统课堂组成绩无显著差异。

（二）已有翻转课堂对学习效果影响的元分析

目前已经有一些研究讨论了实施翻转课堂对学生学习效果的影响。宁可为等③选取国内外 70 篇文献进行元分析，发现翻转课堂模式在学习成绩、认知技能以及情感态度三个方面均能产生积极影响。李彤彤等④采用元分析方法对 37 项翻转课堂实验和准实验研究进行了系统定量分析，发现对提升学生学习效果具有中等程度的积极影响。王翠如等⑤为了回答"翻转课堂真的能提升学习成绩吗"这一问题，对国内外 38 个翻转课堂对学习成绩影响的实验与准实验进行量化分析。这三个研究中的亚组分析，均包含小学、中学、大学应用翻转课堂对学业成绩的影响。

尽管已经有多个翻转课堂对学习成绩影响的元分析，却很少有研究将目光放在对 K12 学生学业成绩的影响上。Shao, M. 等⑥在针对翻转课堂对学生学习表现影响的元分析中指出，其研究的局限性是纳入的研究仅包含一项在小学和两项在高中进行的研究，因此在中小学进行翻转课堂是否有效，需要进一步研究。陈文浩等⑦聚焦在国内中小学，研究实施翻转课堂对学业成就的影响效应，为国内实践翻转课堂提供参考依据。与之不同，本研究立足于国内外，探究翻转课堂对 K12 学生学业成绩的影响效应，以及分析各调节变量的影响。

二、研究设计

本研究采用元分析方法进行研究，研究步骤主要包括：文献检索、纳入标准的制定、文献筛选、文献编码、效应量的计算与合并、发表偏倚检验以及异质性检验等。本研究按

---

① Ahlam Mohammed Al-Abdullatif. Investigating Self-regulated Learning and Academic Achievement in an eLearning Environment: The Case of K-12 Flipped Classroom [J]. Cogent Education, 2020（07）：1.

② Shih-Ching, Y., Liu, Y., Todd A. G.. Effects of Flipped Classroom on High- and Low-achievers' English Vocabulary Learning [J]. Journal of Asia TEFL, 2019, 16（04）：1251-1267.

③ 宁可为，顾小清，王炜. 翻转课堂教学应用效果的元分析——基于 70 篇采用随机实验或准实验的相关研究文献 [J]. 现代教育技术，2018，28（03）：39-45.

④ 李彤彤，庞丽，王志军. 翻转课堂教学对学生学习效果的影响研究——基于 37 个实验和准实验的元分析 [J]. 电化教育研究，2018，39（05）：99-107.

⑤ 王翠如，胡永斌. 翻转课堂真的能提升学习成绩吗？——基于 38 项实验和准实验研究的元分析 [J]. 开放教育研究，2018，24（04）：72-80.

⑥ Shao M. Liu X.. Impact of the Flipped Classroom on Students' Learning Performance via Meta-Analysis [J]. Open Journal of Social Sciences, 2021（09）：82-109.

⑦ 陈文浩，陈欣欣，王运锋. 中小学翻转课堂对学业成就的影响效应 [J]. 内江师范学院学报，2021，36（06）：108-112，120.

照此步骤，并选用 Review Manager 5.4 软件进行元分析。

（一）文献检索

进行元分析的文献应尽可能的数量多，且保证质量，因此本研究的英文文献来自 Web of Science 的核心合集，中文为 CNKI 的期刊论文。

中英文均使用"主题检索"，中文检索逻辑为：（翻转课堂 OR 颠倒课堂 OR 反转课堂 OR 翻转教学 OR 翻转学习 OR 反转学习 OR 反转教学）AND（学习成绩 OR 学习结果 OR 学业成就 OR 学习成效 OR 学习效果 OR 学习表现）。英文检索逻辑为：（flipped classroom OR inverted classroom OR flipped learning OR inverted learning OR flipped teaching）AND（Learning Outcomes OR Learning Effectiveness OR Learning Achievements OR Learning Effects OR Learning Performance）。检索时间为 2014 年 1 月 1 日至 2023 年 6 月 1 日，最终得到中文文献 810 篇，英文文献 3491 篇。

（二）文献纳入标准制定

在制定元分析文献准入规则时，应严格按照研究目的、研究内容和统计需要来确定，避免个人主观意愿。结合本研究主题，确定纳入文献需要满足以下条件：

（1）根据研究内容，研究对象为中小学生，不包含高等教育、职业教育等。

（2）研究应包含对学生学业成绩的测量，包括研究类型为实证研究，均设置实验组和对照组。

（3）包括学习成绩、考试得分、量表测验等数据。

（4）研究应包含样本量、均值、标准差等统计信息，确保能计算或转换出单个效应量和合并效应量。

（三）文献筛选

本研究共经过三轮文献筛选（图1）：第一轮筛选，依据文献标题、摘要和关键词剔除明显不符合标准的文献；第二轮筛选，剔除标题和摘要中无法确定学段，未对学业成绩进行测评、数据不符合要求的文献，并剔除正文不是中英文且无法下载的文献；第三轮筛选，排除活动背景特殊的文献，最终保留英文文献 27 篇，中文文献 2 篇。

（四）文献编码

确定文献后，需要对文献进行编码，以便后续利用软件进行分析。本研究借鉴了倪慧文、钟志勇等学者[1][2]关于学习成效的元分析研究中的特征值编码，根据基本信息、学习

---

[1] 倪慧文，胡永斌. 增强现实技术能促进学习吗？——基于 2010—2018 年国际英文期刊 35 项研究的元分析［J］. 开放教育研究，2019，25（01）：62-72.

[2] 钟志勇，何文滢. 智慧课堂真的提升学习成效了吗——基于国内外 48 项实证研究的元分析［J］. 教育学报，2023，19（02）：83-98.

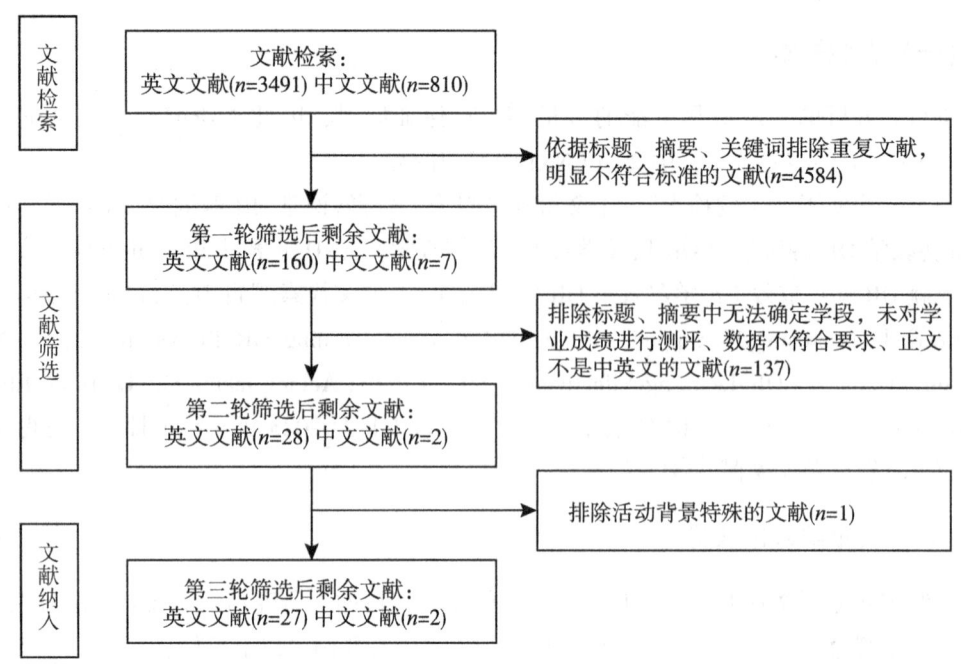

图 1　文献筛选过程

阶段、班级规模、学科领域、实验结果对符合条件的文献进行了编码。具体编码内容如下：

（1）基本信息包括文献作者、发表年份、实验组和对照组人数。

（2）学习阶段包括小学、初中、高中；国家学制不同的，按照当地的学制进行编码，如西班牙的初中是四年，所以中学 4 年级的西班牙参与者的学习阶段被编为初中。

（3）实验人数编为班级规模，实验组人数在 30 以下为小规模，30 到 60 人为中等规模，60 人以上为大规模。

（4）学科效应量在两个及以上的作为独立学科，效应量不足两个的作为其他。

（5）实验结果划分为积极影响和无显著差异。

两个作者进行交叉编码，有异议的部分经讨论协商达成一致，最终文献的编码结果见表 1。其中 Lo 等进行了四项比较实验，由于四个实验的学科类型不同，因此四组数据都包含在元分析中。

表 1　　　　　　　　　　　元分析文献信息表节选

作者（年份）	学习阶段	实验组人数	对照组人数	班级规模	学科	实验结果
易立铁（2016）	小学	46	44	中等规模	数学	积极影响
孙崇勇（2020）	高中	60	61	大规模	数学	积极影响

续表

作者（年份）	学习阶段	实验组人数	对照组人数	班级规模	学科	实验结果
Leo（2016）	高中	40	29	中等规模	生物	积极影响
Bhagat（2016）	高中	41	41	中等规模	数学	积极影响
Olakanmi（2017）	初中	33	33	中等规模	化学	积极影响
Aidinopoulou（2017）	小学	26	23	小规模	历史	无显著差异
Jong（2017）	高中	36	36	中等规模	人文教育	积极影响
Sezer（2017）	初中	35	33	中等规模	科学	积极影响
Kostaris（2017）	初中	23	23	小规模	ICT	积极影响
Lo（2018）	初中	28	27	小规模	数学	积极影响
Lo（2018）	初中	119	125	大规模	物理	积极影响
Lo（2018）	初中	12	12	小规模	语文	积极影响
Lo（2018）	高中	11	11	小规模	ICT	无显著差异

三、研究结果

（一）发表偏倚检验

发表偏倚检验是对纳入文献质量的检测，元分析是对已发表的研究结果进行综合分析定量的方法，因此纳入分析的文章质量将对结果产生很大影响。为了保证研究结果的科学性，本文通过漏斗图评估纳入研究样本的发表偏倚，结果见图3。

由图2可知，纳入研究的样本效应量较为对称分布在合并效应量两侧，且大部分研究处于"倒漏斗"的上部。因此，纳入研究存在发表偏倚现象可能性较小，所得数据分析结果可靠性高。

（二）异质性检验

异质性检验的目的是检查各个独立研究的结果是否具有可合并性。[1] 由于纳入研究的学科内容、学段等均存在差异，因此，需要对多个结果进行异质性检验，从而根据异质性检验的结果选择合适的效应模型。若异质性较大，采用随机效应模型进行分析；若异质性较小，采用固定效应模型进行分析。

异质性检验常用的方法为 Q 检验和 I^2 检验，当 $p<0.1$ 时，研究间被认为存在异质性。I^2 反映异质性部分在效应值总的变异中所占的比重，I^2 值越大表明研究间的异质性越大。

---

[1] 杨冰清，刘美凤，孙冉. 分层教学对职业学校学生学业成绩的影响——基于国内42项实验研究的元分析 [J]. 中国远程教育，2022（11）：65-73.

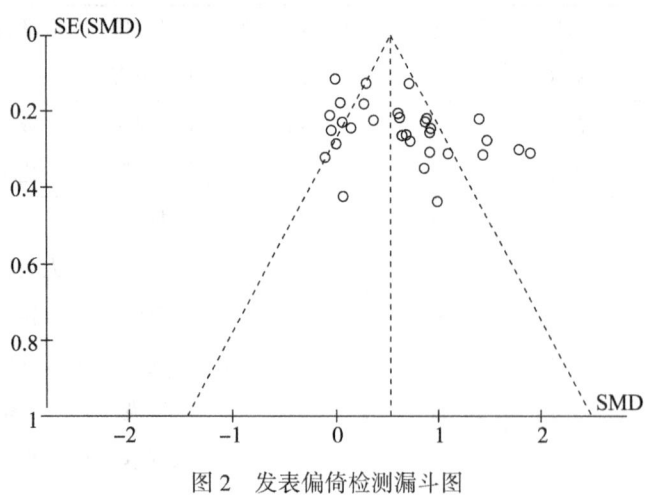

图 2 发表偏倚检测漏斗图

本研究的异质性检验结果见表 2，$Q=204.61$，$p=0.000<0.1$，$I^2=84.849$，说明研究间存在很大的异质性，因此本研究在进行整体效应分析和调节变量分析时，采用随机效应模型。

表 2　　　　　　　　　　异质性检验结果

效应模型	合并效应量	95%置信区间		主效应量双尾检验		异质性检验			
		下限	上限	Z 值	p 值	Q 值	df	p 值	I^2
随机效应模型	0.719	0.511	0.926	6.786	0.000	204.61	31	0.000	84.849
固定效应模型	0.544	0.467	0.622	13.746	0.000				

（三）翻转课堂对学业成绩影响的整体效应

为了考查翻转课堂对中小学学生学业成绩的总体影响，本研究通过元分析软件分析得出森林图（图3）。图中呈现了29项研究中每项研究的效应量、置信区间以及所有研究的合并效应量。根据Cohen提出的效应量大小参考指标，纳入研究的合并效应量SMD为0.71，在0.2和0.8之间，这表明翻转课堂对学业成绩的积极影响中等偏大。因此，翻转课堂教学模式可以提高学生学业成绩。

（四）调节变量对学业成绩的影响

1. 学习阶段

为了进一步探究翻转课堂对不同学段学生成绩的影响，本研究通过比较各学段的效应

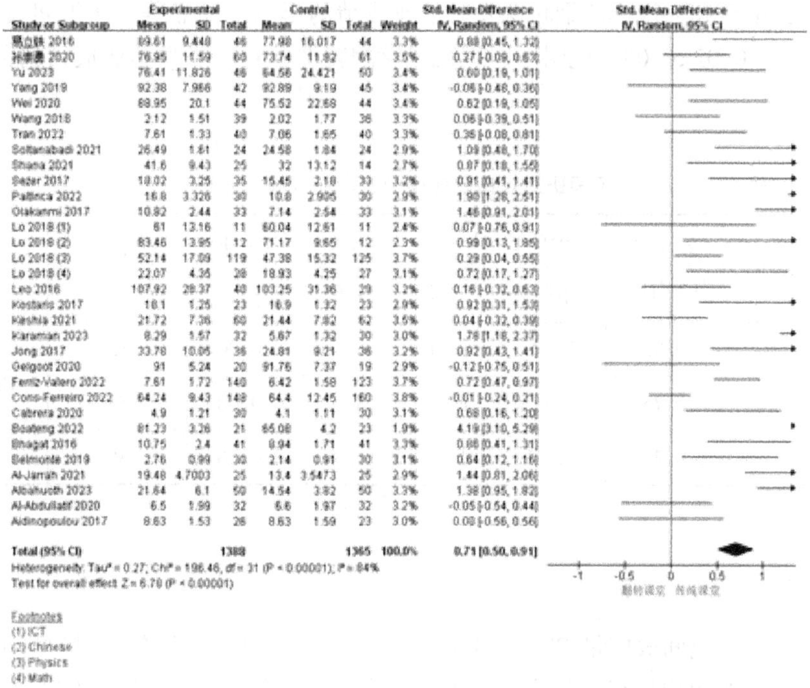

图 3　翻转课堂对学业成绩总体影响森林图

量加以验证。由表 3 可知，翻转课堂对小、初、高中生的学业成绩影响的合并效应量分别为 0.53、0.67、0.81，说明翻转课堂对小学生和初中生的学习效果有中等程度的提升，对高中生的积极影响程度比小学和初中稍大。从组间效应检验结果看，效应量 Chi^2 = 0.81，p = 0.67>0.05。由此可知，翻转课堂对小初高三个学段学生的学业成绩的影响并没有显著差异。

表 3　翻转课堂对不同学段学业成绩的影响

学习阶段	数量	效应量（SMD）	95%置信区间		效应量双尾检验		异质性检验 I^2 (%)	组间效应量
			下限	上限	Z 值	P 值		
小学	5	0.53	0.02	1.04	2.05	0.04	84	Chi^2 = 0.81 （P = 0.67）
初中	13	0.67	0.43	0.92	5.41	0.00	68	
高中	14	0.81	0.44	1.19	4.28	0.00	89	

2. 班级规模

由表 4 可知，翻转课堂对小规模、中等规模、大规模班级学业成绩影响的合并效应量分别为 0.95、0.75、0.27，表明小规模>中等规模>大规模，这就意味着小于 30 人的小规模翻转课堂比中等和大规模的翻转课堂对学业成绩的影响更加显著。从组间效应量来看，$Chi^2 = 8.21$，$p = 0.02 < 0.05$，说明不同班级规模翻转课堂对中小学学业成绩的影响具有显著差异。

表 4　　　　　　　　不同班级规模翻转课堂对学业成绩的影响

班级规模	数量	效应量（SMD）	95%置信区间		效应量双尾检验		异质性检验 I^2（%）	组间效应量
			下限	上限	Z 值	p 值		
小规模	10	0.95	0.40	1.51	3.36	0.00	85	$Chi^2 = 8.21$ ($p = 0.02$)
中等规模	17	0.75	0.49	1.02	5.59	0.00	81	
大规模	5	0.27	-0.01	0.55	1.86	0.06	80	

3. 学科

如表 5 所示，组间效应量 $Chi^2 = 14.42$，$p = 0.04 < 0.05$，表明在不同学科中实施翻转课堂对学业成绩的影响具有显著差异。从每个学科具体的效应量来看，化学、体育翻转课堂对成绩影响的效应量均大于 0.8，说明影响很大。由此可见，翻转课堂在中小学化学、体育等学科中应用前景更好。

其他学科包括人文教育、历史、语文、跨文化教育、纺织教育、生命教育和阿拉伯语课程的文章各 1 篇，翻转课堂对这七类课程的影响有待进一步研究。

表 5　　　　　　　　不同学科翻转课堂对学业成绩的影响

学科	数量	效应量（SMD）	95%置信区间		效应量双尾检验		异质性检验 I^2（%）	组间效应量
			下限	上限	Z 值	p 值		
数学	7	0.56	0.31	0.81	4.37	0.00	53	$Chi^2 = 8.21$ ($P = 0.02$)
化学	3	1.29	0.51	2.08	3.24	0.00	85	
科学	5	0.35	-0.05	0.75	1.70	0.09	68	
英语	3	0.80	-0.17	1.77	1.62	0.11	89	
ICT	3	0.48	0.05	0.92	2.16	0.03	37	
体育	2	1.21	0.17	2.25	2.29	0.02	90	
其他	7	1.06	0.36	1.77	2.95	0.00	93	

四、结论与讨论

（一）结论

本研究使用 RevMan 软件，对 29 项国内外翻转课堂对中小学学业成绩影响的实验和准实验研究进行了分析，得出翻转课堂影响的合并效应量为 0.71，说明与传统课堂相比，翻转课堂可以有效提高学生的学业成绩，这回答了本研究的第一个问题。

研究结果还表明学业成绩因学习阶段、班级规模、学科等特征而异，回答了本研究的第二个问题。（1）学习阶段：翻转课堂应用于小学（SMD=0.53）、初中（SMD=0.67）、高中（SMD=0.81）对学生的学业成绩均有中等程度的积极影响，高中略高于小学和初中，但实施效果在各学段的差异并不明显。（2）班级规模：小规模翻转课堂优于中等规模和大规模，对学业成绩的影响更为显著。（3）学科：翻转课堂在中小学化学、体育等学科中应用前景更好。

（二）讨论

1. 翻转课堂的整体效果

陈文浩等人对国内中小学翻转课堂研究分析出的合并效应量为 0.44，低于本研究。两者的研究对象分别是国内和国际，国外与国内基础教育中的学科设置也不尽相同，这导致了两篇文章的合并效应量呈现差异，但总体而言研究结果基本一致。

针对小学阶段翻转课堂应用的实证研究较少，因为小学生的自主学习、自我监控等能力较弱，翻转课堂将知识传授的过程放在课外，对小学生提出了较高要求，人们担心在小学的应用效果。然而，易立铁[1]在六年级开展数学翻转课堂实证研究，结果表明应用翻转课堂的班级成绩大大提高，学生的自主学习能力得到提升，元认知能力得到发展。Shana 等[2]在阿联酋六年级科学课中进行了为期十周的实证研究，结果表明除了成绩提高，学生的态度发生了积极变化，认为翻转课堂更有效、更有意义。因此，不能低估翻转课堂对小学生学业表现的影响。

2. 翻转课堂的调节效果

对学业成绩的影响大小还受学段、班级规模、学科等调节变量的制约。在学段方面，影响自大至小的顺序为高中>初中>小学，这是由于高中生的认知、自主学习能力、自我

---

[1] 易立铁. 翻转课堂教学模式应用于小学高年级教学的实验研究[J]. 中小学教师培训, 2016, 362（09）: 35-38.

[2] Shana Z., Alwaely, S.. Does the Flipped Classroom Boost Student Science Learning and Satisfaction? A Pilot Study from the UAE[J]. International Journal of Instruction, 2021, 14（04）: 607-626.

监控能力等均高于小学生和初中生，但总体而言三个学段的实施效果无明显差异。在班级规模方面，学业成绩影响自大至小顺序为小>中等>大。Shana等①进行的小规模研究，在对学生满意度进行调查时，学生表明成绩的提高归因于可以自由地讨论学习材料的细节，说明小规模翻转课堂增加了课堂互动。在学科方面，陈文浩等②研究的结果表明体育学科教学效果最突出，与本研究的结果相似。李彤彤等③，王翠如等④发现翻转课堂对物理、化学理科教学具有明显优势，本研究中化学学科的优势明显，但物理学科的效应量最小，与前两者研究结果出现差异，可能是本研究中有关物理的研究数量少。

此外，多篇研究除了验证翻转课堂对学业成绩的影响外，还通过量表、调查问卷等方式，探索翻转课堂的其他效果，如有助于进行自我调节学习，进而降低认知负荷；⑤⑥能够提升学生的学习动机水平；⑦⑧有助于激发学生的自我效能感。⑨⑩因此，后续还可以对翻转课堂做进一步研究，使其更契合当前教育数字化转型背景下教与学的需要。

---

① Shana Z., Alwaely S.. Does the Flipped Classroom Boost Student Science Learning and Satisfaction? A Pilot Study from the UAE [J]. International Journal of Instruction, 2021, 14（04）: 607-626.

② 陈文浩，陈欣欣，王运锋. 中小学翻转课堂对学业成就的影响效应[J]. 内江师范学院学报，2021, 36（06）: 108-112, 120.

③ 李彤彤，庞丽，王志军. 翻转课堂教学对学生学习效果的影响研究——基于37个实验和准实验的元分析[J]. 电化教育研究，2018, 39（05）: 99-107.

④ 王翠如，胡永斌. 翻转课堂真的能提升学习成绩吗？——基于38项实验和准实验研究的元分析[J]. 开放教育研究，2018, 24（04）: 72-80.

⑤ Ahlam Mohammed Al-Abdullatif, Investigating Self-regulated Learning and Academic Achievement in an eLearning Environment: The Case of K-12 Flipped Classroom [J]. Cogent Education, 2020（07）: 1.

⑥ 孙崇勇，刘丽丽，高春阳. 翻转教学法对高中生认知负荷及学习成绩的影响[J]. 心理与行为研究，2020, 18（03）: 369-375.

⑦ Ferriz-Valero A., Østerlie O., Penichet-Tomas A., Baena-Morales S.. The Effects of Flipped Learning on Learning and Motivation of Upper Secondary School Physical Education Students [J]. Front. Educ., 2022, 7: 832778.

⑧ Karaman B., Arslan Y.. The Effect of Flipped Learning Physical Education on Students' Knowledge, Skills and Motivation [J]. Sportis Sci J, 2023, 9（02）: 413-438.

⑨ Dixon K., Wendt J. L.. Science Motivation and Achievement Among Minority Urban High School Students: an Examination of the Flipped Classroom Model [J]. J Sci Educ Technol, 2021（30）: 642-657.

⑩ Boateng A. A., Essel H. B.. Vlachopoulos D. et al.. Flipping the Classroom in Senior High School Textile Education to Enhance Students' Learning Achievement and Self-Efficacy [J]. Educ. Sci. 2022: 12, 131.

基于"ChatGPT"的大型语言模型
探究技术赋能对教育的影响
——以黄冈某 H 中学为例

肖冰洁①

一、引言

近年来，世界各国和地区都希望可以借助 AI 技术在新一轮的教育改革浪潮中占据有利地位。2017 年 7 月我国国务院就印发了《新一代人工智能发展规划》，呼吁"利用智能技术加快推动人才培养模式、教学方法改革，构建新型教育体系"②，教育部和科技部等六部门联合印发《关于加快场景创新以人工智能高水平应用促进经济高质量发展的指导意见》，明确提出"在教育领域持续挖掘人工智能应用场景机会"③。

2022 年 11 月，OpenAI 公司发布的基于 Transformer 的生成式预训练神经网络模型（ChatGenerativePre-trainedTransformer，ChatGPT）在向公众开放一周后就吸引了超过一百万用户④⑤，这引发了产业界和学术界的广泛关注，并在互联网领域迅速实现落地应用。这类产品因直接逼近人类的生活世界，且几乎可以和每一个个体发生联系，因此必然会改变人们的许多行为方式，并导致学习形态也发生相应改变。

ChatGPT 既具有巨大的教育潜力，同时又存在新的问题。利用 ChatGPT 等生成式人工智能可以更有效地学习，但必须有不同教育方式下的教师指导。教育方式的改变要求教师

---

① 肖冰洁，女，湖南邵阳人，黄冈师范学院硕士研究生，研究方向为现代教育技术。
② 国务院. 国务院关于印发新一代人工智能发展规划的通知 [EB/OL]. （2017-07-20）[2023-03-11]. http://www.gov.cn/zhengce/content/2017-07/20/content_5211996.htm.
③ 科技部等六部门. 关于加快场景创新以人工智能高水平应用促进经济高质量发展的指导意见 [EB/OL]. （2022-08-12）. [2023-04-11] . http://www.gov.cn/zhengce/zhengceku/2022-08/12/content_5705154.htm.
④ 焦建利. ChatGPT：学校教育的朋友还是敌人？[J]. 现代教育技术，2023（4）：5-15.
⑤ Grant N., Metz C.. Anew Chat Bot is a "Code Red" for Google's Search Business [N]. The New York Times, 2022-12-21（1）.

在生成式人工智能教育条件下转变自己的指导方式，这与传统的知识传授完全不同。由于学生在生成式人工智能条件下的学习需要与人工智能进行复杂的互动，教师的角色也需要相应地进行调整。教师需要提供智慧性的指导，而不再是单纯的知识和操作性技能的传授。随着 ChatGPT 等生成式人工智能的不断进化，教师的指导也需要不断提高智慧层次。因此，教师的作用将从知识性传授完全转变为智慧性指导，并越来越趋向于一对一的教学模式。由于特有的一对一因材施教，ChatGPT 用于教育意味着需要大量具有智慧性指导能力的教师，需要教师的智慧性指导，包括从输出结果的真实性和准确性辨识到 ChatGPT 潜能挖掘策略等，因为生成式人工智能不仅涉及统计机制，而且涉及难以觉察因而更复杂的人类因素。

ChatGPT 在文本类内容生成、上下文情境理解等方面所表现出的卓越性能，对教育领域也产生了巨大影响和深刻的启示意义，并可能促进和催化从教育理念到教育实践的深层次变革。长期受技术条件制约的启发式教学与个性化反馈等潜在智能教育应用也开始成为可能。本研究将以黄冈某 H 中学为例，通过问卷调查法，探讨 ChatGPT 对教育的影响、在教育领域的应用及其局限性，并提出相应策略。

二、"ChatGPT" 的实质：AIGC 的巨大突破

（一）AIGC 的概念和生成特征

从概念本体的角度，人工智能生成内容（AIGC）是根据输入指令通过人工智能算法模型对数据或媒体（图像、音频、视频）进行生产、操控和修改的统称。① 从生产方式的内涵出发，AIGC 是利用 AI 自动生成内容的生产方式，是继 PGC（Professionally-GeneratedContent）、UGC（User-GeneratedContent）、AGC（AIassistedGeneratedContent）等由人主导的内容生成技术后，利用深度学习网络等框架将内容的制作者从人或机构变成了 AI②，从而从实现模糊搜索到精准推送的跃迁。AIGC 的发展主要分为四个阶段：早期萌芽阶段（1957—2014 年）、沉淀积累阶段（2014—2017 年）、渐变发展阶段（2017—2021 年）、快速发展阶段（2021 年至今）。各阶段转折点代表性技术分别为：（1）2014 年一经问世就被杨立昆（YannLecun）誉为"十年来机器学习领域最有趣的想法"的 GAN（生成对抗网络）③，并在短时间就发展为生成式学习的主流模型。（2）2017 年，Google 团队

---

① 詹希旎，李白杨，孙建军. 数智融合环境下 AIGC 的场景化应用与发展机遇［J］. 图书情报知识，2023，40（01）：75-85，55.
② 翟尤，李娟. AIGC 发展路径思考：大模型工具化普及迎来新机遇［J］. 互联网天地，2022（11）：22-27.
③ MITTECHNOLOGYREVIEW. 一项 AI 革命性技术将"造假"推向极致［EB/OL］.（2017-12-09）［2023-03-13］. https：//www.mittrchina.com/news/detail/873.

提出的 Transformer 模型，基于 Transformer 模型，BERT、GPT-3、LaMDA 等能引发 AIGC 技术能力发生质变的预训练模型才得以建立。（3）OpenAI 在 2021 年发布的跨模态深度学习模型（CLIP）推动了 AIGC 的内容多样性、多模态发展，成为 DALL·E2.0 等突破性 AIGC 技术成果的基石。①

（二）研究设计

从"ChatGPT"的独特优势来看，教育转型之所以令人期待和向往，关键在于它们有益于推动教育在思想层面走向人机协同、知识突破、向下兼容、向"智"迭代。本次调查对象为黄冈某 H 中学高一、高二、高三的学生，采用问卷调查法。问卷主要从基本信息、已有知识经验、学习意愿与希望三个维度进行调查，采用无记名形式。研究问卷参考了钟祖荣团队研制的《中小学开展人工智能教育与智能教育应用的调查问卷》，并咨询了相关领域人士，对问卷进行了修改和完善，除基本信息外，后面题目采用李克特五分量表的形式。修改完的问卷共计 22 道题。

本次调查针对黄冈某 H 中学高中生发放调查问卷《关于高中生对 ChatGPT 的使用意愿及其影响因素调查》，共计 187 份问卷。其中高一学生 43 人，高二学生 52 人，高三学生 92 人。共回收有效问卷 187 份，回收率和有效率为 100%。

（三）研究结果与分析

在问卷的有效性检验方面，笔者利用 SPSS 对回收的数据进行有效性检验，通过项目分析对数据进行独立样本 t 检验，得到结果：显著性 $p<0.05$，拒接原假设，说明问卷中的题目之间具有相关性。用因子分析法和主成分分析法进行效度分析。效度分析能够反映问卷是否能真实测量。在因子分析中，通过 KMO 和巴特利特检验得到 KMO 取样适切性量数为 0.885，结果大于 0.7，这表明变量之间的偏相关性较好。并且在 SPSS 中进行降维，除了人口学变量和基本信息，计算后得到两个因子，与问卷设计的维度已有知识经验和学习意愿与希望相符，证明问卷是有效的。最后，对效度检验后的问卷进行信度分析，信度分析能够反映问卷所测结果的稳定性和一致性。通过计算问卷的 Cronbach's α 系数，得到 Cronbach's α 为 0.931，超过 0.9，证明此问卷的可信性很好。通过上述对问卷进行的有效性检验可以得出，该问卷的信度、效度都较好，问卷的质量较好，测得的结果真实可信，能够对数据进行后续的分析与讨论。

调查结果显示，在本调查选取的黄冈某中学中，79% 都使用过类似人工智能的聊天程序；大部分高中生知道 ChatGPT 但并未使用过；在使用过 ChatGPT 的学生中 80% 是出于为解决课程学习需要；67.5% 的学生认为 ChatGPT 具有程序性，表达方法类似；根据词云

---

① SEQUOIA. GenerativeAI：Acreative New World［EB/OL］.（2022-09-19）［2023-03-13］. https：//www.sequoiacap.com/article/generative-ai-a-creative-new-world/.

图，最多人选择 ChatGPT 的原因是它便捷、智能；大多数人对 ChatGPT 的风险感知情况一般。

三、"ChatGPT"的风险：教学质量的下降

（一）缺乏人际互动

ChatGPT 和其他生成模型无法提供与真正的老师或导师相同水平的人际互动。这种人际交往的缺乏对学生来说可能是不利的，因为学生可能从与老师的个人联系中获益更多。D'Mello 及其同事（2014）的一项研究发现，与模仿人类情感行为的虚拟导师互动的学生比与缺乏这种行为的虚拟导师互动的学生有更好的学习效果。

（二）有限的理解

生成模型是基于他们所训练的数据中的统计模式，他们对正在帮助学生学习的概念没有真正的理解。当涉及根据学生的个人需求和误解提供解释或反馈时，这可能是一个劣势。Wang 及其同事（2020）的一项研究表明，基于生成模型的辅导系统缺乏针对学生误解提供解释的能力。生成模型的好坏取决于训练数据，如果训练数据包含偏差，模型也会有偏差。例如，如果一个模型是在一篇论文数据集上训练的，这些论文主要是由来自某个人口统计学的学生写的。生成模型是在大量数据上训练的，模型的质量高度依赖于数据的质量和数量。如果数据不充分或不相关，则模型将无法很好地执行。Kocaguneli 及其同事（2019）的一项研究表明，当训练数据与手头的任务无关时，基于生成模型的问答系统表现不佳。

四、ChatGPT 的展望：纳入教育的具体策略

（一）培养学生成为 AI 的高级用户

由于生成性人工智能反馈的答案依赖用户给定的指令，因此培养学生如何与 AI 打交道是恰当应用 ChatGPT 的先决条件[1]，具体策略为：①培养学生的专业知识与技能。研究证明，具备良好专业知识和技能的学生更容易从技术使用中受益，[2] 并且学生的先验知识水平会影响其利用 AI 自主学习的效果，而 AI 技术的使用门槛并不高。[3] 因此，在学生应

---

[1] Kueper Jacqueline K. Primer for Artificial Intelligence in Primary Care [J]. Canadian family physician Medecin de famille canadien, 2021, 67 (12): 889-893.

[2] 张志祯, 张玲玲, 米天伊, 等. 大型语言模型会催生学校结构性变革吗？——基于 ChatGPT 的前瞻性分析 [J]. 中国远程教育, 2023, 43 (04): 32-41.

[3] Xia Q., Chiu T. K. F., Lee M., et al. Aself-determination Theory (SDT) Design Approach for Inclusive and Diverse Artificial Intelligence (AI) Education [J]. Computers & Education, 2022 (189): 1-13.

用 AI 获取某一领域专业知识时，应帮助其建立此领域的先验知识和技能。②培养学生思维能力。高阶思维能力是应用内容生成式 AI 产品的关键技能，①学生需要培养创造力、协作、沟通和批判性思维。②因此，AI 教育应注重激发学生的学习兴趣和创新精神，培养学生自主学习、合作学习、探究式学习和终身学习的能力。③ ③培养学生 AI 素养。将 ChatGPT 应用到教育中存在潜在风险的原因，是学生缺乏分辨真伪的 AI 素养。故可以信息科技课程为载体，探索学生数字素养及 AI 素养培养的有效途径，从根本上解决人工智能技术应用进程中可能存在的风险和消极影响。

（二）促使教师成为人机协同的调解者

将 ChatGPT 有效纳入教育的前提，是用户能够充分考虑其在使用过程中的伦理道德和法律法规问题。④ 然而，ChatGPT 自身存在的认知偏差和处理复杂问题的能力不足，可能会对学生产生误导甚至引发和触及伦理或法律问题，具体策略为：（1）教师应加强引导学生的价值观。教师应帮助学生养成正确使用 AI 的伦理道德和社会规范认识，有效避免学生违反伦理规范。⑤（2）教师应关注学生的心理需求和性别差异。研究表明，心理需求的满足是学生应用 AI 学习的必要保障之一。⑥ 教师作为调停者，应注重师生情感交流，增强人文关怀。⑦（3）教师应当担当监护职责。教师在做教学设计之初应做好研判，及时规避 AI 对尚不具备专业知识和能力的学生产生误导。

五、结语

从问卷调查的结果来看，大部分高中生虽然认识 ChatGPT，但并未使用过。学生对 ChatGPT 充满兴趣，学习意愿较强，并愿意把这类技术分享给身边人，也看好 ChatGPT 的发展。ChatGPT 代表着人工智能技术的重大突破，更折射出新一轮科技革命的演进态势，笔者认为 ChatGPT 等生成式人工智能很可能会重新定义技术在教育中的角色，过去更多

---

① Park Yoonyoung, Hu Jianying. Bias in Artificial Intelligence：Basic Primer [J]. Clinical Journal of the American Society of Nephrology, 2023, 18 (03)：394-396.

② 沈书生, 祝智庭. ChatGPT 类产品：内在机制及其对学习评价的影响 [J]. 中国远程教育, 2023 (04)：8-15.

③ Xia Q., Chiu T. K. F., Chai C. S.. The Moderating Effects of Gender and Need Satisfaction on Self-regulated Learning Through Artificial Intelligence (AI) [J]. International Journal of Environmental Science and Technology, 2022 (28)：8691-8713.

④ Lund B. D., Wang T.. Chatting about ChatGPT：How MayAI and GPT Impact Academia and Libraries？[EB/OL]. (2023-01-10) [2023-01-23]. https：//doi.org/10.1108/LHTN-01-2023-0009.

⑤ Graesser C., Xiangen Hu I.. AutoTutor and Family：A Review of 17 Years of Natural Language Tutoring [J]. Artificial Intelligence in Education, 2014, 24：427-469.

⑥ Hastings Janna. Primer on Ontologies [J]. Methods in Molecular Biology, 2017, 1446：3-13.

⑦ 张爱军, 贾璐. 算法"舒适圈"及其破茧——兼论 ChatGPT 的算法内容 [J]. 党政研究, 2023 (03)：22-33, 124.

是作为工具手段，未来将成为新的教育要素，同教育者、学习者、教育内容等要素一样，都是不可或缺的。当然，新技术不会自然而然地改变教育，必须和理念转型、组织变革、机制创新等结合起来，才能对教育发展带来革命性影响。否则，将会陷入新技术"迷思"，引发"信息技术改变了几乎所有领域，却唯独对教育的影响小得可怜"的困惑。未来教育应重点关注三个方面：一是教育理念转型，打破标准统一的教育教学秩序，推动"工业化教育"向"智慧型教育"转变，实现大规模因材施教和全流程个性化学习；二是教育组织方式变革，超越班级、学科、校园的固有边界，培育跨班级、跨学科、跨学校、跨时空的学习共同体，形成全新的教育组织方式；三是教育运行机制创新，实施数据驱动的教育决策，构建人机协同的群智决策系统，助力政府、学校、社会多元协同治理。